改革开放 40 年研究丛书

政治

POLITICS

转型社会中的系统变革：中国行政发展四十年（上）

沈亚平——主编

天津出版传媒集团
天津人民出版社

图书在版编目（CIP）数据

转型社会中的系统变革：中国行政发展四十年：全
2 册 / 沈亚平主编. —— 天津：天津人民出版社，2019.1
（改革开放 40 年研究丛书）
ISBN 978-7-201-14394-1

Ⅰ.①转… Ⅱ.①沈… Ⅲ.①行政管理—政治体制改
革—成就—中国 Ⅳ.①D63

中国版本图书馆 CIP 数据核字（2018）第 300200 号

转型社会中的系统变革：中国行政发展四十年
ZHUANXING SHEHUI ZHONG DE XITONG BIANGE

出　　版	天津人民出版社
出 版 人	刘　庆
地　　址	天津市和平区西康路35号康岳大厦
邮政编码	300051
邮购电话	（022）23332469
网　　址	http://www.tjrmcbs.com
电子信箱	tjrmcbs@126.com
策划编辑	王　康
责任编辑	王佳欢　郑　玥　林　雨
封面设计	明轩文化·王烨
印　　刷	高教社（天津）印务有限公司
经　　销	新华书店
开　　本	787毫米×1092毫米　1/16
印　　张	53.5
插　　页	4
字　　数	570千字
版次印次	2019年1月第1版　2019年1月第1次印刷
定　　价	219.00元

目 录

上　册

第一章　传承与嬗变：
行政理念创新

第二章　跨越"死—乱"循环：
中央与地方行政体制调整

第三章　有所为有所不为：
政府职能转变

第四章　构建现代组织结构和职能体系：
行政机构改革

第五章　从"传统"到"现代"：
行政决策体制变革

第六章　建设现代公职人员队伍：
干部人事制度变迁

下　册

第七章　走上依法治国之路：
现代行政法治发展

第八章 让阳光照亮政府：
政务公开建设

第九章 办公室生产力的提高：
行政方法技术更新

第十章　打造新时期政府合法性基础：
反腐倡廉实践

第十一章 规范制约权力：
行政监督系统建设

第十二章 奠定规范高效的庶政之基：
公共财政制度改革

导　论

一、历史转折点上的战略决策

20世纪中叶新民主主义革命胜利后,中国曾经发生两起具有划时代意义的重大事件:一是1949年10月1日中华人民共和国成立,共产党所领导的新的国家政权诞生;二是1978年12月18日召开党的十一届三中全会,作出了把工作重点转移到社会主义现代化建设上来的战略决策,从而拉开了改革开放的序幕。新中国的诞生,建立了社会主义基本制度,"为当代中国一切发展进步奠定了根本政治前提和制度基础"①,而改革开放则实现了当代中国社会发展的重大历史性转折。"这场历史上从未有过的大改革大开放, 极大地调动了亿万人民的积极性,使我国成功实现了从高度集中的计划经济体制到充满活力的社会主义市场经济体制、从封闭半封闭到全方位开放的伟大历史转折。今天,一个面向现代化、面向世界、面向未来的社会主义中国巍然屹立在世界东方。"②

改革开放的战略决策将中国共产党第一代领导集体所开创的社会主义建设事业带上了正确的发展道路。但是将工作重点转移到社会

---

①②　胡锦涛在中国共产党第十七次全国代表大会上的报告:《高举中国特色社会主义伟大旗帜,为夺取全面建设小康社会新胜利而奋斗》。

主义现代化建设上来只是解决了方向问题,选取什么样的前进道路来实现发展目标是接下来所要解决的问题。"社会主义实践的成功和失败,一再地迫使人们去思考这样一个最重大、最基本的问题:中国究竟怎样沿着社会主义的道路前进? 从人民创造历史的角度说,即究竟应当怎样按照社会主义的原则改造中国。"①发展道路的找寻,核心是围绕社会主义现代化建设,而现代化建设首当其冲的是在趋于崩溃的经济现实的情况下进行经济建设。在经济建设方面,既然计划经济走不通,那么改革开放之初当务之急就是对经济体制和经济发展模式的重新选择。

自新中国成立至20世纪70年代末,我们所选择的是计划经济体制。在很长一段历史时期内,在指导思想上将计划经济与市场经济对立起来,认为社会主义公有制经济主要是计划经济,而把市场经济和资本主义混同起来,不但不去发展而是控制市场经济,完全否定市场的作用和价值规律的调节作用,热衷于政府这只"看得见的手",通过行政手段来管理经济,最终窒息了企业的活力和经济发展的动力。因此,计划经济的失效使得人们对计划经济本身进行了反思,转而寻求其他经济模式来发展中国的经济。

党的十一届三中全会之后,人们逐渐从计划经济的束缚下解脱出来,并逐步认识到发展市场经济的必要性和重要性。党的十二大确认了计划经济为主、市场经济为辅的原则;随后党的十二届三中全会进一步提出实行公有制基础上的有计划的商品经济;党的十三大在总结

---

① 陈晏清主编:《当代中国社会哲学》,天津人民出版社,1990年,第1页。

改革开放经验的基础上,明确提出社会主义经济体制中计划与市场都是覆盖全社会的论断,指出社会主义有计划的商品经济体制应该是计划与市场内在统一的体制,使市场机制在社会主义经济中的功能大大增强。随着中国改革实践的发展和理论认识的不断深化,党的十四大提出,中国经济体制改革的目标是建立社会主义市场经济。从此,中国社会最终走上了建立和完善社会主义市场经济的发展轨道。从1978年到1992年,我们用了十四年的时间在不同思想的争论中开辟着市场化的道路,并最终在党的十四大报告中确立了社会主义市场化的经济发展模式。

在社会主义市场经济取向的经济体制改革中,作为改革开放的总设计师,邓小平无疑发挥了关键的作用。在对计划和市场的认识方面,邓小平的贡献在于,把原来那些被不适当地上升为目标性价值的东西还原为工具性价值,在思想解放过程中发挥了先驱作用。早在1979年11月,邓小平就提出社会主义也可以搞市场经济;1985年,他指出社会主义与市场经济之间不存在根本矛盾;1987年,他指出计划和市场都是方法,只要对发展生产力有好处,就可以利用;1992年,他在南方谈话中再次重申,"计划多一点还是市场多一点,不是社会主义与资本主义的本质区别。计划经济不等于社会主义,资本主义也有计划;市场经济不等于资本主义,社会主义也有市场。计划与市场都是经济手段"①。邓小平的上述讲话,突破了关于计划和市场的理论瓶颈,扫清了人们思想认识方面的障碍,并为社会主义市场经济的建立和发展奠定了理

---

① 《邓小平文选》(第三卷),人民出版社,1993年,第373页。

论基础。

经济是社会的基础,一旦经济体制与发展模式选择正确,就会为经济繁荣和社会进步提供物质条件,中国也就由此走上了阔步前行的康庄大道。

二、适应经济体制转轨的行政发展

经济体制的重新选择为经济腾飞创造了条件。但是由于社会构成要素的多重性和彼此之间的关联性,仅解决经济领域的问题还不能保障经济社会的顺利发展。于是在经济体制改革启动的同时,客观上要求与之相关的政治体制改革配套进行,而在与经济的关联上,政治体制改革的首要问题是政府行政改革。在中国,自新中国成立至改革开放,一直实行计划经济,致使政企不分、政企合一,企业的人财物、产供销都掌握在政府手中。整个国家就如同一个大工厂,企业是这个大工厂的车间,而政府则成为其科室。政府垄断了几乎所有资源,并通过行政手段按照国家计划进行配置。从实践来看,通过政府这只"看得见的手"配置资源,其效率不如市场这只"看不见的手"。因此,选择了市场经济,就要求限制政府发挥作用的空间和频率,以发挥市场在资源配置方面的作用。由于市场经济要求不同于计划经济基础上的政府模式,因此就必须对以往的行政系统、功能和功能实现的方式进行全方位变革。

改革开放以来,执政党和国家不断推进行政改革,加强政府自身建设,取得了明显成效。党的十七届二中全会通过的《关于深化行政管理体制改革的意见》中将其总结为:改革开放特别是党的十六大以来,不断推进行政管理体制改革,加强政府自身建设,取得了明显成效。经过多年努力,政府职能转变迈出重要步伐,市场配置资源的基础性作用显著增强,社会管理和公共服务得到加强;政府组织机构逐步优化,公务员队伍结构明显改善;科学民主决策水平不断提高,依法行政稳步推进,行政监督进一步强化;廉政建设和反腐败工作深入开展。在此笔者将改革内容具体划分为以下五个方面①:

1. 关于行政理念

作为行政管理主观层面的理念、价值,是在长期的行政实践中发育和积淀形成的,是行政管理实践的反映;而其一旦形成,又对行政管理实践起着指导和规范作用,对行政系统成员的心理、机制运行,以及行政系统的生存和发展产生多重的影响。行政理念和价值等的特点之一是社会性和历史性,它们在一定的国际的和国内的社会环境和自然环境以及历史条件下形成,也随着上述因素的变化而变化。由于中国社会经历了计划经济时代和探索、建立社会主义市场经济时代,因此在行政理念和价值方面也经历了转变和更新,主要表现为从权威理念向民主理念、集权理念向参与理念、全能理念向有限理念、管制理念向服务理念、人治理念向法治理念、经验理念向理性理念等的转变。另外,在对社会发展和经济增长方式的效率与公平这对基本价值的关系的处理上,从1993年中央在确立社会主义市场经济体制的文件中提出"效率优先,兼顾公平"的分配原则,到党的十六届五中全会强调"更加注重社会公平";之后党的十七大和十八大相继提出"实现社会公平正

---

① 参见沈亚平、舒博:《当代中国行政发展:逻辑的与历史的统一》,《南开学报》,2008年第5期。

义是中国共产党人的一贯主张，是发展中国特色社会主义的重大任务"，"公平正义是中国特色社会主义的内在要求"；党的十九大则再次强调"在发展中补齐民生短板、促进社会公平正义"。这一过程反映出执政党和政府于市场经济建立之初和发展完善阶段在价值取向上的重大调整与转变。

2. 关于行政职能和行政体制

行政职能是政府在一定时期关于政治、经济、文化、社会和生态诸领域中所承担的职责和所发挥的作用。政府的行政职能反映行政管理的内容和方向，是行政体制建设、行政组织设置及运行的前提和基础。在计划经济时代，政府职能表现出全能主义特征，政府对于社会生产和生活，事无巨细都要纳入管理范围。对于这个问题，邓小平在1980年8月的《党和国家领导制度的改革》讲话中指出："我们的各级领导机关，都管了很多不该管、管不好、管不了的事，这些事只要有一定的规章，放在下面，放在企业、事业、社会单位，让他们真正按民主集中制自行处理，本来可以很好办，但是统统拿到党政领导机关，拿到中央部门来，就很难办。"这是中央最早涉及政府职能转变的表述。从1980年开始，虽然对政府职能转变问题的讨论一直在进行，但是引起理论界和行政机关高度重视的是1988年行政机构改革。为了解决以往机构改革缺乏成效的状况，这次改革在指导思想上开始强调以逐步转变政府职能作为机构改革的前提。1988年《关于国务院机构改革方案的说明》提出了机构改革的长远目标和近期目标。近期目标是理顺关系，转变职能，精干机构，精简人员，提高行政效率，克服官僚主义，增强机构活力。之后转变政府职能成为理论界和政府关注的焦点。20世纪90年代以后,政府职能转变的重点放在行政审批制度的改革方面,将改革行政审批制度作为政府职能转变和行政管理体制改革的突破口,这直接导致了2003年《中华人民共和国行政许可法》的颁行。《中华人民共和国行政许可法》的颁行具有重要意义,它不仅适应了完善社会主义市场经济和"入世"的需求以及深化行政管理体制的需要,有利于在源头上预防和治理腐败,建立法治政府,巩固行政审批制度改革的成果,而且在政府职能转变方面也具有里程碑的意义。该法规定,公民、法人或者其他组织能够自主决定的事项,市场竞争机制能够有效调节的事项,行业组织或者中介机构能够自律管理的事项,以及行政机关采用事后监督等其他行政管理方式能够解决的事项,政府可以不设行政许可。这是中国第一次较为全面的关于政府职能的法律限定。如今,转变政府职能已经成为行政机关和社会的普遍共识。人们普遍认可,在市场经济社会中,资源的配置主要由市场机制发挥决定性作用,人们的相互交往要凭借契约机制发挥功能。政府的作用在于克服市场的失灵、弥补市场的不足,其职能应当限定在"经济调节、市场监管、社会管理、公共服务和生态环境保护"等方面。尽管当前政府职能转变尚未完全到位,但是业已确立的发展方向是明确的,也是正确的。

在行政体制改革方面,改革开放以后集中进行了八次行政机构改革,总的发展趋势是改革的成效越来越明显,特别是1993年及以后的机构改革是在建立和发展社会主义市场经济的背景下进行的,因此近六次机构改革围绕如何适应社会主义市场经济来展开。有学者认为,中国政府机构改革逐步走向稳定和成熟期,以往的大撤大并、人员大裁大减的现象已经成为历史,政府改革成本大幅度下降。党的十七大报告提出新的机构改革的要求，即加大机构整合力度，探索实行职能有机统一的大部门体制，健全部门间协调配合机制。精简和规范各类议事协调机构及其办事机构，减少行政层次，降低行政成本，着力解决机构重叠、职责交叉、政出多门问题。党的十九大报告又提出要"赋予省级及以下政府更多自主权。在省市县对职能相近的党政机关探索合并设立或合署办公"①。这说明，尽管机构改革取得了明显成效，但是相较于完善与社会主义市场经济、国家治理体系和治理能力现代化相适应、相协调的机构改革目标，还有许多工作要做。

与横向上行政机构周期性的改革相比较，纵向上行政层次改革的力度不够明显，只是进行过地市合并和省管县试点。从行政管理的角度来讲，凡需要对管理对象强化控制的，组织结构就趋向于多管理层级的尖塔型，以收层级节制之功效。计划经济显然需要建立起多层控制的管理体制，保证中央政令得以贯彻执行，并有效地控制下级和地方的行为。而在市场经济条件下，强调经济和社会行为主体的自由自主性。如果继续延续原有的管理体制，势必妨碍当初制度选择目标的实现。因此，为完善社会主义市场经济起见，有必要对传统的体制予以变革，着力打造有利于经济和社会行为主体自由自主活动的扁平型管理体制。②

3. 关于人事管理和财政体制

中国于20世纪80年代后期开始进行干部人事制度的改革。党的十

---

① 习近平在中国共产党第十九次全国代表大会上的报告：《决胜全面建成小康社会，夺取新时代中国特色社会主义伟大胜利》。

② 参见沈亚平、马建斌：《政府转型：涵义、动因和目标》，《内蒙古大学学报》，2008年第1期。

三大系统总结了以往干部人事制度的缺陷,提出探索实行国家公务员制度。1993年10月1日,《国家公务员暂行条例》正式实施,标志着中国干部人事管理走上科学化、规范化的轨道。之后,国家先后颁布一系列的配套法规、规章和实施办法,形成了以《国家公务员暂行条例》为龙头,以其他有关的法规、规章和实施办法为配套的国家公务员管理法规体系,基本实现了法治人事,制度功效初步显现。2006年1月1日《中华人民共和国公务员法》正式实施,作为新中国成立以来第一部干部人事管理的综合性法律,对原有条例在公务员适用范围、人员分类、人事录用、领导责任等方面进行了较大幅度的修改,为新时期的公务员管理奠定了完备的法律基础。但是经过多年的发展,特别是中国特色社会主义进入新时代,党和国家事业发生历史性变革,该公务员法也逐渐出现一些不适应、不符合新形势、新要求之处。2017年6月,经党中央批准,中央组织部、人力资源和社会保障部、原国家公务员局正式启动了《中华人民共和国公务员法》实施十二年来的第一次修订工作。相信经过修订,将使我国的公务员法更加适应新时代的要求,其内容也更为完善。

在财政管理方面,改革之前实行的是统收统支的"大锅饭"管理体制。1980年,中国开始实行"划分收支、分级包干"的财政体制,改为"分灶吃饭"。1985年,实行"划分税种、核定收支、分级包干"的财政体制;1994年,实行分税制财政管理体制改革,试图改变财政资金过于分散的状况,为中央的宏观调控创造更为有利的经济条件。但是分税制改革在实际运行中也存在一些问题,如分税不彻底,税种划分与收入归属不一致,税种划分考虑发挥税收调节作用不够,转移支付制度不健全等,需要在以后的财政管理体制改革中加以解决。党的十七大报告提出"健全中央和地方财力与事权相匹配的体系,加快形成统一规范透明的财政转移支付制度",以及党的十九大报告提出"加快建立现代财政制度,建立权责清晰、财力协调、区域均衡的中央和地方财政关系"①等要求为新形势下的财政管理改革指明了方向。

4. 关于治理方略和方法

依法治国是在法治实践和普法过程中逐渐形成并得到社会认可的治理方略。党的十五大第一次以党的代表大会报告的形式对这一新的治国方略加以确认:"健全社会主义法制,依法治国,建设社会主义法治国家。"这昭示着当代中国治国方略发生了历史性的转折。改革开放以后,中国在不断地进行依法治理的积极探索,在行政管理领域,人大和政府各级立法机关颁发了一系列的法律、法规和规章,使得在主要的行政管理领域做到了有法可依;特别是《中华人民共和国行政处罚法》《中华人民共和国行政许可法》《中华人民共和国行政复议法》《中华人民共和国公务员法》《中华人民共和国行政强制法》等局部性法典的制定和实施,在保证行政机关依法行政方面发挥了积极的作用。

在行政管理方法方面,主要是现代管理手段和信息技术的运用。前者如行政决策所采用的协商和协调机制,专家论证、技术咨询、决策评估制度和公示、听证制度等;后者如电子政务的建立和发展。1999年被称为"政府上网年",1月22日,有关部门发起"政府上网工程启动大

---

① 习近平在中国共产党第十九次全国代表大会上的报告:《决胜全面建成小康社会 夺取新时代中国特色社会主义伟大胜利》。

会""政府上网工程"的主站点正式启播;2001年制定了全国政务信息化建设的五年规划;2002年国家信息化领导小组通过了《电子政务建设指导意见》,全面启动电子政务的标准化工作;2006年5月,中办、国办转发了《关于推进国家电子政务网络建设的意见》,提出要用三年左右的时间,形成从中央到地方统一的国家电子政务传输骨干网,建成基本满足各级政务部门业务应用需要的政务内网和政务外网;2007年9月30日,国家电子政务网络中央级传输骨干网网络正式开通,标志着统一的国家电子政务网络框架基本形成,为各部门各地区开展业务应用提供了一个安全可靠、资源丰富、管理规范、服务专业的公共平台;2013年以来,随着大数据、互联网、云计算、移动通信、人工智能等信息技术,以及微博、微信、支付宝等社交媒体应用的快速发展,我国电子政务进入"互联网+政务服务"阶段,开始由办公信息化向服务信息化转型。电子政务的发展提高了政府工作的透明度,有利于提高公民的参与程度,有利于简化政府的工作程序,优化政府组织结构。

5. 关于行政监督与廉政建设

为加强行政监督,先后颁布了《中华人民共和国审计法》《中华人民共和国行政监察法》《中华人民共和国各级人大常委会监督法》《政府信息公开条例》等,逐步健全行政监督法律体系。在廉政建设方面,面对改革开放以来腐败现象蔓延的新形势,不断寻求切实可行和有效治理腐败的方法和途径,在反腐败方面做了大量的工作,经由制度建设和道德教育,对于防止和惩治腐败行为起到了重要作用。党的十八大以来,以习近平同志为核心的党中央大力推进党风廉政建设和反腐败斗争,同时大力加强相关法规制度建设。2016年年底,中共中央决定在北京、山西、浙江三地开展监察体制改革试点，部署在三省设立各级监察委员会，从体制机制、制度建设上先行先试、探索实践，为在全国推开积累经验。2018年3月20日，第十三届全国人民代表大会一次会议表决通过了《中华人民共和国监察法》，成为新时代廉政建设的一部重要法律。当然，目前在公共权力部门仍然存在大量的权钱交易等腐败现象，需要继续深入探索廉政建设的制度缺失和制度失效问题，为有效堵塞漏洞和治理腐败现象做出更为完善的制度安排。

三、关于行政发展的反思和未来展望

回顾改革开放四十年来的行政发展，可以将当代中国行政改革的特点总结为以下五个方面：

1. 自觉性

经济社会发展与其他事物运动一样具有内在规律。尽管规律具有客观性，人们不能消灭和改变规律，但是可以认识和利用规律。建设中国特色社会主义没有现成的模式可供借鉴，只能在不断认识、把握规律的基础上稳步推进。四十年来，执政党和政府不断地认识和探索这一规律，并在其重要文件中提出符合经济社会发展规律的战略构想和实际举措，以引导当代中国改革开放的顺利进行。对于政府行政的改革也是如此。因此，中国的行政发展不是自发的过程，而是在党和国家自觉筹划下的发展过程。行政改革的自觉性，保证了整个行政发展的合目的性。综观四十年来的行政发展，呈现步骤明显的阶段性和连续性的统一。

2. 整体性

计划经济与市场经济是两种不同的经济发展模式,因此要求不同的政府模式与之相匹配。两种政府模式之间的差异不是某些方面或者局部的差异,而是包括行政理念、组织体系、运行机制和管理手段等多方面的差异。这样就决定了实行市场经济对于政府而言,不是某一方面和某一领域的变革,而是要按照市场经济的要求,对政府进行全面再造,学术界一般将这一过程称为"政府转型"。尽管关于政府转型在学术界有不同的认识,在政府转型的目标和具体内容方面尚需深入探讨,但是学术界基本认可政府转型是政府为适应市场经济的建立而进行的全方位的深刻转变。政府再造或者政府转型涉及政府管理的方方面面。从改革开放初期的机构改革,到后来的政府职能转变、干部人事制度改革、行政审批制度改革、治国方略转变、电子政务发展和政府信息公开建设等,政府的行政管理表现出一种多因素、相关联的整体性变迁。

3. 渐进性

中国的改革开放是前无古人的事业,无先例可循;而且在中国这样一个国情复杂、地域广泛的国度进行政府管理的系统改革,不能企求一蹴而就,只能在不断地认识规律、总结经验的基础上使各方面的改革渐次展开。经济领域的改革如此,政治领域的改革也是如此。就政府的各项改革来看,至今还都没有完全到位,而只是基本上适应了社会主义市场经济社会的发展。社会主义市场经济尚需时间予以完善,政府的行政管理也需要时间随其发展而不断健全。

4. 法治性

政府的行政管理和行政发展需要法治加以规范，改革的成果也需要法治加以巩固。改革开放以来，一个明显的变化就是执政党和政府重视并善于通过立法来推动行政发展。从《国家公务员暂行条例》到《中华人民共和国公务员法》，从《审计条例》到《中华人民共和国审计法》，从《行政监察条例》到《中华人民共和国行政监察法》再到《中华人民共和国监察法》，还有《中华人民共和国地方各级人民代表大会和地方各级人民政府组织法》《中华人民共和国国务院组织法》《中华人民共和国行政处罚法》《中华人民共和国行政许可法》《中华人民共和国各级人民代表大会常务委员会监督法》《中华人民共和国行政诉讼法》《中华人民共和国国家赔偿法》《信访条例》以及其他一系列关于政治、经济、社会、文化的行政管理法律法规的出台，在保证依法行政、促进行政发展和巩固改革发展成果方面起到了重要的作用。

5. 开放性

中国的行政改革具有开放性。开放性内含双重意义：一是行政系统的改革不可能封闭进行，而是要与经济体制改革和社会发展密切联系。政府行政作为上层建筑，其本身由经济基础决定，经济基础的变更要求政府行政随之调整；政府行政要以社会公共事务作为作用对象，社会的发展和进步离不开政府管理与服务功能的发挥。因此，中国的行政改革是适应经济改革和社会发展的需要而不断改革自身的过程。二是作为整体的政府行政改革，同整个开放事业一样向世界开放，积极吸收和借鉴其他国家有价值的行政理论、方法和手段，对于在较短的时间内革除与社会主义市场经济不相适应的行政弊端，为迅速提升行政管理质量和水平发挥了积极的作用。

经过四十年的改革和建设,从总体上看,我国的行政体制基本适应经济社会发展的要求,有力地保障了改革开放和社会主义现代化建设事业的发展。但是面对新时代新任务提出的新要求,现行行政体制同统筹推进"五位一体"总体布局、协调推进"四个全面"战略布局的要求还不完全适应,同实现国家治理体系和治理能力现代化的要求还不完全适应。其主要表现在职能配置、机构设置和权责关系、人事制度、财税体制、管理方法、法治建设等方面。这些方面的问题直接影响政府全面正确履行职能,在一定程度上制约了经济社会的发展。因此,必须通过深化改革,进一步消除体制性障碍,努力形成更加成熟、更加合理的中国特色社会主义行政管理体制,更好推进党和国家各项事业发展,更好满足人民日益增长的美好生活需要,更好推动人的全面发展、社会全面进步、人民共同富裕。①

展望未来,根据执政党和国家的相关部署以及相关理论研究,应从以下七方面继续深化我国行政体制改革:

1. 明确指导思想、基本原则和总体目标

(1)指导思想。深化行政体制改革,必须高举中国特色社会主义伟大旗帜,坚持以马克思列宁主义、毛泽东思想、邓小平理论、"三个代表"重要思想、科学发展观、习近平新时代中国特色社会主义思想为指导,适应新时代中国特色社会主义的发展要求,按照建设服务政府、责任政府、法治政府和廉洁政府的要求,着力转变职能、理顺关系、优化

---

① 参见《中共中央关于深化党和国家机构改革的决定》,《人民日报》,2018年3月5日。

结构、提高效能，做到权责一致、分工合理、决策科学、执行顺畅、监督有力，为决胜全面建成小康社会，开启全面建设社会主义现代化国家新征程，实现中华民族伟大复兴的中国梦提供有力制度保障。

（2）基本原则。深化行政体制改革，必须坚持党的全面领导，把加强党对一切工作的领导贯穿改革各方面和全过程；必须坚持以人民为中心，把维护人民群众的根本利益作为改革的出发点和落脚点；必须坚持与完善社会主义市场经济体制相适应，与建设社会主义民主政治和法治国家相协调；必须坚持发挥中央和地方两个积极性，在中央统一领导下，鼓励地方结合实际改革创新；必须坚持积极稳妥、循序渐进，做到长远目标与阶段性目标相结合、全面推进与重点突破相结合，处理好改革发展稳定的关系。

（3）总体目标。深化行政体制改革的近期目标是，到2020年建立起比较完善的中国特色社会主义行政管理体制，远期目标是到21世纪中叶形成成熟、定型的中国特色社会主义行政管理体制。通过改革，加强和完善政府经济调节、市场监管、社会管理、公共服务和生态环境保护职能，实现政府组织机构和人员编制科学化、规范化、法制化，实现行政运行机制和政府管理方式规范有序、公开透明、便民高效，构建起职责明确、依法行政的政府治理体系，提高政府执行力，建设人民满意的服务型政府。

2. 深入推进政府职能转变

长期以来，政府职能转变是深化行政体制改革的核心。经过多年的改革，我国政府职能已经实现了从计划经济条件下的职能配置向市场经济条件下的职能配置的重大转变，基本确立了经济调节、市场监管、社会管理、公共服务和生态环境保护五大政府职能。未来应继续对市场经济条件下的政府职能进行调整和优化，进一步推进政企分开、政资分开、政事分开、政社分开，把不该由政府管理的事项转移出去，把该由政府管理的事项切实管好，从制度上更好地发挥市场在资源配置中的决定性作用，更好地发挥公民和社会组织在社会公共事务管理中的作用，更加有效地提供公共产品。

加强和完善政府职能。在继续加强和完善经济调节和市场监管职能的同时，更加重视社会管理、公共服务和生态环境保护职能。改善经济调节，加强财政政策、货币政策与产业、价格等政策手段协调配合，进一步发挥战略规划和政策法规的作用，引导和调控经济运行。严格市场监管，完善金融市场监管职能，推进公平准入，规范市场执法，加强对涉及人民生命财产安全领域的监管。加强社会管理，强化应急管理职能，完善劳动、就业和社会保障体系，健全基层社会管理体制，维护社会稳定。强化公共服务，加强城乡公共设施建设，着力促进教育、科技、文化、卫生、体育等公共事业健康发展，建立健全统一、公开、公平、公正的现代公共服务体制。突出生态环境保护，合理利用自然资源，防治环境污染和生态破坏，加强对森林、草原、湿地、荒漠和陆生野生动植物资源开发利用和保护。

明确中央和地方职责划分。大力解决政府纵向职责配置高度一致问题，合理配置各层级政府职责。在"加强中央政府宏观调控职责和能力，加强地方政府公共服务、市场监管、社会管理、环境保护等职责"的基本思路下，以财政事权和支出责任划分为手段，进一步推动中央和地方政府职责划分，地方不同层级政府职责划分。加强中央在保障国家安全、维护全国统一市场、体现社会公平正义、推动区域协调发展等方面的职责;明确省级政府在保持区域内经济社会稳定、促进经济协调发展、推进区域内基本公共服务均等化以及加强环境保护与治理等方面的职责;突出基层政府在居民生活、社会治安、城乡建设、公共设施管理等方面的社会管理和公共服务职责。①

3. 深化政府机构改革

在坚持党的全面领导下,按照优化协同高效的原则,紧紧围绕政府职能转变和理顺职责关系。在党政关系方面,对职能相近、联系紧密的党政机构实行合并设立或合署办公;在政府系统内部,对业务范围趋同的行政机构实行大部门体制,进一步优化政府组织结构,规范机构设置,完善体制机制,构建系统完备、科学规范、运行高效、职责明确、依法行政的政府组织结构和职能体系。

进一步推进国务院机构及内设业务部门改革。经过改革开放以来八轮机构改革,国务院机构设置将进入相对稳定时期,以往大撤大改的情况将逐渐减少。未来国务院机构改革将结合经济社会环境发展变化对少数部门进行调整和优化。进一步完善金融市场监管体制,推进金融监管部门改革;加强社会管理、公共服务和生态环境保护部门建设,强化服务功能,保障和改善民生。同时积极深化国务院机构内设业务部门的调整与优化,逐渐从"大部门"深化到"大司局"和"大处室"改革,通过法定方式细化和明确内设业务部门的权力和职责范围。

继续深化地方政府机构改革。地方政府机构,特别是基层政府机

---

① 参见《国务院关于推进中央和地方财政事权和支出责任划分改革的指导意见》(国发〔2016〕49号)。

构将是未来改革的重点。要着力完善维护党中央权威和集中统一领导的体制机制，省市县各级涉及党中央集中统一领导和国家法制统一、政令统一、市场统一的机构职能要基本对应。赋予省级及以下机构更多自主权，突出不同层级职责特点，允许地方根据本地区经济社会发展实际，在规定限额内因地制宜设置机构和配置职能。统筹设置党政群机构，在省市县对职能相近的党政机关探索合并设立或合署办公，市县要加大党政机关合并设立或合署办公力度。借鉴经济发达镇行政管理体制改革试点经验，适应街道、乡镇工作特点和便民服务需要，构建简约高效的基层管理体制。①

　　加快推进事业单位改革。全面推进承担行政职能的事业单位改革，理顺政事关系，实现政事分开，不再设立承担行政职能的事业单位。加大从事经营活动事业单位改革力度，推进事企分开。区分情况实施公益类事业单位改革，面向社会提供公益服务的事业单位，理顺同主管部门的关系，逐步推进管办分离，强化公益属性，破除逐利机制；主要为机关提供支持保障的事业单位，优化职能和人员结构，同机关统筹管理。全面加强事业单位党的建设，完善事业单位党的领导体制和工作机制。②

　　推进决策议事协调机构及办事机构改革。加快政府议事协调机构和党的决策议事协调机构整合，精简和规范各类议事协调机构及其办事机构，不再保留的，任务交给职能部门承担。严格控制议事协调机构设置，涉及跨部门的事项，由主管部门牵头协调。确需设立的，要严格

---

① 参见《深化党和国家机构改革方案》,《人民日报》,2018年3月22日。
② 参见《中共中央关于深化党和国家机构改革的决定》,《人民日报》,2018年3月5日。

按规定程序审批，一般不设实体性办事机构。

4. 推进人事制度改革

深化公务员制度改革。在党管干部原则下，不断发展和完善中国特色公务员制度，大力建设信念坚定、为民服务、勤政务实、敢于担当、清正廉洁的高素质专业化公务员队伍。深入推进公务员分类管理改革，建立法官、检察官、人民警察以及海关、驻外外交机构专业职务序列及工资制度。全面推行公务员职务与职级并行制度，加强公务员聘任制改革，全面推进和规范公务员公开遴选机制，强化公务员正向激励机制，完善公务员淘汰机制，建立健全公务员问责制度和容错纠错机制。

推进事业单位人事制度改革。结合事业单位分类改革，进一步推进事业单位人事制度改革。全面推行聘用制度、公开招聘制度、竞聘上岗制度，健全领导人员选拔任用和管理监督制度。建立符合事业单位特点的奖惩制度，充分发挥奖惩在人事管理中的激励和约束作用。规范事业单位解除、终止聘用合同的条件、程序，畅通人员正常退出渠道。加快事业单位人事管理法规建设步伐。

5. 深化财税体制改革

加快建立现代财政制度，建立权责清晰、财力协调、区域均衡的中央和地方财政关系。推进中央和地方财政事权和支出责任划分，加快构建科学合理、职责明确的财政事权和支出责任划分体系。在权责对等的条件下，以财政事权划分为依据合理划分财权，实现事权与财权的匹配。深化税收制度改革，在保障中央积极性的前提下，通过重建地方税体系,着力提高地方积极性。①建立全面规范透明、标准科学、约束有力的预算制度,全面实施绩效管理。优化和完善转移支付制度,在稳定转移支付总体规模的基础上扩大一般性转移支付规模,健全专项转移支付定期评估和退出机制。②

6. 加快政府信息化建设

加快推动政务信息系统互联和公共数据共享。完善政务基础信息资源共建共享应用机制,依托政府数据统一共享交换平台,加快推进跨部门、跨层级数据资源共享共用,打破"信息孤岛"和"数据烟囱"。推动国务院部门内部政务信息系统整合,制定互联互通系统名单和共享信息目录,并将整合后的政务信息系统统一接入国家共享平台。推动地方政府政务信息系统整合,以"大数据局"为基础,建立健全数据开放平台和标准体系,推动地方政府数据开放共享利用。

推进"互联网+政务服务"。以现代信息技术为抓手,以服务社会为目的,加快政府信息化从"办公信息化"向"服务信息化"转变。推动政府部门在协同联动、流程再造、系统整合等方面的改革,大力推进政务服务"一号申请、一窗受理、一网通办",构建方便快捷、公平普惠、优质高效的政务服务信息体系,简化群众办事环节,让信息多跑路、群众少跑腿。全面推进政务公开,加强政民互动交流,建立政府同群众交流沟通的互联网平台,推动各级政府部门通过互联网了解群众,贴近群

---

①　参见闫坤、于树一:《财税改革40年:挑战、主线、规律和未来改革思路》,《学习与探索》,2018年第10期。

②　参见周广帅、唐在富:《改革开放四十年我国财政体制改革回顾与展望》,《财政科学》,2018年第8期。

众，为群众排忧解难。[①]

7. 加强依法行政和制度建设

加快法治政府建设。提高政府立法质量，构建系统完备、科学规范、运行有效的依法行政制度体系；改革行政执法体制，完善行政执法程序，创新行政执法方式；健全依法化解纠纷机制，改革信访工作制度；完善行政复议、行政赔偿和行政补偿制度；健全行政调解、行政裁决、仲裁制度。[②]

完善国家机构法规制度。加快国务院组织法和地方组织法的修订；研究制定机构编制法，完善决策议事协调机构的相关法规，细化合并设立和合署办公规定；加强党内法规和国家法律的衔接和统一。

推进行政决策科学化、民主化、法治化。完善重大行政决策程序制度，建立行政机关内部重大决策合法性审查机制，健全并严格实施重大决策终身责任追究制度及责任倒查机制。

强化对行政权力的制约和监督。坚持用制度管权管事管人，健全行政权力运行制约和监督体系。各级政府要自觉接受党内监督、人大监督、监察监督、民主监督、司法监督。完善社会监督和舆论监督机制，加强行政监督和审计监督，完善纠错问责机制。

[①]　参见《"十三五"国家信息化规划》，中国政府网，http://www.gov.cn/zhengce/content/2016-12/27/content_5153411.htm。

[②]　参见《法治政府建设实施纲要(2015—2020年)》，新华网，http://www.xinhuanet.com//ttgg/2015-12/27/c_1117591748.htm。

第一章
传承与嬗变：行政理念创新

我们拨乱反正，就是要在坚持四项基本原则的基础上发展生产力。为了发展生产力，必须对我国的经济体制进行改革，实行对外开放的政策。

——邓小平（1985年）

只要我们党始终成为中国先进社会生产力的发展要求、中国先进文化的前进方向、中国最广大人民的根本利益的忠实代表，我们党就能永远立于不败之地。

——江泽民（2000年）

科学发展观，第一要义是发展，核心是以人为本，基本要求是全面协调可持续，根本方法是统筹兼顾。

——胡锦涛（2007年）

市场起决定性作用，是从总体上讲的，不能盲目绝对讲市场起决定性作用，而是既要使市场在配置资源中起决定性作用，又要更好发挥政府作用。

——习近平（2014年）

美国公共行政学家乔治·弗雷德里克森指出："公共行政是建立在

价值与信念基础之上的，用'精神'这个概念描述这些价值和信念是最合适不过了。对于个人而言，公共行政的精神意味着对于公共服务的召唤以及有效管理公共组织的一种深厚、持久的承诺。"[①]从行政发展的视角看，转型时期中国社会最主要的标志之一就是政府正在寻找政府与市场、权威与自由、政府与社会、政府与公民、集权与分权之间新的平衡点，转变政府职能，实现政府转型。作为公共行政体系深层结构和灵魂要件的行政理念，从深层次上决定了公共行政的宗旨、目标和运行模式。因而从社会转型及其行政发展的视角来审视、评判、继承和创新中国政府公共行政理念，有利于引导整个行政体系作出适应社会主义市场经济和民主社会本质要求的系统变革，增强公共行政的合法性基础。改革开放四十年中国行政发展的历程，在一定意义上讲，即是伴随着社会转型行政理念传承与嬗变的过程，特别是不断创新的过程。

第一节　计划经济时代的社会环境和行政理念

行政理念是行政文化的重要组成部分，是政府及其公务员的行政意识、价值观念、信仰追求以及行政传统、行政习惯、行政准则等要素的综合反映。行政理念是行政的"灵魂"，它深刻地影响着行政目标、行政组织、行政人员以及行政机制的运行。

---

① ［美］乔治·弗雷德里克森：《公共行政的精神》，张成福等译，中国人民大学出版社，2003年，第13页。

一、计划经济时代的社会环境

美国组织理论专家弗里蒙特·E.卡斯特和詹姆斯·E.罗森茨韦克指出,组织变革的动力来源于环境。[①]行政系统是在一定的社会环境中运行的,社会环境必然影响行政组织的内部结构、功能、运行及其理念。因而一般社会环境被称作是行政系统的"生长气候"[②],社会的政治、经济和文化环境是行政理念赖以产生发展的基础。因此,对计划经济时代的一般社会环境进行探讨,有助于我们把握中国当时的行政理念特征。

（一）经济环境

所谓计划经济，是指按照国家指令性计划来配置资源的经济形式。受苏联模式及传统社会主义理论影响,长期以来,中国经济所有制形式单一,社会公有制经济成为所有制结构的主导;就业采取国家统包统分的方式,分配制度崇尚"一大二公"的平均主义,排斥市场经济和价值规律的作用，行政手段和指令成为调控经济运行的主要手段。所有这一切都极大地阻碍了现代市场经济的形成和发展,生存土壤的这一缺失也使得中国现代行政理念先天不良。

新中国成立之初,计划经济体制对于奠定社会主义工业化基础发挥了重要作用。但从长远来看,随着经济的恢复和迅速发展,计划经济体制自身的诸多弊端妨碍了生产力的发展。这种状况主要表现在:"一

---

① 参见[美]弗里蒙特·E.卡斯特、詹姆斯·E.罗森茨韦克:《组织与管理——系统方法与权变方法》,李柱流等译,中国社会科学出版社,1985年,第665页。

② 黄达强、刘怡昌主编:《行政学》,中国人民大学出版社,1988年,第54页。

是无法从根本上解决生产者与生产资料的结合问题。在生产过程中长期存在生产者与生产资料的分离，人民大众被剥夺了监督的权利，这给物质生产带来了无法计算的损失。其次，实行高度集中的经济管理体制，使国家、企业和劳动者三者利益难以结合，从而制约了企业和生产者的主动性与创造性。最后，管理权限的高度集中化与管理方式的高度行政化，不可能按照客观经济规律发展经济，必然排斥市场的作用，缺乏竞争，从而长期使产品质量不能提高，改变不了严重不合理的经济结构，造成严重的资源、人才与时间浪费，伴随浪费而来的则是低效率的经济。"①如何对计划经济体制作出调整和完善，成为社会主义生产力发展的关键。

（二）政治环境

中国封建社会两千多年的统治对中国的影响是相当大的。漫长时期的集权统治、缺乏民主的官僚专制体制对行政理念的影响也是毋庸置疑的。新中国成立后，由于实行高度集权的政治体制，党通过国家控制所有政治资源，政治权力高度集中于中央政府。从现实基础看，当时的经济建设需要集中有限的人财物力，当时的社会状况也需要强有力的权威性的中央政府。从理论角度来看，中国建立高度集权的政治体制，一方面是对苏联模式的照抄照搬，另一方面也反映了政治体制发展中的路径依赖。这种政治体制在新中国成立初期发挥了积极作用，为我国维护社会稳定和国家安全、恢复和重建经济体系、顺利完成社会主义过渡创造了良好条件。

---

① 陆南泉：《苏联剧变的根本原因》，《世界经济》，1996年第9期。

我国计划经济时代的行政体制广为人诟病的是行政效率的低下,不讲效率,成为行政系统存在的严重弊病。这主要表现为:一是行政关系纷繁复杂,行政层次增加。随着中央政权需要处理的事务日益增多,不得不增设更多的管理机构,以致机构臃肿、重叠,职责不清;在人力资源上,行政系统机构多、层次多、人员多,其直接后果是冗员充斥、人浮于事、推诿扯皮。二是在财力资源上不算经济账,认为经费越多越好,花钱大手大脚,大慷国家之慨。三是在公务活动中,官僚主义严重,门难进、脸难看、话难听、事难办,公事不公办,走后门,拉关系;有利之事争着干,无利之事互相推诿,官僚气息浓重等。这些弊病导致了行政成本极大增加,并进一步对经济社会发展造成了负面影响。

(三)社会文化环境

计划经济时代单一的价值观、对共同利益的强调和统包统管的社会文化管理模式,使得社会文化环境失去了应有的生机和活力。社会价值观、思维模式单一雷同,追求表象上的公平。在长期计划经济体制下,这导致了个人以至社会都普遍进取意识不足,"等""靠""要"观念严重,从而形成了计划经济特有的文化表象,具体包括:惰性文化、依赖文化、垄断文化、侵权文化、人治文化。①

惰性文化主要是由计划经济的"铁饭碗"和"大锅饭"的就业和分配制度造成的,缺乏激励和约束使人们丧失了积极性和进取心;依赖文化则是由于国家控制和支配一切资源,企业、个人以至社会都需要仰赖政府的资源配置,久而久之社会文化就形成了等、靠、要的依赖思

---

① 参见郭秀君:《加入WTO挑战计划经济文化》,《财经问题研究》,2001年第7期。

想；垄断文化实际上是依赖文化的另一面，计划经济模式下产权形式单一，国家对企业有所有权和经营权，这必然会形成超经济的行政垄断文化；计划经济时代产权界限不清，公私不分，对产权（既包括公有产权，也包括私有产权）的侵犯屡见不鲜，侵权文化的形成属于社会现象的折射；人治文化是中国长期以来封建专制思想的残留，由于计划经济时代法律约束的缺失，"长官意志""官本位"现象在某种程度上残存并被强化，这进一步加剧了行政体制存在的问题。

（四）国际环境

虽然新中国自成立之日起，就主张在平等互利的基础上发展与世界各国的经济贸易关系和文化交流，但是由于当时复杂的国际环境并且受一些主观因素的影响，这一主张并未被充分付诸实践。新中国成立前后，世界已经经历了两次世界大战，战后的世界形成了美苏两大阵营对峙的冷战格局。1950年6月美国发动了朝鲜战争，随后又出兵驻军中国台湾。此后，随着战争的扩大，美国联合其他主要资本主义国家对我国实行经济技术封锁与禁运，并利用联合国来谴责和孤立中国，使得新中国处于非常不利的国际环境之中。除了西方国家的敌视以外，作为中国同盟者的苏联，和中国的关系也发生了变化。新中国成立之初，同处社会主义阵营的苏联在经济、技术、人员以及外交等方面为中国提供了非常有力的援助。但是到了20世纪50年代末期，中苏关系恶化，苏联政府单方面终止合同，撤回在中国的全部专家，给中国造成了严重的经济损失。美、苏两国的上述表现使新中国的领导人意识到，中国的利益需要靠自己的力量来维护。建立强大的国家、强大的政府以维护国家主权和人民的安全成为当时的必然选择。从60年代至改革开放前，由于当时复杂的国际环境，"左倾"思想的影响以及"文化大革命"期间的严重内乱，我国基本上割断了与世界各国的联系，拉大了同世界先进国家的差距。

综合起来看，中国计划经济时代的一般社会环境具有独特特征，它既受中国两千年来传统行政文化的影响，又受苏联模式和传统社会主义思想的影响，同时还是经济社会恢复重建的现实需要。各种积极因素和消极因素的综合作用从多方面影响着行政理念的构建，从而对行政体制产生了深刻且持久的影响。

二、计划经济时代的行政理念

社会存在决定社会意识。一定的社会环境必然造就与之相对应的行政理念。计划经济时代的行政理念集中体现为全能行政理念、管制行政理念、人治行政理念以及封闭行政理念。

（一）全能行政理念

全能行政理念是传统集权体制的产物。我国在两千多年的封建制度下形成了以皇帝为中心的高度集权的专制制度。体现到行政运行机制上则表现为君权至高无上，事无大小皆取决于皇帝的意志，实行集中领导、集中指挥、集中行动。在计划经济时代，由于资源配置均由政府主导完成，因此行政权力几乎是无限制的。政府通过行政审批、许可、指令等手段，将政治、经济、社会、文化等方面全部纳入管理范围，且管理事无巨细，包揽一切。人们普遍不信任市场经济和价值规律，认为相对于市场而言，政府更有能力，也更公平。因此，政府除了要承担国防、公共卫生、义务教育、社会保障等必要的公共职能外，还要直接管理行业和微观经济主体。政府成为事实上的"全能政府"，其规模和职能极度膨胀，整个社会形成"大政府小社会"格局，社会的自主性被极大压抑。

全能行政理念是根深蒂固的，即便是改革开放后多年，"这种全能政府的观念和做法仍然存在，政府管了许多不该管、管不了、也管不好的事，而有些该管的事又没有管或没有管好，降低了政府的行政能力，同时也损害了个人和其他非政府组织的自主性、独立性和创新能力"[①]。由于政府的精力和所掌握的资源有限，面对纷繁复杂的社会经济事务，其应接不暇是必然的。尤其是随着历史条件的变化和经济发展，这种全面行政理念越来越不适应社会发展的需要，其弊端日益显露：一是政府与市场、政府与社会界限不清，政府统管模式无视客观规律，大包大揽，限制了社会、经济、文化的发展，压抑和束缚了经济社会体系的发展；二是中央高度集权的管理模式弱化乃至架空了地方政府职能，严重影响了地方政府积极性的发挥，造成了整个政治体系的失衡；三是财政供养人员过多，致使财政不堪重负，官民比例过高加大了基层人民的税赋负担。也正因为政府职能的无限扩张和行政效能的反差，招致了人们对全能行政理念的抨击。

（二）管制行政理念

在传统社会的行政管理中，政府凭借着强制性的公共权力，始终在社会管理中承担着统治者的角色，对社会的管理受制于统治、管制等理念。在高度集权的计划经济体制下，我国政府形成了"管理""统治""管制"的思维定式，倾向于用命令和管制来形成权威。它高高在

---

① 许大华：《行政许可法与政府行政理念创新》，《人民日报》，2004年4月15日。

上,角色错位,"把传统的凌驾于整个社会之上的管理模式转化为深入到社会之中的和渗透在社会生活一切领域的无所不包的相容型管理模式"①。行政权力集中性所形成的服从与被服从的关系依然延续着伦理专制下的人格依附关系。

实际上,在当代中国,政府的管理仅仅是手段,服务才是政府的目的。政府的全部工作要以保障公民的基本权利、促进公民权利的实现为根本出发点和落脚点。要倾听公民的呼声,为公民参与和救济等方面权利的实现提供必要的途径。这是由政府权力的本源所决定的。政府权力来自于公民授予,因而是公益的体现。这一本源也规定了政府权力的归宿同在一处,即为民谋取利益。2004年的宪法修正案其中重要一条就是要加强对人权的保障。这是从宪法角度对这一理念的认可。做到这一点,政府才会得到人们的拥护,其统治才具备合法性基础,才真正具备"固本强基"的基础。

邓小平在《党和国家领导制度的改革》中指出:"权力不宜过分集中。权力过分集中,妨碍社会主义民主制度和党的民主集中制的实行,妨碍社会主义建设的发展,妨碍集体智慧的发挥,容易造成个人专断,破坏集体领导,也是在新的条件下产生官僚主义的一个重要原因。"②他进一步指出,要解决这一问题,需要从制度上入手:"领导制度、组织制度问题更带有根本性、全局性、稳定性和长期性。这种制度问题,关系到党和国家是否改变颜色,必须引起全党的高度重视。"③

---

① 张康之:《寻找公共行政的伦理视角》,中国人民大学出版社,2002年,第4~5页。
② 《邓小平文选》(第二卷),人民出版社,1994年,第321页。
③ 同上,第333页。

（三）人治行政理念

中国漫长的封建时代缺乏民主法治精神，充斥着专断独裁、家长作风、官本位等种种不良行政理念，极大地影响了中国当代的行政价值。新中国成立之初，致力于建构与国民党统治时期和几千年的封建社会不同的行政理念，形成了一系列如以人民利益作为一切工作的出发点等新的行政理念。然而到了"大跃进"以及"人民公社"时期，开始过分地突出人在行政管理中的作用，过分强调行政人员的主观意志。"文革"期间，伴随着政治斗争，原来的行政观念被否定，行政管理活动中出现了随意性的倾向，个人崇拜盛行，我国的行政系统完全处于一种人治状态。这一时期的行政理念具有明显的官本位特征：崇尚权力、缺乏民主、家长制作风严重、行政权力缺乏监督，官员"高高在上，滥用权力，脱离实际，脱离群众，好摆门面，好说空话，思想僵化，墨守成规，机构臃肿，人浮于事，办事拖拉，不讲效率，不负责任，不守信用，公文旅行，互相推诿，以至官气十足，动辄训人，打击报复，压制民主，欺上瞒下，专横跋扈，徇私行贿，贪赃枉法，等等。这无论在我们的内部事务中，或是在国际交往中，都已达到令人无法容忍的地步"①。

人治行政理念导致了众多问题。其主要表现在：一是损害了民主集中制原则。人治行政中官员容易盛气凌人，"事无大小，皆决于上"，主要领导个人独断的情况并不鲜见，民主讨论、集体决定的规定形同虚设，民主集中制也名存实亡了。二是损害了干部任用制度。人治条件下，下级对上级唯命是从，上级对下级容易颐指气使，反映在干部工作

---

① 《邓小平文选》（第二卷），人民出版社，1994年，第327页。

中便是任人唯亲。因此,邓小平在《党和国家领导制度的改革》中着重强调:"不应当把上下级之间的关系搞成毛泽东同志多次批评过的猫鼠关系,搞成旧社会那种君臣父子关系或帮派关系。"三是助长了腐败。腐败现象损害了政府及其官员的形象,严重地削弱了行政系统的凝聚力和权威性,影响着政府所担负的组织和领导中国社会现代化建设与社会发展任务的实现;干扰了正常的经济秩序和公共权力运行,加剧了分配不公,破坏了公平的利益分配格局,引起国家政治生活、社会生活和经济生活的混乱;侵蚀社会政治心理,危及社会成员的政治认同、政治情感和政治价值,动摇社会群体的理想和目标;毒化社会风气,造成相当一部分社会成员是非不清、善恶不分,陷入个人主义、利己主义的泥潭。这些都严重影响和危害了当代中国社会转型与现代化的进程。

(四)封闭行政理念

中国封建社会奉行"民可使由之,不可使知之"的理念。这一理念为计划经济时代所因袭。受此支配,行政系统亦成为封闭保守的组织体制。政府远离公众,行政体系缺乏透明度,信息公开程度严重不足,权力运作方式是暗箱操作、不为公众所知,行政系统缺乏和社会公众的沟通与互动,公众缺乏了解行政信息的必要途径,对行政决策及实施过程没有深刻的认识。换言之,公众不了解政府行政行为的动机,也不明白政府行政行为对自己有何影响。这就使公众对行政行为缺乏及时有效的监督,以致政府出现滥用权力、违法乱纪等问题时缺乏必要的监督机制。这就使得公众无法对行政机关的滥用权力以至腐败进行有效制约。

政府掌握的资源与公众息息相关，举凡衣食住行等与公众生存权利相关的信息，医疗、环保、治安等与公众生活利益相关的信息，政府都有公开的需要和必要。从知情权的角度来看，政府公开行政信息是对公众的一种义务。开放、透明的行政体系对于防止权力滥用和腐败现象具有重大意义。

值得注意的是，对行政信息刻意封锁可能会适得其反："当前，社会矛盾复杂多样，在信息不对称到信息对称的转变初期，人们很容易矫枉过正，越是极端的、逆反的信息，越是深信不疑，正面的舆论往往缺乏主动性、说服力，很容易让谣言和恶意煽动得手。因此，透明行政时代的挑战是严峻的。要维护社会稳定，政府不如先从主动公开信息着手，做到凡是公众需要执行的政策和有关信息；凡是公众需要知晓、配合的信息；凡是能够调动公众创业的信息，在权衡利弊之后可以公开；凡是对推进经济发展和稳定社会有利的信息；不会对眼前利益造成损害的信息应主动公开。政府要成为信息公开的责任主体、行为主动、媒介主流、舆论主导，赢得人民的信赖。"①这种情况是值得我们加以注意的。

第二节　社会转型要求创新行政理念

改革开放以来，中国启动了现代化的历史进程，开始了全面而深刻的社会转型。这一社会转型，就其实质而言就是完成经济、政治和文

---

① 宋军：《透明：行政时代到来》，西安新闻网，http://www.xawb.com/gb/news/2008-05/12/content_1452141.htm。

化等领域全面性的社会变革，由传统农业社会向现代工业社会、传统计划经济体制向社会主义市场经济体制、人治社会向法治社会、封闭型社会向开放型社会转变，实现中国特色的社会主义现代化。当代中国的社会转型要求创新行政理念，以适应社会发展的需要。

一、社会转型：当代中国行政理念创新的动力和方向

社会转型冲击着传统的行政理念体系，要求行政理念体系实现更新。发生于20世纪70年代末的改革开放，是一次全面而深刻的社会转型，为当代中国的行政理念创新提供了最为强大的动力。社会转型必然向行政系统提出新的要求，推动行政系统、行政理念的除旧布新。

改革开放以来的中国社会转型的影响是广泛而深远的。社会转型使中国行政系统面临的一般社会环境发生了重大变迁：

第一，行政环境由相对稳定的状态进入现代化全面启动、社会结构全面转型的状态，现代化由经济到政治、文化向社会各个领域全面推进，社会转型涉及社会结构、社会运行机制以及价值观念等方方面面。

第二，建立社会主义市场经济体制、建设社会主义民主政治和社会主义精神文明成为中国共产党和全国各族人民新时期的总任务。这就要求政府改变在计划经济时代形成的那一套管理理论、方法与手段，放松对经济和社会的规制，避免用行政手段直接干预经济和社会。

第三，社会发展战略和价值取向由"以阶级斗争为纲"、以政治运动为中心转向以经济建设为中心，大力发展社会生产力成为社会主义初级阶段的根本任务。这就要求行政工作要为经济建设服务，为经济

发展营造宽松、有序的环境。

第四，公民社会逐步兴起，要求政府在理念上作出相应的调整，消解根植于臣民社会的特权思想、等级思想，以自由平等的契约观念来调整国家与社会的关系，由传统的管制理念、权力本位理念向服务理念、责任理念转变。

第五，科学技术的迅猛发展，渗透到社会生活的各个领域，正在成为推动当代中国社会经济发展的"第一生产力"。国与国之间的竞争已由以往的政治、军事较量为主转变为以经济、科技、文化和意识形态为主的综合国力较量，经济发展与科技进步已经成为衡量一个国家综合国力的根本标志，各国政府都把发展经济和高新科技作为行政管理的首要任务。

第六，全球化时代，人类全球交往的广度、深度正以惊人的速度发展，世界日益变成了一个地球村，传统的封闭式管理经常会受到国际社会的影响。我国社会也由闭关自守走向全面对外开放，批判地借鉴和吸收人类创造的一切优秀文明成果成为当代中国大众的心态。

上述各方面的变化使中国行政系统面临的社会环境今非昔比，要求行政系统、行政理念与之相适应，求得两者的动态平衡。因而当代中国的社会转型必然成为转型时期中国行政理念创新的直接动力。

二、适应社会转型要求创新行政理念

与当代中国行政理念创新的动力直接相关的是其发展方向。当代中国的社会转型，特别是由单一的公有制经济结构转变为以公有制为主体、多种经济成分并存和共同发展的所有制结构，由单一的按劳分配制度转变为以按劳分配为主、其他分配方式并存的分配制度,由高度集权型的计划经济体制转变为社会主义市场经济体制和运行机制,由封闭经济转变为开放经济,使行政系统面临的社会经济环境发生了重大变化,要求行政权力运行方式、程序和体制本身在经济发展的推动下革故鼎新,与社会经济环境相适应;要求创新行政理念,为经济持续、健康、稳定发展以及社会全面进步提供一个正确的价值导向。

(一)服务行政理念

在现代社会,行政机关在本质上是服务机关。行政活动虽然不能避免管制行为,但其核心任务仍然是为公民提供各种必要的服务和保障。服务行政理念是一种公民取向、社会取向的理念,主张在整个社会民主秩序的框架下,通过法定程序,以为公民服务为宗旨开展行政工作。服务意识、民主参与理念、公共利益观念是服务行政理念的内核。服务意识是落实服务行政的前提条件。服务意识究其本质是为公众、为公民服务的理念。树立正确的服务意识要科学地确定为谁服务、由谁来服务、如何服务以及提供什么样的服务等问题。民主参与理念是落实服务行政的重要保证。早在19世纪末20世纪初,托马斯·杰克逊就提出公共行政关系扩大到民主的理念,应该坚持两个原则:"政府必须分权,以使每个公民亲身参加到公共行政中来……政府必须教授人民政治智慧并培养独立的公民意识。"[1]公共利益是服务行政的价值取向。服务行政就其本质来说是为全社会服务的,所以追求公共利益理应成为其价值取向。服务行政是我国行政改革的目标选择和发展方向。

---

[1]　刘俊生:《论服务型政府的价值基础与理论基础》,《南京社会科学》,2004年第5期。

服务行政是社会主义性质和党的宗旨的体现。我国是人民民主专政的社会主义国家，人民当家做主是社会主义的本质属性和根本要求。我国宪法第27条规定："一切国家机关和国家工作人员必须依靠人民的支持，经常保持同人民的密切联系，倾听人民的意见和建议，接受人民的监督，努力为人民服务。"中国共产党的根本宗旨是全心全意为人民服务，除了人民的共同利益，党没有自己的特殊利益。社会主义性质和党的宗旨要求行政人员牢固树立服务理念，以服务社会、服务公众为自己的最高价值追求。

服务行政是经济体制转型的必然要求。改革开放以来，我国经济体制改革在理论上和实践上都取得了重大的进展，社会主义市场经济体制初步建立。但是政府行政改革相对滞后，腐败蔓延、市场秩序混乱、突发性公共事件频发等都对政府的行政活动提出了严峻的挑战。随着经济的快速发展，我国社会也走上了开放化和多元化的轨道，以前由一个权力中心发号施令的做法不再可行，世界范围内出现了多中心治理的趋势。这就要求政府向市场和社会合理分权，充分实现权力的社会化。与此同时，行政官员掌握的权力不应是为他们自身服务的工具，而应该向其所有者——公众回归。服务行政要求政府职能集中在宏观调控、市场监管以及提供高水平的公共服务等方面，从而推进我国社会主义市场经济体制的完善。需要指出的是，20世纪70年代以来，为了迎接经济全球化、信息社会和知识经济时代的到来，摆脱财政危机、提高政府效率和本国的国际竞争力，世界各国相继展开了一场以经济、效率和效能为目标的行政改革运动。尽管各国改革的具体措施存在很大差异，但总体思路却基本一致，即在公共部门内部引入竞争机制，打破政府对公共服务的垄断，促使政府增强服务意识、改善服务方式、改进服务质量、提高服务能力。国际公共行政大环境的变化也对我国行政实现由管制向服务的转变起到了重要的推动作用。

服务行政理念对于克服官僚主义有着重要的意义。与管制行政以政治为中心不同，服务行政以人为中心、以公众为中心，为社会自治创造条件，为人民管理国家事务搭建平台。服务行政能彻底消解我国传统社会中的官本位现象，同时，服务行政以实现公共利益作为价值取向，以公众满意为目标，能有效克服官僚主义作风，真正做到全心全意为人民服务。在社会转型的背景下，我国政府应进一步明确其使命，明确自己该管什么、不该管什么。同时，应对行政人员进行卓有成效的思想教育，使其牢固树立公仆意识、服务意识，从根本上改变工作作风，提高服务品质。

（二）有限行政理念

在现代社会，政府应该扮演什么角色、履行什么职能是一个十分重要的话题。所谓有限行政就是指行政组织的规模、职能、权力作用范围和作用方式等都有明确的界限。有限行政的实质是要科学、合理地界定政府与市场、政府与社会的边界，明确政府应该以何种方式、在多大程度上介入其中。在有限行政模式下，政府的职能范围必须由法规定。法律规定政府享有多大职权，政府才能行使多大职权，政府不能随心所欲地行使权力，否则就是滥用职权，就是违法。需要指出的是，有限行政和有效行政并不冲突。相反，有限行政是有效行政的前提，不是有限的政府就不可能是有效的政府。有限行政要求政府做到既不越位又不缺位。所谓不越位，一方面是指凡是市场和社会能解决的问题，政府就不干预,尽可能发挥市场和社会的作用,政府只解决市场和社会解决不了,且政府能解决的问题;另一方面是指,行政组织不越位干预应由其他行政组织依法履行的职能。所谓不缺位是指法定该由本组织履行的职责一定要全力履行好。

有限行政是与市场经济体制相适应的。计划经济时代形成的全能行政,政府的行政权力全方位控制着社会,政府的强制力无处不在,社会处于被动的状态,整个社会的活力被遏制而无法释放。伴随着社会主义市场经济的发展,全能行政引发的行政权力失控、行政效率低下等问题,都要求我们建立一个有限的但是强有力的政府。

实现有限行政,要以深化行政审批制度改革作为突破口。在社会生活中,审批无处不在。审批过多过滥,导致行政效率和社会效率低下。在市场经济条件下,政府的权力是有限的,市场成了资源配置的主要手段。《中华人民共和国行政许可法》严格控制行政许可设定权,而且明确规定了行政许可事项的范围。规定公民、法人或者其他组织能自主决定的、市场竞争机制能有效调节的、行业组织或者中介机构能自律管理的以及行政机关采用事后监督等其他行政管理方式能规范的事项可以不设行政许可。这样就可以减少和限制不必要的审批事项,使行政机关改变传统的管理模式,转向宏观调控和社会服务方向,有利于调动社会的积极性和促进社会主义市场经济体制的完善。

(三)高效、廉洁行政理念

高效、廉洁是转型时期中国行政理念创新追求的重要价值目标。能否建立高效、廉洁的行政系统,直接关系当代中国社会转型的进程,关系到中国特色社会主义现代化的实现。

第一，中国社会转型以及由此引发的行政环境挑战，要求确立高效、廉洁的行政理念，建立高效率的行政系统。由传统计划经济体制向社会主义市场经济体制的过渡，必然要求提高行政系统的工作效率，以适应并推动社会主义市场经济的发展。因为发展市场经济，必然开展激烈的竞争，只有办事效率高才能在竞争中取胜。行政管理是运用国家政权的力量，按照国家和人民的意志和利益，对整个社会公共事务进行有效的管理，它在整个社会管理中居于支配地位。行政效率能否提高，直接影响企业、事业管理活动的运行，影响社会主义市场经济的运行，进而制约当代中国社会转型的实际进程。同时，当前人类正处在科学技术飞速发展的时代，中国面临着新的科学技术革命的挑战。要迎接这场挑战，学习、引进和运用世界先进科学技术推进我国的社会转型和社会主义现代化建设，必须对社会生活各个领域实行科学而有效的管理。今天，国与国之间的竞争是科技、经济竞争，更是管理竞争。行政效率的提高，可以及时提供一切有利于运用世界先进科学技术有效开发资源的条件，从而极大地促进社会经济的发展。没有高效、廉洁的行政理念，就不能提高行政效率，就意味着坐失良机，浪费人力、物力和财力，在竞争中就要失败。

为了实践高效、廉洁的行政理念，从而提高政府的行政效率，转型时期的中国进行了如下一系列行政实践：改革政府体制，精简机构，裁减冗员，建立合理的行政组织，为实现马克思所倡导的"廉价政府"①而不懈努力；重塑中央人民政府——国务院的行政权威，确保政令畅通

---

① 《马克思恩格斯选集》（第二卷），人民出版社，1972年，第381页。

和有效贯彻执行，切实做到令行禁止；健全行政管理法规和日常工作制度；提高行政领导者的素质和领导艺术；加强培训工作，提高行政人员的素质；建立国家公务员制度；实行激励原则，调动人的积极性；改善行政环境和工作条件；逐步实现管理技术和工具现代化、办公自动化等。

第二，转型时期的中国社会要求确立高效、廉洁的行政理念，不断根除行政腐败，建立廉洁的行政系统。追求廉洁政府，是中国社会转型时期行政改革和发展的目标之一。廉洁的行政系统，必然要求政府官员（公务员）在行政过程中树立廉洁的行政理念，保持高度的清廉度。保证政府官员的清廉，是当代行政发展中亟须解决的一个重大问题。就世界范围看，行政腐败始终是各国政府改革所努力根除的对象，但却一直难以禁绝。尤其是进入20世纪80年代以来，腐败像毒素一样蔓延在许多国家行政系统的机体上。无论是西方国家，还是发展中国家，行政丑闻不断，大大削弱了政府的威信。特别是众多发展中国家，由于行政系统出现的腐败现象，引起政局不稳和社会动荡，进而导致本国社会发展和现代化进程的中断。能否有效根除腐败、树立廉洁的行政理念，建立廉洁的行政系统，直接关系到中国社会由传统农业社会向现代工业社会、传统计划经济体制向社会主义市场经济体制、人治社会向法治社会、封闭型社会向开放型社会转型的实现，关系到中国社会主义现代化的实现。

为了有效地根除腐败，树立廉洁的行政理念，建立廉洁的行政系统，伴随着当代中国社会转型的具体进程，中国政府采取了如下一系列重大措施：①建立严格的法律法规，从制度上杜绝漏洞。②设立专门的监察机构和审计机构。监察机构的任务是监察行政机关及其公务员是否违反国家政策、法律、法令或损害人民及国家利益,并纠举其违法失职行为。审计机构的任务是依法审核和稽查行政机关的财政财务活动以及财经法纪的遵守情况。特别是2018年党和国家机构改革,将监察部、国家预防腐败局的职责,最高人民检察院查处贪污贿赂、失职渎职以及预防职务犯罪等反腐败相关职责整合,组建国家监察委员会,同中央纪律检查委员会合署办公,履行纪检、监察两项职责,实行一套工作机构、两个机关名称。通过国家监察体制的调整,将在加强党对反腐败工作的集中统一领导,实现党内监督和国家机关监督、党的纪律检查和国家监察有机统一,实现对所有行使公权力的公职人员监察全覆盖方面发挥重要作用。③加大惩治的力度,从严治政,绝不姑息养奸,对那些滥用职权、执法犯法、徇私枉法、欺压百姓的行政人员,一经查实都要严肃处理。④改革工程承包、项目审批制度,避免公共事业建设中的"寻租"行为。⑤反腐败常抓不懈,绝不放松等。

(四)依法行政理念

依法行政是中国社会转型行政理念创新的必然选择。由人治社会逐步向法治社会过渡,实现依法治国,这是当代中国社会转型的内在要求。这种过渡的成功与否,在很大程度上取决于依法行政及其理念的实现程度。这是因为任何一个国家的大多数法律都是由行政机关执行的,离开依法行政,依法治国就失去了支柱。1978年,邓小平在中央工作会议闭幕会上指出:"为了保障人民民主,必须加强法制,必须使民主制度化、法律化,使这种制度和法律不因领导人的改变而改变,不因领导人看法和注意力的改变而改变。"从此中国开始了依法行政、依法治国的探索之路。党的十五大提出"依法治国,建设社会主义法治国家"，并把依法治国提到了"党领导人民治理国家的基本方略"的高度，作为发展社会主义民主政治、实现由人治社会向法治社会转型的必由之路，并进而提出"一切政府机关都必须依法行政"。①党的十八届四中全会作出的《中共中央关于全面推进依法治国若干重大问题的决定》重点阐释了深入推进依法行政，加快建设法治政府，提出加快建设职能科学、权责法定、执法严明、公开公正、廉洁高效、守法诚信的法治政府的任务。

所谓依法行政，其基本含义就是从行政权力的来源到行政权力的行使都应当而且必须具有法律依据。依法行政要求行政机关在行使行政权力、管理社会公共事务时，必须由法律授权并依据法律。依法行政是当代中国社会转型时期经济政治发展的客观需要和必然要求。社会主义市场经济是法制经济，它需要有完备的法律体系，并得以严格遵守和执行。只有这样，才能使社会主义市场经济正常运转，发挥其优势，并得以健康发展。民主政治也就是法治政治，依法行政不仅是法治问题，还是民主问题，是社会主义民主政治建设的重要内容。只有依法行政，才能保证宪法和法律赋予人民群众的主人翁地位和各项民主权利。

依法行政是现代文明社会的重要标志。从人类社会历史进程来看，法治是先进的政治文明和进步的治国方式，是社会转型和社会进步的主要体现。从封建主义专制到资本主义民主法治，再到社会主义民主法治，这是社会不断进步的表现，是社会不断趋于文明的过程。社

---

① 江泽民在中国共产党第十五次全国代表大会上的报告：《高举邓小平理论伟大旗帜　把建设有中国特色社会主义事业全面推向二十一世纪》。

会主义法治是社会主义现代化在国家和社会生活中的重要体现。只有依法行政,才能推动中国的社会主义现代化建设和社会全面进步,完成当代中国的社会转型,由人治社会逐步过渡到法治社会。

依法行政也是行政理念创新的必然要求。现代行政的一个基本特征和要求就是行政机关的权力来源于人民和职权法定。人民通过制定法律授予行政机关以行政权,没有人民的授权,行政机关就无从产生,当然也就无法行使任何权力;行政职权必须由法律授予,并由法律明确其范围。非经法律授权,行政机关就不能拥有并行使任何职权。

为了实现依法行政,党的十五大提出了"实现国家机构组织、职能、编制、工作程序的法定化"①。

第一,实现行政机构组织、职能的法定化。行政机构组织、职能属于行政机关组织法范畴。行政机关组织法是规定行政机关的性质、地位、任务、职责权限、活动原则、职能配置、内部机构设置、人员配备以及行政机关成立、变更和撤销程序的法律规范,是行政机关得以成立并据以活动的法律依据。我国现行的行政机关组织法主要有《中华人民共和国国务院组织法》和《地方各级人民代表大会和地方各级人民政府组织法》,这些法律为中国行政机构组织、职能的法定化奠定了基础。但是我国的行政机构组织法还不完备,例如,《中华人民共和国国务院组织法》对国务院组成部门的设置、活动原则等规定不甚具体、弹性较大;国务院各组成部门组织法规缺位明显;而地方组织法则是将地方国家权力机关和国家行政机关合在一起进行规范的, 弹性也较

---

① 江泽民在中国共产党第十五次全国代表大会上的报告:《高举邓小平理论伟大旗帜 把建设有中国特色社会主义事业全面推向二十一世纪》。

大,没有对地方各级政府的职权作出明确划分,在实践中不易操作。因此,在行政改革与发展中,应当尽快完善《中华人民共和国国务院组织法》,依法规范国务院组成部门的设置和活动原则;要加快制定国务院组成部门、直属机构和办事机构的组织法规,依法规范各部门的任务、职责权限、内部机构设置和人员配备等;同时完善地方组织法,对地方各级政府的职责权限、组织机构作出更为明确的规范。

第二,实现行政机构编制法定化。行政机构编制法是有关行政机关机构设置、人员编制以及编制管理权限、程序等的法律规范。实现行政机构编制法定化,要求我们加快机构编制立法的步伐,建立和完善国家机构编制管理法律体系。为此,国务院于1997年8月颁发了《国务院机构设置和编制管理条例》,这是我国行政机构设置和编制管理法治化的重要进展。这部条例对国务院的机构设置管理、编制管理作了明确规定。这些规定改变了以往无章可循、无规可依,或者只有零散的文件规定因而缺乏稳定性和权威性的状况,对于规范国务院行政机构的设置、加强编制管理、提高行政效率具有重要的意义,同时也为地方各级政府机构设置和编制管理规定的制定提供了可资参考的文献。

第三,实现行政机构工作程序的法定化。行政程序包括行政立法程序,行政许可、行政征收、行政处罚、行政强制等执法程序和行政复议等行政救济程序。行政程序法是规定行政机构及其工作人员实施行政行为所需经过的程序以及应采用何种方式、运用何种手段等的法律规范,是行政权力正常运行的重要机制。行政程序法定化是依法行政的核心问题,依法行政有赖于行政程序来保障。这是因为,任何行政行为只有通过一定的行政程序才能得以实施。行政程序法的一切规定都是针对行政主体的,以确保行政机关及其工作人员的行政行为依法进行。从一定意义上说,没有行政程序的法定化就没有依法行政可言。行政程序法是中国行政法体系中的薄弱环节。在过去相当长的一个时期内,我国的立法重实体法,轻程序法,即使已有的行政程序法规范往往也不够严密,弹性较大,可操作性不强。例如,行政行为发生法律效力所必须具备的主体要件、程序要件不明确,对什么样的行政行为具有法律效力,什么样的行政行为不具有法律效力难以确认,使行政执法中的违法行为难以纠正;缺乏行政行为的法律责任规定,行政人员在行政执法过程中违反程序应负什么责任不明确,往往使行政执法程序和有关规范执行不严。这些都是行政活动缺乏效率,甚至混乱无序的重要原因。因此,制定行政程序法是中国行政改革和发展的紧迫任务。对此,党的十八届四中全会强调"完善行政组织和行政程序法律制度,推进机构、职能、权限、程序、责任法定化"。行政程序法应对各类行政行为应遵守的行政程序、违反行政程序造成的法律后果及应承担的法律责任等作出严格的规定。同时,要加快制定各类专门行政程序法规范,完善行政程序法体系。通过行政程序法严格界定行政执法的方法、步骤、形式、强制措施等,以及作出行政处理的条件及权力,将有助于保障行政行为的公开性、公正性和合法性,加强对行政行为的监督,防止行政侵权和行政腐败。行政程序的法定化,这是当代中国行政发展和进步的重要标志。

(五)责任行政理念

关于责任, 弗雷德里克·莫舍曾经说过:"在公共行政和私人行政的所有词汇中,责任一词是最为重要的。"①责任行政理念是指行政机关及其工作人员在行政管理过程中,应依法定的权限和程序行使职权,并承担违法行政或失职行政责任的一种观念。责任行政理念要求行政机关以法定的行政权力为基础,把行使权力与承担责任、履行责任与接受监督结合起来。责任行政理念是现代行政现象的基本精神,是现代行政建立的基石之一。

承担责任是现代政府的核心要义。权力与责任相伴相生,行政机关行使权力的过程也就是履行职责的过程。权力与责任是对等的,拥有多大的权力就应承担多大的责任,有权必有责,用权受监督,违法要追究,侵权须赔偿,这是责任行政的基本要求。责任行政是维系行政有效性的重要机制,是现代社会制度安排和制度创新的必然结果。实现责任行政是民主行政和国家行政管理权责一致原则的内在要求。

责任行政是建设社会主义法治政府的一个核心问题和重要保障。为实现责任行政,2009年6月,中共中央办公厅、国务院办公厅印发了《关于实行党政领导干部问责的暂行规定》。此外,在一些单行法律法规中也规定了问责的条款。例如《中华人民共和国行政许可法》用法律的形式将行政组织及其工作人员在行政许可方面的责任固定了下来。该法规定,行政机关实施行政许可,擅自收费或者不按照法定项目和标准收费的,由其上级行政机关或者监察机关责令退还非法收取的费用;对直接负责的主管人员和其他直接责任人员依法给予行政处分;行政机关违法实施行政许可,给当事人的合法权益造成损害的,应当依

① [美]特里·L.库珀:《行政伦理学:实现责任行政的途径》,张秀琴译,中国人民大学出版社,2001年,第68页。

照国家赔偿法的规定给予赔偿;行政机关不依法履行监督职责或者监督不力造成严重后果的，由其上级行政机关或者监察机关责令改正，对直接负责的主管人员和其他直接责任人员依法给予行政处分;构成犯罪的依法追究刑事责任等。

我国宪法规定了由人民代表大会选举产生的行政机关必须对人民代表大会及其常务委员会负责,受人民代表大会及其常务委员会监督,这就在宪法上肯定了责任行政的基本理念。但是由于缺乏有力的制度保障,责任行政建设在我国还有较大的提升空间。因此,我们应在已确定了的责任行政理念的指引下,构建完善的责任行政模式,全面落实行政责任机制。具体来说就是:首先,完善行政法制,明确责任主体,健全责任追究机制,进一步完善行政复议制度、行政诉讼制度、行政赔偿制度等。其次,完善行政权力监督体系。在行政系统内部,要健全纵向和横向制衡网络,在中央与地方、上级与下级之间以及横向的部门之间科学配置权力与责任;加强行政机关内部的制度建设,规范行政行为;充分发挥行政系统内部专门监督机构的监督作用。在行政系统外部,要进一步发挥立法监督、司法监督、监察监督、政党监督以及社会监督的作用,使之形成合力。最后,加强公务员的道德建设。强调公务员作为"人民公仆"的角色定位,要求行政人员勤政为民、忠于职守、秉公执法。

（六）透明行政理念

透明行政理念要求行政组织必须公开行政内容、行政程序、行政标准、监督和救济的途径方法以及其他依法应公开的公共信息资源。透明行政理念体现了现代政府廉洁化、民主化、科学化的基本要求。

透明行政有利于对行政权力监控，防止行政权力滥用。阳光是最好的防腐剂。透明行政的基本要求是，行政权力运作的主体、依据以及程序是公开的；行政权力运作的过程是开放的；行政权力运作的结果也必须是公开的，权力行使者应该受到监督。如果行政权力的运作不透明不公开，与公民切身利益密切相关的各种决策都是在公众不知情的情况下作出的，则必将在政府和公众之间产生隔阂。同时，离开公众的有效监督，腐败现象也会愈演愈烈。因此，各级政府应致力于政策合法性、合理性以及合目的性的宣传，不断增进公众对政策的了解与认同，把政府的意图转变为公众的自觉意识，使主观武断、动辄惩罚和制裁的随意化行政为更多的民主协商、科学行政所替代。

透明行政是推进我国社会主义民主政治建设的要求。我国宪法规定："中华人民共和国的一切权力属于人民。人民行使国家权力的机关是全国人民代表大会和地方各级人民代表大会。人民依照法律规定，通过各种途径和形式，管理国家事务，管理经济和文化事业，管理社会事务。"2008年5月1日，国务院制定的《中华人民共和国政府信息公开条例》开始施行；党的十八届四中全会提出，坚持以公开为常态、不公开为例外原则，推进决策公开、执行公开、管理公开、服务公开、结果公开。各级政府及其工作部门依据权力清单向社会全面公开政府职能、法律依据、实施主体、职责权限、管理流程、监督方式等事项。重点推进财政预算、公共资源配置、重大建设项目批准和实施、社会公益事业建设等领域的政府信息公开。

获取政务信息是公民的一项基本权利，政务公开对于扩大公众的参与权和知情权具有重要意义。对于政府来说，推行透明行政无疑是一场自我革命。政府必须意识到政务公开是政府的义务而不是政府对公民的施舍,在此基础上勇敢应对,努力建设"阳光政府"。

　　透明行政是经济全球化的必然要求。经济全球化时代,随着通信技术、信息技术的迅猛发展,计算机的普及,互联网的发展,使得国家之间、地区之间、人们之间的利益联系日益密切。在这一背景下,各国政府组织及其行政活动面临着前所未有的新课题,国际、国内市场经济的健康有序发展成了各国共同关心的问题。行政组织掌握着很多资源和利益的分配权,其权力的不规范运行将破坏市场经济的"游戏规则"。政务公开、透明是践行"平等、公平、有序"的市场经济理念和履行世界贸易组织规则的基础措施。那种认为公开政务不利于社会稳定的传统的观念是错误的。现代公共行政的理论和实践都证明,社会的自主能力和政务的公开程度呈正相关关系。一国的政务越公开,社会的自治能力和承受能力就越高,社会也就越稳定。

第三节　新时期行政理念新发展

　　在全球化、信息化的背景下,我国社会进入了经济快速发展和改革攻坚的关键时期,经历着从传统社会向现代社会转型的历史性变迁。随着社会主义市场经济的发展,我国的行政理念也在不断更新和完善。近些年来,在经历了治国理政现代化改革之后,我国的行政理念得到了新的发展。

一、坚持以人民为中心

习近平总书记强调"以人民为中心"思想，2012年11月提出人民对美好生活的向往就是我们的奋斗目标，开宗明义地表达了执政为民的基本立场。此后，在宣传思想工作会议、文艺工作座谈会、党的十八届五中全会、新闻舆论工作座谈会、网络安全和信息化工作座谈会、哲学社会科学工作座谈会，以及中国共产党建党95周年大会等会议上，习近平总书记进一步论述了以人民为中心的思想。党的十九大报告多次提及以人民为中心，并将其确立为新时代中国特色社会主义思想的重要内容，深刻展现了习近平推进新时代中国特色社会主义的根本目的与价值关怀。深刻分析习近平新时代以人民为中心的国家治理思想，对于新时代执政党继续践行全心全意为人民服务的根本宗旨，更好地提升人民群众的获得感与幸福感具有重要意义。

以习近平总书记为核心的党中央在历届党中央国家治理思想的基础上强调，新时代推进国家治理现代化必须坚持以人民为中心思想。具体包括：人民的美好生活需要及当前存在的关系群众切身利益的矛盾与问题是提出国家治理现代化的逻辑起点，维护最广大人民群众根本利益是目的归宿，依靠广大人民群众是根本途径，以人民为中心是贯穿中国特色社会主义国家治理的一条主线。

改革开放之后，邓小平肯定了制度在国家治理中的重要作用。他指出："过去发生的各种错误，固然与某些领导人的思想、作风有关"，但是组织制度、工作制度方面的问题更重要，"制度问题不解决，思想作风问题也解决不了"。①制度影响治国者的思想、作风,制约治国者治理能力的发挥。为此他强调实现社会主义现代化,必须"改革党和国家领导制度及其他制度"②。1992年年初,邓小平在南方谈话中提出"三个有利于"的论述,其中,"有利于提高人民的生活水平"是根本目的和最终归宿,前两项"有利于"从生产力、综合国力方面为"提高人民的生活水平"提供物质基础与后盾力量。"三个有利于"既是判断国家治理成败得失的根本标准,也是国家治理要实现的目标。邓小平关于推进国家治理、实现现代化的要求、目标的论述,渗透着以人民为中心的国家治理思想。

以江泽民为核心的第三代中央领导集体提出"依法治国"主张,并将其"提到党领导人民治理国家的基本方略的高度"③。党的十五大报告提出,"依法治国,就是广大人民群众在党的领导下,依照宪法和法律规定,通过各种途径和形式管理国家事务,管理经济文化事业,管理社会事务,保证国家各项工作都依法进行"④。这一表述蕴含着党以人民为中心的治国思想。具体体现在:一方面,以保障人民各项权益为中心。依法治国从法律上、制度上确认和保障人民享有广泛的政治、经济、文化权利与自由。另一方面,以发挥人民参与为中心。广大人民群众是依法治国的主体,人民通过人民代表大会等制度途径依法行使管理国家各项事务的权利,充分发挥人民群众参与国家治理的能动性。此外,

---

① 《邓小平文选》(第二卷),人民出版社,1994年,第328页。

② 同上,第322页。

③ 《江泽民文选》(第二卷),人民出版社,2006年,第535页。

④ 同上,第28页。

江泽民还强调党建之于国家治理的重要性，指出："治国必先治党，治党务必从严。治党始终坚强有力，治国必会正确有效"①，将"建设什么样的党，怎样建设党"作为这一时期治国的重要任务之一，提出以"代表最广大人民根本利益"为归宿的"三个代表"重要思想。

以胡锦涛为总书记的党中央领导集体在依法治国基础上提出"以人为本"的治国宗旨，实现治国由强调方式策略到注重宗旨原则的转化，而其一以贯之的仍是以人民为中心思想。其一，科学发展观坚持以人为本为核心。强调在全面推进国家经济、政治、文化、社会、生态治理，促进经济社会全面发展中坚持以人民为中心，把维护好、实现好、发展好人民利益置于首位加以考虑，统筹兼顾各方面利益；同时注重调动人民积极性、创造性，依靠全体人民力量实现经济社会健康协调发展，推进国家治理有序进行。其二，和谐社会强调"以解决人民最关心最直接最现实的利益问题为重点"②。和谐社会是胡锦涛对这一时期治国目标的科学概括。他主张通过构建和谐社会，改革社会管理体系，完善民主法治，促进社会公平正义，解决人民最关切的现实利益问题，在具体治国行动中落实以人民为中心思想。其三，坚持"权为民所用，情为民所系，利为民所谋"。2002年胡锦涛在西柏坡考察时提出"三为民"要求，强调广大领导干部要"深入基层、深入群众，倾听群众呼声，关心群众疾苦，时刻把人民群众的安危冷暖挂在心上，做到权为民所用，情为民所系，利为民所谋"③，并多次论述"三为民"的主要内容、相

---

① 《江泽民文选》（第二卷），人民出版社，2006年，第496页。

② 《十七大以来重要文献选编》（上），中央文献出版社，2009年，第803页。

③ 《十六大以来重要文献选编》（上），中央文献出版社，2005年，第84页。

互关系及实现途径等。"三为民"主张,从用权、融情、谋利等方面为强化党的治国能力指明方向,是党坚持执政于民、治国为民的必然要求。

因此,"以人民为中心"是执政党和国家长期以来贯穿于治国理政中的一条主线,并成为新时代坚持和发展中国特色社会主义的重要内容,成为党的根本政治立场和价值取向。

二、有效的市场与有为的政府

"处理好政府和市场的关系,使市场在资源配置中起决定性作用和更好发挥政府作用",是党的十八届三中全会提出的一个重大理论观点。这是因为,经济体制改革仍然是全面深化改革的重点,经济体制改革的核心问题仍然是处理好政府和市场的关系。

1992年,党的十四大提出我国经济体制改革的目标是建立社会主义市场经济体制,要使市场在国家宏观调控下对资源配置起基础性作用。这一重大理论突破,对我国改革开放和经济社会发展发挥了极为重要的作用。这也说明,理论创新对实践创新具有重大先导作用,全面深化改革必须以理论创新为先导。经过二十多年实践,我国社会主义市场经济体制已经初步建立,但仍存在诸多问题,主要是市场运行不够规范,以不正当手段谋取经济利益的现象较为普遍存在;生产要素市场发展滞后,要素闲置和大量有效需求得不到满足并存;市场规则不统一,部门保护主义和地方保护主义大量存在;市场竞争不充分,阻碍优胜劣汰和结构调整等。如果这些问题不解决,就难以形成完善的社会主义市场经济体制。

从党的十四大以后的二十多年间,我国根据实践拓展和认识深化一直在为政府和市场关系寻找合理的定位。党的十五大提出"使市场在国家宏观调控下对资源配置起基础性作用"，党的十六大提出"在更大程度上发挥市场在资源配置中的基础性作用"，党的十七大提出"从制度上更好发挥市场在资源配置中的基础性作用"，党的十八大提出"更大程度更广范围发挥市场在资源配置中的基础性作用"。可以看出，我国对政府和市场关系的认识也在不断深化。

发展社会主义市场经济，改变传统行政理念赖以生存的土壤，有助于从根本上转变行政理念。第一，大力发展社会主义市场经济，有助于合理界定政府与市场、政府与社会的边界，收缩政府的职能范围，在一定程度上遏制全能行政的观念。同时，市场经济推崇的自由竞争原则也要求政府改变管理方式，变直接管理为间接管理、变微观管理为宏观管理。第二，实行市场经济就是要让商品能够在市场上自由流通，使市场成为资源配置的主要手段。市场的这一本质属性要求政府必须转变传统的行政理念，平等地对待每一个市场主体，实行优胜劣汰的竞争。而竞争客观上有利于打破僵化，克服官僚主义，培养开放、平等和效率观念。第三，市场经济是法治经济，行政主体依法行政是市场经济健康发展的前提。大力发展市场经济有助于消解人治思维。第四，市场又具有开放性，地区与地区之间、国家与国家之间的经济交流是市场经济发展的一个基本特征。这就要求行政系统增强透明度，打破各种地域和人为障碍，扩大交流，克服地方本位主义、暗箱操作、神秘主义等狭隘观念。

准确把握使市场在资源配置中起决定性作用和更好发挥政府作用，必须正确认识市场作用和政府作用的关系。处理好政府和市场的关系是我国经济体制改革的核心问题。党的十八届三中全会将市场在资源配置中起基础性作用修改为起决定性作用，虽然只有两字之差，但对市场作用是一个全新的定位。"基础性作用"和"决定性作用"这两个定位是前后衔接、继承发展的，使市场在资源配置中起决定性作用和更好发挥政府作用，二者是有机统一的，不是相互否定的，不能把二者割裂开来、对立起来，既不能用市场在资源配置中的决定性作用取代甚至否定政府作用，也不能用更好发挥政府作用取代甚至否定使市场在资源配置中起决定性作用。①

市场作用和政府作用是相辅相成、相互促进、互为补充的。要坚持使市场在资源配置中起决定性作用，完善市场机制，打破行业垄断、进入壁垒、地方保护，增强企业对市场需求变化的反应和调整能力，提高企业资源要素配置效率和竞争力。发挥政府作用，不是简单下达行政命令，要在尊重市场规律的基础上，用改革激发市场活力，用政策引导市场预期，用规划明确投资方向，用法治规范市场行为。

三、多元参与和协同治理

在协同治理中，政府不再是公共事务管理的唯一主体，政府之外的企业、公民和第三部门等也是公共治理的主体，其在公共管理实践中发挥着各自的独特优势和作用，并分担公共治理的责任，实现对公共事务的合作治理，以达到公共管理效率的最优化，推动和谐共生的多元化治理模式的形成。在推进国家治理体系和治理能力现代化过程

---

① 参见《习近平在十八届中央政治局第十五次集体学习时的讲话》，《人民日报》，2014年5月28日。

中，要适应国家治理主体多元化要求，以协同治理为抓手，大力加强政府部门间协调合作，充分发挥社会组织、公民个人在国家治理中的积极作用，形成国家治理多元主体协同合力。这反映了新时期我国行政管理范式的发展方向。

第一，坚持党在多元主体协同治理中的领导核心地位。国家治理是中国共产党代表和领导人民掌握政权、行使治权的过程，强调中国共产党在总揽全局、统筹各方前提下，政府、企业、事业单位、社会团体、人民群众等各方主体共同发挥治国理政作用。中国共产党是执政党，是社会主义建设事业的领导核心，是国家治理活动的领导者。多元主体协同治理是在党的领导下实现政府部门、社会组织、公众个人共同参与国家治理的有机统一过程。推进多元主体协同治理，经济上是为了进一步改革束缚生产力发展的不适宜体制，政治上是为了进一步确立人民主体地位，文化价值观上是为了进一步整合社会多元价值观，社会上是为了激发社会活力。这一切，都离不开中国共产党的领导。

第二，回应协同治理主体多元诉求。公众利益诉求充分表达是决策的重要基础。社会公众参与国家治理的诉求呈现广泛性、多元化特征。政府要为公众提供表达民意、沟通协商、合作共治的网络渠道和平台，及时、准确地回应社会公众，满足公众网络参政、议政、督政的利益诉求。互联网构建社会公众参与国家治理机制，重塑公众参与主体地位。要发挥好互联网汇聚民意的重要作用，为国家治理凝聚强大社会合力。

第三，厘清协同治理主体责任边界。协同治理主体包括政府、企业、社会组织、公众等方面。对政府而言，治理过程就是政府自身从单纯的"管理者"到"管理者"与"服务者"并重的角色转变过程;对非政府部门而言,治理就是从被动管理到主动参与的过程。信息技术条件下的协同治理,需要重构治理主体之间博弈与合作的新型关系,完善多方协同治理机制,实现协同治理制度保障。政府对社会组织应做到积极培育与依法监管的平衡,为各类社会组织提供公平准入的机会。社会组织应优先在社会领域发挥作用,主要反映所在群体社会需求,满足政府职能难以有效覆盖的具体、特殊社会需求。

第四,拓宽协同治理参与渠道。从制度、体制、机制方面拓展多元主体参与国家治理渠道,推进协同治理有序进行。

第五,构建协同治理长效机制。协同治理强调多元主体参与、共识导向、协商决策、跨域跨部门合作,尤其强调治理过程中政府与社会组织的协同,着力处理好管理与治理、维稳与维权、活力与秩序的关系,形成党委领导、政府负责、社会协同、公众参与、法治保障的多元参与、协商治理长效机制。应将协同治理纳入制度化轨道,在各种具体公共事务管理与公共服务制度安排中体现协同治理理念,健全协同治理运行机制,规范协同治理运行方式。

四、行政现代化与电子治理

电子治理作为一种新的治理形式正在被广泛关注,其治理理念、治理目标、治理过程、治理结构、治理途径与推进治理能力现代化有着密切的联系和积极的促进作用。电子治理是一种符合信息时代社会治理发展的新理念、新技术和新手段,强调多元主体之间的互动性,对实现治理目标有着积极作用。具体来说,电子治理是指以政府、社会组织、公众为主体，以信息技术为媒介，在社会、政治、经济、文化和生态等公共事务治理活动中，各主体间为实现公共利益最大化而进行的超越时间、空间和部门分隔的制约，主动参与、互动交流的一种新型社会治理形式和手段。

电子治理对治理体系完善和治理能力现代化起着积极的推动作用，而且治理体系完善和治理能力现代化的推进也为电子治理的发展提供了宏观的制度、技术环境的保障和理论的支撑。

第一，电子治理理念与治理现代化理念相契合。电子治理的理念来源于治理理论，是治理理念与信息技术在国家公共事务管理过程中的运用。而治理现代化的提出与推进体现出国家治理理念的新发展，二者在理论层面和实践发展过程中有着多方面的契合性。

第二，发展电子治理是实现治理现代化的组成部分。治理现代化是由一系列的体制、机制、制度、理念、结构、途径和手段等要素构成的有机统一体。电子治理作为一种新型的治理理念、治理途径平台、治理结构和治理过程，是推进国家治理现代化的重要组成部分。

第三，电子治理作为一种新型的治理理念，其基本理论体系源自于现代治理理论的主要观点和原理，是治理理念与信息技术在国家公共事务管理过程中的运用。其民主化、法治化、信息化、网络化的治理理念的发展，对于推动国家治理、政府治理和社会治理理念的转变有着积极的作用。电子治理理念也促进治理现代化理念和理论体系的不断完善和发展。

第四，电子治理作为一种新型的治理途径和平台，为公民诉求的及时表达、参与主体间的协商沟通架起一座畅通、便捷的"电子桥梁"。

电子治理高效、便捷、公开、及时的特性符合信息时代的治理要求。当前，中国社会经济不断发展，社会关系日益复杂，人与人之间的联系越来越紧密，科层式的管理已很难满足社会结构转型的治理需求。信息网络是现代社会的一个重要组成部分，人们的政治生活、经济生活、文化生活等都与电子网络有着这样或那样的密切联系，而且也往往依托于电子信息技术平台。

第五，电子治理作为一种新型的网络化的治理结构，是治理现代化多元主体参与、民主化管理、平等协商形式的关系载体。就治理的角度而言，离不开两个前提：一是成熟的多元管理主体的存在以及他们之间的伙伴关系；二是民主、协作和妥协的精神。电子治理信息容量大、公平、开放、自由的空间平台，有利于治理现代化各要素网络化模式的架构。而成熟的公民社会的发展也需要"自主的网络化的管理"模式。

第六，电子治理作为一种新型的治理过程，其程序化、规范化、效能化、网络化的特征是现代政府科学治理的有效机制保障。治理现代化是治理主体国家治理能力、政府治理能力、社会治理能力共同的现代化和共同的提升发展过程。主体治理效能的高低与治理过程有直接的关联，电子治理的发展路径为治理现代化进程提供了有效的范式。

电子治理以其自身优势成为一种新型的治理途径和手段，并不断地被应用到现代国家的治理中。主要体现在：一是电子治理通过信息技术塑造的空间领域信息容量大，打破了地域空间、时间和身份限制，让更多的公民在这个平台上表达自己的观点和利益诉求，使政府真正地了解公民的利益诉求；密切了各治理主体间的联系，政府部门能够加强政府之间，政府与社会、公民之间的沟通与交流，获取大量的政治、经济、社会、文化等方面的信息，发布各界需要（除国家机密和个人隐私之外）的信息，增强公民对政府的认同和支持，维护政府在公民中的权威性和合法性，极大地提高政府的回应能力。二是电子治理依托公开、自由、包容的平台，可以在公共事务管理过程中广泛征集意见，凝聚共识，统筹策划，做到科学管理。三是电子治理时效性强，传播速度快。信息可以在第一时间向外界传递，使民众掌握相关信息资源。增强政府、企业、社会和公民之间的互动性，对公共事务的处理进行及时的沟通协商，采取有效的对策。四是有利于政府由管理型向服务型转变。电子手段的运用能有效减少行政办事程序，快捷地处理行政事务，增强政府效能，提升行政过程的附加值。五是社会信息化的迅猛发展，要求国家必须采用信息化的手段进行治理。互联网信息技术日渐渗透到人们生活的各个领域，如当前的电子购物、电子支付结算、电子政务甚至电子打车等。人们的生活与信息技术密切相连已成为必然趋势，电子治理路径的发展是治理现代化的最佳途径和必然选择。

附录：大事记

1. 1978年12月，党的十一届三中全会在北京召开，决定把全党工作的重点转移到社会主义现代化建设上来。

2. 1981年6月，中共中央召开党的十一届六中全会，审议并通过《关于建国以来党的若干历史问题的决议》。

3. 1983年6月，第六届全国人民代表大会第一次会议在北京召开，将国务院工作机构由100个裁并为60个，连同新增国家体制改革委员会，共设61个。

4. 1988年3月，第七届全国人民代表大会第一次会议在北京召开，提出转变政府职能，进行国务院机构改革。

5. 1992年10月，中国共产党第十四次全国代表大会在北京召开，决定在我国建立社会主义市场经济，建立办事高效、运转协调、行为规范的行政管理体系;理顺政企、政事、中央与地方关系。

6. 1993年8月，国务院颁布《国家公务员暂行条例》。

7. 1997年9月，中国共产党第十五次全国代表大会在北京召开，提出"依法治国是党领导人民治理国家的基本方略"。

8. 1999年9月，党的十五届四中全会通过决议，明确提出"国家要实施西部大开发战略"。

9. 2001年12月11日，中国加入世界贸易组织。

10. 2003年7月28日，胡锦涛提出，要更好地坚持"协调发展、全面发展、可持续发展"的科学发展观。同年10月中旬，党的十六届三中全会明确提出了"坚持以人为本，树立全面、协调、可持续的发展观，促进经济社会和人的全面发展";强调"按照统筹城乡发展、统筹区域发展、统筹经济社会发展、统筹人与自然和谐发展、统筹国内发展和对外开放的要求"，推进改革和发展。

11. 2004年3月12日，温家宝在第十届全国人民代表大会第二次全体会议《政府工作报告》中提出建设"公共服务型政府"。

12. 2007年4月24日，广受社会各界关注的《中华人民共和国政府信息公开条例》公布，并于2008年5月1日起施行。

13. 2012年11月,中国共产党第十八次全国代表大会在北京召开,提出"全面落实经济建设、政治建设、文化建设、社会建设、生态文明建设五位一体总体布局"。

14. 2013年11月,党的十八届三中全会在北京召开,提出"全面深化改革的总目标是完善和发展中国特色社会主义制度,推进国家治理体系和治理能力现代化"。

15. 2014年10月,党的十八届四中全会在北京召开,首次专题讨论依法治国问题,审议通过《中共中央关于全面推进依法治国若干重大问题的决定》。

16. 2015年10月,党的十八届五中全会在北京召开,提出"必须牢固树立并切实贯彻创新、协调、绿色、开放、共享的发展理念"。

17. 2017年10月,中国共产党第十九次全国代表大会在北京召开,提出"中国特色社会主义进入新时代,我国社会主要矛盾已经转化为人民日益增长的美好生活需要和不平衡不充分的发展之间的矛盾"。

参考文献

1. 黄达强、刘怡昌主编:《行政学》,中国人民大学出版社,1988年。

2. 江必新主编:《法治政府的建构》,中国青年出版社,2004年。

3. 姜明安:《行政法与行政诉讼法》,北京大学出版社,1999年。

4. [美]弗里蒙特·E.卡斯特、詹姆斯·E.罗森茨韦克:《组织与管理——系统方法与权变方法》,李柱流等译,中国社会科学出版社,1985年。

5. [美]乔治·弗雷德里克森:《公共行政的精神》,张成福等译,中国人民大学出版社,2003年。

6. [美]R.J.斯蒂尔曼编著:《公共行政学》(下),李方、潘世强等译校,中国社会科学出版社,1989年。

7. [美]特里·L.库珀:《行政伦理学:实现责任行政的途径》,张秀琴译,中国人民大学出版社,2001年。

8. [美]约翰·罗尔斯:《正义论》,何怀宏译,中国社会科学出版社,1988年。

9. [美]约翰·罗尔斯:《政治自由主义》,万俊人译,译林出版社,2000年。

10. 吴忠民:《社会公正论》,山东人民出版社,2004年。

11. 张康之:《寻找公共行政的伦理视角》,中国人民大学出版社,2002年。

第二章

跨越"死—乱"循环:
中央与地方行政体制调整

现在我国经济管理体制的一个严重缺点是权力过于集中,应该有领导地大胆下放,让地方……在国家统一计划的指导下有更多的经营管理自主权……采取这些措施,才能充分发挥中央部门、地方、企业和劳动者个人四个方面的主动性、积极性、创造性,使社会主义经济的各个部门各个环节普遍地蓬蓬勃勃地发展起来。

——党的十一届三中全会公报(1978年)

充分发挥中央和地方两个积极性,是国家政治生活和经济生活中的一个重要原则问题,直接关系到国家的统一、民族的团结和全国经济的协调发展……赋予地方必要权力,让地方有更多的因地制宜的灵活性,发挥地方发展经济的积极性和创造性,有利于增强整个经济的生机和活力。同时,全国经济是一个有机的整体,中央必须制定和实施全国性的法律、方针、政策,才能保证总量平衡和结构优化,维护全国市场的统一,促进国民经济有序运行和协调发展。

——江泽民(1995年)

中央政府要加强经济社会事务的宏观管理，进一步减少和下放具体管理事项，把更多的精力转到制定战略规划、政策法规和标准规范上，维护国家法制统一、政令统一和市场统一。地方政府要确保中央方针政策和国家法律法规的有效实施，加强对本地区经济社会事务的统筹协调，强化执行和执法监管职责，做好面向基层和群众的服务与管理，维护市场秩序和社会安定，促进经济和社会事业发展。按照财力与事权相匹配的原则，科学配置各级政府的财力，增强地方特别是基层政府提供公共服务的能力。

——中共第十七届中央委员会第二次全体会议
《关于深化行政管理体制改革的意见》（2008年）

加强政治领导。全党要坚定执行党的政治路线，严格遵守政治纪律和政治规矩，在政治立场、政治方向、政治原则、政治道路上同党中央保持高度一致。

……

加快建立现代财政制度，建立权责清晰、财力协调、区域均衡的中央和地方财政关系。建立全面规范透明、标准科学、约束有力的预算制度，全面实施绩效管理。深化税收制度改革，健全地方税体系。

——习近平（2017年）

中央与地方的关系影响着一个国家的方方面面。社会的和谐稳定、经济的繁荣发展，一个国家在历史长河中的浮沉兴衰与之密切相关。在中国，党和政府历来重视中央与地方的协调发展，早在1956年，毛泽东在《论十大关系》中就提出："处理好中央和地方的关系，这对于我们这样的大国大党是一个十分重要的问题。"中国分别于1950年、1957年、1961年和1969年四次调整中央与地方的关系格局，但是鉴于当时的时代背景和在认识上的局限性，中国的中央与地方关系始终未能走出"一统就死，一放就乱，一乱就收，一收就死"的循环。改革开放后，党和政府在总结历史经验教训的基础上，逐渐确立了建立社会主义市场经济的目标，中央与地方关系的调整不再是运动式的调整，而是围绕搞活企业，发展经济，以经济手段和法律规范来协调中央与地方关系。中央与地方关系终于跨越"死—乱"循环，开始走上规范化、制度化之路。一方面，各地经济逐渐形成整体，地域观念和地域经济的独立性大大削弱；另一方面，地方的自主性、积极性也大大增强。本章将梳理改革开放后中央与地方关系调整的脉络，总结经验，展望中央与地方关系的发展方向。

第一节　改革开放初期的中央与地方关系

一、改革开放初期中央与地方关系调整的背景

（一）改革的经济动因——财政压力

一般而言，凡是重大的改革，都有财政压力的背景。1969年，中国开展了新一轮的分权化运动，要求所有"适合"地方管理的企业统统将管理权限下放到地方。在1970年后极短的时间内，包括鞍钢、大庆油田

等一大批大型骨干企业在内的2600多个中央直属企业、事业单位全部下放给地方管理，[①]并试行物资、财政等大包干，以扩大地方的物权、财权、投资权和计划管理权。这次改革并未促进中国的工业化进程，对国民经济的促进作用也微乎其微，许多国有企业亏损严重，中央财政也捉襟见肘。1975年，全国亏损企业亏损额达130.1亿元，相当于当年全国财政收入的15.95%，其中工业企业亏损面达31.4%；1976年，全国亏损企业亏损额达164.8亿元，相当于当年全国财政收入的21.22%，其中工业生产企业亏损面达37.2%；1976年，全民所有制核算工业企业每百元资金实现利税19.3元。即使假定"文化大革命"期间物价水平没有任何变化，也比1966年的每百元资金实现利税减少44.1%。1976年，每百元工业总产值实现利润12.6元，比1966年的21.9元减少42.5%。[②]与此同时，财政收支权再次下放，中央财政也越发困难，1976年，中央财政收入只占全部财政收入的12.7%，创新中国成立以来历史最低水平。[③]1979年和1980年，中国连续两年出现共计348亿元的巨额财政赤字，比前29年间的赤字总和248亿元还高出100亿元。[④]

（二）改革的政策诱导——财政包干制试点的成功

1976年之后，中央在江苏、四川等省进行了经济体制改革的试验。在江苏省实行的是"固定比例包干"体制。与以往体制不同的是，中央允许江苏建立自己独立的收支预算体系。"江苏模式"的特点是：按收

① 参见金太军、赵晖等：《中央与地方政府关系建构与调谐》，广东人民出版社，2005年，第167页。

② 参见胡书东：《经济发展中的中央与地方关系——中国财政制度变迁研究》，上海人民出版社，2001年，第85页。

③ 参见国家统计局编：《中国统计年鉴》，中国统计出版社，1990年，第267页。

④ 参见左春台、宋新中：《中华人民共和国经济史》，中国财政经济出版社，1988年，第431~452页。

支总数计算，确定比例，进行包干，几年不变。中央政府事先规定了江苏省应上缴的收入（1978年上缴比例为58%，1978—1980年按61%的比例上缴），缴足中央财政收入款项后，江苏省可以对自留收入自主安排，自求平衡，多收多支，少收少支。到包干制期满的1980年，江苏省的工业生产和财政收入比包干前的1976年分别增长80.2%和38.1%，年均分别增长20%和9.5%左右，效果明显。[①]

为了缓解中央与地方的财政压力，并鉴于财政包干制试点取得的良好效果，中国在改革开放初期开始试行中央对地方的分权化改革。

二、改革开放初期调整中央与地方关系的主要思路

以邓小平为核心的中国第二代领导集体，运用马克思主义基本原理，结合中国实际，提出了在改革开放初期调整中夫和地方关系的主要思路。

（一）合理向地方分权，充分调动地方的积极性

中央向地方分权的思想体现在党和政府的多次重要会议的决议和讲话中。党的十一届三中全会明确了中国当时经济体制的主要问题是权力过于集中，主张要大胆地向地方下放权力。党的十一届三中全会决议提出，"现在我国经济管理体制的一个严重缺点是权力过于集中，应该有领导地大胆下放，让地方……在国家统一计划的指导下有更多的经营管理自主权……采取这些措施，才能充分发挥中央部门、地方、企业和劳动者个人四个方面的主动性、积极性、创造性，使社会主义经济的各个部门各个环节普遍地蓬蓬勃勃地发展起来"。1979年6

[①]　参见辛向阳：《百年博弈——中央与地方关系100年》，山东人民出版社，2000年，第248页。

月,五届人大二次会议通过的《政府工作报告》列举了在以后的工作中重点向地方下放的权力,"要在中央的集中统一领导下,适当扩大地方在计划、基建、财政、物资、外贸等方面的权限,使各地方能够按照社会化大生产的要求和经济有效的原则,因地制宜地发展国民经济。这样,我们就能够使生产关系同生产力发展的需要比较适应,使上层建筑同经济基础的需要比较适应,使社会主义制度的优越性比较有效地发挥出来"。同年9月29日,叶剑英在庆祝中华人民共和国成立三十周年大会上发表讲话时指出:要在中央的集中统一领导下,适当扩大地方的经济权限。

邓小平在讲话中多次提到中央向地方分权的必要性。1979年10月4日,在中共省、市、自治区委员会第一书记座谈会上,邓小平指出:"财政体制,总的来说,我们是比较集中的。有些需要下放的,需要给地方上一些,使地方财权多一点,活动余地大一点,总的方针应该是这样。"[1]他在1980年8月18日发表的《党和国家领导制度的改革》讲话中明确指出:"权力过分集中,越来越不能适应社会主义事业的发展。"[2] 1986年6月10日, 他在听取中央负责同志汇报当前经济情况时讲:"我们要精兵简政,真正下放权力,扩大社会主义民主,把人民群众和基层组织的积极性调动起来。"[3]

邓小平多次明确指出, 权力下放是中国改革的重要内容之一,只有合理地进行权力划分,才能使中国的改革进程顺利前进,也才能从

---

① 《邓小平文选》(第二卷),人民出版社,1993年,第199页。

② 同上,第329页。

③ 《邓小平文选》(第一卷),人民出版社,1994年,第160页。

根本上调动地方的积极性，促进社会的协调发展。1986年8月28日，在中共中央政治局常委会上，他指出："政治体制改革，包括党政分开和权力下放。"同年9月13日，邓小平在听取中央财政领导小组汇报时说："改革的内容，首先是党政要分开。第二个内容是权力要下放，解决中央和地方的关系，同时地方各级也都有一个权力下放问题。第三个内容是精简机构，这和权力下放有关。"①中国是一个人口多、民族多且地区之间发展极不平衡的大国，如果中央包揽一切地方行政事务，既管不了，也管不好，客观上要求中央与地方分权。而且各地方的政治经济文化发展不平衡，中央制定国民经济和社会发展规划时，不可能照顾到各个地方的特点和实际需要。因此，邓小平强调："各个国家应该根据自己的特点来实行社会主义的政策。像中国这样的大国，也要考虑到国内各个不同地区的特点才行。"②"现在我国的经济管理体制权力过于集中，应该有计划地大胆下放，否则不利于充分发挥国家、地方、企业和劳动者个人四个方面的积极性，也不利于实行现代化的经济管理和提高劳动生产率。我国有这么多省、市、自治区，有必要在统一认识、统一政策、统一计划、统一指挥、统一行动之下，在经济计划和财政、外贸等方面给予更多的自主权。"③

（二）向地方分权与维护中央权威并重

1978年以来，在中央与地方关系的调整思路上分权化成为主旋律。但是在中国这样的大国，在分权的过程中维护中央权威同样重要。

---

① 《邓小平文选》（第三卷），人民出版社，1993年，第177、277、278页。
② 《邓小平文选》（第二卷），人民出版社，1994年，第313页。
③ 同上，第145页。

邓小平指出，强调地方政府，不能搞违背中央政策的"下有对策"。邓小平分析了高度集权体制的弊端，提出要适当给地方和企业分权的思想，但是从来没有否定中央应有必要的权威。恰恰相反，他从中国改革开放和社会主义现代化建设的实际需要出发，强调要维护中央的权威。邓小平指出："中央要有权威。改革要成功，就必须有领导有秩序地进行。""我们要定一个方针，就是要在中央统一领导下深化改革。"①这是社会主义经济基础和上层建筑的要求。从经济基础上讲，不仅在传统的计划经济的体制下有必要通过中央政府对全国的人力、物力、财力进行统筹安排、统一调配，即使在现阶段建设社会主义市场经济的条件下，中央对国民经济发展的宏观调控和对其他各项社会发展的统筹规划，对国家的总体发展也起着决定性的作用。从上层建筑来讲，建设社会主义物质文明和精神文明，满足全国人民日益增长的物质和文化生活的需要，从国家政治、经济、文化的总体发展上充分显示出社会主义制度的优越性，也必须坚持中央的集中统一领导。因此，邓小平指出："中央必须保证某些集中。"他进一步分析了中央与地方的关系，总结性地指出："宏观管理要体现在中央说话能够算数。这几年我们走的路子是对的……如果不放，经济发展能搞出今天这样一个规模来吗？我们讲中央权威，宏观控制，深化综合改革，都是在这样的新的条件下提出来的。过去我们是穷管，现在不同了，是走向小康社会的宏观管理。不能再搬用过去困难时期那些方法了。现在中央说话，中央行使权力是在大的问题上，在方向问题上。"

---

① 《邓小平文选》(第三卷)，人民出版社，1993年，第277~278页。

(三)经济手段和法律手段成为中央与地方关系调整的主要方式

总体来说,改革开放后的中央与地方关系调整基本上延续了毛泽东在20世纪70年代提出的向地方分权的方向。这两个时期都试图扩大地方的经济管理权力,刺激地方发展的积极性,但是改革的方式是不同的。改革开放后对中央与地方关系的调整更多的是在法律的框架内,通过经济手段来实现的,整体的过程是温和的、渐进的、连续的和长期的,而不是短期的政治风暴式的调整。在此思路下采取的一系列措施,使得中国的中央与地方关系逐渐走向规范化和制度化。例如,从80年代中期开始,中央加强了货币投放量、银行信贷、财政税收的管理,颁布了一系列的法律法规,使中央的改革政策固定下来,力图通过宏观调控的手段,抑制地方在发展过程中出现的盲目性。

三、改革开放初期调整中央与地方关系的主要措施

(一)中央向地方分权

改革开放初期,中央与地方关系的调整基本上是一个中央向地方分权的进程,在这一进程中,地方主要获得了以下权力:

1. 立法权

1982年制定了新的《中华人民共和国宪法》。在新宪法中采取列举的方式,明确了地方各级国家权力机关和地方各级国家行政机关的权力。与以往相比最大的不同是赋予了省级人民代表大会制定地方性法规的权力。1982年宪法规定:"省、直辖市的人民代表大会和它们的常务委员会,在不同宪法、法律、行政法规相抵触的前提下,可以制定地方性法规,报全国人民代表大会常务委员会备案。""民族自治地方的

人民代表大会有权依照当地民族的政治、经济和文化的特点,制定自治条例和单行条例。自治区的自治条例和单行条例,报全国人民代表大会批准后生效。"1979—1986年是地方立法的起步摸索阶段,地方立法活动还不活跃。据统计:1981—1986年,国家制定法律79部,年均立法13.2部,22个省级人大及其常委会共制定地方性法规77件, 各省年均立法数量0.58件。① 1986年,《中华人民共和国地方各级人民代表大会和地方各级人民政府组织法》出台,再次将行政立法权下放到了城市一级,省、自治区的人民政府所在地的市和国务院批准的较大的市的人民代表大会及其常务委员会, 根据本市的具体情况和实际需要,在不同宪法、法律、行政法规和本省、自治区的地方性法规相抵触的前提下,可以制定地方性法规,报省、自治区的人民代表大会常务委员会批准后施行,并由省、自治区的人民代表大会常务委员会报全国人民代表大会常务委员会和国务院备案。1987—1991年是地方立法的初步发展阶段,在此期间国家制定法律82部,年均立法16.4部,22个省级人大及其常委会制定地方性法规336件,各省年均立法数量3.1件。②

2. 财政权

从1980年起,除对北京、天津和上海三个直辖市继续实行"总额分成"办法之外,对其他各个地方则实行了多种形式的"划分收支、分级包干"体制,后来统称为财政包干制。财政包干制第一次承认了中央和

---

① ② 参见全国人大常委会法制工作委员会编:《中华人民共和国法典》(地方性法规、地方政府规章),法律出版社,2003年,第1~15页。文中数据是1981—2000年全国22个省(自治区、直辖市)地方性法规数量统计,包括北京、天津、上海、黑龙江、内蒙古、西藏、甘肃、青海、陕西、山西、河北、河南、山东、安徽、湖北、湖南、江西、江苏、福建、贵州、云南、海南。

地方各自的利益和地位,扩大了地方的财政权,地方取得了对地方财政的支配权,分成比例和补助数额由过去一年一变,改为一定五年不变,有利于地方政府制定和执行长远规划。

初期的财政包干制一共有三种形式,第一种形式是"大包干",适用于广东、福建两省。在财政收入方面,除中央直属企、事业单位的收入和关税划归中央外,其余收入均作为地方收入。在支出方面,除中央直属企业、事业单位的支出归中央外,其余支出均作为地方支出。以1979年的财政收支决算数为基数,确定一个上缴或补助的数额,一定五年不变,执行中收入增加或支出结余部分都留归地方使用。第二种形式是"划分收支,分级包干",适用于河北、辽宁、吉林、黑龙江、浙江、四川、陕西、甘肃、河南、湖北、湖南、安徽、江西、山东、广西等省和自治区。在收入方面,中央企业收入、关税收入归中央财政;地方企业收入、盐税、农牧业税、工商所得税、地方税和地方其他收入归地方财政。上划给中央部门直接管理的企业,其收入作为固定比例分成收入,中央和地方按8:2分成。在支出方面,确定中央和地方政府的事权范围。所谓分级包干,是按照划分的收支范围,以1979年的收入预计数为全数计算,地方收入大于支出的,多余部分按比例上缴;支出大于收入的,不足部分由中央从工商税中确定一定比例进行调剂;个别地方将工商税全部留下,收入仍小于支出的,由中央给予定额补助。分成比例和补助数额确定之后,一定五年不变。第三种形式是民族自治地方财政体制,适用于内蒙古、新疆、西藏、广西、宁夏五个自治区和云南、青海、贵州这三个少数民族较多的省份,保留原来对民族自治地区的特殊照顾,而且也参照前述第二种形式划分收支范围,确定中央财政的补助数额,并由原来的一年一定改为一定五年不变,中央财政对民族自治地区的补助数额每年递增10%。

1983—1984年,中国分别进行了第一步和第二步利改税,实行了"划分税种,核定收支,分级包干"的体制,将第二步利改税设置的税种划分为中央固定收入、地方固定收入和中央与地方共享收入。"划分税种、核定收支、分级包干"体制在实质上增大了地方的财力,而中央的财力却相对减小了。针对"划分税种、核定收支、分级包干"体制中存在着的缺陷,同时由于各方面的压力,从1988年开始,在全国范围内实行了全方位的财政包干体制。财政包干共有六种税收分享办法,充分体现了中国政策的灵活运用,也是体制变动的必然要求。从体制效应上看,实际是运用物质刺激手段,发挥利益激励机制的功能,使地方政府可以从增收或多收中留一部分份额。

3. 与经济管理有关的一系列管理决策权力

随着地方政府财政权的扩大和立法权的获得,各级政府开始有了一定限度的固定资产投资权、技术改造权、城乡建设权,同时在经济管理方面开始有了一定的外汇使用管理权、减免税权、物资权和工资权。这一时期的主要的做法就是投资管理体制的改革,审批权限有条件下放。20世纪80年代初,中央开始下放与企业经营、管理有关的人、财、物等方面的支配权。1981年3月,国务院改革基本建设计划的审批权,将原来集中在中央的基本建设计划审批权改为集中在中央与省、市、自治区两级。过去,在投资管理体制上是财政"拨钱",计委"选坑",经营单位"种树",投资决策权高度集中。针对这一状况,1984年10月,国务院批转国家计委《关于改革计划体制的若干暂行规定》,缩小固定资投资的指令性计划的范围,扩大指导性计划和市场调节的范围。国家下放了固定资产投资项目的审批权,简化了项目审批程序,进一步扩大了地方政府和企业的投资决策权。1984年以后,中央政府陆续发出了十三个文件,包括九十七条规定,向国有企业下放生产经营管理权力。

这种扩大企业自主权的放权措施,虽然中央政府的意图是把权力下放给企业,但实践中由于地方经济管理部门没有相应地转变职能,反而将直接管理升级为面对面的管理,管得更多更细。地方政府层层截留下放给企业的权力,形成了所谓的产权地方化。美国学者麦金农认为,中国的地方产权是一种从前不曾有过的独特组织形式,它既不同于计划经济,也不同于私有经济。产权地方化是中国市场经济发展的一个独特模式。它是中央政府向地方政府和企业两种放权相互结合的产物,使地方政府的经济权力大大增加了。1985年,全国工业企业40多万个,由中央直接管理的只占总数的1%,国有企业开始主要由地方政府管理和控制。①除此之外,中央还授予少数地方政府、经济特区、经济技术开发区、中心城市等一定的经济特权,开始扩大城市政府的经济管理权限,逐步建立以城市为中心的国民经济管理体系。伴随着中央对地方经济管理权限的下放,中央政府管理经济的范围明显缩小,比重明显减轻。

(二)调整中央与地方的行政体制

1. 建立经济特区

1979年,中共中央、国务院根据广东、福建两省的有利地理条件,

---

① 参见林尚立:《国内政府间关系》,浙江人民出版社,1998年,第322页。

决定在深圳、珠海、厦门、汕头四地试办经济特区，并对两省实行特殊政策和灵活措施，让它们享有更多的主动权。从1983年2月起，党中央、国务院又先后批准了沈阳、大连等十四个城市为计划单列市，把这些城市的国民经济计划从省的计划中单列出来，使之在经济管理方面拥有省级人民政府的权力。1984年，又正式确定开放大连、秦皇岛等十四个沿海开放城市，允许它们实行更为开放、更为灵活的政策。1985年2月，将长江、珠江三角洲和闽南厦漳泉三角地区开辟为沿海地区经济开放区。1988年年初，又将辽东半岛、胶东半岛以及河北、广西等一些沿海地区的市、县、镇也列入沿海经济开放区的范围。1987年9月26日，党中央、国务院发出《关于建立海南省及其筹建工作的通知》，海南省成为我国实行特殊优惠政策的最大经济特区。1988年4月，第七届全国人民代表大会第一次会议批准海南建省。同年5月，国务院又提出智力密集的大城市可以试办新技术开发区，并给以相应的扶持政策。

2. 提出"一国两制"方针，用于解决港澳台问题

解决台湾问题是提出"一国两制"构想的最初目的。1981年9月30日，全国人大常委会委员长叶剑英发表了题为"关于台湾回归祖国实现和平统一的方针政策"的谈话，阐明关于台湾回归祖国，建议举行中国共产党和中国国民党两党对等谈判，共同完成祖国统一大业，实现和平统一的精神的九条方针。1982年9月，邓小平在会见英国首相撒切尔夫人时，正式使用了"一国两制"的措辞，借以解决历史遗留的香港问题。同年12月通过的新宪法第31条规定："国家在必要时得设立特别行政区。"从而为循此解决香港、澳门和台湾问题奠定了基础。1983年6月，邓小平在会见美国新泽西州西东大学教授杨力宇时，着重阐述了

统一台湾以后，可以保持资本主义制度不变。1984年6月、7月、12月，邓小平在《一个国家，两种制度》《我们非常关注香港的过渡时期》《中国是信守诺言的》三个重要谈话中，继续全面阐述了"一国两制"的思想。[①]

3. 重建地方政府

改革开放前很长一段时间，由于"文化大革命"的影响，中国的许多地方政府基本上处于名存实亡的瘫痪状态，各地实际上是由革命委员会来管理。1982年，宪法重新确认了地方人民政府的地位，规定"省、直辖市、县、市、市辖区、乡、民族乡、镇设立人民代表大会和人民政府"。1982年，宪法还明确了地方人民政府的职责权限、机构建制和领导体制。1983年10月12日，党中央、国务院发出通知，要求争取在1984年年底以前大体上完成建立乡政府的工作。此后，中央还增加了一些地方政府的机构建制，如县以上人民代表大会增设人大常委会，推行了地市合并和市管县体制，1983年地级行政区划改革，大规模推行地市合并和市领导县体制，省辖市也全部改称地级市，地级行政区由虚转实。地方组织的恢复、健全和完善为改革中国地方政府的职能提供了组织上的保证，是地方政府权力运行的前提，为改革后期中央向地方下放权力，地方政府承载功能的增强提供了制度保障。[②]

（三）实行政企分开

改革开放前，中国的中央与地方关系无论如何调整，总是无法走出"死—乱"循环的怪圈。其根本原因在于，之前的改革都是围绕中央与地方之间的行政权力划分来进行的，而没有涉及经济权力。企业从

---

① 参见张志红：《当代中国政府间纵向关系研究》，天津人民出版社，2005年，第91~96页。

② 同上，第124页。

属于政府，充当或者是中央政府或者是地方政府的附属物。当中央政府把权力下放时，只是将管理企业的权力转移给了下一级政府，而并没有转移给市场和企业。地方政府取代中央政府成了新的资源配置者和管理者，从而导致地方经济混乱和地方分散主义。在这种情况下，中央又不得不收回权力，企业随之又变为了中央政府的附属物，从而重新陷入了高度集中、僵化管理的模式。因此，把行政性分权和经济性分权结合起来，实现政企分开，实现政府职能的转变成了摆脱中央与地方关系的怪圈循环，促进中央和地方关系健康发展的突破口。① 1980年，邓小平在中央政治局扩大会议上指出："过去在中央和地方之间，分过几次权，但每次都没有涉及到党同政府、经济组织、群众团体等等之间如何划分职权范围的问题。"②他认为，要理顺中央和地方的关系，就必须要改革现行的权力高度集中的政治体制，凡适宜于地方办的事情，就让地方依照法律、政策去办；凡应属于企业的权力，就交还给企业。

政企分开首先是从放权让利开始的。1979年7月，国务院公布《关于扩大工业企业经营管理自主权的规定》《关于国营企业实行利润留成的规定》等五个文件，通过政治程序在全国推行放权让利的改革。1980年8月，国务院又批转《关于扩大企业自主权试点工作情况和今后意见的报告》，进一步规定企业享受一定的计划外产品销售权、计划自主权、产品定价权以及出口产品外汇分成权。1981年，各地为了落实财政上缴任务，对部分工业企业实行了利润包干的"经济责任制"，规定

---

① 参见杨小云：《论新中国建立以来中国共产党处理中央与地方关系的历史经验》，《政治学研究》，2001年第2期。

② 《邓小平文选》（第二卷），人民出版社，1994年，第329页。

企业按历史水平承担向政府上缴利润的任务。1981年10月，国务院批转国家经委、国务院体改办《关于实行工业生产经济责任制的意见》，经济责任制的推行取得了一定成效，国家财政收入明显增加，但是导致了全国经济秩序一度混乱，物价飞涨的情况。因此，1983年，国务院批转了财政部《关于全国利改税工作会议的报告》和《关于国营企业利改税试行办法》，决定从1983年6月1日起在全国范围内对国有企业实行第一步利改税改革。所谓"利改税"就是把国有企业上缴利润改为按照国家规定的税种和税率缴纳税款，税后利润归企业支配。1984年，党的十二届三中全会决定"实行政企职责分开，使企业成为自主经营，自负盈亏的社会主义商品生产者和商品经营者"。1987年，党的十三大进一步指出："下放权力必须以扩大中心城市和企事业单位的权力为重点。凡是规定下放到城市和企事业单位的权力，各中间层次一律不得截留。"经过十多年的不断努力，中央改变了过去单纯行政性放权的做法，实行行政性放权与经济性放权相结合，把高度集中的行政管理权部分下放给地方，又把微观经济活动的决策权从各级政府下放给企业，从而使政企不分的现象以及中央高度集权的状况得到逐步改善，使阻碍中央与地方关系健康发展的瓶颈得以突破，为调整中央与地方关系找到了一条新路。

四、改革开放初期调整中央与地方关系的成效

（一）中央与地方关系开始走向规范化

新中国成立后的三十年间，中央与地方权限划分经过了多次收权与放权的调整，表现出极大的不稳定性。权力什么时候收放，如何收

放,没有一个明确的标准。1958年,英国元帅蒙哥马利到中国访问时,问毛泽东有何治国经验,毛泽东回答说:"我没有什么经验,就是中央集权多了,我们就下放一点;地方分权多了,我们就收上来一点。"①改革开放后,党中央和国务院意识到这一问题,并着手改正。1982年,为中央和地方国家机构职权的划分确定了一个科学的原则,即"中央和地方的国家机构职权的划分,遵循在中央的统一领导下,充分发挥地方的主动性、积极性的原则"。同时还规定了国家最高权力机关和国家最高行政机关的职权。根据新宪法而修改通过的《中华人民共和国地方各级人民代表大会和地方各级人民政府组织法》,对我国地方各级国家权力机关和地方各级行政机关的职权也作出了规定。这些新的政策和法律为中央和地方职权的科学合理划分提供了法律和政策依据,克服了过去权限划分的主观随意性,中央和地方的关系开始走向规范化。

（二）地方发展经济的积极性空前高涨

地方分权化调动了地方各级政府发展经济的积极性,增强了地方政府的财政权力,使地方政府有能力去解决本地区发展中存在的一些困难和难题, 促成了中国地区经济的空前发展和从未有过的建设高潮。随着地方自主权的扩大,地方政府在区域经济事务中的决策空间不断拓展,地方政府改变了过去那种被动执行的行为模式,激发了对本区域经济建设的扩张冲动,从而增加了地区经济活力,刺激了地区经济发展。杨小凯在1995年发表的《中央与地方的经济关系》一文中对中国的地方分权化进行了评价:"1978年后,行政分权的政策被发展为

---

① 苏力:《当代中国的中央与地方分权——重读毛泽东〈论十大关系〉第五节》,《新华文摘》,2004年第11期。

区域分权和财政联邦主义。这意味着中央与地方之间有了一些制度化的经济关系。虽然行政上地方首长完全由中央指派，但地方政府实行财政包干制，财政收入的一定数额或一定比例上缴中央政府后由地方政府支配。这种制度使地方政府在较小的范围内有一定的剩余权，所以有更多刺激去发展和经营地方国营企业……区域分权制形成各省之间有了一定制度实验和经济实力的竞争，而这种竞争是中国没有实行民营化时推行改革的真正动力。"①

(三)一些地区率先富裕起来

经过十几年的改革开放实践，一些沿海经济特区和经济开发区率先富裕了起来。在基础设施建设上兴建了港口、码头、机场、公路、能源和市政工程等多项基础设施。平整开发了共80万平方千米的建设用地，兴建了厂房、楼宇、宾馆、商店、住宅、娱乐设施等。海陆空交通业已形成网络，投资环境和生活环境基本配套。在产品结构方面建成了电子、建材、化工、机械、轻工、纺织、食品等多种行业的现代化工业体系。在对外交流方面，经济特区和经济开发区已经拓展了一定的国际市场，1988年，深圳、珠海、汕头、厦门四个经济特区的外贸出口额达34.8亿美元，约占全国外贸出口总额的八分之一。②经济特区和开发区的迅猛发展得益于中央普遍的权力下放和中央给予其的特殊政策支持。地方的兴盛与繁荣是地方政府和官员为之竭力奋争的目标，地方的产值、效益和利税是衡量地方官员政绩的重要指标。这是中国分权化的必然结果。

---

① 转引自辛向阳：《百年博弈——中央与地方关系100年》，山东人民出版社，2000年，第259页。
② 参见林其辉：《经济特区启示录》，《中国经济体制改革》，1990年第11期。

第二节　转型期调整中央与地方关系的尝试

一、转型期调整中央与地方关系的背景

(一)建立社会主义市场经济目标的确立

1992年1月18日至2月21日，邓小平先后在武昌、深圳、珠海和上海等地巡视并发表了重要讲话。在讲话中邓小平强调，中国改革的取向只能是市场化，目标是建立社会主义市场经济体制。1992年，中国共产党第十四次代表大会宣布："中国经济体制改革的目标是建立社会主义市场经济。"这标志着中国进入以市场为导向的社会转型期。市场经济目标的确立引发了新一轮的地方政府争相发展经济，引进外资的热潮。外资不仅带来了资金、技术和管理，同时也带来了国际通行的产权规范的压力。各地政府不得不竞相与国际规则接轨，从而把经济改革引向对国有经济的产权制度进行根本性的改造。

(二)财政包干制弊端的显现

随着市场在配置资源中作用的扩大和中央财政调控地位的日益突出，包干型财政体制的弊端不断显现出来，并对经济改革和发展产生了一定负面影响。

首先，财政包干体制的主要特点是包死上缴基数、超收多留。在一般情况下，整个财政收入增长得越多，地方财政从增量中留得的份额就越大，而中央财政从中得到的份额就越小。这样便导致中央财政收入在国家财政收入中所占比重的下降，从而使得中央政府宏观调控能

力趋于弱化。

其次，财政包干体制在一定程度上片面地强化了地方利益机制。它是按照企业隶属关系划分企业所得税，按照属地征收的原则划分流转税，把工商企业税收同地方财政紧紧联系起来。这样容易造成各级政府部门对不同隶属关系企业的亲疏远近不同，尤其是强化了地方政府与所属企业的血缘关系和对所属企业的行政干预，促使地方政府发展那些见效快、税利多的项目，重复建设问题严重，从而不利于资源的充分、合理利用。另外，地方政府为了自身的利益，可能采用各种措施限制其他地方同类产品的进入，从而造成市场封锁和地方保护主义，不利于国家统一市场的形成。

最后，在财政包干条件下，中央与地方政府之间财政关系的确定，是按照行政管理程序，采取中央财政与各省、直辖市、自治区和计划单列市逐个谈判、逐个落实的办法，在中央财政与地方财政之间建立起一种利益分配上的契约关系，而这种契约关系又缺乏约束性。财政包干制的着眼点在于通过确定基数划分收入，而在确定基数时又常常承认既成事实。这就不可避免地存在着讨价还价、压低收入基数、抬高支出基数甚至故意隐瞒财政收入等相互扯皮现象和不端行为。在实行财政包干制期间，中央的财政收支难以平衡，财政赤字居高不下，财政状况相当拮据，1979年至1992年只有1985年没有财政赤字，中央的宏观调控能力被大大地削弱了。

（三）地方保护主义强化

改革开放政策的实施虽然有效地调动了地方的积极性，但是也引发了地方保护主义。地方保护主义是指在市场发展中地方政权或割据势力从当地经济利益和财政利益出发,对当地的市场和地区外的经济联系进行不应有的干预,如供不应求时限制或禁止本地商品合理化地流出,供过于求时限制或禁止外地商品合理地流入,以图保护当地局部的利益。改革开放初期,地方保护主义的主要表现是：①对紧俏物资和原料的争夺战。开始是生猪大战,后来是兔毛大战、菊花大战、茶叶大战,到20世纪80年代末90年代初的蚕茧大战、羊毛大战和粮食大战。②通过行政方法实行封锁政策,封关设卡。一方面禁止本地资源外流,另一方面又禁止外地的商品"入侵"。这就人为地割断了地区间的资源流和商品流,阻碍了商品市场的发育。③用行政命令干预企业跨地区和跨行业的协作,阻碍企业在全国范围内合理运行。地方保护主义、部门主义和相互封锁,分割了全国统一的大市场,无法发挥市场对资源优化配置的作用,造成从人到物的全面浪费。①据2001年11月22日出版的《远东经济评论》刊载的美国经济学家布鲁斯·吉雷的《省际分割》讲："法国经济学家Sandra Poncet的研究表明,1997年中国国内省级间商品贸易平均关税达到46%,比10年前提高了整整11%,这一关税水平超过了欧盟各成员国之间的关税水平,和美国与加拿大之间的贸易关税相当。当然,这一估计与事实可能有些出入,但改革过程中地方保护导致的高交易成本确实是存在的。"②

---

① 参见方民生：《统一市场和地方保护主义》,《杭州商学院学报》,1990年第5期。
② 茅于轼主编：《公正透明：中国政府体制改革之路》,法律出版社,2004年,第380页。

二、转型期调整中央与地方关系的主要思路

（一）在发挥地方积极性的同时重视中央积极性

充分发挥地方和中央两个积极性是毛泽东和邓小平都强调过的思想，在转型时期，党中央和政府继承了这一思路。1995年9月28日，在党的十四届五中全会上的《正确处理社会主义现代化建设中的若干重大关系》的讲话中，江泽民系统论述了发挥中央与地方两个积极性的意义。他指出："充分发挥中央和地方两个积极性，是国家政治生活和经济生活中的一个重要原则问题，直接关系到国家的统一、民族的团结和全国经济的协调发展。我们国家大、人口多，情况复杂，各地经济发展不平衡。赋予地方必要权力，让地方有更多的因地制宜的灵活性，发挥地方发展经济的积极性和创造性，有利于增强整个经济的生机和活力。同时，全国经济是一个有机的整体，中央必须制定和实施全国性的法律、方针、政策，才能保证总量平衡和结构优化，维护全国市场的统一，促进国民经济有序运行和协调发展。"党的十四届五中全会通过的《中共中央关于制定国民经济和社会发展"九五"计划和2010年远景目标的建议》提出："发挥中央和地方的积极性，实行投资的合理分工。中央掌握的建设资金集中用于全国性或跨地区的基础设施、基础产业和支柱产业重点工程，以及科技、教育、国防等方面的重点项目。地方政府投资主要用于本地区公益性、基础性项目。"当然，转型时期强调中央与地方积极性的兼顾与以往不同，既不是改革开放以前的以中央为主，也非改革开放初期一味地强调地方的积极性，而是要在维护中央权威的前提下把属于地方的权力下放给地方。

（二）强调维护中央权威，注重中央财力的加强

市场经济并不排斥政府的宏观调控。事实上，现代市场经济离不开政府的宏观调控和管理，否则就无法保持经济健康协调地发展。这种宏观调控必须有中央政府的集权和权威，有了这种集权和权威，有了法律手段、行政手段的干预，才会迅速有效地发挥作用。如果没有中央集权和权威，就会各自为政，上有政策，下有对策，有令不行，有禁不止，就会以地方利益损害国家利益，最终会破坏改革和现代化建设大业。扩大开放也需要维护中央权威。我们是在一个纷繁复杂的国际环境中进行开放的，既要面对国际经济秩序与规则提出的挑战，又要面对新技术发展带来的挑战；既要面对世界金融体系创新与危机和挑战，又要面对经济全球化的挑战。应对这些挑战，要求维护中央权威。为此，党的十四届四中全会明确指出："只有维护中央的权威，才能增强党的凝聚力和战斗力；才能保证国家统一、民族团结和社会稳定；才能保障改革开放和现代化建设的顺利进行，逐步实现各族人民的共同富裕，实现社会主义物质文明和精神文明的共同发展。""维护中央的权威，就是要保证中央的政令畅通，决定了的事情各方都要认真去办。在党的基本路线和总方针、总政策、总目标以及关系全局的重大问题上，全党必须与中央保持一致。各级党组织和全体党员要模范地遵守国家的宪法和法律。各地、各部门要牢固树立全局观念，坚决贯彻执行中央的决议、决定，结合实际创造性地工作，重大问题要请示报告。"这实际上指出了维护中央权威的具体内涵。党的十四届五中全会进一步强调："必须加强中央的统一领导，维护中央权威。"

维护中央权威也是应对地方保护主义的关键。江泽民在《正确处

理社会主义现代化建设中的若干重大关系》中提出："改革开放以来，实行权力下放，地方积极性得到充分发挥，有力地推动了改革与发展。这是一条重要经验，应当充分加以肯定。但在这个过程中也出现了一些新的矛盾和问题：有的地方和部门过多地考虑本地区、本部门的局部利益，贯彻执行中央的方针政策不力，甚至出现了上有政策、下有对策，有令不行、有禁不止的现象，应当由中央集中的则集中不够，某些方面存在过于分散的现象。我们既不允许存在损害国家全局利益的地方利益，也不允许存在损害国家全局利益的部门利益。"在中央与地方的经济关系上，主张中央加强自身的经济实力，实现国民经济更快、更健康、更有效地发展。

（三）重视区域间的协调发展

改革开放是一种大家普遍受益的改革，但是在受益程度上还是存在着明显的差异。中央实行的向经济效益好的沿海地区和大中城市倾斜的政策，虽然实现了沿海地区经济的起飞，却不可避免地扩大了与西部地区的差异，挫伤了落后地区发展的积极性，加剧了东西部地区之间的矛盾以及地方与中央的矛盾。这一问题引起了以江泽民为核心的第三代中央领导集体的高度重视。1995年，江泽民在党的十四届五中全会闭幕时的讲话中指出："对于东部地区与中西部地区经济发展中出现的差距扩大问题，必须认真对待，正确处理。""应当把缩小地区差距作为一条长期坚持的重要方针。""解决地区发展差距，坚持区域经济协调发展是今后改革和发展的一项战略任务。从'九五'开始，要更加重视支持中西部地区经济的发展，逐步加大解决地区差距继续扩大趋势的力度，积极朝着缩小差距的方向努力。"1999年6月9日，在中央扶贫开发工作会议上江泽民又进一步指出，在继续加快东部沿海地区发展的同时，必须不失时机地加快中西部地区的发展。从现在起，还要作为党和国家的一项重大战略任务，摆到更加突出的位置。

三、转型期调整中央与地方关系的主要措施

（一）企业改革的目标确定，建立现代企业制度

早在1980年，邓小平就认识到了中央与地方关系之所以会陷入"一放就乱，一乱就收，一收就统，一统就死"的非良性循环状态，其关键既不在于中央，也不在于地方，而在于国有企业产权模糊、制度缺陷。"只有中央与地方政府退出微观经济舞台，实行政企分开，建立独立的现代企业制度，才能克服集权体制与诸侯经济的种种行政弊端。只有统一的国内市场，才能实现资源的横向流动和跨地区的经济合作。"①在政府（无论是中央政府还是地方政府）对经济活动的干预还过于宽泛的状况下，企图理顺中央与地方的关系往往是徒劳的。"协调中央与地方政府关系需要两次分权……政府与社会分权是第一分权，中央与地方分权是第二分权，其中，第一分权是第二分权的基础和前提。"② 1993年11月，党的十四届三中全会通过了《关于建立社会主义市场经济体制若干问题的决定》，指出我国国有企业改革的方向是建立现代企业制度，并把现代企业制度概括为适应市场经济和社会化大生产要求的、产权清晰、权责明确、政企分开、管理科学的企业制度，要求通过建立现代企业制度，使企业成为自主经营、自负盈亏、自我发展、自我约

---

① 谢庆奎：《中国地方政府体制概论》，中国广播电视出版社，1994年，第114页。

② 谢志岿：《协调中央与地方关系需要两次分权》，《江海学刊》，1998年第1期。

束的法人实体和市场竞争主体。朱镕基在1994年11月4日发表了《现代企业制度改革试点的几个问题》，从此，现代企业制度的试点工作在全国逐步展开，并取得了一定成效。1999年，党的十五届四中全会再次强调要建立现代企业制度，并再次肯定了党的十四届三中全会对现代企业制度的概括。2000年9月28日，国务院办公厅转发了国家经贸委关于《国有大中型企业建立现代企业制度和加强管理基本规范（试行）的通知》，现代企业制度开始在国有及国有控股大中型企业中逐步推行。

（二）颁布《中华人民共和国立法法》，规范地方立法行为

以1999年为界，地方立法发展分为两个阶段：1992—1998年是地方立法权活跃行使阶段。截至1998年年底，全国已制定地方性法规6311件，自治条例302件，单行条例207件，地方政府规章9692件；1992—1998年间，河北省制定地方性法规258件，居22省之首，在此期间立法数量是前11年（1981—1991年）的1717倍；立法数量最少的西藏地方性法规为42件，是其前11年（1981—1991年）的417倍。尤其是1997年，省级人大及常委会立法数量最多的河北省，当年立法144件，数量最少的为天津市，当年立法26件；同比增长幅度最大的是甘肃省，增长913倍；22个省平均比1996年增长117倍，而国家法律出台仅18部。这一阶段，地方一方面索要更大的立法权；另一方面，通过立法把手中的既得权益以法律的形式固定了下来。

1999年后，中央地方立法权力关系进入理性化、法制化的发展阶段。2000年《中华人民共和国立法法》颁布实施。2000年，31个省（自治区、直辖市）共制定地方性法规603件（含修正案、废止案和法规性问题决定），其中，省级人大常委会制定法规373件，占全年立法总数的61.19%；

经济特区人大常委会制定法规23件,占31.8%;属于经济建设的335件,占55.16%。从1999年省级人大及其常委会立法情况看,22个省中,12个省出现了4年来(1996—1999年)立法数量的减少。2000年开始,各地人大常委会严格依照《中华人民共和国立法法》的规定,根据地方实际制定了一些具有显著特点的法规。①各地方政府的立法行为逐渐规范化和实效化。

(三)财税制度改革——实行分税制

随着建立社会主义市场经济目标的确立和财政包干制弊端的显现,改革中央与地方财政体制的呼声不断高涨,许多学者和实际工作者强烈主张中国应该实行分税制。分税制是西方国家实行分级预算体制中普遍采用的划分各级预算收入的方法。它是指一个国家通过对税种或税源以及税收管理权限在中央和地方之间的划分,以确立中央和地方政府间收入分配的一种制度。经过世界各国的长期探索,分税制最终作为一种理想的财权、财力划分方式而被普遍采用。它的基本原则是:在合理划分各级政府事权的基础上,将税种和税权在中央和地方政府间进行划分,以确定各级政府预算收入,分设中央税制与地方税制。与之相适应,分设国税局和地税局分别征收管理本级税收,从而建立起各自相互独立、相互协调的中央和地方两套税收体系,并建立起相应的转移支付制度。然而分税制的实施却不是一帆风顺的。朱镕基引用苏东坡的名言"犯其至难,图其至远"来形容当时中国的分税制改革。从论证到试点,经过八年的努力和中央与地方的反复博弈,分税制终得以实施。

① 参见崔卓兰、赵静波:《中央与地方立法权力关系的变迁》,《吉林大学社会科学学报》,2007年第3期。

1987年10月召开的中国共产党第十三次代表大会通过的报告极为简要地提到,要"在合理划分中央和地方财政收支范围的前提下实行分税制"。1992年开始,中国开始在天津市、辽宁省(不包含单列市)、沈阳市、大连市、浙江省(不包含单列市)、武汉市、青岛市、重庆市、新疆维吾尔自治区九个地区进行分税制改革的试点。原体制中的一些共享收入,如农业税、地方国营企业所得税、调节税、上缴利润和亏损补贴、集体企业所得税等划给地方作为固定收入。中央地方共享收入为5项,即产品税、增值税、营业税、工商统一税和资源税。共享收入中央与地方的分成比例为5∶5,地方分享收入加上地方固定收入大于财政支出基数部分,采取定额上缴递增包干办法,递增上缴的比例为5%。分税制改革在试点地区取得了较好的效果,既保证了中央财政收入的稳定增长,又调动了地方政府增收节支的积极性。1992年10月,在党的第十四届代表大会上,江泽民作了《加快改革开放和现代化建设步伐,夺取有中国特色社会主义事业的更大胜利》的报告。报告指出:"统筹兼顾国家、集体、个人三者利益,理顺国家与企业、中央与地方的分配关系,逐步实行利税分流和分税制。"同时要求"合理划分中央与省、自治区、直辖市的经济管理权限,充分发挥中央和地方两个积极性"。至此,中央实行分税制的决心已经明确。

进入1993年,分税制改革的步伐明显加快。1993年4月22日,中央政治局常委会专门听取了财政部部长刘仲藜和国家税务局局长金鑫关于财税体制改革的汇报。4月26日,中央领导又专题听取了金鑫关于税制改革的汇报。江泽民指示财政部要研究财政与税收制度改革问题。他指出,现在这种包干体制是一种不适应市场经济的落后体制,没有哪一个国家是这样搞的,财税体制已经到了非改不可的地步。4月28日,中央政治局常委会正式批准了税制改革的基本思路。1993年7月23日,全国财政、税务工作会议召开。朱镕基在会上说:"在现行体制下,中央财政十分困难,现在不改革,中央财政的日子过不下去了。目前中央财政收入占全国财政收入的比重不到40%,但中央支出却占50%多,收支明显有差额,中央只好大量发债,不然维持不下去。去年,内外债务,向银行借款900多亿元,今年预计1000多亿元,中央背着大量的债务,而且越背越重,中央财政困难,而且是加剧的趋势。一般来说,发达的市场经济国家,中央财政收入比重都在60%以上。而中央支出一般占40%,地方占60%。但是我们正好相反,收支矛盾十分突出。这种状况是与市场经济发展背道而驰的,必须调整过来。"① 1993年8月30日, 中央拿出了分税制改革的第一个方案,9月2日中央政治局常委会议讨论通过。1993年12月25日,国务院发布了《关于实行分税制财政管理体制的决定》,从1994年1月1日起改革地方财政包干体制,对各省、自治区、直辖市以及计划单列市实行分税制财政管理体制。其后,1995年1月1日起实施的《中华人民共和国预算法》第8条明确规定"国家实行中央和地方分税制",从法律的高度肯定和确立了中国分税制的财政管理体制。2001年12月31日,国务院下发《所得税收入分享改革方案》,就中国个人所得税和企业所得税的分享范围、比例、征管、分配使用等进行了新的调整。2002年12月26日,国务院批转财政部《关于完善省以下财政管理体制有关问题的意见》,就省以下各级政府的事权范围和财

---

① 赵忆宇:《我国分税制改革背景回放》,《瞭望新闻周刊》,2003年第37期。

政支出责任、省以下各级政府财政收入的划分、省以下财政转移支付制度的规范等作出了原则性规定。

（四）加强宏观调控，维护中央权威

诸侯经济和地方保护主义的抬头使中央认识到了维护中央权威的重要性。1993年，江泽民在党的十四大报告中指出："我们要建立的社会主义市场经济体制，就是要使市场在社会主义国家宏观调控下对资源配置起基础性作用……必须加强和改善国家对经济的宏观调控。"宏观调控是社会主义市场经济的内在组成部分。1992年下半年到1993年上半年，中国经济出现了过热状况。针对这一状况，1993年6月24日，《中共中央、国务院关于当前经济情况和加强宏观调控的意见》正式下发全党。这一文件的颁布，标志着社会主义市场经济体制新形势下的宏观调控全面展开。

为了遏制地方主义，维护中央权威，中央和政府采取了以下措施：

1998年3月，新一届政府刚刚成立后不久，中央政府就取消了所有国有银行省级分行，并在一年的时间内建立跨省区的地区性分行。这一政策的实施有效地阻止了地方政府对中央银行组织的干预，地方政府不再像以前一样有权任命中国人民银行地方分支机构的高级官员。

1998年，国务院发布《关于进一步深化粮食流通体制改革的决定》指出，按照党的十五大目标和要求，加快粮食流通体制改革的步伐，把中央和地方关于粮食生产和流通的责权分开，建立了在中央调控下由地方主导粮食生产和流通的新体制。此后，中央只负责粮食宏观调控和专储粮食管理，地方政府对本地区生产和流通全面负责，中央和地方各司其职、各负其责。

1998年11月,国务院下发《国务院批转国家工商行政管理局工商行政管理体制改革方案的通知》。改革工商行政管理体制,实行省以下工商行政管理机关垂直领导,工商系统与地方政府脱钩。改革的主要内容是在机构管理方面, 省级工商局为同级人民政府的工作部门,地(市)和县(市)工商局为上一级工商局的直属机构,工商所为县(市、区)工商局(分局)的派出机构。在编制管理方面,省级工商局的编制及领导职数,由省级机构编制管理部门核定和管理;地、市、县工商局(包括工商所)的编制及领导职数,由省级机构编制管理部门会同省级工商局统一核定和管理。在干部管理方面,省级工商局正、副局长仍按现行办法实行双重管理,以地方为主;地、市、县工商局正、副局长,经征求地方党委意见后, 由上一级工商局党组织作出决定并办理任免手续。在经费管理方面,省级工商局按照收支两条线原则,对全省(自治区、直辖市)工商行政管理系统财务经费实行统一管理。

1999年3月,中央政府决定对技术监督管理体制实行重大改革,在省以下质量技术监督系统实行垂直管理。实行管理体制改革后,地(市)、县(市)质量技术监督局作为上一级质量技术监督局的直属机构,各级技术机构作为同级质量技术监督局的直属事业单位,都要按照省以下垂直管理的原则,实行统一管理。实行垂直管理体制有利于排除各种干扰,保证执法的权威性和公正性,强化监督职能,加大执法力度,切实维护统一开放、竞争有序的市场经济秩序。

(五)行政区划的调整

1997年3月14日,第八届全国人民代表大会第五次会议通过了设立重庆直辖市的议案,赋予其进一步发挥中心城市的区位优势、龙头作用、窗口作用和辐射作用，以及带动西南地区和长江上游地区经济、社会发展的历史使命。

第三节 新世纪中央与地方关系的新发展

一、新世纪调整中央与地方关系的时代背景

（一）宏观调控不够得力，缺乏权威性、统一性和有效性

经过二十多年的以放权让利为主旋律的改革，中央逐渐认识到中央权威和宏观调控的重要性。但不可否认政府的宏观调控在很多方面还存在着不足。

首先，中央权威和宏观调控缺乏法律法规支撑。例如，国家发展规划是国家宏观管理的重要工具，但改革开放二十多年来，国家发展规划的法律地位一直没有得到有效的规定，它的作用也难以得到充分的发挥。

其次，中央政府缺乏有力的宏观调控手段，宏观调控机构的权威性不强。当时中央政府的调节手段比较单一，可供支配的资源有限，有时不得不使用计划经济条件下的老办法。例如，2004年5月，国家发改委发出通知，要求各省（市、自治区）自第二季度起，把居民消费价格涨幅月环比控制在1%以下（或连续三个月累计在4%以下），否则应暂停出台涨价项目，违者将给以通报批评。实际上，负责实施货币政策的中国人民银行于2003年6月就已经提出加强信贷管理的要求。但政策出台后受到空前挑战，遭遇重重的阻力、干扰和削弱，并没有起到应有的

作用。改革开放以来，从计划经济体制转向市场经济体制，宏观调控部门的平衡协调能力不断地受到削弱，例如制定的产业政策得不到实施，国家对产业发展的平衡能力、对重要产品的平衡能力、对进出口的平衡能力不断削弱。

最后，"上有政策，下有对策"是中央与地方关系中一直存在的突出现象之一。在实际生活中，一些地方政府往往放弃调节主体的角色，热衷于从事经济活动，为求得一己一地的发展，对违法违规行为视而不见，甚至有法不依、有章不循，实施所谓的"特事特办"，对国家实施的法规制度和调控措施置若罔闻，我行我素。例如，我国从2004年5月1日起开始实施《中华人民共和国道路交通安全法》。商务部有关官员明确表示，目前个别地方存在的私车牌照拍卖行为违反了《中华人民共和国道路交通安全法》。"我们希望上海方面能够按照新的道路安全法规，对这个行为再进行一次认真的研究。"6月9日，上海市政府发言人表示，到目前为止，还没有不继续拍卖的说法。一些地方政府的行为使中央的调控意图难以贯彻，有令不行，有禁不止。这种做法不纠正，再多的条例和政策也没有用。总之，中央与地方的互动缺乏制度性的规则约束。

（二）地方保护主义以新的形式出现

自改革开放以来，地方保护主义和重复建设一直是困扰我国经济健康发展的两大顽疾。虽然自20世纪80年代后期开始，政界和理论界关于治理地方保护主义的呼声就不绝于耳，但是地方保护主义一直没有得到有效治理。2004年10月4日出版的美国《财富》双周刊提到：中国成为世界经济的中心舞台，但"奇迹"之中仍有弱点，"尽管具有集权经济的外表,中国经济却缺乏统一协调的中央规划。中国的政治体制赋予省市领导很大权力。这些主管人员把资源调拨给无法创造价值的企业"。国务院发展研究中心的国民经济研究所课题组在《2004年度中国各省市自治区市场化相对进程年度报告》中认为,有一些省份"在产品市场方面,仍然存在着较为严重的地方保护"①。

进入21世纪后,地方保护主义有了新的表现,主要是:第一,过去市场封锁主要表现在商品市场,现在扩大到了服务市场和要素市场;第二,由过去短缺时代限制资源流出,演化为相对过剩时期的限制商品流入;第三,由过去较多设置行政壁垒,演化为采取设置技术壁垒等更加隐蔽的方式。其实不止这些方面,例如制定行政法规来使地方保护主义法制化、合法化,也是地方保护主义的一个新特点。②

二、新世纪调整中央与地方关系的主要思路

(一)结合政府职能转变,依法规范中央和地方管理权限

江泽民在党的十六大报告中提出了深化行政管理体制改革的任务:"进一步转变政府职能,改进管理方式,推进电子政务,提高行政效率,降低行政成本,形成行为规范、运转协调、公正透明、廉洁高效的行政管理体制。依法规范中央和地方的职能和权限,正确处理中央垂直管理部门和地方政府的关系。按照精简、统一、效能的原则和决策、执行、监督相协调的要求,继续推进政府机构改革。"在建立市场经济体制和入世的背景下,在政府的社会经济管理职能和国有资本所有者职

---

① 国务院发展研究中心:《经济要参》,2004年第50期。
② 参见辛向阳:《十六大以来中央与地方关系的"三个新"》,人民网.2011年4月22日。

能相分离的前提下,要依法合理划分中央与地方的管理权限:

一是合理划分中央和地方在社会经济管理方面的权限。总的原则是依据全国性和地区性公共产品来划分中央与地方的事权:全国性的公共产品由中央负责提供,地方性的公共产品由地方负责提供。具体来讲:国防、外交归中央;宏观经济调控权归中央;全国性教育文化、卫生、社会保障等归中央。地区性教育培训、医疗福利、公共建设和维护、市场管理、区域规划、治安司法等归地方。

二是合理划分中央和地方在国有资本管理方面的权限。党的十六大报告在这方面有较大的突破。过去只是笼统地讲"中央和地方分级管理",党的十六大报告更进一步,结合国有资产形成的历史情况和国有资产管理的实际需要明确指出:"在坚持国家所有的前提下,充分发挥中央和地方两个积极性。国家要制定法律法规,建立中央政府和地方政府分别代表国家履行出资人职责,享有所有者权益,权利、义务和责任相统一,管资产和管人、管事相结合的国有资产管理体制。关系国民经济命脉和国家安全的大型国有企业、基础设施和重要自然资源等,由中央政府代表国家履行出资人职责。其他国有资产由地方政府代表国家履行出资人职责。中央政府和省、市(地)两级地方政府设立国有资产管理机构。"这基本上已经明确了中央和地方分级行使出资人职责的制度,划分了各自在国有资产管理方面的权限。这不仅是国有资产管理体制上的创新,更重要的是对中央和地方关系问题做出了新贡献。江泽民认为,要充分发挥中央和地方两个积极性,关键是依法规范中央和地方的职责和权限。他深刻地认识到,要采用科学化、规范化、法制化的手段明确中央和地方的管理权限,使这种管理权限的划分在一个具有稳定性的制度框架内进行,使中央与地方关系有法可依,变行政分权为法律分权。

(二)用法律和制度化的手段协调中央与地方的关系

以邓小平为核心的第二代中央领导集体虽然推进了中央和地方关系向着规范化方向发展,但由于这一时期中央与地方权限的调整缺乏严格、完善的法律和制度基础,地方政府不断地与中央讨价还价,争取更多的优惠政策和更多的投入,尽量减少应当向中央缴纳的税收。对不符合本地利益的,地方便以"上有政策、下有对策"的办法来应付。因此,中央和地方的权力关系仍然处于一种不完全规范的状态之中。进入21世纪,中央和地方的关系逐渐被纳入规范化、制度化的轨道。

(三)以科学发展观指导中央与地方的发展

2003年10月14日,党的十六届三中全会通过了《中共中央关于完善社会主义市场经济体制若干问题的决定》。该决定提出了科学发展观,要求"要统筹推进各项改革,努力实现宏观经济改革和微观经济改革相协调,经济领域改革和社会领域改革相协调,城市改革和农村改革相协调,经济体制改革和政治体制改革相协调"。科学发展观要求协调处理好中央与地方的关系,使中央政府的权责与地方政府的权责相协调。该决定第37条提出:"合理划分中央和地方经济社会事务的管理权责。按照中央统一领导、充分发挥地方主动性积极性的原则,明确中央和地方对经济调节、市场监管、社会管理、公共服务的管理权责。属于全国性和跨省(自治区、直辖市)的事务,由中央管理,以保证国家法制统一、政令统一和市场统一。属于面向本行政区域的地方性事务由地方管理,以提高工作效率、降低管理成本、增强行政活力。属于中央和地方共同管理的事务，要区别不同情况，明确各自的管理范围，分清主次责任。根据经济社会事务管理权责的划分，逐步理顺中央和地方在财税、金融、投资和社会保障等领域的分工和职责。"

（四）继续发挥中央和地方两个积极性

中国的领导人历来重视中央和地方两个积极性的发挥，在新世纪，第三代和第四代领导集体继承了这一传统。2004年9月16日召开的党的十六届四中全会通过了《关于加强党的执政能力建设的决定》。该决定明确提出："正确处理中央和地方的关系，合理划分经济社会事务管理的权限和职责，做到权责一致，既维护中央的统一领导，又更好地发挥地方的积极性。"曾庆红在2004年10月8日《人民日报》发表的《加强党的执政能力建设的纲领性文献》一文中对这一点作了进一步的说明："要正确处理中央和地方的关系。由于实行改革开放和发展社会主义市场经济，我国社会经济成分、组织形式、就业方式、利益关系和分配方式日益多样化。如果我们思想上不清醒，工作上不注意，是很容易搞散的。这些年，我们采取各种措施加强了国家的集中统一，这是完全必要的。但在维护中央集中统一领导的同时，应当更好地发挥地方的积极性。这就要合理划分经济社会事务管理的权限和职责，做到权责一致、上下一心，充分调动中央和地方两个积极性。"

在2005年10月8日举行的党的十六届五中全会上温家宝发表讲话："'十一五'时期的任务十分繁重和艰巨，有许多'两难'的棘手问题需要解决。做好今后五年的工作，要把握全局，统筹兼顾，突出重点，特别要注意处理好以下几个重大关系。"其中第三个关系就是中央与地方关系。温家宝讲："我们国家大，各地情况不同，发展很不平衡。充分发挥中央和地方两个积极性，是我们党历来十分重视的问题。中央在制定方针政策时，要考虑全局利益和长远发展，也要照顾不同地区的特点和利益，区别对待。地方要充分发挥各自的积极性和创造性，因地制宜地做好工作，但必须维护和服从中央的统一领导，自觉顾全大局，这是贯彻全国'一盘棋'的要求。要坚决克服有令不行、有禁不止的现象。只有把中央和地方两个积极性都发挥好，才能把中国的事情办好。"

三、新世纪调整中央与地方关系的主要措施

（一）制度化规范中央与地方关系

2001年3月，第九届全国人民代表大会第三次会议审议通过了《中华人民共和国立法法》。在《中华人民共和国宪法》对中央和地方各级权力机关和行政机关的立法权限作出基本规定的基础上，《中华人民共和国立法法》赋予了全国人大及其常委会专属立法权，并具体地列举了专属立法事项。对于地方性法规的权限问题《中华人民共和国立法法》也进一步予以明确的规定，把地方性法规可以规定的事项加以具体化。"为执行法律、行政法规的规定，需要根据本地行政区域的实际情况作具体规定的事项"和"属于地方性事务需要制定地方性法规的事项"都可以由地方性法规作出规定。《中华人民共和国立法法》的制定与实施，使中央和地方的立法权限得到了明确、具体的划分，为中央和地方关系的规范化、制度化提供了有力的法律保证，对推进依法治国、依法处理中央和地方的关系有着非常重要的意义。

2004年3月14日，第十届全国人民代表大会第二次会议通过了《中华人民共和国宪法修正案》，其中第三条对于中央与地方的关系作了以

下规定:"中华人民共和国的国家机构实行民主集中制的原则……中央和地方的国家机构职权的划分,遵循在中央的统一领导下,充分发挥地方的主动性、积极性的原则。"第八十五条规定:"中华人民共和国国务院,即中央人民政府,是最高国家权力机关的执行机关,是最高国家行政机关。"第八十九条规定:"国务院行使下列职权:(一)根据宪法和法律,规定行政措施,制定行政法规,发布决定和命令……"一共列举了18项职权。第一百一十条规定:"全国地方各级人民政府都是国务院统一领导下的国家行政机关,都服从国务院。"

2004年3月22日,国务院颁布《全面推进依法行政实施纲要》。《纲要》提出,全面推进依法行政,经过十年左右坚持不懈的努力,基本实现建设法治政府的目标。第一个目标就是"政企分开、政事分开,政府与市场、政府与社会的关系基本理顺,政府的经济调节、市场监管、社会管理和公共服务职能基本到位。中央政府和地方政府之间、政府各部门之间的职能和权限比较明确","合理划分和依法规范各级行政机关的职能和权限。"《纲要》的意义在于:提出用十年的时间基本建成法治政府,也就是说到2014年前后,法治政府的框架就应当确立。法治政府的内涵非常丰富,其中中央与地方关系的法治化是衡量法治政府的基本标准之一。这也就意味着到2014年时,中央与地方的关系就应该基本上实现法治化、制度化的目标。

2004年7月1日,《中华人民共和国行政许可法》正式实施。该法从行政许可的角度规范了中央与地方政府的权限,从行政许可的角度明令禁止地方保护主义的滋生:①从权限上讲,原则上只有全国人大及其常委会可以设定行政许可,省、自治区、直辖市和较大的市的人大及其常委会、人民政府可以依据法定条件设定行政许可；②行政法规、国务院有普遍约束力的决定设定行政许可的，地方性法规、地方性规章不得与之相抵触；③"地方性法规和省、自治区、直辖市人民政府规章，不得设定应当由国家统一确定的公民、法人或者其他组织的资格、资质的行政许可；不得设定企业或者其他组织的设立登记及其前置性行政许可。其设定的行政许可，不得限制其他地区的个人或者企业到本地区从事生产经营和提供服务，不得限制其他地区的商品进入本地区市场。"

2004年7月16日，国务院发布《关于投资体制改革的决定》。该决定从完善政府投资体制的角度提出了划分中央与地方权责的思路，"合理划分中央政府与地方政府的投资事权。中央政府投资除本级政权等建设外，主要安排跨地区、跨流域以及对经济和社会发展全局有重大影响的项目"。

（二）开发西部地区和振兴东北老工业基地

1999年9月，党的十五届四中全会通过的《中共中央关于国有企业改革和发展若干重大问题的决定》明确提出：国家要实施西部大开发战略。1999年11月，党中央、国务院召开经济工作会议，部署2000年工作时把实施西部大开发战略作为一个重要的方面。2000年1月，国务院西部地区开发领导小组召开西部地区开发会议，研究加快西部地区发展的基本思路和战略任务，部署实施西部大开发的重点工作。2000年10月，党的十五届五中全会通过的《中共中央关于制定国民经济和社会发展第十个五年计划的建议》，把实施西部大开发、促进地区协调发展作为一项战略任务，强调"实施西部大开发战略、加快中西部地区发展,关系经济发展、民族团结、社会稳定,关系地区协调发展和最终实现共同富裕,是实现第三步战略目标的重大举措"。2001年3月,第九届全国人民代表大会第四次会议通过的《中华人民共和国国民经济和社会发展第十个五年计划纲要》对实施西部大开发战略再次进行了具体部署。西部地区特指陕西、甘肃、宁夏、青海、新疆、四川、重庆、云南、贵州、西藏、广西、内蒙古十二个省、自治区和直辖市。实施西部大开发,就是要依托亚欧大陆桥、长江水道、西南出海通道等交通干线,发挥中心城市作用,以线串点,以点带面,逐步形成我国西部有特色的西陇海兰新线、长江上游、南(宁)贵、成昆(明)等跨行政区域的经济带,带动其他地区发展,有步骤、有重点地推进西部大开发。

西部大开发总的战略目标是:经过几代人的艰苦奋斗,到21世纪中叶全国基本实现现代化,从根本上改变西部地区相对落后的面貌,建成一个经济繁荣、社会进步、生活安定、民族团结、山川秀美、人民富裕的新西部。

在西部大开发五周年之际,胡锦涛就西部大开发作出重要指示,强调要坚持以邓小平理论和"三个代表"重要思想为指导,用科学发展观统领西部大开发的各项工作,坚定不移地把西部大开发继续推向前进。

2006年4月18日,国务院西部地区开发领导小组召开第四次全体会议。中共中央政治局常委、国务院总理、国务院西部地区开发领导小组组长温家宝主持会议并作重要讲话。他强调,要坚持以科学发展观为指导,总结经验,巩固成果,完善政策,继续推进西部大开发。

2006年9月5日,全国政协在政协礼堂召开专题协商会,围绕"推进西部大开发"问题建言献策。贾庆林在会议上指出:"实施西部大开发战略，是以江泽民同志为核心的党的第三代中央领导集体根据邓小平同志关于'两个大局'的战略思想作出的重大决策。党的十六大以来，以胡锦涛同志为总书记的党中央高度重视西部大开发，采取了一系列重大政策措施，推动西部地区经济社会加快发展。六年多来，在党中央、国务院的正确领导下，经过各地区、各部门特别是西部地区广大干部群众的艰苦努力，西部大开发有了一个良好开局。"在2007年党的第十七届代表大会上，胡锦涛继续强调要："推动区域协调发展，优化国土开发格局。缩小区域发展差距，必须注重实现基本公共服务均等化，引导生产要素跨区域合理流动。要继续实施区域发展总体战略，深入推进西部大开发，全面振兴东北地区等老工业基地，大力促进中部地区崛起，积极支持东部地区率先发展。"

实施西部大开发战略以来，为了加快中西部地区发展，中央政府不断加大对西部地区的政策和资金支持力度。至此，西部十二个省区市经济保持平稳较快增长势头，农村生产生活条件不断改善，基础设施建设、生态环境保护与建设显著加强。

在实施西部大开发战略的同时，2003年振兴东北老工业基地的战略布局出台。2003年8月初，温家宝考察了黑龙江、吉林两省。温家宝指出，支持东北地区等老工业基地加快调整、改造，同实施西部大开发战略和加快东部地区发展一起，构成了中国现代化建设的重大战略布局。要"用新思路、新体制、新机制、新方式，走出加快老工业基地振兴的新路子"。2003年10月，《中共中央国务院关于实施东北地区等老工业基地振兴战略的若干意见》出台；2004年3月，国务院东北地区等老工业基地调整改造领导小组办公室正式成立，振兴东北老工业基地战略进入实质阶段。实施振兴东北地区等老工业基地战略五年来，东北三省经济快速发展，综合实力显著提高，东北老工业基地振兴取得了重大进展。国务院出台了一系列优惠政策，并取得了显著的成就。2008年的两会总结了振兴东北老工业基地取得的七大成就，主要是：东北三省经济发展明显加快，体制机制创新取得重大进展，对外开放开创了新局面，实施重大项目推进工业结构调整，资源型城市可持续发展迈出坚实步伐，基础设施建设得到加强，社会保障体系建设稳步推进。

（三）进一步加强中央权威

2003年中国出现了投资过热的现象，而这其中又以地方政府为甚。2003年上半年，中央政府主导的固定资产投资额同比下降了7.7%，而地方政府的投资额却增长了41.5%。正是地方和企业联手，对中央的三令五申置若罔闻，"大干快上"，造成了投资的快速增长。为抑制过快的投资，2003年下半年以来，中央采取了多种市场化手段，但效果不甚明显。[1]2004年1月—2月，地方项目投资增长64.9%，中央项目只有12.1%。[2]

为了遏制我国经济过热的现象，保持经济的稳定增长，中央展开了新一轮的宏观调控，陆续出台了一系列措施，并取得了较好的效果，保证了国民经济的正常运行。四年来，中国的宏观经济总体上保持了增长速度较快、物价基本平稳、就业增加较多的良好态势。

2004年3月，国务院对江苏"铁本事件"进行了严肃处理，从而拉开了中国新一轮宏观调控的序幕。2006年，我国的财政政策由积极型转

---

① 参见辛向阳：《法治框架内的中央与地方关系》，《中国改革》，2006年第7期。

② 参见武少俊：《2003—2004年宏观调控：地方与中央的博弈》，《金融研究》，2004年第9期。

向稳健型，政府在宏观调控中主要动用了货币政策，调控的主要目标为信贷规模和固定资产投资规模。在连续收紧的货币政策调控下，信贷规模和固定资产投资规模均有较大回落。2007年，中央加大了运用经济手段进行宏观调控的力度，主要是八次提高银行存款准备金率、五次提高存贷款基准利率、加大公开市场操作力度和发行特别国债，取消或降低部分产品出口退税率和反征出口关税、扩大加工贸易限制列产品目录等，这些政策措施对抑制经济从偏热转向过热发挥了积极作用。

（四）省级行政首长选拔逐渐制度化

近些年来，中国各省、自治区、直辖市的行政首长实际上都是由中央政府确定候选人，最后需要地方人大以"选举"方式认可。这种做法既不同于许多单一制国家的地方行政首长中央委任制，其政治合法性来自中央授权；也不同于联邦制国家地方政府首长的选举制，其政治合法性来自地方选举。中国这种地方首长的任职制度，一旦稳定下来并制度化，就创造了中央与地方关系的一种可能，成为一种中央与地方相互制约的具有政治意义的制度。学者苏力指出："这一宪法惯例已经给中国的单一制政体带进了联邦制的因素。当然，我并不想夸大这一宪法惯例在目前的实际意义，甚至我不能肯定这种意义一定都是正面的；我想指出的是确实有这样的制度因素在发挥一定的作用。①我们应当进一步研究和重视这一正在形成的政治惯例，它完全有可能在适当之际展现出它的制约力。实际上，真正起作用的制度往往是'寻常看不见，偶尔露峥嵘'的，'看不见'（常规）和'露峥嵘'（冲突或例外）都是

---

① 在1993年前后的换届选举中，中央提出的浙江和贵州两省的省长候选人就落选了。参见蔡定剑：《中国人民代表大会制度》，法律出版社，2003年，第350页。

制度起作用的方式；一个需要时时'露峥嵘'的制度反倒可能意味着这里还没有严格意义上的制度。"①

在改革开放三十周年之际，经过党的第二代、第三代和第四代领导人的共同努力，中国的中央与地方关系终于跨越"死—乱"循环，走上了制度化的和谐发展之路。当然，前路是漫长的，当前中国的地方保护主义并未根治，中央在宏观调控方面的行政化倾向还比较明显，地区间在经济、文化等方面的差距依然是社会主义和谐社会构建过程中的一大障碍。因此，在未来的一段时间内，仍需在以下几个方面完善中央与地方关系。

首先，以科学发展观为指导，树立"绿色GDP"观念。科学发展观是基于当今世界发展现实和我国发展实践作出的科学总结。但是不可否认，对于长期落后贫困的中国来说，在很长一个时期内，经济发展都是第一位的。没有经济发展，就没有中华民族的复兴，就不可能提高中国在当今世界的地位。经济发展是社会发展的基础、前提和条件，不以经济建设为中心，任何发展都是不可能的。因此，抓住机遇，加快发展，对较高的发展速度的追求是我国经济和社会发展的必然诉求。但是中国的发展必须是持续的、稳定的、健康的，不能单纯以国内生产总值的增长代替经济发展，以经济发展代替社会进步和人的全面发展。经过改革开放以来四十年的发展，在一些地方，社会问题、环境生态问题已经很突出，经济的快速增长不是、也不应当是政府唯一的目标。因此，在坚持发展经济的主要任务时，必须同时解决诸多的社会矛盾和发展的

---

① 苏力：《当代中国的中央与地方关系》，《中国社会科学》，2004年第2期。

不平衡,非此不能实现经济的持续快速发展。

其次,深化改革,建立日益完善的市场经济机制和体制。改革扩大了地方的权限,调动了地方的积极性。但是地方为了本地区短期的快速发展,不惜损害长远利益和整体利益。一些地方大搞低水平重复建设,地方保护,市场分割,阻碍了统一市场经济的建设和国民经济的持续发展。一般说来,市场经济下一定程度的重复建设是不可避免的。一定程度的重复建设甚至是竞争的动力,竞争才能优胜劣汰,推动技术进步和生产力发展。但在目前的行政管理体制下,地方集中了过多的资源配置权,地方主导的重复建设往往妨碍了正常的竞争,优不胜、劣不汰。例如,我国23个省区市有轿车整车生产线。在全国123家整车厂中,年产量在5万辆以上的仅有18家。我国130多家电解铝企业遍布全国26个省区,平均规模只有3.9万吨,而世界电解铝企业平均规模为19万吨。①据调查,我国水泥企业75%采用落后的工艺生产,水泥产量的85%是低品级水泥。理顺中央与地方的关系,真正解决低水平重复建设问题,必须进一步深化政治和行政体制改革,建设法治政府。现代行政的科学高效来自于运行机制的规范有序,必须建立规则意识,改变领导人一句话就能改变制度的行政管理办法。建立科学的决策和实施机制,充分发挥社会对政府工作的监督作用。必须进一步改革干部管理制度,改革政绩考核的标准和方法。建立完善的统一的市场经济体制,明确政府的经济职能范围,消除政府对市场的不当干预。使政府职能由投资型、管制型转变为服务型,消除扭曲企业进行成本收益判断

---

① 参见《经济日报》,2004年4月2日。

中的政府干预因素,真正在全国范围内形成一个规范的、统一的市场。

再次,继续推进中央与地方关系的法制化进程。中国的中央与地方关系虽然已经逐步规范和制度化,但是处理中央与地方关系尚缺乏一部专门的法律。发达国家在处理中央与地方关系问题上,都有议会以法律的形式对中央与地方的关系予以确定,所有的地方政府都是根据法律的要求提供服务和行使权力的。例如,英国有1972年的《地方政府法》;法国有1982年的《关于市镇、省和大区的权利和自由法》、1983年的《关于市镇、省、大区和国家权限划分法》、1984年的《地方政府服务法》等;西班牙有1985年的《地方政府法》;葡萄牙有1977年的《地方政府法》;丹麦有1968年制定、1995年修改的《地方政府法》(该法对地方自治作出了具体的规定);瑞典和芬兰分别在1992年和1995年制定了新的《地方政府法》。这些法律都详细地规定了地方政府具有的权限,使地方政府的行为有法可依,中央与地方的权限也有相对固定的法律界限。中国的宪法中虽然有关于中央与地方关系划分的条文,但是其界定过于笼统,缺乏可操作性的内容。中央与地方关系的处理往往依据一系列的文件规定来调整,地方与中央常常出现"拉锯战"。中央与地方权力的划分必须以法律的形式确定下来,这样才能既维护中央的权威,又能有效防止地方主义的抬头。

最后,继续加强中央权威。加强政府规划手段的运用,特别是强化区域规划的作用。实际上,在加快经济发展方面,中央与地方是一致的。但由于地方囿于自己管理的职责范围,地方认为合理的,不一定有利于整体。解决这个矛盾应当加强政府规划的作用,加强中央规划的权威性,明确地方政府在实施国家发展规划中的义务和责任;加强地方规划与中央规划的协调，在全国统一发展前提下，促进地区经济的协调发展。此外，在实施调控的过程中，必须加强政策的实施能力。例如，应当进一步加强中央银行制定和实施货币政策的独立性，这有利于提高调控效率，正确引导市场预期。严格执法，增强法律意识。市场经济是法治经济，无论是政府、企业还是个人都必须遵循一个基本的行为准则：依法行事。

第四节　近十年集权与分权的动态平衡

改革开放以来，中国的中央与地方关系反复陷入"死—乱"循环怪圈，中央加强集权，地方政府积极性被遏制，中央放权的改革尝试，又引发了"地方主义""部门主义"等扰乱国家整体发展秩序的现象。近十年，中央与地方关系调整过程中出现了貌似矛盾的两种趋势：集权与放权同时存在，中央政府在部分领域集权的同时，又在另外一些领域加大了对地方的权力下放，中国政府在历史上开始实现了集权与分权的平衡，中央与地方关系业已跨越了"死—乱"循环的怪圈。

一、近十年中央与地方关系调整的背景

（一）习近平新时代中国特色社会主义思想的引领

自2012年习近平同志当选中共中央总书记以来，致力于推进中央与地方关系和谐发展。以习近平同志为核心的新一届领导集体调整中央与地方关系的思路是：第一，继续维护中央与地方两个积极性；第二，明确中央与地方政府的权责分工，并推进中央与地方关系法制化。在

党的十八届三中全会上习近平总书记指出，要适度加强中央事权和支出责任，逐步理顺中央和地方共同事权关系，形成中央和地方财力与事权相匹配的财税体制，更好发挥中央和地方两个积极性，完善国家治理结构。①之后，在党的十九大报告中，习近平总书记为建立央地新型财政关系指明了方向，也是中国特色社会主义新时代推进财税体制改革的重要内容，即权责清晰。"权"系财力，是指各级政府拥有的组织财政收入的权限；"责"系事权，是指政府为民众提供的公共服务的责任。权责互为统一，事权是基础，财力是履行事权的保障。

2018年4月26日，习近平在深入推动长江经济带发展座谈会上发表重要讲话，通过对长江经济带发展的指导性意见，详尽解释了中央政府和地方政府在区域协调发展上的分工。习近平强调，中央层面要做好顶层设计，主要是管两头：一头是在政策、资金等方面为地方创造条件，另一头是加强全流域、跨区域的战略性事务统筹协调和督促检查。省的层面主要是做到承上启下，把党中央大政方针和决策部署转化为实施方案，加强指导和督导，推动工作开展。市县层面主要是因地制宜，推动工作落地生根。②在地方机构改革过程中习近平重申，要全面准确贯彻落实党中央关于机构改革的部署要求，坚决维护党中央权威和集中统一领导，确保上下贯通、执行有力；赋予省级及以下机构更多自主权，允许地方因地制宜设置机构和配置职能。③

---

① 参见习近平：《中共中央关于全面深化改革若干重大问题的决定》，《人民日报》，2013年11月16日。

② 参见2018年4月习近平在深入推动长江经济带发展座谈会上的讲话。

③ 参见2018年5月习近平在中央全面深化改革委员会第二次会议上的讲话。

（二）中国政府对政府职能的认知逐步清晰

2003年，中国政府第一次明确政府应该承担四项基本职能：经济调节、市场监管、社会管理和公共服务。之后，政府和学界不断探索政府职能转变与机构改革的协同发展路径，改革思路有两个方面：一方面是政府向市场与社会放权，另一个重要方面就是中央政府向地方政府的权力下放与职能转移。2008年，中共第十七届中央委员会第二次全体会议通过了《关于深化行政管理体制改革的意见》，中央与地方政府在上述四项基本职能方面的分工得以清晰，即中央政府集中于经济调节与市场监管方面的宏观政策制定，地方政府侧重于社会管理与公共服务，同时确保中央政令的传达与实施。同时，中央也在酝酿新一轮的财税体制改革，实现地方政府的财权与事权匹配。

（三）服务型政府建设的深入

党的十九大报告对我国当前社会的主要矛盾作出了新的概括：中国特色社会主义进入新时代，我国社会主要矛盾已经转化为人民日益增长的美好生活需要和不平衡不充分的发展之间的矛盾。2003年，时任总理的温家宝在国家行政学院开学典礼上的讲话中明确：经济调节、市场监管、社会管理和公共服务是政府的四项基本职能。自此，我国的服务型政府建设逐步深入，当前满足人民对公共服务的需求，实现公共服务的区域间、人际间均衡是服务型政府建设的重要任务，公共服务均等化有赖于政府间分工的进一步明确，而中央与地方政府间的分工即为其中最重要的一个方面。

《中共中央关于全面深化改革若干重大问题的决定》对中央与地方的公共服务职能作出了原则性规定：加强中央政府宏观调控职责和

能力,加强地方政府公共服务、市场监管、社会管理、环境保护等职责。而如何推动地方政府良好地履行公共服务职能,提升地方公共服务供给水平,则需要进一步改革和规范现行的中央与地方关系。

（四）城镇化的高速发展

2016年年底,中国的城市化率水平为57.4%,预计2020年将达到60%。根据国际经验,当城市化水平达到70%之前,城市化水平都会快速增长,以此判断,中国的城市化率仍将在未来十年左右的时间中快速增长。[①]但过往的城镇化过度集中于土地的城镇化,而忽视了人的城镇化。这在一定程度上源于我国自20世纪开始实行的分税制改革,地方政府过度依赖土地财政,在以土地谋发展的同时,并未同步跟进人的城镇化,防止外来人口过快增长。过往城镇化在为我国带来巨大发展机遇的同时,也造成了若干隐患。例如,土地资源的紧张,人地矛盾的突出,地方债务的增长,社会阶层矛盾的加深等。因此,随着城镇化的快速发展,中央与地方关系急需进行适应性调整,改变原有的中央与地方笼统的事权共担,建立分层分类立体化关系格局。

二、中央集权与地方分权的平衡机制

我国在推行一系列中央集权措施的同时,也在许多领域向地方政府放权,这个看似矛盾的过程,却蕴含了以习近平同志为核心的领导集体对我国中央与地方关系的深刻思考。跨越"死—乱"循环的关键在于中央与地方政府的合理分工,协同治理,中央与地方政府之间的关

---

① 参见智妍咨询集团:《2017—2023年中国共享经济市场深度评估及投资前景评估报告》,2017年6月。

系不应是相互对立的博弈主体，而是在中央统一领导下的合作伙伴，中央政府与各地方政府有着共同的目标，即实现中华民族的伟大复兴。在这一共同目标作用下，多级主体日益明确了各自的职责与分工。我国通过法制化建设，政府与社会、市场关系调整，域镇化方向调整，中央与地方财税体制改革，中央与地方政府机构改革等措施，逐步理顺了中央和地方的关系。

（一）推进中央与地方关系法制化

中央与地方关系法制化是我国央地关系发展的根本目标，因为只有实现央地关系法制化，才能实现央地关系的现代化。《中华人民共和国宪法》《中华人民共和国地方各级人民代表大会和地方各级人民政府组织法》及其他相关法律都只对中央与地方关系作出了原则性规定，而缺少对中央与地方之间权力和责任的明确规定。事权与财权在中央与地方之间的混淆不清，易于导致地方政府与中央政府的反复博弈与矛盾，地方政府难以在中央统一的目标引领下进行管理与创新。因此，党的十八大以来，中央与地方关系的法律规范逐步完善，体现在以下两个方面：

第一，在立法权方面，中央向地方进一步下放权力，2015年对《中华人民共和国立法法》进行了修订，新修订的《中华人民共和国立法法》对地方政府的立法权作出了如下规定：省、自治区、直辖市和设区的市、自治州的人民政府可以根据法律、行政法规和本省、自治区、直辖市的地方性法规，制定规章。地方政府规章可以就下列事项作出规定：①为执行法律、行政法规、地方性法规的规定需要制定规章的事项；②属于本行政区域的具体行政管理事项。设区的市、自治州的人民政府根据本条第一款、第二款制定地方政府规章,限于城乡建设与管理、环境保护、历史文化保护等方面的事项。

第二,在财政权方面,2014年8月,第十二届全国人民代表大会常务委员会第十次会议表决通过了《全国人大常委会关于修改〈预算法〉的决定》。新预算法规范了政府收支行为,从法律层面强化了预算约束。中央政府正致力于形成央地财力和事权划分的清晰框架,2016年,国务院选择国防、公共安全等基本公共服务着手进行相关改革。

(二)中央与地方财税体制改革

中国共产党第十八届全国代表大会,党的十八届三中全会、四中全会、五中全会都提出了要改革中央与地方财税体制,建立中央与地方合理的财权与事权分工体系。党的十九大提出,要加快建立现代财政制度,建立权责清晰、财力协调、区域均衡的中央和地方财政关系。在具体实施方面,2014年国务院政府工作报告将财税体制改革列为2014年的重点工作,改革内容之一即调整中央与地方政府之间的事权和财权划分,并强调要规范地方政府的投融资与举债行为,防范与化解地方政府债务风险。① 2015—2018年这四年间,财税体制改革不断推进,预算公开制度、"营改增"改革全面完成,转移支付制度日趋合理,截至2016年一般性转移支付规模增长12.2%。税率结构不断简化,由四档税率简并至三档。2017年,推进中央与地方财政事权和支出责任划分改革,制定了收入划分总体方案,地方政府举债行为得到规范。2018年,财税改革取得重大进展,全面推行财政预决算公开,构建以共享税为主的中央和地方收入分配格局,启动中央与地方财政事权和支

---

① 参见2014年国务院政府工作报告。

出责任划分改革,中央对地方一般性转移支付规模大幅度增加,专项转移支付项目减少三分之二。中央对地方一般性转移支付增长10.9%,增强了地方特别是中西部地区财力。深化财税体制改革,推进中央与地方财政事权和支出责任划分改革,抓紧制定收入划分改革方案,完善转移支付制度。健全地方税体系,稳妥推进房地产税立法。改革个人所得税。全面实施绩效管理,使财政资金花得其所、用得安全。①

(三)"放管服"同步推进

"放管服"是指简政放权、放管结合、优化服务。"放管服"包含两个层面的改革:第一个层面是中央政府向地方政府的放权。截至2016年年底,中央层面共取消、下放行政审批1439项,清理规范192项审批中介服务事项、220项职业资格许可认定事项,彻底终结了非行政许可审批,提前完成本届政府减少行政审批事项三分之一的目标。②第二个层面是地方政府向社会和市场的放权,主要体现在政府职能转变、效能提高、服务方式创新等方面。例如,商事制度改革、定价制度改革、"互联网+政务"方式创新等。截至2018年,中央政府定价项目缩减80%,地方政府定价项目缩减50%以上。

(四)加强中央权威确认地方政府责任

党的十八大以来,我国进行了一系列集权化的改革。例如,中共中央加强了对地方纪委的领导,纪委系统由过去的完全属地管理变成了半垂直管理;通过新设立的国家安全委员会整合维护社会稳定的各部

---

① 资料来源于2014—2018年国务政府工作报告。

② 参见郁建兴、黄飚:《当代中国地方政府创新的新进展——兼论纵向政府间关系的重构》,《政治学研究》,2017年第5期。

门力量；通过新设立的全面深化改革领导小组强化了对改革的领导权，由中央负责改革总体设计、统筹协调、整体推进、督促落实。在2018年党和国家机构改革中，习近平强调要全面准确贯彻落实党中央关于机构改革的部署要求，坚决维护党中央权威和集中统一领导，确保上下贯通、执行有力。

近年来，地方政府在公共服务与社会管理方面的主体责任不断明确。2015年国务院政府工作报告明确，要在加大城镇棚户区和城乡危房改造力度中落实地方政府主体责任。2016年，明确在国有企业、土地利用、沉淀资金使用等方面将赋予地方政府更多的自主权，同时鼓励地方政府根据各地方的具体情况加快创新。2017年，国务院政府工作报告进一步将房地产市场稳定与房地产的社会属性调整确立为地方政府的主体责任。2018年，国务院政府工作报告继续强调坚持"房子是用来住的，不是用来炒的"的定位，落实地方主体责任，继续实行差别化调控，建立健全长效机制，促进房地产市场平稳健康发展。同时，明确防范与化解地方政府债务风险省级政府应负总责，同时省以下地方政府也要各负其责，积极稳妥处置存量债务，规范地方政府举债行为，严禁各类违法违规融资举债。

三、改革开放四十年中央与地方关系演进特点

改革开放四十年来，中央与地方关系调整始终围绕"充分发挥中央与地方两个积极性"这个基本原则。这一原则具有长久的适应性，体现了执政党对中央与地方关系的辩证思考，为中央与地方关系调整确立了基本走向，维持了中央与地方之间"集权与分权"的动态平衡，因

而其是适合中国国情的调整原则。虽然中央与地方关系也经历过"死—乱"循环的困境，但总体而言，改革开放四十年来，中央与地方关系在动态变化调整过程中还是表现出了渐进适应性，为经济的发展和社会的进步提供了重要的制度支撑。

（一）中央与地方关系调整是一个动态适应过程

改革开放以来，中央与地方关系的历次调整其实都是中国共产党通过对中国经济社会发展需要的准确判断作出的试验性尝试。改革开放初期，生产力是否发展是检验改革成功与否的重要标准。为激发地方发展积极性，在财政权、立法权、人事权和部分具体事务管理权方面，中央政府都向地方下放了大量权力。放权的结果是极大地激发了地方发展经济的活力，促进了地方经济发展。但也引致了地方主义盛行、中央政令不畅等问题。而伴随着中国政府职能的逐步厘清与市场经济主体地位目标的确定，政府尤其是中央政府的宏观调控需求凸显，中央政府通过分税制改革，在财政权力上实施了以集权为导向的改革。同时，在人事管理权方面也进行了以集权为导向的改革，干部交流逐渐成为常态，地方官员考核指标也由单一的经济指标逐渐扩展到经济、社会、文化、环境保护等方面。但在事权划分方面，调整则更为复杂一些，分税制实施之后，中央政府在若干事权领域进一步向地方分权，并持续调整财权与事权的关系，通过财权与事权的调整逐步实现集权与分权的平衡。

（二）中央与地方关系调整具有典型创新性

在中央与地方关系调整过程中具有很多创新性且切实可行的调整办法。例如，在分税制改革过程中，由于我国地方政府之间差异巨大,难以实施在各个省之间统一中央与地方的税收分成与税种归属,因此分税制的实施采取了中央与地方通过谈判确定具体方案的方式。分税制第一个方案出台之后的两个多月,朱镕基同志带队一一与各省谈判才确定了最终方案。[①]为平衡地方政府的财权与事权,以垂直部门的设置加强在重点领域的中央集权,如2005年至2006年,我国政府在安全监管、环境保护、国土资源、统计等领域实施了垂直管理,以行政审批权的下放对地方政府进行分权。机构改革与职能转变也是中央与地方之间关系调整的重要手段,在2018年新一轮机构改革过程中中央政府明确要求,地方政府在保障党的全面全过程领导的前提下,要发挥主动性和创造性,根据地方特色设置机构与配置职能。此外,转移支付、财税体制改革、立法事项的规定、干部交流等手段也都被应用到了中央与地方关系调整之中。

(三)中央与地方关系调整具有高度的复杂性

对于中央与地方关系,学界曾经有过多种表述:集权的分权主义、政治集权经济分权、政治集权管理分权、行为联邦制、分权式威权制等。这些论断表述不一,但无疑都强调了中国的中央与地方关系已经超过了"集权"或"分权"的二维分析框架,表现出高度的复杂性与动态性,同一时间段内常常是集权与分权并行、多项改革并举。在不同的分析维度上,集权与分权形成了复杂的混合结构,也常常因为分权或集权步调的不一致引发一系列问题。例如,事权的下放与财政权的上收引发的地方政府财政困难,与地方政府公共服务积极性的缺乏等。

---

① 参见朱镕基:《铁腕调控金融政策》,和讯新闻,http://news.hexun.com/2008-07-12/107387734.html。

四、中央与地方关系发展展望

2018年是贯彻党的十九大精神的开局之年，也是改革开放四十周年。①中央与地方关系调整逐步进入落实阶段。2018年2月28日，中国共产党第十九届中央委员会第三次全体会议通过了《中共中央关于深化党和国家机构改革的决定》（本节以下简称《决定》），《决定》中在对我国以往进行的机构改革进行肯定的同时，也指出我国一些政府机构设置和职责划分不够科学，职责缺位和效能不高问题凸显，一些领域中央和地方机构权责划分不合理，基层机构设置和权力配置有待完善等问题。在新的历史起点上，《决定》为我国改革的深化提供了方向。在中央与地方关系调整上，《决定》在遵循我国中央与地方关系发展逻辑的前提下，提出了央地关系改革的细化与深化路径。

（一）中央与地方关系改革必须贯彻党对一切工作的全面领导

中央与地方关系改革不仅是单纯的中国政府纵向关系调整，而且是中国统筹推进"五位一体"总体布局、协调推进"四个全面"战略布局中的重要一环。中央与地方的机构调整与职能转变要遵循的最基本原则就是始终将党对一切工作的领导贯穿改革各方面和全过程。党的全面领导在横向上体现在党组织和其他组织的关系中，党总揽全局、协调各方；在纵向上，体现在地方政府对中央政令的及时、准确不打折扣地执行与贯彻。同时，通过党的纪律检查体制与国家监察体制的改革，在纵向上加强上级纪委对下级纪委的领导，组建国家和地方各级监察

---

① 参见习近平在十九届中央全面深化改革领导小组第二次会议上的讲话。

委员会,与党的纪律检察机关合署办公,实行垂直领导,加强党对地方各级政府的纵向领导。

(二)探索建立中央与地方职责异构模式

长期以来,我国不同层级的政府在纵向间职能、职责和机构设置上高度统一、一致,这一特点被学界称之为"职责同构"。①《决定》提出,我国一些领域中央和地方机构职能上下一般粗,权责划分不尽合理。"职责同构"的配置方式有利于政令贯通与执行,但同时造成了地方机构设置过分注重对中央层级的模仿与配套,缺乏地方性创新,在政府职能履行方面中央与地方权责划分不清,在部分领域过分依赖中央政府等问题。例如,在应急管理领域,《中华人民共和国突发事件应对法》等法律文件明确了应急管理的属地管理原则,然而通过对我国典型突发公共事件的分析不难看出,中央政府仍然承担着突发事件尤其是重大突发事件的应急指挥、协调、资源调配、信息汇总发布、应急救援等多项职责。在地方政府创新实践中,部分地方政府已经进行了职责异构的试验与尝试。例如,天津市滨海新区政府在2013年进行的行政体制改革中,首次尝试了纵向政府间的机构分类设置,职能的上下级分工方式,并取得了初步成效。

对于职责异构的配置方式,《决定》也给予了肯定,允许并鼓励地方政府因地制宜地配置机构和设置职能。《决定》为中国垂直管理体制改革提供了方向:一方面,中央与地方进一步明确各自负责的事项,在中央和地方之间进行分类管理,中央政府负责事项设立垂直管理机构。

---

① 参见朱光磊、张志红:《"职责同构"批判》,《北京大学学报》(哲学社会科学版),2005年第1期。

属地管理的职责由地方政府根据地方的特点与需要设置地方管理机构。另一方面，中央管理事项需要地方的支持与配合，地方负责的事项则由中央政府加强指导、协调、监督。目前，可以考虑设置中央与地方分工的试点改革的区域和领域。试点可以分为两个方面：在中央政府负责的事项中，设立一个试点领域实施垂直管理；在地方政府层面可以先在条件较为成熟的省份试点省以下地方政府分工负责的管理体制。

（三）进一步强化地方政府尤其是基层政府的公共服务职能

党的十九大报告对我国当前社会的主要矛盾作出了新的判断，更好满足人民日益增长的美好生活需要，更好推动人的全面发展、社会全面进步、人民共同富裕是我国政府改革的重要目标。地方政府尤其是基层政府是直接与民众发生联系的政府部门，基层地方政府的服务能力直接关系到政府的机构改革与权责配置的成败。因此《决定》提出，要面向人民群众、符合基层事务特点进行基层政权机构设置和人力资源调配，构建简约高效的基层管理体制。

简约高效的基层管理体制改革隶属于中央与地方之间分工改革的一个方面。《决定》强调，基层政权组织不能简单照搬上级机关设置模式，要根据基层政权组织面临的具体任务，尤其是地方公众基于对美好生活向往而衍生的公共服务需求进行调整，可以出现上下级政府之间"一对多"或"多对一"。改革的具体方式有：①机构整合，进行基层政府层面的大部制改革，按照职能、服务对象建立综合性机构。②政府层级减少，实施扁平化和网格化管理。推动治理中心下移，尽可能把资源、服务、管理放到基层，使基层有人有权有物，保证基层事情基层办、基层权力给基层、基层事情有人办。③明确政策标准和工作流程，健全监督体系,确保权力不被滥用。④改进服务方式,提升服务水平,在直接关系民生的重要事项上鼓励基层政府创新服务方式。

(四)以法制化确定中央与地方关系

中央与地方关系"死—乱"循环的原因之一,即中央与地方权责关系调整的断裂性。由于缺乏对央地权责关系的统筹性安排,央地权责关系反复调整,导致一定程度的央地关系混乱。因此,央地关系法制化是近年实践改革重点与学界研究热点。我国在中央与地方财政关系调整和立法权限方面已经取得一定进展。《决定》强调推进机构编制的法定化,机构编制法制化将有助于实现中国纵向关系的制度化。机构编制的法制化意味着中央与地方的政府机构设置、职责分配得到了法律的承认,有助于激发地方政府创新,鼓励地方政府自主性发展。中央与地方关系法制化主要有两个方面的重点:第一,中央与地方权责关系的法制化。在明确中央与地方权责划分基础上,将这种权责划分以法律的形式加以确认,同时在法律中明确中央政府对已授予地方政府权力的监管职能和调控职能。第二,具体政府职能,尤其是地方政府职能来源的法制化。地方政府职能一方面可以来自于同级立法机构授权,一方面可以来自于上级政府的直接授权。未来需加强授权的程序性,制定授权规则,避免授权的随意性,同时以党的全面领导为前提,扩大地方立法机构授权范围。

(五)在国家治理的平台上调整中央与地方关系

中国之前的中央与地方关系调整,在改革开放初期是基于激发地方积极性,后来主要是为了纠正地方主义,调整地方政府权责关系,较少关注中央与地方关系调整对国家治理的整体性影响。《决定》第一次在完善国家治理体系概念的平台上明确提出要理顺和明确中央地方职责关系。①地方治理模式的重塑关键在于职责匹配。《决定》提出,中央政府要加强对宏观事务管理,地方政府的职责一方面是执行中央的政策与命令,另一方面要根据地方特色创造性地设置机构与分配职责。具体措施是在遵循"发挥中央与地方两个积极性的"原则下,保障集权与分权在不同维度上的统一与协调。重点在于两个层面的适应性发展:第一,继续加强中央权威。加强中央权威并不等同于集权,而是为了保障中央与地方关系的可持续性发展。中央权威的加强既要依靠党的全面与全过程领导,也要依靠中央财政能力、监督能力、凝聚能力的培养。目前,我国税制改革已经启动,并取得了初步成果。可以预见未来一段时间,中央财力将进一步加强。而我国监察体制的改革无疑将完善现有监督体系,实现监督权力的垂直管理。如今,通过中国共产党内部的全面从严治党与思想领导、组织领导的加强,中央政府对地方的凝聚力也将进一步提升。第二,保障人民群众的参与。《决定》中强调,基层政权建设必须面向人民群众,也就是人民群众的需求在未来将作为中央与地方关系调整的重要依据,人民群众的评价将作为关系调整成功与否的重要检验标准。

---

① 参见朱光磊、侯波:《对理顺中央地方职责关系和构建简约高效的基层管理体制的几点认识》,《中国机构改革与管理》,2018年第6期。

附录：大事记

1. 1979年，中共中央、国务院根据广东、福建两省的有利地理条件，决定在深圳、珠海、厦门、汕头四地试办经济特区。

2. 1980年实行分灶吃饭的财税体制。这一政策拉开了1979年开始实行的权力下放战略的序幕，并直接带来了1982年立法权的有限性下放和1984年投资决策权的下放。

3. 1981年9月30日，全国人大常委会委员长叶剑英发表讲话，阐明关于台湾回归祖国的"叶九条"。

4. 1982年新的《中华人民共和国宪法》通过，在1982年宪法中采取列举的方式，明确了地方各级国家权力机关和地方各级国家行政机关的权力，赋予了省级人民代表大会制定地方性法规的权力。

5. 1983年地级行政区划改革，大规模推行地市合并和市领导县体制，省辖市也全部改称地级市，地级行政区由虚转实。

6. 1985年实行财政大包干体制。这一体制既是对1980年体制的完善，又是一个新的思路。这一思路在1988年得到了进一步发挥。从1988年起，在全国实行六种形式的大包干。

7. 1987年9月26日，中共中央、国务院发出《关于建立海南省及其筹建工作的通知》，决定将海南行政区从广东省划出，筹建海南省。

8. 1992年1月18日至2月21日，邓小平先后在武昌、深圳、珠海和上海等地巡视并发表了重要讲话。在讲话中邓小平强调，中国改革的取向只能是市场化，目标是建立社会主义市场经济体制。

9. 1993年，实行宏观调控，用经济手段规范中央与地方关系。

10. 1994年，实行分税制改革。分税制的实施把中央和地方关系导入了制度化的轨道。

11. 1997年3月14日，第八届全国人民代表大会第五次会议通过了设立重庆为直辖市的议案，赋予其进一步发挥中心城市的区位优势、龙头作用、窗口作用和辐射作用，带动西南地区和长江上游地区经济、社会发展的历史使命。

12. 1998年，实行粮食改革，把中央和地方关于粮食生产和流通的责权分开，建立在中央调控下由地方主导粮食生产和流通的新体制。

13. 1998年，改革工商行政管理体制，省以下机关实行垂直管理。

14. 1999年3月，中央政府决定对技术监督管理体制实行重大改革，在省以下质量技术监督系统实行垂直管理。

15. 2001年3月，第九届全国人民代表大会第三次会议审议通过了《中华人民共和国立法法》，在《中华人民共和国宪法》对中央和地方各级权力机关和行政机关的立法权限作出基本规定的基础上，《立法法》赋予了全国人大及其常委会专属立法权，并具体地列举了专属立法事项。《立法法》的制定与实施，使中央和地方的立法权限得到了明确具体的划分，为中央与地方关系的规范化、制度化提供了有力的法律保障。

16. 2002年11月，国务院决定取消789项行政审批项目。

17. 2000年，中央制定了西部大开发战略。

18. 2003年，实行振兴东北老工业基地战略。

19. 2004年3月14日，第十届全国人民代表大会第二次会议通过了《中华人民共和国宪法修正案》。对于中央与地方的关系，在宪法层面作了规定。

20. 在2005年10月8日举行的党的十六届五中全会上，温家宝发表讲话，强调中央与地方要"自觉顾全大局，这是贯彻全国'一盘棋'的要求。要坚决克服有令不行、有禁不止的现象。只有把中央和地方两个积极性都发挥好，才能把中国的事情办好"。

21. 2007年，在党的第十七届代表大会上，胡锦涛继续强调要"推动区域协调发展，优化国土开发格局。缩小区域发展差距，必须注重实现基本公共服务均等化，引导生产要素跨区域合理流动"。

22. 2007年，中央加大了运用经济手段进行宏观调控的力度，八次提高银行存款准备金率、五次提高存贷款基准利率、加大公开市场操作力度和发行特别国债，取消或降低部分产品出口退税率和反征出口关税、扩大加工贸易限制列产品目录等。这些政策措施对抑制经济从偏热转向过热发挥了积极作用。

23. 2008年，中共第十七届中央委员会第二次全体会议通过了《关于深化行政管理体制改革的意见》，对中央与地方的权力划分作出了最新的规定："中央政府要加强经济社会事务的宏观管理，进一步减少和下放具体管理事项，把更多的精力转到制定战略规划、政策法规和标准规范上，维护国家法制统一、政令统一和市场统一。地方政府要确保中央方针政策和国家法律法规的有效实施，加强对本地区经济社会事务的统筹协调，强化执行和执法监管职责，做好面向基层和群众的服务与管理，维护市场秩序和社会安定，促进经济和社会事业发展。按照财力与事权相匹配的原则，科学配置各级政府的财力，增强地方特别是基层政府提供公共服务的能力。"

24. 2010年10月，党的十七届五中全会首次使用了"顶层设计"概念，提出要"更加重视改革顶层设计和总体规划"。

25. 2011年3月，第十一届全国人民代表大会第四次会议通过了《中华人民共和国国民经济和社会发展第十二个五年规划纲要》。"十二五"规划纲要提出了"标本兼治，加强和创新社会管理"的目标。宽松的制度环境和积极的政策鼓励，赋予了地方政府较高的自主性，也充分激活了地方政府的能动性。

26. 2012年12月，习近平总书记在中共中央政治局集体学习会上强调，要加强宏观思考和顶层设计，更加注重改革的系统性、整体性、协同性。

27. 2013年11月，十八届中央委员会第三次全体会议通过了《中共中央关于全面深化改革若干重大问题的决定》，其中明确，要赋予地方政府更多的自主权，提升地方政府在社会管理与公共服务方面的能力和意识。此外，提出全面正确履行政府职能，进一步简政放权，深化行政审批制度改革，最大限度减少中央政府对微观事务的管理，市场机制能有效调节的经济活动一律取消审批，对保留的行政审批事项要规范管理、提高效率；直接面向基层、量大面广、由地方管理更方便有效的经济社会事项一律下放地方和基层管理。

28. 2014年10月，中国共产党第十八届中央委员会第四次全体会议通过了中共中央关于全面推进依法治国若干重大问题的决定，提出推进各级政府事权规范化、法律化，完善不同层级政府特别是中央和地方政府事权法律制度，强化中央政府宏观管理、制度设定职责和必要的执法权，强化省级政府统筹推进区域内基本公共服务均等化职责，强化市县政府执行职责。

29. 2017年10月，中国共产党第十九次全国代表大会召开。党的十九大报告提出，要在加强政治领导的前提下建立现代财政制度，深化税收制度改革，进行监督制度改革，强化自上而下的组织监督，改进自下而上的民主监督。

30. 2018年2月28日，中国共产党第十九届中央委员会第三次全体会议通过《中共中央关于深化党和国家机构改革的决定》，提出统筹优化地方机构设置和职能配置，构建从中央到地方运行顺畅、充满活力、令行禁止的工作体系。科学设置中央和地方事权，理顺中央和地方职责关系，更好地发挥中央和地方两个积极性，中央加强宏观事务管理，地方在保证党中央令行禁止前提下管理好本地区事务，合理设置和配置各层级机构及其职能。

参考文献

1. 崔卓兰、赵静波：《中央与地方立法权力关系的变迁》，《吉林大学社会科学学报》，2007年第3期。

2. 方民生：《统一市场和地方保护主义》，《杭州商学院学报》，1990年第5期。

3. 国家统计局编：《中国统计年鉴》，中国统计出版社，1990年。

4. 胡书东：《经济发展中的中央与地方关系——中国财政制度变迁研究》，上海人民出版社，2001年。

5. 金太军、赵晖等：《中央与地方政府关系建构与调谐》，广东人民出版社，2005年。

　　6. 林其辉：《经济特区启示录》，《中国经济体制改革》，1990年第11期。

　　7. 林尚立：《国内政府间关系》，浙江人民出版社，1998年。

　　8. 茅于轼主编：《公正透明：中国政府体制改革之路》，法律出版社，2004年。

　　9. 苏力：《当代中国的中央与地方分权——重读毛泽东〈论十大关系〉第五节》，《新华文摘》，2004年第11期。

　　10. 武少俊：《2003—2004年宏观调控：地方与中央的博弈》，《金融研究》，2004年第9期。

　　11. 谢庆奎：《中国地方政府体制概论》，中国广播电视出版社，1994年。

　　12. 谢志岿：《协调中央与地方关系需要两次分权》，《江海学刊》，1998年第1期。

　　13. 辛向阳：《百年博弈——中央与地方关系100年》，山东人民出版社，2000年。

　　14. 辛向阳：《法治框架内的中央与地方关系》，《中国改革》，2006年第7期。

　　15. 杨小云：《论新中国建立以来中国共产党处理中央与地方关系的历史经验》，《政治学研究》，2001年第2期。

　　16. 郁建兴、黄飚：《当代中国地方政府创新的新进展——兼论纵向政府间关系的重构》，《政治学研究》，2017年第5期。

　　17. 张志红：《当代中国政府间纵向关系研究》，天津人民出版社，2005年。

　　18. 朱光磊、侯波：《对理顺中央地方职责关系和构建简约高效的基层管理体制的几点认识》,《中国机构改革与管理》,2018年第6期。

19. 左春台、宋新中:《中华人民共和国经济史》,中国财政经济出版社,1988年。

第三章
有所为有所不为：政府职能转变

我们的各级领导机关，都管了很多不该管、管不好、管不了的事，这些事只要有一定的规章，放在下面，放在企业、事业、社会单位，让他们真正按民主集中制自行处理，本来可以很好办，但是统统拿到党政领导机关、拿到中央部门来，就很难办。谁也没有这样的神通，能够办这么繁重而生疏的事情。

——邓小平（1980年）

要按照社会主义市场经济的要求，转变政府职能，实现政企分开，把企业生产经营管理的权力切实交给企业；根据精简、统一、效能的原则进行机构改革，建立办事高效、运转协调、行为规范的行政管理体系，提高为人民服务水平。

——江泽民（1997年）

加快行政管理体制改革，建设服务型政府……要抓紧制定行政管理体制改革总体方案，着力转变职能，理顺关系，优化结构，提高效能，形成权责一致、分工合理、决策科学、执行顺畅、监督有力的行政管理体制。

——胡锦涛（2007年）

转变政府职能是深化行政体制改革的核心，实质上要解决的是政府应该做什么、不应该做什么，重点是政府、市场、社会的关系，即哪些事应该由市场、社会、政府各自分担，哪些事情应该由三者共同承担。这个问题，应该说我们党在改革开放一开始就认识到了。

——习近平（2013年）

政府职能转变又可称为政府职能的重构，其意味着政府职能的转换、变革和发展。改革开放政策的确定及实施，是我国政府职能转变的关键。改革开放是一场涉及政治、经济、社会等领域的深层次的改革。在政治上，推进政治体制改革，加快政治民主化进程，坚持依法治国、建设法治国家的治国方略；在经济上，确立建设社会主义市场经济的方针，市场经济体制正在逐步完善；在社会领域，重构国家与社会的关系，社会公域得以认可和扩张，中间阶层正在形成。这一切变化推动着中国政府职能的转变。

在政府职能转变的过程中，必须正确处理政府"有所为"与"有所不为"之间的关系，恰当地确定转型时期政府"为"与"不为"之间的界限。建立与完善社会主义市场经济体制，必然打破政府决定一切、包揽一切的局面，结束政府无所不为的历史。当社会主义市场经济已经发展和完善，社会自治力量成长壮大，市场和社会组织能够发挥所任角色的功能时，政府必须主动退出应该由市场和社会履行功能、发挥作用的领域，还权于市场，还权于社会，在这些领域政府应当"有所不为"。同时，政府应当进入市场经济条件下应该由自己履行职能的领域，在这些领域积极地"有所为"。也就是说，凡是国家法律规定属于企业自主的领域，企业可以根据市场提供的经济信号进行生产和经营活动，政府不得介入和干预；凡是应该由市场通过其自身的机制发挥作用的领域，政府不得通过行政手段进行资源配置；凡是应该由社会组织发挥作用的领域，能够通过其自身的作用调整各种社会关系，实现社会稳定，政府也必须"有所不为"；凡是市场或者社会自主发挥作用造成负效应大于正效应的领域，政府应该积极"有所为"。比如，通过法律法规加强对市场的监管，维护良好的市场秩序，通过财政税收政策缩小贫富差距，维护社会和谐稳定等。转型时期政府职能转变的过程，实质就是政府与企业、政府与市场、政府与社会关系调整的过程。正确认识和分析转型时期政府"有所为"与"有所不为"，才能协调好上述各种关系，从而使政府与企业、政府与市场、政府与社会既有分工又有合作。改革开放四十年来，随着市场经济体制的建立和发展，中国政府的职能正在经历一个由"无所不为"到"有所为，有所不为"的转变过程。在一定程度上说，没有政府职能的合理定位和有效发挥，中国的市场经济体制改革也难以取得最后的成功。所以我们在此追溯历史、展望未来，期待中国进一步深化改革，使政府职能转变这一仍然未能完成的改革不至于滞后于经济体制改革的进程，努力建设与社会主义市场经济体制和现代社会相匹配的善治政府。

第一节　计划经济条件下政府职能的基本考察

　　一个国家在一定历史时期的政府职能体系具有相对性。当经济体制、社会结构等要素发生重大转变时，原有的政府职能体系将难以满足社会发展的需要而必须有所转变。因此,在研究中国社会主义市场经济确立过程中的政府职能转变的时候,有必要回顾一下前市场经济即计划经济时代政府职能的基本状况。这样才能把握这一转变的路径和逻辑。中国传统的经济体制模式,是在第一个五年计划期间,依据当时苏联的理论和实践依据而形成的。这种高度集中的计划经济体制的突出特征是行政权力支配社会。在计划经济时代,政府职能模式主要体现在以下两个方面。

一、政府职责的范围与实现方式

新中国成立之初,政府职能定位总体上以"有限的政府干预"为目标模式。《中国人民政治协商会议共同纲领》规定,新中国的经济政策是公私兼顾、劳资两利、城乡互助、内外交流。国家采用调剂国营经济、合作社经济、个体经济、私人资本主义经济和国家资本主义经济的政策,使各种经济成分在国营经济领导下分工合作,各得其所。凡属有关国家经济命脉和足以影响国计民生的事业,均由国家统一经营;凡有利于国计民生的私营经济事业,人民政府鼓励其经营的积极性,并扶助其发展。从政府经济职能的范围看,虽然政府直接经营的经济成分即国营经济成分在不断扩大,但在国民经济中所占比重是有限的。1952年,国营和合作社工业产值占工业总产值的比重为44.7%,国营和合作社商业在批发商业中占的比重为63.2%,在零售商业中的比重为42%。[①]从政府经济职能的实现方式看,虽然采用了直接的行政命令、指令性

---

① 参见中华人民共和国国家统计局编:《我国的国民经济建设和人民生活:国民经济统计报告资料选编》,统计出版社,1958年,第12、23~24页。

计划甚至军事手段干预经济运行，但主要采用经济手段和市场手段调节经济运行。例如，运用经济手段平抑物价，利用工农产品比价关系调节农业生产等。

从1953年开始，这一目标模式开始发生转变。到1956年社会主义改造基本完成时，政府向"全能政府"转变。1952年年底，党中央提出过渡时期总路线，强调国家在推进工业化中的直接作用，强调公有制特别是国有制在经济生活中的绝对地位，强调扩展政府对生产资料的直接占有和支配（国有经济）以及间接支配（集体经济）。因此，过渡时期总路线所内含的政府经济职能理念与《共同纲领》相比发生了重大变化，即由强调"有限的政府干预"转变为"全能政府"和全面干预。1953—1956年间，一方面，计划经济建设的指导思想确立，人们在思想认识上不断扩大政府经济职能的外延，即不仅认为政府应该直接占有和支配生产资料，而且应该通过直接配置各类社会经济资源，直接组织社会经济生活；另一方面，随着社会主义改造指导思想上的"急于求成"的出现，逐渐形成了急速扩展和强化政府经济职能的认识。在这两方面因素的作用下，到1956年，"全能政府"和全面干预的政府经济职能目标模式基本取代了"有限干预"的政府经济职能目标模式。

第一，从政府与市场的关系角度看，政府职能范围进一步扩大，市场的作用空间进一步缩小。20世纪60年代上半期曾小范围恢复市场，但市场不是独立的经济体制因素，政府仍全面垄断社会经济生活。到1978年，农产品出售总额中，国家定价部分占94.4%；工业品销售总额中，由国家定价的部分占97.5%。如果用市场化指标来衡量，产品的市场化程度微乎其微：在农产品价格领域只有5.6%，工业品价格领域只有2.5%，而服务领域几乎为零。至于要素（资本、土地、劳动力）的市场化程度也基本为零。①政府对生产资料的控制范围逐渐扩大。1953年，国家统配和中央部管物资品种数量为227种，1954年增至261种，1955年为301种，1956年达到385种。②此外，还有相当一部分由地方政府安排的物资。这一时期，形成了国家统包统配的劳动就业制度，劳动力被纳入政府直接支配的范围。职工人数计划由国务院逐年批准下达，劳动计划和劳动管理权集中于中央政府，工资标准、定级升级由全国统一规定，地方、企业无权决定。

第二，从政府与企业的关系看，政府主要是以计划者、所有者和经营者的身份直接参与经济运行管理，而不是干预者和调解者，在职能上表现为政企不分、政企合一。政府对企业的管理，可以说在内容上达到了"细致入微"的地步。在全能型政府职能体系下，企业不是独立的责任主体和利润主体，而是各级政府机构的附属物。政府全面控制企业的生产、经营、管理以及利润分配。政府一方面对企业实行统一计划，另一方面又对企业实行统负盈亏、统购统销，企业的人财物、产供销都要由政府来决定，企业没有经营决策自主权。例如，上海新建一个企业，从立项到开工要经过几十个部门，盖138个图章，就连企业在厂区新建一个厕所也要通过许多部门的审批，盖96个公章。企业也没有原材料采购自主权，没有利润分配自主权，这样就造成大量的资源浪费和"大锅饭"问题，企业低效益运行，职工缺乏生产积极性。③国有企

① 参见常修泽、高明华：《中国国民经济市场化的推进程度及发展思路》，《中国改革与发展的制度效应》（上册），经济科学出版社，1998年，第69页。

② 参见朱镕基主编：《当代中国的经济管理》，中国社会科学出版社，1985年，第29页。

③ 参见徐邦友：《中国政府传统行政的逻辑》，中国经济出版社，2004年，第93页。

业的主要负责人都要由政府任命，政府把全民所有制企业同国家机构混为一体，都被定为相应的"行政级别"。虽然1956年曾经向一部分企业下放过一部分自主权，但是从整体上看，企业的自主空间进一步缩小。特别是在"文化大革命"期间，推进"党的一元化"领导模式，企业实际上丧失了经济组织的属性。因此，这一时期，政企不分的模式日益强化，政府不仅统制了宏观经济运行，而且统制了企业微观经济运行。这种政企不分、政府直接管理和行政干预过多的状况严重束缚了生产力的发展，制约了经济的发展。

第三，政府经济职能实现方式的行政指令性特征明显。如果说1957年以前，政府经济职能的实现方式还运用一部分经济手段的话，那么1957—1978年间，行政指令性计划成为唯一的政府经济职能方式。政府在计划经济体制下充当资源配置的主体，政府配置资源的基本方式是计划。各级政府设有庞大的计划部门，它们根据自身所收集到的信息情报以及对社会利益需求与价值偏好的主观判断，根据国家的价值趋向编制全面而具体的国民经济及社会发展计划。中央计划编制完成后，地方层层分解，直到工厂、车间和生产大队。政府依据这一指令性计划实现资源配置，试图实现农业与工业、轻工业与重工业、重工业各部门以及工业发展与铁路运输之间四大比例的协调和财政收支、物资供应、生产消费的三大平衡。[1]

1951年11月，第一次全国计划工作会议召开，讨论确定了包括国营、合作社经营和私营在内的29种工业产品产量的控制数字，国营工

---

[1] 参见徐邦友：《中国政府传统行政的逻辑》，中国经济出版社，2004年，第87页。

业基本建设投资控制数字及重点建设项目。从此以后，计划范围已不仅仅局限于国营企业和大的公私合营企业，对一般公私合营和私营工商业、运输业、供销合作商业以及一部分手工业也实行了"准计划"管理。到1956年年底，政府完成了对个体农业、个体手工业和民族资本主义工商业的社会主义改造，这些"准计划"调节的企业和领域被统统纳入统一的政府指令性计划管理体系中。1952年11月，中国成立了国家计划委员会。随着计划经济逐步深化，政府又强化了计划管理机构的构建。1954年2月，党中央下发了《关于建立与充实各级计划机构的指示》。该指示规定，中央人民政府所属各经济部门和文教部门必须建立和健全计划机构，并把计划机构逐级建立到基层工作部门和基层企业单位。全国自上而下严密、系统的计划组织管理体系建成，指令性计划机制直接控制了国民经济运行。例如，在生产方面，1953—1956年，国家计委统一下达计划的产品从110多种增加到300多种。这些产品在工业总产值中的比重达到60%左右。随着计划机制作用范围的扩展，市场调节的作用领域急剧萎缩。到1956年，生产领域中市场机制起主导作用的比重由1952年的51.3%下降到1956年的3.6%，批发商业中，市场机制起主导作用的领域的比重由1952年的36.3%下降到1956年的3.5%，零售商业中市场机制起主导作用的比重则由57.8%下降到17.5%，计划机制成为占绝对优势的资源配置机制。[①]同时，随着其他政府机构的建立和完善，一个高度集中的以计划和部门管理为核心的行政管理体制基本形成，而建立在这种集权的计划体制基础上的全能型政府职能

---

① 参见高萍：《50年来中国政府经济职能的变化与启示》，《中国经济史研究》，2002年第4期。

体系也已形成。伴随着"文化大革命"的爆发，中国进入了十年浩劫阶段。在1967—1977年间，中国高度集权的行政管理体制日趋强化，全能型政府职能体系进一步扩张。

在计划经济条件下，社会的生产、分配、交换和消费，社会的分工协作，社会的再生产和扩大再生产，社会生产过程中的科技应用和推广，社会经济活动中的轻、重、缓、急，社会生产过程中的产业结构和生产力布局主要由政府计划来决定；各地方、各经济组织、各生产者在社会生产过程中的作用与地位，各种经济中心、各种重点项目和重点工程，各种交易场所和交易方式的产生、变化也由政府计划来决定。总的来看，整个国家就是一个巨型企业，全国各类企业不过是生产车间而已。政府的职能，尤其是经济管理职能包罗万象，十分广泛。具体包括：①生产计划；②原材料分配；③产品分配；④产品定价；⑤基本建设投资指标分配，重点项目设计与施工的直接组织；⑥技术改造贷款指标分配及技术改造项目审批；⑦所属企业工资与奖金的管理；⑧所属企业招工计划的审批；⑨企业领导班子的调整；⑩党群工作的调整等。

不可否认，当时的政府职能基本上适应了我国经济发展水平比较低和发展生产力的需要，对于集中有限的财力、物力和人力，保证奠定工业基础的156项重点建设，完成"一五"计划，促进国民经济的发展和人民生活的改进等方面起到了十分重要的积极作用。但是政府职能的这种状况，其弊端也是明显的，从宏观上来看，经济效益远没有达到预期的目标。本来计划经济是为了提高资源利用效率，降低经济运行成本，避免企业和个人生产的无政府状态造成资源配置不当和浪费，但当时我国的全能型政府将计划经济全部覆盖，政企不分，没有自由市场，反而没有发挥计划经济的积极效应。由于计划经济在决策方面的信息不充分、滞后甚至扭曲，执行过程中不可预见的因素众多，以及官僚主义的阻碍，失误频繁，"计划赶不上变化""一年计划，计划一年"成为形象的概括。即使改革开放前最好的"一五"计划也是在执行了两年半后才正式确定和公布，其间还出现了两次波动。至于1958年以后的计划，由于缺乏科学性，经济运行几乎不是按照计划，而是按照行政命令，其效果也就可想而知了。

在微观经济运行方面，公有制也同样没有起到调动人民群众生产积极性的预期作用。在农村，人民公社的集体生产和平均分配压抑了农民的生产积极性。在城市，"职工吃企业的大锅饭，企业吃国家的大锅饭"，压抑了企业和职工的积极性。[1]在资源配置方面，除了资源浪费，还存在着资源配置结构不合理的问题。一般说来，在特定的时空范围内，政府经济职能的边界主要取决于现行的体制和经济实力。现行体制决定了政府经济职能的选择取向，资源数量则决定了政府经济职能的实施强度。在计划经济这一体制框架内，政府经济职能是全方位的，既进入公益性领域，又进入营利和非营利性领域；既进入垄断性行业，又进入竞争性行业。总之，无论是公共物品还是私人物品都由政府提供。然而由于可供政府配置的资源总是既定的，政府在私人物品上多配置一份资源，在公共物品上就要少配置一份资源。[2]也就是说，政府配置资源的行为同样有机会成本问题：不应由政府做的事政府做了，

---

① 参见武力：《1949—2002年中国政府经济职能演变述评》，《中国经济史研究》，2003年第4期。

② 参见高萍：《50年来中国政府经济职能的变化与启示》，《中国经济史研究》，2002年第4期。

本应由政府做的事（如提供公共物品）自然只能少做。因此，一方面，政府进入私人物品领域，出现功能错位，其结果是各级政府重复建设，相当一批国有企业亏损；另一方面，政府进入公共领域不足，出现了改革与发展的最大瓶颈，社会保障制度难以为深化改革保驾护航，公共基础设施难以适应社会经济快速发展的需要。[1]

新中国成立以来的实践证明，传统体制下的政府职能结构及由此产生的政资不分、政企不分的状况，常常使得政府陷于企业繁琐的日常事务中，既不可能从宏观上把大的方面管住、管好，同时也使经济运行中不同的职能主体应有的自身组织功能和内在联系遭到破坏，造成宏观经济频繁的剧烈波动和微观经济的低效益。有关这方面的认识，当时集中反映在1956年4月毛泽东在中共中央政治局的讲话《论十大关系》中。根据毛泽东提出的方针和党的八大精神，中国在1958年开始了社会主义经济建立后的第一次经济管理体制改革。这次改革的主要内容是扩大各级地方政府对企业的管辖权，以及对物资供应、投资、信贷等的决策权。与此同时，也采取了减少指令性计划指标等一些扩大企业自主权的措施。这次权力下放的结果，一方面是大大调动了各方面"大办"工业和其他事业的积极性，农村小煤矿、小水泥、小机械、小钢铁、小化肥"五小"工业广泛兴起，城市工业迅速发展；另一方面，也产生了严重的副作用，即资源配置发生混乱，各级政府都有配置资源的权力，都可以动用人力、物力、财力资源，于是国民经济各部门之间的比例关系发生了严重失衡，最终使整个经济生活陷入严重混乱。

---

① 参见金太君：《行政改革与行政发展》，南京师范大学出版社，2003年，第219页。

1958年的经济混乱给人们造成了错误的印象，以为社会主义经济中的政府，尤其是中央政府，是注定不能减少直接干预的。于是随着"大跃进"的失败，中央在1958年年底和1959年年初即采取了上收地方管理权限的措施。结果见效很快，困难得到缓解，1963—1965年经济转入正常增长。但时间一长，"统得过多，管得过死"、经济缺乏活力的老问题又重新出现，放权就又被提上日程。如此放放收收，几经反复。党的十一届三中全会以前的这种分权改革，并没有触动政府与企业、政府与市场的关系，即政府的职能并没有发生根本性的改变，而只是在计划经济体制下，行政系统内部各层级政府间的职责权限进行一些调整而已，并不属于政府职能转变的范畴。

第四，政府职能在社会管理和服务方面的错位和缺失突出表现为政事不分和企业办社会。事业单位是中国政府承担社会职能的主要载体，即通过政府兴办的各种事业单位，承担社会管理和公共服务工作。我国的事业单位都隶属于行政机关，定行政级别。这一做法是新中国成立初期新中国政权对所有社会组织进行改造的结果。事业单位作为行政主管机关的下级单位，隶属于整个大的行政系统之中。国家对事业单位的控制是通过人、财、物方面进行的。事业单位的经费由国家财政拨款，人事由主管部门任免，物资调拨由国家统一分配。这些都造成了事业单位对政府的全面依附，成为没有独立性和自主权的"单位"。而这些依附于政府的事业单位全国大约有130万家，2990多万人，国有资产3000亿，各项事业支出占全年财政支出的30%，占用了非常庞大的资源。

（1）政事不分。事业单位隶属于政府造成了事业单位地位与功能的政治化与非经济化、事业单位机构的行政化、事业单位经费的财政供给化、事业单位资源配置的非社会化和事业单位职能范围的扩大化等问题，严重影响了政府的社会职能供给能力。同时，从事业单位提供社会管理和服务的情况来看，现实中事业单位提供的服务很多是私人性质的。如医院的医疗服务、非义务教育机构提供的教育服务、新闻媒体服务、体育服务等。这些服务在计划经济体制下由国家包揽，向社会再分配。这一做法不仅加重了政府的负担，还不利于事业单位满足个人多元化的需求，而且也使得政府在履行社会管理和服务职能时，既存在供给不足的问题，又存在供给错位的问题，还会造成政府对社会的全面控制，阻碍市民社会和中介组织的成长与发展。①

（2）政企不分。企业承担了诸多本应由政府承担的社会管理和服务职能。我国企业不是单纯的生产经营单位，而是集生产、福利和保障功能于一身的混合体，承担着向职工及其家庭提供衣、食、住、行服务的职能。企业酷似一个"小社会""小政府"，生产经营要管，社会治安要管，职工的日常生活也要管。总之，一个社会，一个政府具有什么职能，一个企业也就大致上有这些职能。为了履行这些职能，企业不得不按党政部门的要求，内设一些机构和冗员。企业"办社会"的后果是行政人员的数量充斥企业，厂长经理们大量的时间和精力用于处理非经营性事务，拉长了企业的生产周期，加大了资金占用量，降低了劳动生产率，增加了企业压力。对于政府而言，政府公共服务体系没有建立起来，公共服务整体落后，城乡居民只能享受到政府提供的最低水平的

---

① 参见薛刚凌主编：《行政体制改革研究》，北京大学出版社，2006年，第156页。

社会保障。

二、政府职能的重心

从1949年新中国成立到1978年，这个时期可称之为"政治的经济"时期。新中国成立初期，政府突出自己的政治统治职能，尤其是对阶级敌人专政的职能，集中一切必要的手段（包括武装镇压在内），采取各种有效措施来打击敌对势力的反抗，保卫新生政权，这些都是完全必要的。1950年7月，政务院和最高人民法院公布《关于镇压反革命活动的指示》，在全国范围内开展镇压反革命运动，基本肃清了敌对势力，清除了一批外国间谍。1951—1952年，全国开展"三反""五反"运动，打击了违法活动，涤荡了旧社会的污毒，教育了干部群众，形成了廉洁奉公、遵纪守法的社会风气。

1956年，生产资料社会主义改造基本完成之后，大规模的疾风暴雨式的群众性阶级斗争基本结束，我国进入社会主义建设时期。这时社会的主要矛盾已经转为人民日益增长的物质文化需要同落后的社会生产之间的矛盾。在这种情况下，政府的工作重点应该及时转移到大力发展生产力、组织社会主义经济文化建设上来。但是由于"左倾"思想的影响，基于对当时社会的主要矛盾是"无产阶级和资产阶级的矛盾，社会主义道路和资本主义道路的矛盾"的错误认识，此后二十多年的时间里，我国并没有转变政府职能的重点，"以阶级斗争为纲"是政府一切行政管理活动的统帅和灵魂。1957年开展大规模的群众性反右派斗争，1959年反"右倾"，1963—1965年间在广大城市和农村开展"四清"，即"社会主义教育运动"，1966年开始十年"文化大革命"，使我国国民经济濒于崩溃的边缘。这些政治运动都是在"以阶级斗争为纲"的口号下进行的。在这期间，尽管有"抓革命，促生产"的口号，似乎是政府的政治统治职能与经济管理职能并重，但政府总的任务和总的方向都以"抓革命"为主，以群众性的阶级斗争方式为主。直至党的十一届三中全会拨乱反正之后政府职能的重心才得以向经济建设转变。

第二节　政府职能转变的启动及成效

中国政府职能的转变，尤其是经济管理职能的转变，是随着执政党和政府对市场经济认识的转变而逐渐进行的。以邓小平为核心的党中央领导集体解放思想，实事求是，使中国摆脱了在计划经济与市场经济问题上姓社姓资观念的束缚，开创了一条在社会主义初级阶段建立适合国情的经济体制和管理模式的崭新道路。而一旦改革高度集中的计划经济体制，建立社会主义市场经济体制的改革目标被确定下来，作为上层建筑重要组成部分的政府职能就必须作出调整。政府职能在每一个阶段的发展变化都与经济体制改革的进展密切联系。传统体制的解体与市场经济体制的成长，构成了中国政府职能转变的基本线索。

一、政府职能转变的酝酿阶段

对于建立在计划经济基础上的高度集权管理模式，早在党的八大前后就曾对其弊端进行过反思。但是真正对该模式的突破则是在党的十一届三中全会以后的社会发展新时期。党的十一届三中全会以后，我国进入了经济发展和体制改革的新时期。政府的职能开始酝酿着深刻变化。变化的一个重要方面，就是政府职能的重心从"以阶级斗争为纲"的专政职能为重点转向以经济建设为中心。1979年的《政府工作报告》指出："当前以及今后相当长的一个历史时期，我们的主要任务，就是有系统、有计划地进行社会主义现代化建设。"尽管当时经济体制还没有发生实质性变化，但是这次工作重心的转移必然在随后涉及如何进行经济建设，因此必然会涉及如何转变政府职能的问题。

党的十一届三中全会指出，我国经济管理体制的一个严重缺点是权力过于集中，应该有领导地大胆下放，让地方和工农业企业在国家统一计划的指导下有更多的经营管理自主权，应该着手大力精简各级行政机构，把它们的大部分职权转交给企业性的专业公司或联合公司；应该在党的一元化领导下，解决党政不分、以党代政、以政代企的问题。当时，真正推动政府职能转变的还是从农村改革开始的。1979年后，中国农村陆续推行家庭联产承包责任制，农民获得了对土地的经营自主权，这促使传统的人民公社体制被废除，为我国政府特别是县乡政府职能转变提供了机遇。随后，改革又从农村转向城市，并涉及整个经济体制。在党的十二大会议上，确立了计划经济为主、市场经济为辅的原则，提出我国在公有制基础上实行计划经济，同时允许对部分产品的生产和流通不作计划，由市场来调节。也就是说，根据不同时期的具体情况，由国家统一计划出一定的范围，由价值规律自发地起调节作用。这一部分被认为是对有计划生产和流通的补充，是从属的、次要的，但又是必要的、有益的。这表明，党的十二大开始摆脱把社会主义与市场调节对立起来的传统思维模式，认识到市场机制对社会主义经济发展的作用。与这种经济体制相适应,党的十二大又指出,国家除了指令性计划之外,对许多产品和企业要实行主要运用经济杠杆以保证其实现的指导性计划,要给企业以不同程度的机动权,对于各种各样的小商品,国家不必要也不可能用计划把它们都管起来,可以让企业根据市场供求的变化灵活地自行安排生产。这样,经过长期的实践检验,执政党已经认识到那种传统的管理模式事实上是行不通的,要在一定的范围内允许市场机制发挥作用。与此适应,我国政府的职能也开始发生变化,不再事无巨细地对企业的一切生产经营活动都实行集中统一的管理。

从党的十一届三中全会到1984年全面经济体制改革推行前的五年间,可视为我国政府经济与社会管理职能转变的酝酿阶段,其主要成果是初步确立了"简政放权、政企分开"的改革思路。由于当时的经济性质仍然属于计划经济体制,虽然有了政企分开的设想,但是并没有认识到政府职能转变的重要性,行政改革的重点在于撤并机构、裁减人员,以解决领导班子副职过多和干部老化等问题。简政放权也主要是政府对企业的管理权在各级政府之间的重新分配,并没有真正触及政府向企业分权的层面。"计划经济为主,市场调节为辅"的改革模式的核心是缩小政府经济职能范围,确立市场的"合法空间"。但是政府如何履行其经济职能,市场的合法性基础何在,这一时期尚未明确。

二、政府职能转变的启动阶段

1984年10月,党的十二届三中全会通过了《中共中央关于经济体制改革的决定》,明确了我国社会主义经济是公有制基础上有计划的商品经济。《决定》指出，要实行政企职责分开，正确发挥政府管理经济的职能，第一次全面系统地论述了实现政企职责分开，转变政府经济管理职能的问题。在确定有计划的商品经济和对以往政府经济管理职能的弊病的反思基础上，概括了新时期的政府经济管理职能，即制订经济和社会发展的战略、计划、方针和政策；制订资源开发、技术改造和智力开发的方案；协调地区、部门、企业之间的发展计划和经济关系；部署重点工程特别是能源、交通和原材料工业建设；汇集和发布经济信息，掌握和运用经济调节手段；制订并监督执行经济法规；按规定的范围任免干部；管理对外经济技术交流和合作等。这是党的十一届三中全会以来第一次比较完整地对我国政府在新时期经济社会生活中的作用的明确定位。根据这一规定，各级政府部门原则上不再直接经营管理企业，从对企业的微观管理领域退出来，从给企业分钱、分物、批项目的繁琐事务中解脱出来，给企业以生产和经营的自主权，使企业真正成为社会主义商品生产者和经营者，具有自我改造和自我发展的能力，成为具有一定权利和义务的法人。1986年，全国六届人大四次会议通过的《关于第七个五年计划的报告》对政府经济管理职能进一步概括为："统筹规划、掌握政策、组织协调、提供服务、运用经济手段和加强检查监督。"此后，以政企分开和转变政府职能为原则和内容的经济体制改革和政府机构改革逐步推进。

　　在1987年召开的党的第十三次全国代表大会上，转变政府职能作为一个重要问题被提出。大会报告总结了以往政府机构改革的经验教训，指出："为了避免重走过去'精简—膨胀—再精简—再膨胀'的老路，机构改革必须抓住转变职能这个关键。"说明执政党已经认识到政府职能转变在机构改革乃至整个行政体制改革中的重要地位。这是执政党在政府职能问题认识上的一次重大突破。这次大会还提出了"国家调节市场，市场引导企业"的改革模式，明确了政府与市场的职能边界。正是在党的十三大精神的指导下，1988年进行的政府机构改革克服了以往单纯强调"精简"的做法，把"转变职能、下放权力、调整内部结构、精简人员"作为总的指导思想，抓住了政府职能转变这个关键，着眼于增强宏观调控能力，减少政府直接管理企业经营活动的职能。

1988年的政府机构改革，一个突出的贡献就是提出了转变政府职能这个关键性的话题，提出了定职能、定机构、定人员编制的"三定"方案，强调在合理界定职能的基础上设置机构，配置人员。这标志着我国的政府机构改革开始突破只注重数量增减、单一的组织结构调整的局限，向行政体制改革的关键要素——政府职能的重新选择、定位延伸。值得一提的是，当时经济学界一些有远见的学者开始对以行政手段配置资源的"全能型政府"提出质疑，主张要借助市场的力量配置资源。这在一定程度上已经涉及问题的本质。自此以后的改革大部分国有企业都在不同程度上实现了独立核算和自负盈亏，扩大了自主权。政府对企业而言，虽仍享有较大的权力，但已不同于过去的那种高度集权体制，政府统筹企业的所有活动，以直接控制为主的政府经济和社会管理职能体系已发生解体，开始向宏观调控转变。这种变化被实践证明产生了积极的效果。①

20世纪80年代末期，中国在政府职能转变上的另一突破是"小政

①　参见钱振明：《我国政府职能转变的历史轨迹及其理论思考》，《华东师范大学学报》（哲学社会科学版），1995年第4期。

府，大社会”理论的提出与实践。1986年，就有学者提出“小政府，大社会”的概念。这一概念的提出，引起了学术界的广泛探讨，而且也被中央高层领导关注。1988年，中国在海南省和福建省石狮市进行了“小政府，大社会”的试点改革。尽管本次改革促成了认识上的深化，但改革开始不久，我国经济就转入了治理整顿时期，改革受到了一定程度的影响，地方政府没有进行实质性的改革，中央政府有些部门仍习惯于沿用行政命令和直接管理手段，强调部门利益，政府职能转变进展缓慢，管理方式未发生根本转变。诸如政企分开、权力下放、加强宏观调控、减少部门直接管理等问题都远未解决。

由于党的十二届三中全会仍然坚持实行公有制基础上的有计划的商品经济，提出我国实行的是非完全的商品经济，即不是由市场完全调节的市场经济，完全由市场调节的生产和交换，主要是部分农产品、日用小商品和服务修理行业的劳务活动，所以在党的十四大召开前夕，政府职能转变从总体上看是在计划经济体制框架内进行的局部调整。

三、政府职能转变的新开端

随着我国改革实践的不断发展和理论认识的不断深化，1992年10月召开的党的十四大明确提出，我国经济体制改革的目标是建立社会主义市场经济，要使市场在资源配置、协调生产和需求等方面发挥作用。这标志着我国经济体制开始由计划经济向市场经济发生根本转变。社会主义市场经济的提出，无疑是对如何处理政府与市场、政府与企业关系问题方面的重大突破，也意味着我国政府职能转变在新的经济体制下的新开端。为了确保社会主义市场经济体制的建立和发展，党的十四大报告再次提出加快政府职能转变，并将其视为上层建筑适应经济基础和促进经济发展的大问题。党的十四大报告从市场经济体制的角度对政府职能进行了全面阐述，指出政府职能转变的根本途径是政企分开。凡是国家法令规定属于企业行使的职权，各级政府都不要干预。下放给企业的权力，中央政府部门和地方政府都不得截留，使企业真正成为自主经营、自负盈亏、自我发展、自我约束的法人实体和市场竞争主体。同时，为了防止和克服市场自身的弱点和消极方面，要加强和改善国家对经济的宏观调控。党的十四大明确指出，在社会主义市场经济条件下，政府的主要职能是统筹规划、掌握政策、信息引导、组织协调、提供服务和检查监督。至此，我国现有的经济体制已经基本定局，政府的职能也已经基本明确。

1993年11月，党的十四届三中全会通过了《中共中央关于建立社会主义市场经济体制若干问题的决定》，为建立社会主义市场经济体制提供了理论和政策框架。《决定》在国企改革、培育市场体系、政府职能转变、建立社会保障体制、深化农村改革等方面都提出了许多全新的思路。《决定》指出："政府管理经济的职能，主要是制定和执行宏观调控政策，搞好基础设施建设，创造良好的经济发展环境。同时，要培育市场体系、监督市场运行和维护平等竞争，调节社会分配和组织社会保障，控制人口增长，保护自然资源和生态环境，管理国有资产和监督国有资产经营，实现国家的经济和社会发展目标。政府运用经济手段、法律手段和必要的行政手段管理国民经济，不直接干预企业的生产经营活动。"1997年，党的十五大又再次提出要按照社会主义市场经济的要求转变政府职能。在党的十四大、十五大精神的指导下,中国政府分别于1993年和1998年进行了两次机构改革。这两次机构改革都有一个共同的特点,即强调政府机构改革必须要适应社会主义市场经济的需要,要把转变政府职能放在首位。

1993年的机构改革,从某种意义上说,是1988年改革在更高认识层次上的继续。除了组织结构的调整外,还同时在两个领域取得了重要进展:一是围绕政府职能的重新定位,按照发展社会主义市场经济的要求,从1994年起对传统的计划、财税、金融、流通体制等进行了改革,探索构建政府的宏观调控体系,有效地抑制了通货膨胀,实现了国民经济软着陆;二是从1993年起开始推行国家公务员制度。虽然这些改革推行起来都不是一帆风顺,但毕竟在体制创新的道路上迈出了具有决定意义的一步。1993年的机构改革是在市场经济体制确立初期进行的,由于理论认识的局限性以及市场经济建设的初始性,使得这次改革在政府职能转变方面没有太大的突破。这主要表现在:一方面,只重视经济职能的转变,没有认识到社会职能转变的重要性;另一方面,忽视了政府内部职能的调整与重组。

1998年,九届人大一次会议通过了《关于国务院机构改革方案》,明确把政府职能定为三项:宏观调控、社会管理和公共服务。这是对政府职能科学定位的重要尝试,是对传统行政思维的一大突破。这次机构改革在政府职能转变方面作出了一系列重大举措:

(1)从总体上提出了办事高效、运转协调、行为规范的行政管理改革总目标,对政府职能重新进行了科学定位,这与以往一般性地提出政府职能转变相比较,在目标模式选择上取得了重要进展。

（2）将相近或相同的职能交由一个部门管理，克服过去职能重叠、交叉，政出多门、多头管理的弊端。

（3）认识到政府宏观调控职能和社会保障职能的重要性。一方面，将综合经济部门改组、改造为宏观调控部门，改革投资决策体制，使宏观调控部门真正面向市场实行宏观调控；大力减少、撤并专业经济管理部门，专业经济部门由1998年以前的十七个减少为改革后的七个；实行行业管理，专业经济部门不再直接管理企业，将生产经营权交给企业，制订行业规划、引导产品结构调整、维护行业的平等竞争是专业经济部门新的职能定位。另一方面，加强了公共服务部门，新建立了劳动与社会保障部、国土资源部、信息产业部，成立了高层次的科技教育领导小组。

（4）政企分开有了新进展，撤销了信息产生部、电力部、石油天然气总公司等一批工业经济管理部门和行政性公司，组建国家经贸委管理的国家局，并明确规定这些国家局不再直接管理企业，不再承担投资立项、审查、审批职能，不下达生产和分配计划及盈亏指标，不承担审批公司职责；此外，特别建立向国有大企业派遣稽查特派员的制度，监督国有大企业的领导班子和财务支出，保证国有资产保值增值。

（5）大力发展社会中介组织，将政府可以转移出去的职能交由社会中介组织承担。各部委划转出去的属于企业、社会中介组织和地方政府的职能有两百多项，使政府在原有体制下形成的"固有"职能随着市场经济的壮大由中介组织来承担，以便充分发挥社会自我管理的内在功能。

（6）中央政府职能下放到地方政府。中央政府各部门管理的部分审批权和具体事务性的工作共一百多项职能下放给地方政府；加强依法行政，做到编制、机构、人员、行政程序的法制化等。所有这些，对保证政府职能的转变，实现政企分开，起到了重要的作用。1999年开始省级政府机构改革，到2001年年初结束。通过改革，进一步理顺了各部门职责，转变了职能。如北京市政府，将112项属于应由企业自主决定、市场自行调节、社会自我管理的事务交给了企业、事业单位和社会中介组织，取消了369项具体管理社会经济事务的行政性审批。政府对市场经济活动的干预从微观控制转变为宏观调控，干预手段也从主要依靠行政指令转变为依靠法律、经济手段。

1998年进行的机构改革是新中国成立以来规模最大的一次政府机构改革，被学者称为"第七次革命"（新中国成立后的第七次政府机构改革）。这是一次思路清晰、目标明确、成果较为显著、系统性强、具有一定创新性的改革，真正强调了政府职能，特别是经济职能的转变，开启了我国政府职能模式从"全能政府"向"有限政府"的实质性转变，政府职能转变取得显著成果，把政府职能转变推向了一个新的阶段。

四、政府职能转变起始阶段所取得的成效

党的十一届三中全会召开，标志着我国进入了改革开放的新时期。政府职能转变的起始阶段，在邓小平理论指导下，我国政府职能进行了重大调整，取得了显著成效，主要包括以下五个方面：

（一）调整政府职能结构，实现了政府职能重心的位移

党的十一届三中全会明确作出"从1979年起把党和国家的工作重心转移到经济建设上来"的重要战略调整。在这一战略决策指引下，各

级政府坚持以经济建设为中心，实现了政府职能重心的根本转变，即由原来重政治统治职能转向重经济管理职能。由此也就形成了以经济建设为中心的政府主导职能。20世纪80年代以后，中国全面开启了从计划经济向市场经济转变的经济体制改革，对通过计划集中管理经济的模式进行调整，促进了政府经济职能从计划经济向市场经济的转变。[1]改革开放以来，历届政府都把发展经济置于中心地位，政府工作始终以经济建设为中心。

（二）市场化程度日益提高，政府经济职能领域逐渐明确

传统的计划经济体制下，我国政府是全能型政府，各种市场、社会事务全部包揽下来，但是长此以往，也产生了一些问题。例如抑制了社会的活力，压制了市场主体的积极性和主动性，降低了行政效率，增加了政府的负担等。实质上，政府管了很多自身管不好甚至不该管的经济活动和社会事务。随着市场化程度的提高，全能型政府不再适应经济发展要求，政府逐渐从"大包大揽"的状态中抽离出来，减少政府对市场的过多干预，逐渐明晰经济职能的领域和范围，让市场更多地发挥基础性调节作用。但是这一时期，我国的市场机制并不健全，市场主体尚处于发育阶段，经济体制改革仍然离不开政府对经济和市场的宏观调控和监督管理。改革开放以后，旧的政府职能的消解和与市场经济相适应的政府职能的建立直接促动了这种变化的发生。如果没有政府职能转变，中国的市场经济体制改革不可能获得成功。

---

① 参见金太军：《政府职能梳理与重构》，广东人民出版社，2002年，第91页。

（三）政府职能方式发生了转变

政府职能方式从单纯依靠行政手段的直接控制逐步转向依靠经济手段、法律手段为主的间接调控。1978—1992年间，与计划经济和市场调节相结合相适应，政府经济职能方式具有"双轨制"的特征。一方面，指令性计划手段在职能方式中仍具有重要作用；另一方面，也开始逐步运用一些财政和金融手段对经济总量进行间接调节。从1994年起，伴随财税、金融、外汇、投资体制的改革，政府经济职能方式发生了重大转变，主要采取经济和法律等间接手段。从经济手段来看，主要是根据宏观经济状况的变化，充分发挥财政、货币政策的作用，调控宏观经济。在财政政策方面，如1993—1997年间，针对当时的通货膨胀和经济过热，政府采取了"适度从紧"的财政政策；为了扩大内需，1998年开始采取积极的财政政策。在货币政策方面，1998年，面对国际金融危机的冲击和国内通货紧缩迹象，推出了一系列适度放松的货币政策。我国政府对亚洲金融危机的成功应对证明政府对经济的宏观调控水平日益提高。计划体制也随着改革的深入而发生了根本性改变，行政指令性计划被逐步取消，开始形成以市场为基础、指导性计划为主的新的管理模式。

（四）政企分开步伐加快

1998年的政府机构改革将"政企分开"改革提上了日程，使得国有企业走向市场，自由自立，自负盈亏，参与自由竞争。政企分开后，政府不再直接干预企业的生产经营，企业自主进行制度创新。根据中国企业家调查系统自1993—1995年连续三年进行跟踪调查所得的统计数据，十四项企业经营自主权落实率均呈上升趋势。党的十四届三中全会以后,国有企业制度创新的力度显著增强。相当一部分企业按照"产权清晰、权责明确、政企分开、管理科学"的要求推进规范的公司制改革,取得积极进展。到1998年年底,已有575367户企业改造成为股份有限公司和有限责任公司,绝大部分企业已具备面向市场、创造性开展生产经营活动的权力与条件。可以说,公司制改革是国有大中型企业走向市场比较适宜的改革探索和组织形式,也是保障国家所有者权益的必要选择。一部分企业的经营机制已发生实质性转换。政府逐渐退出微观经营管理领域,而把主要精力放在宏观调控层面。①

（五）地方自主权不断扩大

从中央与地方的职权划分来看,地方自主权不断扩大。1979—1992年间,中央与地方的权力调整,在很大程度上延续了地方行政性分权的做法,但总趋势是地方政府自主权增加。1980年开始实行的各种形式的财政包干制,使地方政府的财力与财权大大增加。1992年确立的以市场化为导向的经济体制改革,特别是1994年实行分税制改革以及金融、投资、外贸等领域的改革,使地方自主权不断扩大。中央政府主要掌握国民经济的重大决策权,即宏观调控权,包括货币的发行,基准利率的确定,汇率的调节和重要税种税率的调整等,以保证经济总量基本平衡和经济结构优化。地方政府有权按照国家法律法规和宏观政策制定地方性法规或政策;通过地方税收和预算,调节本地区的经济活动;运用地方资源,促进本区域经济和社会进步,特别是直接推动为公众服务的教育、卫生、住房和社会保障事业的发展。通过下放权

---

① 参见高萍:《50年来中国政府经济职能的变化与启示》,《中国经济史研究》,2002年第4期。

力，初步理顺了中央政府与地方政府之间的关系，中央政府与地方政府职能的合理配置有了很大进展。通过中央政府向地方政府逐级下放权力，不仅从经济利益、权力责任方面大大调动了地方政府的积极性和主动性，而且使政府权力设置、政府职能配置、事权划分更为科学合理。

第三节　行政审批制度改革与《中华人民共和国行政许可法》的制定

根据国务院《关于贯彻行政审批制度改革的五项原则需要把握的几个问题》中对行政审批的定义，行政审批是指行政审批机关（包括有行政审批权的其他组织）根据自然人、法人或者其他组织依法提出的申请，经依法审查，准予其从事特定活动、认可其资格资质、确认特定民事关系或者特定民事权利能力和行为能力的行为。行政审批是政府对社会公共事务规范、管理与服务的一种手段。任何政府都需建立必要的行政审批制度，但又必须根据社会发展需要与时俱进地进行改革，使之成为维护社会稳定和推进经济建设发展的公共管理手段。在我国，行政审批制度形成于20世纪50年代初，是计划经济体制的产物，它对于我国的经济建设曾发挥了重要作用，但也存在着不少的弊端。因此，随着我国加入世界贸易组织和社会主义市场经济体制的建立与完善，改革行政审批制度成为进一步转变政府职能、改进行政管理方式、提高行政效率、促进全面建成小康社会的重要任务。2001年9月，国务院成立了由李岚清副总理任组长的国务院行政审批制度改革工作领导小组，并在监察部设立了负责日常工作的办公室。这也标志着我国的行政审批制度改革进入到一个制度性、实质性的阶段。党的十八大以来，我国政府继续推进行政审批制度改革，新时期的行政审批制度改革呈现出全面性、精细化和标准化的特征。行政审批制度改革的全面推进，同样也标志着我国的政府职能转变工作不断向纵深层面发展。

一、我国行政审批制度及存在的问题

我国行政审批制度植根于传统的计划经济体制。改革开放之后，在计划经济向市场经济转轨的过程中，在经济建设中逐步放开严格的计划管制的同时，新增了大量的行政审批事项，行政审批几乎渗透到了经济和社会生活的每一个领域。政府在个体和企业营业、部分商品的价格管理、药品管理、食品卫生管理、娱乐场所管理、注册会计师开业管理、出租车运营管理、出入境管理、电视剧制作和有线电视管理、危险品管理、机动车管理、自然资源和生态保护、土地和房屋管理等几十个领域相继建立了行政审批制度，形成了由上百部法律法规、规章、文件为支撑，涉及经济、社会生活方方面面的庞大的行政审批体系。毋庸置疑，这种涉及广泛的行政审批制度在社会主义市场经济体制尚未建立健全的历史阶段，在调整稀缺资源分配、维护公共安全和社会秩序等方面发挥了重要作用。但随着我国经济运行机制逐步走向规范，市场趋于成熟以及经济全球化形势的发展，计划经济下形成的这种政府广泛干预社会事务和微观经济活动的管理方式越来越显现出其弊病，过多过细的行政审批制度已经成为经济和社会发展的障碍。从市场经济角度看，原有的行政审批制度不符合市场经济发展的要求。根

据市场经济的特点,行政审批制度存在的问题主要是:

(一)行政审批制度保留了很多计划经济时代的特点,与我国市场经济的要求不符

由于行政审批制度脱胎于计划经济时代的计划审批制度,行政审批在很大程度上取代了市场的调节,在我国建立社会主义市场经济的过程中,直接阻碍了市场经济体制的建立和完善。行政审批通过人为设置的各种市场准入和市场活动的障碍,抑制了投资者进行投资和创新的积极性,强化了市场准入的壁垒,加大了平等竞争的障碍,压抑了社会自我组织的能力和社会自我协调的能力。同时,也捆住了政府自己的手脚,政府用行政决策取代了市场决策,用行政动机取代了市场动机,阻碍了市场机制在资源配置中的基础性作用的正常发挥,行政审批制度具有一定程度的反市场的特征。由于市场主体的活动没有受到市场的调节,因而在供需关系上往往与市场产生矛盾,容易导致市场需要的得不到及时有效的生产,而市场过剩的还继续按照原来制定的计划进行生产,致使对市场规律的正常调节作用造成了阻碍。正如国土资源部政策法规司司长甘藏春所说,其实重复投资和投资过热的弊端本身就是审批制的产物,因为在以政府为主体的投资膨胀中,每一个项目都是经过审批的,许多还是经过政府"严格把关"、层层审批的。而在非政府主体的投资热中,市场机制的自发调节虽然有一定的滞后性,但却能从根本上解决问题。①

(二)微观经济领域中的行政审批过多,阻碍了市场机制作用的发挥

衡量一个国家经济发展状况的一个重要指标是经济的自由度,经

---

① 参见甘藏春:《审批制度改革是政府职能转变的核心》,《领导决策信息》,2001年第26期。

济自由度往往取决于一个国家对经济的规制情况，即政府对经济的审批权的多少。审批的权限越宽，项目越多，则经济自由度越低，就意味着政府直接干预企业的经营发展的程度越高。我国原有的行政审批制度妨碍了企业的生产经营自主权和投资决策权，不利于投资环境的改善。随着社会主义市场经济体制的建立和完善，企业成为自主经营、自负盈亏、自我约束、自我发展的市场竞争主体和法人实体，一些竞争性项目和以经济效益为主的基础性项目应当由企业自主决策，减少政府干预，减少审批。而原有的行政审批制度存在的多头审批，重复审批，审批环节多、周期长、行为不规范的问题，严重影响了行政效率和企业效益，影响了竞争的公正和公平，影响了企业生产经营和投资的积极性，成为投资软环境中的一个突出问题。行政审批制度不改革，投资环境就难以优化。改善投资环境，促进经济发展是政府的重要职责，而改革行政审批制度是改善投资环境的一条根本性措施。

（三）行政审批在完善市场经济体制和弥补市场不足方面的作用体现得不充分

在市场经济条件下，行政审批应该有助于市场经济发展的完善，并能够弥补市场经济固有的缺陷。但是我国原有的行政审批制度在这两个方面的作用没有得到充分的体现。在完善市场经济方面，对于市场经济要素的成长，如资金的筹措、人力资源的开发、市场竞争规则的制定、市场的培育等方面，行政审批并没有起到相应的作用；在弥补市场经济固有的缺陷方面，行政审批也没有起到应有的作用。如在限制垄断方面，行政审批不仅没有阻止市场主体的垄断行为，反而在一定意义上助长了垄断的形成。①

可见，传统的行政审批制度严重阻碍了市场机制的正常发育,妨碍了市场配置社会资源的基础性作用的发挥。我国经济体制改革的目标是建立社会主义市场经济,"使市场在社会主义国家宏观调控下对资源配置起基础性作用,使经济活动遵循价值规律的要求,适应供求关系的变化;通过价格杠杆竞争机制的功能把资源配置到效益较好的环节中去"。用大量的行政审批手段和方式解决市场问题,用行政干预代替市场调节,不仅达不到有效管理经济和社会事务的目的,反而会适得其反,而且必然违背市场经济规律,妨碍市场机制作用的发挥,不利于市场体系的完善。这种覆盖全社会的行政审批制度,排斥而不是保护了市场机制。只有改革行政审批制度,才能充分发挥市场在资源配置中的基础性作用,保证经济体制改革目标的实现。社会主义市场经济的根本特点是企业自主、市场自行调节、社会自我管理,依法从事各种社会活动。要发展社会主义市场经济,就必须按经济规律办事,减少政府过多的、不规范的行政干预,最大限度地发挥市场机制的作用,利用经济手段和法律手段规范市场行为,调节经济运行,提高社会经济的运行效率。改革行政审批制度就是要把主要运用行政审批手段的管理方式切实转变到主要运用法律和经济手段来管理社会事务,大幅度调整和精简审批事项,把应由企业自主决定、市场自行调节、社会自我管理的事务交给企业、市场和社会中介组织。

---

① 　参见甘藏春:《审批制度改革是政府职能转变的核心》,《领导决策信息》,2001年第26期。

二、我国行政审批制度改革的历程

中国行政审批制度改革可以追溯到20世纪70年代末经济特区对涉外经济领域所进行的"简化审批、放权让利"的探索。之后，从经济特区到一般行政区域，从东部沿海到广大内陆地区，从经济领域到社会文化领域，行政审批制度改革逐步广泛和深入。我国行政审批制度改革，是随着市场经济体制和行政管理体制改革的深化而渐进发展的。目前，学界对于行政审批制度改革的阶段划分没有形成共识，不同的学者从不同的角度，依据不同的标准将我国的行政审批制度改革划分为若干阶段。

蔡林惠认为，我国的行政审批制度改革随着经济体制改革的深化而不断发展，大致经历了四个阶段，分别是从20世纪70年代末到80年代初的中央政府权力下放阶段、1983—1988年的转变政府职能和权力下放阶段、1993—1997年侧重经济领域的改革阶段、1998—2003年的审批改革深入发展阶段。[①]赵保胜认为，我国的行政审批制度改革始于1997年深圳开始清理行政审批事项，由此将我国行政审批改革划分为三个阶段，分别是1997—2001年的起航阶段，2001—2004年的全面改革阶段，2005年至今的法制化改革阶段。[②]唐亚林、朱春以2001年行政审批改革工作领导小组的成立为起点，依据改革呈现的特征将其划分为三个阶段：分别是2001—2004年以取消或者调整行政审批事项为主

---

① 参见蔡林惠：《我国行政审批制度改革的现状及难点分析》，《南京师大学报》（社会科学版），2003年第6期。

② 参见赵保胜：《突破行政审批制度改革瓶颈的治理路径》，《法治研究》，2013第10期。

的阶段,2004—2012年年底以行政审批制度法治化为主的阶段,2013年至今以界定"政府—市场—社会"三方的权力边界为主的阶段。①综合国内相关学者的研究,我国的行政审批制度大致经历了三个阶段。

(一)第一阶段,行政审批制度改革探索阶段(1978—2000年)

改革开放之初,改革的中心是搞活企业,以政府向企业放权让利为内容展开,其中行政性分权与经济性分权结合在一起,并具有明显的过渡性。这一时期的改革主要围绕中央政府与地方政府之间的权力分配,表现为行政系统内部的放权或收权的循环往复,改革在传统计划经济下的行政审批制度圈子里徘徊。

到了20世纪80年代,行政审批制度开始侧重于下放审批权力,减少审批层次。1984年,党的十二届三中全会通过了《中共中央关于经济体制改革的决定》,提出了增强企业活力是整个经济体制改革的中心环节。经济体制改革是从调整国家与企业的分配关系,扩大企业自主权开始的。与此相适应的是,这次审批制度改革提出了"转变职能,下放权力,调整结构,精简人员"的指导思想,国家部委内部设司、处两级,省级厅局内部只设处,以减少内部的行政层次;同时把直接管理企业的职能转移出去,把直接管钱、管物的职能放下去,使政府对企业由直接管理转向间接管理。

90年代,我国建立了社会主义市场经济制度,经济基础决定之下的行政改革也发生了相应变化。行政审批制度开始重点在经济领域开

---

① 参见唐亚林、朱春:《2001年以来中央政府行政审批制度改革的基本经验与优化路径》,《理论探讨》,2014年第5期。

展。1992年,党的十四大确立了建立社会主义市场经济体制的目标,以利于进一步解放和发展生产力。也就是说,要加强和改善国家对经济的宏观调控, 要使市场在国家宏观调控下对资源配置起基础性作用。1993年3月,国务院秘书长罗干在关于国务院机构改革的说明中指出,要按照建立社会主义市场经济体制的要求, 加强宏观调控和监督部门,强化社会管理职能部门,减少具体审批事务和对企业的直接管理。要坚决把企业的权力下放给企业,把应该由企业解决的问题交给企业自己解决。因此,政府把许多投资项目由审批制逐步改为登记备案制。

随后,在中央及地方的行政管理体制和机构改革中确立了转变政府职能,实现政企、政事、政社分开,建立廉洁高效、运转协调、行为规范的行政管理体制的目标;在转变政府职能、精简机构和人员的同时,大力改革行政审批制度。这次改革先在深圳等部分经济特区试点起步,其他一些省份迅速行动,出现了三种具有代表性的改革模式:一是深圳等地在维持现有行政架构的前提下, 全面削减行政审批事项,规范行政审批行为,提高行政审批效率和服务质量的深圳模式。深圳的行政审批制度改革为全国改革起到了示范作用。二是在全面清理削减行政审批事项,推行行政审批事务公开的同时,对重点的、关联度大的审批事项实行"一门式"服务和"并联式"审批,有选择地组织重点突破,大大提高了行政效率的宁波模式。三是连云港等地组建行政审批服务机构, 对同级政府机构的大部分行政审批事项实行集中管理、集中审批的连云港模式。改革的重点是要大幅度地精简行政审批事项,规范审批程序,设定审批时限,公开审批内容,建立一套便民利民的行政服务体系。

（二）第二阶段，行政审批制度改革规范化阶段（2001—2012年）

这一阶段我国的行政审批制度改革举措主要表现在三个方面：

一是2001年9月，国务院办公厅下发了《关于成立国务院行政审批制度改革工作领导小组的通知》，随后国务院成立了由李岚清副总理任组长的国务院行政审批制度改革工作领导小组。该小组作为中央层面成立的统一负责全国行政审批制度改革工作的领导机构，为我国行政审批制度改革提供了组织保障。以此为标志，我国的行政审批制度改革工作进入到一个更加规范化的阶段。

二是2001年10月18日，国务院批转了监察部、国务院法制办、国务院体改办和中央编办《关于行政审批制度改革工作的实施意见》，以期进一步规范行政审批制度改革。在这个文件中明确提出了我国行政审批制度改革的指导思想和总体要求，以及改革应遵循的五项原则，制定了详细的实施步骤，提出了需要注意的若干问题，为我国行政审批制度改革指明了方向。2002年11月，国务院下发《关于取消第一批行政审批制度项目的决定》，取消789项行政审批项目，标志着我国行政审批制度改革的实质化转向。

三是2001年11月，我国加入了世界贸易组织。为了适应加入世界贸易组织以后的国际环境，遵循国际相关规则，2003年8月27日，第十届全国人民代表大会常务委员会第四次会议通过了《中华人民共和国行政许可法》，并于2004年7月1日起施行。该法作为规范行政审批改革的法律文件，促使行政审批步入法制化的轨道。

在行政审批制度改革领导小组的领导下，这一时期的行政审批制度改革取得了一定的成果，主要表现在两方面：一方面，各地纷纷设立行政审批中心（亦被称为政务超市）。在传统审批制度下，审批部门分散，审批手续繁琐，审批流程过长。而"政务超市"汇聚了一个城市大多数具有行政审批权限的政府部门，对一个城市的行政审批事项进行集中管理，为客户提供节时省力的一站式服务。据不完全统计，这一时期全国至少有14个省市的上百个地市县设立了政务超市。政务超市的设立改变了传统行政审批的暗箱操作，通过限时透明审批提高了办事效率，改善了城市的投资环境。另一方面，各级政府部门根据市场和社会中介组织的发展程度及承载能力，大量精简与社会主义市场经济不相适应的行政审批事项。经过严格规范的审核论证，2002年10月、2003年2月、2004年5月、2007年10月、2010年7月和2012年8月，国务院先后六批共决定取消和调整审批项目2497项，占国务院原有审批项目数的69.3%。[①]与此同时，各省、自治区、直辖市的行政审批制度改革也取得新进展，31个省（区、市）共取消和调整审批项目22000多项，占审批项目总数的一半以上；建立政务服务大厅3314个；738个省级部门实行了窗口统一办理，占应实行窗口统一办理的省级部门的95.1%；废止和修订规范性文件11073件；不少省（区、市）制定了行政审批责任追究办法，有些地方还成立了行政投诉中心。[②]

① 参见中国机构编制网，http://www.scopsr.gov.cn/rdzt/xzspzd/。

② 参见辛传海主编：《中国行政体制改革概论》，中国商务出版社，2006年，第121页。

表3-1　2002—2012年取消和调整行政审批事项数量统计表

时间	取消和调整的行政审批事项数量				合计
	取消	改变管理方式	下放	合并	
2002	789				789
2003	406	82	—	—	488
2004	409	39	47	—	495
2007	128	8	29	21	186
2010	113	—	71	—	184
2012	171	9	117	17	314
合计	1227	138	264	38	2456

资料来源:根据中国机构编制网历年行政审批制度改革数据整理而成。

（三）第三阶段,新时期的行政审批制度改革(2012年至今)

党的十八大以来,我国政府继续推进行政审批制度改革,聚焦企业和群众反映突出的办事难、办事慢,多头跑、来回跑等问题,扎实推进简政放权、放管结合、优化服务改革,探索了行之有效的措施办法,在方便企业和群众办事创业,有效降低制度性交易成本,加快转变政府职能和工作作风,提升政府治理能力和水平等方面取得了显著成效。①这一阶段的行政审批制度改革主要举措表现在三方面:

第一,继续取消和调整行政审批事项。李克强总理上任伊始就提出:"必须从改革行政审批制度入手来转变政府职能。现在国务院各部门行政审批事项还有1700多项,本届政府下决心要再削减三分之一以上。"因此,自2013年以来,我国政府继续进行行政审批事项的取消和调整,包括取消、下放、调整管理方式、合并等形式。据统计,2013年6月取消和下放行政审批事项211项;2014年取消和下放行政审批项目175项;2015年取消和下放行政审批事项94项,取消非行政许可审批事项

---

①　参见中共中央办公厅、国务院办公厅:《关于深入推进审批服务便民化的指导意见》,2018年5月23日。

49项，将84项非行政许可审批事项调整为政府内部审批事项；截至2016年12月26日，新修订的法律、全国人大法工委解释、国务院决定等公开取消国务院部门行政许可事项23项，另10个子项，增设行政许可事项3项，另1个子项，取消中央制定地方实施的行政许可事项2项。

第二，行政审批制度改革与"简政放权、放管结合、优化服务"改革紧密结合。2015年3月15日，在《第十二届全国人民代表大会第三次会议关于2014年国民经济和社会发展计划执行情况与2015年国民经济和社会发展计划的决议》中，中央要求继续深化行政审批制度改革，"再取消下放一批行政审批事项，全面清理非行政许可审批。大幅精简前置审批，清理规范中介服务。深化商事改革，加强事中事后监管。更加注重改革措施的上下联动、横向协调"。由此可以看出，中央把行政审批制度改革与放管服改革紧密联系在一起。[1]从2015年李克强总理在全国简政放权放管结合优化服务电视电话会议上指出"当前和今后一个时期，深化行政体制改革、转变政府职能总的要求是：简政放权、放管结合、优化服务协同推进，即'放、管、服'三管齐下"开始，从中央政府到地方政府连续推出简政放权、放管结合、优化服务改革新举措，形成了包括天津市相对集中行政许可权改革的行政审批局模式、江苏省的"不见面审批"、浙江省"最多跑一次"、广东省佛山市"一门式一网式"、湖北省武汉市"马上办网上办一次办"、上海市优化营商环境等经验做法。放管服改革的核心在于转变政府职能，简政放权主要就是在于政府将管不好、不应该管的权力下放、转移或者取消，还权于市

---

[1] 参见中国政法大学法治政府研究院编：《中国法治政府发展报告2015》，社会科学文献出版社，2015年，第26~27页。

场，还权于社会，方便企业、公民办事，提高政府办事效率。放管服改革的创新之处不仅在于简政放权，更在于审批与监管的联动，提供优质公共服务。从某种程度上讲，这是对行政审批制度改革认识的深化与发展。

第三，行政审批制度改革与清单制度密切联系。2013年11月12日，党的十八届三中全会通过的《中共中央关于全面深化改革若干重大问题的决定》明确提出，"推行地方各级政府及其工作部门权力清单制度，依法公开权力运行流程"，"实行统一的市场准入制度，在制定负面清单基础上，各类市场主体可依法平等进入清单之外领域"。这是权力清单制度在党的会议上首次被提出。[①] 2015年，中共中央办公厅和国务院办公厅联合印发了《关于推进地方各级政府工作部门权力清单制度的指导意见》，该意见从基本要求、主要任务、组织实施三方面对权力清单制度进行了宏观设计。截至2017年8月，61个国务院部门、46个中央业务指导部门均已经制定了行政许可事项汇总清单，31个省级政府部门也已经建立了政府权力清单和责任清单。从部门上来看，制定权力清单的部门多掌握着大量财政性行政许可和审批权，与公民、企业联系密切；从形式上看，各部门的权力清单基本上按照行政许可、行政处罚、行政确认、行政征收、行政强制、行政裁决等行政行为进行了分类，而且行政审批权和行政处罚权在所有的行政权力类型中占有较大比重。

总体来看，我国的行政审批制度改革与国家宏观改革环境变化相

---

① 参见王利明：《负面清单管理模式与私法自治》，《中国法学》，2014年第5期。

适应，并且伴随着市场经济制度的完善和行政体制改革进程，相比于前两个阶段的行政审批制度改革，新时期的行政审批制度改革呈现出了一些新的特点，主要表现在以下两方面：

其一，行政审批制度改革的全面性。改革开放之初，行政审批制度改革重点在经济领域，主要采用行政审批权力的下放和取消这种形式。伴随着政府转型与行政发展，我国行政审批制度改革逐步与政府机构改革、政府职能转变、放管服改革、清单管理制度等相结合，内容和范围逐渐扩大，方式逐渐多样化，并且行政审批制度改革的过程伴随着行政法制的健全，例如《中华人民共和国行政许可法》的颁布、行政审批制度相关规范性文件的出台。

其二，行政审批制度改革的精细化、标准化。精细化作为企业管理的一种管理模式，逐渐被应用到现代政府改革过程中来，对于提高政府行政效率、政府治理能力具有积极作用。尤其是党的十八大以来，我国的行政审批制度改革逐渐将现代信息技术等先进的技术应用到行政审批工作中来。例如，天津滨海新区行政审批局首创的行政审批标准化操作规程（SOP），对审批要件、审批流程、审批标准、审批时限进行规范和细化，减少自由裁量权，让审批过程更加合法合理化、高效化。又如，政府部门权力清单、负面清单等清单制度要求政府将享有的职权、不可为的事项通过清单的形式明确列出，明确政府的权力边界，减少政府乱作为、不作为等行为。这些改革举措都内含精细化的思想和特征。

三、行政审批制度改革与政府职能转变的互动

转变政府职能的核心是实行政企、政事和政社分开，让市场发挥更大的作用，给企业更多的自主权和更多的自由空间。这是审批制度改革的出发点，也是转变政府职能、建立现代行政管理体制的必然要求。我国行政审批制度改革从形式上看主要表现为行政审批项目的取消与调整，但是行政审批制度改革目标绝不仅仅在于削减一批行政审批项目，而是在于通过政府职能转变规范审批权力的行使，强化权力制约，从源头上治理腐败，最终建立与社会主义市场经济相适应的现代审批治理结构与行政管理体制。所以改革行政审批制度，对于促进政府职能转变，完善社会主义市场经济体制具有重大意义。

（一）改革行政审批制度的关键是转变政府职能

我国政府从20世纪80年代末起，对行政审批制度改革作了诸多尝试，改革的力度不可谓不大，改革的成果也不可谓不显著，但实际效果却往往不尽人意。大量行政机关不但将有"力度"的审批项目保留了下来，而且新增项目反弹也很迅速。其主要原因是政府职能转变未能与行政审批制度改革同步。虽然政府职能转变了多年，但是政府职能的科学界定没有真正完成，离市场经济体制的要求还有很大的差距。一些政府部门仍旧管了很多不该管、管不好、也管不了的事情。职能未改，权限仍在，只能又增加审批。同时，一些行政管理机构职能分散，职责交叉，上下层级结构和职能趋同，导致审批的环节和层级过多，加剧了审批事项设置的不合理状况。

另外，由于政府职能与公共服务职能分离不到位，事业单位、中介

机构及行业自律组织的培育不成熟，组织不够健全，职责不够明确，还不能对政府将退出的审批领域的管理事项承担起相应的管理和服务职能，对清理精简出审批范围的项目如何规范管理尚处在探索阶段，致使诸多本应由社会自我管理的公共事项仍然要依赖于政府部门的审批。这也是导致行政审批事项难以真正精简下去的重要原因。可见，行政审批制度改革绝不仅仅是审批事项数量的加加减减，而是行政审批权限的重新洗牌，其实质是政府职能在更深层次和更大范围的转变。政府职能转变是行政审批制度改革的基础和保障，职能转变了，政府部门该管不该管的范围明确了，审批制度改革也就有了目标和方向。政府职能从"缺位"转向"到位"、从"越位"转向"定位"是我国行政审批制度改革的前提。在当前和以后的行政审批制度改革中，应该按照市场经济的要求转变政府职能，在科学界定政府职能的基础上来界定行政审批的范围。按照政企分开、政事分开、政社分开的原则，对现有行政审批项目进行清理和处置，对那些通过市场机制、行业自律能够解决，通过质量认证、事后监管可以达到管理目的，属于对同一审批事项多部门、多环节审批的审批项目坚决予以取消、合并，继续深化行政审批制度改革。

(二)行政审批制度改革是政府职能转变的突破口

在社会主义市场经济条件下，政府的主要职能应该是加强宏观调控，制定市场规则，实施市场监管，弥补市场失灵，保护公平竞争，创造统一开放的市场环境，提供公共物品等。但就目前而言，由于受到传统计划经济体制的影响，政府还没有完全从微观的、直接的经济管理活动中摆脱出来，政府对企业的干预过多，政企不分，角色"越位""错位"

与"缺位"并存。一些政府管理部门的管理内容和管理方式没有发生根本改变，仍然热衷于具体的行政审批事务，而没有把精力集中到抓好经济调节、社会管理、公共服务等方面上来。审批的事项过多、过滥，不但直接影响到行政效率的提高，而且严重阻碍了政府职能的转变。要真正实现政府职能的转变，必须对政府自身进行一场革命，取消或者调整与市场经济体制不相适应的行政审批，正确处理好审批与市场、政府和个人的关系。因此，深化行政审批制度改革是政府职能转变的必然要求。具体体现在以下两个方面：

1. 改革行政审批制度是突破政企不分的关键

政企分开是政府职能转变的根本性要求，但名目繁多的审批使企业很难脱离政府的控制获得独立的市场主体地位。政府通过审批，控制了企业发展的许多必要条件，如企业用人、用地、用资金、用水、用电、进出口配额、户外广告等。此外，企业的环保、消防、安全等都还是由政府审批。名目繁多的审批把企业牢牢控制在政府手里，企业为了获得生存发展的条件、机会或优惠政策，不得不经常往政府部门跑，想方设法讨好政府，跟政府搞好关系，甚至贿赂政府工作人员。政府与企业成了命令与服从的关系，政府主宰企业，企业依赖政府，实质上仍然是政企不分，从根本上背离了市场经济发展的要求。事实上，捆住企业手脚的做法不可能建立良好的经济秩序，市场经济体制也绝不可能靠政府定指标、批项目、下指令来实现。要斩断政府与企业的不合理联系，就必须进行行政审批制度改革，削减涉及企业市场准入、资质等级评定，金融机构的经营范围、品种确定，进出资格审批、配额分配，以及对企业特定经营活动的审批等，让企业真正成为自主经营、自负盈亏的市场主体。

2. 改革行政审批制度是实现政府管理方式转变的重要途径

政府从以往的直接管理转向与市场经济相适应的间接管理是政府职能转变的重要任务。在市场经济条件下，政府的作用主要是"掌舵"而不是"划桨"，政府工作必须真正从微观事务管理转向宏观调控，从直接管理转向间接管理，从注重审批转向加强监管。审批是一种典型的直接管理方式。我国传统的审批制度是直接面向企业、社会、个人的直接管理，政府通过审批，直接向企业、社会、个人明示能做什么、不能做什么。而间接管理的特征是用政策与法规进行管理，即政府通过规则来明示被管理者能做什么、不能做什么。而政府制定的规则就是政府与被管理者之间的联系中介。审批作为直接管理，其显著弊端是耗费了政府的大量精力，政府职能运行呈现"一强两弱"的不正常现象，即政府审批职能强，而政策职能和监督职能弱。政府直接管理的比重较大，不利于加强政府宏观调控职能。政府审批事项减少后，并不意味着政府就无所作为，政府可以改变管理方式和工作方式，"宽入严管"，由事前审批改为加强日常执法和监督。

3. 改革行政审批制度是建设法治政府和依法行政的重点

党的十八届四中全会审议通过的《中共中央关于全面推进依法治国若干重大问题的决定》提出，深入推进依法行政，加快建设法治政府。行政机关不得法外设定权力，没有法律法规依据不得作出减损公民、法人和其他组织合法权益或者增加其义务的决定。2017年，中共中央国务院印发的《法治政府建设实施纲要（2015—2020年）》明确指出，要深化行政审批制度改革。全面清理行政审批事项，全部取消非行政许可审批事项。加大取消和下放束缚企业生产经营、影响群众就业创业行政许可事项的力度，做好已取消和下放行政审批事项的落实和衔接，鼓励大众创业、万众创新。严格控制新设行政许可，加强合法性、必要性、合理性审查论证。由此可以看出，行政审批制度改革是法治政府建设和依法行政的重点。在传统行政模式下，行政审批事项较多，尤其是非行政许可审批项目设定随意、管理不严，行政审批流程缺乏标准化，审批人员自由裁量空间较大，这样带来了一系列的负面效应，包括权力部门化和利益化、束缚了市场主体活力、增加了制度性交易成本、降低了行政效率、增大了权力寻租的可能性等。随着依法治国战略的提出，依法行政和法治政府建设客观上也要求政府改革行政审批制度。

自2001年行政审批制度改革工作领导小组成立以来，为了指导和规范行政审批制度改革工作，我国先后制定了四十多个政策规定和相关文件，使改革工作有章可循。据统计，截至2012年，全国已建立行政审批配套制度八千余项，基本形成了以《中华人民共和国行政许可法》为核心，相关法律法规规章配套的行政审批制度体系。行政审批制度改革加速了政府职能转变，强化了依法行政。2018年3月5日，李克强总理在第十三届全国人民代表大会第一次会议上所作的《2018年政府工作报告》指出，"深化'放管服'改革"，"清理群众和企业办事的各类证明，没有法律法规依据的一律取消"。政府通过建立行政许可总清单，并向社会公开，在总清单范围内的审批事项，公众应当依法申请批准；不在总清单范围内的审批事项，不得要求公众履行申请批准手续。这样的改革探索，既体现了对公权力"法无授权即禁止"的要求，对公权力的制约和规范，也保障了公众"法无禁止即自由"的权利，保障了公众的知情权，减少了对企业过多的束缚，使企业获得了更多的自由权利和自由空间。行政许可总清单从政府的"权力清单"变成公众的"权利清单"，是依法行政的要求，也是建设现代法治政府的必然。

四、《中华人民共和国行政许可法》对行政审批制度改革的推动

一切行政权力都必须授之以法，施之以法，控之以法。改革政府行政审批制度，说到底就是要约束政府行政审批权，因此必须寻求制约政府行为的力量。只有把政府行政审批制度纳入法治的轨道，真正做到依法审批，才能从根本上控制和遏止行政审批项目的扩张。2003年8月，第十届全国人民代表大会常务委员会第四次会议表决通过了《中华人民共和国行政许可法》（以下简称《行政许可法》），该法于2004年7月1日起施行。《行政许可法》的颁布实施是国家首次以法律的形式对行政审批制度进行全面的界定和规范。它总结和肯定了几年来行政审批制度改革的经验和成果，确立了合法与合理、效能与便民、监督与责任的原则，简化了政府的行政许可程序，提高了政府的办事效率，使行政审批告别了随意审批的人治阶段，开始进入依法改革阶段，是行政审批制度发展的一块里程碑。该法的出台使行政审批制度改革进入了治本阶段，逐渐走上了法制化、规范化的道路，更重要的是从更深层次上促进了政府职能转变并推进了依法行政。

（一）《行政许可法》制定的重要意义

1.《行政许可法》使行政审批走向法治化、规范化

《行政许可法》制定以前的行政审批基本上处于无法可依的状态。改革中的许多行政审批几乎是原来行政命令的翻版，往往是政府及其

部门基于"行政职权"自行设定行政审批权,因此各个部门都可以设定行政审批。各个部门为了自身利益的扩张争相多设审批项目,导致行政审批过多、过滥。有关资料显示,依据国家法律、行政法规、部门规章和党中央文件、国务院文件及部门文件设定的项目仅占60%,如果按照党政分开的原则,再除去效力较低的部门文件设立的行政审批,严格按照国家法律法规、规章、国务院文件所设立的行政审批恐怕不到30%。而低层级的文件往往是部门利益的产物,不仅实体内容不合法,程序上不规范,对相对人的权利也无保障。无法定依据、非法制化、不规范的行政审批使得政府机关的权力责任严重不对等。政府享有否决权、决定权却不负任何责任,于是行政审批成为寻租和腐败的一大根源。《行政许可法》限制了部门和地方的许可设定权力,规定只有全国人大及其常委会制定的法律、国务院的行政法规和决定、地方人大及其常委会的地方性法规和省级地方政府规章可以设定行政许可。这使得先前创造了全部行政许可项目的80%以上的国务院各部门、市、县级政府以及职能部门都失去了行政许可设置权。这就意味着,任何行政机关以红头文件就可以设定行政审批的时代终结了。该法还对行政审批的事项进行了严格的限制,按照该法,只有六类事项可以设定行政许可。《行政许可法》使行政审批的权力和范围有了法律上的依据,从源头上遏制了行政审批权力的滥用和审批项目的增生与反弹。

此外,《行政许可法》还对强化监督、严格责任作了明确规定。《行政许可法》对行政机关违法设定行政许可、对行政许可申请应受理的不受理、应予以行政许可的不予行政许可、不应予以行政许可的乱许可、只许可不监督以及监督不力等行为都规定了法律责任。《行政许可法》规定了设定和实施行政许可的公开原则、设定行政许可听取意见制度、实施行政许可要听取利害关系人意见的制度、不予行政许可的要说明理由制度以及听证制度、监督检查中的举报投诉制度等。这些规定对确保政府权力与责任的统一，保障公民对行政管理事务的知情权、参与权和监督权，提高政府责任意识，促使政府尽心尽力履行职责具有重要作用。

2.《行政许可法》推动政府职能的深层次转变

《行政许可法》按照妥善处理政府与市场、政府与社会、权力和权利关系的要求，确立了市场优先的原则、社会自律优先原则和公民、法人或者其他组织自主决定优先的原则，严格限制设定行政许可的事项范围。该法强调凡是公民、法人或者其他组织能够自主决定的，市场竞争机制能够有效调节的，行业组织和中介机构能够自律管理的，或行政机关采用事后监督等其他行政管理方式能够解决的事项，可以不设定行政许可；即使已经设定的行政许可，也应当定期进行评价，并及时予以修改和废止。这样，一方面可以减少和限制不必要的行政许可事项，改变传统的管理方式，减少政府对经济社会生活的直接干预，还市场主体和公民个人以自由；另一方面将某些必要的规制转移给行业组织和中介机构，发挥行业组织、中介机构在社会生活中的作用，只保留少量的、必须由政府实施的、真正属于"公共物品"范畴的行政许可由政府实施，从而促使政府职能从微观、直接的干预向宏观、间接的调控转变，促使政府从"全能政府"向"有限政府"转化。

（二）《行政许可法》实施后行政审批制度改革取得的成效

对于《行政许可法》实施后行政审批制度改革所取得的成效，有研究者进行了概括。①自《行政许可法》生效以来，国务院各部门和各级地方政府认真贯彻实施《行政许可法》，以转变政府职能、推进依法行政、建设法治政府为目标，继续推行行政审批制度改革，我国的行政审批制度改革工作取得了较好的成绩。尤其是2005年在国务院的统一部署下，在《行政许可法》实施半年或一年不等的时间里，自上而下地对国务院各部门、地方各级政府进行了实施《行政许可法》执法情况的检查和评估。通过自评和第三方评价机制，及时发现了存在的问题，清理了不符合《行政许可法》的做法与措施，提出了整改方案，并进一步对整改方案的落实情况进行跟踪，深化了行政审批制度改革。

1. 继续对原有的行政审批事项进行清理，审批事项已大幅度减少

自《行政许可法》实施以来，各地方、各部门按照国务院的部署和要求，基本完成了行政许可项目和实施主体的清理工作。行政许可和行政审批项目大幅度减少，滥设行政许可的状况得到了控制。中央层面的行政许可项目和行政审批项目的清理已经结束，省一级地方的行政许可项目清理工作也基本完成。但是一些市、县级政府的清理工作尚未完成。行政许可主体的清理进展也比较顺利，国务院部门的行政许可主体已经清理完毕。地方各级政府的行政许可主体清理结果也已经陆续公布。据统计，到2005年8月，31个省、自治区、直辖市政府和58个国务院部门，共清理行政许可项目25797项，取消8666项，调整1841项；清理行政许可依据25554件，废止3981件，修改2493件；清理行政许可实施主体2389个，保留1932个，取消302个，调整71个。清理工作带来

---

① 参见廖扬丽：《政府的自我革命——中国行政审批制度改革研究》，法律出版社，2006年，第167~171页。

的直接变化就是行政许可和行政审批项目大幅度减少。

党的十八大以来，国务院部门累计取消行政审批事项618项，其中，取消491项，下放127项，彻底清除非行政许可审批。中央指定地方实施行政许可事项目录清单取消269项，国务院行政审批中介服务清单取消320项，国务院部门设置的职业资格许可和认定事项削减比例达70%以上，3次修订政府核准的投资项目目录，中央层面核准的投资项目数量累计减少90%。①

2. 大力进行制度建设，《行政许可法》配套制度已初步建立

许多地方和部门制定了行政许可的实施办法。例如，山西、陕西、人民银行、建设部等制定了实施行政许可细则；安徽省发布了实施行政许可若干规定，对行政许可公开事项、行政许可实施程序、听证、监督检查和过错责任追究等作了全面规定；信息产业部确立了行政许可实施评价制度、行政许可监督检查制度等十一项制度；福建省工商局出台了《当场作出行政许可决定暂行办法》《行政许可听证暂行规定》《行政许可公示公开暂行办法》《行政许可告知暂行办法》《行政许可过错责任追究暂行规定》《行政许可文书和专用章管理暂行规定》等七项制度；山东、江苏、信息产业部、文化部等地方和部门普遍建立了行政许可服务中心；江苏、四川、河南、国土资源部、商务部、农业部等地方和部门已建立行政许可申请统一受理和行政许可文书统一送达的"一个窗口对外"制度。这些配套制度的建设和实行为《行政许可法》的实施提供了保障，增强了这部法律的实施效果。

---

① 参见国务院新闻办公室：《〈中国人权法治化保障的新进展〉白皮书》，2017年12月15日。

3. 创新管理方式，加强了对行政审批事项取消和调整的后续监管

针对一些审批项目取消和调整后可能出现的问题，国务院审改办及时提出了加强后续监管的意见。国务院各部门按照要求，根据新的情况，积极采取相应的对策。对取消审批后能够通过市场机制解决的事项，如经营性土地使用权出让、建设工程承包、政府采购和产权交易等，采取拍卖、招标投标等市场运作方式，同时加强对市场活动的监管；对可以由企业自主决定的事项，指导企业建立现代企业制度，完善法人治理结构，落实企业经营自主权，实现对企业的间接监督管理；对应由统一的管理规范和强制性标准取代个案审批的事项制定了相应的管理规范和标准，并组织实施；对转为日常监管的事项，采取事中检查、事后稽查处罚等办法，加大监管力度。对改变管理方式的审批项目，不少部门积极稳妥地做好向行业组织或社会中介组织的移交工作。有些部门对本系统的行业组织和社会中介组织进行了清理整顿，并提出了规范管理的措施。尤其是党的十八大以后简政放权、放管结合、优化服务改革工作的推进，更加重视审批权力下放以后审批与监管的联动问题，并且提出了一些加强监管的举措。例如，构建政府监管大部门体制，整合工商、质监和食药监等监管力量，形成统一的大市场监管体系；利用现代信息技术，将之与政府监管相结合，建设"互联网+监管"平台，探索"互联网+监管"方式；推动政府管理模式由重审批、轻监管和以批代管向强化事中事后监管转变，逐步强化事中事后监管。

4. 加强对行政许可的责任追究力度，规范了行政审批行为

《行政许可法》实施两年以后，全国已有一半以上的省（市、区）相继出台了有关推行行政许可责任追究制的地方性法规、规章和规范性

文件，加强对违法实施行政许可的责任追究。还有一些地方则通过完善行政执法责任制的相关规定，加大对实施行政许可的监督力度。例如，四川省在全国首创违法实施行政许可责任追究的"联席办案制度"，即由行政执法监督机关与行政监察机关建立联席会议制度和协作办案机制，及时发现和纠正违法或不当实施行政许可的行为，依法追究有关责任人员的行政责任。针对普遍存在的"重许可、轻监管，只许可、不监管"的情况，实施责任倒追制度，即对被许可人拿到许可证后从事违法行为活动，造成社会危害后果的，也要追究有关行政机关不履行监督检查职责的责任。《行政许可法》实施后，实施行政许可的条件、程序、期限具体明确，公开、透明和可操作性增强，行政许可的人为因素和随意性大大减少，行政相对人的合法权益得到了保障。同时，行政许可时限大大缩短，行政效率明显提高，行政机关及工作人员为民、便民、利民的服务意识得到增强。

5. 加强政策指导和理论研究，推动行政审批制度改革进程

国务院领导小组及其办公室十分重视政策研究和制定工作，先后制定印发了《关于行政审批制度改革工作的实施意见》《关于贯彻行政审批制度改革的五项原则需要把握的几个问题》等近三十个政策规定和相关文件，明确了改革的指导原则、基本思路、工作目标和方法步骤，就涉及的重要问题提出了具体的解决办法，对改革工作发挥了重要的指导和规范作用。此外，为加强对行政审批制度改革的理论指导，达到通过改革实现制度创新的目的，国务院审改办组织十五个大中城市和国务院各部门，以"重在制度机制创新""重在政府职能转变"为主题，开展了行政审批制度改革课题研究，形成了一批具有前瞻性、针对性和

可操作性的课题研究报告，为深入推进行政审批制度改革提供了理论支持。

第四节　服务型政府理念引导下的政府职能转变

改革开放之后，政府经济职能的转变步伐较大，在企业生产和经济建设方面取得了重大成果。我国从1953—1957年执行第一个五年计划起，到1996—2000年执行第九个五年计划止，已经初步建立起了完整的工业体系，完成了门类齐全的产品生产体系建设，基本上解决了私人产品供给不足的问题。[①]国民生产总值也一直保持较快增长。但是政府的作用并不应该仅仅体现在经济建设方面。事实上，经济增长必须依赖社会发展，社会发展能够促进经济增长。社会发展指标是一个国家国际竞争力的重要组成部分。诸如社会保障缴款率、公共服务指标、就业率、公共教育支出指标、人文发展指数、文盲率指标等，都是重要的社会发展指标（依据世界经济论坛和瑞士国际管理发展学院所创立的国际竞争力评价体系）。可见，公共服务是衡量社会发展水平的基本指标，是社会发展的基础与核心。公共服务越完善，社会就越稳定，人民的生活质量就越高，社会现代化程度就越高。根据国际经验，人均国内生产总值达到一千美元之后，将会出现一个大众消费和公共消费的新阶段，公共需求将会大幅度增长，必须全面完善公共服务制度。否则，将导致发展的中断与停滞。我国的人均国内生产总值已经超过一

---

① 参见张德信、薄贵利、李军鹏：《中国政府改革方向》，人民出版社，2003年，第107页。

千美元,迫切需要完善政府公共服务职能。

我国21世纪之前的政府职能调整主要集中于经济职能领域。虽然认识到政府社会职能的状况已经不能满足经济和社会发展的需要,社会职能的改革也被提到日程上来,但社会职能行使的基本思路仍然是重管理、轻服务,忽视了政府是作为对民众负有生存照顾义务、公共服务提供者的本质性角色。在政府职能领域突出表现为重经济建设,重国内生产总值增长,轻社会服务,导致公共服务产品总量不足,日益扩大的公共服务需求与严重不足的公共服务供给形成矛盾。我国1990—1997年对医疗卫生的公共开支占国内生产总值的百分比为2.1%,而高收入国家相同时期的百分比为6.0%,这说明我国政府对医疗卫生的公共供给不足。1999年,全国668座城市年清运垃圾1.13亿吨,粪便2915万吨,垃圾粪便的有效处理率仅为12%,大量未经处理的垃圾堆积在城市周围,对水体、空气、土壤造成了二次污染,传播了大量疾病。说明我国政府对环境保护的公共供给不能满足公共需求。我国1996年公共教育支出占国内生产总值的百分比为2.3%,虽然在2002年全国财政性教育经费投入占国内生产总值的比重提高到3.3%,但是仍然低于1996年时与我国处于同一阶段的中、低收入国家公共教育支出占国内生产总值的百分比为4.1%的平均水平,说明我国政府提供的公共教育供给也处于较低水平。①

目前,我国公共服务领域存在的矛盾已经制约了经济和社会的进一步发展。环境保护、医疗卫生、社会保障、教育教学等重要公共服务

---

① 参见张德信、薄贵利、李军鹏:《中国政府改革方向》,人民出版社,2003年,第108~110页。

领域还不具备承担转型时期社会变动带来的压力的能力。正是由于公共服务的整体落后，才使推行已久的国企改革、事业单位改革等重要改革措施难以走向纵深。在市场经济条件下，政府的主要职能是满足社会公共需求，提供社会公共服务与公共产品。公共供给不足不能满足社会公共需要表明我国政府职能转变尚不到位。加强政府公共服务职能，解决公共产品和公共服务不足的问题，将是我国今后相当长一段时间政府职能转变的主要任务。

一、服务型政府理念下转变政府职能的必然性

服务型政府理念的确立源自于公共需求与公共供给之间关系的变化。政府公共服务必须适应社会公共需求的规律，是公共行政的基本规律。我国的改革发展正处在一个新的历史起点，社会公共需求随着人民生活水平的不断提高而不断增长，公众对公共服务的强烈需求与政府公共服务供给不足或质量低劣之间的矛盾日益严重，构成了政府职能重心由偏重经济增长转移到公共服务上来，以满足公共需求为导向，建设服务型政府的基本动力。

从1985—2001年，随着人均年收入的增多，城镇居民用于食品、衣着、杂项商品与服务的支出不断减少。其中，食品支出由1985年的52.25%下降到37.94%；而与公共服务相关的支出却不断上升。其中，医疗保健消费性支出从2.48%上升到6.47%，交通通信支出从2.14%上升为8.61%，娱乐教育文化服务支出由8.17%上升到13.00%。三项支出相加由1985年占全部支出的12.79%上升到28.08%。这表明我国城镇居民已经进入以服务型产品消费为主的富裕型消费阶段，对社会公共

服务的需求大幅度上升。①由于公共需求具有较高的收入弹性，随着公众收入水平的提高，导致对政府提供的公共产品与公共服务的需求增加；社会公共需求增加，对公共支出的需求必然增长，要求政府相应地增加公共支出，增加对公共产品和公共服务的供给。否则，人们对公共需求的增长与政府公共服务供给不足的矛盾会越来越突出，甚至会影响社会稳定。公共服务需求决定了政府活动的目的、范围与活动方式，与政府职能的演变具有相关性。政府必须适应社会公共需求的变化，及时、充足、优质地满足人民对公共服务的需求，公共服务职能必然成为现代政府的主要职能。当前，面对全社会公共需求全面快速增长的现实，需要在进一步完善社会主义市场经济的过程中，以满足全社会成员的基本公共需求为目标，加快建立社会主义公共服务体制，尽快形成惠及全民的公共服务体系，逐步实现基本公共服务均等化，建设和谐社会。这也意味着，政府职能转变也进入了以政府公共服务职能为导向重构职能体系的新的历史阶段。

1998年3月6日，国务院秘书长罗干在九届人大一次会议上作了《关于国务院机构改革方案说明》的报告，提出"把政府职能切实转变到宏观调控、社会管理和公共服务方面来"，首次明确地把完善公共服务作为政府职能转变的目标。2002年11月8日召开的党的十六大将政府职能概括为经济调节、市场监管、社会管理和公共服务四项，公共服务第一次与经济调节、市场监管、社会管理并列，构成转型期我国政府的四项基本职能之一。这十六个字是对我国社会主义市场经济体制下

①　参见李军鹏：《公共服务学——政府公共服务的理论与实践》，国家行政学院出版社，2007年，第12页。

的政府职能的科学总结和高度概括，也是对我国当前积极构建的服务型政府的职能定位，准确把握了我国社会基本矛盾由广大人民群众的生存问题与温饱问题转变为社会公共需求快速增长与政府公共服务不到位的问题，为新的历史阶段下政府职能转变指明了方向。

"非典"危机引起了人们对政府服务的广泛关注，强化政府公共服务职能与社会管理职能成为中国行政管理体制改革和政府职能转变的重点。2003年9月15日，温家宝在国家行政学院省部级干部"政府管理创新与电子政务"专题研究班上的讲话中指出："非典疫情的发生和蔓延，给我们一个重要启示，就是要在继续加强经济调节和市场监管职能的同时，更加重视政府的社会管理和公共服务职能。"并且明确界定了政府服务职能的范围，即"公共服务职能，主要包括政府承担的发展各项社会事业，实施公共政策，扩大社会就业，提供社会保障，建设公共基础设施，健全政务、办事和信息等公共服务系统等方面的职能"[1]。2004年2月21日，温家宝在省部级主要领导干部"树立和落实科学发展观"专题研究班结业式上的讲话中指出，公共服务就是指公共产品和服务，包括城乡公共设施建设，发展社会就业、社会保障服务和教育、科技、文化、卫生、体育等公共事业，发布公共信息等，为社会公众生活和参与社会经济、政治、文化活动提供保障和创造条件，努力建设服务型政府。这是温家宝首次正式提出要"建设服务型政府"。

党的十六届三中全会（2003年10月11日）和第十届全国人民代表大会第二次会议（2004年3月5日）都明确指出：各级政府要全面履行职

---

[1]　温家宝：《深化行政管理体制改革加快实现政府管理创新》，《人民日报》，2004年3月1日。

能,在继续搞好经济调节、加强市场监管的同时,更加注重履行社会管理和公共服务职能。十届人大三次会议(2005年3月5日)将建设服务型政府写进政府工作报告,经过全国人大批准后成为国家意志。第十届全国人民代表大会第四次会议通过的《第十一个五年规划纲要》,又把加快建设服务型政府,实现基本公共服务均等化作为我国"十一五"时期行政管理体制改革的重要目标。2005年9月发表的《中国的社会主义民主政治建设》已将"建设公共服务型政府"列为我国民主政治建设的一项重要内容。党的十六届六中全会(2006年10月8日召开)通过的《中共中央关于构建社会主义和谐社会的若干重大问题的决定》指出:到2020年,我国基本公共服务体系更加完备,政府管理和服务水平有较大提高,这是构建社会主义和谐社会的一个基本目标和主要任务。公共服务提供的绩效和效率直接影响我国和谐社会建设的进程,因为公共服务是人民群众生活的基础, 是人民生活水平高低的基本指标,是党的执政能力和政府能力的重要体现。因此,有效提供公共服务,是政府的一个主要职能,也是建设社会主义和谐社会的一个重要的基础性工作。胡锦涛在党的十七大报告中明确提出,推进行政管理体制改革,建设服务型政府。同时指出,社会建设与人民幸福安康息息相关。必须在经济发展的基础上,更加注重社会建设,着力保障和改善民生,推进社会体制改革,扩大公共服务,完善社会管理,促进社会公平正义,努力使全体人民学有所教、劳有所得、病有所医、老有所养、住有所居,推动建设和谐社会。"五有社会"充分体现了党和政府对民生问题的高度重视,并且明确了服务型政府导向下政府职能转变和行政管理体制改革的终极价值。

党的十八大以来，我国进入全面深化改革和政府转型的新时期，新的时代背景以及共享改革开放成果的时代要求，赋予了服务型政府导向下的政府职能转变以新的时代意义。2012年7月，国务院印发了《国家基本公共服务体系"十二五"规划》，就基本公共教育、劳动就业服务、社会保险、基本社会服务、基本医疗卫生等方面阐明国家基本公共服务的制度安排，明确基本范围、标准和工作重点，引导公共资源配置。《规划》从实践操作层面对基本公共服务和基本公共服务均等化进行了规定，对于扩大有效供给、均衡发展和获得群众满意具有重要的意义。党的十八大报告指出，要在党的十六大和党的十七大确立的全面建设小康社会目标的基础上努力实现基本公共服务均等化，全民受教育程度和创新人才培养水平明显提高，进入人才强国和人力资源强国行列，基本实现教育现代化，就业更加充分，收入分配差距缩小，中等收入群体持续扩大，扶贫对象大幅度减少，社会保障全民覆盖，人人享有基本医疗卫生服务，基本形成住房保障体系，社会和谐稳定。习近平在党的十九大报告中指出，从现在到2020年，是全面建成小康社会决胜期，从2020年到2035年，要基本实现社会主义现代化。其中，社会主义现代化很重要的表现之一就是人民生活更为宽裕，中等收入群体比例明显提高，城乡区域发展差距和居民生活水平差距显著缩小，基本公共服务均等化基本实现，全体人民共同富裕迈出坚实步伐。因此，明确提出"加快推进基本公共服务均等化""完善公共服务体系，保障群众基本生活"。基本公共服务均等化、全面实现小康社会、国家现代化、共享改革成果，体现了党和政府在新时期对政府职能转变的认识升华，丰富了政府职能转变的意义。

二、强化政府公共服务职能所取得的成就

随着行政管理体制改革的不断深化，在转变政府职能的过程中，政府的经济调节、市场监管的职能逐步强化，社会管理和公共服务的职能也不断得到改善。从2002年开始，各级地方政府开始进行以服务型政府为导向的政府建设创新。2003年的"SARS危机"更是引起了政府对社会管理和公共服务职能不足的关注，进一步促使政府增加公共服务的总量、优化公共服务结构、提高公共服务质量。随着经济社会发展，我国的社会主要矛盾由"人民日益增长的物质文化需要同落后的社会生产之间的矛盾"转化为"人民日益增长的美好生活需要和不平衡不充分的发展之间的矛盾"，这表明人民群众的需要已经不仅是"物质文化需要"，而扩展为日益增长的美好生活的"新需要"。①因此，进入21世纪以来，我国政府不断强化公共服务职能，满足公众的多元化需要。政府强化公共服务职能取得的成绩主要体现在以下七方面：

（1）各级政府的公共服务意识和水平有了显著提高，政府不断强化公共服务职能，努力构建完善的公共服务体系。政府不断增加公共服务支出和投入，据统计，国家财政的社会文教支出由1978年的146.96亿元上升为2010年的25596.16亿元，占国家财政支出的比重由1978年的13.1%上升为2010年的28.48%。随着生产力水平的提高，人均国内生产总值超过8000美元，人均可支配收入持续增长，人均住房使用面积有所扩大，平均预期寿命得到延长，居民的生活质量不断改善和提

---

① 参见王向明：《社会主要矛盾转化的历史逻辑与现实依据》，《人民论坛》，2018年第11期。

高。我国许多重要的公共服务指标都从低收入国家行列上升到了中下等国家收入行列。

（2）教育公共服务进展明显。我国各级政府注重运用公共财政支持教育优先发展，坚持基本普及九年义务教育，加速高等教育大众化的进程，推进世界一流大学、一流学科建设，办好一批高水平的大学、重点学科与实验室。改革开放四十年来，我国政府坚持教育为人民服务，为改革开放和社会主义现代化建设服务，紧紧围绕提高教育质量、促进教育公平推进教育现代化，不断提高教育公共服务水平。根据教育部2017年7月发布的《2016年全国教育事业发展统计公报》，截至2016年，全国共有义务教育阶段学校22.98万所，招生3239.63万人，在校生1.42亿人，专任教师927.69万人，九年义务教育巩固率[①]93.4%；初中阶段毛入学率104.0%，初中毕业生升学率93.7%，义务教育普及成效显著。高中阶段毛入学率87.5%；全国共有普通高等学校和成人高等学校2880所，比2016年增加28所；全国各类高等教育在学总规模达到3699万人，高等教育毛入学率达到42.7%，比2005年提高了21.7个百分点。自2005年年底农村义务教育经费保障机制改革以来，全部免除了农村义务教育阶段的学杂费，为贫困家庭学生免费提供教科书，补贴住宿费。与此同时，我国在高等教育阶段建立了以国家奖助学金、国家助学贷款为主的多元国家资助政策体系，从制度上保障家庭经济困难学生顺利入学。2016年，政府、高校及社会共资助高校学生4281万人次，资助总金额956亿元，其中，财政资金469亿元，银行发放国家助学贷款

---

① 九年义务教育巩固率，是指初中毕业班学生数占该年级入小学一年级时学生数的百分比。它是义务教育普及水平的一个重要指标。

263亿元，高校事业收入提取及社会团体、企事业单位、个人捐助资助资金224亿元。①

（3）社会保障体系基本建立。改革开放以来，我国不断加强社会保障体系建设，以养老保险、医疗保险、失业保险、工伤保险和生育保险为主要内容的社会保险制度基本确立，并已覆盖大部分城镇职工。根据人力资源和社会保障部发布的《2017年度人力资源和社会保障事业发展统计公报》，2017年，全国参加基本养老保险人数为91548万人，比2016年末增加了2771万人；全国基本医疗参保人数为117681万人，比2016年末增加了43290万人；全国参加失业保险人数为18784万人，比2016年末增加了695万人；全国参加工伤保险人数为22724万人，比2016年末增加了834万人；全国参加生育保险人数为19300万人，比2016年末增加了849万人；全国基金总收入17932亿元，支出14422亿元，比2016年分别增长了37%和33.9%。

（4）我国社会救助水平近年来有了很大发展。根据民政部发布的《2016年社会服务发展统计公报》，截至2016年年底，全国有城市低保对象855.3万户、1480.2万人，农村低保对象2635.3万户、4586.5万人；全年各级财政共支出城市低保资金687.9亿元，农村低保资金1014.5亿元；2016年全国城市低保平均标准为494.6元/人·月，比2015年增长9.6%，全国农村低保平均标准为3744.0元/人·年，比2015年增长17.8%；截至2016年年底，全国农村特困人员救助供养496.9万人，比2015年减少3.9%。全年各级财政共支出农村特困人员救助供养资金228.9亿元，比

---

① 参见《助学政策全覆盖 资助学生更精准》，《中国教育报》，2017年4月13日。

2015年增长9.0%；2016年临时救助累计救助850.7万人次，支出救助资金87.7亿元，平均救助水平1031.3元/人次，其中救助非本地户籍对象24.4万人次。

（5）贫困人口大规模减少。按照新确定的农村扶贫标准，即2010年标准[1]，1978—2012年，我国农村贫困人口数量从7.7亿下降到9899万，减少了6.7亿多人，农村贫困发生率由97.5%下降到10.2%。2012—2017年，中央财政五年投入专项扶贫资金2800多亿元，贫困人口减少6800多万，易地扶贫搬迁830万人，贫困发生率由10.2%下降到3.1%。并且其间重点高校专项招收农村和贫困地区学生人数由1万人增加到10万人。[2]中国扶贫事业取得了显著成效和决定性进展。

（6）就业形势逐步好转。随着我国经济的持续稳步发展、城市化进程推进，我国城镇居民就业状况得到明显改善。2002—2006年间，新增城镇就业3530万人，平均每年增加880万人，超出了"十五"计划和"十一五"规划的年度目标。根据人力资源和社会保障部发布的《2017年度人力资源和社会保障事业发展统计公报》，2017年年末，全国就业人员77640万人，比2016年年末增加37万人，其中城镇就业人员42462万人，比2016年增加1034万人；2017年全国农民工总量28652万人，比2016年增加481万人，其中外出农民工17185万人；全年城镇新增就业人数1351万人，城镇失业人员再就业人数558万人，就业困难人员就业人数177

---

① 根据《中国农村贫困监测报告2015》的统计信息，衡量农村贫困的标准存在三个：1978年标准、2008年标准和2010年标准。1978年标准：1978—1999年称为农村贫困标准，2000—2007年称为农村绝对贫困标准。2008年标准：2000—2007年称为农村低收入标准，2008—2010称为农村贫困标准。2010年标准：新确定的农村扶贫标准。按照不同的标准，统计出来的信息是存在差异的。

② 参见李克强：《2018年政府工作报告》，中国政府网，2018年3月5日。

万人。我国就业情况尽管有时会受到国内外经济形势变动的影响，但是经济快速发展的现实以及强大的内需使得我国就业总体呈现稳定增长的趋势。

（7）城乡基本医疗体制逐步建立。新型农村合作医疗制度从2002年开始试点后，在全国农村迅速普及。2013年，全国参加新农合人数为8.02亿人，参合率达到99%。实际人均筹资达到370元，比2012年的308元增加了62元。参合农民政策范围内住院费用报销比例达到75%以上，实际补偿比继续提高，其中，乡级达到近80%，县级超过60%。门诊实际补偿比超过50%。全国累计受益19.4亿人次，同比增长11.3%。为实现建立基本覆盖城乡全体居民的基本医疗保障体系的目标，我国于2007年开始试点城镇居民基本医疗保险制度，试点工作取得了明显成效，于2009年在全国范围内全面开展城镇居民基本医疗保险工作。2016年1月，国务院发布了《国务院关于整合城乡居民基本医疗保险制度的意见》（国发〔2016〕3号）。该意见指出，整合城镇居民基本医疗保险和新型农村合作医疗两项制度，建立统一的城乡居民基本医疗保险制度。

三、新时代完善政府公共服务职能的途径

服务型政府是和社会主义市场经济相适应的政府治理模式。建设服务型政府是我国市场化改革进程的必然选择，是新阶段我国政府职能转变的基本目标，是社会转型和经济社会全面发展的客观要求。2017年，国务院正式印发《"十三五"推进基本公共服务均等化规划》，明确了国家基本公共服务制度框架、建立了国家基本公共服务清单制、制定了包括促进均等共享等四方面保障措施。党的十九大指出："经过

长期努力，中国特色社会主义进入了新时代，这是我国发展新的历史方位"，"这个新时代，是决胜全面建成小康社会、进而全面建设社会主义现代化强国的时代，是全国各族人民团结奋斗、不断创造美好生活、逐步实现全体人民共同富裕的时代"。因此，处在这样的新的历史时期，我国政府职能转变，完善公共服务职能也应该呈现出新时代的特征。构建完善的公共服务体系，推动实现基本公共服务均等化是未来政府公共服务职能的重点。习近平总书记指出："从2020年到2035年，在全面建成小康社会的基础上，再奋斗十五年，基本实现社会主义现代化。到那时，基本公共服务均等化基本实现，全体人民共同富裕迈出坚实步伐。"因此，为了实现这一目标，解决政府公共服务职能不到位的问题，新时代政府完善公共服务职能应从以下六方面着手：

（1）确立公共服务运行的基本原则，保证公共服务提供的公平有效。《中共中央关于构建社会主义和谐社会若干重大问题的决定》（以下简称《决定》）指出，我国公共服务改革与发展要做到公共服务全面、均等、有效地惠及所有的人民群众，并且在提供公共服务时要保证经济、社会、环境和谐可持续发展。这实际上确定了我国公共服务运行要遵守的基本原则——全面、均等、有效以及与经济社会发展相一致，即按照公平、公正、覆盖广泛、水平适度、可持续发展的要求，加快公共服务体系建设，促进基本公共服务均等化，努力实现人人享有基本公共服务的目标。例如，《决定》中提到的"社会就业比较充分，覆盖城乡居民的社会保障体系基本建立"，"坚持公共教育资源向农村、中西部地区、贫困地区、边疆地区、民族地区倾斜；逐步缩小城乡、区域教育发展差距，推动公共教育协调发展"，"坚持公共医疗卫生的公益性质，深化医疗卫生体制改革，强化政府责任，严格监督管理，建设覆盖城乡居民的基本卫生保健制度"等体现了均衡性原则。

（2）改革公共服务体制，完善公共服务制度框架。公共服务的体制改革首先要从法治建设开始，逐步建立与完善公共服务的法律框架，确立依法行政的理念、程序和实施机制，并在法律上保证公共服务事业放开准入、依法监管；完善相关的法律，明确政府、公民和不同形式的组织部门在提供和消费公共服务方面的权力、义务和责任；明确包括非营利组织在内的不同服务供给主体的法律地位和必要义务，尤其是要在法律层面进一步明确行政部门提供基本公共服务的义务，要求行政部门采取必要的措施建立覆盖全社会的公共服务体系，以保障全体公民享受基础教育、基础设施、医疗等基本公共服务。建立统筹协调、规范高效、分类管理、分级承担的社会公共服务管理体制。制定并发布社会公共服务分类管理标准、各行业服务标准、公共服务设施建设和运营标准等。同时，要大力加强公共服务相关领域（如财政、社保、就业、教育、医疗和文化等）的制度建设。

（3）创新公共服务提供的运行机制，构建政府、市场与社会的平等合作关系。政府部门通过适当的制度安排，分离公共服务的生产和提供单位，并与市场及私营部门建立服务的分工体系和合作关系。同时，在政府与社会尤其是非营利性组织之间建立"伙伴关系"：一方面，政府通过资助、政策监管等方式，为非营利性组织提供良好的发展环境；另一方面，非营利性组织通过各种志愿服务，在政府力所不及的领域提供公共服务，甚至发挥着创造议题、促进政策发展等重要作用。所以强化政府服务职能的一个必不可少的途径就是培育和发展非营利性组织。只有这样它们才有能力承担起政府转移出来的一部分公共职能，为市场、为企业、为社会提供有水平的公共服务。近年来，我国在公共服务供给中逐步采用公共部门和私人企业合作模式，即PPP（Pubic-Private Partnership）模式。在这种模式下，公共部门与私营部门进行合作的时候，并不是把项目的全部责任转移给私营企业，而是通过建立合同，明确规定合作方的责任以及需要承担的融资风险。通过这种合作形式，合作各方可以达到比预期单独行动更有利的结果。①

　　（4）加大政府公共服务投入，扩大公共服务覆盖面。面对我国公共服务提供投入不足、覆盖面不广的情况，必须加大政府公共服务投入，扩大公共服务覆盖面。正如《决定》中提到的："中央财政转移支付资金重点用于中西部地区，尽快使中西部地区基础设施和教育、卫生、文化等公共服务设施得到改善，逐步缩小地区间基本公共服务差距。加大对革命老区、民族地区、边疆地区、贫困地区以及粮食主产区、矿产资源开发地区、生态保护任务较重地区的转移支付，加大对人口较少民族的支持。"强化政府公共服务职能，必须健全公共财政体制，增加政府公共支出。要通过建立公共收入制度，提高财政收入占国内生产总值的比重。据统计，我国财政收入占国内生产总值的比重在2000年时约为13.5%，2012年时上升到22.6%，至2015年，该比重为25.97%。财政收入与国内生产总值增速之间的差异较大。因此，随着社会经济的发展，我国财政收入占国内生产总值的比重应该不断提高。同时，要调整公共支出的范围，把生产投资型财政转变为公共服务型财政；财政支出

---

① 参见李秀辉、张世英：《PPP：一种新型的项目融资方式》，《中国软科学》，2002年第2期。

要以人为本，普遍提高全体人民特别是低收入群体的社会保障水平，在满足社会公共需要的领域加大公共财政投入，逐渐从不属于社会公共需要的领域退出，将财政支出的重点转向公共安全、公共卫生、公共教育、社会保障和公共基础设施方面。①扩大公共服务供给，还必须明确中央政府和地方政府职责。2018年2月，国务院办公厅公布了《基本公共服务领域中央与地方共同财政事权和支出责任划分改革方案》，对于义务教育、基本养老保险、基本住房保障等八大类共十八个基本公共服务事项划分了财政事权和支出责任。这对于明确中央政府和地方政府基本公共服务供给责任，实现基本公共服务均等化具有重要意义。

（5）从中国的国情出发，建立中国特色的公共服务模式和公共服务体系。我国人口众多，又在经济尚不发达的条件下提前进入了老龄社会，而我国的社会保障和公共服务职能尚处在发展阶段。因而，要根据国情努力形成适合我国特点的公共服务模式和体系，并使之社会化和法制化。我国的公共服务模式和体系建设要渐进发展、稳步提高，不能急于求成、一步到位。公共服务覆盖面的扩大、公共服务水平的提高都要依据经济和社会发展的水平科学确定，不能完全照搬西方发达国家高水平的公共服务模式，而应采取"覆盖面广、水平适度、兼顾公平与效率"的公共服务模式，在保证最低生活保障、初级卫生保健、义务教育的基础上，以保护贫弱者为重点，扩大公共服务的覆盖面，从而实

---

① 参见唐铁汉：《强化政府公共服务职能努力建设公共服务型政府》，《中国行政管理》，2004年第7期。

现使人人都享有基本公共服务的目标。

（6）努力实现公共服务均等化。党的十七大提出，"缩小区域发展差距，必须注重实现基本公共服务均等化，引导生产要素跨区域合理流动"；要求"围绕推进基本公共服务均等化和主体功能区建设，完善公共财政体系"。党的十八大指出："加快改革财税体制，健全中央和地方财力与事权相匹配的体制，完善促进基本公共服务均等化和主体功能区建设的公共财政体系，构建地方税体系，形成有利于结构优化、社会公平的税收制度。"因此，推动实现基本公共服务均等化要完善公共财政制度，要有效整合财力资源，提高资金使用效率，把公共财力更多地向市场机制无法调节或不便调节的公共服务领域倾斜，更多地用于扶持社会发展领域中的薄弱环节，加大对劳动就业、职业培训、生活保障、社会弱势群体救助以及公共卫生、公共安全等与人民群众切身利益直接相关领域的投入力度，让人民群众共享改革发展成果。制定有关公共服务投入的政策条例，建立公共服务投入监测指标体系，由本级人大常委会和上级政府监督基层政府对公共服务领域投入的执行情况，使公共服务投入制度化。加大农村公共服务建设的力度，切实解决城乡失衡问题。要逐渐提高农村的公共服务水平，不断扩大公共财政覆盖农村公共服务领域的范围，逐步使农村居民享有与城市居民大致相等的公共产品和公共服务。要加大城镇带动农村、工业反哺农业的一系列政策措施力度，不断改善农村的科技、教育、文化、卫生、体育等公共服务体系，尤其要加强对农村义务教育、社会保障制度、公共卫生服务、新型农村合作医疗制度等方面的财政投入。

通过上述分析可以看出，当代中国政府职能转变经历了一个曲折

的历史过程。政府职能主要经历了三次转变:

第一次政府职能转变:从经济职能与政治职能并重到以政治职能为重心。新中国成立之初,百废待兴,矛盾纵横交织,工作纷繁复杂。这一时期,政府主要从两个方面履行其职能:一是致力于恢复生产和发展经济,二是打击敌对分子。政府经济职能和政治职能并重对于巩固新生的人民政权发挥了积极作用。随着人民政权的巩固,按照逻辑来说,政府职能应该转向以经济职能为重心。然而基于对当时社会主要矛盾是"无产阶级和资产阶级的矛盾,社会主义道路和资本主义道路的矛盾"的错误认识,新中国政府职能错误地转向了以政治职能为重心。1957年开展了反"右派"斗争;党的八届十中全会后广泛开展社会主义教育运动,并发展为历时十年的"文化大革命",给国家和人民造成了难以估量的损失。

第二次政府职能转变:从以政治职能为重心转向以经济职能为重心。经历了"文化大革命"的惨痛经历,党和政府认真反思,1978年,党的十一届三中全会作出了把全党工作重心转移到社会主义现代化建设上来的战略决策,提出了改革开放的方针。相应地,我国政府职能也从以政治职能为重心转向以经济职能为重心,政府工作从"以阶级斗争为纲"转向"以经济工作为中心"的历史性转变。1980年,国务院《关于经济体制改革的初步意见》提出,我国经济体制改革要自觉运用经济规律,把单一的计划调节改为计划指导下充分发挥市场调节的作用。随着经济体制改革的逐步深化,政府职能逐渐沿着市场化方向前进。

第三次政府职能转变:从偏重经济职能转向更加注重社会管理和公共服务。改革开放使我国已经从农业经济大国转变为工业经济大国,中国经济现代化进程进入了以实现由工业经济大国向工业经济强国转变、推进工业现代化进程为核心任务的新阶段。现代化进程的新阶段要求选择新的战略,在政府方面,要求从以偏重经济职能转向更加注重社会管理和公共服务。在新世纪发生的一系列事件,如"非典"疫情、生产安全事故频发、腐败现象严重、贫富差距过大等,无疑暴露出政府工作长期"以经济建设为中心"的不足,要求政府进一步转变职能,在继续抓紧抓好经济调节、市场监管的同时,要更加注重社会管理和公共服务,更加重视民生,让广大人民群众共享改革开放成果。党的十九大指出,坚持人人尽责、人人享有、坚守底线、突出重点、完善制度、引导预期,完善公共服务体系,保障群众基本生活,不断满足人民日益增长的美好生活需要,不断促进社会公平正义,形成有效的社会治理、良好的社会秩序,使人民获得感、幸福感、安全感更加充实、更有保障、更可持续。新时代,政府将公共服务与人民的获得感紧密结合,体现了党和政府以人民为中心的发展思想。

从当代中国政府职能转变历程的梳理可以看出,我国政府职能转变的基本规律为:新中国成立之初主要是提供维持性公共产品,与此同时,政府公共支出以维持性支出为主;随着政权的巩固和社会秩序的建立,政府职能进一步扩展到供给经济性公共产品,相应地,政府维持性公共支出比重逐渐下降,经济性公共支出比重逐渐上升。随着经济社会的进一步发展,政府职能逐步拓展到社会性公共产品,相应地,政府社会性公共支出比重逐渐上升,而维持性和经济性公共支出比重逐渐下降。所以中国政府职能转变的总体走向应该是从以经济增长为中心的发展职能向经济增长和社会发展并重的发展职能转变,政府将主要扮演服务者和裁判员的角色，与此相伴随的是政府由管制型向服务型转变。

改革开放四十年来，我国政府不断进行改革创新，通过调整政府职能重心和转变政府职能以适应不断变化的国内外环境和发展要求。转变政府职能是解决当前我国政府发展中很多问题的关键，因此政府职能转变仍然是新时代政府改革的重要任务。

附录：大事记

1. 1978年12月18日—22日，党的十一届三中全会在北京召开。全会中心议题是讨论把全党工作重点转移到社会主义现代化建设上来。全会作出了从1979年起把全党工作重点转移到社会主义现代化建设上来的战略决策，提出了改革开放的方针。

2. 1980年，国务院《关于经济体制改革的初步意见》提出，我国经济体制改革要自觉运用经济规律，把单一的计划调节改为计划指导下充分发挥市场调节的作用。

3. 1982年9月12日—13日，党的十二大在北京举行。在会议上确立了计划经济为主、市场经济为辅的原则，提出我国在公有制基础上实行计划经济，同时允许对部分产品的生产和流通不作计划，由市场来调节。

4. 1984年10月，党的十二届三中全会通过了《中共中央关于经济体制改革的决定》，进一步明确我国社会主义经济是在公有制基础上的有计划的商品经济。

5. 1986年，全国六届人大四次会议通过的《关于第七个五年计划的报告》，对政府经济管理职能进一步概括为："统筹规划、掌握政策、组织协调、提供服务、运用经济手段和加强检查监督。"

6. 在1987年召开的党的第十三次全国代表大会上，总结了以往政府机构改革教训，指出："为了避免重走过去'精简—膨胀—再精简—再膨胀'的老路，机构改革必须抓住转变职能这个关键。"

7. 1992年10月12日—18日，中国共产党第十四次全国代表大会在北京召开。大会明确提出，我国经济体制改革的目标是建立社会主义市场经济，要使市场在资源配置、协调生产和需求等方面发挥作用。这标志着我国经济体制开始由计划经济向市场经济的根本转变。

8. 1993年11月11日—14日，党的十四届三中全会在北京举行。会议通过了《中共中央关于建立社会主义市场经济体制若干问题的决定》，为建立社会主义市场经济体制提供了理论和政策框架。

9. 1997年9月12日—18日，中国共产党第十五次全国代表大会在北京举行。大会再次提出："要按照社会主义市场经济的要求，转变政府职能，实现政企分开，把企业生产经营管理的权力切实交给企业；根据精简、统一、效能的原则进行机构改革，建立办事高效、运转协调、行为规范的行政管理体系，提高为人民服务水平。"这次大会加快了政府职能转变的步伐。

10. 1998年3月5日—19日，九届人大一次会议在北京举行。会议通过的《关于国务院机构改革方案》明确把政府职能定为三项：宏观调控、社会管理和公共服务。这是首次明确地把完善公共服务作为政府职能转变的目标，是对政府职能进行科学定位的重大尝试，是对传统行政思维的一次突破。

11. 2001年9月，国务院成立了由李岚清副总理任组长的国务院行政审批制度改革工作领导小组，并在监察部设立了负责日常工作的办公室。领导小组的成立为我国行政审批制度改革提供了组织保障。

12. 2001年10月18日，国务院批转了监察部、国务院法制办、国务院体改办和中央编办《关于行政审批制度改革工作的实施意见》。在这个文件中明确提出了我国行政审批制度改革的指导思想和总体要求，以及改革应遵循的五项原则，制定了详细的实施步骤，提出了需要注意的几个问题。这就为我国行政审批制度改革指明了方向。

13. 2002年11月8日召开的中国共产党第十六次全国代表大会将政府职能概括为经济调节、市场监管、社会管理和公共服务四项。公共服务第一次与经济调节、市场监管、社会管理并列，构成转型期我国政府的四项基本职能之一。

14. 2003年8月，第十届全国人民代表大会常务委员会第四次会议表决通过了《中华人民共和国行政许可法》。该法于2004年7月1日起施行。

15. "SARS危机"引起了人们对政府服务的广泛关注，强化政府公共服务职能与社会管理职能成为中国行政管理体制改革和政府职能转变的重点。

16. 2003年10月11日召开的党的十六届三中全会和2004年3月5日召开的第十届全国人民代表大会第二次会议都明确指出：各级政府要全面履行职能，在继续搞好经济调节、加强市场监管的同时，更加注重履行社会管理和公共服务职能。

17. 2004年2月21日，温家宝总理在省部级主要领导干部"树立和落实科学发展观"专题研究班结业式上的讲话中首次正式提出要"建设服务型政府"。

18. 2005年9月发表的《中国的社会主义民主政治建设》将"建设公共服务型政府"列为我国民主政治建设的一项重要内容。

19. 2006年3月5日—11日召开的第十届全国人民代表大会第四次会议通过了《第十一个五年规划纲要》，把加快建设服务型政府，实现基本公共服务均等化作为我国"十一五"时期行政管理体制改革的重要目标。

20. 2006年10月8日—11日，党的十六届六中全会在北京举行。会议通过的《中共中央关于构建社会主义和谐社会的若干重大问题的决定》指出：到2020年，我国基本公共服务体系更加完备，政府管理和服务水平有较大提高，这是构建社会主义和谐社会的一个基本目标和主要任务。

21. 2007年10月15日—21日，中国共产党第十七次全国代表大会在北京召开。胡锦涛在党的十七大报告中指出，社会建设与人民幸福安康息息相关。必须在经济发展的基础上更加注重社会建设，着力保障和改善民生，推进社会体制改革，扩大公共服务，完善社会管理，促进社会公平正义，努力使全体人民学有所教、劳有所得、病有所医、老有所养、住有所居，推动建设和谐社会。

22. 2012年11月8日—14日，中国共产党第十八次全国代表大会在北京召开。胡锦涛在党的十八大报告中指出，深化行政审批制度改革，继续简政放权，推动政府职能向创造良好发展环境、提供优质公共服务、维护社会公平正义转变。

23. 2013年2月26日—28日，党的十八届二中全会在北京召开。本次全会的重要议题之一就是国务院机构改革和职能转变，继续简政放权，通过了《国务院机构改革和职能转变方案》。全会指出，转变政府职能是深化行政体制改革的核心。

24. 2013年11月9日—12日，党的十八届三中全会在北京召开，全会强调，经济体制改革的核心问题是处理好政府和市场的关系，使市场在资源配置中起决定性作用和更好发挥政府作用，关键是转变政府职能。

25. 2015年5月12日，李克强总理在全国推进简政放权放管结合职能转变工作电视电话会议上提出，当前和今后一个时期，深化行政体制改革、转变政府职能总的要求是：简政放权、放管结合、优化服务协同推进，即"放、管、服"三管齐下。

26. 2017年10月18日—24日，中国共产党第十九次全国代表大会在北京召开。习近平在党的十九大报告中指出，深化机构和行政体制改革。转变政府职能，深化简政放权，创新监管方式，增强政府公信力和执行力，建设人民满意的服务型政府。

27. 2018年2月26日—28日，党的十九届三中全会在北京召开。全会强调，面对新时代新任务提出的新要求，党和国家机构设置和职能配置同统筹推进"五位一体"总体布局、协调推进"四个全面"战略布局的要求还不完全适应，同实现国家治理体系和治理能力现代化的要求还不完全适应。全会提出，转变政府职能，优化政府机构设置和职能配置，是深化党和国家机构改革的重要任务。

参考文献

1. 常修泽、高明华：《中国国民经济市场化的推进程度及发展思路》，《中国改革与发展的制度效应》（上册），经济科学出版社，1998年。

2. 邓雪琳：《改革开放以来中国政府职能转变的测量——基于国务院政府工作报告（1978—2015）的文本分析》，《中国行政管理》，2015年第8期。

3. 丁茂战主编：《我国政府行政审批治理制度改革研究》，中国经济出版社，2006年。

4. 甘藏春：《审批制度改革是政府职能转变的核心》，《领导决策信息》，2001年7月第26期。

5. 高萍：《50年来中国政府经济职能的变化与启示》，《中国经济史研究》，2002年第4期。

6. 侯保疆：《我国政府职能转变的历史考察与反思》，《政治学研究》，2003年第1期。

7. 金太军：《行政改革与行政发展》，南京师范大学出版社，2003年。

8. 金太军：《政府职能梳理与重构》，广东人民出版社，2002年。

9. 李军鹏：《公共服务学——政府公共服务的理论与实践》，国家行政学院出版社，2007年。

10. 李秀辉、张世英：《PPP：一种新型的项目融资方式》，《中国软科学》，2002年第2期。

11. 廖扬丽：《政府的自我革命——中国行政审批制度改革研究》，

法律出版社,2006年。

12. 钱振明:《我国政府职能转变的历史轨迹及其理论思考》,《华东师范大学学报》(哲学社会科学版),1995年第4期。

13. 沈荣华:《关于转变政府职能的若干思考》,《政治学研究》,1999年第4期。

14. 沈亚平:《公共行政研究》,天津人民出版社,1999年。

15. 唐铁汉:《我国政府职能转变的成效、特点和方向》,《国家行政学院学报》,2007年第2期。

16. 唐亚林、朱春:《2001年以来中央政府行政审批制度改革的基本经验与优化路径》,《理论探讨》,2014第5期。

17. 陶学荣、陶睿:《中国行政体制改革研究》,人民出版社,2006年。

18. 王克稳:《我国行政审批制度的改革及其法律规制》,《法学研究》,2014第2期。

19. 王利明:《负面清单管理模式与私法自治》,《中国法学》,2014年第5期。

20. 辛传海主编:《中国行政体制改革概论》,中国商务出版社,2006年。

21. 徐邦友:《中国政府传统行政的逻辑》,中国经济出版社,2004年。

22. 薛刚凌主编:《行政体制改革研究》,北京大学出版社,2006年。

23. 张德信、薄贵利、李军鹏:《中国政府改革方向》,人民出版社,2003年。

24. 中国政法大学法治政府研究院编:《中国法治政府发展报告(2015)》,社会科学文献出版社,2015年。

25. 中华人民共和国国家统计局编:《我国的国民经济建设和人民

生活：国民经济统计报告资料选编》，统计出版社，1958年。

26. 朱成君：《我国政府职能的回顾与思考》，《唯实》，2001年第7期。

27. 朱镕基主编：《当代中国的经济管理》，中国社会科学出版社，1985年。

第四章
构建现代组织结构和职能体系：行政机构改革

    精简机构是一场革命……如果不搞这场革命，让党和国家的组织继续目前这样机构臃肿重叠、职责不清，许多人员不称职、不负责，工作缺乏精力、知识和效率的状况，这是不可能得到人民赞同的……这确是难以为继的状态，确实到了不能容忍的地步，人民不能容忍，我们党也不能容忍。

——邓小平（1982年）

    按照精简、统一、效能的原则和决策、执行、监督相协调的要求，继续推进政府机构改革，科学规范部门职能，合理设置机构，优化人员结构，实现机构和编制的法定化，切实解决层次过多、职能交叉、机构臃肿、权责脱节和多重多头执法等问题。

——江泽民（2002年）

    行政管理体制改革是深化改革的重要环节。要抓紧制定行政管理体制改革总体方案，着力转变职能、理顺关系、优化结构、提高效能，形成权责一致、分工合理、决策科学、执行顺畅、监督有力的行政管理体制……加大机构整合力度，探索实行职能有机统一的大部门体制，健全部门间协调配合机制。

——胡锦涛（2007年）

统筹考虑各类机构设置，科学配置党政部门及内设机构权力、明确职责……转变政府职能，深化简政放权，创新监管方式，增强政府公信力和执行力，建设人民满意的服务型政府。赋予省级及以下政府更多自主权。在省市县对职能相近的党政机关探索合并设立或合署办公。

——习近平（2017年）

自新中国成立以来，每次行政机构改革都是国内外关注的一件大事，是一项重要而艰巨的任务。早在改革开放之初，邓小平就以战略的眼光提出"精简机构是一场革命"。机构改革不仅是政治体制改革的重要内容，更是深化经济体制改革、建立社会主义市场经济和加快社会主义现代化建设步伐的重要条件。从新中国成立以来，特别是改革开放的四十年中，我国已经进行了多次行政机构改革。从整体上来说，行政体制改革在不断地创新，行政效能得到了较大的提高，机构改革取得了实际成效。但是不能否认，目前的行政体制仍然存在着诸多不足之处，机构重叠、职责交叉、政出多门等问题仍然没有得到根本的解决。本章通过回顾行政机构改革的历程，总结机构改革的经验教训，并对今后深化机构改革进行展望。

第一节　旧体制下行政机构发展的回顾与反思

　　自新中国成立一直到党的十一届三中全会召开，政府进行了多次机构变动和权力调整。虽然每次改革都起到了一定的作用，但总的来说成效有限，机构改革陷入了"精简—膨胀—再精简—再膨胀"的怪圈。

一、社会主义改造和经济建设初始时期

　　新中国成立之初，根据1949年9月27日中国人民政治协商会议第一届全体会议通过的《中华人民共和国中央人民政府组织法》，成立政务院作为国家政务的最高执行机关。政务院设置四个委员会，三十个部、会、院、署、行和一个秘书厅，共三十五个工作部门。这些部门分别是政治法律委员会、财政经济委员会、文化教育委员会、人民监察委员会；内务部、外交部、情报总署、公安部、财政部、人民银行、贸易部、海关总署、重工业部、燃料工业部、纺织工业部、食品工业部、轻工业部（不属上述四部门之工业）、铁道部、邮电部、交通部、农业部、林垦部、水利部、劳动部、文化部、教育部、科学院、新闻总署、出版总署、卫生部、司法部、法制委员会、民族事务委员会、华侨事务委员会和秘书厅。其中，政治法律委员会指导内务部、公安部、司法部、法制委员会和民族事务委员会的工作；财政经济委员会指导财政部、贸易部、重工业部、燃料工业部、纺织工业部、食品工业部、轻工业部、铁道部、邮电部、交通部、农业部、林垦部、水利部、劳动部、人民银行和海关总署的工

作；文化教育委员会指导文化部、教育部、卫生部、科学院、新闻总署和出版总署的工作；人民监察委员会负责监察政府机关和公务人员是否履行其职责。

1950年，政务院成立了人事部和华北事务部，撤销了食品工业部。1952年，中央人民政府决定调整政务院的工作部门，把贸易部分设为商业部和对外贸易部，从重工业部中分设出第一、第二机械工业部、地质部和建筑工程部四个部；从财政部中分设出粮食部；从教育部中分设出高等教育部、体育运动委员会和扫盲工作委员会，成立了国家计划委员会；同时撤销了新闻总署和情报总署。到1953年年底，政务院的工作部门由三十五个增加到四十二个，即三十四个部、院、会，四个委，三个署、行、局和一个厅。

1954年9月，第一届全国人民代表大会第一次会议在北京召开，成立了国务院并通过了《中华人民共和国国务院组织法》。根据该法的规定，国务院设立部委机构三十五个，直属机构二十个、办公机构八个及秘书厅一个，共六十四个部门。具体情况是：撤销了政治法律、财政经济、文化教育、人民监察四个委员会及人事部、法制委员会、扫盲工作委员会；增设了国家建设委员会、国防部、地方工业部和监察部；设了八个办公室，包括政法、文教、重工业、轻工业、财贸、交通、农林水和对私改造各个领域，负责分口管理各有关部门；设了二十个直属机构，主办各项专门业务工作，即国家统计局、国家计量局、中国人民银行、中央手工业管理局、中国民用航空局、中央气象局、中央工商行政管理局、新华通讯社、广播事业局、中国文字改革委员会、对外文化联络局、国务院宗教事务局、国务院法制局、国务院人事局、国家档案局、中央机要交通局、国务院参事室、国务院专家工作局、国务院机关事务管理局和国务院总理办公室。

1955—1956年，由于社会主义改造的高潮和工农业生产迅速发展，国务院又增设了十七个工作部门。基本情况是：一些部门一分为二甚至一分为三，如燃料工业部分为煤炭工业部、石油工业部、电力工业部，重工业部分为冶金工业部、化工工业部、建筑材料工业部，从商业部分出城市服务部、水产部，从第一机械工业部分出电机制造部，从第二机械工业部分出第三机械工业部，从林业部分出森林工业部，从农业部分出农垦部，从国家计划委员会分设出国家经济委员会和物资供应总局，从国家建设委员会分设出国家技术委员会。增设国务院出国工人管理局、国家测绘总局、国务院专家局；同时撤销了城市建设总局，并改设了城市建设部。到1956年年底，国务院的工作部门多达八十一个，其中部委机构四十八个，直属机构二十四个，办公机构八个和秘书厅一个。形成了新中国成立初政府机构设置的第一次高峰。

二、全面经济建设时期

1956年4月，毛泽东在《论十大关系》中针对中央部门繁多和权力过分集中的现象进行了批评，并在1957年1月《在省市自治区党委书记会议上的讲话》中明确提出要精简机构。1958年2月1日，第一届全国人民代表大会第五次会议在北京召开。会议通过了《关于调整国务院所属组织机构的决定》。国务院随后开始采取措施进行机构调整：第一，合并部门。国家物资局并入国家计委；国家计量局并入科学技术委员会；城市建设部和财政部并入建设材料工业部；电视工业部和第二机械工业部并入第一机械工业部;食品工业部和中央手工业管理局并入轻工业部;中国民航局并入交通部;国务院人事部并入内务部;城市服务部和供销合作总社并入商业部;森林工业部并入林业部;电力部与水利部合并为水利电力部;重工业、轻工业、交通三个办公室,即第三、四、六办公室合并为国务院工业交通办公室,与国家经济委员会合署办公,两块牌子,一套班子。第二,增设外事办公室。第三,撤销国家资本主义办公室、国务院法制局、中央机要交通局、国务院人事局、国务院专家工作局、司法部和监察部等。到1959年年底,国务院机构由原来的八十一个减少为六十个,其中部委三十九个,直属机构十四个,办公机构六个及秘书厅一个。

1958年开始的"大跃进"运动和"三年困难时期"给中国的国民经济带了严重的影响。1960年,党中央决定对国民经济实行"调整、巩固、充实、提高"八字方针,重新强调集中统一领导,适当收回过去一段时间下放的权力,国务院陆续恢复了原来撤销的机构部门,又相继增设了若干部门。基本情况是:恢复了第二、四、五、六机械工业部、物资部、高等教育部、对外经济联络委员会、国家编制委员会、中国农业银行、全国物价委员会、旅游局、科级干部局、外文出版发行事业局、中国民用航空总局、中央手工业管理局、国务院内务办公室、国防工业办公室。1964年年底随着第三届全国人民代表大会的召开,国务院机构又开始了一些调整:增设了第七机械工业部、国家基本建设委员会、建筑材料工业部;农业机械部改为第八机械工业部,手工业管理局改设为第二轻工业部;撤销了国务院总理办公室。到1965年年底,国务院工作部门达到七十九个,其中部委四十九个,直属机构二十二个,办公机构七个,秘书厅一个，形成了新中国成立以来政府机构设置的第二个高峰。

三、"文化大革命"时期

1966年5月到1976年10月为十年"文革"时期。"文革"的爆发完全打乱了我国经济社会发展的步伐，国家陷入了持续十年之久的内乱。国家机构的设置和变动出现了混乱无序的局面，国务院工作处于停顿、半停顿状态。1970年，国务院决定将1965年的七十九个工作部门裁并为三十二个。其中保留的三十二个部门分别为：公安部，国防部，外交部，对外贸易部，对外经济联络部，农业部，冶金工业部，第一、二、三、四、五、六、七机械工业部，燃料化学工业部，水利电力部，轻工业部，财政部，商业部，交通部，卫生部，国家计划委员会，国家基本建设委员会，体育运动委员会，文化组，科教组，中国科学院和国务院办公室，中国民用航空总局，国家海洋局，新华通讯社，广播事业局，外文出版发行事业局。

1971—1973年，国务院相继调整、恢复和增设了一些部门。主要包括：恢复国务院国防工业办公室，统一领导原归军委办事组管辖的几个国防工业部门、国家标准计量局、国务院宗教事务局、中国文字改革委员会、国家地震局、国家文物事业管理局、国务院政工小组；划归原来由军委办事组、总参、空军、海军等管辖的部门。从总参划回体育运动委员会、恢复原并入总参气象、测绘部门的中央气象局和国家测绘总局。

1975年召开了第四届全国人民代表大会，批准了国务院机构调整方案。具体情况是：第一，燃料化学工业部分设为煤炭工业部和石油化学工业部，交通部分设为铁道部和交通部，设立文化部、教育部。第二，从国家计划委员会中分设出国家地质总局、国家物资总局、国家劳动总局，从第七机械工业部分设出第八机械工业总局，国务院办公室所属的国务院机关事务管理局和国务院参事室恢复为国务院直属机构。第三，增设国家出版事业管理局和国务院政治研究室。第四，撤销国务院宗教事务局，国务院文化组、科教组。到1975年年底，国务院机构增至为五十二个，其中部委二十九个、直属机构十九个、办公机构三个、国务院办公室一个。

四、旧体制下行政机构改革的反思

回顾新中国成立以来历次行政机构改革不难看出，其基本情况和总的趋势是边简边增，甚至越简越多，走的是一条"精简—膨胀—再精简—再膨胀"的非良性发展道路。之所以出现这种情况，主要有以下五方面的原因：

（1）产品经济体制是机构改革缺乏成效的根本原因。受苏联体制模式的影响，我国在很长一段时间内一直认为社会主义的经济特征是计划经济。在这种思想的支配下，我国建立起高度集中的产品经济体制，力图将社会各领域特别是经济领域的活动都纳入国家计划，对其实行统一的、直接的、微观的管理。政府按照产品种类设置机构，划分部门，并通过行政手段直接控制和指挥企业。生产门类越多，政府主管部门也越多。从宏观经济政策到微观经营管理，都在政府的职能范围之内。整个国家就如同一个巨大的工厂，企业是这个大工厂的车间班组，行政部门是这个大工厂的科室。政府权力包揽了一切，管理职责越分越细，机构越来越多，编制越来越大。因此，机构臃肿、部门林立、人浮于事、推诿扯皮等弊端就难以避免。只要不改变传统的产品经济体制，机构改革就无法摆脱"精简—膨胀—再精简—再膨胀"的循环，而只能是边简边增，越简越多。

（2）"外延式"改革是机构改革陷入怪圈的重要原因。所谓"外延式"改革，指的是行政机构改革和变动的主要内容仅仅涉及了机构外在数量的改变。综观以往历次机构改革，基本上都是从精简机构开始，以改变机构数量结束。所有的改革过程只是单纯地在撤销、合并、调整、增加或恢复一些机构和人员编制上做文章，其实质是不触动行政权力结构、管理体制的改革。机构和人员数量上的变化，其实只是表面结果，改革之风一过，问题依然存在，甚至会更加严重。因此，这种单一的"外延式"改革是无法解决行政机构中存在的实际问题的。不打破这种模式，"精简—膨胀—再精简—再膨胀"的怪圈现象势必存在。

（3）没有抓住转变政府职能这个重中之重的问题。新中国成立以来所进行的多次机构改革，从未涉及政府职能的调整和转变，没有认识到政府职能决定着政府的管理方向、内容、方法和机构设置。作为行政职能载体的行政机构，其设置和撤并与行政职能的设定和取舍密切相关。行政机构之所以臃肿庞大，人浮于事，效率低下都是与政府职能定位不准有着密切的关系。在高度集中的计划经济体制下，政府管了太多不该管、管不了、管不好的事情，必然导致政府"种了别人的田，荒了自己的地"①。因此，深入剖析并适当转变政府职能才是行政机构改革取得成效的关键。否则，只是单纯地精简机构，不能从根本上解决问题。

---

① 辛传海：《中国行政体制改革概论》，中国商务出版社，2006年，第66页。

（4）机构改革没有与其他改革配套进行。机构改革是一项复杂的系统工程，可谓是"牵一发而动全身"的改革，它不仅受行政系统内部诸因素的影响，也与外部的政治经济环境密切相关。如果不全面考虑中央与地方关系、党政关系、政企关系及领导制度、干部制度等各方面的配套改革，而是坚持机构改革孤军奋战，那么是很难取得成功的。不改变党政不分、以党代政，不改变政企不分、政企合一，不破除人事管理方面的"铁饭碗"、终身制、"能进不能出，能上不能下"等弊病，就会使机构改革陷入困境。

（5）缺乏严格有效的行政机构约束机制。历次机构改革之所以缺乏成效，原因之一在于没有一个严格有效的行政机构约束机制。相应的组织法规不健全，在机构设置和人员编制的控制方面没有做到制度化和规范化。这样，即使机构改革取得了一定成效，也因没有及时以法律形式确定下来，导致机构改革的成果无法得到巩固。

第二节　改革开放后行政机构改革的积极推进

1978年底，党的十一届三中全会的召开成为新中国成立以来最具深刻历史意义的伟大转折，从此中国进入了改革开放的新时期。之后的20世纪，我国于1982年、1988年、1993年和1998年进行了四次大规模的行政机构改革，走出了旧体制下行政机构"精简−膨胀"困境，推动了从计划经济条件下的机构职能体系向社会主义市场经济条件下的机构职能体系的转变。

一、1982年行政机构改革

1976年之后，国务院陆续恢复和增设了一些机构。截至1978年年底，国务院设办公室一个、部委三十七个、直属机构三十二个、办公机构六个，共计七十六个国务院工作部门。党的十一届三中全会后，由于恢复经济工作和安排老干部等各方面原因，国务院机构迅速膨胀。1981年年底，国务院设办公厅一个、部委五十二个、直属机构四十三个和办公机构四个，一共一百个工作部门，创新中国成立以来国务院机构设置数量的最高纪录。这些部门包括国务院办公厅；国务院部委：外交部、国防部、国家计划委员会、国家农业委员会、国家经济委员会、国家基本建设委员会、国家科学技术委员会、外国投资管理委员会、进出口管理委员会、对外文化联络委员会、国家机械工业委员会、国家能源委员会、国家民族事务委员会、公安部、民政部、司法部、对外贸易部、对外经济联络部、农业部、农垦部、林业部、水利部、冶金工业部、第一机械工业部、第二机械工业部、第三机械工业部、第四机械工业部、第五机械工业部、第六机械工业部、第七机械工业部、农业机械部、煤炭工业部、石油工业部、化学工业部、电力工业部、地质部、建筑材料工业部、纺织工业部、轻工业部、铁道部、交通部、邮电部、财政部、中国人民银行、商业部、粮食部、全国供销合作总社、文化部、教育部、卫生部、国家体育运动委员会、国家计划生育委员会；直属机构：劳动总局、物资总局、物价总局、统计局、民用航空总局、海洋局、气象局、水产总局、测绘总局、建筑工程总局、城市建设总局、机械设备成套总局、有色金属工业管理总局、仪器仪表工业总局、广播电视工业总局、电子计算机工业总局、医药管理总局、地震局、标准总局、计量总局、专利局、海关总署、进出口商品检验总局、中国农业银行、国家外汇管理总局、中国人民建设银行、工商行政管理总局、新华通讯社、中央广播事业局、出版局、文物事业管理局、外文出版发行局、编制委员会、文字改革委员会、旅行游览事业管理局、外国专家局、人事局、科技干部局、宗教事务局、档案局、国务院参事室、国务院机关事务管理局、毛主席纪念堂管理局；办公机构：国务院国防工业办公室、国务院财贸小组、国务院侨务办公室、国务院港澳办公室。

机构的急剧膨胀直接导致了行政机构职责不清、人浮于事、部门林立，同时也滋长了不良的官僚主义之风。这显然不适应改革开放和经济发展的需要。当时邓小平就曾指出："机构臃肿，人浮于事，办事拖拉，不讲效率，不负责任，不守信用，公文旅行，相互推诿……都已达到令人无法容忍的地步。"①新一轮行政改革迫在眉睫。

1981年年底，第五届全国人民代表大会第四次会议宣布国务院机构进行改革。1982年3月，第五届全国人民代表大会常务委员会第二十二次会议审议批准了《关于国务院机构改革问题的报告》，改革开放以来第一次大规模的行政机构改革正式开始。这次改革明确规定了撤并机构、裁减人员及各级各部的职数，提出改革的重点是下放经济管理权限和财政收支权限，下放人事管理权限，提出干部"四化"方针，并建立了正常的干部离退休制度。具体撤并的机构是：合并若干部、委、局。国家经济委员会、国家机械工业委员会、国家能源委员会、建筑材料工业部、国家农业委员会、国务院财贸小组、国家标准总局、国家计量总

① 《邓小平文选》（第二卷），人民出版社，1994年，第327页。

局、国家医药管理总局、专利局、国家基本建设委员会等部分部门合并为国家经济委员会;电力工业部与水利部合并,设立水利电力部;农业部、农垦部、国家水产总局合并,设立农牧渔业部;第一机械工业部、农业器械部、国家仪器仪表工业局、国家机械设备成套总局合并,设立机械工业部;第四机械工业部、国家广播电视工业总局、国家电子计算机工业总局合并,设立电子工业部;国家基本建设委员会的部分部门、国家城市建设总局、国家建筑工程总局、国家测绘总局、国务院环境保护领导小组合并,设立城乡建设环境保护部;国家劳动总局、国家人事局、国务院科学技术干部局、国家编制委员会合并,设立劳动人事部;文化部、对外文化联络委员会、国家出版事业管理局、国家文物事业管理局、外文出版发行事业局合并,设立文化部;商业部、全国供销合作总社、粮食部合并,设立商业部;国家进出口管理委员会、对外贸易部、对外经济联络部、国家外国投资管理委员会、进出口商品检验局合并,设立对外经济贸易部;国务院国防工业办公室、中国人民解放军国防科学技术委员会、中央军委科学技术装备委员会办公室合并,设立国防科学技术工业委员会,接受国务院、中央军委领导;国家有色金属工业管理总局并入冶金工业部;国家外汇管理总局并入中国银行;国务院外国专家局并入国务院办公厅;毛主席纪念堂管理局划归中共中央办公厅;同时改称了一批机构,第二机械工业部改为核工业部,第三机械工业部改为航空工业部,第五机械工业部改为兵器工业部,第七机械工业部改为航天工业部;撤销了第六机械工业部和中央广播事业局;设立经济体制改革委员会;同时新华通讯社升级为国务院部委机构。

　　1982年的机构改革是改革开放初期进行的一次较大规模的改革,

它是以改革开放这个大环境为背景,针对当时存在的众多弊端而进行的。这次改革取得了一定的成果。

(1)行政机构大幅度减少。从上述机构改革的情况可以看出,这次的改革力度和方式是前所未有的。国务院工作机构由之前的一百个裁并为六十一个,原来很多管理混乱、职责交叉的部委都被撤并了,其中部委裁并了九个,直属机构裁并了二十八个,办公机构裁并了两个。在人员编制方面,国务院各部门也从原来的五万人减为三万人。这对于解决部门林立、机构重叠、人浮于事、效率不高等问题均起到了积极的作用。

(2)建立了干部离退休制度。以往领导班子成员老化是个严重问题。1982年通过的《关于建立老干部退休制度的决定》规定,一切符合规定条件的老同志离休退休或退居二线。这个制度的建立是一场深刻的改革,是关系执政党兴旺发达、国家长治久安和社会主义现代化顺利进行的具有战略意义的重大决策。它可以使新老干部自然接替,保证行政机关领导的稳定性和连续性。

(3)职责分工进一步明确。多年来,因为政府机构职责重叠交叉,致使每个部门不能做到各司其职、各负其责,必然会导致工作效率低下、管理混乱的局面。此次机构改革规定了各部门的职权范围和主要任务,通过机构的调整、合并、撤销或通过部门协调分工初步解决了一些长期以来存在的矛盾和问题。

(4)精干领导班子和行政人员。经过这次机构改革,据38个部、委的统计,除兼职的部长、主任外,共有正副部长、正副主任167人,比原有的505人减少338人,减少67%;他们的平均年龄为58岁,比原来减少

6岁；具有大学文化水平的干部原来占37%，改革后提高到了52%。据28个部、委的统计，原设有司、局机构720个，改革后减少到488个，减少了32%；正副司局长原有2450人，改革后减少到1398人，减少了43%；他们的平均年龄原来是59岁，改革后减少到54岁，具有大学文化水平的干部原来占36%，改革后提高到了49%。①

当然，由于这次机构改革是在经济体制改革处于起始阶段、经济政治条件尚未成熟的条件下展开的，因此不可能解决之前遗留的众多问题。而且1982年机构改革的成果未能巩固下来，此后中央和地方的行政机构又呈膨胀之势。

二、1988年行政机构改革

1983—1987年的五年中，国务院机构人数又出现了"回潮"现象。到1987年年底，国务院设部委机构四十五个、直属机构二十二个、办事机构四个和办公厅一个。总机构数由1982年的六十一个反弹到了七十二个。1988年4月9日，第七届全国人民代表大会第一次会议审议批准了新一轮的行政机构改革方案。基本情况是：①撤销国家计划委员会与国家经济委员会，组建新的国家计划委员会。新的国家计划委员会是国务院管理国民经济和社会发展的宏观管理机构，不再承担微观管理与行业管理的职能。②撤销劳动人事部，建立新的人事部，以适应党政职能分开和干部人事制度改革的要求，推行公务员制度，强化政府

---

① 参见1982年4月全国人民代表大会常务委员会第二十三次会议：《关于国务院机构改革进展情况和三项议案的说明》。

的人事管理职能。③组建劳动部。因人事部的设立，原劳动人事部有关人事方面的管理职能转移到人事部，其余的有关全国劳动管理、就业、工资、保险、福利、劳动保护和安全检查等方面的职能，由新的劳动部来负责承担。④撤销国家物资局，组建物资部。以适应物资体制改革的要求，加强物资的综合管理，发展和完善生产资料市场，全面规划城乡物资流通网络，搞活物资流通，组织好重点生产建设单位的物资供应。⑤撤销煤炭工业部、石油工业部、核工业部，组建能源部，统管全国能源工业，统筹管理和开发能源，调整能源结构，加强能源建设，对能源工业实行全行业管理。原水利电力部的电管职能也划归该部负责。与此同时，组建石油天然气总公司、中国统配煤矿总公司、中国核工业总公司等。⑥撤销城乡建设环境保护部，组建建设部，以加强对全国建设工作的综合管理。⑦撤销机械工业委员会、电子工业部，组建机械电子工业部。以加强机械、电子工业全行业的统筹规划和宏观管理。⑧撤销航空工业部、航天工业部，组建航空航天工业部。为了适应高技术产业的特点，统筹技术力量，促进军民结合，加强对航空航天工业的行业管理。⑨基于水利对国民经济建设的重大影响，撤销水利电力部，组建水利部。⑩将新华社改为国务院直属的事业单位，不再列入国务院行政机构序列，新华通讯社不具有政府行政管理职能。⑪为了推行国有企业承包经营责任制，加强对国有资产的管理，成立了国有资产管理局，由财政部归口管理；为了适应商品经济的发展，加强技术质量监督工作，组建国家技术监督局，作为国务院的直属机构。同时，撤销国家计量局、国家标准局，并将原国家经委的质量管理职能转入国家技术监督局。⑫为了加强对环境污染的综合治理和对生态环境的保护，将原城乡建设环境保护部代管的国家环保局改为国务院直属机构。⑬为了强化税收工作，保证财政收入的稳定，有效地发挥税收在经济调节方面的作用，将财政部的税务总局改为国家税务局，由财政部归口管理。⑭将国家烟草专卖局、国家中医局、国家语言文字委员会等直属机构分别改为部委归口管理；撤销国务院经济调节办公室、国家物资局、空中交通管制局等直属机构；将国家医药管理局由归口管理机构改为国务院直属机构；同时增设国务院对台事务办公室、国务院研究室。通过改革，国务院机构数变为六十六个。其中部委由原来的四十五个减为四十二个，直属机构由原来的二十二个减为十九个，非常设机构从七十五个减为四十四个。机构改革后的国务院人员编制比原来减少了九千七百多人。

这次机构改革方案明确指出，行政机构改革的长远目标是，根据党政分开、政企分开和精简、统一、效能的原则，逐步建立一个符合现代化管理要求，具有中国特色的功能齐全、结构合理、运转协调、灵活高效的行政管理体系。今后五年行政机构改革的基本目标是：转变政府职能、精干机构、精简人员、提高行政效率、克服官僚主义，增强政府机构活力；逐步理顺政府与企事业单位和人民团体的关系、政府各部门之间的关系以及中央政府同地方政府的关系。行政机构改革的基本要求是：减少政府机构直接干预企业经营活动的职能，增强宏观调控能力，初步改变机构设置不合理和行政效率低下的状况。依照方案，适当裁减一些专业管理部门，完善或新建一些综合和行业管理机构。使改革后的机构能够比较适应经济体制改革和发展社会主义商品经济的要求。

这次机构改革与新中国成立以来的历次机构改革相比，呈现出实质性的重要区别。具体体现在以下三个方面：

（1）第一次提出将机构改革与转变政府职能相结合。转变政府职能，就是要在经济政治体制改革原则的指导下，将政府的微观管理转变为宏观管理，由直接管理转变为间接管理，由单一的部门管理转变为全行业管理，明确哪些职能应该保留，哪些职能应该取消，哪些职能应该加强，使政府真正做到只管应该管的事情，而放弃那些不该管、管不了、也管不好的事情。之前的几次机构改革只是以精简机构和人员为唯一取向，以精简的结果来衡量机构改革的成效。而1988年的机构改革在以往经验教训的基础上，开始以转变政府职能作为思考和处理整个机构改革的基调，认识到精兵简政虽然始终是改革的一项重要政策选择，但改革的重点和关键却是转变政府职能。从这次机构撤并的情况看，被保留部门的职能得到了重新地设置。总体上讲，转移了原来政府直接管理企业的职能，下放了其直接管钱、管物的职能，抓住了行政机构改革的根本问题，符合了经济政治体制改革的方向和政企分开的要求。因此，这次机构改革实现了指导思想上的根本转变和巨大进步。

（2）科学、严格地实行"三定方案"。"三定"就是定职能、定机构、定编制。这次机构改革以法律法规的形式，对各部门实行了"三定"方案。这一举措显然有别于以前的机构改革。通过定职能、定机构和定编制，由政府各部门对本部门的现有职能进行分解，明确各种职能的归属，弱化对企业的直接管理职能，转移了原本属于企事业单位和社会团体的职能，并强化了政府宏观调控、制定政策法规和监督的职能。这次改革合理调整了部门内设机构，重新审定了人员的编制问题，为从根本上解决部门之间的职能重叠交叉问题和理顺政企、政事关系起到了推动作用，也为以后的机构改革奠定了良好的基础。

（3）组建了几个实行综合管理的"大部"。本次机构改革改变了过去那种单纯的"就机构论机构"的做法，而是从矛盾最突出的综合部门和专业经济管理机构着手，在方法和模式的转换上做努力。如合并了两个最大的综合部门：国家计划委员会和国家经济委员会。原国家计委和经委的工作重复度大，对明确职责和理顺部门的关系造成很大影响。通过组建新计委后，明确了计委是国务院管理国民经济与社会发展的最高层次的综合部门和宏观管理部门。于是，那些行业管理职能和微观管理职能都应该转移出去，这样就解决了部门之间的职能交叉重复的问题。另外，对电子、机械两个专业经济部门的合并和将煤炭、石油、电力、核工业部门的重新组建成新的"大部"等，都说明这次机构改革在完善政府职能和机构设置方面实现了一定程度上的创新。

1988年的机构改革是在经济体制改革与政治体制改革不断深化、旧体制向新体制逐步过渡中进行的。它第一次提出了转变政府职能这个关键点，无论是在指导思想上还是在改革措施上都体现了一定的创新和特色。虽然受计划经济体制的残余思想和其他原因的影响，这次机构改革在转变职能等任务上没有得到彻底贯彻，甚至被人称为是"雷声大，雨点小"，但是其主要设想在以后的机构改革实践中却都得到了逐步的实施。因此，这次改革是中国行政机构改革的一次突破，从此我国机构改革走出了"精简–膨胀"困境，对以后的行政管理体制改革产生了深远影响。

三、1993年行政机构改革

1992年,邓小平在南方谈话中指出,中国的改革开放进入了一个新的发展阶段。1992年10月,党的十四大明确提出要建设中国特色社会主义市场经济的宏伟目标,并提出要尽快建立与社会主义市场经济相适应的行政管理体制;要加快政府职能转变,实现政企分开,政府的职能主要是统筹规划,掌握政策,信息引导,组织协调,提供服务和检查监督;要实现决策的科学化和民主化,按照精简、统一、效能的原则对现行行政管理体制和党政机构进行改革。江泽民在党的十四大报告中指出:"目前,党政机构臃肿,层次重叠,许多单位人浮于事,效率低下,脱离群众,阻碍企业经营机制的转换,已经到了非改不可的地步。"①

1993年3月22日, 第八届全国人民代表大会第一次会议审议通过了《关于国务院机构改革方案的决定》,该方案明确了这次机构改革的核心目标是按照社会主义市场经济的发展要求,转变政府职能、理顺关系、精兵简政、提高行政效率。机构改革的任务是实现政企分开,加强政府的宏观调控、社会保障和监督职能,弱化微观管理职能。机构改革的重点是减少对企业的直接管理和具体的审批事务,强化政府监督管理部门和社会管理职能部门,分步撤并专业管理部门。根据这个改革方案,具体的调整情况是:撤销航空航天工业部,分别组建航空、航天工业总公司;撤销轻工业部、纺织工业部,分别组建中国轻工总会和

---

① 江泽民在中国共产党第十四次代表大会上的报告:《加快改革开放和现代化建设步伐,夺取有中国特色社会主义事业的更大胜利》。

纺织总会；撤销能源部，分别组建电力工业部和煤炭工业部；撤销机械电子工业部，分别组建机械工业部和电子工业部；撤销商业部、物资部，组建国内贸易部；在国务院经济贸易办公室的基础上，组建国家经济贸易委员会。保留34个部、委、行、署。1993年4月19日，国务院决定，将国务院的直属机构由十九个调整为十三个，办事机构由九个调整为五个，人员减少20%，国务院不再设置部委归口管理的国家局。另外，还设立了国务院台湾办公室和国务院新闻办公室。这样，方案实施后，国务院机构设置的数量由原来的八十六个减少到了五十九个。

这次机构改革是在经济体制改革取得重大理论突破的背景下进行的，也是从当时的现实情况出发而采取的改革措施，它不仅是1988年机构改革的延续，也是1988年机构改革的深入和发展。其特点表现为：

（1）改革的总体目标焕然一新。由于1992年党的十四大确立了建设中国特色社会主义市场经济的宏伟目标，因此这次的机构改革是在建立社会主义市场经济这个大背景下进行的。整个改革已经明确要把适应社会主义市场经济发展的要求作为此次机构改革的总体目标。总体目标的改革与创新对机构改革方案的设计和实施都发挥了重要作用。

（2）首次提出行政管理体制改革这一概念。在1993年的机构改革中，首次提出了行政管理体制改革这个概念，并将行政管理体制改革的取向解释为建立适应社会主义市场经济要求的行政管理体系。这一概念的提出不仅赋予了机构改革更丰富的内涵，也使机构改革得到了明显的深化和拓展。

（3）"三定"工作的普遍执行使机构编制管理和职能设置趋向科学化。从1988年机构改革开始实行"三定"方案后,1993年的机构改革仍然强调"三定"的作用,通过政府对各部门的现有职能进行细致分解,根据行政改革的基本思路和方案对现有职能逐一进行分析,明确哪些职能是可以取消和转交给企事业单位承担的,哪些职能是应该属于政府本职工作并需要强化的,从而推动了政府各部门转变职能、下放权力,实现政府职能在各部门之间的合理配置。而且由于对市场经济体制这一认识上的飞跃,这次转变职能的内涵已不能与1988年改革中最初提出的转变职能相提并论,而是要从整体上实现体制的创新。

另外,这次机构改革是在国家财政不堪重负的条件下进行的,通过精简机构和人员来缓解财政困难也成为此次改革明显的特点之一。而且这次机构改革涉及范围较为广泛,不仅使党的机构改革与政府机构改革同时进行,还涉及与行政管理体制有关的人大、政协、社会团体、事业机构、驻外机构等方面的改革。可以说,在复杂艰巨的行政机构改革的道路上,1993年的机构改革迈出了重要一步。

四、1998年行政机构改革

随着社会主义市场经济体制的建立和发展,我国经济社会一直保持着良好的发展势头,然而政府机构依然存在着一些弊端。1998年3月6日,罗干在《关于国务院机构改革方案的说明》中指明,我国现有政府机构的弊端表现为:政企不分,政府直接干预企业的生产经营活动,难以发挥市场在资源配置中的基础作用;主要依靠行政手段管理经济和社会事务,许多本来应该运用法律手段,或者通过社会中介组织来解决的问题，也是通过设立政府机构管理，把过多的社会责任和事务矛盾集中在政府身上；现有政府机构重叠庞大、人浮于事的现象严重，这不仅滋生文牍主义和官僚主义，助长了贪污腐败和不正之风，也给国家财政造成了沉重负担。

1998年3月10日，第九届全国人民代表大会第一次会议通过了《国务院机构改革方案》，新一轮行政机构改革正式启动。根据改革方案，国务院不再保留十五个部和委，分别是：电力工业部、煤炭工业部、冶金工业部、机械工业部、电子工业部、化学工业部、国内贸易部、邮电部、劳动部、广播电影电视部、地质矿产部、林业部、国家体育运动委员会、国防科学技术工业委员会和国家经济体制改革委员会。新组建的有四个部和委，分别是：国防科学技术工业委员会（将原国防科工委管理国防工业的职能、国家计委国防司的职能以及各军工总公司承担的政府职能，统归新组建的国防科学技术工业委员会管理）、信息产业部（在原邮电部和电子工业部基础上组建）、劳动和社会保障部、国土资源部（由原地质矿产部、国家土地管理局、国家海洋局和国家测绘局共同组建）。还有三个部委更了名，即将国家计划委员会更名为国家发展计划委员会、科学技术委员会更名为科学技术部、国家教育委员会更名为教育部。同时，保留了二十二个部、委、行、署：外交部、国防部、国家经济贸易委员会、民族事务委员会、公安部、国家安全部、监察部、民政部、司法部、财政部、人事部、建设部、铁道部、交通部、水利部、农业部、对外贸易经济合作部、文化部、卫生部、国家计划生育委员会、中国人民银行和审计署。改革后除国务院办公厅外，设部委机构二十九个，直属机构十五个，办事机构六个。

在二十九个部、委、行、署中，有十二个国家政务部门：国防部、外交部、卫生部、文化部、国家安全部、公安部、民政部、司法部、监察部、国家计划生育委员会、国家民族事务委员会、审计署；宏观调控部门有四个：国家经济贸易委员会、国家发展计划委员会、财政部和中国人民银行；专业经济管理部门有八个：建设部、交通部、铁道部、信息产业部、水利部、农业部、对外贸易经济合作部、国防科学技术工业委员会；教育科技文化、社会保障和资源管理部门有五个：教育部、科学技术部、人事部、劳动和社会保障部及国土资源部。

同时，《国务院机构改革方案》提出，要保证机构改革方案的组织实施，必须要注意以下三个方面：

（1）明确改革的目标和原则。这次行政机构改革的目标是：建立办事高效、运转协调、行为规范的行政管理体系，完善国家公务员制度，建立高素质的专业化行政管理队伍，逐步建立适应社会主义市场经济体制的中国特色的行政管理体制。改革的原则是：按照社会主义市场经济的要求，转变政府职能，实现政企分开，把政府职能切实转变到宏观调控、社会管理和公共服务方面上来；按照精简、统一、效能的原则，调整政府组织结构，实行精兵简政，加强宏观经济调控部门，调整和减少专业经济部门，适当调整社会服务部门，加强执法监管部门，发展社会中介组织；按照权责一致的原则，调整政府部门的职责权限，明确划分部门之间的职能分工，相同或相近的职能交由同一个部门承担，完善行政运行机制，克服多头管理、政出多门的弊端；按照依法治国、依法行政的要求，加强行政体系的法制建设，实现政府机构、职能和编制等程序的法制化。

（2）抓住改革的重点和难点。这次机构改革的重点是国务院的组成部门，而其中管理经济的部门又是重中之重。根据改革方案，改革的总体精神是调整综合经济部门，并调整和减少专业经济管理部门。对综合经济部门，采取的措施是将国家计划委员会更名为国家发展计划委员会，只负责安排大型国家拨款项目；同时保留了国家经济贸易委员会、财政部和中国人民银行。国家经济贸易委员会只负责指导竞争性项目和以经济效益为主的基础性项目投资。所有的宏观调控部门都不再具体审批投资项目，也不再划分基建投资和技改投资，主要职责是：保持经济总量平衡，抑制通货膨胀，优化经济结构，实现经济持续快速健康发展；健全宏观调控体系，完善经济、法律手段，改善宏观调控机制。在专业经济管理部门中，除了保留铁道部、交通部、建设部、农业部、水利部、对外贸易经济合作部外，还组建了信息产业部和国防科学技术工业委员会，并将煤炭工业部、机械工业部、冶金工业部、国内贸易部、轻工总会和纺织总会，分别改组为国家煤炭工业局、国家机械工业局、国家冶金工业局、国家国内贸易局、国家轻工业局和国家纺织工业局，由国家经贸委管理。国家经济贸易委员会及其管理的各国家局不再直接管理企业，而是负责组织制定行业规划和行业法规，实施行业管理；不再保留电力工业部，电力工业的政府管理职能并入国家经济贸易委员会；组建国家石油和化学工业局，合并化学工业部、石油天然气总公司、石油化工总公司的政府职能，由国家经济贸易委员会管理；同时将林业部改组为国家林业局，列入国务院直属机构序列。在抓住重点并突破了难点后，改革的成效显而易见。经过改革，国务院组成部门中管理经济的部门由原来的二十二个减少为十二个，减少了

54.54%。管理经济部门占国务院组成部门的比例由原来的53.66%降低到41.37%，下降了12.29%。[①]

（3）妥善处理好人员分流工作。从1988年开始执行"三定"方案后，人员的妥善安排一直是机构改革的难点。这一问题解决不好，机构改革就很难顺利进行。而这次机构改革又是改革开放以来人员调整较大的一次，因此人员分流问题更为突出。这些工作人员是国家的宝贵财富，只有采取有效的措施对其进行妥善安排，做到因职选人、因事定岗，才能使每个人员都能够各尽其才，充分发挥他们的作用。对此，党中央、国务院提出，要坚持"带职分流、定向培训、加强企业、优化结构"的原则。具体办法是：定编定员后，超编的干部需离开岗位，但保留职级；对年轻公务员进行会计、审计、经济管理、法律等定向培训，选拔一批机关干部，充实加强银行、税务、工商企业、金融企业、政法、质量监督部门等执法机构，根据工作需要选派有专业特长和管理经验的人员，充实到企业、事业单位和高等院校工作；选调合适人员到各部门所属的自收自支的事业单位和社团组织工作；鼓励分流人员自谋职业或领办、创办企业和公益性事业单位，或到其他所有制单位工作；通过人员分流，调整政府和企业、机关和基层人员的年龄结构、知识结构和专业结构，使其达到最优组合，全面提高公务员队伍和基层工作人员的整体素质；另外，要严格执行离退休制度，已到离退休年龄的需及时办理离退休手续。这样，不仅达到了精简人员的效果，而且较好地解决了人员合理分流的难题。

[①]　根据薄贵利：《国务院机构改革述评》整理而得，源自《新视野》，1999年第3期。

这次行政机构改革是格外受人瞩目的，它被人们称作是具有突破性的机构改革，其原因在于：

（1）改革思路有了很大的进步。由于这次机构改革是在建立社会主义市场经济体制下进行的，因此特别注意按照市场经济的要求将机构改革与政府职能转变密切结合起来，较好地做到了转变政府职能，实现政企分开。比如，改革中就专门规定了专业经济管理部门的主要职责，包括负责制定一些行业规划和行业政策、进行行业管理、引导本行业产品结构的调整、维护行业平等竞争秩序等。它们不再直接管理企业，只是向企业派遣稽查特派员、考核和任免企业的干部，并监督企业的运营和盈亏状况；另外，为使改革措施可以更到位并能切实执行，改革方案还成立了中共中央大中型国有企业工作委员会，对大中型国有企业的管理进行协调和领导。这些都表明了这次改革的思路有了更大的进步。从1988年机构改革提出转变政府职能后，为实现改革目标而采取的措施都不是特别具体明确，很大程度上只是流于形式，没有从根本上做到转变政府职能和政企分开。而这次机构改革在吸取了以往机构改革经验教训的基础上，提出了更科学合理的整体方案。甚至有学者认为，这次机构改革将实现我国向现代化政府的历史性转变，即政府职能由"全能政府"向"有限政府"转变，管理方式由"划桨政府"向"掌舵政府"转变。

（2）改革力度有了很大的提高。本次改革是历次机构精简比例最高的一次，国务院组成部门由四十个减为二十九个、机关干部编制减少将近一半。根据改革方案，一部分人员分流到企业，告别了"皇粮"；还有一部分人到高校深造，为自己"充电"。国务院办公厅实际人员精简幅度达50.1%，与改革开放以来精简人员比例大致在20%~25%的三次机构改革相比，很明显其改革力度有了很大的提高。

（3）改革结束"单兵挺进"，实现与其他改革配套进行。改革方案规定，理顺政企关系，将企业生产经营管理的权利切实交给企业；对于因机构改革而精简下来的人员，政府也不再把这些人员送到下属企业，而是强调系统外分流，对其进行带职分流、定向培训、鼓励自谋职业；深化人事制度改革，完善公务员制度，建设高素质的专业化国家行政管理干部队伍；深化行政体制改革，实现国家机构组织、职能、编制、工作程序的法定化，严格控制机构膨胀，大力裁减冗员。而且这次机构改革提出了"一个确保、三个到位、五项改革"的任务，即确保国民经济的年增长率达到8%，通胀率小于3%，国有企业改革、金融体制改革、政府机构改革到位，粮食流通体制、投资融资体制、住房制度、医疗制度、财政税收制度同时进行改革。可见，机构改革不再视为是部门的单一的增减，而是各种改革"齐管并下"，大大地推进了办事高效、运转协调、行为规范的行政管理体系的建立。

（4）领导人的信念更加坚定。对于这次机构改革，政府既保持了清醒的头脑，认识到机构改革是一场革命，有着各种阻力和风险，同时也坚定了很大的决心，坚持改革势在必行，不改革就没有出路。而且这次机构改革既考虑了改革和发展的迫切需要，又没有忽视社会的可承受能力，从而使改革的方案积极稳妥，逐步推进，并不是"毕其功于一役"。

作为改革开放以来进行的第四次行政机构改革，它是我国以崭新的姿态迈向21世纪作出的一项重大举措。其过程和成果可以说是格外受人瞩目的,它是前三次改革基础上的进一步深化和具体化,其改革方向更明确,改革措施更切实,改革的力度、规模、范围都是历次改革所无法比拟的,改革的时机也显得更为理智和成熟。

第三节　21世纪以来行政机构改革的跨越发展

进入21世纪,我国继续推进行政机构改革,分别于2003年、2008年、2013年和2018年集中进行了四次机构改革,朝着建构现代组织结构和职能体系的方向而迈进。从2003年提出"决策、执行、监督三权相协调"的要求到2008年和2013年践行大部门体制改革的思路再到2018年推进党政机构合并合署,我国行政机构改革实现了新的突破。

一、2003年行政机构改革

1998年行政机构改革后,适应发展社会主义市场经济要求的政府机构设置和模式正在逐渐形成。在积累了五年经验并进入21世纪后,我国迎来了新世纪、新阶段和新领导下的第一次机构改革。2003年2月24日—26日,党的十六届二中全会召开,审议并通过了《关于深化行政管理体制和机构改革的意见》,指出:"行政管理体制和机构改革是推进政治体制改革的重要内容,是推动我国上层建筑更好地适应经济基础的一项重要的制度建设和创新,也是建立和完善社会主义市场经济体制的客观要求。要充分认识到行政管理体制和机构改革的重要性和必要性,按照十六大提出的要求深化改革,进一步转变政府职能,改进管理方式,改进工作作风,提高行政效率,努力形成行为规范、运转协调、公平透明、廉洁高效的行政管理体制，更好地为改革开放和社会主义现代化建设服务。"国务院根据《关于深化行政管理体制和机构改革的意见》，形成了《国务院机构改革方案》，提交给第十届全国人民代表大会第一次会议进行审议。

2003年3月6日，第十届全国人民代表大会第一次会议第二次全体会议在北京召开，会上王忠禹作了关于《国务院机构改革方案》的报告。方案归纳了这次机构改革的主要内容是：坚持以适应社会主义市场经济为改革的目标，把转变政府职能作为机构改革的关键；坚持积极稳妥的方针，既审时度势，把握时机，坚定不移地迈出改革步伐，又充分考虑各方面可承受的程度，谨慎地推进改革；坚持机构改革与干部人事制度相结合，制定配套的政策措施，妥善做好人员分流工作，优化干部队伍结构；坚持统一领导，分级负责，分步实施，从实际出发，因地制宜地进行改革；坚持精简、统一、效能的原则，把精兵简政和优化政府组织结构作为机构改革的重要任务，理顺政府部门职能分工，提高政府管理水平，形成行为规范、运转协调、公正透明、廉洁高效的行政管理体制。

这次机构改革的主要任务是：深化国有资产管理体制的改革，设立国务院国有资产监督管理委员会；完善宏观调控体系，将国家发展计划委员会改组为国家发展和改革委员会；建立金融监管体制，设立中国银行业监督管理委员会；继续推进流通管理体制改革，组建商务部；加强食品安全和安全生产监管体制建设，在国家药品监督管理局基础上组建国家食品药品监督管理局，将国家经济贸易委员会管理的国家安全生产监督管理一同改为国务院直属机构；为加强人口发展战略研究,推动人口与计划生育的综合协调,将国家计划生育委员会更名为国家人口和计划生育委员会;不再保留国家经济贸易委员会、对外贸易经济合作部。

改革后国务院除办公厅外,组成部门共包括:外交部、国防部、发展和改革委员会、教育部、公安部、国家安全部、监察部、科学技术部、国防科学技术工业委员会、国家民族事务委员会、司法部、民政部、财政部、人事部、劳动和社会保障部、国土资源部、建设部、铁道部、交通部、信息产业部、水利部、农业部、商务部、文化部、卫生部、审计署、国家人口和计划生育委员会和中国人民银行;国务院直属机构有:国家税务总局、海关总署、国家工商行政管理总局、国家环境保护总局(对外保留国家核安全局牌子)、国家质量监督检验检疫总局、国家广播电影电视总局、中国民用航空总局、国家体育总局、国家统计局、国家新闻出版总署、国家林业局、国家食品药品监督管理局、国家安全生产监督管理局、国家知识产权局、国家宗教事务局、国家旅游局、国务院参事室和国务院机关事务管理局;国务院办事机构包括:国务院侨务办公室、国务院港澳事务办公室、国务院法制办公室、国务院研究室;规定国务院国有资产监督管理委员会为国务院直属特设机构。总计部委级机构二十八个、直属机构和直属特设机构十八个、国务院办事机构四个。

与上一次机构改革相比,2003年的机构改革已经从单纯的"加减法"变成了复杂的"成本运算",过去的对机构大撤大并地进行改革的现象已经成为历史,政府的改革成本也因此而大幅度下降。这次机构改革主要调整的目的是解决行政管理体制中遇到的一些突出矛盾和问题,为促进改革开放和现代化建设提供必要的保障,因此是一次体现了鲜明的时代特色,代表跨时代含义的机构改革。而使其具有如此重大意义的原因在于这次机构改革拥有着特殊的社会背景。

（1）中国加入了世界贸易组织。中国"入世"最大的挑战其实是政府而不是企业。政府的观念、行为方式、体制及管理模式都要摒弃计划经济时期的传统模式,而要与世界接轨,符合中国"入世"时的承诺。政府的机构改革必须符合世界经济一体化的趋势。如何保证国有资产的增值保值并避免国有资产的流失,如何利用自己的优势来统筹国内外贸易资源,如何将各行业与国际接轨并加强对其监管的程度,如何更加强调市场化导向以适应不断深入的经济市场化以及如何改革流通体制等问题都成为这次机构改革的重要任务和目标。而新组建的国有资产监督管理委员会、中国银行业监督委员会、商务部和药监局等都是为配合形势发展的需要而采取的措施。

（2）党的十六大提出的任务更为艰巨。党的十六大报告提出要形成行为规范、运转协调、公正透明、廉洁高效的行政管理体制,提出全面建设小康社会的任务,提出"发展社会主义民主政治、建设社会主义政治文明"的目标,提出政治体制法制化的进一步改革,将行政机构改革置于政治体制改革的引领下, 对行政机构改革提出更高的要求,使这次机构改革的目标不再是单纯的机构精简和职能调整,而是体制上的革命。行政管理体制要按照政治体制改革的需要而建立,机构改革也因此而变得具有深刻的政治意义。

（3）领导班子调整规模更大。在党的十六大前后政府进行的领导班子调整可谓是规模较大。新老交替,从中央到地方都体现着很大的力度和幅度。为了更符合新上任的领导人的领导主张和改革意图,各机构权力的组合必然要重新排列,新一轮的机构改革之所以有新意、有特色、有深度,与新领导人的上任有着密不可分的关系,改革的方向正体现了他们的施政思想。

与1998年机构改革的内容与成果相比,2003年的机构改革在广度、深度和力度上具有一些鲜明的特点。

(1)改革步伐积极稳妥。这次机构改革后国务院的组成部门比上届政府只减少了一个,与过去包括1998年机构改革在内的历次改革形成了非常强烈的对比。以往改革均为机构的大撤大并和人员的大裁大减,而这次改革表明,这种现象已经成为历史。这并不是因为改革没有力度,而是说明上一次机构改革已经取得了显著的成效,在原来的基础上以稳健的步伐前行,保持连续的发展才是这次以及未来行政机构改革所遵循的方向。

(2)政府职能更加明确和完善,并强调了政府的监管力度。从机构改革提出要转变政府职能以来,政府对于职能的规范和调整已经历了十几年的探索。在1998年机构改革提出了较合理的调整政府职能的方案后,这次机构改革对于政府职能的定位更加准确,对于政府职能的调整更为完善,即政府职能主要体现在加强宏观管理和健全社会管理两方面,改革的总体趋势是逐步实现统一监管。根据改革方案,在经济领域内,设立了国有资产监督管理委员会,改组国家发展和改革委员会,设立中国银行业监督管理委员会等都表示了政府在加强宏观调控的职能。同时,组建了商务部、国家食品药品监督管理局,以加强政府的监管职能。总之,"经济调节、市场监管、社会管理和公共服务"准确地说明了哪些是政府必须管的事，哪些是政府不该管的事。明确并完善政府职能，为政府机构更好地运行、市场秩序更加稳定奠定了良好的基础。

（3）首次提出了规范中央和地方的关系，重新界定了中央和地方政府的职能。这是本次机构改革的一个特色。此前一直实行的是高度中央集中的传统模式。地方的机构设置要完全参照中央的机构设置。对于中国这样一个幅员辽阔、情况复杂、各地区发展不平衡的国家来说，选择统一的方式进行改革是不符合国情的。只有做到从实际出发，因地制宜才能推动地方经济社会的发展。另外，中央和地方的职能范围也重新划定，中央负责宏观调控，制定政策等，地方负责执行具体相关事宜，中央不再介入地方的具体事务的管理。这次机构改革提出的这些关于规范中央和地方关系的新思想，对于行政机构改革更好地推进，对于地方政府更好地开展工作起到了促进作用。

尽管这次机构改革的调整范围和力度并不大，但关系重大，而且任务艰巨。正如国务院负责人在对《国务院机构改革方案》作说明时指出的那样，国务院机构改革方案通过后，要认真组织实施改革方案。中央政府要进一步理顺部门职能分工，地方政府机构改革在中央的总体要求下，积极探索符合各地特点的改革路子；国有资产管理机构设置要依法有序地进行；不论新成立的部门，还是其他部门，都要进一步转变职能，改进管理方式，推进电子政务，减少行政审批事项，规范行政审批行为，完善政府的经济调节、市场监管、社会管理和公共服务职能，为促进改革开放和现代化建设提供必要的组织保障。

二、2008年行政机构改革

在2007年10月召开的党的十七大精神的引领下,新一轮的机构改革启动。胡锦涛在党的十七大报告中提出:"行政管理体制改革是深化改革的重要环节。要抓紧制定行政管理体制改革总体方案,着力转变职能、理顺关系、优化结构、提高效能,形成权责一致、分工合理、决策科学、执行通畅、监督有力的行政管理体制……加大机构整合力度,探索实行职能有机统一的大部门体制,健全部门间协调配合机制。"①在第十一届全国人民代表大会第一次会议上,国务委员兼国务院秘书长华建敏就国务院机构改革方案进行了说明,会议审议批准了《国务院机构改革方案》和国务院第一次常务会议审议通过的国务院直属特设机构、直属机构、办事机构、直属事业单位设置方案。会议要求,国务院要加强领导、周密部署,保证机构改革方案的顺利实施。

根据党的十七大和十七届二中全会精神,这次国务院机构改革的主要任务是,围绕转变政府职能和理顺部门职责关系,探索实行职能有机统一的大部门体制,合理配置宏观调控部门职能,加强能源环境管理机构,整合完善工业和信息化、交通运输行业管理体制,以改善民生为重点加强与整合社会管理和公共服务部门。改革具体内容和要求是:

(1)合理配置宏观调控部门职能。国家发展和改革委员会要进一步转变职能,减少微观管理事务和具体审批事项,集中精力抓好宏观

---

① 胡锦涛在中国共产党第十七次全国代表大会上的报告:《高举中国特色社会主义伟大旗帜为夺取全面建设小康社会新胜利而奋斗》。

调控。财政部要改革完善预算和税政管理,健全中央和地方财力与事权相匹配的体制,完善公共财政体系。中国人民银行要进一步健全货币政策体系,加强与金融监管部门的统筹协调,维护国家金融安全。国家发展和改革委员会、财政部、中国人民银行等部门要建立健全协调机制,形成更加完善的宏观调控体系。

(2)加强能源管理机构。设立高层次议事协调机构——国家能源委员会。组建国家能源局,由国家发展和改革委员会管理。将国家发展和改革委员会的能源行业管理有关职责及机构,与国家能源领导小组办公室的职责、国防科学技术工业委员会的核电管理职责进行整合,划入该局。国家能源委员会办公室的工作由国家能源局承担。不再保留国家能源领导小组及其办事机构。

(3)组建工业和信息化部。将国家发展和改革委员会的工业行业管理有关职责,国防科学技术工业委员会核电管理以外的职责,信息产业部和国务院信息化工作办公室的职责,整合划入工业和信息化部。组建国家国防科技工业局,由工业和信息化部管理。国家烟草专卖局改由工业和信息化部管理。不再保留国防科学技术工业委员会、信息产业部、国务院信息化工作办公室。

(4)组建交通运输部。将交通部、中国民用航空总局的职责,建设部的指导城市客运职责,整合划入交通运输部。组建国家民用航空局,由交通运输部管理。国家邮政局改由交通运输部管理。保留铁道部,继续推进改革。不再保留交通部、中国民用航空总局。

(5)组建人力资源和社会保障部。将人事部、劳动和社会保障部的职责整合划入人力资源和社会保障部。组建国家公务员局,由人力资源和社会保障部管理。不再保留人事部、劳动和社会保障部。

（6）组建环境保护部，不再保留国家环境保护总局。

（7）组建住房和城乡建设部，不再保留建设部。

（8）国家食品药品监督管理局改由卫生部管理，明确卫生部承担食品安全综合协调、组织查处食品安全重大事故的责任。

改革后，除国务院办公厅外，国务院组成部门主要包括：外交部、国防部、国家发展和改革委员会、教育部、科学技术部、工业和信息化部、国家民族事务委员会、公安部、国家安全部、监察部、民政部、司法部、财政部、人力资源和社会保障部、国土资源部、环境保护部、住房和城乡建设部、交通运输部、铁道部、水利部、农业部、商务部、文化部、卫生部、国家人口和计划生育委员会、中国人民银行和审计署；国务院直属机构为：中华人民共和国海关总署、国家税务总局、国家工商行政管理总局、国家质量监督检验检疫总局、国家广播电影电视总局、国家新闻出版总署（国家版权局）、国家体育总局、国家安全生产监督管理总局、国家统计局、国家林业局、国家知识产权局、国家旅游局、国家宗教事务局、国务院参事室、国务院机关事务管理局，国家预防腐败局也列入国务院直属机构序列；国务院办事机构为：国务院侨务办公室、国务院港澳事务办公室、国务院法制办公室、国务院研究室；规定国务院国有资产管理监督委员会为直属特设机构。总计二十七个部委机构、十七个直属机构和直属特设机构、四个办事机构。

通过以上考察可以看出，以大部门建制为核心的机构改革，作为我国行政管理体制改革在新的历史条件下适应市场经济发展的一种新的举措，拉开了新一轮政府改革攻坚战的序幕。实行大部门体制，就是要把政府相同或者比较相近的职能加以整合，归入一个部门为主管理，其他有关部门协调配合；或者把职能相同或者比较相近的机构归并到一个较大的部门。在这次改革中，构建大部制是按照精简、统一、效能的原则和决策、执行、监督相协调的要求，建立决策科学、权责对等、分工合理、执行顺畅、监督有力的行政管理体制，以加快服务型政府的建立。而且与此前几次行政体制改革最大的不同是，"大部制"方案中加入了"决策、执行、监督"分立的意图。虽然之前的几次改革中也曾经出现过"大部制"的趋势，如1988年的机构改革就组建了几个实行综合管理的大部，2003年的机构改革将国内贸易与对外贸易职能和机构进行整合组建商务部，然而新一轮的机构改革所提倡的"大部制"不再是简单地把职能相近、业务相同或者相近的部门合并或拆减，而是对"三权"进行厘清并使其相互制约，形成良好的权力制衡与监督的运行机制。显然，为了克服和解决当时存在的政出多门、九龙治水、权责脱节等政府管理问题，对大部门体制进行探索是必要的。因此，要站在历史新时期的高度来看待这次以大部制为重点的行政机构改革，它将成为新时期机构改革的关键和重点。

由于大部制涉及面广，较为敏感复杂，也缺乏成熟的经验，所以只能摸索着进行试验。而且在实施大部门制改革时，要认识到这是个长期的过程，不能操之过急。同时，注意大部门的规模要适度，要做到大部门中职能的有效整合和部门间力量的均衡，使改革在未来几年有计划有步骤地进行。

三、2013年行政机构改革

2012年11月8日，中国共产党第十八次全国代表大会在北京召开。胡锦涛在党的十八大报告中提出："行政体制改革是推动上层建筑适应经济基础的必然要求。要按照建立中国特色社会主义行政体制目标，深入推进政企分开、政资分开、政事分开、政社分开，建设职能科学、结构优化、廉洁高效、人民满意的服务型政府……稳步推进大部门制改革，健全部门职责体系。"2013年2月，党的十八届二中全会审议通过《国务院机构改革和职能转变方案》，建议国务院将该方案提交第十二届全国人民代表大会第一次会议审议。2013年3月14日，第十二届全国人民代表大会第一次会议审议批准《国务院机构改革和职能转变方案》，新一轮国务院机构改革正式开始。

根据党的十八大和十八届二中全会精神，这次国务院机构改革，重点围绕转变职能和理顺职责关系，稳步推进大部门制改革，实行铁路政企分开，整合加强卫生和计划生育、食品药品、新闻出版和广播电影电视、海洋、能源管理机构。改革的具体内容是：

（1）实行铁路政企分开。将铁道部拟定铁路发展规划和政策的行政职责划入交通运输部。交通运输部统筹规划铁路、公路、水路、民航发展，加快推进综合交通运输体系建设。组建国家铁路局，由交通运输部管理，承担铁道部的其他行政职责，负责拟定铁路技术标准，监督管理铁路安全生产、运输服务质量和铁路工程质量等。组建中国铁路总公司，承担铁道部的企业职责，负责铁路运输统一调度指挥，经营铁路客货运输业务，承担专运、特运任务，负责铁路建设，承担铁路安全生产主体责任等。不再保留铁道部。

（2）组建国家卫生和计划生育委员会。将卫生部的职责、国家人口和计划生育委员会的计划生育管理和服务职责整合，组建国家卫生和计划生育委员会。将国家人口和计划生育委员会的研究拟定人口发展战略、规划及人口政策职责划入国家发展和改革委员会。国家中医药管理局由国家卫生和计划生育委员会管理。不再保留卫生部、国家人口和计划生育委员会。

（3）组建国家食品药品监督管理总局。将国务院食品安全委员会办公室的职责、国家食品药品监督管理局的职责、国家质量监督检验检疫总局的生产环节食品安全监督管理职责、国家工商行政管理总局的流通环节食品安全监督管理职责整合，组建国家食品药品监督管理总局。将工商行政管理、质量技术监督部门相应的食品安全监督管理队伍和检验检测机构划转食品药品监督管理部门。保留国务院食品安全委员会，具体工作由国家食品药品监督管理总局承担。国家食品药品监督管理总局加挂国务院食品安全委员会办公室牌子。新组建的国家卫生和计划生育委员会负责食品安全风险评估和食品安全标准制定。农业部负责农产品质量安全监督管理。将商务部的生猪定点屠宰监督管理职责划入农业部。不再保留国家食品药品监督管理局和单设的国务院食品安全委员会办公室。

（4）组建国家新闻出版广电总局。将国家新闻出版总署、国家广播电影电视总局的职责整合，组建国家新闻出版广电总局。国家新闻出版广电总局加挂国家版权局牌子。不再保留国家广播电影电视总局、国家新闻出版总署。

（5）重新组建国家海洋局。将现国家海洋局及其中国海监、公安部边防海警、农业部中国渔政、海关总署海上缉私警察的队伍和职责整合，重新组建国家海洋局，由国土资源部管理。国家海洋局以中国海警局名义开展海上维权执法，接受公安部业务指导。为加强海洋事务的统筹规划和综合协调，设立高层次议事协调机构国家海洋委员会，负责研究制定国家海洋发展战略，统筹协调海洋重大事项。国家海洋委员会的具体工作由国家海洋局承担。

（6）重新组建国家能源局。将现国家能源局、国家电力监管委员会的职责整合，重新组建国家能源局，由国家发展和改革委员会管理。不再保留国家电力监管委员会。

改革后，除国务院办公厅外，国务院组成部门为：外交部、国防部、国家发展和改革委员会、教育部、科学技术部、工业和信息化部、国家民族事务委员会、公安部、国家安全部、监察部、民政部、司法部、财政部、人力资源和社会保障部、国土资源部、环境保护部、住房和城乡建设部、交通运输部、水利部、农业部、商务部、文化部、国家卫生和计划生育委员会、中国人民银行、审计署；国务院直属特设机构为：国务院国有资产监督管理委员会；国务院直属机构为：中华人民共和国海关总署、国家税务总局、国家工商行政管理总局、国家质量监督检验检疫总局、国家新闻出版广电总局、国家体育总局、国家安全生产监督管理总局、国家食品药品监督管理总局、国家统计局、国家林业局、国家知识产权局、国家旅游局、国家宗教事务局、国务院参事室、国家机关事务管理局；国务院办事机构为：国务院侨务办公室、国务院港澳事务办公室、国务院法制办公室、国务院研究室。总计部委机构二十五个、直属特设机构一个、直属机构十五个、办事机构四个。

2008年机构改革在实行大部制方面迈出坚实步伐,大部门制轮廓初现。在此基础上,2013年机构改革围绕转变职能和理顺职责关系,继续推进大部制改革,具有一些鲜明的特点。

(1)机构改革和职能转变相结合。改革开放以来的六次机构改革方案都叫《国务院机构改革方案》。本次将机构改革和职能转变结合在一起,称之为《国务院机构改革和职能转变方案》,突出了以职能转变为核心的机构改革特点。大部制改革不是简单的机构合并,关键在于转变职能、理顺职责。这次机构改革整合加强卫生和计划生育、食品药品、新闻出版和广播电影电视、海洋、能源管理机构,该整合的整合、该调整的调整、该加强的加强,为政府履行职能提供了组织保障。

(2)特别强调权力下放。虽然这次机构调整数量不大,但是放权思想相当明确。本次机构改革和职能转变重点解决政府和市场、政府和社会的关系问题,强调政府给市场放权,发挥市场在资源配置中的基础性作用;特别强调政府对社会放权,发挥社会力量在管理社会事务中的作用。

(3)积极回应社会热点问题。机构改革需要回应社会关切,同经济社会的发展相适应。本次国务院机构改革和职能转变坚持人民主体地位,积极回应人民群众高度关注的社会问题,比如食品药品安全问题。本次机构改革对有关机构和职责进行整合,组建国家食品药品监督管理总局,对食品药品实行统一监督管理,为食品药品安全提供了组织保障。

四、2018年行政机构改革

2017年10月18日，中国共产党第十九次全国代表大会在北京召开。习近平总书记在党的十九大报告中提出："统筹考虑各类机构设置，科学配置党政部门及内设机构权力、明确职责……转变政府职能，深化简政放权，创新监管方式，增强政府公信力和执行力，建设人民满意的服务型政府。赋予省级及以下政府更多自主权。在省市县对职能相近的党政机关探索合并设立或合署办公。"2018年2月，党的十九届三中全会审议通过《中共中央关于深化党和国家机构改革的决定》和《深化党和国家机构改革方案》，同意把《深化党和国家机构改革方案》的部分内容按照法定程序提交第十三届全国人民代表大会第一次会议审议。2018年3月17日，第十三届全国人民代表大会第一次会议审议批准了《国务院机构改革方案》，本轮国务院机构改革正式开始。

根据党的十九大和十九届三中全会部署，深化国务院机构改革，要着眼于转变政府职能，坚决破除制约使市场在资源配置中起决定性作用、更好发挥政府作用的体制机制弊端，围绕推动高质量发展，建设现代化经济体系，加强和完善政府经济调节、市场监管、社会管理、公共服务、生态环境保护职能，结合新的时代条件和实践要求，着力推进重点领域和关键环节的机构职能优化和调整，构建起职责明确、依法行政的政府治理体系，提高政府执行力，建设人民满意的服务型政府。

本次国务院机构改革涉及面广，不仅对国务院组成部门进行了调整，而且对国务院直属机构、国务院办事机构、国务院部委管理的国家局以及国务院直属事业单位进行了改革。改革的主要内容是：

（1）国务院组成部门调整:①组建自然资源部,对外保留国家海洋局牌子,不再保留国土资源部、国家海洋局、国家测绘地理信息局。②组建生态环境部,对外保留国家核安全局牌子,不再保留环境保护部。③组建农业农村部,不再保留农业部。④组建文化和旅游部,不再保留文化部、国家旅游局。⑤组建国家卫生健康委员会,保留全国老龄工作委员会,日常工作由国家卫生健康委员会承担;民政部代管的中国老龄协会改由国家卫生健康委员会代管;国家中医药管理局由国家卫生健康委员会管理;不再保留国家卫生和计划生育委员会;不再设立国务院深化医药卫生体制改革领导小组办公室。⑥组建退役军人事务部。⑦组建应急管理部,中国地震局、国家煤矿安全监察局由应急管理部管理;公安消防部队、武警森林部队转制后,与安全生产等应急救援队伍一并作为综合性常备应急骨干力量,由应急管理部管理;不再保留国家安全生产监督管理总局。⑧重新组建科学技术部,对外保留国家外国专家局牌子;国家自然科学基金委员会改由科学技术部管理。⑨重新组建司法部,不再保留国务院法制办公室。⑩优化水利部职责,不再保留国务院三峡工程建设委员会及其办公室、国务院南水北调工程建设委员会及其办公室。⑪优化审计署职责,不再设立国有重点大型企业监事会。⑫监察部并入新组建的国家监察委员会,国家预防腐败局并入国家监察委员会,不再保留监察部、国家预防腐败局。

（2）国务院直属机构调整:①组建国家市场监督管理总局,不再保留国家工商行政管理总局、国家质量监督检验检疫总局、国家食品药品监督管理总局。②组建国家广播电视总局,不再保留国家新闻出版广电总局。③组建国家国际发展合作署。④组建国家医疗保障局。⑤改革国税地税征管体制，将省级和省级以下国税地税机构合并，实行以国家税务总局为主与省（区、市）人民政府双重领导管理体制。

（3）国务院办事机构调整：①不再保留国务院法制办公室。②不再保留国务院侨务办公室。

（4）国务院部委管理的国家局调整：①组建国家粮食和物资储备局，由国家发展和改革委员会管理，不再保留国家粮食局。②组建国家移民管理局，加挂中华人民共和国出入境管理局牌子，由公安部管理。③组建国家林业和草原局，由自然资源部管理，国家林业和草原局加挂国家公园管理局牌子，不再保留国家林业局。④组建国家药品监督管理局，由国家市场监督管理总局管理。⑤重新组建国家知识产权局，由国家市场监督管理总局管理。

（5）国务院直属事业单位调整：①组建中国银行保险监督管理委员会，不再保留中国银行业监督管理委员会、中国保险监督管理委员会。②调整全国社会保障基金理事会隶属关系，将全国社会保障基金理事会由国务院管理调整为由财政部管理，作为基金投资运营机构，不再明确行政级别。

作为党和国家机构改革的重要组成部分，本次国务院机构改革除了在自身系统内进行机构调整之外，还将范围延伸到其他系统，如国务院系统的部门（或职责）与党和国家系统的部门进行合并合署，改变领导和管理关系等。主要包括：①将监察部、国家预防腐败局的职责，最高人民检察院查处贪污贿赂、失职渎职以及预防职务犯罪等反腐败相关职责整合，组建国家监察委员会，同中央纪律检查委员会合署办公，履行纪检、监察两项职责，实行一套工作机构、两个机关名称。②将国家行政学院和中央党校的职责整合,组建新的中央党校(国家行政学院),实行一个机构两块牌子,作为党中央直属事业单位。③将国家公务员局并入中央组织部,中央组织部对外保留国家公务员局牌子,不再保留单设的国家公务员局。④将国家新闻出版广电总局的新闻出版管理职责划入中央宣传部,中央宣传部对外加挂国家新闻出版署(国家版权局)牌子。⑤将国家新闻出版广电总局的电影管理职责划入中央宣传部,中央宣传部对外加挂国家电影局牌子。⑥将国家宗教事务局并入中央统战部,中央统战部对外保留国家宗教事务局牌子,不再保留单设的国家宗教事务局。⑦将国务院侨务办公室并入中央统战部,中央统战部对外保留国务院侨务办公室牌子,不再保留单设的国务院侨务办公室。⑧将国家民族事务委员会归口中央统战部领导,国家民族事务委员会仍作为国务院组成部门。⑨将国家计算机网络与信息安全管理中心由工业和信息化部管理调整为由中央网络安全和信息化委员会办公室管理。

改革后,除国务院办公厅外,国务院组成部门为:外交部、国防部、国家发展和改革委员会、教育部、科学技术部、工业和信息化部、国家民族事务委员会、公安部、国家安全部、民政部、司法部、财政部、人力资源和社会保障部、自然资源部、生态环境部、住房和城乡建设部、交通运输部、水利部、农业农村部、商务部、文化和旅游部、国家卫生健康委员会、退役军人事务部、应急管理部、中国人民银行、审计署。国务院直属特设机构为:国有资产监督管理委员会;国务院直属机构为:海关总署、国家税务总局、国家市场监督管理总局、国家广播电视总局、国家体育总局、国家统计局、国家国际发展合作署、国家医疗保障局、国务院参事室、国家机关事务管理局。国务院办事机构为国务院港澳事务办公室、国务院研究室。国务院部委管理的国家局为：国家信访局、国家能源局、国家烟草专卖局、国家林业和草原局、中国民用航空局、国家文物局、国家煤矿安全监察局、国家药品监督管理局、国家粮食和物资储备局、国家国防科技工业局、国家移民管理局、国家铁路局、国家邮政局、国家中医药管理局、国家外汇管理局、国家知识产权局。国务院直属事业单位为：新华通讯社、中国科学院、中国社会科学院、中国工程院、国务院发展研究中心、中央广播电视总台、中国气象局、中国银行保险监督管理委员会、中国证券监督管理委员会。总计国务院办公厅一个、组成部门二十六个、直属特设机构一个、直属机构十个、办事机构两个、国务院部委管理的国家局十六个、直属事业单位九个，共六十五个工作部门。

2018年机构改革是在中国特色社会主义从"新时期"进入"新时代"，我国社会主要矛盾由人民日益增长的物质文化需要同落后的社会生产之间的矛盾转化为人民日益增长的美好生活需要和不平衡不充分的发展之间的矛盾的时代背景下进行的一次机构改革。与改革开放以来历次机构改革相比，2018年机构改革在广度、深度和力度上都具有一些鲜明的特点。

（1）注重改革的系统性、整体性、协同性。本次行政机构改革是在深化党和国家机构改革的背景下进行的，区别于以往的"党政""国务院"机构改革，更加注重系统性、整体性、协同性。1982年、1988年和1993年机构改革是党政同步进行；1998年国务院机构改革，1999年党中央部门机构改革；21世纪以来2003年、2007年、2013年都只进行国务院机构改革,没有进行党中央部门机构改革。本次机构改革强调统筹推进党政军群机构改革,既要解决当前最突出的矛盾和短板,又要关注基础性和长远性的体制和框架建设,既要深化党政机构改革,又要同步推进群团组织、企事业单位、社会组织的机构改革,改革力度之大、影响面之广、触及的利益关系之复杂,都是少有的,是一场系统性、整体性、重构性的变革。

（2）突出政府公共服务职能。改革开放以来,国务院机构历次改革走出了一条从调整经济管理部门到社会管理部门再到公共服务部门的改革道路。此次国务院机构改革更加强调公共服务部门的调整,在教育文化、卫生健康、医疗保障、退役军人服务、移民管理服务、生态环保、应急管理等人民群众普遍关心的领域加大机构调整力度,着力组建一批新机构,强化政府公共服务职能,是建设人民满意的服务型政府进程中的又一个里程碑。

（3）强调统筹党政机构设置。历次机构改革基本是党中央系统或国务院系统内改革,本次机构改革强调统筹党政机构设置,党的有关机构可以同职能相近、联系紧密的其他部门统筹设置,实行合并设立或合署办公。党政机构合署办公的有：中央纪律检查委员会和国家监察委（监察部、国家预防腐败局、最高检部分职责）;党政机构合并设立的有：国家公务员局并入中组部,原国家新闻出版广电总局的新闻出版和电影管理职责划入中宣部,国家宗教事务局、国务院侨务办公室并入中央统战部,中央防范和处理邪教问题领导小组及其办公室的部分职责划入公安部,中央党校和国家行政学院组建新的中央党校（国家行政学院）。

（4）体现优化协同高效原则。本次机构改革提出以加强党的全面领导为统领，以国家治理体系和治理能力现代化为导向，以推进党和国家机构优化协同高效为着力点，改革机构设置，优化职能配置，深化转职能、转方式、转作风，提高效率效能。机构改革原则已从历次的精简统一效能转变为优化协同高效，突出体现机构改革要科学合理、权责一致，有统有分、有主有次，履职到位、流程顺畅。与2013年机构改革相比，国务院组成部门数量由二十五个改成二十六个，并没有减少，但是通过拆分整合，各机构设置更加优化、职能配置更加协同、机制运行更加高效。

总之，改革开放四十年来，无论是经济总量、工业化程度、政治文明以及教育水平等各个方面，我国都已经跃上了一个新的台阶，整个社会已经进入了一个全新的发展时期。因此，在行政机构改革方面，要在执政党和政府的统一部署下，在总结我们自己经验教训以及借鉴其他国家机构改革的成功经验的前提下，进一步加强理论研究和实践，逐步做到从根本上转变政府职能，形成"权责一致、分工合理、决策科学、执行顺畅、监督有力的行政管理体制"，为我国各项事业的发展奠定坚实的组织和管理基础。

第四节　改革开放四十年来行政机构改革的思考

通过对新中国成立以后特别是改革开放四十年以来行政机构改革的回顾可以看出，四十年间政府机构一直在持续地改革和调整中不断完善。但是机构改革不是一劳永逸的，而是一项艰巨而复杂的工程。

我们既看到了成绩，也发现了其中存在的一些问题。可以说，机构改革的发展的确给了我们很多启示。只有善于总结机构改革过程中的经验和教训，才能为以后的机构改革之路奠定更好的基础。

一、深化机构改革应该坚持的原则

（1）注重提高效能的原则。我国以往的机构改革遵循的是精简、效能、统一的原则。鉴于以往机构设置中存在机构重叠、职能交叉等问题，因此适当调整政府的组织结构、精兵简政，对于解决这些问题起着积极的作用。贯彻这个原则，就要加强宏观调控部门，建立健全强有力的宏观调控体系；调整和减少专业经济部门，对于专业经济部门要坚持实行政企分开，同时大力发展中介组织和社会服务部门，建立统一的社会保障和社会服务体系，以加强政府的管理和服务能力。同时，在实行精简统一的基础上，注意巩固历次机构改革的成果，着力提高政府行政管理的效能。2018年党和国家的机构改革提出新的机构改革原则，即"以推进党和国家机构职能优化协同高效为着力点，改革机构设置，优化职能配置，深化转职能、转方式、转作风，提高效率效能……"优化就是科学合理、权责一致，协同就是有统有分、有主有次，高效就是履职到位、流程顺畅。机构改革原则的明确，有利于引导机构改革切实取得成效。

（2）权责一致的原则。政府机构改革必须要遵循权责一致的原则，调整政府部门的职责权限，明确部门之间的职能分工，把相同或相近的职能交由一个部门承担。同时，理顺各级政府之间的关系，克服多头管理、政出多门的弊端。另外，还要对权力行使进行有力的监督、避免权责脱节,确保权责相符。

(3)政企分开的原则。自从高度集中的计划经济体制被社会主义市场经济体制取代后, 机构改革的关键就是要切实转变政府职能,实现政企分开,以适应市场经济的发展。政府和企业的关系要重新界定,强化政府的宏观调控和间接管理职能, 弱化对企业的微观管理职能。政府要从单一地利用行政手段转变为综合地使用法律、经济和行政等手段来促进市场经济的发展, 真正把政府的职能转变到经济调节、市场监管、社会管理和公共服务上来。

(4)依法改革的原则。依法治国是党领导人民治理国家的基本方略。加强行政管理的法治化,实行依法行政是依法治国的重要环节。因此,机构改革追求的目标之一也是依法改革。以往的机构改革出现非良性循环,很重要的一个原因就是没有强有力的约束规范机制,改革的成果不能及时巩固,改革中出现很大的随意性。因此,应该贯彻依法改革原则,按照法律法规对行政主体的行为进行规范,政府机构的设置与编制必须要有法律依据,做到将行政组织、职能、工作程序等都纳入法制化的轨道。这样既可以保证机构改革的科学化,又维护了机构变动的秩序化。

(5)一切从实际出发的原则。虽然世界各国都在不同的社会发展阶段进行行政机构改革,而且其改革经验可能具有一定的共同性。但是由于各国的经济发展水平、政治制度和文化等各方面的差异,每个国家在行政管理体制和组织机构设置及其变动方面又都具有自己的特殊性。中国是发展中国家,处于社会主义初级阶段,实行以公有制为主体的社会主义经济制度。同时,我国的各地区也是情况各异,发展很不平衡,因此在行政机构改革中,一定要做到一切从实际出发,从国情出发,实事求是,因地制宜地采取措施解决问题。

二、深化机构改革应当具备的条件

在改革开放四十年的今天,中国经济社会在迅猛发展,政府对机构改革的认知在不断深化,机构改革也因此获得了各方面的动力而不断完善。但不容忽视的是,深化机构改革仍然需要一定的条件,条件的缺失会使未来的机构改革遇到阻碍。

(1)政治体制改革的跟进。改革开放以来,经济的飞速发展有目共睹,市场经济体制的建立,世界贸易组织的加入,使我国经济体制改革取得了辉煌的成就。与之相比,政治体制改革较为滞后,而作为政治体制改革的一项重要任务,同时也是政治体制改革重要组成部分的机构改革需要政治体制改革的支撑。政治体制改革滞后,自然会阻碍行政机构改革的发展。因此,要加快政治体制改革的步伐,扩大社会主义民主,健全社会主义法制,使行政机构改革与政治体制改革、经济体制改革配套进行。

(2)中央与地方权力的合理配置。毋庸置疑,权力的下放在一定程度上确实能够提高地方政府的积极性,但前提是中央对地方权力的收放必须要建立在适度的基础上,适度放权、适当收权,该放的一定要放,该收的也一定要集中。然而现行宪法和组织法关于中央和地方权力配置的规定过于笼统、原则,可能导致处理这一问题具有随意性。如果放权和集中不能做到科学和规范,机构改革也会遭遇障碍。

(3)配套改革要同步进行。行政机构改革是一项系统工程,不能只就机构论机构，机构改革不能孤军奋战。机构改革目标的实现取决于一系列的配套改革。如编制立法缺失在一定程度上可能削弱"三定"方案的可行性和改革成果的巩固；干部人事制度改革的滞后、政府内部缺乏激励机制都会成为人员分流和提高行政效率的阻力；工资制度、社会保障制度等的不完善会造成人员分流的困难。这些配套改革的滞后或不完善都会对行政机构改革的顺利进行形成阻碍。

（4）现代观念的确立。我国传统的"官本位"思想在现代的国民意识和行政文化中仍然影响颇深。作为身份和地位的象征，官职级别的高低很大程度上体现着一个人的成就、地位和价值。因此，行政机构改革需要人员的分流、权力的调整，可能对权力的拥有者带来挑战；另外，机构改革意味着公务员的工作内容、工作方式、工作环境、工作福利等发生改变，而习惯于稳定工作环境的公务员不愿主动接受这些变化，这些在认识上的偏差和心理状态可能制约机构改革的深入进行。

三、行政机构改革的经验

经过几十年的曲折发展，理论界和实务界对于机构改革的认识逐渐明确和清晰，而这种认识反过来又对机构改革的深入进行具有积极的指导意义。总结机构改革的理论和实践，可以将我国机构改革的经验归纳为以下四个方面：

（一）行政机构改革是一项复杂艰巨的工程

行政组织是执行国家意志、处理公共事务的国家政权组织，其工作范围涵盖了内政、外交、财政、教育、文化、治安等各个方面。因此，行政组织从工作内容来讲具有综合性，从组织内各机构的设立与关系来讲具有复杂性。因此，机构改革不能企求一蹴而就，特别是在当代中国社会的转型期，由于经济体制的转变直到后来市场经济的建立和发展，机构设置和改革的模式一直在努力跟循经济体制改革的轨迹，适应经济体制改革的需要。在这种情况下就更不能指望通过改革一步实现机构改革的目标。这就说明为什么在改革开放业已走过四十年的今天，机构改革依旧是我们国家的大事和难事，就是因为机构改革的复杂性和艰巨性。"精简机构是一场革命""改革是中国的第二次革命"。对于这样一个"牵一发而动全身"的改革，对于这样一个涉及众多人利益甚至是事关全局的改革，必须要根据国家环境的变化在理论上不断地研究，明确机构改革的长期性、渐进性；在实践中不断地探索，积极稳妥地推进机构改革的实际进程。

（二）转变政府职能是行政机构改革的关键

经过四十年来关于机构改革和政府职能转变的理论探索和实践后，执政党和政府关于政府职能转变对于机构改革的作用有了越来越深刻的认识。从改革实践来看，机构改革不能仅仅满足于机构与编制的精简，否则就会造成行政权力在上下级和同级政府不同部门之间放收这样一种治标不治本的现象。事实上，政府职能是机构设置的依据，政府职能转变也是机构设置模式改革的依据。有什么样的职能才能设立什么样的机构。如果职能不清，机构臃肿、冗员过多的现象就很容易产生。从1988年的机构改革第一次明确提出要转变政府职能开始，到社会主义市场经济体制的建立急需政府转变职能以适应市场经济的发展，再到改革开放四十年的今天，转变政府职能越来越成为机构改革的重中之重。在一定意义上说，机构改革能否成功，关键在于政府职能是否真正转变到经济调节、市场监管、社会管理、公共服务和生态环境保护上来。只有抓住转变政府职能这个主要矛盾，机构改革才能顺利进行。因此，要坚持政企分开，在管理经济上，政府要由运用行政手段为主转向综合地运用经济手段、法律手段以及必要的行政手段，加强政府的宏观调控职能，减少政府的微观管理职能，将过去的"划桨政府"转变为"掌舵政府"。

（三）行政机构改革既需理顺行政组织内部关系，又需理顺行政组织外部关系

（1）关于行政组织的内部关系，首要是指中央政府和地方政府的关系。应该在保证中央统一领导的前提下，扩大地方的管理权限。这样一方面可以调动地方政府的积极性，另一方面还与中国各地区经济发展不平衡的现状相适应，下放给地方一定的权限，才能因地制宜地进行管理，同时中央也可以集中精力行使制定政策、进行宏观管理等职能。另外，机构改革不能仅仅着眼于机构数量的增减上，还应该注重行政系统内部的结构优化，即不仅要有善于运筹帷幄的决策机构，富有效率的执行机构，还要有强有力的监督机构，反馈准确灵敏的信息机构以及学科全面的咨询机构。只有协调好上述各机构的关系，才能使机构改革更有成效。

（2）关于行政组织的外部关系，主要是指要处理好政企关系、政事关系和政社关系。就政企关系来看，核心就是政企分开，让曾经隶属于政府的企业自主经营、自负盈亏、自我约束、自我发展；就政事关系来说，要在实现政事分开的基础上，大力发展社会中介组织，使政府的一部分服务转由它们提供；就政社关系来说，要充分尊重并发挥基层群

众团体和基层群众性自治组织的作用，逐步做到群众的事情自己管理。这些都为机构改革的良性发展铺平了道路。

(四)机构改革既要立足本国国情,又要大胆吸取和借鉴

对于中国这样一个幅员辽阔、各地区发展不平衡的大国来说,机构改革必须要根据自己的国情,一切从实际出发,实事求是地进行。正如邓小平所指出的那样:"根据自己的特点,自己国家的情况,走自己的路。"①同时,既要善于吸取历次机构改革积累下来的丰富经验,又要大胆借鉴世界各国特别是西方发达国家行政机构改革中的经验。如英国政府在机构改革中一直坚持"先立法后改革"的做法,地方政府若需要增设机构或人员必须首先由中央主管部门审核后,报议会决定。英国政府还非常重视管理的效能和服务质量,先后引入过"输入预算法""效率评审计划""市场检验改革",尽可能少花钱多办事。日本政府一直采取渐进式改革,每次都是由总务厅经过详细的调查研究并与各省厅充分协商,制定出削减雇员计划方案;大藏省据此进行调整预算后,提交内阁会议审议,最后发布"定员令"。对于行政服务质量,日本政府一直坚持"亲切、廉洁、效能"的宗旨,还组建高效精干的改革领导班子,重视发挥咨询机构的作用。②当然,还有很多国家的机构改革的经验值得我们学习,对于这些我们可以灵活地有选择性地借鉴。借鉴有益的经验,机构改革可以少走弯路,改革成效也会更加明显。

---

① 《邓小平文选》(第三卷),人民出版社,1994年,第256页。

② 参见辛传海:《中国行政体制改革概论》,中国商务出版社,2006年,第69页。

四、对未来行政机构改革的展望

改革开放以来，我国集中进行了八次行政机构改革，初步构建了现代组织结构和职能体系，推动了改革开放和社会主义现代化建设。基于改革开放以来历次机构改革的经验和教训，未来行政机构改革应注重以下四个方面：

（一）科学配置行政部门内设机构权力和职责

改革开放以来，历次机构改革都是着重对国务院组成部门、直属机构、办事机构的调整，而对部门内设业务部门的改革有限。特别是2008年实行大部制改革以来，有些职能相近的部委通过合并形成超级大部后，部门内设机构并没有进行整合，副部级、司局级机构数量繁多，各内设业务部门权责交叉问题突出。未来，行政机构改革应做好行政部门内设机构权责的调整与优化，逐渐从"大部门"深化到"大司局"和"大处室"改革，通过法定方式细化和明确内设机构的权力和职责范围。

（二）以"大部制"和"双合制"推动机构改革

"大部制"和"双合制"是机构改革的两种主要方式。虽然大部门体制是在党的十七大明确提出，但是改革开放历次机构改革都有职能相近的部门合并的实践，2008年之后的几次机构改革发展和深化了大部制改革。而党政机构合署办公或合并设立（简称"双合制"）是党的十九大提出的，在2018年党和国家机构改革中付诸实践，成为解决党政机构重叠、职责交叉、权责脱节的重要方式。在统筹党政机构设置的背景下，通过大部制整合职能相近的行政机构，通过双合制优化职能相近的党委机构和行政机构将成为未来机构改革的重要方向。

（三）机构改革更加注重社会管理、公共服务和生态环境保护职能

自1988年机构改革首次提出“转变政府职能是机构改革的关键”的命题以来，职能转变成为之后机构改革的核心。1988年、1993年和1998年三轮机构改革是以政府经济管理职能转变为重点，主要涉及政企分开和政府经济管理方式的合理化；2003年、2008年、2013年三轮机构改革则是以加强和改善宏观调控，更加注重社会管理和公共服务职能为主。2018年机构改革更是在教育文化、卫生健康、医疗保障、退役军人服务、移民管理服务、生态环保、应急管理等方面加大了机构调整力度。未来，行政机构改革应更注重加强和完善政府社会管理、公共服务特别是生态环境保护职能。

（四）推进机构编制法定化

推进机构编制法定化是全面依法治国的内在要求，是深化机构改革的必然要求，也是创新机构编制管理、提升管理水平的重要举措。当前，我国国务院组织法和地方组织法对于机构编制的规定也比较笼统、简约，已不完全适应机构改革发展的需要。始于1988年机构改革的“三定”在实际中存在落实不到位的情况，自创职能、自设机构、自定编制的现象时有发生。未来，推进机构改革必须要加强机构编制法律法规建设，加快推进机构、职能、权限、程序、责任法定化，逐步深化行政管理体制改革。

附录:大事记

1. 1982年1月,邓小平在中共中央政治局讨论中央机构精简问题会议上作"精简机构是一场革命"的讲话,并提出将这个问题提到议事日程上来。

2. 1982年3月8日,第五届人民代表大会常务委员会第二十二次会议通过了关于国务院机构改革问题的决议,开始了改革开放后第一次行政机构改革。

3. 1988年4月9日,第七届全国人民代表大会第一次会议通过了国务院机构改革方案。这次机构改革第一次提出机构改革要和转变政府职能相结合,强调减少政府机构直接干预企业经营活动的职能,增强宏观调控能力。

4. 1993年3月22日,第八届全国人民代表大会第一次会议审议并通过了《关于国务院机构改革方案的决定》。这次机构改革的任务是实现政企分开,加强政府的宏观调控、社会保障和监督职能,弱化微观管理职能。机构改革的重点是减少对企业的直接管理和具体的审批事务,强化政府监督管理部门和社会管理职能部门,分步撤并专业管理部门。

5. 1998年3月10日,第九届全国人民代表大会第一次会议审议通过了《关于国务院机构改革方案的决定》。本次改革是历次机构精简比例最高的一次,国务院组成部门由四十个减为二十九个,各部委机关干部编制总数减少将近一半。国务院机构改革后,地方各级政府也随之进行了机构改革。

6. 2003年2月24日—26日，党的十六届二中全会审议并通过了《关于深化行政管理体制和机构改革的意见》，国务院据此形成了《国务院机构改革方案》，于2003年3月6日提请十届人大一次会议审议。3月10日，第十届全国人民代表大会第一次会议审议通过。这次机构改革不再是单纯的增减机构，主要调整的目的是解决行政管理体制中遇到的一些突出矛盾和问题，为促进改革开放和现代化建设提供必要的保障。

7. 2007年10月15日，在中国共产党第十七次全国代表大会上，胡锦涛总书记明确提出，"要加大机构整合力度，探索实行职能有机统一的大部门体制，健全部门间协调配合机制"。

8. 2008年3月15日，第十一届全国人民代表大会第一次会议召开，审议并批准了《关于国务院机构改革方案的决定》，以大部门体制为核心的机构改革拉开了新一轮政府改革攻坚战的序幕。

9. 2012年11月8日，在中国共产党第十八次全国代表大会上，胡锦涛总书记提出，"行政体制改革是推动上层建筑适应经济基础的必然要求。要按照建立中国特色社会主义行政体制目标，深入推进政企分开、政资分开、政事分开、政社分开，建设职能科学、结构优化、廉洁高效、人民满意的服务型政府……稳步推进大部门制改革，健全部门职责体系"。

10. 2013年3月14日，第十二届全国人民代表大会第一次会议审议批准《国务院机构改革和职能转变方案》，继续深化大部门体制改革。

11. 2017年10月18日，在中国共产党第十九次全国代表大会上，习近平总书记提出，"统筹考虑各类机构设置，科学配置党政部门及内设机构权力、明确职责……赋予省级及以下政府更多目主权。在省市县对职能相近的党政机关探索合并设立或合署办公"。

12. 2018年2月28日，党的十九届三中全会审议通过《中共中央关于深化党和国家机构改革的决定》和《深化党和国家机构改革方案》。2018年3月17日，第十三届全国人民代表大会第一次会议审议批准了《国务院机构改革方案》，在深化党和国家机构改革大背景下，新一轮行政机构改革开始。

参考文献

1.《邓小平文选》(第二卷)，人民出版社，1994年。

2.《邓小平文选》(第三卷)，人民出版社，1994年。

3. 薄贵利：《国务院机构改革述评》，《新视野》，1999年第3期。

4. 党秀云：《公共行政学》，辽宁出版社，2005年。

5. 国家机构编制委员会办公室编：《中外政府行政管理发展趋势》，新华出版社，1990年。

6. 金太军、赵晖：《公共行政管理学新编》，华东师范大学出版社，2006年。

7. 李寿初：《中国政府制度》，中国中央党校出版社，2005年。

8. 刘智峰：《第七次革命》，中国社会科学出版社，2003年。

9. 毛泽东：《毛泽东文集》(第七卷)，人民出版社，1977年。

10. 荣仕星：《实用行政管理学》，人民出版社，2004年。

11. 沈亚平、王骚主编：《社会转型与行政发展》，南开大学出版社，

2005年。

　　12. 沈亚平：《行政学》，南开大学出版社，2003年。

　　13. 宋德福：《中国政府管理与改革》，中国法制出版社，2001年。

　　14. 孙建波、彭军：《政府机构改革的前车之鉴》，《南京大学学报》，1999年第4期。

　　15. 陶学荣、陶睿：《中国行政体制改革研究》，人民出版社，2006年。

　　16. 王浦劬、江荣海：《政治与行政管理论丛》，天津人民出版社，1999年。

　　17. 辛传海：《中国行政体制改革概论》，中国商务出版社，2006年。

　　18. 张尚仁、杨翟：《政府改革论纲》，国家行政学院出版社，2005年。

　　19. 张志坚：《中国机构改革的历史、现状和未来》，《政治学研究》，1998年第3期。

　　20. 周志忍、徐艳晴：《基于变革管理视角对三十年来机构改革的审视》，《中国社会科学》，2014年第7期。

第五章
从"传统"到"现代"：行政决策体制变革

重大问题一定要由集体讨论和决定，决定时，严格实行少数服从多数。

——邓小平（1982年）

正确决策是各项工作成功的重要前提。要建立深入了解民情、充分反映民意、广泛集中民智、切实珍惜民力的决策机制，推进决策科学化民主化。各级决策机关都要完善重大决策的规则和程序，建立社情民意反映制度，建立与群众利益密切相关的重大事项社会公示制度和社会听证制度，完善专家咨询制度，实行决策的论证制度和责任制，防止决策的随意性。

——江泽民（2002年）

要完善行政管理决策机制，坚持实行民主集中制，健全对涉及经济社会发展全局的重大事项的决策的协商和协调机制，健全对专业性、技术性较强的重大事项决策的专家论证、技术咨询、决策评估制度，健全对与群众利益密切相关的重大事项的决策的公示、听证制度，推进行政管理决策科学化、民主化。

——胡锦涛（2005年）

健全依法决策机制，构建决策科学、执行坚决、监督有力的权力运行机制。各级领导干部要增强民主意识，发扬民主作风，接受人民监督，当好人民公仆。

——习近平（2017年）

作为行政体制重要组成部分的行政决策体制，主要是决策权力在决策主体之间进行分配所形成的权力格局和决策主体在决策过程中的活动程序的总体制度体系。它主要有两个构成要件：一是决策权力。决策权力可以定义为一种法律权力，或者是在一系列可能行动中作出选择的权力，或者是影响决策者，推动他去选择自己所偏好的某一行动的权力。二是决策主体，决策者与决策参与者共同构成决策主体。行政决策权力会从各个角度进行分化，如纵向分化和横向分化，由此形成不同的决策体制。自1978年改革开放以来，伴随着我国社会全面、系统、深刻的转型以及中国特色社会主义现代化建设的深入进行，中国政府的行政决策体制发生了重大变革。当前，我国已经建立了社会主义市场经济体制，这在客观上要求中国政府建立有效的宏观调控机制，提高行政决策能力和水平，促进市场经济体制的完善。政府行政决策的科学化、民主化和法治化，既是我国政治体制改革的重要目标，也是社会主义民主政治建设的核心内容之一，更是社会转型时期中国政府行政决策体制改革的总体目标。

第一节　中国共产党决策体制改革思路的沿寻

在现代政党政治条件下，执政党的决策体制是国家决策体制的核心，甚至在某些情况和条件下，执政党的决策体制与国家的决策体制是重叠的。在中国，中国共产党处于国家决策体系的核心，其决策体制是以党的代表大会为基础，以全国代表大会、中央委员会以及政治局、政治局常务委员会为基本组织架构，以民主集中制为基本组织原则的民主决策体制。在这一体制中，核心部分是党的全国代表大会、中央委员会、中央政治局及其常委会，它是按照民主集中制的组织原则建立起来的。相应地，地方各级党的决策体制则是地方各级代表大会及其选举产生的委员会和常务委员会。回顾历史，中国共产党决策体制的发育与成长、改革与完善，经历了一个曲折的探索过程。

一、党的十一届三中全会以前中国共产党决策体制的发展历程

党的决策体制的形成，经历了一个长期的探索过程。尽管中国共产党在建党的初期就清楚地认识到，党的决策体系应该是以党的代表大会为基础的民主体制，然而由于长期的革命战争环境和中国封建家长制政治文化传统的影响，这一体制的发育与成长经历了艰辛的历程。党的十一届三中全会以前，这一历程大致经历了从建党之初到党的七大、从党的七大到党的八大、从党的八大到党的十一届三中全会

这样三个阶段①：

（一）第一阶段：从建党之初到党的七大（1921—1945年）

这一时期，在经历了建党之初的党的六届代表大会之后，党的决策体制基本建立起来。早期中国共产党采取的是代表大会年制，强调发挥代表大会在党的决策体制中的核心作用。在实践中大体上也是按照年会制的规定进行的。后来由于战争原因，从党的六大到党的七大时隔十七年之久。代表大会的作用不仅在党的中央层面上发挥了最高的决策作用，而且在军队中也发挥着重要的作用。例如，著名的"古田会议"也就是红军第四军第九次代表大会，通过了影响深远的"古田会议决议"。在组织上，党的一大鉴于当时党员的数量比较少，各地党组织尚未健全的情况，决定暂时不成立党的中央委员会，而是先行组成中央局，负责党的领导工作。党的二大正式成立了中央执行委员会。这样，在民主集中制基础上建立起来的、由党的代表大会和中央执行委员会构成的中央决策体制也就初步建立起来了。党的五大选举的中央不再称中央执行委员会，而是称作中央委员会，并选举了中央政治局、中央政治局常务委员会和中央委员会总书记。由此可见，党的五大正式从制度上形成了党的中央决策体系。其中，中央执行委员会（党的五大后称为中央委员会）和中央政治局在这一体制中起着十分重要的作用。尤其是在战争环境下，全国代表大会难以定期召开，必须充分发挥中央委员会和政治局在决策中的作用。例如，"八七会议"就是中央全会，"遵义会议"则是政治局扩大会议。这一决策体制，在党的早年成长

---

① 参见赵理富：《党的决策体系的发展历程与完善途径》，《中共山西省委党校学报》，2005年第1期。

中发挥了重要作用。到了党的七大,经过建党二十多年的探索,中国共产党的决策体制趋于完善,基本上建立起了完善的党的决策体制。

（二）第二阶段：从党的七大到党的八大（1945—1956年）

这一时期,党的决策体制的发展,主要表现在对进一步发挥党的代表大会、党的全委会在整个决策体系中的作用的深入探索上。党的决策体制建立起来以后,要真正发挥其预期的效果并不容易。这一方面是因为制度设置本身不一定合理,另一方面则是因为制度在实际生活中不一定能得到有效的执行。例如,中国共产党早期规定代表大会实行年会制,然而由于客观原因,后来并没有继续执行下去。党的七大为了使代表大会在决策中真正发挥最高决策机构的作用,规定了党的全国代表大会每三年召开一次。然而七大以后,由于受到解放战争、抗美援朝和社会主义改造等客观因素的影响,党的全国代表大会没有按照规定的三年一次正常召开。党的八大对党的代表大会这一最高决策机关作了民主化的探索,规定党的全国、省、县几级的代表大会都实行常任制。按照新的制度,党的重要决定都要经过代表大会讨论通过。代表由于是常任的,因此要向选举他们的单位负责。这样便于集中下级党组织、党员和人民群众的意见与经验,更有利于提高党的代表大会决策的科学性。党在这一时期对发挥全委会在决策体系中的作用,也作了有益的探索。最重要的是1948年中共中央发布了关于健全党委制的决定,其中明确指出党委制是保证集体领导、防止个人包办的党的重要制度。这一决定,对于加强集体领导和集体决策起了重大的作用。在党的八大上,邓小平在关于修改党章的报告中,重申了这个决定的内容和意义,对明确全委会在党的决策体制中的地位有着重要的历史意义。

（三）第三阶段：从党的八大到党的十一届三中全会（1956—1978年）

这一时期，党内决策体制的发展受到了严重挫折。主要表现在党内制度遭到破坏，党的领导人的个人意志取代了集体决策的制度。如前所述，党的八大使党的领导体制和决策体制达到了较为完善的程度。然而在党的八大之后，党内决策并没有按照民主化和科学化的制度预设来进行。党的代表大会、中央委员会的作用没有得到充分发挥。党的八大确定的党的代表大会常任制并没有得到执行。这就从根本上冲击了党的代表大会的最高决策机构的地位。这一时期，不仅党的代表大会制度受到了破坏，而且党的全委会制度也遭到不同程度的破坏。例如，党的八届十二中全会，到会中央委员不足法定人数的一半。可见，中央全会作为代表大会闭会期间的最高领导机关和决策机关，在这一时期也遭到了严重破坏。党的决策体系在制度上遭到破坏的同时，在党内决策中，集体决策的制度也已名存实亡，个人专断逐渐滋长。1957年以后，随着"反右扩大化"和后来的十年"文化大革命"的进行，党内决策权越来越集中在个别领导人的身上。

二、党的十一届三中全会以来历次党代会关于决策体制的探索

从1978年12月党的十一届三中全会至今，这是党的决策体制得以恢复、改革、发展并逐步迈向科学化、民主化和法治化的阶段。虽然党的十一届三中全会在党的决策体制上并没有作出直接的规定，然而这次会议确定了解放思想、实事求是的思想路线。这一路线，为后来党和国家领导体制的改革以及党的决策体制的改革、发展及其完善，奠定

了思想基础。此后，在党的决策体制和领导体制的改革方面，中国共产党采取了一系列措施。党的十一届五中全会制定了《关于党内政治生活的若干准则》。这一准则明确规定了党的决策集体制，这就从制度上明确了党的各级委员会在决策体制中的地位，指出了集体领导是党的领导的最高原则之一。凡是涉及党的路线、方针、政策的重大事项，重大工作任务的部署，重要干部的任免、调动和处理，涉及群众利益方面的重要问题，以及上级领导机关规定应由党委集体决定的问题，应该根据情况分别提交党的委员会、常务委员会或书记处、党组集体讨论决定，而不得由个人专断。邓小平在《党和国家领导制度的改革》一文中清算了官僚主义、权力过分集中、家长制、干部职务终身制以及形形色色的特权现象，进一步指出了党的集体领导和集体决策的重大意义。这样，在十年"文化大革命"中遭到破坏的党的决策体制，便逐步恢复和发展起来。

党的十二大开始触及决策体制的改革问题。十二大通过的党章规定：党中央不设主席，只设总书记，总书记负责召集中央政治局、政治局常务委员会会议和主持中央书记处的工作。显然，召集和主持的作用是不同的，有利于防止个人过分集权和专断。十二大以后，针对改革开放不断深入的实际，1986年6月，邓小平指出："1980年就提出政治体制改革，但没有具体化，现在应该提到议事日程上来。"①具体化的政治体制改革，包括决策体制改革在内。同年7月，在全国软科学研究工作座谈会上，万里第一次明确提出了决策民主化、科学化的目标。他指出："没有民主化，不能广开思路，广开言路，就谈不上尊重知识，尊重

① 《邓小平文选》(第三卷)，人民出版社，1993年，第160页。

人才,尊重人民的创造智慧,尊重实践经验,就没有科学化。反过来说,所谓决策的民主化,必须有科学的含义,有科学的程序和方法,否则只是形式的民主,而不是真正的民主。"①

　　1987年党的十三大报告第一次提出了"党的决策的民主化和科学化"问题:"党中央应就内政、外交、经济、国防等各个方面的重大问题提出决策",省、市、县地方党委"对地方性的重大问题提出决策"。报告指出,要进一步下放决策权力,以充分调动发挥地方的积极性和创造性。为此,提出"建立社会协商对话制度","对全国性的、地方性的、基层单位内部的重大问题的协商对话,应分别在国家、地方和基层三个不同的层次上展开"。同时,进一步强调要健全党的集体领导制度和民主集中制。这次会议提出,建立中央政治局常务委员会向中央政治局、中央政治局向中央全会定期报告工作的制度;增加中央全会每年开会的次数,使中央委员会能够更好地发挥集体决策的作用;建立中央政治局、政治局常务委员会、中央书记处的工作规则和生活制度,使集体领导制度化,加强对党的领导人的监督和制约。在健全集体决策制度的问题上,党的十三大强调了要充分发挥党的各级组织在集体领导中的作用,同时强调要加强集体领导和集体决策的制度化建设。十三大以后,党的决策民主化、科学化取得初步进展,但也出现了一些问题,主要是有些方面决策权力下放过急,人民群众的积极性没有被充分调动起来,一些地方保护主义盛行,中央政令不畅。江泽民及时总结经验,指出:"只有靠集体的智慧和经验,才能正确地掌握情况,作出决策,解决问题,少走弯路,避免失误。""一切重大问题,都要集体讨论、

————————
①　《万里文选》,人民出版社,1995年,第521页。

集体决定，作出决定之后，分工负责，坚决贯彻。"①1990年3月党的十三届六中全会通过的《关于加强党同人民群众联系的决定》，就建立和健全民主的、科学的决策和执行程序作了规定。此后，决策科学化、民主化的目标越来越清晰。

党的十四大提出："决策的科学化、民主化是实行民主集中制的重要环节，是社会主义民主政治建设的重要任务。领导机关和领导干部要认真听取群众意见，充分发挥各类专家和研究咨询机构的作用，加速建立一套民主的科学的决策体制。"这里值得注意的是科学化与民主化顺序的变动。决策的科学化、民主化既是目标又是手段，但在不同阶段，它们之间存在诉求程度不同的问题。鉴于过去缺乏民主给党和国家造成的灾难，党的十一届三中全会后一段时期党大力提倡和发展民主，民主的重要性凸现出来，所以放在了科学性前面。党的十四大以后，虽然民主化的任务远未完成，但已有相当进展，而社会主义市场经济的建立与发展更需要科学的认识，决策的科学化与民主化相比，目标性更强，因此科学化就成为更为迫切的第一位任务。党的十四大以后，党的一项重大任务是领导建设社会主义市场经济。市场经济作为一种法制经济，要求党的决策要按法制规范运作；市场经济又是一种竞争经济，要求决策者最大限度地发挥群众的智慧和力量。这对决策提出了新要求。1994年9月，党的十四届四中全会通过的《关于加强党的建设几个重大问题的决定》强调指出："决策民主化是发展党内民主的重要内容，也是实现决策科学化的前提。要建立健全领导、专家、群

---

① 中共中央文献研究室编：《十三大以来重要文献选编》(中册)，人民出版社，1991年，第716页。

众相结合的决策机制,逐步完善民主科学决策制度。"1996年,中共中央制定了《中国共产党地方委员会工作条例(试行)》,就地方委员会的职责、组织原则、议事和决策,包括议事原则、决策事项、决断方式、会议制度等方面分别作出了明确规定,这就使民主集中制有了更加具体的制度保障。

在改革开放和社会主义市场经济建设的实践中,党中央积极探索,逐步把党的决策理论和实践提高到更高水平。1997年党的十五大提出,要逐步形成"深入了解民情、充分反映民意、广泛集中民智的决策机制,推进决策科学化、民主化,提高决策水平和工作效率"。这对于在新形势下发扬党的群众路线的优良传统,促进我国社会主义民主政治的建设和国民经济的发展,具有十分重要的指导意义。十五大以后,党的重大决策的实践表明了党的决策科学化、民主化的新水平。在总结经验的基础上,2001年江泽民在"七一"讲话中指出:"凡属党组织工作中的重大问题都应力求组织广大党员讨论,充分听取各种意见。通过建立有效机制,保证基层党员和下级党组织的意见能及时反映到上级党组织中来。上级党组织应充分听取党员和下级党组织的意见,集思广益,不断推进决策的科学化、民主化。按照集体领导、民主集中、个别酝酿、会议决定的原则,进一步完善党委内部议事和决策机制,发挥好党的委员会全体会议的作用,健全党委常委会的决策程序。凡属重大决策,都必须由党委集体讨论,不允许个人说了算。"2001年9月,党的十五届六中全会通过的《关于加强和改进党的作风建设的决定》重申了这一决策机制。

2002年召开的党的十六大提出了改革和完善决策机制的要求,指出要完善深入了解民情、充分反映民意、广泛集中民智、切实珍惜民力的决策机制，推进决策的科学化和民主化。这就为进一步改革和完善党的决策体制指明了方向。党的十六大要求改革和完善党的决策机制，其目的在于推进决策的科学化和民主化。要达到这一目的，必须改革和完善党的决策体制，只有体制的构建是科学的和民主的，决策的结果才可能是科学的和民主的。

2007年召开的党的十七大提出，要进一步"推进决策科学化、民主化，完善决策信息和智力支持系统，增强决策透明度和公众参与度，制定与群众利益密切相关的法律法规和公共政策原则上要公开听取意见"，并"把政治协商纳入决策程序，完善民主监督机制，提高参政议政实效"。为了保障决策科学化、民主化，十七大进一步提出：要"积极推进党内民主建设"，为此，要"尊重党员主体地位，保障党员民主权利，推进党务公开，营造党内民主讨论环境。完善党的代表大会制度，实行党的代表大会代表任期制，选择一些县（市、区）试行党代表大会常任制。完善党的地方各级全委会、常委会工作机制，发挥全委会对重大问题的决策作用"。

2012年党的十八大报告提出了"健全权力运行制约和监督体系"，"坚持用制度管权管事管人，保障人民知情权、参与权、表达权、监督权，是权力正确运行的重要保证。要确保决策权、执行权、监督权既相互制约又相互协调，确保国家机关按照法定权限和程序行使权力。坚持科学决策、民主决策、依法决策，健全决策机制和程序，发挥思想库作用，建立健全决策问责和纠错制度。凡是涉及群众切身利益的决策都要充分听取群众意见，凡是损害群众利益的做法都要坚决防止和纠正。推进权力运行公开化、规范化,完善党务公开、政务公开、司法公开和各领域办事公开制度,健全质询、问责、经济责任审计、引咎辞职、罢免等制度,加强党内监督、民主监督、法律监督、舆论监督,让人民监督权力,让权力在阳光下运行"。

2017年党的十九大报告提出,"坚持党的领导、人民当家做主、依法治国有机统一"。其中进一步强调了"党的领导是人民当家做主和依法治国的根本保证,人民当家做主是社会主义民主政治的本质特征,依法治国是党领导人民治理国家的基本方式,三者统一于我国社会主义民主政治伟大实践。在我国政治生活中,党是居于领导地位的,加强党的集中统一领导,支持人大、政府、政协和法院、检察院依法依章程履行职能、开展工作、发挥作用,这两个方面是统一的。要改进党的领导方式和执政方式,保证党领导人民有效治理国家;扩大人民有序政治参与,保证人民依法实行民主选举、民主协商、民主决策、民主管理、民主监督;维护国家法制统一、尊严、权威,加强人权法治保障,保证人民依法享有广泛权利和自由。巩固基层政权,完善基层民主制度,保障人民知情权、参与权、表达权、监督权。健全依法决策机制,构建决策科学、执行坚决、监督有力的权力运行机制。各级领导干部要增强民主意识,发扬民主作风,接受人民监督,当好人民公仆"。

三、转型时期中国共产党完善决策体制的实践

1978年改革开放以来,为了推进决策的科学化和民主化,中国共产党不仅进行了改革和完善党的决策体制的理论探索,而且进行了一

系列实践①：

（一）改革和完善党的各级代表大会制度

按照党章的有关规定，代表大会在党的决策体制中居于最高的决策地位。党的各级代表大会就是全体党员通过自己选出来的代表充分行使民主权利，决定党内重大事务的制度。建立民主科学的决策体制，一个最重要的方面，就是要完善党的代表大会制度。为此，我们党进行了以下四个方面的实践：

一是党的代表大会实行常任制。党的八大曾将党的代表大会制度进行改革，从中央到县一级的代表大会都改作常任制。对这一改革，当时党中央从理论上有着较为深刻的认识。邓小平指出，代表大会常任制的最大好处是使代表大会成为党的最高决策机关和最高监督机关，它的效果是几年开一次会和每次重新选举代表的原有制度难以达到的。只是由于主客观原因，这一制度当时在实践上没有得以很好的贯彻和执行。从20世纪80年代开始，中共中央有关部门先后组织全国11个市县区进行了党的代表大会常任制的试点。党的十六大以后，中央积极推进在县市一级党的代表大会常任制的试点工作。实践证明，实行党的代表大会常任制，有利于调动党代表参与党内事务的积极性，带动广大党员更加关心党内事务；有利于充分发挥党的代表大会作为本地区党的最高领导机关的作用，加强和改善党对地方工作的领导；有利于发展党内民主，提高党委决策的科学性。

二是规范党代表的权利和职责。党代表是党的代表大会的决策主

---

① 参见赵理富：《党的决策体系的发展历程与完善途径》，《中共山西省委党校学报》，2005年第1期。

体,只有党代表的作用充分发挥了,党的代表大会的基于民主集中制的决策功能才能得到发挥。例如,规定党代表在党的代表大会上听取并审议全委会和常委会的工作,对全委会和常委会的工作作出评价,并对其成员的工作情况和思想作风进行质询;重大决策前组织全体党代表分区域广泛征求党员群众的意见等。对于党代表的职责的规范,必须明确一点,党代表不是一个荣誉职务和具有象征意义的职务,这个职务必须真正代表广大党员的民主权利和意志。

三是调整党代表的总体比例构成。从党代表的比例构成来看,党代表中的各级领导干部所占比例过大,工人、农民、知识分子等其他社会阶层所占比例较小,党代表的广泛性还不够,应当提高基层党代表,特别是一线工人、农民、知识分子代表比例,降低党政领导干部代表比例。

四是党代表要在适当范围内实行直选。以往党代表大都是由各地区全体党员间接选举出来的,在选举过程中,广大党员对候选人的情况知道得不多,这种选举方式不能充分体现选举人的意志。针对这种情况,中共中央进行了党代表在县以下实行直选的试点,使选举可以充分体现出选举人的意志。从实行党代表直选试点的情况来看,效果比较好,证明这条路是行得通的。

(二)改革和完善党的委员会制度

党的最高领导机关,是党的全国代表大会和它所产生的中央委员会。党的全国代表大会每五年举行一次,由中央委员会召集。地方各级党的委员会在本级代表大会闭会期间,作为党的领导机关负责该地区党的日常工作,是该地区的领导和决策核心。建立健全民主科学的决策制度，必须充分发挥全委会的作用。为此，中国共产党进行了如下三个方面的实践：

一是理顺常委会和全委会的关系。常委会与全委会不是上下级关系、领导与被领导的关系。常委会只是由全委会授权负责处理党委日常工作的机构。常委会向全委会报告工作，重大事项的决策、重要干部的任免提交全委会集体讨论通过，常委会向全委会负责，保证全委会的职责顺利行使，常委会不能越权，全委会不能形同虚设。在有的县市实行党的代表大会常任制的试点的同时，从制度上取消了常委会这一层级，一切重大问题只能上全委会。这是一个有益的探索，对于扩大决策中的民主具有十分重要的意义。

二是从制度上健全党的委员会全体会议。改革和完善决策程序方面的制度，把集体讨论决定重大问题的原则制度化、规范化；改革和完善党委会会议制度：党委会定期召开，原则上不能无故随意延期，切实保证重大的决策由党委会作出；党委会会议的议程事先通知参加会议的党委委员，不在会议中临时变动；党委委员可以提前向党委会提交议案，要求党委会就一些重大问题进行研究、决策，充分体现党委会中全体委员的民主权利，发挥委员们的作用。

三是强调集体领导集体负责制。所谓集体领导集体负责是指常委会或者委员会在集体民主决策中出了大的问题，必须由相应的决策集体负实际的责任。

第二节　中国政府改革行政决策体制的实践

经过改革开放四十年的发展,行政决策体制改革作为我国政治体制改革的一个重要方面,已经实现了由经验型决策为主向民主、科学和法治决策为主的战略性转变,取得了一系列的突破性进展。同时,也存在着一些问题。

一、行政决策体制改革的实践及其成就

改革开放四十年,中国行政决策体制改革的实践与成就,可以概括为:一是确立了行政决策的指导思想和基本原则;二是行政决策体制机制日臻完善;三是成立了专门的各级政府政策研究机构;四是逐步采用了现代化的决策方法、程序和技术;五是开辟和利用各种渠道,建设信息畅通工程。

第一,确立了行政决策的指导思想和基本原则。新中国成立以后,党和政府在行政决策的指导思想上曾存在着偏差,特别是十年"文化大革命"期间,更是错误地将"无产阶级专政下继续革命"的理论作为各项决策的指导思想,从而给党、国家和人民带来了灾难性的后果。党的十一届三中全会以后,执政党果断地停止使用"以阶级斗争为纲"的口号,把以经济建设为中心,构建中国特色的社会主义理论作为党和国家各项工作的指导思想,使中国政府的行政决策走上了健康发展的轨道。同时,党和政府在实践中总结出了一系列成功的决策经验、理论和方法,确立了民主集中制的组织原则,坚持实事求是的思想路线,发

扬调查研究的优良作风，以"三个有利于"作为检验攻策效果的标准，以"三个代表"重要思想、科学发展观和新时代中国特色社会主义思想作为行政决策的指导方针和最终归宿。

第二，行政决策体制机制日臻完善。随着政治体制改革的深入，中国政府开始着手解决决策过程中长期存在的一些困扰，提出从决策体制上理顺党政关系，解决权力过分集中的弊端，克服决策过程中主观主义的作风和行为。同时，改革和完善行政决策体制和各项具体制度，建立起决策中枢系统、决策信息系统、决策咨询系统、决策执行系统、决策监控系统等多位一体的现代决策机制。各级决策机关还制定了重大决策的程序和规则，建立了社情民意反映制度、重大事项公示制度、听证制度等，在一定程度上克服了决策的主观随意性。

2008年政府机构改革的一个重要特点是积极推进大部制改革。这次改革对职能相近、管理分散的机构进行合并，对职责交叉重复、相互扯皮、长期难以协调解决的机构进行合并调整。同时，对职能范围过宽、权力过分集中的机构进行了适当分设，以改变部门结构失衡和运行中顾此失彼的现象。在此基础上，2013年进行的政府机构改革，进一步优化部门设置，协调部门关系，完善决策权、执行权、监督权既相互统一又相互协调的行政运行机制，建立了以宏观调控部门、市场监管部门、社会管理和公共服务部门为主体的政府机构框架，机构设置和职责体系趋于合理，行政决策体制也得到进一步的完善。

在行政决策机制方面，一是完善了行政决策程序，把公众参与、专家论证、风险评估、合法性审查、集体讨论决定确定为重大行政决策的法定程序，确保决策制度科学、程序正当、过程公开、责任明确；二是积极推行政府法律顾问制度,建立以政府法制机构人员为主体、吸收专家和律师参加的法律顾问队伍, 保证法律顾问在制定重大行政决策、推进依法行政中发挥积极作用;三是建立行政决策责任追究制度及责任倒查机制,对决策严重失误或者依法应该及时作出决策但久拖不决造成重大损失、恶劣影响的,严格追究行政首长、负有责任的其他领导人员和相关责任人员的法律责任。①

第三,成立了专门的政策研究机构。在我国,从中央到地方各级政府机关相继设立了专门的行政决策咨询性机构,为政府的决策进行调查研究、搜集信息、拟订方案和评估论证。例如,国务院发展研究中心、国家发改委政策研究室、教育部中央教育科学研究所等。这些机构成立之后,紧紧围绕国民经济发展的需要,积极开展战略、规划、管理等方面的研究,并向国家有关部门提供咨询服务。改革开放,打开国门,更加促进了领导决策专家咨询系统的发展。据统计,到1986年,我国各类咨询性质的科研机构已发展到四百二十个,从事软科学研究的人员有一万五千多名,完成各类项目一万七千多项。在这四百二十个研究机构中,约有85%是在1978年至1986年间发展起来的。20世纪90年代中期以来,随着我国经济体制、政治体制改革的不断深入,计划经济时期建立的咨询研究机构中的一些科研人员开始走向市场,并纷纷成立了各种咨询企业。同时,中国政府鼓励和支持体制外或民间的政策研究组织,利用大学、科研机构以及各种学术团体专家的作用,为政府决策献计献策。近年来,各种体制外的民间政策研究组织、咨询机构应运

---

① 参见中国共产党十八届四中全会:《中共中央关于全面推进依法治国若干重大问题的决定》。

而生，机构数量不断增长，政策研究队伍日益壮大。

第四，逐步采用了现代化的决策方法、程序和技术。中国政府在行政决策过程中，越来越多地采用了现代化的决策程序和方法，对许多重大的经济、技术和社会改革进行了有益的决策尝试。例如，广泛地吸收群众参与、组织专家咨询、多种方案的比较择优、进行可行性论证等。所有这些，都有效地促进了决策的科学化和民主化，避免了重大的决策失误。改革开放以后的许多重大决策，如农村经济体制改革、价格体系改革、沿海地区梯次开放、三峡工程建设等，都是在集中专家意见和进行可行性论证的基础上作出的。

第五，开辟和利用各种渠道，建设信息畅通工程。近些年来，各级政府努力开辟和利用各种现代新闻传播渠道，推行政务公开，建设信息畅通工程，努力做到广开言路、广开思路，让人民群众真正了解行政决策事项。随着计算机网络技术的迅猛发展，我国政府为了适应时代潮流，于1998年开始策划政府上网工程，并于1999年年初把它作为一项国家工程大规模展开。此外，许多地方政府还安排了主要领导接待日，建立"市长电话"、设立"市长信箱"等，开辟和拓宽倾听人民群众心声的便捷渠道，将群众的真知灼见、建言献策及时准确、畅通无阻地反映上来。在研究与群众利益密切相关的重大事项、进行重要决策时，建立了社会公示制度和听证制度，充分发扬民主，听取各方面意见，反复比较、磋商，在此基础上，经过集中作出最后决策。①

---

① 参见向红华：《MPA最新案例全集》（上），湖南人民出版社，2002年，第367页。

二、"行政三分"实践

所谓"行政三分"，是指行政决策、行政执行、行政监督三者适度分开。这是一种由中央编制委员会办公室提出的政府改革思路。2002年年初，中央编制委员会办公室提出在深圳等五个城市进行新一轮的深化行政改革试点，其基本思路就是决策、执行、监督适度分开。"行政三分"的内涵就是指政府自身的三种权力——决策、执行、监督的适度分开，是属于行政内部的分权。①

第一，"行政三分"是对西方国家政府决策与执行分开经验的借鉴。"行政三分"改革思路，吸收和借鉴了西方国家决策与执行分开的政府改革经验。决策与执行分开是公共管理的一般规律。目前，西方国家的机构架构普遍是"小决策、大执行"。而小决策、大执行的前提条件是决策与执行分开。之所以这样设置政府机构，是因为政府的绝大部分业务属于执行性的（包括市场监管、公共服务业务），约占政府业务量的80%，而决策只有20%。因此，西方国家的政府机构一般是"小决策"，即决策机构少而精（往往是综合决策部门）。20世纪80年代，英国进行了决策与执行分开改革。决策与执行分开的具体做法是，各部的决策任务集中到核心司，政府中的政治任命官员只对决策负责，以减轻政治家的政治责任负担；把执行性职责分离出去，组建一些具有独立性质的执行机构来承担大量的执行性职责。对执行机构实行经理负责制，经理通过招聘产生，执行机构与政府签订合同书，明确本机构的

---

① 参见卞苏徽：《"行政三分"：一种需要继续试验的政府改革思路》，《领导之友》，2005年第2期。

责任范围、工作目标和标准，每个执行机构长官，在其机构职责范围内享有充分的人事、财务自主权。这一改革将上下级关系由直接隶属关系转变为合同关系，实现了决策职能与执行职能的分离。英国从1985年至1994年共成立了一百〇二个执行机构。后来这种改革被其他国家和地区所效仿，例如，新加坡、中国香港都是行政决策与行政执行分离体制。

第二，"行政三分"有利于达到依法治国、依法行政的要求，实现社会主义政治文明。社会主义政治文明的主要特征就是社会主义社会政治的民主化、现代化、法治化以及政治运行的制度化、规范化和程序化。从目前世界各国的实践来看，影响政治行政效能的重要因素就是行政执行过程中的一系列问题。依法行政是现代文明的重要标志。由于历史和现实的一些原因，目前我国执行过程中的行为不规范、办事拖拉、违法行政等问题屡见不鲜，已经损害了政府的形象。而"行政三分"就是针对行政执行过程中的问题所提出的，目的在于使行政执行真正能够按照依法治国和依法行政原则的要求，达到制度化、规范化、程序化和法治化的目标。行政执行权的独立，必将带来行政执行法规的进一步确立；执行权和监督权的分离，必将带来行政监督力度的加大；执行权和决策权的分离，必将带来行政决策的科学化和法制化。所有这些，都将为依法治国、依法行政带来有益的促动，这本身就是社会主义政治文明的一种表现。

第三，"行政三分"有利于提升政府政策的有效性程度，强化政府权力的公共服务性质，减少决策中的部门利益。行政决策是行政管理实施过程的首要环节，行政决策的质量和水平直接影响政府的行政效能和服务水平。"行政三分"的基本原则就是行政决策、行政执行和行政监督实行三权分离，以达到相互制约，相互制衡和协调发展的目的。由于行政决策权从政府行政权中分离和独立出来，其决策过程受制于外部因素的影响将降低到最低水平。行政决策机构可以真正从社会现实和社会发展规律入手，从最广大人民的根本利益着眼，制定相关的经济社会发展战略。这就必然会使政府决策达到科学性和可行性的有机统一，从而在现实生活中制定合理、有效的政策措施并保持其实施的连续性，以减少改革的试验成本，提高政府政策绩效程度和信用程度，强化政府权力的公共服务性质。同时，"行政三分"包括决策与执行的分开，而决策与执行的分开有利于减少决策中的部门利益。决策中的部门利益，即行政部门利用决策权追求部门利益倾向，这是国内比较普遍的现象。造成决策中的部门利益现象有多种原因，而决策与执行不分是其中之一。政府既制定规则又执行规则，决策就容易受部门利益驱使。如果决策与执行不分开，再加上公众决策的参与程度低，就会导致决策部门利益的结果。要从根本上杜绝部门利益，必须进行综合改革，包括决策与执行分开，还要加强公众参与决策。

第四，"行政三分"有利于强化政府监督机制，增强政府政策的透明度和可执行程度，保证政府的廉洁高效，增强政府权威的合法性。决策与执行不分的弊端是，行政资源不能合理配置，而行政资源不能合理配置必然导致政策执行低效，不能保证政府的廉洁高效。行政监督是提高行政管理效能的重要保证。在目前我国行政管理规范化、法治化水平还不高的情况下，加强行政监督能够提高政府的政策绩效，使行政监督能够有效地发挥其应有的作用，使其对行政决策和行政执行进行全方位、独立的监督和制约，增强行政决策的科学性、可行性，提高行政执行的规范性和程序性。这样必将减少行政过程中的腐败现象，提升我国政府在人民群众心目中的地位，加强人民对政府的认同感，从而增加政府的影响力，增强政府的权威合法性。

第五，"行政三分"有利于增强行政效率，为社会主义市场经济的发展提供体制保证。以效率作为行政体制改革的核心目标，基本成为世界各国政府的一个共识。政府行政效率体现为行政体系在一定资源条件下能够提供更多的公共服务，或在一定服务水平条件下能够减少更多的行政成本。效率是行政管理的核心目标之一。"行政三分"的原则强调决策、执行、监督三权的分离，使政府从管理型向服务型转换，这就必将减少以往各部门间的相互扯皮现象，使得行政部门的责权分明，从而降低行政的决策、执行和监督的行政成本，增强政府的行政效率，提高绩效水平。同时，"行政三分"的模式也为我国社会主义市场经济的发展提供了新型体制保证。改革开放以来，在计划经济向市场经济的转轨过程中，由于我国社会生产力的不发达使政治上层建筑缺乏现代市场经济的物质基础，社会主义民主政治受到极大制约，导致了行政体制改革明显落后于经济体制改革，已远远不适应社会主义市场经济发展要求。而"行政三分"模式恰恰适应于现代的市场经济，强调的是在市场经济时代政府如何运用市场的方法来管理公共事务，改善公共行政的质量，实现行政现代化，以使政府从计划政府走向市场政府，从单中心政治统治走向多中心自主治理，其最终目的就是发展完善社会主义市场经济，早日实现全面建设小康社会的宏伟目标。

当然，"行政三分"也有一定的局限性。当初深圳的设想是，通过决策、执行、监督适度分离,在行政体制内部建立一种独立的、直属于市政府的行政内部监督机构。例如,把原有的监察局、审计局作为市政府的市属机构,赋予其更大、更独立的行政监察、审计权限,以发挥对政府的监督作用。这种设想是为了加强对行政权力的监督与制约。现在看来,"行政三分"对行政权力的监督与制约作用是有限度的。因为,"行政三分"只是政府内部的一种自我监督与制约,要有效地监督与制约权力,还必须建立民主与法治的政治体制。深圳的"行政三分"改革仅仅是行政体制范围的改革,并不涉及政治体制改革。但如果涉及权力监督与制约问题,就必然牵涉政治体制改革。例如,涉及地方党委权力的监督与制约问题;还有公众对权力的监督与制约;新闻媒体对权力的监督与制约,等等。所有这些问题,在"行政三分"框架内都显然是无法解决的。所以,深圳的"行政三分"不是政治体制改革,它只是涉及政治体制改革的行政体制改革。如果不深化到政治体制改革,政府改革的成效可能有限。这就是"行政三分"的局限所在。

关于"行政三分",自党的十六大报告提出"按照精简、统一、效能的原则和决策、执行、监督相协调的要求,继续推进政府机构改革"以后,党的十七大报告提出:"着力转变职能、理顺关系、优化结构、提高效能,形成权责一致、分工合理、决策科学、执行顺畅、监督有力的行政管理体制";党的十七届二中全会提出:"按照精简统一效能的原则和决策权、执行权、监督权既相互制约又相互协调的要求,紧紧围绕职能转变和理顺职责关系,进一步优化政府组织结构,规范机构设置,探索实行职能有机统一的大部门体制,完善行政运行机制";党的十八大报告提出:"要确保决策权、执行权、监督权既相互制约又相互协调,确保国家机关按照法定权限和程序行使权力"；党的十八届三中全会则提出："优化政府机构设置、职能配置、工作流程，完善决策权、执行权、监督权既相互制约又相互协调的行政运行机制"。由此来看，"行政三分"作为政府行政改革的制度设计，依然受到中央的重视。如何在我国政治发展和行政改革的新时期，特别是2018年党和国家机构改革之后继续探索和实践"行政三分"，具有重要的理论意义和现实意义。

三、我国行政决策体制存在的问题

审视现实，我国行政决策体制还存在一定缺陷，不能完全适应社会主义市场经济和现代化建设的需要。

（一）行政决策系统方面存在缺陷

现代决策理论认为，公共决策系统是信息、咨询、决断和监督等子系统分工合作、密切配合的有机系统。尽管我国的现代化行政决策系统已经确立，但仍不成熟。目前，我国的行政决策系统还存在三个缺陷：

一是行政决策各子系统之间的职责和关系应当进一步明确和理顺。如果各子系统职责不清，或者缺乏沟通和协调机制，将会难以发挥行政决策系统的整体效能。特别是在中央多次提出"行政三分"要求的情况下，如何使三者权力既做到相互区分又做到有机联系，还需要进一步探索和实践。

二是决策信息和智力支持子系统应当进一步加大建设的力度。信息是决策的基础，信息的收集、整理和使用等贯穿整个决策过程。如果决策系统缺乏信息子系统的支持，将可能使决策成为盲目的行动。此外,决策的智力支持子系统在决策中的辅助功能未能充分实现,政府内设的政策研究机构在组织、人事、经费及行政关系上受制于各级党政机关,还不能保证其相对独立性,因而难以切实保障其对决策问题作出客观的研究并提供有价值的咨询。从现实来看,一些决策者常常犯"倾向性过于明显"的错误,需要决策的问题刚刚提出,他们似乎主意已定,把自己的观点早早托出。于是,专家智囊们尤其是那些与其有隶属关系的政策研究室的研究人员只好去做"命题作文",或者以论证的形式去进行诠释,或者只是做一些小的修修补补,领导人的意见便被披上了"科学"的外衣。如此参谋不过是走过场而非实质性的咨询。因此,有必要在确定咨询机构职责的基础上,采取相关制度使其独立地发挥行政领导的"外脑"作用。此外,政府系统之外的政策研究组织尽管有所发展,但是发育状况并不理想,不仅存在数量少,而且大多数还存在组织松散、经费不足、重视不够等问题。它们与决策子系统及官方研究咨询组织往往缺乏制度化的联系,未能像西方发达国家那样在决策中发挥应有的作用。

(二)行政决策过程的科学化、民主化和法治化程度有待加强

一是决策的科学化程度有待进一步提高。科学的决策过程一般经过界定问题、确定目标、方案设计、预测结果、对比优选方案、实施方案、跟踪决策等一系列功能和环节。但在我国目前的行政决策实践中,一些功能环节如问题的界定、结果的预测和跟踪决策等,往往没有受到应有的重视。科学的、合理的决策程序不够完善,党的十八届四中全会提出的公众参与、专家论证、风险评估、合法性审查、集体讨论决定等重大行政决策程序,以及确保决策制度科学、程序正当、过程公开、

责任明确等要求尚待进一步形成行政理念和共识，并通过法律制度建设以保障其真正得到普遍的践行。

二是民主决策制度应进一步完善。行政决策的民主化有四个指向：一是领导集团对于重大决策事项的集体讨论决定，二是对于专业性决策事项的专家咨询和评估，三是对于民生性决策事项的公众参与，四是对于行政机关内部事务决策事项下级向上级的纵向沟通。从行政决策的现实来看，决策偏重个人意志，民主集中程度不够的情况仍然存在。在民主集中制下，正确的决策应该建立在充分的集体讨论的基础上，应该尊重组织成员的意见与建议，广开言路，集思广益，以保证决策的科学性、正确性。但有些领导干部在整个决策过程中，往往从自身愿望、好恶出发，偏重个人意志与主观判断。这样的决策，背离了民主集中制的原则，增加了决策失误的可能性。同时，如上所述，专业性、技术性较强的重大事项决策需要专家论证、技术咨询和决策评估，但是作为咨询系统或者思想库、智囊团的决策智力支持系统在这类决策中的作用并未得到充分发挥。此外，公众的参与程度较低，决策的民主化不够，"深入了解民情、广泛集中民智、充分反映民意、切实珍惜民力"的旨在保证决策民主化的要求还有待于进一步落实。

三是决策缺乏规范，需要进一步加强法治建设。由于决策过程缺少制度和法律的约束和监督，决策缺少计划性、目的性，决策未经过充分论证，未经过缜密的思考和研究。这种不规范、缺乏法治制约的决策方式不仅造成决策执行的困难，而且会产生消极的社会影响。

（三）行政决策的方式较单一、陈旧，尚需现代化手段改造

党的十一届三中全会以来，政府决策的方法与手段有所丰富，但

并没有完成由传统经验型决策向科学决策、民主决策、法治决策的转变。有的决策偏重经验，缺乏合理性与预见性，缺乏对现实情况深入细致的分析和对未来发展的科学预测，在信息资源不充分的情况下，试图照搬以往决策的经验去解决新的问题。尽管已有的经验具有不可忽视的参考价值，但毕竟现实社会是复杂多变的，照搬过去的经验未必适应现在的实际。在一些地方特别是基层，经验决策仍然是一种基本的决策方法，有些领导依主观偏好在一组备选方案中择一而实施，如果在执行过程中出现问题，则通过信息反馈去修正已执行的政策或者再选择另一种方案去实施，这种决策方式易导致决策失误。另外，有些政府官员仍然习惯于"事务主义"，在他们看来，决策就是项目审批、资金分配、人事任免等等。这样的决策视野狭窄、决策方法简单、决策手段贫乏，往往就事论事，缺乏宏观性、系统性、战略性的决策意识，由于自己的知识水平和能力有限，又不去学习和吸收国外现代政策研究理论、方法和技术，使决策的质量难以提高。

第三节　构建现代化的行政决策体制

一、优化党中央决策议事协调机构

《中共中央关于深化党和国家机构改革的决定》（本节以下简称《决定》）于2018年2月28日在北京举行的中国共产党第十九届中央委员会第三次全体会议审议通过。该决定提出，建立健全党对重大工作领导体制机制，优化党中央决策议事协调机构，加强党对涉及党和国家事业全局的重大工作的集中统一领导。改革党中央决策议事协调机构，是完善党中央机构职能的重大举措。

《决定》提出，组建中央全面依法治国委员会、中央审计委员会、中央教育工作领导小组，中央全面深化改革领导小组、中央网络安全和信息化领导小组、中央财经领导小组、中央外事工作领导小组改为委员会。根据《决定》，①从隶属关系来看，党中央决策议事协调机构在中央政治局及其常委会领导下开展工作；②从职能来看，党中央决策议事协调机构负责重大工作的顶层设计、总体布局、统筹协调、整体推进；③从工作范围来看，通过党中央决策议事协调机构加强和优化党对深化改革、依法治国、经济、农业农村、纪检监察、组织、宣传思想文化、国家安全、政法、统战、民族宗教、教育、科技、网信、外交、审计等工作的领导。

以往党中央此类机构称为议事机构或者议事协调机构，党的十八大之后一些议事协调机构被定位为决策议事协调机构。从议事协调机构到决策议事协调机构，体现了该类机构职责更为明确、决策作用更为突出，主要集中在重大决策的顶层设计、重大工作的总体布局、重大事项的统筹协调、重大部署的整体推进等方面。此外，以往的议事协调机构称为领导小组，现改为委员会。相比于领导小组，委员会的职能范围更广、机构设置更规范、参与成员更多元、统筹协调更有力、决策议事权威性更高，有利于完善党对重大工作的科学领导和决策，形成有效管理和执行的体制机制，加强党中央对地方和部门工作的指导。同时，将涉及党和国家事业全局工作的四个领导小组改为委员会，既满足了我国治国理政的实际需要，也符合世界各国决策议事协调机构运行的普遍规律。①

优化党中央决策议事协调机构对于我国的行政决策体制有重要而深远的影响。首先，有利于加强党对涉及党和国家事业全局的重大工作的集中统一领导。中国共产党领导是中国特色社会主义最本质的特征。党政军民学，东西南北中，党是领导一切的。深化党中央机构改革，着眼于健全加强党的全面领导的制度，优化党的组织机构，建立健全党对重大工作的领导体制机制，可以保证党对政府包括决策在内的重大工作的领导。其次，优化党中央决策议事协调机构，有利于提高党把方向、谋大局、定政策、促改革的能力和定力，进而有利于政府在党的领导下优化重大行政决策的制定，并提升重大行政决策执行力。最后，此次机构改革将中央全面依法治国委员会、中央审计委员会和中央教育工作领导小组的办事机构分别设在了司法部、审计署和教育部，将中央农村工作领导小组办公室设在农业农村部。这种统筹党政部门设置办事机构的做法打破了党政界限，实现同一件事情齐抓共管，既增强了党的领导力，同时也提高了政府的执行力。这是党中央总结以往党政关系理论和实践经验作出的重大决策，有利于理顺党政机构职责关系，建立起高效协同的决策执行链条。②

二、推进行政决策民主化、科学化和法治化的进一步发展

行政决策民主化亦即民主决策，主要是指决策过程必须经过民主程序，保障人民群众最大限度地参与，充分听取人民群众的意见，尊重

---

① 参见张克：《从"领导小组"到"委员会"》，《学习时报》，2018年5月2日。

② 参见陈文泉：《试论政府决策科学化的实现机制》，《云南行政学院学报》，2001年第3期。

人民群众的意愿，代表人民群众的根本利益。行政决策科学化亦即科学决策，是指行政决策在科学的决策理论指导下，按照科学的决策程序，运用科学的决策方法进行决策。行政决策法治化亦即依法决策，要求决策主体、决策职权、决策内容、决策程序等都要符合法治的要求。实现行政决策民主化、科学化和法治化，机制建设至关重要。在我国，要实现行政决策的民主化、科学化和法治化，必须在行政决策过程中建立起一套科学合理、行之有效的制度保障机制。

（一）健全行政决策的民主参与机制

决策民主化是决策科学化的前提和保证。政府重大决策取得成功的因素很多，其中重要的一点是实行广泛的民主参与。在经济全球化的今天，重大决策民主参与的必要性和重要性较之以往更为突出。因此，推进我国行政决策民主化、科学化和法治化的制度建设，首先必须在行政决策过程中建立起一套民主参与机制，为决策营造良好的环境。

所谓行政决策的民主参与机制，是指政府在作出行政决策时，决策者必须按照社会主义政治民主化建设的要求，将让人民群众参与政府行政决策的过程制度化。[①]人民当家做主是社会主义民主政治的本质要求。共产党执政就是领导和支持人民当家做主，最广泛地动员和组织人民群众依法管理国家和社会事务，管理经济和文化事业，维护和实现人民群众的根本利益。要强化制度建设，实现社会主义民主政

---

① 参见陈文泉：《试论政府决策科学化的实现机制》，《云南行政学院学报》，2001年第3期。

治的制度化、规范化和程序化。①这在党的十六大报告中已经有了明确的规定。人民群众享有管理国家和社会事务的权利，当然在政府决策上也享有发言权，这是宪法和法律赋予人民的民主权利。在我国，建立行政决策的民主参与机制，主要从下列三个方面着手②：

1. 政府在行政决策中要切实建立起民主制度

一是行政决策者要树立民主决策的意识和作风。民主性原则是行政决策的原则之一。民主性原则要求在行政决策过程中要充分发扬社会主义民主，广开言路、拓宽思路、尊重实践、尊重人民群众的创造智慧，减少决策的个人色彩、感情色彩、经验色彩。行政决策者在决策过程中坚持民主性原则，首先要树立民主决策的意识和作风，这是行政决策民主化的主观因素。行政决策者要做到这一点，必须坚持实事求是，调查研究，相信群众和依靠群众，善于开展批评和自我批评，倾听专家、学者和人民群众意见的民主作风。否则，行政决策民主化就会流于形式，行政决策就不可能正确地反映决策对象的客观规律，也就无法体现人民群众的意志和根本利益。为了保障专家学者在重大行政决策中的作用，一些地方政府及其部门正在探索并制定重大行政决策专家咨询论证制度，既有省一级政府的综合规定，例如2012年4月广东省颁发的《广东省重大行政决策专家咨询论证办法（试行）》，还有政府职能部门颁发的特定行政领域的单项规定，涉及教育、科技、司法、财政、质量技术监督、水利、林业等各方面。

① 参见江泽民在中国共产党第十六次全国代表大会上的报告：《全面建设小康社会，开创中国特色社会主义事业新局面》。

② 参见荣仕星：《论我国行政决策民主化和科学化的制度建设》，《中央民族大学学报》，2006年第1期。

二是行政决策集体内部要实行民主。行政决策集体内部民主，是决定行政民主化的组织因素。①行政决策者在行政决策过程中，不能搞"一言堂""家长制"和"个人说了算"等封建家长式管理；不能将个人凌驾于行政领导集体之上，用个人意见代替集体智慧，用经验领导代替科学决策。而必须按照民主集中制的组织原则，充分发挥行政领导集体中每位成员的智慧，集思广益，取长补短，优化方案。唯有这样，作出的最终决策才是行政领导集体智慧的结晶，才能使行政决策更加科学化，更加切实可行。20世纪末以来，关于重大决策集体讨论决定得到了中央的重视。1996年第十四届中央纪委第六次全会就提出了认真贯彻民主集中制原则，凡属重大决策、重要干部任免、重要项目安排和大额度资金的使用，必须经集体讨论作出决定。之后，2005年中共中央颁布的《建立健全教育、制度、监督并重的惩治和预防腐败体系实施纲要》，2010年中共中央办公厅、国务院办公厅颁布的《关于进一步推进国有企业贯彻落实"三重一大"决策制度的意见》对此再次进行了强调。党的十八大以来，重大决策或者重大行政决策多次出现在中央文件中。党的十八届四中全会对于重大行政决策的程序、合法性审查机制、终身责任追究制度和责任倒查机制提出了明确要求。地方政府也在积极构建旨在保障重大行政决策科学化、民主化的相关规定，例如2016年5月，深圳市政府颁发《深圳市人民政府重大行政决策程序规定》，2017年云南省政府颁发《云南省重大行政决策终身责任追究办法（试行）》等。重大行政决策具有长远性、全局性、综合性和高耗性，一旦失误，会

---

① 参见洪芳宾：《行政管理概论》，安徽大学出版社，1999年，第157页。

给国家和社会带来严重的影响。因此,对于重大行政决策,必须实行领导集体讨论决定,并健全责任追究制和倒查机制。

三是在行政决策过程中要充分实行民主。行政决策过程民主,是决定行政决策民主化的社会因素。行政决策民主化过程,应当是人民群众和社会各界参与决策并有效监督决策的过程。行政领导者发扬民主作风,进行民主决策,不仅要尊重人才,发挥智囊机构和专业技术人员的作用,更重要的是要充分发挥人民群众和社会各界参与决策的功能,提高行政决策的透明度,及时把重大决策交给群众,让人民群众参政议政和监督政府工作,以减少行政决策的失误。要建立"深入了解民情、充分反映民意、广泛集中民智、切实珍惜民力的决策机制,推进决策科学化民主化"[1]。只有这样,才能真正达到行政决策民主化的根本要求。

2. 着重解决好人民群众参与行政决策的方式和途径

只有良好的民主制度是不够的,要让民主制度在实践中切实得到贯彻和执行, 就必须着重解决好人民群众参与行政决策的方式和途径。这些方式和途径,主要有以下两个方面：

一是建立和完善人民群众直接参与行政决策过程的相关制度。为了保证人民群众广泛参与决策,首先要让人民群众对决策事项享有充分的知情权。因此,政府特别是基层政府必须建立和完善社情民意反映制度,建立与群众利益密切相关的重大事项社会公示制度和社会听证制度,保证行政决策向社会、向人民公开,完善人民群众直接参与决

----

① 江泽民在中国共产党第十五次全国代表大会上的报告:《高举邓小平理论伟大旗帜　把建设有中国特色社会主义事业全面推向二十一世纪》。

策的过程。这也是中国政府树立"透明政府"形象、深化政务公开的具体要求之一。所谓社情民意反映制度，是指各级政府为了作出正确决策，需要充分了解社会情况，倾听民众意见和建议，因而建立让人民群众表达意愿的途径和渠道的制度。所谓社会公示制度，是指政府在作出关系民众利益的各项重大决议、决定之前，将所拟决议、决定的内容、事项、依据等情况通过各种新闻传播渠道向社会和群众公开，解答群众疑惑，接受群众监督的制度。所谓社会听证制度，是指政府在制定各项社会管理的规章制度，以及作出与群众利益密切相关的决定之前，组织相关部门和群众代表参加座谈会、听证会，让各方面意见和建议都得到充分表达，以此作为政府最后制定规章制度、决议、决定的重要依据的制度。建立上述制度，目的是要增强行政决策的透明度，政府可以通过各种渠道，利用各种现代化的新闻传播媒介，做到上情下达，做到重大情况让人民群众知道、了解，重大问题让人民群众讨论，彼此沟通，互相理解，取得群众的信任和支持。这项工作必须着眼于实效，着眼于人民群众的积极性，不图形式，不走过场，可以从基层行政决策做起，从能够办得到的事情做起。实践证明，行政管理要取得良好的效果，行政决策要得到顺利的实施，在追求行政决策的科学化之前必须实现行政决策的民主化，让人民群众充分地参与到行政决策中来。因此，要尽可能地开辟和拓宽人民群众了解、参与行政决策的渠道，完善人民群众直接参与行政决策的过程。

二是发挥人民代表大会和人民政协的作用，完善人民群众间接参与行政决策的过程。由于我国地域辽阔，人口众多，客观上决定了政府的每一件具体行政决策不可能，也没必要做到社会每一个个体都直接参与,而是要通过人民代表大会和政治协商会议,给广大人民群众参政议政、决定国家和地方重大事项、参与行政决策过程提供一条主要途径。这是我国人民群众间接参与管理国家社会事务,参与行政决策的主要方式。人大代表与人民群众有着密切的联系,人民群众可以通过自己选出的人大代表和各级人民代表大会,扩大对行政决策的参与、审议和监督,真正行使权力。例如,成立重庆直辖市的决定就充分体现了我国人民当家做主和重大事项民主决策的制度。①政治协商制度是我国的基本政治制度之一,参政议政是我国各级人民政协的主要职能之一。当前以至今后一个很长时期内国家的大政方针,都要事先征求政协的意见,事后向政协通报,这种重要行政决策协商和民主监督已经制度化和经常化。通过提案反映民意,参政议政已成为扩大群众参与行政决策、具有中国特色的民主形式。关于人民政协的决策参与,得到了近几届全国党代会的重视和强调。党的十七大报告提出,支持人民政协围绕团结和民主两大主题履行职能,推进政治协商、民主监督、参政议政制度建设;把政治协商纳入决策程序,完善民主监督机制,提高参政议政实效;加强政协自身建设,发挥协调关系、汇聚力量、建言献策、服务大局的重要作用。党的十八大报告提出,加强同民主党派的政治协商,把政治协商纳入决策程序,坚持协商于决策之前和决策之中,增强民主协商实效性。党的十九大报告提出,人民政协工作要聚焦党和国家中心任务,围绕团结和民主两大主题,把协商民主贯穿于政治协商、民主监督、参政议政全过程,完善协商议政内容和形式,

---

① 参见刘嘉林、游国经:《行政决策读本》,中国铁道出版社,1999年,第327页。

着力增进共识、促进团结。

3. 进一步完善行政决策的监督制度,特别是完善人民群众对行政决策的民主监督制度。

行政决策过程实质上是一种行政权力的运用过程,而任何权力都应当在监督下行使。党的十五大报告中提出:"我们的权力是人民赋予的,一切干部都是人民的公仆,必须受到人民和法律的监督。"党的十六大报告强调要"加强对权力的制约和监督。建立结构合理、配置科学、程序严密、制约有效的权力运行机制,从决策和执行等环节加强对权力的监督,保证把人民赋予的权力真正用来为人民谋利益"。党的十七大报告提出,要进一步"推进决策科学化、民主化,完善决策信息和智力支持系统,增强决策透明度和公众参与度,制定与群众利益密切相关的法律法规和公共政策原则上要公开听取意见"。党的十八大报告提出:"建立健全决策问责和纠错制度。凡是涉及群众切身利益的决策都要充分听取群众意见,凡是损害群众利益的做法都要坚决防止和纠正。"由上述表述来看,党的十八大报告和十七大报告有了不同的表述。从"原则上公开听取"到"都要充分听取"群众意见要求的转变,为扩大公民参与奠定了基础。

人民群众的民主参与应当是全方位的参与。党的十九大报告强调,扩大人民有序政治参与,保证人民依法实行民主选举、民主协商、民主决策、民主管理、民主监督。就行政决策而言,人民群众对行政决策的监督应该与行政决策的动态性相适应,坚持经常性和连续性原则。这种监督不仅在决策过程中生效,在决策酝酿阶段以及决策活动结束后的执行阶段也应发挥作用。具体说来,人民群众对行政决策活动的监督按阶段划分为决策前、决策中和决策后三个阶段的监督。决策前监督，是指在行政决策活动开始以前，为行政决策活动的顺利进行和正常开展作好准备，尽可能杜绝一切不利于决策因素的出现，防患于未然所实施的监督；决策中监督，是指在行政决策活动开始后、结束以前，为及时发现并及早制止行政决策活动过程中存在的问题，避免造成重大失误和不良后果所实施的监督；决策后监督，是指在行政决策活动结束以后，针对决策方案的施行情况所实施的监督。[①]对行政决策活动的这三个监督阶段是一个连续的环节，步步设防，对依法行政、依法决策原则在政府行政决策中的具体贯彻，无疑大有好处。总之，行政决策民主参与机制的建立和完善，必将推动我国行政决策朝着民主化、科学化和法治化的目标迈进，必将完成我国行政决策由传统决策向现代决策的转变。

(二)建立行政决策科学化的保障机制

行政决策民主化为决策科学化提供了前提条件，而要真正做到行政决策的科学化，仅有民主化还不够，还必须在行政决策过程中建立和健全一些重要的制度和机制，以保障行政决策科学化的实现。

1. 健全社情民意的反映制度

扩大公众对决策的参与，不应只停留在口头上，而是应该有制度作保障的。只有将公众参与纳入制度性的轨道，才能经常性地、有目的地、有计划地了解社情民意，从而切实有效地进行决策，体现为民着想、为民服务的根本宗旨。

---

① 参见张永桃：《行政管理学》，南京大学出版社，1989年，第420~421页。

2. 健全社会公示制度和听证制度

1996年3月，我国制定了《中华人民共和国行政处罚法》。该法首次在国家立法层面确立了听证制度。之后，1997年12月通过的《中华人民共和国价格法》和2003年3月通过的《中华人民共和国立法法》又对价格决策听证和立法听证作了规定。目前我国听证制度主要适用于立法领域、行政决策领域和具体行政行为领域。关于立法听证，《中华人民共和国立法法》规定，行政法规在起草过程中，应当广泛听取有关机关、组织、人民代表大会代表和社会公众的意见。听取意见可以采取座谈会、论证会、听证会等多种形式。关于决策听证，《中华人民共和国价格法》规定，制定关系群众切身利益的公用事业价格、公益性服务价格，自然垄断经营的商品价格等政府指导价、政府定价，应当建立听证会制度，由政府价格主管部门主持，征求消费者、经营者和有关方面的意见，论证其必要性、可行性。关于具体行政行为听证，《中华人民共和国行政许可法》规定，行政许可直接涉及申请人与他人之间重大利益关系的，行政机关在作出行政许可决定前应当告知申请人、利害关系人享有要求听证的权利；申请人、利害关系人在被告知听证权利之日起五日内提出听证申请的，行政机关应当在二十日内组织听证。通过上述法律规定可以看出，我国已经建立起与行政管理有关的听证制度，但是该制度实施的范围仍然有限，要进一步扩大决策听证的范围，对那些与群众利益密切相关的重大事项都应实行听证。同时，根据政务公开的原则，保证群众的知情权、参与权，增加决策的透明度，从而有利于群众广泛参与决策，保证决策实施的效果。对此，2010年10月国务院颁发的《国务院关于加强法治政府建设的意见》提出，作出重大决策前,要广泛听取、充分吸收各方面意见,意见采纳情况及其理由要以适当形式反馈或者公布。完善重大决策听证制度,扩大听证范围,规范听证程序,听证参加人要有广泛的代表性,听证意见要作为决策的重要参考。此外,我国关于听证的规定只是散见于单行的法律法规中,需要在统一的行政程序立法中集中加以规范。

3. 发挥专家学者优势,进一步完善决策咨询机制和信息支持系统

由于现代社会的重大决策往往具有很强的综合性、专业性、技术性,科学评估决策方案所需要的知识和水平同决策者的实际知识和水平经常会存在较大的差距,因此,要充分发挥各类专家和研究咨询机构的作用;要建立多层次、多学科的智囊网络,多听取专家的意见,多发挥综合研究部门的作用;要运用互联网等高新技术手段搜集信息,加快信息化建设,推进电子政务,加强信息搜集、整理分析和研究,为科学民主决策提供良好信息支持。

2014年10月,中央全面深化改革领导小组第六次会议召开,会议审议了《关于加强中国特色新型智库建设的意见》。习近平强调,我们进行治国理政,必须善于集中各方面智慧、凝聚最广泛力量。改革发展任务越是艰巨繁重,越需要强大的智力支持。要从推动科学决策、民主决策,推进国家治理体系和治理能力现代化、增强国家软实力的战略高度,把中国特色新型智库建设作为一项重大而紧迫的任务切实抓好。要统筹推进党政部门、社科院、党校行政学院、高校、军队、科技和企业、社会智库协调发展,形成定位明晰、特色鲜明、规模适度、布局合理的中国特色新型智库体系,重点建设一批具有较大影响和国际影响力的高端智库,重视专业化智库建设。习近平总书记的重要讲话对于

加快我国新型智库建设,推进各类智库的协调发展,发挥新型智库体系在科学决策、民主决策中的作用,实现国家治理体系和治理能力现代化具有十分重要的意义。

4. 建立决策失误责任追究制度,健全纠错机制

如果按照西蒙的有限理性论,似乎没有必要对公共决策失误者进行责任追究。然而,现实的种种教训说明,很多决策失误都是由于决策者决策不当或者私欲膨胀, 对于这样的决策失误必须加以制止和追究。因此,建立决策失误责任追究制度是加强对决策活动监督的一个重要措施。要实行谁决策、谁负责的原则,制定责任认定规则,建立相应的论证责任制、评估责任制、领导责任制;集体决策出现严重失误的,既要追究直接责任人的责任,也要追究领导人员的责任。要健全纠错机制,加强对决策权力的制约和控制,完善责任追究的程序,形成党纪、政纪、法律惩治体系,根据决策失误导致损失的程度和应负责任的大小追究相应的责任。改革开放以后,关于决策失误责任追究制逐渐得到了政府的重视。特别是近年来,决策失误责任追究制在多个中央文件中得到了强调。《国务院关于加强法治政府建设的意见》提出,对违反决策规定、出现重大决策失误、造成重大损失的,要按照谁决策、谁负责的原则严格追究责任。党的十八届四中全会提出,建立重大决策终身责任追究制度及责任倒查机制。重大决策责任追究制度的确立,可以有效地防止以往决策者"拍脑袋、拍胸脯、拍屁股"决策失职行为带来的严重后果,保证政府所作决策的优化可行。

5. 克服决策思维的单一性,对重大问题进行不可行性论证

对于重大问题的决策必须慎重。可以试行在作可行性论证的同时

作不可行性论证,双方进行交流、比较、分析,最后慎重作出更符合客观实际的决定。这样做可以让两种思维交汇碰撞,相互补充,使决策计划更周密、更可行。在决策学中,这种方法称为角色互换法,主要适用于做还是不做的问题,组成两个调查组,一组收集肯定的资料并进行论证,一组收集否定的资料并进行论证,经过一段时间的工作后交流意见,然后双方交换任务。这样双方都从对方的角度去观察问题进行调查,可以发现原来意见的漏洞和对方合理的成分,更容易达成一致意见,而且对整个问题的研究更全面。

(三)健全行政决策的法律规范

行政决策的科学化和民主化,是党的十三大至十七大历次全国党代会关于行政体制改革的一个主题词。2010年之后,行政决策的法治化进入人们的视野,《国务院关于加强法治政府建设的意见》中提出加强行政决策程序建设,健全重大行政决策规则,推进行政决策的科学化、民主化、法治化。党的十八大报告提出坚持科学决策、民主决策、依法决策,这样法治化成为我国行政决策的一个重要的价值取向和目标引导。

在行政决策的价值取向中,科学化是决策的目的,民主化是科学决策的基础和前提,而法治化则是科学决策的保障。行政决策的法治化,是指制定相关法律法规,规范决策的职权、内容、程序、监督和法律责任,使决策者在法定职权范围内,依据法律规定并按照法定程序进行决策活动,因不当决策造成严重后果者要承担相关法律责任。决策法治化是法治原则在政府决策领域的应用或体现。目前,我国正在着力全面推进依法治国,法治原则要求行政机关依法行政。而决策是政府行政的核心环节，因此依法决策即是依法行政的重要内容，而且由于法律法规对行政决策具有约束规范作用，它也由此成为科学决策的保障机制。党的十九大报告明确要求："健全依法决策机制，构建决策科学、执行坚决、监督有力的权力运行机制。"行政决策法治化要求：

1. 决策职权的法定性

任何权力都有扩张性，行政决策权也是如此。只有对决策权诉诸法律上的约束和控制，才能防止其扩张。权力的不适当渗透不仅侵犯其他行政机关的职权，也可能造成对相关人的侵害。要建立起适应社会主义市场经济运行要求的法律体系，制约决策权的不适当干预，凡法律明确排除或者禁止的事项，政府则不能将其纳入自己的职能范围中来，行使决策职权。否则便为违法行政，而违法行政谈不上任何科学性。关于决策职权法定，我国相关法律对之进行了规范，例如，《中华人民共和国立法法》规定："没有法律或者国务院的行政法规、决定、命令的依据，部门规章不得设定减损公民、法人和其他组织权利或者增加其义务的规范，不得增加本部门的权力或者减少本部门的法定职责"；"没有法律、行政法规、地方性法规的依据，地方政府规章不得设定减损公民、法人和其他组织权利或者增加其义务的规范。"党的十八届四中全会也提出："行政机关不得法外设定权力，没有法律法规依据不得作出减损公民、法人和其他组织合法权益或者增加其义务的决定。"

2. 决策内容的法定性

决策法治化不仅要求决策职权法定，还要求决策内容法定。所谓内容法定，是指无论是决策目标的确定，还是决策方案的拟订，都不得与法律法规相冲突，否则目标和方案均不具有可行性。在现实的行政决策中，决策内容违法现象并不鲜见，这直接导致了被有权机关撤销的后果，结果是造成了社会财富的巨大浪费。因此，在关于决策法治化建设过程中，必须保证党的十六大所提出的"切实珍惜民力"决策原则的实现，以使决策带来利国利民的效果。

3. 决策程序的法定性

法律具有稳定性、权威性和普遍适用性，它在约束决策权力、规范决策程序方面发挥着重要作用。如今，程序正当是实现结果正当的重要保障已成为共识，必须从法律上规范决策程序以解决现实决策中程序不规范的问题。决策程序的法定化关键在于通过法律作出关于决策过程的制度安排。胡锦涛在中央政治局第27次集体学习时的讲话指出："要完善行政管理决策机制，坚持实行民主集中制，健全对涉及经济社会发展全局的重大事项的决策的协商和协调机制，健全对专业性、技术性较强的重大事项决策的专家论证、技术咨询、决策评估制度，健全对与群众利益密切相关的重大事项的决策的公示、听证制度，推进行政管理决策科学化、民主化。"对于上述重要且切实可行的决策性程序，要逐步通过立法予以确定下来，用以规范政府的决策程序，以成为决策科学化的程序保障。

为了健全科学民主依法决策机制，规范重大行政决策行为，提高决策质量，保证决策效率，国务院于2017年拟定了《重大行政决策程序暂行条例（征求意见稿）》，面向社会征求意见。其主要内容涉及总则、决策动议、公众参与、专家论证、风险评估、合法性审查、集体讨论决定、决策执行、法律责任、附则等。应当说，制定关于重大行政决策程序的行政法规非常必要，其对于防止和克服重大行政决策的随意性，实现决策的科学性和合理性具有重要的保障作用。

4. 决策监督的法定性

政府决策与企业事业单位的决策不同，政府决策层级高、涉及的范围广，影响的程度深远，一旦失误，将带来难以挽回的后果。因此，必须加强对政府决策的法治监督。我国以往的决策监督重事后的追惩，而较为忽视事前防范和事中制约，为保障决策科学化起见，应当建立起对重大决策的事前、事中和事后的全方位监督体系。事前监督的目的是防止错误决策的形成和出台；事中监督的作用在于制止错误决策的继续执行；而事后监督则是在错误决策实施后对其造成的后果予以补救。由此可见，为保障决策的科学化，以上三个环节的监督缺一不可。

5. 决策责任的法定性

权力和责任是密不可分的，凡权力的行使都要和一定后果相联系。因此，应当在法律上明确决策权力行使要承担的责任。其主要内容至少包括：一是明确政府及其决策人员从事决策活动的责任，建立行政决策责任制；二是明确各级各类决策者所对应的决策责任；三是明确不同领导体制下承担决策责任的对象，防止因责任关系混乱而导致责任无法分清和责任落空的现象出现；四是明确决策责任的承担方式。行政决策责任制实质上是关于行政决策的事后追惩制。这一制度的完善和实施，将会对行政决策人员产生一种外在的威慑力，可以有效地避免因好大喜功、片面追求所谓"政绩"的错误决策或者违反客观规律的盲目决策。目前，对决策责任进行追究，应当重点实施重大行政决策终身责任追究制度和责任倒查机制。近年来，我国地方政府对该制度和机制进行了积极的探索，例如，2017年11月13日，云南省政府公布了《云南省重大行政决策终身责任追究办法(试行)》。该办法于2018年1月1日起施行,规定因重大行政决策失职失责,对负有责任的领导人员和直接责任人员不论是否已调职、离职、辞职或者退休,都进行责任倒查,实行终身责任追究。对于终身责任追究制度和倒查机制可以采取地方先行先试的办法,条件成熟再由中央制定统一的制度文件,以规范地方政府对于行政决策的追责行为。

附录:大事记

1. 1980年8月,邓小平在中共中央政治局扩大会议上发表《党和国家领导制度的改革》的讲话,其中提出权力不宜过分集中。权力过分集中,妨碍社会主义民主制度和党的民主集中制的实行,妨碍社会主义建设的发展,妨碍集体智慧的发挥,容易造成个人专断,破坏集体领导,也是在新的条件下产生官僚主义的一个重要原因。

2. 1981年6月,中共中央召开十一届六中全会,审议并通过《关于建国以来党的若干历史问题的决议》。

3. 1985年,党的十一届五中全会制定了《关于党内政治生活的若干准则》,这一准则,明确规定了党的决策集体制,这就从制度上明确了党的各级委员会在决策体制中的地位,指出了集体领导是党的领导的最高原则。

4. 1986年7月,在全国软科学研究工作座谈会上,万里第一次明确提出了决策民主化、科学化的目标。他指出:"没有民主化,不能广开思路,广开言路,就谈不上尊重知识,尊重人才,尊重人民的创造智慧,尊重实践经验,就没有科学化。反过来说,所谓决策的民主化,必须有科学的含义,有科学的程序和方法,否则只是形式的民主,而不是真正的民主。"

5. 1987年,中国共产党第十三次全国代表大会报告第一次提出"党的决策的民主化和科学化"。

6. 1992年10月,中国共产党第十四次全国代表大会在北京召开。会议提出:"决策的科学化、民主化是实行民主集中制的重要环节,是社会主义民主政治建设的重要任务。领导机关和领导干部要认真听取群众意见,充分发挥各类专家和研究咨询机构的作用,加速建立一套民主的科学的决策体制。"

7. 1997年党的十五大提出,要逐步形成"深入了解民情、充分反映民意、广泛集中民智的决策机制,推进决策科学化、民主化,提高决策水平和工作效率。"

8. 2002年年初, 中央编制委员会办公室提出在深圳等5个城市进行新一轮的深化行政改革试点,其基本思路就是决策、执行、监督适度分开。

9. 2002年召开的党的十六大提出了改革和完善决策机制的要求,指出要完善深入了解民情、充分反映民意、广泛集中民智、切实珍惜民力的决策机制,推进决策的科学化和民主化。

10. 2007年召开的党的十七大提出,要进一步"推进决策科学化、民主化,完善决策信息和智力支持系统,增强决策透明度和公众参与度,制定与群众利益密切相关的法律法规和公共政策原则上要公开听取意见",并"把政治协商纳入决策程序,完善民主监督机制,提高参政议政实效"。

11. 2010年10月国务院颁发的《国务院关于加强法治政府建设的意见》，明确提出建设法治政府的奋斗目标。在坚持依法科学民主决策这一部分，要求规范行政决策程序，完善行政决策风险评估机制，加强重大决策跟踪反馈和责任追究。

12. 2012年召开的党的十八大提出："要确保决策权、执行权、监督权既相互制约又相互协调，确保国家机关按照法定权限和程序行使权力。坚持科学决策、民主决策、依法决策，健全决策机制和程序，发挥思想库作用，建立健全决策问责和纠错制度。凡是涉及群众切身利益的决策都要充分听取群众意见，凡是损害群众利益的做法都要坚决防止和纠正。推进权力运行公开化、规范化，完善党务公开、政务公开、司法公开和各领域办事公开制度，健全质询、问责、经济责任审计、引咎辞职、罢免等制度，加强党内监督、民主监督、法律监督、舆论监督，让人民监督权力，让权力在阳光下运行。"

13. 2014年10月中国共产党第十八届中央委员会审议通过了《中共中央关于全面推进依法治国若干重大问题的决定》。该决定提出健全依法决策机制，把公众参与、专家论证、风险评估、合法性审查、集体讨论决定确定为重大行政决策法定程序，建立行政机关内部重大决策合法性审查机制，建立重大决策终身责任追究制度及责任倒查机制。

14. 2017年召开的党的十九大提出："健全依法决策机制，构建决策科学、执行坚决、监督有力的权力运行机制。各级领导干部要增强民主意识，发扬民主作风，接受人民监督，当好人民公仆。"

15. 2018年2月中国共产党第十九届中央委员会第三次全体会议

审议通过《中共中央关于深化党和国家机构改革的决定》,该决定提出建立健全党对重大工作领导体制机制,优化党中央决策议事协调机构。

参考文献

1.《万里文选》,人民出版社,1995年。

2. [澳]欧文·休斯:《公共管理导论》,彭和平等译,中国人民大学出版社,2001年。

3. 常征:《行政决策法治化问题探讨》,《中共福建省委党校学报》,2018年第2期。

4. 陈振明:《公共政策分析》,中国人民大学出版社,2002年。

5. 刘福敏、陈井安:《行政决策的合法化:形式合法与实质合法》,《社会科学研究》,2016年第6期。

6. 刘嘉林、游国经:《行政决策读本》,中国铁道出版社,1999年。

7. 刘熙瑞:《公共管理中的决策与执行》,中共中央党校出版社,2003年。

8. 毛寿龙:《西方政府的治道变革》,中国人民大学出版社,1998年。

9. [美]查尔斯·比尔德:《美国政府与政治》,朱曾汶译,商务印书馆,1987年。

10. [美]汉密尔顿:《联邦党人文集》,程逢如等译,商务印书馆,1980年。

11. [美]梅里亚姆:《美国政治学说史》,朱曾汶译,商务印书馆,1988年。

12. 沈荣华：《现代法治政府论》，华夏出版社，2000年。

13. 宋世明：《美国行政改革研究》，国家行政学院出版社，1999年。

14. 许文惠、张成福、孙柏瑛：《行政决策学》，中国人民大学出版社，1997年。

15. 张永桃：《行政管理学》，南京大学出版社，1989年。

16. 中共中央文献研究室编：《十三大以来重要文献选编》(中册)，人民出版社，1991年。

第六章
建设现代公职人员队伍：干部人事制度变迁

　　坚决解放思想，克服重重障碍，打破老框框，勇于改革不合时宜的组织制度、人事制度，大力培养、发现和破格使用优秀人才，坚决同一切压制和摧残人才的现象作斗争。

——邓小平（1980年）

　　深化人事制度改革，引入竞争激励机制，完善公务员制度，建设一支高素质的专业化国家行政管理干部队伍。

——江泽民（1997年）

　　加强公务员队伍建设，完善公务员管理配套制度和措施，建立能进能出、能上能下的用人机制。强化对公务员的教育、管理和监督。

——党的十七届二中全会
《关于深化行政管理体制改革的意见》（2008年）

　　建设高素质专业化干部队伍。党的干部是党和国家事业的中坚力量。要坚持党管干部原则，坚持德才兼备、以德为先，坚持五湖四海、任人唯贤，坚持事业为上、公道正派，把好干部标准落到实处。坚持正确选人用人导向，匡正选人用人风气，突出政治标准，提拔重用牢固树立"四个意识"和"四个

自信"、坚决维护党中央权威、全面贯彻执行党的理论和路线

方针政策、忠诚干净担当的干部,选优配强各级领导班子。

——习近平(2017年)

"为政之要,唯在得人。"国家能否长治久安,经济社会能否迅速发展,人民能否安居乐业,关键的要素之一就在于人才的甄选、培养、管理和使用。我国向来十分重视人事工作,随着经济、社会的变迁,我国的干部人事制度改革也在不断地推进。改革开放以来,党和国家在改革和完善干部人事制度方面作出了不懈的努力。自党的十三大提出建立国家公务员制度后,各地各部门都开始了积极的探索和实践。虽然中国的公务员制度建设起步较晚,但并没有急于求成地照搬他国经验。从试点试验到《国家公务员暂行条例》,以及后来《中华人民共和国公务员法》的颁布实施,再到随后的十多年间,公务员管理相关配套法律法规的逐步完善,现代化、规范化和科学化的公务员制度业已形成。

第一节　党的十三大与干部人事制度改革

新中国成立后的干部人事制度来源于新民主主义革命时期的人事管理制度,其建立的基本思路沿袭借鉴了苏区、抗日根据地以及解放战争后期各解放区的人事任用选拔制度,并根据社会主义革命和建设的需要逐步发展建立起来。传统的人事制度与计划经济体制相契合,因而直至"文化大革命"前的这段时期确实发挥了特殊的效用,巩固了新的国家政权,促进了社会主义各项事业的发展。然而中国共产

党的十一届三中全会召开后,随着党和国家的工作重心转移和改革开放的不断深入,原有的人事管理制度无法与经济体制改革的步伐相匹配,于是党和国家开始着手干部人事制度的改革。

一、1978年后干部人事制度改革的尝试与探索

改革开放以后,我国逐步摆脱了"文化大革命"的阴影,此前被破坏的干部人事制度也在逐渐恢复。党的十一届三中全会以后,经济体制改革的脚步越来越快,作为上层建筑的政治体制必须跟上改革的步伐,才能够保障我国各项事业的发展。1980年8月18日,邓小平在中央政治局扩大会议上作了《党和国家领导制度的改革》讲话,指出"从党和国家的领导制度、干部制度方面来说,主要的弊端就是官僚主义现象,权力过分集中的现象,家长制现象,干部领导职务终身制现象和形形色色的特权现象"[1]。"关键是要健全干部的选举、招考、任免、考核、弹劾、轮换制度,对各级各类领导干部(包括选举产生、委任和聘用的)职务的任期,以及离休、退休,要按照不同情况,作出适当的、明确的规定。"[2]邓小平的讲话指明了我国干部人事制度改革的方向,人事制度改革开始进入实质性的运行阶段。

(一)优化领导班子结构

针对干部队伍年龄大、文化程度低等现象,中共中央在党的十一届六中全会上制定了完善干部队伍的"四化"方针,即"在坚持革命化的前提下,逐步实现各级领导人员的革命化、年轻化、知识化和专业

---

[1] 《邓小平文选》(第二卷),人民出版社,1994年,第327页。

[2] 同上,第331页。

化"。在这一方针的指导下，大批年轻的优秀人才走上了领导岗位，为全国的干部队伍注入了新鲜血液。与此同时，中央于1982年出台了《关于建立老干部退休制度的决定》，并在同年颁发了《关于老干部离职休养制度的几项规定》，废除了干部领导职务的终身制，规定凡符合离职休养条件的老干部到了一定年龄必须退下来，且离休后政治待遇不变，生活待遇略为从优。该规定的颁布促使大量达到规定年龄和已超过退休年龄的干部退出了领导职位。仅1982年至1989年间，全国就有390万名老干部办理了离退休，实现了新老干部的顺利交替。[①]此外，为了改善领导班子的结构，国家还对现行不称职的领导干部进行了职务调整。通过这些尝试和努力，我国的干部队伍实现了老中青的结合，不但年龄结构日趋合理，专业水平也大有提高。

(二)改革干部的选拔录用制度

根据不同地区及国家机关、企事业的不同工作性质制定与之相适应的录用形式。首先，对国家机关的补充工作人员采用考任制，以公开、平等、竞争的原则进行考试，择优录用。笔试内容分为基础知识和专业知识，面试内容可依据考取的工作岗位的性质和要求而定。考任制保障了国家机关工作人员的人才质量，同时也避免了在用人问题上的不正之风。其次，对企事业干部实行聘任制。随着改革开放的不断深入以及经济体制改革的发展，各企事业单位都感到了前所未有的压力，不得不对原有的干部任用制度进行变革。聘任制的实行打破了单一的委任制，使企业拥有了更多的用人自主权。普通工人只要具备足

---

① 参见李和中：《21世纪国家公务员制度》，武汉大学出版社，2006年，第152页。

够的能力，也可成为干部，这样提高了生产积极性。最后，对乡镇干部采取选举制和聘任制相结合的方式。由于广大农村生产和生活条件较差，很多专业和知识水平较高的年轻人不愿到农村担任领导职务。乡镇机关的干部往往由国家统一调配，因而也就存在着干部文化程度低、年龄大的现象。通过选举制与聘任制相结合的方式，不仅解决了乡镇机关干部的来源问题，提高了干部队伍的文化水平，也扩大了群众的参与程度，打破了以往干部录用制度中的封闭状况。

（三）增强干部人事管理的民主化、透明度

1979年，中央组织部下达了《关于实行干部考核制度的意见》，规定每年必须对各级领导干部进行定期考核和民主评议。凡经过考核和民主测评被确认为不称职的，要及时进行职务调整。对于委任制来说，委任对象的产生要通过民主推荐和评议的渠道，不能完全凭借上级的个人意愿。干部的最终任免也要听取群众的意见，上级组织在作出决定前必须深入群众了解情况，而且要经集体讨论共同决定。对于选举制来说，候选人的产生必须经过民主协商，一些较为重要的职务还要实行差额选举。至于考任制，则更是要凭着公平、平等、公开竞争的原则来选拔人才。无论以上哪一种录用方式，都必须严格按照规定的程序进行，任何人和部门均不得越过程序选拔干部，否则不予审批。这些人才选拔的方式将群众纳入以往封闭的录用过程中，尊重并考虑群众的意见，提高了人事管理工作的民主性和透明度，有利于选拔出人民满意的领导干部。

（四）改革干部管理体制

由于历史上的诸多原因，我国传统的人事管理体制属于集中型，长期以来抑制了下级积极性、主动性的发挥。随着政治体制改革的不断深入，社会经济的进一步发展，必须对原有的人事管理体制进行改革。1984年4月，中央组织部本着"管少、管好、管活"的原则修订了《中共中央管理的干部职务名称表》，下放了领导干部的管理权限，实行统一管理和分级管理相结合，由1953年以来的"下管两级"体制改为"下管一级"，将原来属中央管理的所有干部的三分之二交由下一级组织去管理。与此同时，企事业单位的人事自主权也在逐步扩大，政府部门开始把一些用人自主权下放给企业。1984年国务院颁发了《关于进一步扩大国营企业自主权的暂行规定》，指出企业有权确定职工编制，有权自主招聘专业技术人员，厂长有权提名副厂长和任免中层干部等。干部管理权限的下放，及时迎合了经济、社会发展变化的需要，明确了各级各类领导干部的管理责任，激发了中下层组织以及企事业单位的活力和竞争力。

除了以上改革，在这一时期，我国还逐步建立了后备干部制度，健全了干部培训体系，规范了干部交流工作，建成了合理的人才流动机制等。通过回顾可以看出，改革开放初期我国对于传统干部人事制度的一系列改革探索和尝试，取得了一定成绩，在关键时期成为政治体制改革的推动力。但是这些探索仅仅是初步的，还没有深入传统干部人事制度的根部，在人事管理体制的深处仍然存在着一些弊端，急需予以总结和克服。

二、党的十三大与建立国家公务员制度

党的十一届三中全会以来，党中央在领导经济体制改革的同时，

针对作为上层建筑的政治体制中的重要环节之一——干部人事制度进行了改革，按照"革命化、年轻化、知识化、专业化"的原则调整了各级领导班子，下放管理权限，大力推进党政分开、政企分开，取得了一定的成效。在改革开放取得全面进展、社会面貌发生深刻变化的形势下，中国共产党于1987年10月25日在北京召开了第十三次全国代表大会。大会首先对改革成果作了肯定，指出"近年来，我们在干部人事制度改革方面采取了一些重大措施，积累了有益的经验"。同时，梳理总结了以往干部人事制度存在的若干缺陷：

第一，"国家干部"这个概念过于笼统，缺乏科学分类。"国家干部"系统包括多种不同工作性质的人员。国家机关和党群机关的工作人员、企事业单位管理人员、各类专业技术人员以及教师、演员、运动员、医生、护士等都属于国家干部的范畴。对于这样一个内涵模糊不清、外延包罗万象的干部队伍，难以实行科学、有效的管理。

第二，管理权限过分集中，管人与管事脱节。新中国成立以后，我国一直沿袭党组织统一管理干部的做法，即凡是国家干部，都由各级党委统一管理。而且从纵向上来看，权限往往集中在上级组织，使得下级机关和企事业单位缺乏必要的人事自主权。管理权限的过分集中，造成干部事务方面管得过多、统得过死，用人与治事相脱节。

第三，管理方式陈旧单一，阻碍人才成长。由于长期将各类人员统称为国家干部，忽略了不同工作的性质、责任之间的差异，在管理上不加区分地使用一种制度和方法，用陈旧单一的模式管理所有干部。不利于各类人员按照各自的职业特点获得充分发展。

第四，管理制度不健全，用人缺乏法治。新中国成立以来，我国为了推进干部人事制度发展，曾制定一些人事管理政策和规定，但是这些政策和规定往往缺乏法律效力。即使是制定了一些具有法律效力的文件，也存在不系统、不完善的缺陷。对于录用、考核、奖惩、升降等一系列管理工作缺乏规范、科学、有法律权威的程序和标准。法律制度的缺失使得人事管理工作无法可依、无章可循，给领导干部在用人问题上的个人意志或主观随意性提供了方便。

上述弊端使我们长期面临两大问题：一是年轻优秀的人才难以脱颖而出，二是用人问题上的不正之风难以避免。针对上述问题，在总结和借鉴国内外改革经验的基础上，十三大报告明确提出，当前干部人事制度改革的重点，是建立国家公务员制度，即制定法律和规章，对政府中行使国家行政权力、执行国家公务的人员，依法进行科学的管理。鉴于"公务员"和"公务员制度"均属于舶来品，依照我国国情和社会发展的具体情况，在当时的改革过程中重点解决了以下问题：

第一，将"国家干部"合理分解，实行科学化的分类管理。党的十三大提出，要对"国家干部"进行合理分解，改变集中统一管理的现状，建立科学的分类管理体制。实行干部分类管理是政治体制改革深入发展的必然要求。随着经济社会的日益发展，社会分工也越来越明显。分工所导致的不同职业的特征、工作性质、工作责任、能力要求均具有差异性，因而需要采用不同的方式进行管理。但是在原来的人事制度下，无视不同干部的职业特性，采用单一手段进行管理，则不能实现科学化的管理。

第二，形成各具特色的管理制度。党的十三大提出，要改变用党政干部的单一模式管理所有人员的现状，形成各具特色的管理制度。各具特色的管理制度建立的前提是国家干部的合理分解。只有根据各个行业和部门各自的特点，按照不同人才的成长规律，建立起分类管理的体制，才能够改变以往的"管理方式陈旧单一，阻碍人才成长"弊病。

第三，将竞争机制引入人事管理工作中来。党的十三大提出，要贯彻体现注重实绩、鼓励竞争的原则。竞争机制引入企业管理，为优秀企业家和各种专门人才的脱颖而出创造了前所未有的条件，已经引起企业人事制度的一系列变化。应当适应这种形势，不断总结实践经验，使新的企业人事制度建立和完善起来。竞争机制还应当引入对其他专业人员的管理。各行各业，都要按照各种人才成长的不同规律，形成各具特色的管理方式和制度，使各种专家和事业家能够成批涌现并且迅速成长为各方面的骨干和中坚。党内党外，都要创造人员能合理流动、职业有选择余地的社会条件，破除论资排辈等压抑进取心和创造性的陈腐观念。这样，人尽其才，各展所长，增强党和国家机关以及全社会的生机和活力就有了希望。

第四，改变缺乏民主法制的现状，实现干部人事的依法管理和公开监督。党的十三大提出，要贯彻和体现民主监督、公开监督的原则。社会主义的经济建设离不开法制建设和民主政治建设作为其坚强的后盾。对于干部人事管理工作来说，法制和民主政治建设体现在对领导干部的监督制约上。首先，要建立健全各类法律制度和规范，形成一整套完备的法律体系，使各项管理工作有法可依。其次，完善监督机制，将政党监督、部门监督、社会监督、法律监督相结合，保障监督主体的法定权威和相对独立性，通过内外监督网络对人事管理中的不正之风和违法行为进行预防、控制和补救。最后，建立实质的纠错机制，对于干部领导工作中的失误和违法行为要严肃处理。

党的十三大提出的"国家公务员制度"能否顺利建立，取决于对传统干部人事制度的改革是否成功。党的十三大过后，我国对干部人事制度加大了改革力度。1988年4月，第七届全国人民代表大会第一次会议上的《政府工作报告》再次强调，要抓紧建立和逐步实施国家公务员制度，从而把我国的干部人事制度改革推向了新的阶段。

早在1984年，我国就已经开始着手建立公务员制度的准备工作。1984年下半年中央书记处会议强调要加强人事立法，以保障干部人事工作有法可依。中央组织部和劳动人事部专门组织了一批专家学者和实际工作者研究起草《国家机关工作人员法》。1985年，中央书记处在听取了起草法律草案的汇报后，决定将该法更名为《国家行政机关工作人员条例》。后来，在邓小平的建议下，中央成立了政治体制改革研讨小组，下设干部人事制度改革专题小组。专题小组对《国家行政机关工作人员条例》进行了重大修改，并将其更名为《国家公务员暂行条例》，获得了中央的原则同意。最终在经历了多次修改后，于党的十二届七中全会上通过。该暂行条例是1993年国务院正式颁发的《国家公务员暂行条例》的前身。可以说，所有的这些准备工作都为之后国家公务员制度的建立和推行奠定了良好的基础。

三、建立国家公务员制度的重大意义

建立公务员制度，是我国传统干部人事制度改革的方向和重点，是符合我国国情和在国内外发展经验的基础上总结提炼出来的重要举措，"健全的、有活力的国家公务员制度是支撑现代行政的根基，是通向国家政治清明和持续发展的康庄大道"①。它对于保证政府工作人员的优化、精干、廉洁、稳定、高效以及政府工作效率的提高有着十分重要的现实意义。

首先，国家公务员制度的建立有利于提高政府的办事效率。建立公务员制度，也就是将国家公务员从庞大繁杂的干部队伍中分离出来，依据其工作性质采取相应的管理方法。根据公务员不同的岗位要求作出职位分类和进行选拔录用，有助于人尽其才，才尽其用；通过定期考核和培训提高公务员的思想道德素质和专业技术水平；通过职务升降、奖惩来激励其努力工作；通过保险福利消除公务员的后顾之忧等。这些专门针对公务员所制定的制度，对行政人员素质的提高起了关键的作用，同时也保证了行政人员队伍的新陈代谢，充满活力的队伍使行政效率得以提高，从而能够优质高效地完成各类行政任务。

其次，国家公务员制度的建立可确保公务员队伍的优化、廉洁和高效。通过严格的进口把关，能够将具备优良素质的人员吸收进来，而且通过培训机制，可以进一步提升其个人素质。此外，公务员制度建设对于公务员的权利和义务都有明确的法律规定，有助于规范公务员的行为，防止不正之风和腐败现象的发生，能够促使他们廉洁奉公，当好人民的勤务员。

再次，有利于实现人事管理的法制化。公务员系统从庞杂的干部队伍中分离出来后，形成了一个相对独立的体系。它以法律法规的形式来确定和保障公务员享有权利和履行义务，通过制定系统的配套制

---

① 彭兴业：《试论中国公务员制度的跨世纪发展与创新》，《北京行政学院学报》，1999年第1期。

度对管理的各个环节作出规定,不仅明确了各个岗位的行政责任,而且使各项人事工作都能够有法可依,有章可循,有利于克服原有人事工作中的"人治"现象。

最后,有利于进一步推动经济体制改革,促进经济社会的发展。党的十一届三中全会以来,随着党和国家工作重心的转移和改革开放的不断深入,我国的经济体制和社会生活都发生了巨大的变革,经济基础的发展变化要求上层建筑也要随之变化以跟上变革的步伐。而国家公务员制度的建立无疑顺应了这一改革趋势,是我国经济社会发展的客观要求。建立国家公务员制度成为体制改革的一个有机组成部分,成为不断深化经济体制改革的重要的组织保证。

第二节　国家公务员制度试点与《国家公务员暂行条例》

党的十三大以后,在中央的领导之下,我国又开始了对人事制度改革的新探索。建立和完善国家公务员制度,建立一支充满活力的现代公务人员队伍,作为我国政治制度建设的重要内容被高度重视。为了落实党的十三大推行国家公务员制度的战略部署,为了使"公务员制度"这个舶来品能够立足于我国的实际情况,中央先后在国务院六个部门以及哈尔滨、深圳两市进行试点,广泛征求多方意见,总结经验。在此基础上,对《国家公务员暂行条例》不断修改。1992年5月,国务院常务会议讨论并原则同意《关于建立和推行国家公务员制度的汇报纲要》及《国家公务员暂行条例》。1993年4月,经国务院第二次常务会议审议，通过了《国家公务员暂行条例》。随后国务院于同年8月发布了《国家公务员暂行条例》并宣布1993年10月1日起正式实施。《国家公务员暂行条例》是新中国历史上第一部关于国家公务员管理的基本法规，标志着政府部门的人事管理制度进入法制化和科学化的发展时期。

一、国家公务员制度的试点工作

国家公务员制度的试点工作于1989年开始，先后在审计署、海关总署、国家统计局、国家环保局、国家税务局、国家建筑材料工业局六个国务院部门实行了试点。同时，对非试点单位的单项改革也做了试验，如考试录用、考核、培训、回避等，均获得了一定的成效。随着改革的不断深入，1990年又选定哈尔滨市作为地方政府推行公务员制的试点，同年10月批准了深圳市的试点计划。各试点单位在1988年"三定"（定职能、定机构、定编制）的基础上，以《国家公务员暂行条例》和《国家公务员制度试点总体方案》为指南，立足实际，进行了积极探索改革，取得了可喜的成果。

第一，改进了职位分类制度。职位分类是试点启动的第一环节。职位分类制度即根据不同职位的工作性质和工作特点划分不同的类别，编写职位说明书，明确相关职位的职责权限、任职的资格条件、工作的难易繁简程度，以此作为录用、考核、晋升、培训和确定工资待遇的依据。这样有利于增强公职人员的工作责任感，激发竞争意识，促进人才成长。以国家统计局为例，截至1993年，该局的《职位说明书》由原来的620份精简为535份，职位分类更为科学，分工更为合理，人与事的结合更加紧密。该局设计管理司根据新的职能任务，主动要求将65人的编制缩减为39人，杜绝了人浮于事、忙闲不均的现象。[1]职位分类的试验，理顺了机关内部的关系，有助于进行机构改革，提高工作效率，更重要的是职位分类为对公务员进行科学有序的管理奠定了基础。

第二，大力推行公开考试，择优录用。在"第一年先考起来"的工作目标指导下，全国大多数省市和中央部委，甚至地、县都开展了考试录用工作。一些试点自1989年开始公开招考，报考人数与实际录取人数之比为9.3：1，1990年则达到16.3：1。[2]通过面向社会、公开报名、笔试面试、综合考察等各个环节，保障了录用的质量，优化了公职队伍。国家统计局自1989年起，从1685名报名者中择优录取了128人，对新录人员组织初任培训，经过跟踪调查，有发展潜力的约占95%。[3]在国家建材局录用的49人中，有41人成为工作骨干。具体的录用数据统计见表6-1。其中统计局、建材局、环保局为1989、1990年的两次招考数据，其余分别为1989年或1990年的招考数据。

表6-1　考录用数据表

单位	统计局	建材局	环保局	税务总局	哈尔滨市	深圳市
报考	795	685	1400	265	2628	4000
录用	75	49	81	30	187	106
报考/录用	10：1	14：1	17：1	9：1	14：1	40：1

资料来源：田培炎：《公务员制度试点的回顾与反思》，《法学研究》，1994年第1期。

---

[1]　参见国家统计局人事司副司长赵顺义在中直机关参照管理工作会议上的报告：《认真实施国家公务员制度》。

[2]　参见仝志敏：《我国公务员制度的设想、试点及入轨运行》，《中国人民大学学报》，1992年第4期。

[3]　参见方进玉：《国家统计局试行公务员制度系列报道之四——成功的一步》，《政治·社会》，1992年第7期。

哈尔滨市在试点之前，就已经在市政府机关处以下干部中全面实行了聘任制，通过制定《职位说明书》，采取公开答辩、考试竞争和双向选择的办法，重新聘任处以下干部。试点后由于机构编制的冻结，大型考录工作一直未能进行。但在此后的补充乡镇干部，交警及法院、检察院增编补员中，均采用了公开考试录用的办法，效果甚好。深圳市在考试录用方面，打破了报考人员身份和地域限制，完善了考试科目，组建了面试考官队伍，而且将市内专业紧缺的职位面向全国招考，拓宽了知人渠道和选才视野。通过面向大众的公开考试、择优录取，促进了机关的廉政建设，杜绝了走后门、拉关系的不正之风，为国家选拔了大批优秀人才。而且，这种科学公正的选拔方式也调动起广大人民学习的积极性，有利于整体素质的提高。

第三，完善考核制度。对现任职人员进行考核有助于激励先进，鞭策后进，总结工作经验，吸取工作教训。考核结果的恰当使用可以激发人才的潜力，提高公职人员的办事效率。早在1987、1988年，统计局就开始按照中央组织部的有关规定，对处级以上干部进行年度考核。1989年起，按照德、能、勤、绩四项内容对全局干部进行民主考评。通过个人述职、民主评议、组织考核、确定结果、领导反馈等步骤考核干部的工作情况。领导干部要当着上级主管和下属的面进行述职，评议采取"面对面"或"背靠背"的形式，有专人记录。哈尔滨市每年有三万九千多人参加考核。其中，有近千人被定为"基本称职"一档。深圳市则规定当年考核不称职和连续两年基本称职的，予以辞退；当年基本称职的，要离岗培训。公务员考核制度的有效实施，激发了广大工作人员的竞争意识和进取精神，真正触动了全体机关人员，使机关风貌焕然一新。

第四，实行职务升降。大多数试点单位和地区建立职务晋升制度，遵循公开、民主、竞争、择优的原则，使大批富有创新精神、具备工作能力的年轻人走上了领导岗位。各单位普遍采取的晋升步骤为：公布职位空缺和任职资格—民主推荐和自荐—资格审查和考核—晋升答辩和民意测验—综合评价和讨论确定人选—资格培训—正式任命。1991年，统计局公布了司级职位空缺13个，经全局处以上干部投票民主推荐，产生了85名候选人，其中7人自荐。人事司进行资格审查后确认32人符合任职资格条件。局党组对该32人逐一作出分析，确定获票相对集中的18人作为面试对象。经过答辩，最后从中择优选取10人晋升司级领导职务，另外3个职位因尚无合适人选而空缺。①由此可见，职务晋升制度的规范纳入了更多的群众参与，透明度和民主性增强了，自然消除了由组织直接任命的弊端，激发了机关工作人员的工作积极性，使他们在工作中注重实绩，办实事。

第五，试行回避制度。由于历史文化方面的原因，我国是一个讲人情、重亲情的国家。但是在新的历史时期，如果在工作中夹杂着过多的亲情顾虑和人情关系网，则势必会影响到工作的正常进行。既然选择了改革，"回避制度"当然也就不可回避地摆在各个试点单位面前。在开始试点的1989年，国家统计局在职干部总数850人，其中互为亲属关系的共130人，占干部总数的15%。包括局级干部5人、司级干部13人，

———

① 参见国家统计局人事司副司长赵顺义在中直机关参照管理工作会议上的报告：《认真实施国家公务员制度》。

处级以下干部110人，回避工作非常艰难。①在这种情况下，统计局采取的方法是领导带头，先将局领导和人事司负责人的亲属调出统计局，其他司级干部的亲属原则上调离统计局，处级干部的亲属调离本司。试点中已有8名干部调离统计局。②各试点单位结合自身条件不同程度地试行了任职回避和执行公务回避，并将其贯穿于干部人事管理工作的全过程，使各级领导摆脱了人情关系网的纠缠和亲情顾虑，有利于机关的廉政建设。

第六，实行公务员的过渡培训。为了能顺利建立和推行公务员制度，必须重视培训和过渡的环节。新录用的人员要进行初任培训，实行试用制度；对现有的机关工作人员，组织全面系统的学习和培训，包括马列主义政治理论、公务员通用基础知识、专业基础知识三个方面，然后在培训的基础上进行考试，通过综合测评来决定其能否过渡为国家公务员。对于经过多次培训仍然不能达到规定条件的，不能过渡，给予淘汰，另行安置。在过渡工作中，各单位还根据自身的情况注意做好未过渡人员的安置工作。一是结合机构改革，把机关的部分职能和人员向事业单位、对口单位分流，鼓励未过渡人员自寻出路；二是执行离退休制度，并给因身体原因不能继续正常工作的人员提前办理退休手续；三是实行辞职辞退制度。经过过渡培训，挖掘了公务员的自身潜能，保障了公务员队伍的精干、廉洁和高效，提高了公务员队伍的整体素质和技能。

---

① 参见郑德、余红辉：《国家统计局试行公务员制度系列报道之一——回避，也是改革》，《政治·社会》，1992年第4期。

② 参见广沛、茅连煊：《中国公务员制度实践者的报告》，北京科技出版社，1991年，第314页。

经过四年多的实践探索，国家公务员的试点工作取得了成效，更加坚定了我国建立公务员制度的决心和信心，其主要成效体现在以下两个方面:

第一,强化了公务员的主体意识。传统人事制度中的"国家干部"概念过于笼统庞杂,公务人员作为其中之一,主体意识非常缺乏。人们对于自己的职责权限、权利义务、与其他"国家干部"之间的关系、与管理对象之间的关系都是比较模糊的。国家公职人员找不到自己恰当的位置去发挥自己的能量。进行公务员试点之后,一项接一项的改革使他们转换了"传统干部"的身份,职位分类使人们更加明确了自身的权利和责任;公开考试录用使具备能力的人通过自己的努力进入公务员队伍;定期考核督促人们认真对待每一项工作,注重实绩;职务升降激发人们的工作积极性,提高工作效率;回避制度有助于遏制不正之风。所有这些专门的、日趋科学化的管理方式和制度都将公务员与其他的行业人员区分开来,逐步强化着国家公务人员的主体意识。

第二,减少了腐败滋生,提高了办事效率。公务员制度的试点实践,以科学规范的管理方法和运行机制减少了腐败的产生。职位分类明确了每个职位的工作性质、职责范围、管理权限,防止了因责任重叠、责任不清而造成的争功诿过、推诿扯皮;公开考试、择优录取给每个人以平等的机会,只要能力、素质过硬,通过考试和试用即可成为国家公务员,抑制了任人唯亲,走后门、拉关系的不正当现象;定期考核使现职人员能够按照考核标准严格要求自己的言行,形成一种内在的自我约束,减少官僚主义滋生;职务升降制度纳入了群众的参与,由往日的封闭变为透明,消除了直接任命中的人情提拔,激励有志者不断进取；回避制度则更是毋庸置疑地促进了机关的廉政建设。

当然，试点毕竟是试点，试点中需要改进、解决的问题仍然大于所取得的成效。比如职位分类中出现论资排辈，工作繁简难易程度和责任轻重无法进行定量描述现象，难以达到客观公正；考试录用并没有真正做到面向全社会，仍然承认户口限制和工农差别，也没有冲出单位所有制的限制；在考核上只奖不惩，在职务升降上只升不降，在向公务员过渡上也未能摆脱"老套路"，"顺利"实现了"全员过渡"。此外，由于种种原因，还有一些具体环节未能进行试点。但是无论如何，试点工作为公务员制度的全面推行积累了经验。四年的实践，有经验也有教训，有成功也有不足，但毕竟让人看到了现代公务员制度的前途和希望。1992年以来至《国家公务员暂行条例》颁布以前，全国已经有二十多个省、自治区、直辖市进行了试点，某些单项制度已在全国范围内试行，人们期盼着公务员制度能够尽快全面入轨运行。

二、《国家公务员暂行条例》的颁布实施

经历了4年试点的实际演练，历经了八年对法律草案的反复修改，1993年10月1日，《国家公务员暂行条例》终于实施。这标志着具有中国特色的国家公务员制度的初步建立和形成，对于促进我国干部人事管理走向法制化、科学化、民主化有着十分重要的意义。《国家公务员暂行条例》共十八章八十八条，其主要内容分为四个部分：第一，总则，说明条例的立法依据，指导原则，适用对象；第二，义务权利，明确了公务员必须履行的义务，规定公务员可以享受的权利；第三，对公务员管理的各个具体环节和运行机制作出规定，包括职位分类、录用、考核、奖

励、纪律、职务升降、职务任免、培训、交流、回避、工资保险福利、辞职辞退、退休、申诉控告等；第四，管理与监督，规定了人事管理部门的职责和实施本条例的保障措施。

《国家公务员暂行条例》的颁布实施，加之随后陆续制定和公布的一系列与之相配套的暂行规定和办法，使公务员管理有了法律依据，完整的法规系统逐步形成。经过十多年的不懈努力，公务员管理体制渐渐步入科学化的轨道，高素质、专业化的现代公务员队伍初步形成，有中国特色的国家公务员制度已经基本建立。

（一）凡进必考的机制基本建立

推行公务员制度以来，各级政府机关在录用新人时均坚持了"凡进必考"，遵循着公开、平等、竞争、择优的原则选拔人才。全国三十一个省、市、自治区都实行了公开招考，多数地方还打破了身份和地域的限制，面向社会网罗人才，扩大了选人视野。截至2003年，中央国家机关及其垂直管理系统已连续九次面向社会公开招考，共录用公务员两万三千人，全国共考试录用公务员七十余万人，其中从农民中录取五千余人。[1]通过公开考试、择优录取，大批年富力强的优秀人才脱颖而出，从而保障了公务员队伍的整体素质。截至2002年年底，全国五百多万名公务员中，大专以上人员所占比例已由1993年的32%上升为69%，提高了一倍之多，[2]一些地区和部门对录用人员的跟踪调查表明，用人单位的满意率高达98%。

---

① 参见黄海霞：《公务员制度运行十年》，《瞭望》，2003年第33期。

② 参见彭兴业：《健全国家公务员制度，增强执政基础与能力——纪念〈国家公务员暂行条例〉颁布实施10周年》，《新视野》，2003年第5期。

（二）竞争上岗制度广泛推行

竞争上岗的做法一经推出，就受到了广大公务员和人民群众的支持和认可，并逐渐发展成为选拔优秀人才、晋升职务的重要途径。实行竞争上岗的机关，从地、县两级机关开始，逐步向上扩展至省级和中央国家机关，向下延伸至乡镇机关。据不完全统计，全国有二十九个省、市共五万个单位在省区或市、县机关开展了竞争上岗，用于竞争上岗的职位近三十五万个，报名参加竞争上岗的各级机关干部达八十多万人。①1999年至2002年间，共有三十五万五千人通过竞争上岗走上了领导职位。国务院从1998年机构改革开始，有三十多个部委局的近两千个职位实行竞争上岗，其中司局级职位达二百三十六个。②实行竞争上岗，打破了论资排辈的传统观念，使公务人员在职务上能上能下，避免了人才的埋没和流失。

（三）考核成为激励先进、鞭策后进的主要方式

通过对公务员进行日常考核和年度考核，将考核结果与奖惩、职务升降和辞退相结合，奖优罚劣，激发了公务员的竞争意识。1994年推行正规的年度考核以后，全国各级行政机关98%的公务员参加了年度考核，仅1996年全国就有18239人因考核不称职等原因被免职和降职。截至2003年，纳入考核因素评选出了81名"人们满意的公务员"，有470名公务员获得国务院授予的荣誉称号，1.5万公务员获得了部级荣誉称号。③

---

① 参见李和中：《21世纪国家公务员制度》，武汉大学出版社，2006年，第159页。

②③ 参见黄海霞：《公务员制度运行十年》，《瞭望》，2003年第33期。

（四）培训工作制度化、经常化

公务员的培训已经逐步进入轨道，形成了以初任培训、任职培训、更新知识培训和专门业务培训为主要形式，以出国培训、对口培训、学历教育等为补充的公务员培训体系。按照不同的职位要求及公务员自身专业需要，有针对性地对国家公务员实行各类岗位培训，参加培训的公务员每年有二百多万人次。哈尔滨市至1995年年底就已经对所有在职机关干部轮训一次。制度化的培训使公务员提升了自身的业务水平和专业知识，帮助各类人才挖掘出自身的潜能，使公职人员为人民的服务更加专业，服务质量更高。

（五）职位轮换、回避制度执行良好

1997年，人事部颁发了《国家公务员职位轮换（轮岗）暂行办法》，规定"国家公务员实行职位轮换制度。职位轮换，又称轮岗，指在同一政府工作部门内对担任领导职务和某些工作性质特殊的非领导职务的工作人员有计划地调换职位任职。轮岗的重点是担任领导职务的公务员"。轮岗制度具有较强的计划性和强制性，它不是根据公务员的个人需求，而是出于培养公务员的需要有计划地进行轮换，防止在某些领导职位或工作性质特殊的非领导职位任职过久而产生的弊端。回避同轮岗制度一样是为了强化对公务员的监督，促进队伍的廉政勤政建设。十多年来，各级机关均按照计划对领导职位和"热点"岗位进行了职位轮换，并且打破亲情网，对公务员实行任职回避和执行公务回避。截至2003年，全国共有九十万公务员进行了轮岗，三万余人进行了任职回避，遏制了不良现象的滋生。

（六）队伍"出口"逐步畅通

辞职、辞退和退休制度的推行保障了公务员队伍"出口"的畅通。长时间以来，国家行政机关成为大多数人向往的具有稳定收入，稳吃"皇粮"的最好通道，进入了国家机关就相当于进入了保险箱。观念的落后和管理体制的不合理造成了"人员流不动、结构不合理、能进不能出、能上不能下"的尴尬局面。严格实行了公务员的辞职、辞退和退休制度后，"铁饭碗"不再存在。自1996年至2003年，全国共辞退国家公务员17875人，28626人辞职，约有6.4万名公务员受到不同的行政处分，①退休制度也得到了正常的实施，大多数公职人员到了规定年龄都主动申请退了下来。"出口"的畅通打破了陈规，激发了广大公务员的工作责任感和积极性，实现了公务员的正常更新交替，增强了我国公务员队伍的生机和活力。

（七）公务员管理的法规体系基本形成

《国家公务员暂行条例》的颁布，标志着我国公共部门的人事管理体制进入了法制化和科学化的时期。1993年以后，我国又先后制定、公布了一系列与之相配套的暂行规定、通知和实施办法等：包括《国家公务员制度实施方案》《国家公务员职位分类工作实施办法》《国家公务员录用暂行规定》《国家公务员考核暂行规定》《关于实施国家公务员考核制度有关问题的通知》《关于实施国家公务员考核制度有关问题的补充通知》《国家公务员职务升降暂行规定》《国家公务员职务任免暂行规定》《新录用国家公务员任职定级暂行规定》《国家公务员职位

---

① 参见彭兴业：《健全国家公务员制度，增强执政基础与能力——纪念〈国家公务员暂行条例〉颁布实施10周年》，《新视野》，2003年第5期。

轮换（轮岗）暂行办法》《国家公务员任职回避和公务回避暂行办法》《国家公务员辞职辞退暂行规定》《国家公务员被辞退后有关问题的暂行办法》《国家公务员培训暂行规定》《国家公务员出国培训暂行规定》《国家公务员奖励暂行规定》《关于国家公务员纪律惩戒有关问题的通知》《国家公务员申诉控告暂行规定》《党政领导干部选拔任用工作条例》等。这些配套规定形成了涵盖公务员管理各个环节的法规体系，使各项具体环节都能够有法可依、有章可循，促进了传统的人事管理迈向法制化和科学化。

至此，我国公务员制度的推行已经迈出了一大步，取得了初步成果。但是距离制度的完善健全还有相当长的一段路要走。《国家公务员暂行条例》毕竟只是法规，而不是法律，由于其缺乏法律的权威性以及本身存在的缺陷，导致有的领导对其没有予以高度的重视，在实际的运行过程中也作出了一些"变通"。

三、《国家公务员暂行条例》实施中的问题

《国家公务员暂行条例》在实施的十余年中，改革了过去相对封闭和高度集中的干部人事管理制度，使各级各类行政机关的精神风貌焕然一新，对于建立现代的国家公务员制度起到了巨大的推动作用。"公务员制度"这个舶来品虽然已经在中国大地上生根发芽并取得了成果，但仍存在一些需要解决的现实问题。

（一）《国家公务员暂行条例》的立法层次不够高

《国家公务员暂行条例》属于行政法规而非法律，有些条文也不够明确，因而也就引发了一系列问题。比如《暂行条例》中并没有明确国

家行政机关的范围。地方国家行政机关实施公务员制度的范围是由各省、自治区、直辖市人民政府审定的。地方政府有关依照国家公务员制度管理的范围则是由省级人民政府人事部门审定的，而地方党委所属事业单位列入"参照"管理的范围，又是由省、自治区、直辖市党委审批的。这样就把一些行政机关搞得无所适从，它们此时属于国家公务员制度的实施范围，彼时又被逐出范围。一些旅游局、档案局在开始的时候被列入国家公务员制度的实施范围，后来由于强调精简机构，就又被划分为使用事业编制的单位，最后，一些地方的档案局又被划回了公务员制度的实施范围。①反反复复的变换，使得机关管理非常不稳定。此外，由于《暂行条例》缺乏法律权威，很多地方为了急于改革，对《暂行条例》作了一些变通，但是却带来了相反的效果，一家晚报2003年7月6日报道了所在省的人事厅颁布的最新规定："公务员可以领取工资补偿，到民营企业上班"，"如果今后还想回政府机关，只需将辞职费交给原单位即可"。这一举措的目的是"为大力促进民营经济发展"，"为响应省委省政府促进民营经济发展的方针"，"给有志之士系上'安全带'"。②

很显然，这种带薪辞职违反了《暂行条例》的规定。一是公务员辞职要经过严格的程序和交接手续，一旦辞职则与原行政机关脱离了关系，不再保留国家公务员的身份，不再享有公务员的权利和待遇，领取工资补偿更是无从谈起。二是为了保障国家公务员队伍的高效与优

---

① 参见唐代望、唐晓阳：《对〈国家公务员暂行条例〉在实施中的几个问题的探讨》，《新视野》，1999年第6期。

② 万丹：《〈国家公务员暂行条例〉适用之新现象评析》，《行政与法》，2004年第6期。

化、廉洁，《暂行条例》第四十九条规定："国家公务员不得在企业和营利性事业单位兼任职务。"该省人事厅的新规定无疑违背了《暂行条例》，允许公务员带薪到民营企业上班，不利于培养公务员的主体意识和敬业精神，而且还会引发社会公众对公务员整体形象认识的混乱。三是国家公务员的录用要依照公开、平等、竞争、择优的原则，依照一整套完整的法定程序来进行，仅仅交纳辞职费就可恢复原职，这种做法可谓"想来则来，想走便走"，不但对其他人是不公平的，对国家行政机关的工作也是不尊重的。或许该省人事厅的出发点是好的，但是此项规定却并不合法，起到了适得其反的效果，不利于公务员队伍的稳定。

（二）职位分类尚未规范，科学管理有待加强

一方面，《国家公务员暂行条例》中只有领导职务和非领导职务之分，对于不同级别的非领导职务之间的关系缺乏明确的规定，不利于有效的管理。在工作中明明都是平等的非领导职务，却出现了领导与被领导的上下隶属关系。而且，同样级别的领导职务有可能是人民政府的组成人员，也有可能是非政府的组成人员。由于处于不同的单位，这两种领导职务的任职资格、工作性质、管理方法不能同一而论。各级人民政府组成人员的管理往往依照的是地方政府的组织法而非《暂行条例》，这样就给实际的管理工作带来了诸多不便。另一方面，自国务院总理的一级职务级别起直至办事员的十五级职务级别，职位责任大小，工作难易程度逐步递减；职位越高，职位的数量比例越小；职位越低，职位数量比例就相对越大，呈现金字塔形。然而由于"人情、面子"的缘故，一些单位搞平衡，很少具有甚至根本没有职务层次低的公务员，诸多"副处"的现象屡见不鲜，人与职无法对称。此外，在地方和基

层政府，缺乏规范的职务说明书，公务员的职责不明，录用、考核、晋升等管理工作没有相应的标准和依据，而且党委、人大、政协、事业单位人员的管理都参照国家公务员的管理办法，这无形之中扩大了公务员的外延，混淆了各自的管理方法，违背了建立公务员制度的初衷。

（三）公务员制度的运行机制尚不健全，缺乏必要的激励机制、责任追究机制等

以激励机制为例，2002年6月，吉林省政府以省政府文件的形式下发了《吉林省人民政府雇员管理试行办法》，决定实行政府雇员制度，即"政府雇员是省政府根据全局性工作的特殊需要，从社会上雇佣的为政府工作的法律、金融、经贸、信息、高新技术等方面的专门人才。政府雇员不具有行政职务，不行使行政权力，不占用政府行政编制，服务于政府某项工作或某一政府工作部门。"政府雇员的职别分'一般雇员''高级雇员'和'资深高级雇员'三种。"该规定可谓是一种值得肯定的用人机制，有利于任用特殊的人才。其依据可在《国家公务员暂行条例》中的第十六条找到："录用特殊职位的国家公务员，经国务院人事部门或者省级人民政府人事部门批准，可以简化程序或者采用其他测评方法。"当然，我们在这里要强调的是吉林省政府雇员制度的佣金待遇，也是该试行办法中最惹人眼球的部分：其佣金标准达到机关普通公务员月平均工资的2至15倍，最高年薪可达20万元。①这反映出一个问题，即当时的公务员制度缺乏足够的激励机制来吸引和保留人才。《暂行条例》第六十六条规定："国家公务员工资水平与国有企业相当

① 参见万丹：《〈国家公务员暂行条例〉适用之新现象评析》，《行政与法》，2004年第6期。

人员的平均工资水平大体持平。"该规定当然是根据国家公务员的工作性质和社会贡献，为了寻求社会稳定而设定的。精神奖励固然重要，但长期以来物质上的激励小于精神激励，或多或少削弱了某些公务员工作的积极性，尤其是相对于业务性、技术性较强的专才而言。据不完全了解，在大多数行政机关年度考核中被评为优秀公务员的，奖金一般在一百至二百元，随着物质生活的逐步提高，奖金的数目已经很少能起到激励的作用，很多人抱着"只求称职，不争优秀"的心态去工作，工作质量自然难以提升。

（四）考核制度不健全

将公务员的考核制度单独列出原因在于考核工作的难度较大，困难多问题自然不会少。有人说"考核是一个世界难题"，要做到于法严格，于事简便，于人激励并非易事，我国自然也不会例外。主要问题表现在：

其一，各个国家行政机关普遍重视年度考核，平时考核形同虚设。其原因在于平时考核的尺度难以把握，如果平时考核工作过于繁琐，则会影响机关的日常工作进度；如果忽视平时考核，则年度考核缺乏必要的考评依据。大多数单位将平时考核简单地归结为日常出勤状况，但单凭出勤是无法确定个人业绩的，更何况即使拥有平时工作记录，在年度考核时往往为了简化程序，避免繁琐而选择将平日记录放置一边。

其二，考核指标不科学，国家公务员的工作性质并非千篇一律，不同的工作职务应具有不同的考核指标。比如从事审计工作的公务员考核应该偏重定量指标，从事日常文书工作的公务员考核可偏重定性指标。然而在实际工作中，一些单位的考核往往停留在定性的基础上。如"德"这一项的考察，要求"公务员热爱祖国，忠于职守，思想觉悟高尚，紧密联系人民群众"等等。由此，只要没有违反法律法规、只要思想道德尚未出现问题，那么大家的差距可谓是不存在的。"德、能、勤、绩"四项，除了"勤"，剩下的三项均由定性指标来体现，这无法客观准确地衡量出每个公务员的贡献和才能，无法达到考核的真正目的。

其三，考核结果只有"优秀、称职、不称职"三个等次，层次过少。由于中国是一个"人情"国家，而且"不称职"对于公务员的切身利益损害较大，大多数人均集中在"称职"一等，激励作用不明显。除此之外，考核结果也没有应用充分。考核似乎只意味着评优，考核优秀者获得奖励，但对于其他人却没有提出改进的方向，也很少根据某人在考核中出现的问题而为其提供培训，使考核工作不免流于形式。

自1987年党的十三大提出要建立国家公务员制度开始，我国一直在为实现这个目标而做着不懈的努力。从1989年的公务员制度试点开始，直至1993年《国家公务员暂行条例》的颁布实施再至《国家公务员暂行条例》顺利实施十余年，我国的公务员制度逐步建立和完善起来，干部人事制度发生了重大的变革，与此同时，制定一部《中华人民共和国公务员法》的时机也日渐成熟。

第三节　公务员制度完善与《中华人民共和国公务员法》

《国家公务员暂行条例》颁布以后，经过十余年的实践，积累了不少的经验，也出现了诸多问题。随着时间的推移，社会经济各项事业的不断发展，将《暂行条例》上升为法律的条件已逐步成熟。2001年年初，《中华人民共和国公务员法》开始着手起草。在随后的四年中，有关部门群策群议，广泛征求意见。在借鉴国内外大量经验的基础上反复钻研修改，先后十三次易稿，最终于2005年4月27日，第十届全国人民代表大会常务委员会第十五次会议上依法审议通过，并决定自2006年1月1日起开始施行。《中华人民共和国公务员法》（以下简称《公务员法》）从初步酝酿到最后出台，可谓经历了较为曲折的过程。但它的制定实施的确填补了我国法律体系的一大空白。它是我国第一部干部人事管理总章程性质的重要法律，其颁行标志着我国的公务员制度开始走向成熟，公务员管理进入了法制化管理的新阶段。

《公务员法》共十八章一百零七条，"为了规范公务员的管理，保障公务员的合法权益，加强对公务员的监督，建设高素质的公务员队伍，促进勤政廉政，提高工作效能"而制定。该法继承和肯定了我国干部人事制度改革以及西方公务员制度中的成功做法，并立足于我国的国情作出了许多突破。其遵循的基本原则有：分类管理原则、公平竞争原则、党管干部原则、依法管理原则等。

（1）分类管理原则。分类管理是一种科学的管理方法。《公务员法》明确将公务员职务分为领导职务和非领导职务，并且根据不同的职位特点、性质、资格条件和管理需要将众多职位划分为综合管理、专业技术和行政执法三大类别，有利于提高管理水平。科学的分类使录用、考核、晋升、培训和确定工资待遇有了依据，使人与事能够更加紧密地结合，增强了公务人员的工作责任感，有助于促进人才的成长。

（2）公平竞争原则。公平竞争原则是世界各国的公务员制度共通的原则。公平竞争即公开、平等、竞争、择优，它贯穿于公务员管理的全过程。无论是考试录用、现职考核还是职务晋升、工资奖励等等，都需要遵循这个原则。在机会面前人人平等，通过公开的考核、审议，让程序、原则和结果变得透明，以便于群众的监督。有了公开平等的条件作保障，优胜劣汰则成为必然。为了确保公务员队伍的优化、高效和廉洁，必须要遵循任人唯贤的原则。只有通过择优录取、竞争上岗、功绩晋升，才能选拔出优秀的人才。

（3）党管干部原则。党管干部的原则是从新中国成立前长期的武装斗争实践中沿袭下来的。之所以要坚持这个原则，是由社会主义国家的执政党的地位和作用决定的，是为了保持社会主义的正确发展方向，为了使政府工作和活动能够体现广大人民群众的利益。党管干部即实现党对政府的政治、思想和组织上的领导。具体体现在由党来制定干部人事工作的路线、方针和政策，将其转化为法律法规，并依法对干部人事工作进行监督管理；由各级党委来领导和推动干部人事制度改革。此外，中央和地方各级党组织还负责政府机关重要干部的推荐、选派和培养工作。

（4）依法管理原则。对公务员实行依法管理是建设社会主义法治国家的必然要求，也是公务员制度的核心要求。《公务员法》作为一部现代人事管理的法律，与其他四十余项配套法规、规定一起为公务员管理的各个环节提供了行之有效的法律依据，使录用、考核、培训、职务升降、工资福利、离职退休等都要严格按照法定的程序去办理，既监督促使公务员依法履行自己的职责，高效完成自身的任务，也使每个公务员的合法权益受到了保障，避免管理中出现"人治"现象。

《公务员法》的颁布实施具有重要的现实意义，是我国干部人事制度发展史上的一座里程碑。其吸收借鉴了《国家公务员暂行条例》施行近十三年中的所有精华，与《暂行条例》相比，《公务员法》在保证了制度的连贯性与稳定性的基础之上，又有了进一步的完善和创新。

一、突破——新法旧例之比较

《公务员法》以《国家公务员暂行条例》为基础，将经过多年的实践证明为切实可行的内容予以保留，同时也将各地实践中一些好的做法与新的经验纳入其中，对个别规定作了补充、修改。该法较之《国家公务员暂行条例》有了更多的完善与创新。主要体现在以下六个方面。

（一）准确界定了公务员的概念、范围和义务

单从法律名称上看，由"国家公务员"变成了"公务员"，区区两个字的变化，却使得《公务员法》更加规范和科学。因为若用"国家"一词来限定"公务员"，则使该法有只针对国家中央机关的公务员之嫌。从对公务员范围的界定上看，《暂行条例》中的第三条规定："本条例适用于各级国家行政机关中除工勤人员以外的工作人员。"《公务员法》则规定："本法所称公务员，是指依法履行公职，纳入国家行政编制，由国家财政负担工资福利的工作人员。"新规定扩大了公务员的范围。根据这一规定，公务员不单单指的是国家行政机关的工作人员，而且包括满足依法履行公职、纳入国家行政编制、由国家财政负担工资福利这三项条件的其他人员，将党的机关、人大、政协、民主党派、审判机关、检察机关中的工作人员也纳入了公务员的范围。范围的扩大有利于公

务员之间的交流,便于对各类机关干部实行统一的宏观管理,符合我国的实际发展需要。当然,此次公务员范围的界定,在将法官与检察官列为公务员的问题上也引起了一些争议。有学者认为,法官、检察官成为公务员 "不仅是对追求法治国家与宪政制度赖以为基石的司法独立的努力的一次挑战,而且是对国家建立公务员制度初衷的背离"。[1]他们担心新的规定将会引起与《中华人民共和国法官法》《中华人民共和国检察官法》之间的冲突。关于这一点,《公务员法》第三条规定:"法律对公务员中的领导成员的产生、任免、监督以及法官、检察官等的义务、权利和管理另有规定的,从其规定。"由此可以得知这三者之间并不存在矛盾。法官和检察官依然按照原来的《中华人民共和国法官法》和《中华人民共和国检察官法》来管理,保证了司法部门人事管理的相对独立性。而且由于种种原因,现阶段我国的国家权力明显倾斜于行政机关,将法官和检察官纳入公务员体系也是出于国情的需要。

新法除了对公务员的概念和范围有了新的界定之外,公务员所要履行的义务也由八项内容上升为九项。除了增加了"遵守纪律,恪守职业道德,模范遵守社会公德",在其他义务的规定上,表述也更为严谨,要求也更高。如将"遵守宪法和法律"改为"模范遵守宪法与法律",突出了公务员应具备更为高尚的思想觉悟和模范带头作用;将"服从命令"改为"服从和执行上级依法作出的决定和命令",从而赋予了公务员可以对上级的错误或违法命令提出异议的权利,提高了公务员执行公务的法制性;将"依照国家法律、法规和政策执行公务"改为"按照规

---

[1]　葛洪义、刘治斌、李燕:《法官、检察官不可纳入"国家公务员"——对〈公务员法〉起草中一个问题的几点意见》,《法学》,2003年第6期。

定的权限和程序认真履行职责，努力提高工作效率"，明确了公务员所需的工作态度，对工作要求更为严格。

（二）分类管理制度上的突破

《暂行条例》中已经确立了职位分类的管理原则，但仅限于较为笼统的规定，并未在总体上进行归类划分。《公务员法》根据实际的管理需要和不同职位的性质特点，将公务员职位划分为综合管理类、专业技术类和行政执法类三种，并且规定国务院"对于具有职位特殊性，需要单独管理的，可以增设其他职位类别"。这样一来，就为分类制度的完善提供了更加广阔的发展空间。在对职位进行宏观划分的基础上，《公务员法》第十八条又将具体的职位设置管理落实到各个机关，即"各机关依照确定的职能、规格、编制限额、职数以及结构比例，设置本机关公务员的具体职位，并确定各职位的工作职责和任职资格条件"。这客观上为各机关的职位设置提供了指导原则，使各个职位的设置管理更具针对性，管理起来也较为科学方便。

由于专业技术类的职务比较特殊，具有较强的专业性和不可替代性，其任职资格要求、工作性质、考核方式等都不同于其他的职务。专门的职位设置使这一类的公务人员能够更专心地在自己的岗位上钻研工作，发挥自己的技术专长。将专业技术类职位单独设置出来，可加强该类公务人员的工作责任感，激励他们潜心钻研业务，提高技术水平，也有利于吸引优秀的技术人员来大展身手。

行政执法类主要包括公安、税务、海关、工商、安监、质检、药监、环保等部门。这部分公务员直接履行行政监管、行政稽查、行政处罚、行政强制等职责，长期与服务对象接触，因而应该对他们要求有更高的职业操守和职业道德。《公务员法》将行政执法类公务人员从整个公务员队伍中独立出来，对其进行严格的依法管理，可以加大对行政执法人员的监督和约束，促使和激励他们严于律己，自觉提高执法水平，从而完善社会管理服务和市场监管职能，使整个社会更加稳定和谐。

综合管理类职位是除专业技术类和行政执法类之外，在机关中履行计划、决策、组织、协调、人事、监督以及其他机关内部管理等职责的职位。《公务员法》在第十七条中对综合管理类公务员的领导职务和非领导职务的职务序列和名称作出了规定，使其在实际的管理过程中具有了明确的法律依据。至于其他类别公务员的职务序列，则根据该法由国家另行规定。

《公务员法》在分类管理制度上的另外一个创新是实行了职务职级晋升的"双梯制"。《国家公务员暂行条例》将国家公务员的职务分为十五个级别，职务与级别相对应，二者同升同降。新法在此基础上扩增了级别的数量，并在职务晋升之外为广大公务员提供了级别晋升的新渠道。这种多元化的晋升渠道尤其增加了中低层公务员的晋升机会。当时中国有公务员近五百万人，乡县两级公务员超过三百万人。500万公务员只有8%是副处级，92%在科级以下长期得不到晋升。[1]依照新规定，级别是所任职务、德才表现、工作实绩和资历的综合体现，虽然大部分公务员由于工作要求需要在某一职位上长期任职，但是随着工作年限的增长和工作实绩的叠加，在不晋升职务的情况下，通过级别的晋升同样可以提高其工作福利待遇，起到良好的激励作用。

---

[1] 参见邓志由：《浅析公务员的九个出新之处》，《福建广播电视大学学报》，2006年第4期。

（三）更新机制上的创新

1. 拓宽了公务员队伍的入口通道

从录用机制上看，规定了报考公务员的基本条件、职位要求的具体资格条件以及不得录用为公务员的三项条件，严格把住公务员的入口。在录用程序上，将《暂行条例》中第十六条的五个步骤发展成为五项条款，规定更为详尽具体。尤其是在录用审批阶段，要求"根据考试成绩、考察情况和体检结果，提出拟录用人员名单，并予以公示"，并且"中央一级招录机关将拟录用人员名单报中央公务员主管部门备案；地方各级招录机关将拟录用人员名单报省级或者设区的市级公务员主管部门审批"。该规定将考试录用置于广大人民群众的监督之下，加大了录用工作的透明度和公正性。此外，新法鉴于多年来录用工作取得的经验及实际需要，删除了《暂行条例》的第十八条规定，省级以上人民政府部门录用公务员不再要求必须具备两年以上的基层工作经历，在给予新录用人员更多机会的同时也保证了机关的正常工作。

《公务员法》在拓宽入口渠道上最大的突破在于将"职位聘任"列为单独的一章。之前《暂行条例》也曾规定"部分职务实行聘任制"，但规定较为模糊，具体操作性不强。新法明确规定，对于专业性和辅助性较强的职位，经省级以上公务员主管部门的批准，实行聘任制，既可公开招聘也可直接选聘。机关与聘任的公务员，"按照平等自愿、协商一致的原则，签订书面的聘任合同，确定机关与所聘公务员双方的权利、义务，聘任合同经双方协商一致可以变更或者解除"。将聘任制纳入法律是对实践中政府雇员做法的一种肯定，不仅营造了公平竞争的环境，而且为更多的有志之士进入政府机关提供了途径。聘任制作为任用公务员的补充形式，提高了公务员管理的活力，改变了"能进不能出，能上不能下"的局面。更多优秀人才的吸收有助于提高公务员队伍的整体素质，同时对机关中的日常工作采取聘任的形式，还可以降低机关的用人成本。

2.《公务员法》强化了公务员的培训制度

国家公务员制度实施之后，我国开始加大公务员的培训力度，"十五"期间，全国开展各类公务员培训超过一千七百万人次。《国家公务员培训暂行规定》明确指出："参加培训是公务员的权利和义务。"一方面，参与培训提高自身的专业知识和业务水平是每个公务员的应有权利；另一方面，参与培训是对所任职位负责的表现，是公务员必须履行的义务。由此《公务员法》提出："国家建立专门的公务员培训机构"，"对公务员进行分级分类培训"。培训种类涉及初任培训、任职培训、专门业务培训、在职培训和后备领导人培训，涵盖了公务员职业生涯的各个阶段。其中关于培训登记管理的规定也使得公务员的培训走向科学化和规范化。之后，我国对于公务员的培训工作越来越重视，原人事部公务员管理司司长傅兴国指出，"十一五"期间，行政机关公务员培训的基本目标是：五年内要对全体公务员普遍轮训一遍，使公务员的思想政治素质和业务能力明显提高，促进经济社会全面协调可持续发展的本领显著增强。在此期间要大力提高公务员的政治鉴别能力、依法行政能力、公共服务能力、调查研究能力、学习创新能力、沟通协调能力、处理复杂问题能力和心理调适等能力。[1]

---

[1] 参见《以制度建设为基础，以能力建设为主题——人事部公务员管理司司长傅兴国谈〈'十一五'行政机关公务员培训纲要〉》，《中国人才》，2007年第3期。

3.《公务员法》规范和畅通了公务员队伍的"出口"

与《暂行条例》相比较,《公务员法》详细规定了有关公务员辞职、辞退的条件和程序。对于不得辞退和不得辞去公职的条件分别单独作了具体规定,使公务员队伍的"出口"管理工作更加规范,也保障了公务员处于特殊时期时的个人权益。值得指出的是,在公务员辞职审批的等候时间上,《公务员法》将《暂行条例》中的"任免机关应当在三个月内予以审批"修改调整为,对于普通公务员,"任免机关应当自接到申请之日起三十日内予以审批";对于领导成员辞去公职的申请,"应当自接到申请之日起九十日内予以审批"。这样,按照领导成员和非领导成员的工作责任、工作任务不同,将辞职审批时间作了划分,不仅合理规范了任免机关的辞职审批工作,而且提高了任免机关的工作效率,避免对于非领导人员的辞职审批工作出现拖沓现象,同时也节省了非领导人员自身的等待审批时间。

（四）激励保障机制相对健全

激励机制是公务员制度的内在核心机制,对于激发公务员的工作热情、提高工作效率、保障队伍廉洁有着积极的意义,其主要包括考核、奖惩、职务升降和工资福利等方面。

从考核上来看,首先,考核内容较之《暂行条例》而言,在"德、能、勤、绩"的基础上增加了对"廉"的考察,促进公务员树立廉正无私的观念,督促他们能够廉洁奉公执法,为人民办实事。其次,《公务员法》在考核结果中增加了"基本称职"这一等次。该等次在试点时期就曾出现在很多试点单位的考核实践中,后来由于种种原因,《暂行规定》并没有将其纳入到考核结果的等次中来,造成了"称职大平台"的现象,大多数人集中在"称职"一等，不能达到考核的真正目的。据统计，1998年我国参加考核的公务员为5043557人，占当年公务员总数的96.3%，其中确定为优秀等次的有698339人，占考核人数的13.85%，称职的有4337628人，占考核人数的86%，确定为不称职等次的有7590人，仅占考核人数的0.15%。设立"基本称职"，拉开了公务员绩效评价的档次，使那些工作实绩和德才较差的人无法浑水摸鱼。确定为"基本称职"，则相当于出示了"黄牌警告"，鞭策其在接下来的工作中能够通过反思来改变原有的工作态度，起到了真正的激励作用。另外，《公务员法》还作了许多其他考核方面的改进，比如将《暂行条例》中的"平时考核与年度考核"改为"平时考核与定期考核"，考虑到了不同单位考核周期的差异；对于考核不称职的人员，由"应当按照规定程序予以降职"改为"按照规定程序降低一个职务层次任职"，将降职的范围作了具体规定，更有可操作性；对于领导职位的考核，将颇有争议的"必要时可以进行民主评议或民意测验"改为"由主管机关按照有关规定办理"等。

从奖惩来看，《公务员法》明确了对公务员的集体奖励，是对《暂行条例》只针对个人奖励的一个发展。实行集体奖励，是公务员工作的必然要求。原因在于公务员工作事务繁杂，涵盖面广，在很多情况下，某项任务的工作量和责任都是个人无法独自承担的，它的顺利完成需要多数人的共同合作。由于很多实绩并非个人努力的结果，因而单单对部门中的个人进行奖励是有失公平的。对于集体奖励的肯定，有利于培养公务员的团队精神和集体荣誉感，有利于保障公务员队伍的稳定和谐，有利于促进公务员不断提高自身素质和能力来更好地完成任务。除此之外，《公务员法》还规定了撤销奖励的三种情形，使激励机制更为公正严格。

从职务升降来看，《公务员法》除了在分类管理中规定职务职级晋升的"双梯制"之外，还规定了机关内设机构厅局级正职以下领导职务，可通过面向社会公开选拔和竞争上岗的方式来产生任职人选；副调研员以上及其他相当职务层次的非领导职务可通过面向社会公开选拔的方式产生任职人选，并且规定："公务员晋升领导职务的，应当按照有关规定实行任职前公示制度和任职试用期制度"。通过以上新规定，公务员的职务升降更为透明和公正。面向社会大众选拔及本机关、本系统内的竞争上岗可以挖掘出以往大量被埋没的人才，合理优化人才的资源配置，使职务晋升不再遥不可及。

从工资福利来看，工资福利保险待遇是与广大公务员的切身利益联系最为紧密的激励保障机制。这一方面的合理、完善是保障公务员队伍高效、廉洁与稳定的必要条件。首先，《公务员法》将《暂行条例》规定的"职级工资制"改为"实行国家统一的职务与级别相结合的工资制度"，工资结构由原来的"职务工资、级别工资、基础工资和工龄工资"改为"基本工资、津贴、补贴和奖金"。如此一来，职务和级别工资就构成了公务员的基本工资，而基本工资又是公务员工资中的主体，加之津贴对于特殊地区和岗位的补偿，补贴对于住房、医疗等生活需要的保障，因而解决了不同地区和不同部门之间的公务员收入差距过大的问题。另一方面，职级的扩增和奖金的设立也逐级拉开了工资收入的差距，克服了平均主义，激励公务员努力工作，通过职级的晋升和考核评优来提高个人待遇。其次，《公务员法》完善了薪酬调整的比较机制。《暂行条例》已经初步确立了这一机制，规定"国家公务员工资水平与国有企业相当人员的平均工资水平大体持平"，以及"国家根据国民经济的发展和生活费用价格指数的变动，有计划地提高国家公务员的工资标准，使国家公务员的实际工资水平不断提高"。由于这一规定较为抽象，造成了实际操作中的困难较大。新法规定："公务员的工资水平应当与国民经济发展相协调，与社会进步相适应"，并且建立了"工资调查制度"，即"定期进行公务员和企业相当人员工资水平的调查比较，并将工资调查比较结果作为调整公务员工资水平的依据"。"工资调查制度"是国际上确定公务员工资水平的通行做法，通过定期的调查比较，按照与国民经济发展相协调的原则来调整公务员的薪酬水平，不仅使公务员的工资调整更具操作性，而且调整的依据也更为科学合理。这一符合社会主义市场经济体制的规定，既肯定了公务员的工作努力和贡献，又不至于因为薪酬过高而引起社会不满，过低而挫伤公务员的积极性和创造热情，导致不能吸引和留住优秀人才。最后，《公务员法》较之《暂行条例》增添了"公务员工资、福利、保险、退休金以及录用、培训、奖励、辞退等所需经费，应当列入财政预算，予以保障"一条。纳入财政预算确保了公务员激励保障机制所需经费来源的稳定，解除了公务员的后顾之忧，优厚稳定的福利待遇使他们能够安于本职工作，竭尽全力为人民服务。

（五）责任制度走向法制化

一方面，《公务员法》明确了上下级之间的责权关系，改变了下级必须无条件服从上级的传统观念。第五十四条规定："公务员执行公务时，认为上级的决定或者命令有错误的，可以向上级提出改正或者撤销该规定或者命令的意见；上级不改变该决定或者命令，或者要求立即执行的,公务员应当执行该决定或者命令,执行的后果由上级负责,公务员不承担责任;但是,公务员执行明显违法的决定或者命令的,应当依法承担相应的责任。"由此,下级对于上级的命令和决定有了说"不"的权利。这一规定,不但体现了机关首长负责制的原则,而且为下级向上级提出建议提供了渠道, 避免了由上级的不当决定带来的损失。针对"公务员执行明显违法的决定或者命令的,应当依法承担相应的责任","明显违法"不是根据公务员的主观意识来衡量判断的,而是指上级的决定命令与有关法律法规的明文规定相抵触,为惩处提供了依据。这里"相应的责任",既指出公务员要对自己的违法行为造成的不良后果承担直接责任,需要接受惩处或制裁,又用"相应"一词限定了公务员的责任范围是以本人在执行违法命令时的态度、后果严重程度而定的,使惩处合情合理。

另一方面,《公务员法》引入了引咎辞职和责令辞职。其中引咎辞职是领导成员对本人工作失职失误的一种主动追究;责令辞职是指任免机关依据领导成员在职期间的工作表现, 认定其不再适合担任现职,或者领导成员本应引咎辞职,却不提出的,经由一定程序责令其辞去现任职务,事实上是一种组织处理。将二者引入,有利于培养和加强公务员尤其是领导成员的职业道德和工作责任感,以法律来监督保障其依法履行公务,是问责制在法律中的初步体现。

（六）回避及权利救济机制的完善

首先从回避制度来看,《公务员法》在任职回避上比《暂行条例》作了更为严格的规定,对于有夫妻、直系血亲、三代以内旁系血亲和近姻亲关系的,其中一方不得在另一方担任领导职务的机关内从事的工作,增添了组织和纪检两项,扩大了回避的范围。此外,对公务回避和地域回避也作了比《暂行条例》较为详细的规定。在回避制度中,最大的亮点应属将离任回避上升为法律,即公务员无论是退休还是辞职、辞退后,原领导成员在三年内,普通公务员在两年内不得到与原工作业务直接相关的企业或其他营利组织任职,不得从事与原工作业务直接相关的营利性活动,并确立了相应的追究措施。公务员尤其是担任领导职务的公务员在离职后,仍具有有效的权力辐射范围,即使离任也可依仗或操纵多年来的"权力投资"和"人脉"关系使自己依旧"财源广进"。离任回避制度的建立强化了对离任公务人员的监督,减少了腐败滋生,捍卫了党和政府的形象,确保了市场经济的良性运转。

从对公务员的权利救济与保障上来看,《公务员法》完善了申诉控告制度,对公务员的合法权益进行了保障。新法明确列举出公务员可以提起申诉的事项,包括处分、辞退、取消录用、降职、免职、定期考核不称职、工资福利待遇等。新法不但比《暂行条例》的相关规定更具体,而且在《国家公务员申诉控告暂行规定》的基础上扩大了申诉的范围,增加了免职,申请辞职、提前退休未予批准,未按规定确定或者扣减工资福利、保险待遇三项申诉内容。而且《公务员法》还确立了二级申诉制度和直接申诉制度,即公务员对涉及本人的人事处理决定不服的,可向原处理机关申请复核,对复核结果不服的,可向同级公务员主管部门或向作出该人事处理决定的机关的上一级机关申诉;也可不经复核,在法定时间内直接提出申诉,对省级以下机关作出的申诉处理决定不服的,可以向作出处理决定的上一级机关提出再申诉。这样就拓宽了公务员维权的渠道和途径, 使公务员维权有了更坚实的法律保障，同时对于申诉受理机关处理申诉的权限及处理时限的严格规定，也保证公务员的申诉控告能够得到及时的回应。除此之外，针对聘任制公务员与机关之间发生的人事争议，《公务员法》还规定了"人事争议仲裁制度"。当双方在履行合同方面出现争议时，先由中立的人事仲裁委员会来裁决，若一方当事人对裁决不服，可在自接到裁决书之日起十五日内向人民法院提起诉讼。由此建立了比较完善的权利救济机制，为聘任制公务员与机关间的人事纠纷提供了解决的途径，使聘任人员的合法权利受到了保障。

经过多年的实践探索，我国的公务员制度日趋成熟，《公务员法》作为我国第一部干部人事管理总章程性质的法律，将我国的公务员管理推向法制化。尽管还存在一些缺陷，但随着各项配套措施的不断完善，《公务员法》无疑会为锻造高素质高水平的现代公务员队伍提供坚实的法律保障。

二、《公务员法》的实施与公务员制度的完善

公务员制度的建立推行，是改变我国旧有干部人事制度的一次深刻变革。《公务员法》的颁布，意味着与社会主义市场经济相适应的新时期的人事管理制度已经逐步发育成长起来。但是我国的公务员制度推行的时间毕竟较短，在具体的实践中还存在着一些困难和问题。因而《公务员法》实施后应当注意抑制和消除旧体制带来的强大惯性。

（一）创造良好的制度环境

好制度若要顺利实施，离不开好的制度环境。有了良好的制度环境作为支撑，制度的推行才能够达到初衷。首先，要加快市场经济体制

建设的脚步。市场经济体制之公平、平等、竞争原则同样适用于公务员制度，这些原则的实施可以使公务员管理更为透明公正和高效。市场经济体制带来的经济腾飞，可以为广大公务人员提供优厚且稳定的工资福利待遇，解决他们的后顾之忧。因此，必须健全市场机制，通过完善社会主义市场经济体制来为现代公务员的制度建设提供物质基础。其次，深化政治体制改革。在党管干部方面，各级党委应该继续由微观管理向宏观管理转变，实现公务员队伍的高效管理。在机构改革方面要不断深化，转变政府职能，真正做到精简、效能与统一相结合。在政治民主化方面，人事管理中的神秘主义、主观主义、任人唯亲、缺乏法制的现象还未得到根本消除，这显然与公务员制度的基本精神不符。因而推进政治民主化是公务员制度基本原则贯彻的前提与基础。[①]最后，文化环境不可忽视。若文化环境守旧落后，建设现代公务员制度也会遭遇阻碍。为了保障公务员队伍的高素质高质量，为了使公务员制度在与之相适应的文化土壤上健康成长，必须要大力发展我国的文化教育事业。

（二）增强制度活力，完善运行机制

公务员管理中的更新机制、激励保障机制、权利救济机制环环相扣，相互联系、相互渗透。首先从更新机制上看，考试录用应规范操作，完善现行的操作性法规，可实行考录工作的回避制度，用人单位和组织人事部门中有亲属参加考试的人员，均不得参与考务工作，以做到公正透明。除此之外，还要打破地域和身份的界限，对于紧缺和特殊人

---

① 参见陈振明：《〈公务员法〉的颁布实施与转型期公务员制度的完善》，《中国工商管理研究》，2006年第9期。

才，面向全国招考。录用级别也应该适当调整改进。特别是民营、私营、三资企业的职员和民办科研机构的人员往往具有较高的学历和丰富的经验，但他们只能通过统一的公务员考试来进入政府部门工作，担任主任科员以下的职务，不利于吸引和招募到优秀人才。至于聘任制，对于急需的特殊人才和操作性、辅助性强的职务可采取公开招聘和直接选聘的方式来选拔人才。聘任制的公务员不仅要按照国家公务员管理制度来实施管理，还应该针对其特殊性制定其他管理制度以对其进行激励和权益保障。如实行试用期制度，完善辞职辞退制度、责任追究制度等。在畅通队伍的"出口"方面，一方面应转变公务员的观念，使他们端正心态，公务员只是一种职业而已，不是铁饭碗，一样也会面临失业；另一方面，积极营造出一个宽松的退出环境，对于符合规定条件、愿意退出公务员队伍的，予以一定的经济补偿。此外，在条件允许的情况下，还可以建立公务员的再就业和失业保险制度，根据不同公务员的类别制定再就业规范和指导政策，通过失业保险为失业的公务员提供暂时的基本生活援助，解除其辞职的顾虑。

从激励保障机制上看，竞争激励机制是确保工作高效的关键。众所周知，通过考核结果的恰当运用可以达到激励的目的。然而由于诸多历史、政治、文化的原因，公务员考核中出现的问题和障碍却是最多的。为了使公务员制度中的激励机制能够充分发挥效能，可以采取以下措施。

第一，将平时考核与年终考核结合起来，加强对平时考核的重视。因为平时考核有利于随时了解公务员本人的日常工作情况和工作实绩。可以采取定期的月度考核、季度考核，或者不定期的抽查考核。在对公务员全年的工作情况进行总体评价时,要合理确定平时考核和年终考核的比例,适当加大平时考核的权重,避免采取仅用一次年终考核的成绩来评价工作实绩的做法。在此过程中值得注意的是,平时考核要尽量做到简单易操作,否则就会影响公务员的日常工作,从而失去考核应有的意义。

第二,改善考核方法,强调定性与定量的结合。我国的公务员考核以定性为主,非领导成员的考核只设"德、能、勤、绩、廉"五项,每项之下并不再作划分,这样,有可能难以考核出被考核者真正的工作表现。而其他国家普遍比较重视的是定量考核,考核的标准越来越详细具体,项目设置也越来越体现考核宗旨,更加重视对能力甚至是潜能的考核。在考核方式上,也逐步趋于数字化和表格化。但定量考核不是万能的,因为公务员的很多工作都难以量化。如果强行地划分若干个指标,可能给实际操作带来很大的困难,也会使考核结果失真。综合定性与定量,不但要加设非领导成员的考核标准,还可以在每项划分等次的基础上添加"理由"一栏,注明将该项列为此等的原因,避免人情打分的现象。而且鉴于部门主管对属下的工作表现和能力最为了解,因此应当适当加大部门主管对非领导职务公务员的评价比重。

第三,完善职位分类,增强考核的针对性。基于职位分类的公务员考核虽然比较繁琐,但却可以相对客观地对公务员进行考察和评价,也可以为以后的培训、晋升等其他管理环节提供帮助。这方面主要的工作就是列出详尽的职位说明书,进行考核时,可依照目前的综合管理、专业技术和行政执法三大类别,参照职位说明书,制定不同的考核内容和标准,更加准确地对公务员的工作进行评价。

第四，实现考核结果利用方式的多元化。根据中组部和人事部2008年发布的《公务员奖励规定（试行）》，年度考核被确定为优秀等次的，予以嘉奖，奖金为八百元；连续三年优秀的，记三等功，奖金为一千五百元。此规定无疑对发挥考核的激励作用有着积极的意义，但考核的结果并不局限于评优，它可以通过发现问题来指导公务员的行为和职业发展，还可以通过培训改善个人绩效，从而提高组织绩效，也可以作为职务晋升的依据来选拔人才。

从权利救济机制上看，《公务员法》并未将公务员申诉与司法审查接轨。为确保救济的公正有效，可以考虑建立相对独立的行政救济机构，直接隶属于国务院管辖，采取规范的程序对公务员进行权利救济。如日本的人事院就具有独立超然的地位，负有保护公务员利益和督促公务员履行义务的职责，可直接处理人事行政案件和受理上诉案件。在救济程序上，《公务员法》只是列出了公务员不服人事处理决定可以申诉的情况，并未规定具体程序，没有正义的程序就无法保障实体法的实施，因而更加严谨和健全的程序规定是必不可少的。有学者建议以立案、调查、审理、裁决、再申诉、执行的顺序，设计申诉程序；以立案、调查、审理、作出处理决定、执行的顺序设计控告程序，[①]由此来保障公务员权利救济的实现。此外，责任追究机制的建立，通过追究侵害人的人事处理责任，使其受到惩处也是公务员救济的有效保障。

（三）提高公务员队伍的素质

除了要严格把好"进口"，完善录用制度以外，还要根据公务员不

---

① 参见申霞：《公务员权利救济制度的发展与完善》，《太平洋学报》，2006年第6期。

同的职业特点和自身专业需求进行有针对性的培训，强化公务员人员的服务观念、竞争观念和创新观念。使他们走出传统观念的束缚，不断地更新知识，努力工作。在能力培养方面，注意培养现代公务人员的政治鉴别能力、驾驭市场经济的能力、科学管理和依法行政的能力、勤政廉政和抵御腐朽思想的能力。[①]以此来培养公务员务实、创新的精神，提高公务员的办事水平，促使公务员廉洁奉公、依法行政。

（四）继续完善和改进管理

对于管理中出现的新问题，可在立足国情的基础上借鉴国外的相关经验，同时认真总结和吸收各地区各部门公务员管理中的成功做法，不断丰富和完善公务员制度。既要进行严格规范的管理，又要将管理搞活，使管理保有一定的灵活性。这需要掌握了解不同类别公务员的职业特征和工作需求，在管理的时候做到因事制宜、有的放矢。当然，最重要的一点是要在现有基础上，抓紧时间制定、修改与《公务员法》相配套的一系列法律法规，使公务员的各项管理工作能够有法可依、有章可循，使公务员管理达到真正的法治化。

我国公务员制度的建立，是为了适应社会主义市场经济发展而对干部人事制度实行重大变革的结果。它力求通过法制化建设，对公务员实行全面系统的科学管理，从而建设一支精干、高效、廉洁的公务员队伍，为国家富强和人民安康的实现作出努力。《公务员法》颁布实施后，现代公务员制度的建设工作逐步入轨到位，各项管理制度已得到贯彻落实。尽管制度仍不完善，但不断的实践正在使我们的公务员制

---

① 　参见陈振明：《〈公务员法〉的颁布实施与转型期公务员制度的完善》，《中国工商管理研究》，2006年第9期。

度建设步入良性循环的轨道。

第四节 我国干部人事制度改革的新进展

深入推进干部人事制度改革是不断完善执政党组织路线的重要体现，也是执政党建设的重要内容，它服从和服务于全面小康和中国梦的实现，服务于人民对美好生活的向往和追求。为适应新形势新任务，2009年12月中共中央办公厅下发《2010—2020年深化干部人事制度改革规划纲要》，明确了干部人事制度改革的基本目标和任务推进。在干部人事制度改革实践发展的基础上，党的十八大明确提出了干部人事制度改革的总要求和重点领域，即坚持党管干部原则，坚持五湖四海、任人唯贤，坚持德才兼备、以德为先，坚持注重实绩、群众公认，深化干部人事制度改革，使各方面优秀干部充分涌现、各尽其能、才尽其用；全面准确贯彻民主、公开、竞争、择优方针，扩大干部工作民主，提高民主质量，完善竞争性选拔干部方式；完善干部考核评价机制，健全干部管理体制。党的十八届三中全会通过的《中共中央关于全面深化改革若干重大问题的决定》明确部署和规划了2020年干部人事制度改革的总体目标和六大改革任务。总体目标是：坚持党管干部原则，深化干部人事制度改革，构建有效管用、简便易行的选人用人机制，使各方面优秀干部充分涌现。六大改革任务是：总结经验教训，明确主体责任，进一步推进选拔任用关键环节改革；打破干部部门化，拓宽选人视野和渠道，加强干部跨条块跨领域交流；破除"官本位"观念，使干部能上能下、能进能出；完善和落实领导干部问责制，完善从严管理干部队伍制度体系;深化公务员分类改革,推行公务员职务与职级并行、职级与待遇挂钩制度,加快建立专业技术类、行政执法类公务员和聘任人员管理制度;完善基层公务员录用制度,在艰苦边远地区适当降低进入门槛。

随着党的十九大和2018年两会的圆满落幕,以及多次的党中央会议中把党员干部视为党和国家事业的中坚力量,并对治国理政中的干部们提出了一系列新的要求,这意味着新时期的干部队伍建设思想形成了完整体系。作为习近平新时代中国特色社会主义思想的重要组成部分以及党中央治国理政的一个新理念新思想新战略,该思想为推进新时代干部队伍建设,特别是充分调动广大干部的积极性、主动性和创造性以及治理"为官不为"现象,为广大党员干部经受"四大考验"、克服"四种危险",教育引导广大干部为决胜全面建成小康社会、夺取新时代中国特色社会主义伟大胜利、实现中华民族伟大复兴的中国梦不懈奋斗,提供了指导思想和行动指南。随着干部人事制度改革目标的明确,近十年来我国干部人事制度建设方面取得了明显的成效,促使干部人事制度进一步朝向制度化、科学化发展。

一、持续推进公务员分类管理改革

公务员是依法履行公职的工作人员,是党的政策和中央精神的主要贯彻者和执行者。其在工作中与广大人民群众深入接触,是政府的代表者,起到代言人的作用。根据各级各类公务员的工作性质和岗位需求定制不同的管理方法,既是深化我国公务员制度改革的必然要求,又符合国际公务员制度发展的一般趋势。党的十八大以来,中央和地方采取多种举措和途径推进公务员分类管理改革。

（一）县级以下党政机关建立公务员职务与职级并行、职级与待遇挂钩制度

推行公务员职务与职级并行、职级与待遇挂钩制度是党的十八届三中全会确定的干部人事制度改革的重要任务之一。这一重大改革目的在于开辟除职位之外的职级晋升渠道，以此来调动广大基层公务员队伍的积极性、主动性。基于此，2014年12月召开的中央全面深化改革领导小组第七次会议审议并通过了《关于县以下机关建立公务员职务与职级并行制度的意见》。该意见规定，县以下公务员工作满一定年限并达到相应的条件之后，就可以晋升职级并享受相应的待遇。这一规定对公务员的工作和晋升会产生重要影响，它拓宽了县以下基层公务员的待遇提升空间，从而形成强大的激励作用，可以更好地满足广大基层公务员安心本职工作、贡献力量与智慧的需求。

（二）专业技术类和行政执法类公务员分类管理取得重大进展

《公务员法》将公务员划分为综合管理类、专业技术类、行政执法类三大类别。2011年的《人力资源和社会保障事业发展"十二五"规划纲要》、党的十八大及十八届三中全会都提出要继续深化公务员分类管理。在此背景下，相关部门在广泛调研、征求意见的基础上，认真研讨，起草了相关文件并提交中央。2016年4月18日，中央全面深化改革领导小组第二十三次会议审议通过了《专业技术类公务员管理规定（试行）》《行政执法类公务员管理规定（试行）》。这两个规定明确了专业技术、行政执法两类职位的设定，建立了四等十一个层次的职务序列，并明确了各职务序列晋升方式。根据两个规定以及配套办法，专业技术

类、行政执法类等公务员实行分类管理,开展分类录用、分类考核、分类培训,从而实现分渠道发展、精细化管理、专业化建设。这两个文件的颁布实施,有利于深化公务员分类改革,"提高管理效能和科学化水平,确立体现工作性质和职位特点的职业发展通道,实行分类录用、分类考核、分类培训,突出对公务员特别是基层公务员的持续激励,更好调动公务员积极性"①。中央全面深化改革领导小组此次审议通过的这两个文件为以后专业技术类和行政执法类公务员分类管理有关的法规的健全和我国人事干部制度的完善具有重要意义。

另外,各地方也在公务员分类管理方面进行了探索和实践。例如深圳市于2006年8月1日出台了《深圳市公安系统职位分类方案(试行)》《深圳市公安系统公务员专业化试点改革警察职务与级别确定办法》等六个配套文件,将警察划分为警察、警员、警务技术三个职组,试行了分类管理。2008年8月,国家公务员局批复同意深圳开展公务员分类管理改革试点工作。2010年2月,深圳全面启动公务员分类管理。2015年3月26日,深圳市政府发布新修订的《深圳市行政机关行政执法类公务员管理办法》和《深圳市行政机关专业技术类公务员管理办法》,在全面总结分类管理改革实践经验的基础上进一步强化了职位管理导向和专业能力建设,对相关制度作了补充完善。

深圳地区的试点实践为我国公务员分类制度改革提供了一些有益经验:一是划分综合管理、行政执法、专业技术三大类别,逐步细分职组职系;二是设置多样化职务序列,拉长职级链条;三是建立薪级工

---

① 《习近平主持召开中央全面深化改革领导小组第二十三次会议》,新华网,http://news.xinhuanet.com/politics/2016-04/18/c_1118659626.htm,2016年4月18日。

资制度,与职级挂钩;四是分类进行针对性管理,提高管理科学性。但在深圳的试点改革实践中,仍存在一些问题,一是归类较粗,划分标准宽泛;二是分类管理制度不够精细,分类管理效果有限;三是限制跨类交流受质疑,科学理性受制于干部人事制度。总体而言,深圳市公务员职位分类改革的先行经验提供了许多有益启示。首先,应以科学适度为原则,科学设置职位和划分类别;其次,应建立独立的、符合类别特点的管理制度,保障人员实质入轨;第三,跨类交流重在公平,设定跨类的统一标尺。^①

（三）优化司法人员分类和"入口"管理、惩戒机制

党的十八届四中全会通过的《中共中央关于全面推进依法治国若干重大问题的决定》提出："要建设高素质法治专门队伍,加快建立符合职业特点的法治工作人员管理制度。"根据全会决定精神,中央再次优化完善了司法人员分类管理、"入口"管理、惩戒机制等的建设。

第一,法官、检察官、公安机关执法勤务警员和警务技术人员实行单独职务序列。在充分试点的基础上^②,2015年9月中央召开了全面深化改革领导小组第十六次会议,会议审议通过了《法官、检察官单独职务序列改革试点方案》,详细规定了法官、检察官要建立有别于其他公务人员的单独职务序列。2015年12月召开的中央全面深化改革领导小组第十九次会议审议通过了《公安机关执法勤务警员职务序列改革试

---

① 参见易丽丽:《公务员职位分类管理改革探究:基于深圳试点》,《行政管理改革》,2015年第6期。

② 2014年在上海、广东、吉林、湖北、青海、海南、贵州七个省市进行了推进司法责任制、司法人员分类管理、司法人员职业保障、省以下地方法院检察院人财物统一管理四项改革试点。2015年5月5日召开的中央全面深化改革领导小组第十二次会议,同意山西、内蒙古、黑龙江、江苏、浙江、安徽、福建、山东、重庆、云南、宁夏十一个省区市为开展四项改革的第二批试点。

点方案》《公安机关警务技术职务序列改革试点方案》，对公安机关执法勤务警员和警务技术人员的职务序列进行试点改革。

第二，完善司法人员"入口"管理。为保证和加强司法队伍的正规化、专业化、职业化，2015年6月5日召开的中央全面深化改革领导小组第十三次会议审议通过了《关于招录人民法院法官助理、人民检察院检察官助理的意见》，要求"建立从政法专业毕业生中招录法官助理、检察官助理的规范机制"[①]。2016年3月22日召开的中央全面深化改革领导小组第二十二次会议审议通过了《关于建立法官检察官逐级遴选制度的意见》和《关于从律师和法学专家中公开选拔立法工作者、法官、检察官的意见》，要求遵循司法规律，"建立公开公平公正的遴选和公开选拔机制，规范遴选和公开选拔条件、标准和程序"[②]，以更加科学、公平的方式遴选法官、检察官、立法工作者。第三，加强对司法人员的惩戒机制建设。在保障司法人员权利，遵循司法队伍科学化、专业化的同时，为了更好地保障司法公正，严格对违法执纪人员进行惩戒。2016年10月，最高人民法院、最高人民检察院共同颁布了《关于建立法官、检察官惩戒制度的意见（试行）》，这对公正司法和惩戒机制建设具有重要作用。

公务员分类改革在改革开放后逐步取得了各方面的进展，但分类改革的整体进展依旧未能完全解决中国当前的人事制度存在的种种

---

① 《习近平主持召开深改小组第十三次会议》，新华网，http://news.xinhuanet.com/2015-06/05/c_1115528165.htm，2015年6月5日。

② 《习近平主持召开中央全面深化改革领导小组第二十二次会议》，新华网，http//news.xinhuanet.com/politics/2016-03/22/c_1118409089.htm，2016年3月22日。

问题。分类改革政策实施过程中主要遇到以下三个突出问题：一是《公
务员法》规定过于笼统，缺乏相关配套法规支撑；二是公务员跨职类交
流受限，不利于人才合理流动；三是专业技术类公务员激励机制缺乏
针对性。①另外，关于中国公务员分类改革实施现状，从客观层面分析，
分类制度本身的复杂性和我国地方差异的复杂性造成了分类改革难
操作；从主观层面分析，旧有的"官本位"思维惯性与心理依赖造成分
类改革难推进；进而造成分类管理权限难分配，相应的财政体制和薪
酬体制难配套，执行机关和公务员对差异化观念难接受。这些体制机
制及文化障碍决定了我国公务员分类制度的建立和推行势必是一个
长期的、渐进完善的过程。

　　因此，为进一步推进和完善我国公务员分类制度改革，一方面需
要细化公务员分类管理制度，完善配套法规体系建设；另一方面要科
学适度打通跨类交流障碍，促进人才正常合理流动。除此之外，还应加
快构建独立的专业技术类公务员激励体制。②还有学者认为，完善公务
员分类制度改革，需要从以下三方面推进：第一，应完善公务员分类管
理实施的制度环境，如适度分权与放权，扩展执行层的管理权限以及
人事管理和财政管理体制与分类管理改革相配套；第二，细化并完善
公务员分类管理的细则，使其具有操作化指导意义；第三，建立并出台
配套分类管理的人事管理法案，推进政府人事管理制度从"单一"向

　　①　参见萧鸣政、唐秀峰、金志锋：《我国公务员职位分类与管理：30年的改革实践与分析》，《中
国行政管理》，2016年第9期。

　　②　参见萧鸣政、唐秀峰、金志锋：《我国公务员职位分类与管理：30年的改革实践与分析》，《中
国行政管理》，2016年第9期。

"多元"与差异化精细管理的转型。[①]

二、严格规范和完善领导干部的选拔任用

选拔任用是党政领导干部管理的重要部分，是选对人、用好人的"关键环节"。严格的选人用人制度对于肃清不正之风，展现新时代领导干部队伍的素质和能力具有重要意义。改革开放四十年来，我国干部人事制度不断改革和完善，其中"公开选拔、竞争上岗"的竞聘成为领导干部任用与选拔的普遍方式。"干部年轻化"改革的实施，为领导干部队伍注入了新鲜血液，促进了领导干部队伍的发展、革新。但是在领导干部的选拔任用中也出现了一些不正之风，如权财交易、权色交易等，还有的是片面化的理解选拔标准，如"唯GDP、唯票、唯积分、唯资历、唯年龄"等问题。针对这些有损党的先进性、损害党员干部在人民群众中间的形象、动摇党的执政根基的行为，党的十八届三中全会指出，要改进竞争性选拔干部办法，"坚决纠正唯票取人、唯分取人等现象……真正把信念坚定、为民服务、勤政务实、敢于担当、清正廉洁的好干部选拔出来"[②]。为深入贯彻党的十八大和十八届三中全会精神，新修订的《党政领导干部选拔任用工作条例》于2014年1月14日正式颁布实施。该条例对干部任用选拔的原则、条件、动议、民主推荐、考察等作出了细化和优化，使主体责任更加明确、标准和过程更加民主、选拔任用更加透明，从而提高了群众的参与性和积极性，既增强了优秀领

---

① 参见孙柏瑛：《中国语境下公务员分类管理改革的目标及其实现途径》，《行政论坛》，2018年第3期。

② 《中共中央关于全面深化改革若干重大问题的决定》，《人民日报》，2013年11月15日。

导干部选拔的有效性,又加强了对权力的监督与制约。

习近平总书记更加注重干部的精神状态,要求各级干部把为人民服务作为自己的最大追求;让干部坚持不懈地学习党的优良作风和光荣传统,牢固树立正确的世界观、事业观、权力观,具备高尚的道德情趣和艰苦朴素的生活作风,做人民的好公仆。在选拔任用干部方面,指出要特别留意"长期在条件艰苦、工作困难的地方工作的干部""不图虚名、踏实干事的干部""埋头苦干,注重为长远发展打基础的干部";还要善于辨别制造"虚假政绩"的干部。在干部培训的方式和方法上,习近平提出干部教育培训改革创新要在三个方面下功夫:第一,"分类培训和按需培训",要区分干部差异,提供个性化培训;第二,"坚持教无定法、贵在得法",灵活运用课堂教授、现场教学、行为体验、挂职培训、社会调研等多种教学方法;第三,"处理好组织调训与自主选学的关系",组织调训重点在于对干部的政治理论培训、党性教育、党和国家重点部署的学习,而对新知识和技能进行培训,可采用自主选学的方式,以满足干部多样化的学习需求。①

三、改进干部工作作风并加强对其监督工作

干部作风是干部队伍建设和国家人事改革的重要组成部分。习近平总书记把干部作风视为"人民群众观察评价党风的晴雨表"②。作风建设是一项长期任务,需要不间断地巩固,所以"纠正'四风'不能止

---

① 参见习近平:《做好新形势下干部教育培训工作》,《学习时报》,2010年10月25日。

② 习近平:《在党的十九届一中全会上的讲话》,《求是》,2017年第1期。

步，作风建设永远在路上"。①习近平不断告诫党的干部，要做到"勤勤恳恳为民，兢兢业业干事，清清白白做人"②。要改进干部作风建设，要求干部们密切联系群众，厚植执政基础。从群众中来，到群众中去，是党一贯坚持的工作方法和优良作风，最根本的原因在于我们党来自人民、根植人民、服务人民，一旦脱离群众，就会失去生命力。为此，习近平总书记强调加强作风建设，必须紧紧围绕保持党同人民群众的血肉联系，增强群众观念和群众感情，不断厚植党执政的群众基础。凡是群众反映强烈的问题都要严肃认真对待，凡是损害群众利益的行为都要坚决纠正。要求党的干部们做到勤勤恳恳为民，具体而言就是要"践行全心全意为人民服务的根本宗旨，做人民公仆，始终把人民群众安危冷暖放在心上，想问题、作决策、抓工作坚持从群众中来、到群众中去，时时做到与群众同甘苦、共忧乐、共奋进"③。

习近平总书记从干事和做人两个方面向干部们提出改进优良作风的要求。一方面，他指出干部们必须兢兢业业干事，要实干苦干，不务虚功，以一流业绩回报党和人民的信任和重托。另一方面，他要求干部们清白做人，做到"一身正气、两袖清风，自觉遵守廉洁自律准则，自觉遵守中央八项规定精神，自觉接受监督，敬畏人民、敬畏组织、敬畏法纪，公正用权、依法用权、廉洁用权，拒腐蚀、永不沾，决不搞特权，决不以权谋私，做一个堂堂正正的共产党人"④。要逐步改进干部工作作风，干部们只有从自身内在层面来高度约束自己，才能在日常的治国

---

① 习近平：《纠正'四风'不能止步 作风建设永远在路上》，《人民日报》，2017年12月12日。

②③ 习近平：《在党的十九届一中全会上的讲话》，《求是》，2017年第1期。

④ 习近平：《在党的十九届一中全会上的讲话》，《求是》，2017年第1期。

理政事务中切实做到为民服务,减少腐败行为的产生。

　　构建有效的监督体系是保证改进作风的必要手段。党的十九大及2018年两会中关于监督方面的决议,将党和国家的监督监察水平提升到了新高度。新成立的国家监察委员会成为党和国家提升监督能力,夺取反腐败斗争压倒性胜利的重要举措。习近平要求:"赋予有干部管理权限的党组相应纪律处分权限,强化监督执纪问责。加强纪律教育,强化纪律执行,让党员、干部知敬畏、存戒惧、守底线,习惯在受监督和约束的环境中工作生活。"①绝对权力导致绝对的腐败,现实生活中,很多贪腐案件的产生,在很大程度上是由于缺乏对权力的监督与约束。因此,加强对权力的约束和监管对于肃清贪腐,净化政治生态,保持党员干部的本色具有重要意义。党的十八大以来,中央持续加大反腐败力度,大力加强对党政领导干部及其履职的监督约束,强调建立有效的权力运行机制和监督机制,保证权力沿着制度化和法制化的轨道运行。主要措施有:第一,颁布和实施《关于开展领导干部自然资源资产离任审计的试点方案》和《党政领导干部生态环境损害责任追究办法(试行)》,更加注重生态的重要性,加强对各级领导干部的"生态考核",强化领导干部的生态环境责任,对于损害环境的责任人予以追究。第二,制定《关于领导干部干预司法活动、插手具体案件处理的记录、通报和责任追究规定》,保障司法独立性,规定对领导干部干预司法活动、插手具体案件处理的记录、通报和责任追究。第三,审议通过上海、

---

　　①　习近平:《决胜全面建成小康社会　夺取新时代中国特色社会主义伟大胜利——在中国共产党第十九次全国代表大会上的报告》,人民出版社,2017年,第66页。

北京、广东、重庆、新疆维吾尔自治区等省区市《关于进一步规范领导干部配偶、子女及其配偶经商办企业行为的规定（试行）》，进一步规范对领导干部配偶、子女及其配偶经商办企业的监管。①

四、不断深化国有企业和事业单位人事制度改革

（一）深化国有企业人事制度改革

早在20世纪80年代，我国就开始探索劳动合同制的推行，劳动合同制度在我国逐步普及。另一方面，国有企业干部人事制度改革也深入推进，并将重点放在了负责人身上。党的十八大以来，国有企业分类分级管理、健全公司法人治理结构不断完善，现代企业制度成效斐然。在公平与效率的天平上，收入分配制度改革成为焦点，国家将收入分配的重点放在了国有企业，尤其是对央企高管等相关负责人的薪酬及履职待遇进行了进一步的规范和细化。在国有企业干部人事改革的实施上，2014年8月中央全面深化改革领导小组第四次会议审议通过了《中央管理企业主要负责人薪酬制度改革方案》和《关于合理确定并严格规范中央企业负责人履职待遇、业务支出的意见》。前者旨在于科学规范和调整国有企业收入分配改革，以期最终实现薪酬水平适当、结构合理、管理规范、监督有效的目标，具体措施是对央企的负责人薪资水平偏高、过高进行有效调整。后者旨在于合理确定并严格规范中央企业负责人的履职待遇和业务支出，意见指出，除了国家规定的履职

---

① 参见薛立强：《着力推进干部人事制度科学化、民主化、制度化——党的十八大以来干部人事制度改革进展与成就》，《理论与改革》，2017年第6期。

待遇和符合财务制度规定标准的业务支出外，国有企业负责人没有其他的"职务消费"。

（二）持续推进事业单位人事制度改革

事业单位是专业技术人员的集聚地，在我国的经济社会发展中有着重要地位，特别是在科教文卫等领域发挥着不可替代的作用。进一步调动广大事业单位人员建设社会主义现代化的积极性、主动性和创造性，对于党和国家事业发展具有历史性的意义。改革开放以来，事业单位的人事制度改革步伐从未止步，并取得了丰硕成果。党的十八大以来，针对事业单位人事制度改革主要体现在以下两方面：

第一，事业单位人事制度改革中实行分类管理。事业单位不同于中央企业和其他党政机关，央企和其他机关的一系列人事制度改革也不完全适应于事业单位，有区别地进行人事管理制度改革是新时期以来干部人事制度分类管理改革的思路。2011年3月，中共中央、国务院颁布《关于分类推进事业单位改革的指导意见》，该指导意见按照社会功能的不同，将事业单位明确划分为承担行政职能、从事生产经营活动和从事公益服务这三个类别。其中，由于社会主义市场经济的不断完善，从事生产经营活动的事业单位最终的归宿是要逐步转为企业。基于此，党的十八届三中全会指出，要推进有条件的事业单位转为企业或社会组织。党的十八届三中全会以后，作为加快事业单位分类管理改革的重要一步，2016年8月，中央全面深化改革领导小组第二十七次会议审议并通过了《关于从事生产经营活动事业单位改革的指导意见》。该指导意见进一步对经营类事业单位转制为企业作出了指导和细化。在经营类事业单位转为企业后，与此相对应，其人力资源的使用与安排也将按照企业模式来进行管理。

第二，与时俱进的职称制度改革。职称是对专业技术人员的学术、技术水平的反映，是体现其专业能力的主要标志。改革开放以来，中国已经基本建立起适合国情的职称制度，但随着经济社会各方面的发展，职称制度及其运行也积累了很多问题，如"制度体系不够健全、评价标准不够科学、评价机制不够完善、管理服务不够规范配套等"[①]。这些滞后于时代和实践发展的旧评价体系，不利于对新进人才的考评，加上现实社会中买卖学术论文和专利等学术成果的现象很严重，种种现象不利于专业人才队伍的成长和成才，阻碍其能力素养的未来发展。针对此问题，党的十八届三中全会以后，国家就立即启动了新一轮的职称制度改革。2016年11月，中央全面深化改革领导小组第二十九次会议审议并通过了《关于深化职称制度改革的意见》。意见明确了给出了改革任务：健全职称制度体系、完善职称评价标准、创新职称评价机制、改进职称管理服务方式等，并紧紧围绕品德、能力、业绩三个方面，进一步提出了在完善职称评价标准方面的具体措施，努力使职称制度与组织机构及其相关专业技术人员需求更加匹配，在管理功能上更加完善和科学。

五、逐步完善干部考核评价制度

干部考核结果是干部晋升与调任的重要依据，干部考核机制是贯

[①] 《中共中央办公厅、国务院办公厅关于深化职称制度改革的意见》，中央人民政府网站，http://www.gov.cn/xinwen/2017-01/08/content_5157911.htm#allContent，2017年1月8日。

彻落实党管干部原则的关键环节。以习近平新时代中国特色社会主义思想为指导，把党的政治建设摆在首位，建设高素质专业化干部队伍，坚定不移地按照党的十九大提出的"德才兼备、以德为先，坚持五湖四海、任人唯贤，坚持事业为上、公道正派"[①]的好干部标准，进一步建立健全干部考核评价机制。

（一）充分发挥考核的督促和监督作用

第一，科学量化指标体系。考核指标是干部考核的具体标准，对干部的行为起着规范和引导作用。由于党的执政环境和执政条件已经发生巨大变化，考核指标也要因时而动，因势而行，不断地进行调整与改革，使其不断适应变化着的外部条件。一是政治素质过硬。党的十九大明确指出："党政军民学，东西南北中，党是领导一切的。"[②]对于干部考核也要遵循政治意识、大局意识、核心意识和看齐意识，坚持党对干部考核的绝对领导，旗帜鲜明讲政治，严肃党的政治纪律和政治规矩，完善政治坚定、政治担当、政治定力等政治考评体系，强化底线思维、法治思维，明确政治标准，把政治投机者和两面派剔除出干部队伍。提高干部队伍的政治觉悟，做政治上的明白人，人民群众的知心人。二是发展理念先进。放弃以往唯"GDP"是举的考评标准，坚定践行习近平"绿水青山就是金山银山"的发展理念，坚持绿色发展、健康发展、可持续发展。着力提升创新、协调、绿色、开放、共享发展理念，把"绿色指标"放入领导干部考核评价体系，建立最严格的生态监管考评体系。促使

---

① 习近平：《决胜全面建成小康社会　夺取新时代中国特色社会主义伟大胜利——在中国共产党第十九次全国代表大会上的报告》，人民出版社，2017年，第64页。

② 同上，第20页。

广大领导干部自觉践行生态文明观,提升生态文明建设水平和能力。三是不忘初心、牢记使命,密切联系群众。中国共产党自成立以来就与腐败水火不容。党的十八大以后,坚定贯彻落实中央八项规定精神,全党上下坚决地与形式主义、官僚主义、享乐主义和奢靡之风进行不懈的斗争,并坚持"打虎、拍蝇、猎狐",查处一系列大案要案,反腐败斗争的压倒性态势已经形成。坚持全心全意为人民服务的宗旨,永葆共产党人的初心和使命。把能否深入群众,贯彻党的群众路线,树立群众观点;能否立党为公、执政为民;能否体察民情、勤勉为政;能否面对威逼利诱坚定信念,与不正之风作坚决的斗争作为评价标准。切实把符合"好干部"标准的党员选入干部队伍,把符合"好干部"标准的领导干部提升到更重要的岗位上来。

第二,创新完善考核方式。制度的生命在于执行,考核方式直接影响到考评结果,关系到考评结果的公平性和有效性。紧密围绕"实现考核工作经常化、制度化、全覆盖"要求,创新完善考评方式方法,科学执行考评标准。一是建立长效干部考评机制。避免突击提升、"踩点给分",把考评工作贯彻到日常工作和生活,贯彻到工作的方方面面,通过调研调查、明察暗访、工作绩效、舆情分析等,立体展现干部作风和工作态度,全面考察其党性觉悟,动态观察干部能力提升。二是公开公示、接受监督。根据不同干部的职责权限、工作特点,通过配套考评体系和标准进行科学考核,把考评结果向社会公开,欢迎社会各界的监督、举报。对于重点岗位和关键领域,突出用人导向,延长公示期限和范围,自觉接受干部群众的意见、建议,提升政府权威和公信力。

第三,科学运用考核结果。考核结果不是苍白无力的数字,而是具有鲜活生命力的指导意义。考核结果不仅与干部升迁、奖惩、管理、任命等息息相关，还凸显了以往工作的价值和努力，对未来工作和方向具有重要的参考意义。一是把考核结果与干部选拔任用相结合。科学的考核结果能够准确反映干部以往的工作能力、工作业绩。要建立干部考核数据库支持系统，统筹各级各类考核，为干部离任调任、升迁任用提供参考。其他领导干部可利用考评系统，将自己的考评数据与优秀干部的考评数据进行量化对比，寻找差距与不足。同时，利于监督，对于数据造假等实行终身追责。二是把考核结果与干部教育学习相结合。作为马克思主义政党，作为一名合格的党员，一刻也不能忘掉学习。"新干部、年轻干部尤其要抓好理论学习，通过坚持不懈学习，学会运用马克思主义立场、观点、方法观察和解决问题，坚定理想信念。"①要针对考评中暴露出的问题，进行具有针对性的学习，有计划地进行培训，以求弥补不足、提升能力，提高干部队伍素质建设。三是把考核结果与管理监督相结合。考评的公开性，既为管理提供了一条途径，又为监督提供了条件。根据考评结果，可以有效发现问题，制定政策和策略解决问题，把问题消灭在萌芽状态。另一方面，接受广大干部群众的监督，将群众的"口碑"与考评的"金杯""银杯"联系起来，看看考评结果与群众意见是否一致，严厉打击数据造假、简历造假、业绩造假等情况，严明党纪、国法，维护广大人民群众的利益。

（二）用分类思维来完善干部考核

干部的考核涉及干部的任用，涉及广大人民群众的切身利益，涉

---

① 习近平：《习近平谈治国理政》（第一卷），外文出版社，2014年，第154页。

及党和国家的事业，涉及领导干部的自身价值。如果在考核环节出现问题，考评的效用和信用大大降低，那么对于整个考评体系来说，都是失败的。在过去的考评工作中，一些地方没有正确认识到干部考评的重要意义，把考评简单地与档案检查、档案整理和档案保存画等号，更没有将考评结果公开，只是在一定的范围内进行传达。还有一些地方，考评体系"一刀切"，没有对岗位、工作等进行具体的细化和分类，甚至连考评的过程都非常的相似，在考评程序上模板化、单一化。还有部分地方，虽然进行了一些创新，但是"雷声大雨点小"，有空喊口号的现象存在，即使在某些考评标准、考评环节有所创新，但是缺乏分类区分思维，不够严谨、细致，更没有对考评体系进行科学评估。实际情况与制度要求相比，还存在较大差距。这与新时代干部考核要求严重不相符，对于好干部的选拔任用效率低。针对现实问题，2018年5月20日，中央办公厅印发并开始实施《关于进一步激励广大干部新时代新担当新作为的意见》。该意见明确指出："充分发挥干部考核评价的激励鞭策作用"，"体现差异化要求，合理设置干部考核指标，改进考核方式方法，增强考核的科学性、针对性、可操作性，调动和保护好各区域、各战线、各层级干部的积极性。"这提示我们，必须树立"分类思维"，做到精准考核。

"分类思维"带有三方面的深刻含义：第一，考评主体分层。基层干部和中高层干部考核指标区分开来，因为工作特点不同，工作职责不一，工作重要程度存在差异。因此，具体指标和相应的权重也应该不同。第二，工作性质分类。各级各类干部的工作类型不同，有理论性工作、实践性工作、协调类工作和战略类工作等，对于不同性质的工作，考评的指标和体系肯定要存在不同，甚至是差异很大。这不仅是正常的，而且是十分必要的。具体说来就是"因地制宜"，不要用与工作不匹配的标准去衡量、考核干部。第三，考评时间分期。干部考评系统按时间划分，应该分为年度考核、季度考核、月度考核甚至是周考。按考核方式划分，可以分为集中考核、分散考核、抽样考核等。并且可以将考评按照不同的分类进行多角度、多方式的考核，以弥补单一方式考核的弊端。有效避免考核的"补妆美颜"，还原领导干部的真实状态。要做好干部考核工作，既需要将常规程序做准做实，做到"一丝不苟"，更需要带着"分类思维"进行考核，体现出差异化，做到精准对标、精标匹配，力求将干部的真实表现掌握得"一览无余"。

附录：大事记

1. 1978年党的十一届三中全会强调，要"加强管理机构和管理人员的权限和责任"，"认真实行考核、奖惩、升降等制度"，开创了干部人事制度改革的先河。

2. 1978年，劳动部改为国家劳动总局，归国家计委管理。同年3月，原来的人事部被改成为民政部政府机关人事局。1980年，国务院决定将民政部政府机关人事局与国务院军队转业干部安置工作小组办公室合并，成立国家人事局，直属国务院。

3. 1979年，中央下发《关于实行干部考核制度的意见》，指出干部考核要坚持德才兼备的原则，从德、能、勤、绩四个方面进行考核。

4. 1980年8月18日，邓小平在中央政治局扩大会议上发表《党和国家领导制度的改革》讲话，首次提出了我国的人事工作有些机构存在人浮于事、效率低下的问题，要求改变干部人事制度。

5. 1981年6月，党的十一届六中全会形成了干部队伍革命化、年轻化、知识化、专业化的"四化"方针。

6. 1982年4月10日，党中央颁发了《关于老干部离职休养制度的几项规定》，废除了实际存在的领导职务终身制。

7. 1982年的政府机构改革，将国家人事局与国家劳动总局、国务院科技干部局、国家机构编制委员会合并，成立了劳动人事部。

8. 1983年10月，中央组织部下发了《关于改革干部管理体制的若干规定》。

9. 1984年4月，中央组织部本着"管少、管好、管活"的原则修订了《中共中央管理的干部职务名称表》，下放了领导干部的管理权限，由"下管两级"体制改为"下管一级"。同年，党中央决定制定《国家机关工作人员法》，由中组部和原劳动人事部组织有关单位负责起草。

10. 1985年，中央书记处决定将《国家机关工作人员法》更名为《国家行政机关工作人员条例》。

11. 1986年下半年，经中央政治体制改革研讨小组讨论决定，将《国家行政机关工作人员条例》改名为《国家公务员暂行条例（草案）》。

12. 1987年10月25日，召开党的第十三次全国代表大会，明确提出建立和推行国家公务员制度。

13. 中央在1988年3月决定专门成立管理公务员的主要机构——国家人事部，其重要职责之一是推行公务员制度，标志着国家公务员制度开始向实施阶段过渡。

14. 1989年开始,先后在审计署、海关总署、国家统计局、国家环保局、国家税务局、国家建筑材料工业局六个国务院部门和哈尔滨、深圳市展开公务员制度的试点工作,并取得可喜成果。

15. 1992年,党的十四大报告中强调:"加快人事劳动制度改革,逐步建立符合机关、企业和事业单位不同特点的科学的分类管理体制和有效的激励机制。这方面的改革要同机构改革、工资制度改革相结合,尽快推行国家公务员制度。"

16. 1993年10月1日,《国家公务员暂行条例》正式施行,公务员改行新的工资制度。

17. 1995年2月9日,党中央颁布了《党政领导干部选拔任用工作暂行条例》,这是第一部规范党政领导干部选任工作的党内法规。

18. 1997年,党的十五大重申以"扩大民主,完善考核,推进交流,加强监督"为主要内容的党政领导干部选拔任用制度改革任务,并着重强调要在干部能上能下方面取得明显进展。

19. 1998年7月23日,中组部、人事部联合下发《关于党政机关推行竞争上岗的意见》。

20. 2000年6月,经中央批准,中办印发了《深化干部人事制度改革纲要》。

21. 2002年2月21日,人事部下发《国家公务员行为规范》。

22. 2005年1月20日,《公务员录用体检通用标准(试行)》正式颁布实施。

23. 2006年1月1日,正式施行《中华人民共和国公务员法》。

24. 2007年1月17日中组部和人事部印发《中华人民共和国公务员

考核规定(试行)》。

25. 2008年3月，第十一届全国人民代表大会第一次会议审议通过了《国务院机构改革方案》，决定成立国家公务员局，由人力资源和社会保障部管理。国家公务员局的成立，是继公务员法颁布实施后，公务员管理工作发展史上又一件具有重要意义的大事。

26. 2009年12月，中共中央办公厅下发《2010—2020年深化干部人事制度改革规划纲要》，明确了干部人事制度改革基本目标和任务推进。

27. 2011年3月，中共中央、国务院颁布《关于分类推进事业单位改革的指导意见》，该指导意见按照社会功能的不同，将事业单位明确划分为承担行政职能、从事生产经营活动和从事公益服务这三个类别。其中，由于社会主义市场经济的不断完善，从事生产经营活动的事业单位最终的归宿是要逐步转为企业。

28. 2013年11月，党的第十八届中央委员会第三次全体会议通过《中共中央关于全面深化改革若干重大问题的决定》，更加明确地部署和规划了2020年干部人事制度改革的总体目标和六大改革任务。

29. 2014年1月，《党政领导干部选拔任用工作条例》正式颁布实施。12月，中央全面深化改革领导小组第七次会议审议并通过了《关于县以下机关建立公务员职务与职级并行制度的意见》。该意见规定，县以下机关公务员工作满一定年限并达到相应的条件之后，就可以晋升职级并享受相应的待遇。

30. 2015年6月5日，中央全面深化改革领导小组第十三次会议审议通过了《关于招录人民法院法官助理、人民检察院检察官助理的意见》，要求"建立从政法专业毕业生中招录法官助理、检察官助理的规范机制"。12月,中央全面深化改革领导小组第十九次会议审议通过了《公安机关执法勤务警员职务序列改革试点方案》《公安机关警务技术职务序列改革试点方案》,对公安机关执法勤务警员和警务技术人员的职务序列进行试点改革。

31. 2016年3月22日,中央全面深化改革领导小组第二十二次会议审议通过了《关于建立法官检察官逐级遴选制度的意见》和《关于从律师和法学专家中公开选拔立法工作者、法官、检察官的意见》,要求遵循司法规律,"建立公开公平公正的遴选和公开选拔机制,规范遴选和公开选拔条件、标准和程序"。4月,中央全面深化改革领导小组第二十三次会议审议通过了《专业技术类公务员管理规定(试行)》《行政执法类公务员管理规定(试行)》。11月,中央全面深化改革领导小组第二十九次会议审议并通过了《关于深化职称制度改革的意见》。

32. 2017年10月,为进一步规范事业单位公开招聘工作,人社部印发《关于事业单位公开招聘岗位条件设置有关问题的通知》,明确用人单位要根据招聘岗位需求,科学合理地设置招聘岗位条件,不得设置指向性或与岗位无关的歧视性条件,专业设置须与招聘岗位相匹配。

33. 2018年5月20日,中央办公厅印发并开始实施《关于进一步激励广大干部新时代新担当新作为的意见》,明确指出:"充分发挥干部考核评价的激励鞭策作用","体现差异化要求,合理设置干部考核指标,改进考核方式方法,增强考核的科学性、针对性、可操作性,调动和保护好各区域、各战线、各层级干部的积极性。"

参考文献

1. 陈振明：《〈公务员法〉的颁布实施与转型期公务员制度的完善》，《中国工商管理研究》，2006年第9期。

2. 方进玉：《国家统计局试行公务员制度系列报道之四——成功的一步》，《政治·社会》，1992年第7期。

3. 葛洪义、刘治斌、李燕：《法官、检察官不可纳入"国家公务员"——对〈公务员法〉起草中一个问题的几点意见》，《法学》，2003年第6期。

4. 广沛、茅连煊：《中国公务员制度实践者的报告》，北京科技出版社，1991年。

5. 黄海霞：《公务员制度运行十年》，《瞭望》，2003年第33期。

6. 李和中：《21世纪国家公务员制度》，武汉大学出版社，2006年。

7. 凌瑶：《干部考核要有"分类思维"》，人民网—理论频道，2018年5月30日。

8. 彭兴业：《健全国家公务员制度，增强执政基础与能力——纪念〈国家公务员暂行条例〉颁布实施10周年》，《新视野》，2003年第5期。

9. 彭兴业：《试论中国公务员制度的跨世纪发展与创新》，《北京行政学院学报》，1999年第1期。

10. 申霞：《公务员权利救济制度的发展与完善》，《太平洋学报》，2006年第6期。

11. 宋世明：《中国公务员法立法之路》，国家行政学院出版社，2004年。

12. 孙柏瑛：《中国语境下公务员分类管理改革的目标及其实现途

径》,《行政论坛》,2018年第3期。

13. 唐代望、唐晓阳:《对〈国家公务员暂行条例〉在实施中的几个问题的探讨》,《新视野》,1999年第6期。

14. 田培炎:《公务员制度试点的回顾与反思》,《法学研究》,1994年第1期。

15. 仝志敏:《我国公务员制度的设想、试点及入轨运行》,《中国人民大学学报》,1992年第4期。

16. 万丹:《〈国家公务员暂行条例〉适用之新现象评析》,《行政与法》,2004年第6期。

17. 吴志华、刘晓苏:《公共部门人力资源管理》,复旦大学出版社,2006年。

18. 习近平:《习近平谈治国理政》(第一卷),外文出版社,2014年。

19. 习近平:《在党的十九届一中全会上的讲话》,《求是》,2017年第1期。

20. 萧鸣政、唐秀峰、金志锋:《我国公务员职位分类与管理:30年的改革实践与分析》,《中国行政管理》,2016年第9期。

21. 许银华、石佑启、杨勇萍:《公务员法要论》,北京大学出版社,2003年。

22. 薛立强:《着力推进干部人事制度科学化、民主化、制度化——党的十八大以来干部人事制度改革进展与成就》,《理论与改革》,2017年第6期。

23. 易丽丽:《公务员职位分类管理改革探究:基于深圳试点》,《行政管理改革》,2015年第6期。

24. 郑德惠、余红辉：《国家统计局试行公务员制度系列报道之一——回避，也是改革》，《政治·社会》，1992年第4期。

POLITICS

沈亚平——主编

转型社会中的系统变革：中国行政发展四十年（下）

天津出版传媒集团

天津人民出版社

第七章
走上依法治国之路：现代行政法治发展

　　民主与法制，这两个方面都应该加强，过去我们都不足。要加强民主就要加强法制。没有广泛的民主是不行的，没有健全的法制也是不行的。

——邓小平（1979年）

　　依法治国，就是广大人民群众在党的领导下，依照宪法和法律规定，通过各种途径和形式管理国家事务，管理经济文化事业，管理社会事务，保证国家各项工作都依法进行，逐步实现社会主义民主的制度化、法律化，使这种制度和法律不因领导人的改变而改变，不因领导人看法和注意力的改变而改变。依法治国，是党领导人民治理国家的基本方略，是发展社会主义市场经济的客观需要，是社会文明进步的重要标志，是国家长治久安的重要保障。

——江泽民（1997年）

　　坚持依法治国基本方略，树立社会主义法治理念，实现国家各项工作的法治化，保障公民合法权益；坚持社会主义政治制度的特点和优势，推进社会主义民主政治制度化、规范化,为党和国家长治久安提供政治和法律制度保障。

——胡锦涛(2007年)

坚持全面依法治国。全面依法治国是中国特色社会主义的本质要求和重要保障。必须把党的领导贯彻落实到依法治国全过程和各方面,坚定不移走中国特色社会主义法治道路,完善以宪法为核心的中国特色社会主义法律体系,建设中国特色社会主义法治体系,建设社会主义法治国家,发展中国特色社会主义法治理论,坚持依法治国、依法执政、依法行政共同推进,坚持法治国家、法治政府、法治社会一体建设,坚持依法治国和以德治国相结合,依法治国和依规治党有机统一,深化司法体制改革,提高全民族法治素养和道德素质。

——习近平(2017年)

改革开放的四十年,也是我国法治建设的四十年。伴随以市场经济为目标的经济体制改革的发展,政治、文化、社会领域也发生着深刻的变化。在公共行政领域,经济基础的改革将公共行政改革与治理方略改革的命运联系在一起,二者的变革之路逐渐接轨。于是,行政法制化开始迈出步伐,一系列重要的行政法律法规颁布施行。但是直到中共十五大依法治国方略的正式确立,依法行政才开始真正深入人心,我国公共行政进入了新的发展阶段,走上法治化发展的轨道。

第一节　经济体制改革与治国方略转变的启动

在近代中国,"法治"一词并不新鲜,早在新中国成立之初,不少重要的政治和法律文件、讲话中就多次出现过这一词汇。但是明确将法治作为一国的治国方略提出,势必经历漫长的纷争、探索,既要有理论上的积累,又要有制度上的准备。

一、法治与人治之争——探知法治的意涵

事实上,人治与法治作为两种不同的治国原则孰优孰劣,在我国乃至世界的历史上都存在长久的争论。新中国建立后,由于种种原因,长期以来缺乏对治国理论进行深入研究。直到经历"文革"磨难之后,人们才终于开始认真思索人治与法治等相关问题,探寻适合我国的治国之道。而对于法治等问题的思辨正是始于70年代末80年代初的人治与法治的大讨论。

(一)关于人治与法治的论争

在"文革"中,人民饱尝了民主权利尽失,国家社会严重失序之苦。于是"文革"结束后,许多有识之士开始意识到,完全依靠人治是不利于国家稳定与社会发展的。1978年,随着解放思想运动的展开,党和国家领导人以及社会各界人士都不断提出加强民主与法制建设的观点。如梁漱溟在1978年的全国政协会议上就进行了如下发言:"我的经验是,宪法在中国,常常是一纸空文,治理国家主要靠人治,而不是法治……但我想认真而严肃地指出的是,中国的历史发展到今天,人治的办法

恐怕已经走到了头。中国由人治渐入法治，现在是个转折点，今后要逐渐依靠宪法和法律的权威，以法治国。这是历史发展的趋势，中国前途的所在，是任何人所阻挡不了的。"①

终于，1979年1月26日，随着一篇题为"人治与法治"的文章发表于《人民日报》，"法治"这个字眼开始真正成为人们关注的焦点。尤其是在法学界，对于人治与法治的辨析、民主与法制、法治与法制的关系等问题，各方学者纷纷发表见解，引发了一场关于人治与法治的大讨论，并持续了三年之久。

当时的这场"人治与法治的大讨论"主要呈现出以下四种观点：人治论、法治论、结合论和摒弃论。①人治论。所谓人治就是依照特权阶级或少数人的意志来治理国家。此说认为，要人治不要法治，社会主义需要人治，需要通过人治充分发挥党的领导作用。②法治论。所谓法治就是"按照体现整个统治阶级意志的法律来治理国家，依法而不任人"②。其明确提出摒弃人治，厉行法治的主张，并反对人治与法治相结合，认为二者是根本对立的，法律必须在社会生活中拥有最高权威，但同时也并不完全否认人在治国中作用的发挥。③结合论，即认为法治和人治应当结合。该派认为"徒法不足以自行"，法律是人制定的，同时也需要人的执行，因此在治国过程中既要重视法律的作用，也不能忽视人的因素，需要将二者结合起来。④摒弃论。这方观点认为所谓"法治"，是西方资产阶级唯心史观的表现，表述不科学，应当予以抛弃，而代之

---

① 摘自梁漱溟在1978年2月全国政协五届一次会议上的讲话。

② 凌相权：《总结经验教训、坚定不移地实行法治——我校法律系召开法治与人治问题讨论会》，《武汉大学学报》（哲学社会科学版），1980年第4期。

以"社会主义法制"的提法。

在最初的这场大讨论中,完全赞成人治论的实属少数,但是法治论也并未能排除其他学说占据统治地位,推动"法治"上升为治国的根本原则。因此,人治与法治的论战并未就此画上句号。恰恰相反,正是70年代末80年代初的这场大讨论引导各方学者开始对法治的真正含意展开深入探讨,从而为日后依法治国理论的最终提出铺陈了道路。

(二)人治思想的起源

法治论与人治论,如同哲学上的唯物主义与唯心主义一般,因相互争论而共同存在。因而,"法治"与"人治"两个概念在历史长河中也是相伴而生的。没有"人治"就难提出"法治"。我国著名思想家梁启超在汉语中首次明确使用"人治"与"法治"两个概念时,便将二者相提并论。为此,要想探知"法治"的奥义,还是要从"人治"概念的起源入手。

提及人治思想的渊源,东西方各有一位文化巨匠不可不提:孔子和柏拉图。二者不仅都为人治思想的产生和发展做出巨大贡献,而且还存在许多相通之处。孔子的核心思想在于"仁",表现在治国方略上,认为国家应由仁者治之,正所谓"为政在人","人存政举、人亡政息"。所谓仁者,乃"爱人"者也,应当是具有儒家最高道德规范,能够做到"己欲立而立人,己欲达而达人"的圣人。孔子认为国家的治乱最终是由统治者的德行来决定的,法律只是工具或手段,所以说:"其身正,不令而行;其身不正,虽令不从"。

与孔子主张的"贤人政治"不同,柏拉图崇尚的是理智和智慧。他的核心思想在于"理念"(idea),认为理念是超越于个别事物的绝对存在,是事物的原型、本质和存在依据。每类事物都存在一个理念。不同的事物组成了事物的世界，即可感世界，而它们的理念组成了理念世界，即可知世界。而绝对、永恒的真理只存在于理念的世界。哲学家就是真理的追求者和知识的拥有者，因而必须由他们来管理国家，只有这样才能接近理念。因此，在他看来，与知识和理性相比，法律只能居于次席。"如果有人根据理性和神的恩惠的阳光指导自己的行动，他们就用不着法律来支配自己；因为没有任何法律或秩序能比知识更有力量，理性不应受任何东西的束缚，它应该是万物的主宰者，如果它真的名副其实，而且本质上是自由的话。"①

然而在现实世界上是否存在孔子或柏拉图所希望的仁者或智者是有疑问的，即使存在，这样的人是否可以最终获得权力统治国家又是一个未知数。因此，在圣人难以为王的情况下，孔子选择了礼法作为现实政治规范，强调礼法的重要性，认为："礼乐不兴，则刑罚不中，刑罚不中，则民无所措手足。"而柏拉图也在晚年指出，如果哲学家不是统治者，而统治者也无法在短期内成为哲学家时，法律就是知识最好的替代物，是第二等好的治国策略。

可见，孔子和柏拉图一个尚仁，一个尚智，或将国家交于贤良的"仁者"，或将国家托付于智慧的哲学家，但终归是将权力赋予某个具有非凡才能的人，由他来实现国家的治理。不可否认，人治思想的初衷是好的，但是理想中的人是不存在的，难免有七情六欲，从而会为治理国家带来不确定因素，不可能如思想家构想中的那般完美。因而正如在"圣人"与"哲学王"的理想破灭后，孔子与柏拉图不约而同地退而求

---

① 法学教材编辑部《西方法律思想史编写组》：《西方法律思想史资料选编》，北京大学出版社，1983年，第27页。

"法治"(礼法和法律)。

(三)法治概念的渊源和内涵

法治,英文为rule of law,其字面翻译就是法律的统治。但是在其字面意思之下究竟蕴藏着怎样的含义,千百年来无数先贤、专家、学者都给出了自己的解释。

正所谓"言必出希腊"。历史上第一位对法治进行明确定义的就是柏拉图的弟子——亚里士多德。他像柏拉图一样推崇理智。但同时,他也看到了人性的弱点,洞悉人治任意性的缺点,指出:"虽至圣大贤也会让强烈的情感引入歧途,唯法律拥有理智而免除情欲"①。于是,国家必须由法律来统治。那么何为法治呢?他说:"法治应包含两重意义:已成立的法律获得普遍的服从,而大家所服从的法律又应该本身是制订得良好的法律"。②这句话解释了两层含义:一是法治的基础必须是良法,而并非一切制定出来的法律都可以治理国家。二是法律必须获得全社会的普遍服从,包括立法者,而不只是一部分人的服从。亚氏的法治观点可谓彻底而系统,为西方法治思想的传承和发展奠定了坚实的基础。但是这一概念毕竟简短,没能"说明究竟何谓'普遍的服从'、何谓'制定得良好'"③,这就需要后世的法律实践者和理论家给出具体答案了。

在西方法制史具有重要影响的罗马法、教会法、英国普通法等都承袭了法治的理念,强调法律规则及其制定的重要性,渗透出法律的

---

① Aristotle, *The Politics*, Book Ⅲ, . Chicago: University of Chicago Press, 1984, p.16.

② [古希腊]亚里士多德:《政治学》,吴寿彭译,商务印书馆,1965年,第199页。

③ 夏勇:《法治源流——东方与西方》,社会科学文献出版社,2004年,第4页。

权威统治的思想,不断用实践诠释法治的内涵。例如,罗马皇帝优士丁尼在为学习《法学阶梯》而颁布的敕令中说道:"皇帝的伟大不仅要以武器来装饰,而且必须以法律来武装。"①而罗马帝国衰落后,"法律至上"又成为教会法奉行的原则和理念。孕育于英国普通法的一项重要制度——令状制度也颇具法治的意涵。令状是指"诉讼当事人感到自己受到了不公正的司法处理时,向代表正义的国王提出申诉,要求得到公平的司法待遇。国王收到这种申诉后,认为当事人有理者,则发给该当事人一张署名的令状,凭此,当事人可以提起诉讼。"②而法官则要按照令状规定的程序和方法审判案件。由此,通过令状制度的发展,一系列法治原则,如"程序优先""正当法律程序"等原则逐步确立,甚至有些法学家称"令状的统治即法律的统治"③。

不仅仅是法律实践,理论家们也在不断探索法治的内涵。尤其自启蒙运动始,思想家们如哈林顿、洛克、孟德斯鸠、卢梭等,更加活跃地对法治作出注解。在与"王权至上"等封建专制思想对抗的过程中,他们强调法律对权力的制约作用,对自由人权的保障作用以及法律面前人人平等等重要的法治思想。然而理论上的解说未免纷繁,直到19世纪,被奉为近代西方法治理论奠基人的英国宪法学家戴雪对法治进行了全面阐释。他指出法治具有三层含义:第一,人人皆受法律统治而不受其他任意专权的统治;第二,在法律面前人人皆处于平等的服从地

---

① [古罗马]优士丁尼:《法学阶梯》,徐国栋译,中国政法大学出版社,2005年,第3页。

② 何勤华:《西方法学史》,中国政法大学出版社,1996年,第302~303页。

③ [美]伯尔曼:《法律与革命——西方法律传统的形成》,贺卫方等译,中国政法大学出版社,1993年,第554页。

位,而不可凌驾于法律之上;第三,宪法是普通法院为捍卫个人权利而作出的司法判决的结果,所以个人权利是法律的来源而非法律的结果。戴雪的法治定义堪称经典,但却不可避免地带有浓厚的时代特色。相比之下,美国法学家富勒在更普遍的意义上对法治所需的法律提出八点要求:第一,普遍性;第二,公开性;第三,可预期性;第四,明确性;第五,一致性;第六,可行性;第七,稳定性;第八,同一性。①当代古典自由主义学者哈耶克也在其代表作《自由秩序原理》中对法治原则进行了阐述,包括法的普遍与抽象规则、法的明确性原则、法的普遍有效性和平等原则、权力分立原则、限制行政裁量权、基本权利和公民自由、程序保障。②

综上,继亚里士多德明确提出法治观点之后,一代代法律人用理论和实践不断丰富法治的内涵,也使这一概念渐渐明晰。我国当代法学家夏勇先生在博采众家之长后,总结出一些要素能够较为全面地揭示法治的内涵,即①有普遍的法律,②法律为公众知晓,③法律可预期,④法律明确,⑤法律无内在矛盾,⑥法律可循,⑦法律稳定,⑧法律高于政府,⑨司法权威,⑩司法公正。③

上述规诫是历经千载所沉淀下来为世人普遍认可的法治原则,也是法治应当具备的基本品质。

从西方法治的发展历程不难看出,法治传统虽自古有之,但法治及其思想在历史长河中经历了不断发展和完善的过程。回到本章开头

---

① See Lon L.Fuller, *The Morality of Law*, New Haven：Yale University Press, 1969, pp.46-94.

② See F.A.Hayek, *The Constitution of Liberty*, Chicago：University of Chicago Press, 1960, pp.209-219.

③ 参见夏勇：《法治源流——东方与西方》,社会科学文献出版社,2004年,第22~34页。

所讨论的问题，伴随我国经济体制改革的不断推进，关于人治与法治争论的结果也将不言自明。

二、经济体制改革——时代选择法治

如果说20世纪70年代末的"人治与法治的大讨论"仅仅为人们在思想上开启了一扇窗，但未能使法治成为治国的基本方略，那么在80年代开展的经济体制改革为在经济基础上将法治上升为治国原则提供了切实的可能性。

（一）市场经济与法治的互动关系

之所以说市场经济体制的建立为法治提供了现实的可能性，是由于市场经济与法治之间存在一种辩证关系：一方面市场经济的产生和发展不仅仅为法治的孕育提供了坚实的经济基础，同时也为改造法治所需的政治和文化环境提供了有利条件；另一方面法治也为市场经济的顺利发展提供了保障。

1. 市场经济是培育法治的沃土

首先，法是商品交换的产物，商品交换高度发达的市场经济成为法治产生和发展的经济根源。"法律的问世，本身就是社会产品交换关系普遍发展的产物，是人类为调整日益普遍化了的产品交换关系及与此有关的各种社会关系所创造的一种社会共同生活准则。"[1]自然经济是一种自给自足的经济，少有商品交换，社会关系主要依靠血亲、宗法、习惯、道德等来调整。而商品交换是一种没有人身依附性的自主自

---

[1] 李仲达：《中国特色的法治国家建设研究》，法律出版社，2005年，第29~31页。

愿的平等行为，它的频繁出现使得原有规范不能满足需求，最终导致法律规则的产生。这是由于："第一，商品交换需要法律确认主体之间平等的法律地位和自由交换的环境；第二，商品交换需要法律确认商品交换前所有权的归属问题；第三，商品交换需要确认或规定一般的交换原则；第四，商品交换后需要法律确认与规定解决可能出现各种纠纷的方法。"①

正是由于法律产生于商品交换之中，在商品经济繁荣的地方，法律制度也会相对健全发达。这一点仅从各国法制发展史中便可见一斑。被誉为"世界共同的法律，也是世界性的模范法"的罗马法正是在商品经济发达的古罗马诞生的；在世界第一个资本主义国家——英国繁衍出了世界两大法系之一的普通法系；法国资本主义革命后，举世瞩目的《法国民法典》颁布；美国不仅仅是世界经济最强国，同时还拥有令世人艳羡的第一部宪法典……

市场经济是商品经济的发达阶段，商品交易频繁，对法律规范的需求也是最为迫切的。所以，市场经济体制的建立首先为法制的发展和完备提供了最为根本的经济基础。

其次，市场经济的内在价值呼唤法治精神，从而为法治发展奠定了良好的思想文化基础。市场经济是以市场为基础配置资源的经济，是商品经济发展到高级阶段的产物。当市场成为资源配置的手段，等级、血缘等均不能发挥作用时，价值规律就成为商品交换的基本规则。而等价原则是价值规律的核心，从而注定市场经济必然不同于自然经

---

① 张文显：《法理学》，高等教育出版社，2003年，第436页。

济和计划经济，其是以平等性、自主性、开放性、竞争性为特征的。这些特点正与法治所倡导的民主、自由、平等、公开等价值具有内在的一致性。所以市场经济可谓是最契合法治精神的经济形态，故很多学者认为"市场经济就是法治经济"。

我国与西方国家不同，经历的封建时期较长，等级、特权等封建传统思想遗留较多。而随着市场经济的深入发展，它所蕴含的价值观念必将深入人心，催生出法治所需要的理性文化。市场经济是以个人权利为本位的，以人格的独立和平等为基础的，以公开、公平、诚信、自愿等为交易原则的。因此，以市场经济作为社会基本的经济制度，必然会改变一些传统习惯和观念，逐渐为公民注入理性、科学、权利、契约、平等、自由、民主等法治所倡导的理念，从而为法治培育适宜的文化土壤。

最后，市场经济为民主政治提供社会动力，推动法治的政治基础的形成。民主政治是指按照多数人的意志，遵循一定程序对国家和社会进行管理的国家制度。民主政治是法治存在的政治基础，它对权力的制约以及科学的规则和程序的强调，都决定了它为法治提供了基础和前提。

不容忽视的是，民主政治与市场经济的发展也有着密切关系。市场经济打破了自然经济状态下的人身依附关系，首先在经济上为个体争取到自由、平等、独立的地位。具有独立利益的个体在市场中为追求利益最大化而相互竞争，不断实现自我利益，从而形成一种多元化的利益格局。当利益个别化时，利益主体首先产生维护自身利益的需求，为使自己的权益得到保障，就会产生确立规则的要求。继而，为了更好地保护既得利益,利益主体参政、议政的要求也会越来越强烈。这种权利意识的萌生、规则制定的要求以及参政的愿望都会在客观上成为民主政治的推动力量,从而进一步为法治来临提供支持力量。

2. 法治是市场经济的必然要求

正如英国著名经济学家和法哲学家哈耶克所指出的:"欲使自由经济得到令人满意的运行,遵循法治乃是一个必要的条件……"[①]唯有法治方能为市场经济的顺利发展提供保护、巩固、引导和促进作用。

首先,法治为市场经济提供存续的可能。市场经济是以确认市场主体的平等地位以及承认和保护私有产权为基础的。一方面,市场交易要以双方拥有产品为基础, 那么产品的所有权的确认就成为一个重要问题;另一方面,等价交换是市场经济的核心价值,而市场主体在缺乏平等的身份和地位进行交易的情况下是无法实行等价交换的。因此,市场经济需要通过法律对交易主体的平等地位进行确认,也需要法律加强私权的保护。所以,能够保护私有财产权和承认平等自由原则的法律就成为市场经济的选择, 也是市场经济得以存在和发展的必需。

其次,法治为市场经济的有序运行提供有力保障。市场经济虽然具有平等、开放等优点,但是仍不可摆脱天生的自发性、盲目性、滞后性等弱点。市场主体为追求利润最大化, 很可能会出现假冒伪劣、垄断、不正当竞争、毁坏环境等急功近利、损害他人甚至公众利益的行为。因此,为克服市场所带来的种种弊端,国家需要通过法律(如消费

---

① ［英］弗里德利希·冯·哈耶克:《自由秩序原理》(上),邓正来译,生活·读书·新知三联书店,1997年,第281~282页。

者权益保护法、反不正当竞争法、反垄断法等)这种宏观调控的手段对市场行为设定适当的"游戏规则"，使市场主体能够拥有一个自愿、互利、公开、公平、公正的交易平台。

最后，也是至关重要的一点，法治为市场经济健康发展提供适宜的制度环境。市场经济与计划经济的最大区别在于市场，而非政府计划在资源配置中起决定作用。也就是说，市场自由和准入方面应该主要依靠市场进行调配，而排除国家的干预。而对政府职权的最佳制约莫过于法治。通过宪法、行政法、刑法等法律的规定，可以实现对行政权力的有效监督和约束，保证相关政府职能退出市场配置资源的领域。这样，法治就成为市场经济在没有政府过度干预的环境中自由、自主运行的制度保障。

(二)中国经济体制改革与法治发展

根据上述对法治和市场经济之间关系的论述，可以察觉中国的经济体制变革必定为社会的经济、政治、文化生活带来一系列变化，而这一切又将成为法治推行的先导。

在新中国成立后近三十年的时间里，我国所一直奉行的计划经济体制的种种弊端已暴露无遗。从1978年开始，市场经济的思想已经逐渐为党和国家领导人所重视，一场以市场经济为取向的经济体制变革开始进行。然而改革不是一帆风顺的，而是历经波折的。直到1992年邓小平南方谈话以后党的十四大召开，才最终确立了建立社会主义市场经济制度的改革目标。同样，法治在这段时期也随着市场取向改革的曲折发展而徘徊前行，以市场经济体制改革目标的确立为标志划分为两个阶段。

1. 恢复建设时期（1978—1992年）

在1978年7月至9月国务院召开的务虚会上，与会领导人首次提出了"计划经济和市场经济相结合"的经济改革主张，开始了对市场经济改革的探索，并形成了之后在1982年党的十二大会议上提出的"计划经济为主，市场经济为辅"的改革原则。70年代末80年代初，改革首先在农村进行，农民在实践摸索中推出"包产到户"与"包干到户"，并获得巨大成功。继而，这种做法获得中央的肯定，开始在全国农村全面推广家庭联产承包责任制，调动了农民的生产积极性，获得显著成效，使农村经济向专业化、商品化和现代化转变。80年代中期，经济体制改革的重点转移到城市，开始进行全民所有制的大中型企业的改革。而此时，原有的以市场经济为辅的改革原则已经不能满足从非国有转向国有部门改革的需要。于是1984年党的十二届三中全会放弃主辅之分的方针，在《关于经济体制改革的决定（草案）》中进一步明确社会主义经济是"公有制基础上的有计划的商品经济"。这一《决定》实现了社会主义理论上的重大突破，并为实践中的改革指明了正确方向。但是随着80年代末经济发展中的一些问题的出现，关于经济体制改革的认识分歧加剧，"在改革应当'计划取向'还是'市场取向'这个问题上发生激烈的争论"[①]。至此，这一阶段的改革在探索中取得巨大成就的同时，也出现了些许彷徨。因此，在法治建设上所体现出的主要特征是恢复与有限的进步。

（1）司法工作的恢复与建设。"文革"以后，遭到严重破坏的公检法部门相继恢复和重建，其他一些法律制度也逐渐得到健全。1978年，最

---

① 吴敬琏：《转轨中国》，四川人民出版社，2002年，第23页。

高人民法院、检察院恢复正常工作；1979年，司法部恢复设立；同年，全国各级检察院重新建立；80年代，律师、公证等法律服务业务随着经济体制改革的发展而得到恢复和发展；人民调解、仲裁、司法鉴定等制度也得以建立。可以说，改革开放以后，我国各项法律事业在经济体制改革的推动下迅速恢复并取得长足进步，基本的司法制度已经建立起来。

（2）宪法和相关法律的制定。市场化取向的改革不断推行对民主与法制产生了极大影响。首先是我国现行宪法于1982年正式诞生。这部宪法重申了宪法的至上地位，确立了现行立法框架，规定了公民在法律面前一律平等和其他基本权利，同时也将改革开放的初步成果纳入宪法之中，因而奠定了以后依法治国的法律基础。1988年修宪时，将保护"私营经济"写入宪法。加之《中华人民共和国地方各级人民代表大会和地方各级人民政府组织法》（1979）和《中华人民共和国国务院组织法》（1980）对国务院和地方政府的组织和职权的规范，《中华人民共和国行政诉讼法》（1989）的出台，使政府的行政行为开始受到法律的规约。

（3）民商事和经济方面的立法大量涌现。"1979年到1988年10年间，全国人大及其常委会共通过经济法43件；通过经济法方面的决议、决定13件，每年平均立法4件。国务院10年间发布或批准的经济法规338件，发布或批准的有关经济法的法规性文件408件。"①其中，《民法通则》《中华人民共和国民事诉讼法》《中华人民共和国企业法》《中华人民共和国经济合同法》《保障发明权和专利权暂行条例》《中华人民

---

① 程维荣：《走向法治时代——从"文革"结束到中共"十六大"召开》，上海教育出版社，2003年，第115页。

共和国商标法》《中华人民共和国专利法》《中华人民共和国企业破产法》《中华人民共和国婚姻法》《中华人民共和国继承法》《中华人民共和国环境保护法》《中华人民共和国城市规划法》等法律法规对保护包括知识产权在内的财产权利、交易流转有序、规范市场秩序、维护交易自由起到重要作用,及时地满足了经济体制改革的需要。

经济体制改革发展的十几年间,我国法制取得了初步发展,但是经济体制发展的不成熟也使得这一时期的法制发展存在诸多不足。第一,司法制度积弊颇深。我国近代司法体系的建立是西方影响的产物,但同时也受到了苏联以及本国政治文化的影响,不同文化的融合和撞击在一定程度上制约了现代司法制度的发展。经济体制的变革虽在一定程度上推动了司法制度的发展,但在快速发展的背后仍存在不少问题。如司法机关之间虽有分工,但职能划分不明确,地位不独立;法律从业者数量激增却职业化程度不高,欠缺专业素养;审判方式落后。第二,立法级别普遍不高。经济改革初期,一方面改革的目标并不明晰,改革的过程迂回曲折,造成许多事项很难以稳定的法律规定。但是,另一方面市场的发展又对法制,尤其是经济立法提出迫切需求,亟待弥补立法空白。同时,中国法制工作恢复时间尚短,立法机关经验不足,为适应现实的需要,只能以授权立法或较为简明的法律、法规代替更为成熟的法律先行出台。第三,立法数量少,种类不丰富。虽然这一时期恢复和颁布了一些法律,但是总体来看,仍然明显少于1992年以后的立法数量(参见下图7-1)。同时,立法也更多侧重经济方面的立法,对于行政、民事、程序等与公民私权利联系更为紧密的法律法规规定不足或缺乏相关规定。

以上不足之处正好反映了经济改革对法治发展的重要影响,因此,法治的进一步发展必然需要经济体制改革方向的明确和程度的深入。于是,1992年社会主义市场经济体制目标的确定为法治迎来了重要的发展时期。

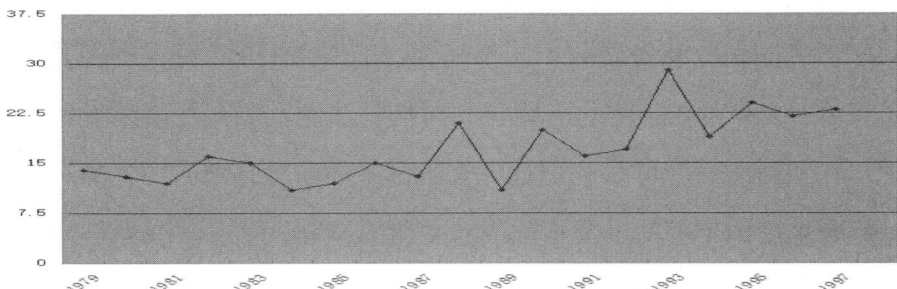

图7-1　1979—1997年期间每年立法数量图[①]

2. 法制发展时期(1992—1997年)

在20世纪80年代末90年代初关于改革成败以及未来走向问题曾一度引起人们思想上的混乱。在此关键时刻,邓小平于1992年1月到2月间视察南方一些城市,并发表重要讲话,明确指出:"计划经济不等于社会主义,资本主义也有计划;市场经济不等于资本主义,社会主义也有市场。计划和市场都是经济手段。计划多一点还是市场多一点,不是社会主义与资本主义的本质区别。"在解决计划与市场关系之后,社会主义市场经济终于在党的十四大报告中被确立为中国经济体制改革的目标。而改革目标的确立也为法制发展带来勃勃生机,社会主义

---

①　数据参见沈宗灵:《依法治国与经济》,《中外法学》,1998年第3期。1979—1989年的数目根据全国人大常委会法制工作委员会编的《法律汇编》,1990—1992年根据中国法学会编《中国法律年鉴》,1993—1997年根据田纪云在1998年3月10日全国人大第一次会议上所作工作报告的附录上数目。

法律体系的基本框架初步形成。

（1）民商事立法更加健全。虽然20世纪80年代已有许多民商法规应市场经济的需求而制定,但随着经济体制改革目标的确立以及改革的深入,这些法律已经难以适应现实需求。特别是合同法的修订更能说明这一点。1993年,全国人大就是在原有法律散乱、立法存在欠缺、难以满足经济发展的需要的动因下,修订了1981年颁布的《中华人民共和国经济合同法》。此外,《中华人民共和国著作权法》《中华人民共和国公司法》《中华人民共和国劳动法》《中华人民共和国担保法》《中华人民共和国保险法》《中华人民共和国票据法》等一系列对人们生活产生重要影响的民商事法律也在经济社会的飞速变革中应运而生。

（2）在公权力面前,公民权利的保护获得更多关注。从90年代初开始短短几年的时间里,公民意识随着时代的进步而觉醒,对于民主权利的要求也更加迫切,于是保护公民权利、规范政府行为的立法日益增多。《信访条例》《中华人民共和国国家赔偿法》《中华人民共和国行政处罚法》相继颁布,《行政复议条例》和《中华人民共和国刑事诉讼法》也纷纷修改,都在不同方面规范了执法程序,增加了公民权利救济的通道,切实维护了公民的合法权益。虽然这些立法尚存问题,但却不可否认地向法治化又迈出积极的一步。

（3）司法职业建设获得重视。在各方面司法制度不断健全的同时,司法人员的素质却越来越成为制约法治发展的重要因素。1995年和1996年,《中华人民共和国法官法》《中华人民共和国检察官法》《中华人民共和国人民警察法》和《中华人民共和国律师法》先后出台,以法律的形式对法律从业人员的职业资格和道德都作出了严格规定,在一定程度上提高了我国法律职业化的水平，有力推动了司法改革的前行。

20世纪八九十年代经济体制的变革对法制进步起到不可估量的作用，从经济、政治、文化等不同层次为不断接近法治时代的来临铺平了道路。于是，依法治国这一方略便在市场经济的大潮中孕育成长。

三、依法治国方略的酝酿——对体制变革的回应

伴随经济、政治和思想意识等各方面条件的逐步发展，治国方略也正在悄然转变。

（一）指导思想的转变

"文革"的惨痛教训使得以邓小平为核心的第二代领导集体开始重视民主与法治在国家治理中的重要作用。1978年党的十一届三中全会通过公报指出："为了保障人民民主，必须加强社会主义法制，使民主制度化、法律化，使这种制度和法律具有稳定性、连续性和极大的权威，做到有法可依，有法必依，执法必严，违法必究。从现在起，应当把立法工作摆到全国人民代表大会及其常务委员会的重要议程上来。检察机关和司法机关要保持应有的独立性；要忠实于法律和制度；忠实于人民利益，忠实于事实真相；要保证人民在自己的法律面前人人平等，不允许任何人有超于法律之上的特权。"这段表述被称为是"法治宣言"，也标志着当代中国的法治化开始起步。

邓小平非常重视民主与法制的建设，多次对此发表重要讲话。如1980年12月，邓小平指出："要继续发展社会主义民主，健全社会主义法制。这是三中全会以来中央坚定不移的基本方针，今后也决不允许

有任何动摇……社会主义民主和社会主义法制是不可分的。"①

在发展民主与法制的指导思想下，1984年4月，彭真提出，国家管理"要从依政策办事逐步过渡到不仅依靠政策，还要建立、健全法制，依法办事"。这一国家管理原则上的转变，为我国的行政法制迎来了发展的春天。

（二）行政法治建设的初步发展

1. 行政管理法律的完善

行政法主要涉及与行政管理活动相关的法律规范，包括国防、军事、外交、公安、民政、科教文卫、环境保护、民族、宗教等各个方面。但是在改革开放以前，我国行政法律制度还很不完善。由于"文革"以后法制建设受到重视，国务院于1980年5月和1981年7月，先后设立了国务院办公厅法制局和国务院经济法规研究中心，1986年4月两个机构合并为国务院法制局。从最初的这种设置就可以看出初期的政府法制，主要强调立法"治事"，为市场经济的良好运行服务。于是1978年至1989年间，国务院制定了五百二十多项行政法规，其中经济法规占据绝大部分。

在微观管理方面，政府首先通过《关于进一步扩大国营工业企业自主权的暂行规定》（1984）、《中华人民共和国企业破产法》（1986）、《中华人民共和国全民所有制工业企业法》（1988）等法律法规，实现政企分开，减少政府对企业的干预，明确企业在市场中的主体地位。同时，为了保证市场主体的公平有序竞争，政府要加强对市场主体行为的规范和环境的监管。改革开放初期，市场混乱，投机倒把、走私等违

---

① 《邓小平文选》（第二卷），人民出版社，1994年，第359页。

法违规的市场行为频繁，严重破坏了市场经济的稳定和正常秩序。《标准化管理条例》（1979）、《烟草专卖条例》（1983）、《中华人民共和国计量法》（1985）、《投机倒把行政处罚暂行条例》（1987）等陆续公布，以加强政府对经济的行政管理，使市场行为能够规范、有序。

政府在对微观市场主体的经营管理放权的同时，也加强在宏观领域对国民经济的调控。于是，《中华人民共和国个人所得税法》（1980）、《国库券条例》（1981）、《物价管理暂行条例》（1982）、《中华人民共和国会计法》（1985）、《价格管理条例》（1987）、《中华人民共和国预算法》（1994）、《中华人民共和国统计法》（1996）等法律法规分别从金融、税收、价格等方面发挥对经济的杠杆作用，实现政府对国民经济的管理和调节。

经济的改革和开放也为社会增加了一些不稳定因素，对政府社会管理的职能提出了更高要求。因此，一大批以《治安管理处罚条例》（1986）为代表的社会管理的行政法律法规颁布实施。《治安管理处罚条例》是我国治安违法行为处罚的基本依据，规定了警告、罚款、拘留等处罚办法，是治安管理最主要的规范，对公共秩序的稳定起到重要作用。此外，《居民身份证条例》（1985）、《道路交通管理条例》（1987）、《消防条例》（1984）、《中华人民共和国枪支管理法》（1996）、《中华人民共和国外国人入境出境管理法》（1985）则先后对户籍管理、道路交通管理、消防管理、公共秩序管理以及出入境管理等方面作出明细规定，完善了社会管理的法律法规。

2. 权利救济法律的产生

随着经济体制改革十几年的推行，政府、市场与个人之间的权力重新调配,约束政府权力、保护公民民主权利的法律法规不断涌现。以《中华人民共和国行政诉讼法》的颁布为标志,从1989年至1996年,我国相继出台了《行政复议条例》《中华人民共和国国家赔偿法》等多部以事后权利救济为主的法律法规。这些法律法规都是通过事后审查行政行为的方式,实现对行政权力的监督和控制,从而建立了我国以事后监督和权利救济为主的行政法治模式。

《行政诉讼法》的颁布是极具历史意义的,是我国司法权对行政权监控的最为主要的一部法律,其规定了行政行为的可诉性,使"民告官"成为可能。这部法律确立了司法部门对拥有行政职权的主体的具体行政行为的合法性的审查标准,明确了行政诉讼的程序,规定了违法行政行为的责任后果的承担。为了配合行政诉讼制度,我国于1990年颁布了《行政复议条例》,进一步通过内部行政监督的手段加强对公民的权利救济,对于不合法、不合理的行政行为允许提起复议。继而,1994年的《中华人民共和国国家赔偿法》继续加强对公民合法权益的保护,对于行政主体及其工作人员在违法行使职权的过程中对公民合法权益造成的损害给予赔偿。

这一时期的法律主要是通过行政诉讼和赔偿的司法审查制度实现对行政行为的监控。行政主体在触犯法律,损害行政相对人及其他公民和组织的合法权益时,受害人可以通过法律的武器来维护自己的权利和自由。这种方式确保了公民权利的实现,也对行政权力的滥用起到了一定的制约作用。

可见,以邓小平为代表的第二代领导集体开始认识并强调法治的价值,国家加强了行政法制的建设,使得行政法律制度初具规模。也正是行政法制的步步推进，国家管理的方式也逐渐从以政策手段为主转变为更主要地依靠法律手段上来，迈出了行政法治建设的第一步。但是由于历史条件的制约，当时还没有在这一时期提出依法治国的方略，因此行政法治的发展并不全面，主要停留在形式上的建设。然而这一切已经为日后治国方略上的重大转变提供了条件，预示着一个崭新的篇章即将开启。

第二节　党的十五大报告与治国方略的历史性转折

一、依法治国方略的确立

（一）依法治国方略提出的过程

随着社会主义市场经济的深入发展以及政治、文化等条件的逐步成熟，依法治国的基本方略可谓呼之欲出。1996年初，江泽民选定了"关于依法治国，建设社会主义法治国家的理论和实践问题"为当年中共中央的第一次法制讲座题目。在2月8日讲座结束后，他发表了题为"依法治国，保障国家长治久安"的重要讲话。其中，他指出："加强社会主义法制建设，依法治国，是邓小平同志建设有中国特色社会主义理论的重要组成部分，是我们党和政府管理国家和社会事务的重要方针。实行和坚持依法治国，就是使国家各项工作逐步走上法制化和规范化；就是广大人民群众在党的领导下，依照宪法和法律的规定，通过各种途径和形式参与管理国家、管理经济文化事业、管理社会事务；就是逐步实现社会主义民主的法制化、法律化。实行和坚持依法治国，对于推动经济持续快速健康发展和社会全面进步,保障国家的长治久安,具有十分重要的意义"①。这是"依法治国"首次以中央的名义被提出。

1996年3月, 在第八届全国人民代表大会第四次会议上,"依法治国,建设社会主义法制国家"被明确载入《国民经济和社会发展"九五"计划和2010年远景目标纲要》。依法治国在我国首次作为治国方略被正式提出,并载入最高国家权力机关的文件。

1997年9月12日,中国共产党第十五次全国代表大会在北京召开。江泽民在大会上代表第十四届中央委员会作《高举邓小平理论伟大旗帜,把建设有中国特色社会主义事业全面推向21世纪》的报告。其中,报告明确提出依法治国是治理国家的一项基本方略,并作出详细论述:"依法治国,就是广大人民群众在党的领导下,依照宪法和法律规定,通过各种途径和形式管理国家事务,管理经济文化事业,管理社会事务,保证国家各项工作都依法进行,逐步实现社会主义民主的制度化、法律化,使这种制度和法律不因领导人的改变而改变,不因领导人看法和注意力的改变而改变。依法治国,是党领导人民治理国家的基本方略,是发展社会主义市场经济的客观需要,是社会文明进步的重要标志,是国家长治久安的重要保障。党领导人民制定宪法和法律,并在宪法和法律范围内活动。依法治国把坚持党的领导、发扬人民民主和严格依法办事统一起来, 从制度和法律上保证党的基本路线和基本方针的贯彻实施,保证党始终发挥总揽全局、协调各方的领导核心作用。"

① 司法部全国普法办公室编:《中共中央法制讲座汇编》,中国法制出版社,1998年,第105页。

随后,在1999年对现行宪法进行第三次修订的时候,"中华人民共和国实行依法治国,建设社会主义法治国家"被载入宪法,依法治国的治国方略正式以国家大法的形式确定下来,成为中国法治发展的里程碑。

(二)依法治国的内涵

何谓"依法治国"? 依法治国的实质就是法治,应当包涵在前文中所探讨的具有普遍意义的法治的含义和原则。但是具体而言,作为我国的治国原则,根据江泽民对依法治国方略的表述,依法治国这一概念还应当包括以下几点意涵。

第一,依法治国的主体是广大人民群众。我国宪法规定,国家一切权力属于人民。国家制定之法应当是人民意志的体现。所以,依法治国正是将人民意志的体现为治国的根据,从而充分体现社会主义民主和法治的要义。正因如此,人民是依法治国当然的主体,而不能是某些人认为的执政党和政府。如果党和政府成为主体,那么人民就成为治理的对象,依法治国就成为"治民"而非"民治",从而与法治的基本精神相违背,失去存在的价值。

第二,依法治国的对象是管理国家事务、经济文化事业和社会事务。也就是说,国家政治、经济、文化和社会等一切事务的管理都必须在法律规定的范围内进行,不允许有任何超越法律的特权存在。有些专家指出,依法治国实质上是依法治权,它所要治理的正是管控国家的权力,使其受到法律的规诫和约束,依据法律的规定正确行使、规范运作。这样,滥用职权、超越职权的行为就会得到抑制,依法治国的目标就有希望实现。

第三，依法治国的依据是宪法和法律。宪法和法律是由体现人民意志的立法机关制定并颁布施行的，是人民根本利益的反映。其中，宪法规定了国家基本制度以及公民的基本权利和义务，是一切组织和个人活动的根本准则，是国家的根本大法。任何法律、法规都不得与宪法相抵触，宪法具有最高的法律效力。所以，公民应当自觉遵守宪法和法律的规定，维护宪法和法律的尊严。

第四，依法治国必须坚持党的领导。中国共产党是处于领导地位的执政党，为中国人民的解放、民族的复兴、国家的发展做出了卓越贡献。在依法治国的过程中，党不仅是口号的提出者，而且是主体的领导者和他们利益的代表者。但是这并不意味中国共产党可以僭越法律，恰恰相反，党也必须在宪法和法律规定的范围内活动。因此，依法治国是坚持党的领导、人民民主和严格依法办事的统一。

（三）依法治国的基本原则

依法治国的基本原则是在建设法治国家，实现法治理想的过程中所应遵循的准则。至于这些原则究竟是什么，通过前文对法治概念的分析不难想象，在此问题上要想形成毫无分歧、统一的认识是几乎不可能的。事实上，国际法学家委员会曾在20世纪50年代先后两次召开会议试图探讨法治的原则。在1955年雅典会议上，委员会通过宣言宣告："①国家遵守法律。②政府应尊重个人在法治下的权利并为其实现提供有效的手段。③法官应受法治指引，无所畏惧地并无所偏袒地保护和执行法治，并抗拒政府或政党对法官独立的任何侵犯。④全球律师应保持它们专业的独立性，肯定个人在法治下的权利并坚持每一个被控告者应受公正的审理。"①1959年新德里会议形成的法治原则是："立法机关的职能在于创造和维持使个人尊严得到尊重和维护的各种条件，尽力使普遍的人权宣言中所宣布的原则付诸实施；防止行政权力的滥用，同时建立一个有效的政府来维持法律秩序，借以保障人们具有充分的社会和经济生活的条件；正当的刑事程序，充分保障被告辩护权、受公开审判权、取消不人道和过度的处罚；司法独立和律师自由。"②

通过以上两个宣言，可以看出，法学界比较一致地认为以下原则是法治所必须坚持的：①公民的民主、自由和平等权利应予以保障；②政府权力需要受到法律的制约；③法律职业者（包括法官和律师）必须保持独立和自由，以保证司法的公正。因此，结合法治的基本内涵，依法治国的原则如下：

1. 法制完备

法律是依法治国的依据，拥有完备的法制才能使人们的各种行为都能有章可循，所以完整、健全的法律体系是依法治国的基础。所谓法律体系是指"由一国现行的全部法律规范按照不同的法律部门分类组合而形成的一个呈体系化的有机联系的统一整体"③。一国法律体系的理想状态应该是门类齐全、内部和谐和结构严谨的。法律调整不同的社会关系，如果某一方面明显遗漏，出现立法空白，就会在一定程度上造成社会失范。如果一国内部法律相互冲突，相互抵触，就会导致行为

---

① 沈宗灵：《法理学》，北京大学出版社，2003年，第154页。

② 于向阳：《法治论》，山东人民出版社，2003年，第161页。

③ 张文显：《法理学》，高等教育出版社，2003年，第98页。

人在法律面前无所适从。

改革开放以来,我国立法成绩斐然,不仅已经建立起比较完整的法律体系,包括宪法、行政法、民法、经济法、社会法、刑法、诉讼与非诉讼程序法等七个门类①,而且通过立法法已经建立了规范的立法体制。但是随着社会的发展,会有更多新的法律关系出现,也一定有法律关系发生变更,这些都需要根据情势制定或修改法律来调解。因此,坚持依法治国首先要加强立法工作,满足人们对立法数量和质量的要求,弥补立法漏洞,使社会生活的方方面面都能够有法可依,井井有条。

2. 法律至上

法律至上就是要在国家和社会生活中赋予法律绝对的权威和至上的地位,使一切人或事都依从法律的规定,而不允许有任何凌驾于法律之上的权力存在。这一点是依法治国的关键。因为法律如果缺乏权威,那么以法律为手段建立社会秩序、治理国家,将只是空谈,根本无从实现。

法律至上意味着:①法律在社会生活中占据统治地位;任何权力都受到法律的规约,没有超越法律的意志存在;②法律面前人人平等,没有种族、贫富和阶级之分,都必须遵守法律;③法律高于其他社会规范,不能因其他社会规范的存在而阻碍法律的实施。然而我国目前尚难以达到以上要求,法律在社会中还不具有普遍的权威,人们也还没有养成以法律为最高行为准则的习惯。法律权威的树立只能通过司法改革、社会进步和法治意识的培养而逐步得到改善。可以说,法治之路

---

① 关于法律部门的划分,学术界尚未形成一致见解,有三分法、七分法、八分法和十分法等。本书采用的是九届全国人大常委会的意见,将现行法律分成七个法律部门。

任重而道远。

3. 民主、自由和平等

现代法治之所以与专制体制下所奉行的"法治"不同,就在于它与民主、平等和自由等价值密不可分,而这些价值也就成为治国之法本身所必须遵行的原则。

民主或称人民主权,简单说就是人民的政权或统治。民主的要求是:"法律必须反映人民的意志,维护人民的利益;设立能够确保人民将自己的意志和利益要求上升为法律的制度和程序; 人民能够实际参与国家和社会的管理;建立普选制度、议会制度、监督制度,是人民通过自己的代表来控制行政权力。"①可见,坚持民主的法治才能实现"民治"。

"自由"作为一项法律价值是个相对概念。任何人都无法享受到法律所赋予的绝对的、无限制的自由,但是自由并非是可有可无的。它是一项重要的人权,是人所固有的一项基本权利,是受到法律的保护和认可的。所以,法律自由是人们在不违反法律的前提下得以按照自己的意志行为的权利。法律不仅不是因限制自由而存在,反而是为追求和保障自由而设立。因此,丧失了自由原则的法律就丢失了灵魂。

平等, 一如博登海默所言,"是一个具有多种不同含义的多型概念。它所指的对象可以是政治参与权利、收入分配制度,也可以是不得势的群体的社会地位与法律地位。其范围涉及法律待遇的平等,机会的平等以及人类基本需要的平等"②。而作为法治所追寻的原则,平等

---

① 夏勇:《依法治国——国家与社会》,社会科学文献出版社,2004年,第22页。

② 博登海默:《法理学——法哲学及其方法》,华夏出版社,1987年,第280~281页。

是指人人不因身份地位上的差别而得以享受法律所赋予的权利,平等地受到法律的保护,并在违反法律规定的时候平等地接受惩罚。因此,平等是现代法治的基础原则,缺乏平等的法律只会沦为专制的工具。

4. 司法公正

在法治国家中,司法的公正具有特殊重要的意义。一方面,公正是司法的本质要求。司法体系的任务就是解决社会生活中存在的种种争端。争议各方代表不同利益,倘若裁判者有失公允,偏袒某一方当事人,都会导致其他各方的不满,而激化矛盾,无法平息争端,解决纠纷的司法目的就无从实现了。另一方面,司法公正是公民信仰法律、树立法律权威的重要因素。从根本上说,人们设立司法机关作为权利救济的最后一道屏障,就是本着对司法机关的信赖。如果司法裁决不能做到公平、公正,那么司法机关将会失信于民,公民也就不会认为法律可以建立社会秩序、治理国家,也就丧失了对法律的信仰。

而司法的公正必须以司法机关以及法律执业者的独立为前提。司法机关如果不具有独立的地位,与其他机关或个人产生利益牵连,就无法在裁判过程中保持中立而秉公执法、毫不偏私。于是,宪法规定,人民法院、检察院依照法律规定独立行使审判权,不受行政机关、社会团体和个人的干涉。此外,还要求法官、检察官、律师等法律职业人员具有专业化的素养,能够以独立的身份和地位行使自己在司法制度中的权利和职能,而不受任何非法的干扰和制约。

5. 权力的制约与监督

法国近代杰出的资产阶级启蒙思想家孟德斯鸠说过:"一切有权力的人都容易滥用权力,这是万古不变的一条经验……从事物的性质来说，要防止滥用权力，就必须以权力制约权力。"因此，为了防止权力滥用和破坏法律秩序的情况发生，监督和制约权力是十分必要的，也是保障法治实现的重要途径。

我国并没有实行西方国家所倡导的三权分立制度，但是依照宪法的规定，我国的立法、司法和行政机关之间也存在分工和制约。人民代表大会是我国的权力机关，有权选举并罢免本级的行政首长、法院院长、检察长；国务院及地方人民政府、各级人民法院和检察院都必须对其国家权力机关负责，接受其监督。同时，在行政、司法机关内部也存在权力的监督关系，也就是上级对下级的监督。除了以权力制约权力以外，我国宪法还规定了权利制约权力。如宪法第三条第二款规定，全国人民代表大会和地方人民代表大会都由民主选举产生，对人民负责，受人民监督；第二十七条规定，一切国家机关和国家工作人员必须依靠人民的支持……接受人民的监督。但遗憾的是，一方面，我国公民的独立性较弱，尚未形成强有力的社会监督机制；另一方面，保障公民监督取得实效的相关机制和制度还不够完善。

二、治国方略的历史性转折：从法制到法治

（一）法制与法治之别

依法治国中的"法治"与以前"法制"的提法可谓只有一字之差，然而这从"制"到"治"的转变却实现了治国理念上的极大跨越，意义非凡。

"法制"在英文中通常是"Legal System"或"Legality"，有时以"The rule of law"或"Rule by Law"表示。关于它的内涵，法学界向来有着不同

观点，总结后可以归纳三种：第一，静态意义上的法制，即法律或法律制度的简称，包括"法律、法令、条例、判例以及根据法律制订的各种制度的总称"①。如董必武在1957年的一次讲话中谈道："现在世界上对于法制的定义，还没有统一的确切的解释。我们望文思义，国家的法律和制度，就是法制"②，就是在这个意义上谈的法制。第二，动态意义上的法制。这种观点就是将法制理解为各个部门法以及立法、司法、守法和法律监督等环节构成的有机体系。例如，"法制建设""抓法制"都是在这个意义上使用的。第三，近现代意义上的法制，也就是伴随商品经济和民主政治发展而衍生出的一系列以强调依法办事为主的法制原则。这些原则有平等、正义、法治、民主、自由等。很多学者认为这一意义上的"法制"与"法治"等义。

而法治的概念在前文已作过辨析，此处不赘述。关于法制与法治的关系，学术界进行了广泛而深入的探讨，争论激烈。有些学者认为这两个词语是同义词，没有必要过分区分；有些学者认为两个词语在某些意义上是通用的；但更多的学者认为，两个词语虽有联系，但是更有原则上、价值上的区别，不能混同。在此，我们也同意以"法治"取代"法制"的主张，认为这一观点是有进步意义的。

根据程燎原的总结，"法制"与"法治"有以下区别："其一，在内涵上，法制（Legal System）是'法律制度'或'法律和制度'的简称；而法治表达的是法律运行的状态、方式、程度和过程，包括法律的至上权威，法律的公正性、普遍性、公开性等基本要求和法律制约公权力与保障

---

① 夏勇：《依法治国——国家与社会》，社会科学文献出版社，2004年，第3页。
② 董必武：《论社会主义民主和法制》，法律出版社，1979年，第153页。

人权等基本原则。其二,在价值取向上,法治强调人民主权(民主精神)、法律平等,反对'工具论'的法律观,但法制往往不具有这种价值特性。或者说,法制是上位概念,法治是下位概念,即法治是具有特别价值内涵的法律制度:以自由、平等、人权为精神的法律制度。其三,在与人治的关系上,法治明确地表现出与人治根本对立的立场,这种对立是法治概念具有的鲜明的本质特征。当下的人们也通常是在反对人治的意义上使用法治概念。而法制非但不能表明与人治的必然对立,而且还可能出现'人治底下的法制'。这种法制正是当今人治的一种形态。可见,'法制'是可以反'法治'的。其四,在与市场经济、民主政治的关系上,法治以市场经济和民主政治为基础,是市场经济基础之上、民主政治体制之中的治国方略。法制则既可以建立在各类经济基础(包括自然经济、计划经济)之上,又可以与各种政治体制(包括专制政体、极权体制)为伴。所以'法制'与'法治'之争,表面上看只是名词之争,实际上有观念上的重大差别。"①

(二)依法治国的历史意义

正是从"制"到"治"的转变,实现了国家在治理原则和价值观念上的重大突破,使"依法治国"的提出具有了非比寻常的历史意义。

第一,依法治国的提出是中国共产党的执政方式上的重大变革,也丰富了社会主义的治国理论。关于共产党夺取政权以后,采用什么样的方式执政这个问题,马克思、恩格斯没有给出答案。于是,新中国建立后,中国共产党的领导人在治国上并无理论和实践指导,始终是

---

① 程燎原:《从法制到法治》,法律出版社,1999年,第267页。

"摸着石头过河",主要依靠政策和群众运动治理国家,积累了一些经验但也犯下一些错误。尤其是"文化大革命"的发生,使第二代领导集体开始认识到民主与法制建设的重要性。但是囿于当时各方面条件的不成熟,执政方式的变革还难以实现。

改革开放近二十年之后,党的十五大报告适时提出了依法治国的治国方略,重申了党"在宪法和法律范围内活动"的原则,实现了执政方式的重大转变。依法治国要求执政党要依法执政,一方面要使党的意志必须经过法定程序才能上升为国家意志;另一方面,党的所有组织和成员都必须遵守法律的规定,尊重法律的权威,而不能"以权压法""以言代法"。可见,依法治国的提出发展了共产党的执政理念,使"法治"从此也与"社会主义"紧密联系在一起。

第二,依法治国成为发展民主政治的巨大突破。"实现民主必须先有法治。但我们没有法治传统,却又要实行民主,所以成绩一直不理想。民主之产生与运作,必须先有法治;而我们是为了实行民主才要求法治。事实是,必须先有法治才能实行民主。但我们压根儿就没有法治的传统(只有人治与刑罚的传统),这是我们的根本问题所在。"[1]虽然民主与法治谁为基础,尚无定论。但是这段话告诉人们法治之于民主建设具有重要意义。

其一,依法治国为民主提供制度化的保障。民主是一种有序化、合法性的政治生活,是由一系列程序和制度所构成的体系,与法治存在内在的契合点。民主排斥专制和任意性,需要参与主体在公开的程序

---

[1]　林毓生:《中国传统的创造性转化》,生活·读书·新知三联书店,1988年,第93~94页。

内行使权利，表达意愿，并接受民主程序所产生的结果等。而这种有序性的实现只有以法治作为保障才更加可靠。其二，法治维护民主的价值原则。平等、自由等基本人权始终是民主所追求的价值。而法治是人权实现的最佳保障，这一点是毋庸置疑的。其三，法治的运作为民主的发展提供了可能。依法治国要求法律在社会生活中具有无上的权威，一切人或事都要服从法律的规约。这种以"法治"取代"人治"的治国原则，从根本上消除了专制对民主的威胁，使民主可以在法治的框架内得以顺利发展。

第三，依法治国是社会文明进步的重要标志。从对法治发展的阐述不难看出，法治是商品经济高度发达的产物，是与民主政治、理性文化相伴而生的。而经济的市场化、政治的民主化和文化的高度理性正是社会文明在不同层面进步的表现。可见，法治作为一种治国方略的提出，是社会各方面高度发展的结果和表现。社会发展的历史证明，尚法者则国家昌，轻法者则国家弱。我国走上依法治国之路，也是在经济、政治和文化观念各方面条件具备的结果。建设法治国家，不仅是政治文明的表现，更是物质文明和精神文明发展的有力保障。所以，依法治国是我国社会全面进步的标志。

依法治国理念的提出确实对我国社会发展产生深远影响，但其意义并不止于以上几点，其对我国行政法治的发展也具有里程碑式的意义。

三、依法治国与行政法治

(一)行政法治的含义

现代行政,"是指国家和其他履行行政职能的公共部门依法行使公共权力,对社会公共事务进行组织和管理的活动"①。而法治则要求法律统摄一切社会生活,政府权力和行为也不例外。因此,行政法治就是指国家和其他履行行政职能的公共部门依照法律的规定组织和管理公共事务,其职权受到法律的规范和约束。从动态角度来看,行政法治必须做到以下三点:

(1)行政权力的来源必须合法化。行政权力来源于法律,未经法律的授权不得非法行使。关于行政权力的来源,在人类发展史上有过不同的争论。但是发展到现代,专家和学者已经基本达成共识,即法律是行政权力行使的根据。为此,行使行政权力的组织和个人必须是按照宪法和行政组织法的规定设立,或由相关法律法规授权,而享有组织和管理公共事务的权力。

(2)行使职权的行为必须在实体上和程序上都符合法律的规定。行政主体既要在实体上,又要在程序上依据法律的相关规定行使行政权力。①实体合法。所谓实体合法实际上包括行政行为在权限和内容上的合法。权限合法要求主体必须在法律授权的范围内行使职权,超越范围使用行政权力即为违法行为。行政行为的内容合法、适当包括以下几项要求:其一,行政行为所包含的权利、义务,以及对这些权利

---

① 沈亚平、吴春华:《公共行政学》,天津大学出版社,2005年,第2页。

义务的影响或处理必须符合法律、法规的有关规定；其二，行政行为必须在法律规定的幅度和范围内行使；其三，行政行为的内容必须明确具体，具有完整、确定的意思表示；其四，行政行为的内容应当合理、适当。行政主体在行使职权之时，应当依据立法意图或宗旨，采取适当的行政行为或手段以实现立法目的，保证行政的公正、合理。②程序合法。行政行为由于与公民的权利息息相关，因而对其有着严格的程序规定。所谓行政程序，是指行政活动所必须遵循的步骤、方式、顺序和时限等。行政行为程序合法就要求其既要符合程序的基本原则，也要符合具体的制度规范。一方面，行政程序的基本原则包括程序公正原则、相对人参与原则、顺序原则、行政效率原则等；另一方面，行政程序的制度则包括听证、表明身份、告知、说明理由、回避、不单方接触等。行政主体必须按照法律规定的程序行为，违反行政程序的行为，应当属于无效行为并可依法予以撤销。

（3）行政主体行使行政权力必须接受监督，并承担违法行为的法律后果。行政权力不仅在行使过程中受到法律的约束，在事后也要受到相应的监督。权力的行使如果没有完善的监督机制予以制约，那么滥用权力、违法行政的行为将难以杜绝，依法行政的目标也将难以实现。我国目前已经建立起对行政机关的监督体系，包括内部监督和外部监督两部分。内部监督就是上级对下级工作的监督和专门监督。外部监督则主要指人大监督、司法监督和社会监督等。如果监督机制的作用能够有效发挥，那么就可以保证行政权力真正依法行使。

与监督机制相联系的是法律责任的承担。违法行为一经查处，相关责任人员必须承担相应法律责任。如果法律责任不到位，那么行政主体在做出违法行为时将无所顾忌,肆意滥用手中权力,践踏法治的原则和规定。同时,没有违法责任的承担,监督机制就缺少了制裁后果,也就失去了存在的意义。

可见,行政主体的设置、行为内容和程序的合法、接受监督以及承担法律责任已经构成保障行政权力合法行使的动态链条,任何环节的缺失都可能导致法治行政目标的落空。唯有依照上述要求实践,行政法治才能实现。

(二)行政法治的基本原则

1.依法行政原则

依法行政原则是行政法治的核心原则。它的主要内容在于法律之于政府权力具有至高无上的地位,由此可以衍生出两个出自德国行政法的具体原则,即法律优先和法律保留原则。

(1)法律优先原则在引入我国的过程中,法学家对其作出了多种解释。一种广义理解认为法律优先指行政处于法律的从属地位,需要受到法律的约束,不得与其相违背;第二种解释认为法律优先主要指代议机关制定的法律具有优越地位,其他行政立法(行政法规和规章)不得与其相抵触;第三种观点比较宽泛地认为法律优先是指上位法的效力高于下位法,下位法不得与其相抵触。三种理解各有所长,但我们认为第二种较狭义的理解比较能够反映权力机关对行政机关的优越地位,较好地支持依法治国的原则。

法律优先原则又可以依据两种不同情形具化为两层含义:一是在法律已有规定的情况下,任何行政法规、规章只能在法律规定的范围内进一步作出具体规定,而不得与法律相违背。如果发生冲突,以法律为准；二是在法律没有规定的情况下，有立法权的行政主体可以就此事项进行立法。但是一旦法律对此作出规定，那么行政立法必须服从法律的规定。

（2）法律保留原则，是指凡涉及公民、组织重大权益的事项，尤其是剥夺公民、组织人身权和财产权的事项，只能由代议机关制定法律作出规定，或者只能由法律明确授权的特定规范作出规定。简单说，就是将关涉公民基本权利的限制和剥夺的立法权保留给法律。这一原则体现了对公民权利的保护和对政府权力的制约，有利于防止行政权力对公民合法权益的侵害。

2. 行政合理原则

行政合理原则，是在行政合法的基础上对行政法治提出的更高要求。它是指行政主体在行政活动中要客观、公正、适度地处理行政事务，符合法律的基本原则和精神。行政合理原则是行政法治的又一项重要原则，也是由行政活动的特殊性所决定的。因为行政自由裁量权的存在是行政合理原则存在的依据。所谓行政自由裁量权，是指行政主体可以在法律规定的范围内根据具体的情势作出判断，选择认为最为恰当的方式去行使处理公共事务的权力。那么在自由裁量的过程中，行政主体应当依据怎样的标准作出公正、合理的行为呢？其中较为重要的是比例原则和信赖利益保护原则。

（1）比例原则，是指行政主体为实现行政目的所采取的手段必须是适当的、必要的和相称的。所谓适当性，是指目的与手段之间的关系上应当是适当的，即要求所采用的手段必须能够实现目的或至少有助于目的的实现。所谓必要性，是指行政主体应该在能够达成行政目的的措施当中,选择对行政相对人利益侵害最小的一种。所谓相称性,是指由行政行为引起的行政相对人的利益损失不能大于行政目的实现所带来的利益。适当性、必要性和法益相称性共同构成了比例原则的内涵,使其对行政裁量权的合理使用提供原则指导。

（2）信赖利益保护原则,是指当行政相对人根据行政主体已经做出的行政行为产生正当的信赖利益时, 这种信赖利益应当受到保护,行政主体不得随意更改或撤销已做出的行政行为。如果出于公共利益的需要,行政主体必须作出变更或撤销行政行为的决定时,对于由此而产生的行政相对人的信赖利益的损失必须给予相应补偿。

可见,行政主体在合法行政的同时,还必须正确理解立法目的和宗旨,本着比例原则和信赖利益保护原则妥当选择行为方式,从而正当、合理、公正地行使职权。

3. 职权法定

正如上文提到的,行政权力来源于法律,也必须依据法律的规定行使。它实际上包含三个原则。①授权原则,即行政权力必须来自法律的规定或授权。对于公民而言,法不禁止皆自由。但是行政权力的肆意性将会对公民和国家带来极大危害,因此没有法律的授权,就不得行使相应的行政权力。②权限原则,即行政权力的行使必须限定在法律规定的范围之内,符合法律在时限、方式、幅度等方面的规定。③权责一致原则,是指行政主体的职权与责任是相统一的。职权与公民权利不同。权利可以行使,也可以放弃;而职权是关系公共利益的公权力,一经授予,只能执行而不可放弃。因此,职权不仅是一种权力,更是一种义务。法律赋予的权力越大,相应地,行政主体所承担的责任也更大。正因如此,法治行政不仅要求依法行政,还有依法必须行政的内涵。

4. 程序公正原则

程序公正是指"行政机关在进行行政行为时要在程序上平等地对待各方,排除各种可能造成不平等或偏见的因素"①。在广义上,程序公正也包含了公开原则。①公开就是不加隐蔽。在不违反保密和其他法律规定的前提下,它一般要求行政法规、政策在制定和公布上的公开,执法在标准和程序上的公开,行政司法在审理和裁判结果上的公开,以及政府活动信息的公开和透明。②公正和公平就是要求行政主体能够平等对待行政相对人,不偏私,不专断。在程序上,这种原则要求:不能做自己的法官,不单方接触,在作出不利于行政相对人的裁决时尽到事先告知的义务,并听取相对人的陈述和申辩。为此,行政法治在行政程序上建立了回避、辩论、调查、表明身份、说明理由、听证等制度以保障公平和正义的实现。

之所以要特别强调程序公正原则,是因为我国在行政权力的行使过程中,往往忽略了程序的正当性,而单纯肯定结果正义的价值。事实上,正是在程序上实现了公开、公平和公正的原则,行政的最终结果才有可能是公平、公正的。

5. 司法最终原则

司法最终原则是指对于行政主体的具体行政行为的合法性和合理性问题,司法机关拥有最终的裁判、审查以及为受害权利人提供司

---

① 王学辉、谭宗泽:《新编行政法学》,重庆出版社,2001年,第242页。

法救济的权力。行政诉讼法被很多学者认为是司法审查的制度。它的产生，使法院能够通过对行政行为的审查，实现司法权对行政权的监督，实现对行政相对人权益的保护，以及权利救济途径的提供。一方面，司法审查实现了对行政权力的真正监督和制约。正所谓"不能为自己的法官"，行政权力的内部监督由于中立性的缺失而难以有效地发挥作用。而司法权作为外部监督中相对较强的一种权力，能够比较公正、超然而有效地对行政权力的运行进行监督。另一方面，行政诉讼有效保护了行政相对人的合法权益。法谚有云："无救济即无权利。"正是司法为行政相对人的权利救济筑就了最后、最可靠的保障，宪法和法律赋予公民的权利和自由才能得到维护。

（三）行政法治在依法治国中的地位和作用

依法治国的实质被很多学者认为是"依法治权"，而这"权"主要指向的就是管理国家和社会事务的行政权力。虽然依法治国包含很多内容，但是依法行政无疑是我国法治建设最重要的内容。

首先，行政法治的主体是贯彻依法治国方略的主要力量。立法、执法和守法构成了依法治国实施的主要内容。而在这三个环节中，行政主体都扮演了极为重要的角色。其一，行政机关是重要的立法主体之一。虽然立法权一般由权力机关行使，但是由于近代社会的发展，行政与社会生活各个领域的联系日益增多，而权力机关囿于人力、物力等方面的限制，无法对如此纷繁复杂的行政情况作出详细立法，因而行政立法的产生就成为现实的需要。在现代社会，与公民生活联系紧密的大量行政法规、规章都出自行政机关之手，行政立法的规范就由此成为法治化的重要环节。其二，行政机关是法律的重要执行者。虽然在广义上，司法和行政机关都是法律的执行部门，但是在狭义上，法的执行机关仅指行政机关。行政机关承担着国家和社会公共事务的管理工作，凡与这些管理活动相关的法律、法规都需要它去落实。"据统计，80%的法律都依赖行政机关执行。行政机关在依法治国中担负着最大量、最重要的任务。"①因此，行政执法是依法治国所依之"法"实施的重要方面。其三，行政机关及其工作人员更需要知法、守法。任何权力都存在滥用的风险。作为行政权力的持有者，行政主体极易恃权自傲、目无法纪、以权压法，不遵守法律的规定，破坏法律的权威，践踏法治的尊严。这种做法不仅给法律的实施带来极大困难，同时也对社会守法的环境造成恶劣的影响。因此，国家机关及其工作人员是守法主体中最需要注意的主体，他们严格守法、依法办事，会成为公民守法的楷模，并由此带动全社会形成守法的新风尚。

此外，依法治国的各项要求和目标也主要依托法治行政来实现。其一，法律权威的树立特别需要对行政权力的驯服。法律至上是依法治国的首要原则，不允许任何超越法律的权力存在。而行政权力的桀骜不驯的确成为法治化的极大障碍。法治行政要求行政主体必须在法律规定的范围内活动，使行政权服从于法律，这对依法治国方略的首要原则的实现起着重要作用。其二，行政权力的行使直接影响和关系着公民权益的实现。保障公民民主、自由和平等的权利是法治追求的主要目标。国家和社会事务的管理活动经常与社会组织和个人发生关联，而行政权力是一种单方性和强制性的公权力，这些权力的不当使

---

① 韩健、王俊良：《我国依法行政的基本理论与实践》，西南交通大学出版社，2006年，第17页。

用就会不可避免地损害公民的合法权益。所以，行政权力的合法规范使用是实现人权的重要保障。其三，依法行政为司法权的独立行使创造良好环境。司法独立的基本含义就是司法权不受任何权力和因素的干扰而得以独立行使。而影响我国司法独立的主要干扰就来自行政权。行政机关及其领导凭借对司法机关的人事、财政等方面的权力，对法官判案施加影响。所以行政主体服从法律、遵守法律、敬重法律是司法独立实现的重要因素，其为依法治国的保障原则——司法公正提供条件。可见，法治行政符合依法治国的多项原则所提出的要求，是依法治国这一基本治国方略可以实现的关键。

正是由于上述联系，彰显了行政法治之于依法治国的重要性，甚至从某种意义上说，行政的法治化是依法治国过程中"最短的一块板"，其制约着依法治国实现的程度，是依法治国方略成败的关键。

第三节　依法治国时代的行政法治发展

行政法治是依法治国的主要要求和重要组成部分。依法治国方略的确定为我国行政法治的进一步发展带来了新的契机。2004年，为了进一步贯彻落实依法治国基本方略，国务院发布《全面推进依法行政实施纲要》，提出依法行政的原则和要求，并明确将实现法治政府作为最终目标。在依法治国提出的十年间，一个法治、有限、文明、现代的政府得到了发展。

一、法治的新发展：从行政国走向法治国

（一）行政疆域的变迁

由于19世纪末20世纪初的资本主义国家社会矛盾丛生，为缓和这些矛盾，国家的行政权力极速膨胀。而这些矛盾的解决，也使得人们对行政权力的作用有了不清醒的认识，开始过分夸大政府职能，而使其渗透到经济、社会和私人生活的各个角落，"行政国家"应运而生。我国在改革开放以前，长期以行政手段作为管理国家的主要方式。但是行政权力的扩张所产生的负面作用随着时间的推移逐渐显现，如官僚主义盛行、对民主和人权的威胁、腐败和权力的滥用等。于是，对行政权力的限制越来越受到人们的重视。

依法治国方略的确定是促使我国从行政国向法治国转变的一种路径。依靠法律治理国家无疑削弱了行政的力量，使部分行政职能退出本不应过分干预的社会领域；依法行政也对行政权力起到了规范和控制的作用，使无所不能的行政权力具有特定的边界，从全能走向有限。政府职能的转变——突出经济管理和社会服务的职能，淡化政治职能的趋势，也反映在与行政管理活动相关的立法情况上。

（二）立法的新发展

"行政法的调整范围决定于行政的'疆域'"①。在依法治国推进下的行政"疆域"变迁的背景下，行政立法呈现出新的特点：与社会管理和服务的相关立法最为兴盛；经济方面的立法则进一步强化市场监管

---

① 姜明安：《新世纪行政法发展的走向》，载于北京大学法学院编：《江流有声》，法律出版社，2004年，第55页。

和宏观调控的功能；而治安管理、国防、外交等涉及政府传统的政治性
职能方面，立法数量有限。

　　第一，在社会管理方面，国家加强了教育、文化、卫生等涉及公共
利益事业的管理和建设，推出了一系列法律法规，如《出版管理条例》
《印刷业管理条例》《中华人民共和国执业医师法》《中华人民共和国高
等教育法》《中华人民共和国职业病防治法》《音像制品管理条例》《电
影管理条例》《计算机软件管理条例》《中华人民共和国科学技术普及
法》《中华人民共和国民办教育促进法》《中华人民共和国献血法》《医
疗事故处理办法》《药品管理法实施条例》《中华人民共和国公益事业
捐赠法》等。通过这些法律，国家加强了对文教卫生等事业的管理，规
定了科学、教育、卫生等领域的基本制度，推动了公共事业的进步和健
康发展。

　　政府不仅注重对公众文化权利的保护，更加开始注意对社会公益
的保障。譬如，在环境保护方面，我国在八九十年代就已经制定了一批
防止污染、保护环境的法律法规，如《中华人民共和国大气污染防治
法》《中华人民共和国水污染防治法》《中华人民共和国固体废物污染
防治法》《野生动物保护条例》等。但是随着污染程度的加剧以及政府
对环境治理的重视，1997年以后，国家先后对《中华人民共和国土地管
理法》《中华人民共和国大气污染防治法》《中华人民共和国水污染防
治法》等进行修订，并制定了《中华人民共和国节约能源法》《中华人民
共和国放射性污染防治法》《中华人民共和国环境影响评价法》《中华
人民共和国清洁生产促进法》等，加强了对资源的合理开发和利用，建
立了对资源利用的补救、补偿和综合利用等制度，改善人与自然的关

系，促使经济走上可持续发展的道路。

第二，市场监管和宏观调控方面的立法继续发展，国家先后出台《中华人民共和国价格法》《外汇管理条例(修订)》《证券交易所管理办法》《中华人民共和国证券法》《中华人民共和国会计法》《金融资产管理公司条例》《中华人民共和国银行业监督管理法》《无照经营查处取缔办法》《基金会管理条例》《中华人民共和国反垄断法》等，尤其是《中华人民共和国反垄断法》弥补了我国市场监管立法上的重大缺失。法律通过对垄断行为和不合理限制竞争行为的禁止，维护了公平竞争和消费者的权益，而且在某种程度上也鼓励了非公有制经济与公有制经济的共同发展。

此外，由于2001年我国加入了世界贸易组织，国际贸易管理方面的立法也得到不断加强。通过《技术进出口管理条例》《货物进出口管理条例》《反倾销条例》《反补贴条例》《保障措施条例》等法律规范的制定，对外贸易的公平、有序的竞争得以保全，我国企业的合法利益以及国家的宏观经济利益也得以维护。

第三，由于政府职能的转变，公共和国家安全已经无法成为这一时期立法的重点。因而少有重要法律产生，只有些许涉及公共秩序维护的管理法规出现，如《娱乐场所管理条例》《中华人民共和国居民身份证法》《城市生活无着的流浪乞讨人员救助管理办法》等。

可见，依法治国方略提出以后，我国立法发展不仅体现在数量上的增长，更实现了社会、经济等多领域协调全面的发展，已经不仅仅局限于改革开放早期的经济立法，而且大大完善了社会管理和服务的法律制度，从而在经济、政治和社会生活三个方面都基本实现了有法可依。

事实上,我国行政立法的重大进步远不止于以上所述,《中华人民共和国行政监察法》《中华人民共和国行政许可法》《中华人民共和国行政复议法》《中华人民共和国立法法》《中华人民共和国政府采购法》《中华人民共和国公务员法》《政府信息公开条例》等法律法规的颁布才真正体现了行政法治的进步,掀起了政府变革的浪潮,也是下文讲述的重点。

二、行政执法方式的革新:从权力到权利

1996年,我国制定了《中华人民共和国行政处罚法》,严格规定了行政处罚权行使的程序,开创了一系列重要的程序制度,为行政程序立法首开先河。其后,《中华人民共和国政府采购法》《中华人民共和国行政许可法》《政府信息公开条例》等相继公布,继承了行政处罚法限制公权力、保护私权利的规范行政行为行使程序的原则,引发行政执法方式的革新,推动政府朝着民主、公开和服务的方向发展。

(一)民主参与

传统行政权力的一个突出特点就是单方性,也就是说行政行为的作出仅凭行政主体单方的意思表示,这与行政效率原则的要求难以分开。但是随着公正原则的价值逐渐为行政所珍视,行政过程中的民主参与逐渐使单边的行政行为趋向多元化。

1. 这种变化首先体现在行政执法程序中民主制度的渗透

自《中华人民共和国行政处罚法》颁布以来,我国行政法律法规更加重视对公民权利的保护,在执法过程中规定了申辩、陈述、质证等程序,以增强参与性和民主性来防止权力的专断。其中,最为核心的就是

听证制度。

听证，就是指行政主体在作出行政行为时，依照规定主动听取相关当事人的意见的程序。听证程序是保证行政公平、公正、民主、科学的一种有效措施，常见于我国的行政法律法规之中，如《中华人民共和国行政处罚法》《中华人民共和国价格法》《中华人民共和国立法法》等法律都对此有所规定。听证制度包括正式与非正式两种方式。

（1）正式的听证一般采用人们所熟知的"听证会"的形式来举行。它适用于行政机关制作规范性文件或行政计划时，如果所涉及的行政相对人是不确定多数的社会公众，就应当召开相当规模的听证会，以听取民众意见，即所谓的"公听"。它类似于司法性程序，要求由处于较为中立地位的专门人员（如《中华人民共和国行政处罚法》规定，主持听证的行政人员不能是在案调查人员）主持，由行政官员和行政相对人及其代理人共同参加，双方可以进行辩论、对质等充分表达意见，然后详细记录在案，最后经行政机关考量各方意见和利益后作出最终决定。

（2）非正式的听证主要指陈述、申辩等程序，即行政机关做出具体行政行为时，如果所涉相对人是单个或多个无争议的当事人，在行为之前采取一定形式听取对方的陈述或申辩，给予其表达异议及理由的机会。

总之，这些程序性的保障制度使公民通过口头或书面的方式参与到行政决策及其执行当中，丰富了公民参与国家管理的途径，也促使政府执法者的观念为之更新，更加谨慎、妥善、合理地使用手中的权力。

2. 这种参与民主的趋势还表现在行政权行使主体的变迁之中

根据严格的分权理论，国家行政权力仅由狭义的政府行使。但是随着现代社会的发展,行政权力已经出现向社会让渡的趋势。这反映在行政机关已经不再是行政权力行使的唯一主体,社会机构和组织已经通过法律、法规的授权获得了行政主体的地位。

这是由于一方面社会管理的部分职能已经不再适宜于由行政机关行使,另一方面也是为了控制行政机关的自我膨胀而严格限制其编制的情况下,行政执法人员不足的客观需要。因此,社会组织分享行政职权已经促使行政行为主体向多元化的方向发展。例如,根据《中华人民共和国行政处罚法》第十八条的规定,行政机关依照法律、法规或者规章的规定,可以在其法定权限内委托符合法定条件的组织实施行政处罚。行政机关不得委托其他组织或者个人实施行政处罚。委托行政机关对受委托的组织实施行政处罚的行为应当负责监督,并对该行为的后果承担法律责任。受委托组织在委托范围内,以委托行政机关名义实施行政处罚;不得再委托其他任何组织或者个人实施行政处罚。

虽然法律对行政授权和委托给予了严格的规定,但是行政行为的主体毕竟增加了非行政机关的组织和团体,使公民和社会组织不仅是以行政相对人或相关人的身份参与到行政执法之中,也可以成为行政执法的主体而参与国家的治理。

(二)便民高效

依法治国方略将人民作为实施的主体,是人民的国家权力拥有者的身份在法治建设中的体现。于是,行政法治化的推行也使得"人民是国家主人"的观念不断深入到行政执法之中,为原本管制性色彩强烈的行政方式也平添了几分服务、便民的色彩。

1. 集中执法

集中执法是为了方便公民办理行政事务，将原本分散的行政执法权统一起来，集中于一个机构或部门行使。这样既可以避免重复执法、交叉执法，还可以提高行政效率，方便群众。依据《中华人民共和国行政处罚法》《中华人民共和国行政许可法》等法律法规的规定，集中执法可以总结为三种方式：①多项职权集中由一个行政机关行使。行政处罚法和行政许可法都对此作出了规定。例如，行政处罚法第十六条规定："国务院或者经国务院授权的省、自治区、直辖市人民政府可以决定一个行政机关行使有关行政机关的行政处罚权。"②一项职权的多个环节集中于一个行政机构行使。根据行政许可法的规定，行政许可需要行政机关内设的多个机构办理的，该行政机关应当确定一个机构统一受理行政许可申请，统一送达行政许可决定，即"一个窗口"原则。③多项职权由多个行政机关联合集中于一个地点共同行使。如《中华人民共和国行政许可法》的"一站式服务"原则规定："行政许可依法由地方人民政府两个以上部门分别实施的，本级人民政府可以确定一个部门受理行政许可申请并转告有关部门分别提出意见后统一办理，或者组织有关部门联合办理、集中办理。"

2. 时效制度

法律对行政行为的全过程或各个阶段都有严格的时间限制，如果超出法定时限，就可能引起行政责任或行为的无效，从而产生对行政相对一方当事人有利的法律后果，这就是时效制度。这种对行政权力的时间监控可以有效防止行政效率低下以及行政不作为的情况发生，从而保障相对人的合法权益。

如《中华人民共和国行政许可法》对行政机关行政许可的办理规定了时间限制。对于可以即时作出决定的，应当当场作出决定（参见行政许可法34条第2款）；如不能当场作出决定，则应自受理许可申请之日起20日内作出决定，20日内不能作出决定的，经其负责人批准，可延长10日；属几个部门统一办理、联合办理、集中办理的，应自受理许可申请之日起45日内作出决定，45日内不能办结的，经本级政府负责人批准，延长15日。

这些时限规定看似繁琐，但却实实在在地在程序上确保了公民权利的及时实现，防止了消极的不作为的行政行为对公民权利的损害。

3. 政务电子信息化

随着科技的发展，现代化的电子信息技术也被应用到了行政执法之中。这种高科技的手段打破了传统时间和地域上的限制，不仅大大提高了行政效率，也方便了群众办事。以往困扰人们的"跑断腿、磨破嘴"的情况得到改观，因为人们可以足不出户就通过现代化的电子设施向有关部门提出申请、查询情况、监督进展等。比如，按照行政许可法的规定，行政许可申请可以通过信函、电报、传真、电子数据交换和电子邮件等方式提出。

行政执法对现代信息技术的采用，不仅使行政手段现代化，也使得办事效率极大提高，更加是为人民群众打开了方便之门。

（三）信息公开

信息公开是指行政主体在行使职权的过程中，通过法定形式和程序，主动将政务信息向社会公众或依申请向特定的组织或个人公开的制度。在行政执法中贯彻公开原则，就要做到以下三方面："执法根据要公开，执法根据不公开的法律后果是执法无效；执法过程要公开，公开的执法过程有利于实现相对人和相关人的参与和监督，特别是有利于公民、法人和其他组织主张陈述、申辩、质证等程序性权利；执法结论要公开，执法结论公开有利于继续法律程序和产生法律效益。"①

根据《政府信息公开条例》的规定，涉及公民、法人或者其他组织切身利益的，需要社会公众广泛知晓或者参与的，反映本行政机关机构设置、职能、办事程序等情况的政策、法规、规章、报告、标准、实施情况等政府信息，在不违反保密规定的前提下，都应当向社会公布。此外，《中华人民共和国行政许可法》也已经规定了公开原则，要求有关行政许可的规定和决定都应当公开，以方便公众查询。

执法从封闭向公开的发展是行政执法法治化、民主化的重要标志，对公民权利的行使起着重要作用。第一，信息的公开增强行政权力运行的透明性，可以有效防止暗箱操作等腐败行为，使行政权力的行使处于"阳光之下"，接受来自社会公众的广泛监督。第二，信息公开也为民主参与提供了良好的平台，为其听证、申辩等权利的行使提供前提保证。第三，行政裁决的公开也为公民最终行使权利救济提供根据。

综上所述，行政的法治化不仅使行政权力的行使更加规范化，也使得行政权力的行使更加注重公民利益的维护，从而引起行政执法的重大变革，在手段上日益便民、高效。

三、行政权监控方式的改进：从事后监督到全面规范

80年代末90年代初，《中华人民共和国行政诉讼法》《行政复议条

---

① 肖金明：《法治行政的逻辑》，中国政法大学出版社，2004年，第324页。

例》《中华人民共和国国家赔偿法》的相继颁布,使我国基本建立了对行政权力的事后监督体系。然而,由于对行政权力监控的困难和复杂性,单纯的事后监督已经难以完全控制行政权力,越发不能满足现实的需要。

随着依法治国方略的正式确立,依法行政因其是依法治国的重点和难点而备受关注。为了使行政权力行使进一步规范化和法治化,对整个行政行为程序上的规范成为新型有效的控权手段。《中华人民共和国行政处罚法》《中华人民共和国行政许可法》《中华人民共和国政府采购法》《政府信息公开条例》等法律法规在革新行政执法方式的同时,也有力推进了我国行政权力监控模式从侧重司法审查到司法审查与程序规范并重的转变。

虽然我国尚未出台统一的行政程序法,但是这些单行的针对行政行为的立法已然侧重了对行政权力行使的方式、步骤、时限、幅度等作出明细规定,也建立了一些程序上的制度以规范行政行为、防止权力滥用。

1. 表明身份制度

表明身份制度是指行政主体及其工作人员在进行行为之前,必须主动向行政相对人出示表明身份和资格的证明,以表示自己有从事某种行政行为的职权或资格的程序制度。这种制度不仅能够防止招摇撞骗之徒冒用行政职权,更可以防止行政人员滥用或超越职权的行为发生。《中华人民共和国行政处罚法》《中华人民共和国烟草专卖法》《身份证条例》等都对此制度作出了相关规定。

2. 说明理由制度

说明理由制度是指行政主体在作出涉及行政相对人利益的决定、

裁决,特别是对行政相对人作出不利的裁决之时,必须在决定书、裁决书中说明裁决所依据的事实、法律或相关的政策考虑。该制度不仅在程序上防止了行政行为的专断性和肆意性,也为日后可能的司法审查提供依据。例如,《中华人民共和国行政处罚法》第三十九条就规定了行政处罚决定书中必须载明"违反法律、法规或者规章的事实和证据"以及处罚的依据。

3. 职权分离制度

职权分离就是对行政机关内部的某些职权加以分离,使其分别由不同的机构或人员掌握,以防止因权力的过分集中而滋生腐败。这项制度的具体要求有:调查、控告与裁决职能相分离,决定和执行职能相分离。这种方法虽然能够对个别机构或个人滥用行政权力起到一定的制约作用,但是也会影响行政的效率,因此只在那些对相对人产生重要影响的行政行为的范围内适用。为此,行政处罚行为就受到严格规定,如"作出罚款决定的行政机关应当与收缴罚款的机构分离"。

4. 记录和决定制度

对于行政主体做出的影响行政相对人权益的行政行为的过程应当予以记录,其最终形成的意见表示应当以书面形式作出,并送达相对人为相对人领受。《中华人民共和国行政处罚法》明确规定了行政人员所进行的听证、询问或者检查都应当制作笔录;对于处罚决定也规定必须依法制作完成后,交付行政相对人。

这种制度旨在通过书面程序的要求规范行政权力的行使,制约行政权的任意性对公民权利的侵害。同时,决定书和裁决书的制作也有统一格式的要求,从而保证了行政权行使的公正性和同一性,防止因文书格式的不同而对行政相对人造成歧视和不公正的待遇。

5. 回避制度

回避制度是一项保障行政公正的基本制度，包括任职回避、地区回避和公务回避。在行政程序上所指的一般是公务回避。所谓回避是指行政机关工作人员在行使行政权力时，如行政行为与自己或自己的亲属有利害关系，应主动回避或应相对人申请而回避，不得参与该行政行为的处理。这是"自己不为自己的法官"的自然正义原则在行政程序上的反映，其目的在于防止公务人员徇私舞弊、以权谋私。回避制度以其公正价值广泛规定于行政处罚、行政监察、行政复议、行政诉讼等法律规范之中。

我国行政程序上的制度并不止于以上种种，还包括以前提及的听证、时效、信息公开、告知、调查等制度。总之，行政程序的严格规定对行政权力的规范行使起到了事前和事中的监督作用，大大减少和预防了权力的滥用。同时，对行政权力的事后监督依然不可偏废。没有事后的监督和责任追究制度的完善，事前和事中的规定就容易落空。对此，我国在加强程序立法的同时，分别于1997年和1999年颁布《中华人民共和国行政监察法》和《中华人民共和国行政复议法》，进一步完善了对行政权力的事后监督，从而形成事前、事中和事后的全方位规范和制约行政权力运行的监控体系。

以上是我国行政法治建设在依法治国时代的发展，虽然有些立法尚存在缺陷，有些法治原则尚未形成完善的制度，对行政权力的监控在现实运作中也存在诸多问题，如司法权相对于行政权尚不够独立，社会监督缺乏制度保障等，但是不可否认，我国在行政法治的过程中所做出的努力已经开始在实践中发挥越发重要的作用。

第四节　全面推进依法治国时代的行政法治新发展

　　党的十七大之后，我国的行政法治得到了新的发展。2008年6月，为提高政府依法行政的整体水平、推进法治政府建设的整体进程，国务院颁发了《关于加强市县政府依法行政的决定》，就充分认识加强市县政府依法行政的重要性和紧迫性、大力提高市县行政机关工作人员依法行政的意识和能力、完善市县政府行政决策机制、建立健全规范性文件监督管理制度、严格行政执法、强化对行政行为的监督和增强社会自治功能等事项提出了要求并做出部署和安排。2010年10月，国务院发布《关于加强法治政府建设的意见》。该意见为在新形势下深入贯彻落实依法治国基本方略，全面推进依法行政，进一步加强法治政府建设，就提高行政机关工作人员特别是领导干部依法行政的意识和能力、加强和改进制度建设、坚持依法科学民主决策、严格规范公正文明执法、全面推进政务公开、强化行政监督和问责、依法化解社会矛盾纠纷、加强组织领导和督促检查等提出了明确要求。

　　2012年，中国共产党第十八次全国代表大会在北京召开，标志着中央领导集体进入新时代。2014年，中国共产党第十八届中央委员会第四次全体会议在北京召开，会议通过《中共中央关于全面推进依法治国若干重大问题的决定》（以下简称《决定》），标志着中国进入"全面推进依法治国"时代。在这个新时代，行政法治又有了诸多新的变化和发展。

一、全面依法治国时代行政法治发展的新特征

自1997年江泽民同志在党的十五大报告中提出"依法治国、建设社会主义法治国家"以来至2018年已逾二十年。在这二十年间，对我国依法治国事业影响最大的国内政治事件就是2014年党的十八届四中全会。党的十八届四中全会是中国共产党第一次专门就依法治国、建设社会主义法治国家问题召开的中央委员会全体会议，标志着"依法治国"在政治上被提升到前所未有的高度。在这次全会中，通过了《中共中央关于全面推进依法治国若干重大问题的决定》，将依法治国提升到"全面依法治国"的新层次，并就以习近平同志为核心的中央领导集体治理下如何全面推进依法治国作了系统性部署。党的十八届四中全会有关全面推进依法治国的部署，是2014年以来行政法治发展的基础，也是行政法治在新时代的政治依据。新时代"全面依法治国"背景下行政法治发展有如下几个新特征：

（一）更加重视党在推进行政法治中的领导作用

依法治国、行政法治事业和其他各项工作一样，一直在中国共产党的领导下进行，这是中华人民共和国新中国成立以来的常态。长期以来，行政法治工作主要体现为法治政府建设，此项工作主要由国务院有关部门负责（主要是国务院法制办负责）。在"全面推进依法治国"新时代，中共中央对行政法治工作的领导逐渐凸显。这体现了党的十八届四中全会决议中关于法治建设中坚持党的领导的基本精神，即"党的领导是中国特色社会主义最本质的特征，是社会主义法治最根本的保证。把党的领导贯彻到依法治国全过程和各方面，是我国社会

主义法治建设的一条基本经验。党的领导和社会主义法治是一致的，社会主义法治必须坚持党的领导，党的领导必须依靠社会主义法治"。

2015年12月27日，中共中央、国务院联合颁布《法治政府建设实施纲要（2015—2020年）》，这也是我国第一份以中共中央名义牵头颁布的有关行政法治建设的指导文件。2017年10月召开的中国共产党第十九次全国代表大会通过的党的十九大报告提出要"成立中央全面依法治国领导小组，加强对法治中国建设的统一领导"，为党领导全面依法治国工作提供组织保证。2018年召开的党的十九届三中全会通过的《深化党和国家机构改革方案》（以下简称《机构改革方案》）明确提出："组建中央全面依法治国委员会"，并将国务院法制办与司法部合并组建新的司法部，中央全面依法治国委员会日常办公机构设置在新司法部。根据《机构改革方案》，中央全面依法治国委员会作为党中央决策议事协调机构，其主要任务是"负责全面依法治国的顶层设计、总体布局、统筹协调、整体推进、督促落实"。考虑到中共中央已经有中央政法委员会负责相关政法工作，故中央全面依法治国委员会的职能重点在法治国家、法治政府、法治社会一体建设领域，加强对行政法治建设的协调领导是其工作重点。这一系列举措，使得中国共产党在推进行政法治发展中的领导作用得以凸显。

（二）更加重视从政府职能转变角度推进行政法治发展

在"全面推进依法治国"时代，执政党和政府逐渐认识到，行政法治的发展不仅仅取决于行政立法、行政执法和有关行政的司法体制的健全完善，也取决于政府职能转变是否到位。政府管了太多不该管、也管不好的事情，就注定无法做到依法行政。比如，当政府还习惯于盯住特定行业的价格、利润，要为本地企业保驾护航时，其注定要在执行环境保护、消费者权益保护等领域的法律时"放水"，甚至为了维护特定行业发展知法犯法、破坏社会主义法制体系。因此，只有将政府职能真正地转变到市场监管、公共服务和社会保障等领域，去除政府对微观市场经济活动的不正当干预之手，才能真正坚持依法行政、建成法治政府。

为转变政府职能，党的十八大以来，推进多轮简政放权改革。自2013年之后，"国务院部门共取消或下放行政审批事项537项，本届政府承诺减少三分之一的目标提前两年多完成……投资核准事项中央层面减少76%，境外投资项目核准除特殊情况外全部取消。工商登记实行'先照后证'，前置审批事项85%改为后置审批；注册资本由实缴改为认缴，企业年检改为年报公示。资质资格许可认定和评比达标表彰事项大幅减少……有些省份进展较快，行政审批事项取消和下放比例超过一半、最高的达70%，有的省级非行政许可已全面取消"。可见，我国这一轮改革对于微观经济活动的干预，是下大力气予以削减的。[①]不仅如此，自2013年以来，我国还在制定各级政府、部门权力清单、责任清单等领域着力颇深，切实将各级政府及其部门的权力、责任等通过清单方式予以厘清。这体现了从源头上助力行政法治发展的新思路。

（三）更加重视运用互联网等新技术助力行政法治进步

进入21世纪，尤其是2013年以后，移动互联网在中国开始获得迅速发展。移动互联网以智能手机为平台，展现出比传统台式机平台固

[①]　参见李克强：《在全国推进简政放权放管结合职能转变工作电视电话会议上的讲话》，《人民日报》，2015年5月15日。

定互联网更丰富的应用场景,同时智能手机的公众渗透率也远远高于传统台式机电脑。很多农村地区不通网线、很多农村家庭没有条件购置台式机电脑,但借助移动互联网和智能手机,仍旧使数亿中国人得以"入网",享受互联网带来的信息传播、共享便利红利。"因特网并不仅仅是一项单一的新技术,它是一系列带来实质变化的技术革新的总和。到目前为止,新技术总是在满足了人们的最初的需求之后,产生一些意料之外的边际效应。"①随着互联网在中国渗透率大幅度提升,借助互联网技术促进行政法治的发展就成为一个技术上可行的选择。在这种情况下,通过互联网将政府各部门之间、政府与民众之间以及政府和其他国家机关更加密切地联系起来,借助互联网调动社会资源监督政府依法行政、同时帮助政府更好地利用已有的数据信息促进法治政府建设,就成为新时代行政法治发展的一大亮点。

2013年以来,各级政府及其部门都针对长期以来依法行政建设的难点,设计相关技术方案,运用互联网等新技术提高法治化水平。比如,行政执法过程中文明执法与执法效能之间的冲突,是我国行政执法一线长期面临的问题。城管执法中时常出现的暴力事件一直困扰我国城管执法法治化实践。为了解决行政执法面临的实际难题,2013年以来各级一线执法队伍普遍配备执法记录仪,通过移动互联网、全球定位系统(GPS)以及视频音频摄录技术,确保一线行政执法人员相关执法信息能够被实时录制,大幅度减少了执法过程中出现的争议,提高了公正文明执法的水平。再比如,2013年以来,各级政府在建设行政

---

① [美]休伯特·德雷福斯:《论因特网》,喻向午、陈硕译,河南大学出版社,2016年,第1页。

执法网络平台方面下了很大功夫，通过行政执法网络平台的建设，将与行政执法相关的案卷材料全部上传到网络系统中。这种网络执法平台，有利于执法监督部门、法制审核部门实时监督行政执法过程，也实现了行政执法全过程的留痕，运用技术手段增强行政执法的规范性，提升了行政执法法治化水平。

(四)更加重视机构改革在行政法治建设中的基础性作用

行政法治的发展，离不开机构改革的推进。简政放权改革如果不能将机构精简下来，就很难将改革成果固定下来。行政执法改革如果不将行政执法队伍管理体制理顺，也很难真正确保行政执法实现公正和文明。因此，"全面推进依法治国"新时代，对机构改革重视前所未有。2013年，根据党的十八大和十八届二中全会精神，第十二届全国人民代表大会第一次会议通过了《国务院机构改革和职能转变方案》，对国务院机构进行改革。2018年，根据党的十九大和党的十九届三中全会决定，又颁布《深化党和国家机构改革方案》，将机构改革予以深化，不仅涉及国务院，还涉及执政党组织、全国人大、全国政协、中国人民武装警察部队，机构改革的范围空前扩大。机构改革之后，行政机关行业主管色彩进一步淡化、执法监管职能得到进一步提升整合、几大综合行政执法队伍得到中央层面的确认，这些都为行政法治的发展奠定了基础。

二、健全依法决策机制

党的十八届四中全会作出的《依法治国若干重大问题的决定》明确提出要健全依法决策机制，把公众参与、专家论证、风险评估、合法性审查、集体讨论决定确定为重大行政决策法定程序，确保决策制度科学、程序正当、过程公开、责任明确。这也是我国首次在中央文件中就行政决策程序的法治化提出具体要求。此后，依据党的十八届四中全会的决定精神，各地纷纷制定行政决策程序相关条例、办法、规定，促进行政决策程序的法治化。国务院法制办也已于2017年6月向全社会公布《重大行政决策程序暂行条例（征求意见稿）》，《重大行政决策程序暂行条例》正在积极修改完善中。

（一）健全依法决策机制的意义

行政活动都要依法进行，行政决策也不例外。但对行政决策法治化的呼声，远不如对行政处罚、行政强制、行政许可法治化呼声高。究其原因，主要是行政决策在政府内部高层完成，处于行政活动的首端，不与公民、法人或其他组织直接接触，必须经由行政执行环节才面向公众具体施行。但是行政决策作为行政活动的起点，其科学化、合理化和法治化水平，直接决定行政活动科学化、合理化和法治化，所以从头抓起健全依法决策机制具有极其重要的意义：

第一，健全依法决策机制是依法行政的必然要求。决策是行政活动的起点，行政决策依法进行是将行政活动纳入法制轨道的第一步。这一步走错了，好比扣错了第一个扣子，以后也难免步步错。长期以来，一些地方政府主要领导忽视行政决策的法治化问题，乱决策、违法决策、专断决策、拍脑袋决策，损害了国家利益，侵害了群众权益，影响了党和政府形象。"深入推进依法行政、加快建设法治政府，迫切需要健全依法决策机制，出台统一的重大行政决策程序制度，明确重大行政决策事项、主体、权限、程序和责任，着力推动重大改革、重要规划、重大民生、政府重大投资和建设项目等重点领域决策的法治化，以科学、刚性的决策制度约束规范决策行为，切实提高决策质量，努力控制决策风险，及时纠正违法不当决策，不断增强政府公信力和执行力"。

第二，健全依法决策机制是行政决策科学化、合理化的基本保障。有关行政决策的法治化要求，不仅仅是形式上满足法治的需要，也是实现行政决策科学化、合理化的基本保障。因为法律为行政决策设定的规范、程序和要件，其实恰恰是促使行政决策科学化、合理化的因素，行政决策法治化不过是将这些因素法定化。行政决策是行政活动的前端，也是行政活动的关键环节。行政决策是否科学合理，决定行政活动本身是否科学合理。那么如何确保行政决策的科学化、合理化呢？古人云，"兼听则明、偏听则暗"，无论是从我国现实经验教训上看，还是从现代行政决策科学规律上看，行政决策科学化、合理化的关键还是要在决策阶段尽量多吸取有关决策的信息，要让决策者能够为决策真正负责。因此，就要求在行政决策过程中充分吸取各方尤其是利害关系人代表、专家、行业代表的意见，充分让行政决策者认识到其行政决策对自身的责任设定，综合考虑、谨慎权衡、果断选择，才能作出较为科学合理的决策。行政决策一定要避免个人专断和决策者不负责，要建立行政决策机制，使得行政决策满足科学化、合理化决策的最基本要求，将已经经过验证的可以促使行政决策科学化、合理的因素法定化，使之成为行政决策的必经环节，增强行政决策过程中的多元信息汲取以及行政决策者的责任性，促使行政决策科学化、合理化。

第三，健全依法决策机制也是增进行政决策公共性的重要举措。行政权的运行只能基于公共利益，行政决策必须建立在公共利益的基础之上，这是现代公共行政的基本要求。行政决策在行政活动全过程中居于决定性地位，行政决策是否基于公共利益作出，决定了行政权运行是否在公共利益的轨道之内。相较于狭义行政活动，国家立法活动，包括行政立法活动往往具有更强的公共开放性、更多地接受公共的监督、更亲近公共利益。因此，要求行政决策全过程必须依法，必须受到法律的控制，这实际上也是增强行政决策公共性的重要举措。我们知道，行政决策自身的特点使得行政决策过程比较容易脱离公共制约、偏离公共利益、沦为谋取个人或者小团体利益的工具，因此必须从行政决策入手、努力实现行政决策的公共性，避免行政权的运行从一开始就走上邪路。

（二）完善行政决策的程序

健全依法决策机制，首先要完善行政决策的程序，使得行政决策有法可依，使得依据行政决策程序作出的行政决策满足行政决策科学化、合理化的最低要求，最大限度地避免行政决策的异化。根据《决定》，完善行政决策的程序主要指以下五个程序：

1. 公众参与

行政决策的最终目的就是维护社会公众根本利益，因此理应让社会公众参与行政决策。要努力建设了解民情、反映民意、集中民智、珍惜民力的决策机制，增强决策透明度和公众参与度，保证决策符合人民利益和愿望。各级政府尤其是和社会公众密切相关的政府经济管理、社会管理、文化管理等职能部门，要建立健全公众参与重大行政决策的规则和程序，完善行政决策信息和智力支持系统，增强行政决策透明度和公众参与度。制定与群众切身利益密切相关的公共政策，要向社会公开征求意见。要保证人民群众的意见得到充分表达、合理诉求和合法利益得到充分体现。除依法需要保密的外，行政法规和规章草案要向社会公开征求意见，并以适当方式反馈意见及采纳情况。

2. 专家论证

行政决策以谋求公众利益为归宿，但也必须符合客观规律。现代社会，就各个领域客观规律的研究已经形成不同的学科，这些学科中的研究领先者就是各领域的专家。因此，行政决策不仅要公众参与，而且也要有专家论证、让专家把关行政决策是否符合客观规律。搞好专家论证，必须"选好专家、用好专家、待好专家"。要重视智库建设，多向专家开放相关行政资料和信息，吸收专家参与行政调研，使得各个领域涌现出既了解理论知识，又了解行政工作实际情况的专家。要科学建立专家论证库，把真正有水平、敢说话的专家选入；要充分发挥专家的作用，让专家感受到参与行政决策说话真的有用；要落实专家参与行政决策论证的待遇，要认识到对于智力服务也是一分钱一分货，真正求到真知灼见。

3. 风险评估

当今社会是一个风险社会，风险无处不在，也绝无可能规避一切风险。行政决策只能在风险中前行，努力降低各类风险的不良后果，实现风险引发不良后果的事前预防、事后成本公平分担。行政决策要做到"应评尽评、综合评估、风险可控"。"应评尽评"就是要把风险评估当成必经程序，杜绝对风险一无所知、蛮干快干的情况，对于应当进行风险评估而没有实施风险评估的，一律不得作出行政决策。"综合评估"就是要全面评估行政决策的风险，不能只看有利之处不看不利之处，不能只看风险的可接受性不看风险的不可接受性，对风险的评估要客观、准确、全面、理性。"风险可控"是行政决策在风险方面的要求。不能因为有风险就懒政怠政，只要风险总体可控、风险爆发的实际危害总体可以承受、风险爆发的不利后果得到公平承担，各方面对于风险本身有所预期和接受，行政决策就可以在有风险的前提下作出。

4. 合法性审查

行政决策必须依法，实现这一要求就靠合法性审查。未经合法性审查或经审查不合法的，不得提交讨论。要充分发挥政府法制部门的作用，使得政府法制部门能够真正为行政决策的合法性把关。积极推行政府法律顾问制度，建立政府法制机构人员为主体、吸收专家和律师参加的法律顾问队伍，保证法律顾问在制定重大行政决策、推进依法行政中发挥积极作用。当前，一些政府部门将法制部门和法律顾问当成摆设，这是本次改革亟待解决的问题，其关键是拓宽政府法律顾问的来源，使得专家和律师能够更多地成为政府法律顾问。进一步完善政府法律顾问参与决策的机制，使得政府法律顾问参与政府决策法治化、正规化、规范化、公开化，使得政府不能让法律顾问当摆设、使得法律顾问自身增强责任性，为依法决策、依法行政再加一道"安全围栏"。

5. 集体讨论决定

《中华人民共和国宪法》第九十条规定，国务院各部部长、各委员会主任负责本部门的工作；召集和主持部务会议或者委员会会议、委务会议，讨论决定本部门工作的重大问题。《中华人民共和国地方各级人民代表大会和地方各级人民政府组织法》第六十三条规定，政府工作中的重大问题，须经政府常务会议或者全体会议讨论决定。可见，重大行政决策必须经过讨论决定是我国宪法和组织法对于政府的一项要求。当前,急需解决的是集体讨论程序的科学化问题,使得集体讨论真正发挥作用,而不是沦为规避个人责任的工具。集体讨论的发言程序,集体讨论的会议记录如何保存使用,赞成的、反对的在行政决策责任追究中承担什么责任,都是需要明确规定的。

(三)实现行政决策权责统一

健全依法决策机制,不仅要健全行政决策程序,还要实现行政决策的统一,真正让行政决策者承担行政决策的责任。第一是要明确行政决策的决策者,凡事必须明确拍板的人;第二是明确行政决策者的责任,实行重大行政决策失误终身追责。对决策严重失误或者依法应该及时作出决策但久拖不决造成重大损失、恶劣影响的,严格追究行政首长、负有责任的其他领导人员和相关责任人员的法律责任。第三要实现行政决策责任追究本身的法治化,即使重大行政决策失误,对具体责任人的责任追究也要法治化,使行政决策者对于自己承担的责任在行政决策之前就有清楚的预期,通过责任机制倒逼行政决策法治化。

三、深化行政执法体制改革

党的十八届三中全会对深化行政执法体制改革有比较详细的论述,党的十八届四中全会则对深化行政执法体制改革进行更加深入的论述。由此可见,深化行政执法体制改革是我国深化改革和全面推进依法治国事业的重点内容。

(一)深化行政执法体制改革的背景和意义

随着我国社会主义法律体系的逐步完善,法律实施问题越来越受到各方的重视。行政执法是促进法律实施的主要方式之一,很大程度上决定着一个国家的法律实施水平。我国行政机关长期是管理型的,而不是执法型的,更多的是习惯运用行政手段对全社会实施管理。这一方面使得我国政府管的事情太多太杂,管不好、不该管的事情充斥了政府的日程表,政府摊子铺得太大;另一方面使得政府对日常行政执法重视度不够,运动式执法盛行,日常执法能力孱弱。当前,党和国家提出要实现国家治理体系和治理能力现代化、提出全面推进依法治国,就是要用法治对政府进行改造,将政府从管理型政府转变为执法型政府,进而建设强有力的执法型政府,这是深化行政执法体制改革的总体背景。

深化行政执法体制改革,具有以下意义:

首先,深化行政执法体制改革是提升行政执法能力的关键。我国长期以来面临的顽疾就是行政执法能力不足,尤其是日常执法能力不足。我国不缺少食品、药品、环保、安全生产的法律规范(尽管仍不健全),但是日常生活中食品、药品、环保、安全生产领域事故频发,就是因为现有的法律法规没有得到有效实施。法律法规得不到有效实施的根源有两个,一个是法律法规本身有不科学、不合理之处,另一个就是行政执法能力孱弱。我国行政执法能力孱弱倒不是因为行政执法人员经费不足,而是现有的人员经费没有得到有效配置,没有有效地激发现有行政执法人员的积极性,也没有充分利用现有行政执法资源的潜能。因此,需要深化行政执法体制改革解决这个问题。

其次,深化行政执法体制改革是经济转型升级的要求。我国经济发展正面临转型升级的关键时期。所谓转型升级,就是将我国经济国际竞争力从主要依赖廉价劳动力和廉价自然资源升级到主要依赖科技创新。从世界其他国家发展经历上看,实现这一转变是一个艰难的过程,世界上只有少数国家成功地实现这一转变。从这些少数国家的成功经验分析,其中共同点是法律实施情况比较好,个体财产能够得到比较好的保护、商业合同能够得到比较好的执行,各种扰乱市场经济秩序的行为能够得到有效遏制,总之就是市场经济法律秩序维护较为到位。我国是一个社会自治比较弱的国家,因此我国市场经济的法律秩序主要依靠政府来维护,也就是通过行政执法维护。因此,深化行政执法体制改革,使得我国行政执法能够成为市场经济法律秩序的有力保障,成为我国经济转型升级的客观要求。

最后,深化行政执法体制改革也是树立法律权威的基础。国家的长治久安关键看法治,而法治有赖于日常生活中对于法律权威的培育。行政执法人员遍及社会,是人民群众在日常生活中见面机会最多的行政人员。行政执法是否有力有效,也关系到人民群众如何看待法律。如果各个领域违法现象层出不穷而行政执法机关碌碌无为,法律的权威就不可能树立起来,法治国家的建设也就是一句空话。因此,深化行政执法体制改革也是树立法律权威的基础。

(二)深化行政执法体制改革的方向

根据党的十八届四中全会决定精神,本轮深化行政体制改革的方向就是根据不同层级政府的事权和职能,按照减少层次、整合队伍、提高效率的原则,合理配置执法力量。

1.减少层次

我国长期以来行政执法的缺陷就是行政执法队伍层峦叠嶂,中央、省、市、县各个层次执法权限不清。本次改革明确，根据不同层级政府的事权和职能，按照减少层次、整合队伍、提高效率的原则，合理配置执法力量。完善市县两级政府行政执法管理，加强统一领导和协调。

2. 整合队伍

我国行政执法能力弱和行政执法队伍过多有关。行政执法队伍过多一方面互相争权夺利，有利的竞相执法造成重复执法，没利可图的互相推诿造成执法不作为；另一方面执法队伍过多导致执法能力不足。目前我国行政执法队伍总数不少，县市一级执法队伍众多，但实际上算起来一家执法机构也就不到二十个人。任何一家执法机构都不可能做到全员到一线执法，总还有一些后勤保障协调部门。因此我国在县市一层虽然有8万多家执法机构，但每个执法机构最多也就十来个、甚至不到十个人能够从事日常一线执法。这种情况根本无法提升行政执法能力，所以要整合队伍。2013年以来，我国行政执法机关的横向整合主要从地方试点整合开始，自下而上，逐渐向上级有关机构整合拓展。2018年，在各地试点整合的基础上，根据《党和国家机构改革方案》，将国家工商行政管理总局的职责、国家质量监督检验检疫总局的职责、国家食品药品监督管理总局的职责、国家发展和改革委员会的价格监督检查与反垄断执法职责、商务部的经营者集中反垄断执法以及国务院反垄断委员会办公室职责整合，组建国家市场监督管理总局，这意味着市场监管领域综合执法机构整合基本完成。

3. 提高效率

行政执法体制改革的主要目标在于提升行政执法效率。提高效率的主要方法就是合理配置执法力量，使得行政执法资源的配置和行政执法需求相匹配,并符合行政执法客观规律。

（三）深化行政执法体制改革主要内容

1. 推进综合执法

行政综合执法改革是我国行政执法改革的主线，从条块分割的单一部门行政执法向行政综合执法迈进，是我国行政执法体制改革的重要内容。推进综合执法，就是要将分散凌乱的执法机构整合起来，在不大幅增加行政执法编制的前提下显著提升行政执法能力。行政综合执法改革在我国并非新事物，但是党的十八届四中全会对行政综合执法改革提出了更加明确的要求,要求大幅减少市县两级政府执法队伍种类,重点在食品药品安全、工商质检、公共卫生、安全生产、文化旅游、资源环境、农林水利、交通运输、城乡建设、海洋渔业等领域内推行综合执法，有条件的领域可以推行跨部门综合执法。2018年出台的《党和国家机构改革方案》,提出要整合组建五支综合执法队伍(市场监管综合执法队伍、生态环境保护综合执法队伍、文化市场综合执法队伍、交通运输综合执法队伍、农业综合执法队伍),并提出"继续探索实行跨领域跨部门综合执法,建立健全综合执法主管部门、相关行业管理部门、综合执法队伍间协调配合、信息共享机制和跨部门、跨区域执法协作联动机制",综合执法改革将取得重要进展。

2. 加强行政执法人员管理,尤其是行政执法辅助人员的管理

长期以来,我国行政执法人员来源复杂、组成多元化,有行政编、有事业编、有合同工,甚至还有社会闲散人员参加行政执法。一些地方行政执法队伍中各类辅助人员管理混乱,"临时工"违法现象丛生,严

重影响行政执法队伍的公信力。为此，根据党的十八届四中全会精神，各地各部门就行政执法人员管理体制改革进行很多探索。2016年11月，国务院办公厅印发《关于规范公安机关警务辅助人员管理工作的意见》，就公安行政执法领域对没有行政编制和事业编制的执法人员管理体制进行完善，明确了辅警的性质地位、上岗条件、经费保障、职业保障、物质待遇、奖惩办法，使得公安辅警这一行政辅助执法人员开始走向正规化。公安辅警人员管理体制的完善，为其他领域行政执法人员尤其是行政执法辅助人员管理体制完善提供了经验。2016年以来，很多地区和部门纷纷制定行政执法辅助人员管理办法①，使得行政执法辅助人员的管理走上正轨。这样一方面约束了行政执法辅助人员的行为，另一方面也明确了辅助人员的待遇和保障，有助于缓解行政执法人员不足的难题。

3. 健全行政执法和刑事司法衔接机制

行政执法和刑事司法具有天然的衔接性，违法行为往往同时违反行政法和刑法。对此，必须健全行政执法和刑事司法的衔接机制，完善案件移送标准和程序，建立行政执法机关、公安机关、检察机关、审判机关信息共享、案情通报、案件移送制度，坚决克服有案不移、有案难移、以罚代刑现象，实现行政处罚和刑事处罚无缝对接。

四、强化对行政权力的制约和监督

建设法治政府和强化对行政权力的制约和监督是一个硬币两个

---

① 如《湖南省行政执法人员和行政执法辅助人员管理办法》(2017)、《河北省行政执法辅助人员管理办法(试行)》(2017)、《合肥市行政执法辅助人员管理办法》(2017)等。

方面。对行政权力依法制约和监督增强了,行政法治事业就会得以同步发展。反之,不谈制约和监督,单纯提升各级行政机关依法行政的意识和机制,效果有限。2013年以来,执政党坚持"从严治党",针对权力行使的各方面监督空前加强。党的十八届四中全会专门提出"强化对行政权力的制约和监督",并就强化对行政权力的制约和监督进行了具体规定。党的十九大报告提出"组建国家、省、市、县监察委员会",是外部机关对行政机关进行监督的进一步强化。加之党的十八届四中全会以来的司法体制改革和审计体制改革,"全面推进依法治国时代"针对行政权的制约和监督得以空前加强。

(一)加强行政机关内部权力制约监督机制

强化对行政权力的制约和监督首先是加强政府内部权力的制约,就是从行政机关内部增强对行政权行使的制约和监督。对此,党的十八届四中全会决定提出对财政资金分配使用、国有资产监管、政府投资、政府采购、公共资源转让、公共工程建设等权力集中的部门和岗位实行分事行权、分岗设权、分级授权,定期轮岗,强化内部流程控制,防止权力滥用。完善政府内部层级监督和专门监督,改进上级机关对下级机关的监督,建立常态化监督制度。完善纠错问责机制,健全责令公开道歉、停职检查、引咎辞职、责令辞职、罢免等问责方式和程序。总体上看,主要是三类内部制约:

第一类是平级制约,即行政机关内部同级职权行使者的监督。主要方法是分事行权、分岗设权、分级授权、定期轮岗,强化内部流程控制。所谓"分事行权",是指一事一权,一项权力对应一项业务,不能一个"总权力",一支笔统管。所谓"分岗设权"是指针对重要的权力,不能一个岗位的人说了算。比如对于重大财政资金的拨付，不能搞一支笔，要设定几个岗位分别审查，共同同意才能拨款。所谓分级授权，是指行政机关内部什么级别的岗位有多大权限、什么性质的事情由什么级别有权处理等都要设定明确。所谓"定期轮岗"，是指对于关键岗位，不能一个人长期担任，要轮流担任。所谓强化"内部流程控制"，是指行政机关内部权力行使的流程必须明确，多个岗位、多个层级审查都必须规范化。总之，平级制约主要是将重要权力的行使同时授权给多人共同完成，避免出现一个人"一言堂""一支笔"现象。当前，有关行政法治建设的平级监督主要体现为针对重要执法活动法制审核。2017年，国务院办公厅印发《推行行政执法公示制度执法全过程记录制度重大执法决定法制审核制度试点工作方案》（国办发〔2017〕14号），明确要求试点单位作出重大执法决定之前，必须进行法制审核，未经法制审核或者审核未通过的，不得作出决定。"三项制度建设"是"全面推进依法治国时代"法治政府建设的重要举措，其中"重大执法决定法制审核制度"是平级监督的创新。

第二类是上下级监督，即上级行政机关对下级行政机关的监督。对于此问题，党的十八届四中全会专门提出要建立常态化监督制度。所谓常态化监督制度，就是上级对下级的监督不能是出了事情才监督，要通过流程控制、情况定期通报、检查等方式将监督日常化。2015年，中共中央、国务院颁布的《法治政府建设实施纲要（2015—2020年）》提出，通过"加快建立统一的行政执法监督网络平台"强化针对行政执法的监督。此外，"要加强对法治政府建设进展情况的督促检查，结合法治政府建设年度重点工作，开展定期检查和专项督查。对工作不力、问题较多的，要及时约谈、责令整改、通报批评"。

第三类是专门监督，主要是审计部门对行政机关的监督。专门监督的关键在于实现监督部门和被监督部门之间互相独立。为此，党的十八届四中全会提出完善审计制度，保障依法独立行使审计监督权。党的十九届三中全会通过的《党和国家机构改革方案》明确提出要"组建中央审计委员会"，"改革审计管理体制，保障依法独立行使审计监督权"，"整合审计监督力量，减少职责交叉分散，避免重复检查和监督盲区，增强监督效能，将国家发展和改革委员会的重大项目稽查、财政部的中央预算执行情况和其他财政收支情况的监督检查、国务院国有资产监督管理委员会的国有企业领导干部经济责任审计和国有重点大型企业监事会的职责划入审计署，相应对派出审计监督力量进行整合优化，构建统一高效审计监督体系"。此外，根据党的十八届四中全会要求，对公共资金、国有资产、国有资源和领导干部履行经济责任情况实行审计全覆盖。强化上级审计机关对下级审计机关的领导。探索省以下地方审计机关人财物统一管理，就是增强审计专门监督的独立性。

（二）加强其他国家机关对行政权力制约监督机制

其他国家机关对行政权力的制约监督主要体现为司法监督、监察监督和人大监督。其中司法监督是对个案的监督、监察监督是对责任人的监督、人大监督则是针对行政机关体制机制进行的监督。这三类监督构成行政机关外在监督核心因素，在"全面推进依法治国时代"均有显著发展。

1. 司法监督：深入推进司法体制改革

行政权脱离法制轨道，往往会侵害公民、法人和其他组织的合法权益。从实践经验看，受害人最有动力对权力进行制约监督。受害人对权力进行制约监督主要通过社会舆论或者司法机关。社会舆论往往比较复杂，司法机关是依法审判的国家机关，其专业性和权威性都比社会舆论要高，因此建设独立、专业、权威的司法机关，使其对行政权进行有效的制约监督，是现代国家加强对行政权力外部制约监督机制的主要抓手。

我国司法机关对行政权的制约监督尚存在一些问题，主要在于司法机关的人、财、物受制于同级行政机关。为此，党的十八届三中全会提出要建立省以下各级法院人财物统一管理体制，旨在使省以下法院在人财物方面脱离同级行政机关。党的十八届四中全会提出建立巡回法庭和跨行政区域法院，也是解决法院审判不独立问题。此外，党的十八届四中全会还提出党政干部干预司法审判的记录制度和责任追究制度，努力确保人民法院能够依法独立公正审判涉及行政机关行政行为的案件，为行政机关依法行政提供有力的外部监督。党的十八大以来司法体制改革千头万绪，但确保各级人民法院依法独立公正审判的改革，是司法改革的关键环节。

此外，2013年以来，各级人民法院大力开展"立案登记制""巡回法院""跨行政区域法院""互联网法院"等改革，使得人民群众通过行政诉讼途径针对行政行为进行合法性审查更加便利。2017年6月27日，第十二届全国人民代表大会常务委员会第二十八次会议通过新修订的《中华人民共和国行政诉讼法》，扩大了行政诉讼司法审查范围，将规章以下规范性文件列入行政诉讼合法性审查范围，增强了人民法院通过行政审判监督行政机关依法行政的能力，有效地提升了人民法院对行政机关行使行政权的制约和监督。2018年2月6日,最高人民法院出台《关于适用〈中华人民共和国行政诉讼法〉的解释》,进一步完善了我国行政诉讼制度,增强人民法院司法审查能力,有效地促进了行政法治的发展。

2. 监察监督:新建各级监察委员会

党的十八大以来,中国共产党掀起了前所未有的反腐运动。作为这次反腐运动的成果,从2016年开始,根据中共中央办公厅印发的《关于在北京市、山西省、浙江省开展国家监察体制改革试点方案》和全国人大常委会通过的《在全国各地推开国家监察体制改革试点工作的决定》,一些地区开始设立地方监察委员会,和地方党委纪委合署办公。2018年,第十三届全国人民代表大会第一次会议通过了《中华人民共和国监察法》,根据党的十九大报告和十九届三中全会通过的《党和国家机构改革方案》,全国开始组建监察委员会。

根据《中华人民共和国监察法》,各级监察委员会对所在地区的公职人员进行全面监察监督。在监察委员会成立之前,针对行政机关的监察监督主要由行政机关内设的监察部门实施。监察委员会承接原监察部门的职责,但其法律地位与行政机关平行,因此新的监察委员会体制下,行政机关多了一个外部监督机关,针对行政机关的外部监督和制约力量得到加强。

3. 人大监督:推进合宪性审查和备案审查

人大监督就是各级人民代表大会及其常委会针对同级行政机关以及下级行政机关的监督。长期以来,我国人大监督比较薄弱,主要体现为监督的方式方法不多、监督程序不明确、监督机构不专设。为此,党的十八届三中全会决定明确要求："完善全国人大及其常委会宪法监督制度，健全宪法解释程序机制。加强备案审查制度和能力建设，把所有规范性文件纳入备案审查范围，依法撤销和纠正违宪违法的规范性文件，禁止地方制发带有立法性质的文件。"党的十九大也提出，要推进合宪性审查工作。由此可见，对各级行政机关制定的，包括法规规章在内的规范性文件依据宪法和法律进行审查，是新时代人大监督的重要形式。

2015年，第十二届全国人民代表大会第三次会议通过了新修订的《中华人民共和国立法法》。新《中华人民共和国立法法》对于部门规章和地方政府的规章权限进行了规范，特别强化了各级人大在监督行政机关出台各类规范性文件过程中的备案审查权，规定人民代表大会有关的专门委员会和常务委员会工作机构可以对报送备案的规范性文件进行主动审查，规定人大有关的专门委员会和常委会工作机构可以将审查、研究情况向提出审查建议的国家机关、社会团体、企业组织以及公民反馈，并可以向社会公开。2015年以来，又有一些地方制定了各地的备案审查条例，明确人大对规章、规范性文件实施备案审查的范围、程序和处置①，人大备案审查工作逐渐正规化、规范化、法制化。

---

① 《江西省各级人民代表大会常务委员会规范性文件备案审查条例》(2015)、《吉林省各级人民代表大会常务委员会规范性文件备案审查条例》(2016)、《宁夏各级人民代表大会常务委员会规范性文件备案审查条例》(2016)、《北京市各级人民代表大会常务委员会规范性文件备案审查条例》(2017)、《青海省各级人民代表大会常务委员会规范性文件备案审查条例》(2017)、《湖南省规范性文件备案审查条例》(2017)。

附录：大事记

1. 1978年12月22日，党的十一届三中全会通过公报，首次提出"有法可依，有法必依，执法必严，违法必究"的社会主义法制建设的基本要求。

2. 1982年3月，《中华人民共和国民事诉讼法（试行）》颁布，第一次规定了人民法院受理公民对行政机关违法行使职权给公民造成财产损失的应当承担民事责任。

3. 1982年12月4日，现行宪法获得第五届全国人民代表大会第五次会议表决通过，该日也被确定为一年一度的"全国法制宣传日"。

4. 1986年9月5日，六届人大常委会第十七次会议通过《治安管理处罚条例》，该项法律是治安管理最主要的规范，对公共秩序的稳定起到重要作用。

5. 1989年4月4日，《中华人民共和国行政诉讼法》颁布，自1990年10月1日起施行，标志我国行政诉讼制度正式确立。

6. 1994年5月，《中华人民共和国国家赔偿法》出台，确定了国家承担赔偿责任的原则，对促进国家行政、司法机关依法办事具有重要意义。

7. 1996年，《中华人民共和国行政处罚法》颁布并施行，首次规定了听证等行政程序制度。

8. 1997年，中国共产党第十五次全国代表大会正式将"依法治国"确定为基本治国方略，以"社会主义法治国家"为建设目标。

9. 1999年3月，第九届全国人民代表大会第二次会议对现行宪法进行第三次修正,将"依法治国,建设社会主义法治国家"的基本方略写进宪法,成为中国法治发展的里程碑。

10. 1999年,《中华人民共和国行政复议法》获准颁布并施行,进一步完善了行政机关自我纠错、保护公民权益的行政复议制度。

11. 2000年,第九届全国人民代表大会第三次会议通过《中华人民共和国立法法》,对行政法律法规制定的权限、程序和适用规则作出具体规定,规范了行政立法权的行使。

12. 2003年8月,《中华人民共和国行政许可法》公布并施行,该法规定了行政许可的原则和实施程序,首次在行政法中确立信赖利益保护原则,大大加强对公民权益的维护,被称为是"政府的自我革命"。

13. 2004年3月,国务院印发《全面推进依法行政实施纲要》,规定了我国未来10年全面推进依法行政的指导思想、基本原则和具体要求,明确提出建设法治政府的目标。

14. 2005年,《中华人民共和国公务员法》正式颁布,标志着干部人事管理进入依法管理的新阶段。

15. 2007年,国务院正式发布《政府信息公开条例》,使政府信息公开进入了"有法可依"的时代,为公民知情权的保护提供了法律依据。

16. 2008年,为提高政府依法行政的整体水平、推进法治政府建设的整体进程,国务院颁发《关于加强市县政府依法行政的决定》。

17. 2010年,国务院发布《关于加强法治政府建设的意见》。

18. 2011年,第十一届全国人民代表大会常务委员会第二十一次会议通过《中华人民共和国行政强制法》,我国行政强制活动法制化走上正轨。

19. 2014年,《中共中央关于全面推进依法治国若干重大问题的决定》出台,这是第一份由中国共产党中央委员会全体会议专门讨论通过的依法治国重大问题决议。

20. 2015年,第十二届全国人民代表大会第三次会议通过《关于修改〈中华人民共和国立法法〉的决定》,扩大地方立法主体的范围、加大对部门规章和地方政府规章调整事项的限制、完善和强化立法审查监督机制。

21. 2015年,中共中央、国务院印发《法治政府建设实施纲要(2015—2020年)》,就未来五年法治政府建设的具体任务和措施进行部署。

22. 2017年, 第十二届全国人民代表大会常务委员会第二十八次会议通过《关于修改〈中华人民共和国行政诉讼法〉的决定》,扩大了行政诉讼审查范围、明确可以实行跨区域审判、删去行政诉讼关于"维护行政机关行使职权"的立法目的。

23. 2018年,《党和国家机构改革方案》颁布,职能相近的行政监管部门进一步合并重组,国家监察委员会和各级监察委员会组建方案明确,综合行政执法队伍的法律地位得到中央确认。

参考文献

1.《邓小平文选》(第二卷),人民出版社,1983年。

2. Aristotle, *The Politics*, Book Ⅲ, Chicago: University of Chicago Press, 1984.

3. 博登海默:《法理学——法哲学及其方法》,华夏出版社,1987年。

4. 程燎原:《从法制到法治》,法律出版社,1999年。

5. 程维荣:《走向法治时代——从"文革"结束到中共"十六大"召开》,上海教育出版社,2003年。

6. 董必武:《论社会主义民主和法制》,法律出版社,1979年。

7. F.A.Hayek, *The Constitution of Liberty*, Chicago: University of Chicago Press, 1960.

8. 法学教材编辑部《西方法律思想史》编写组:《西方法律思想史资料选编》,北京大学出版社,1983年。

9. [德]弗里德利希·冯·哈耶克:《自由秩序原理》(上),生活·读书·新知三联书店,1997年。

10. [古罗马]优士丁尼:《法学阶梯》,徐国栋译,中国政法大学出版社,2005年。

11. [古希腊]亚里士多德:《政治学》,吴寿彭译,商务印书馆,1965年。

12. 韩健、王俊良:《我国依法行政的基本理论与实践》,西南交通大学出版社,2006年。

13. 何勤华:《西方法学史》,中国政法大学出版社,1996年。

14. 姜明安:《新世纪行政法发展的走向》,《江流有声》,法律出版社,2004年。

15. 李仲达:《中国特色的法治国家建设研究》,法律出版社,2005年。

16. 林毓生:《中国传统的创造性转化》,生活·读书·新知三联书店,1988年。

17. 凌相权:《总结经验教训、坚定不移地实行法治——我校法律系召开法治与人治问题讨论会》,《武汉大学学报》(哲学社会科学版),

1980年第4期。

18. Lon L. Fuller, *The Morality of Law*, New Haven: Yale University Press, 1969.

19. [美]伯尔曼:《法律与革命——西方法律传统的形成》,贺卫方等译,中国政法大学出版社,1993年。

20. [美]休伯特·德雷福斯:《论因特网》,喻向午、陈硕译,河南大学出版社,2016年。

21. 沈亚平、吴春华:《公共行政学》,天津大学出版社,2005年。

22. 沈宗灵:《法理学》,北京大学出版社,2003年。

23. 沈宗灵:《依法治国与经济》,《中外法学》,1998年第3期。

24. 司法部全国普法办公室编:《中共中央法制讲座汇编》,中国法制出版社,1998年。

25. 王学辉、谭宗泽:《新编行政法学》,重庆出版社,2001年。

26. 吴敬琏:《转轨中国》,四川人民出版社,2002年。

27. 夏勇:《法治源流——东方与西方》,社会科学文献出版社,2004年。

28. 夏勇:《依法治国——国家与社会》,社会科学文献出版社,2004年。

29. 肖金明:《法治行政的逻辑》,中国政法大学出版社,2004年。

30. 于向阳:《法治论》,山东人民出版社,2003年。

31. 张文显:《法理学》,高等教育出版社,2003年。

第八章
让阳光照亮政府:政务公开建设

进一步转变政府职能,改进管理方式,推行电子政务,提高行政效率,降低行政成本,形成行为规范、运转协调、公正透明、廉洁高效的行政管理体制。认真推行政务公开制度。加强组织监督和民主监督,发挥舆论监督的作用。

——江泽民(2002年)

人民当家做主是社会主义民主政治的本质和核心。要健全民主制度,丰富民主形式,拓宽民主渠道,依法实行民主选举、民主决策、民主管理、民主监督,保障人民的知情权、参与权、表达权、监督权。""深化乡镇机构改革,加强基层政权建设,完善政务公开、村务公开等制度,实现政府行政管理与基层群众自治有效衔接和良性互动。

——胡锦涛(2007年)

全面推进政务公开。坚持以公开为常态、不公开为例外原则,推进决策公开、执行公开、管理公开、服务公开、结果公开。各级政府及其工作部门依据权力清单,向社会全面公开政府职能、法律依据、实施主体、职责权限、管理流程、监督方式等事项。重点推进财政预算、公共资源配置、重大建设项目批准和实施、社会公益事业建设等领域的政府信息公开。推进政务公开信息化，加强互联网政务信息数据服务平台和便民服务平台建设。

——习近平（2014年）

20世纪50年代以来，随着国际范围内信息技术的不断创新，信息产业的持续发展，信息网络的广泛普及，信息资源日益成为重要的生产要素、无形资产和社会财富，信息化逐渐成为当今世界发展的大趋势。随着信息社会的发展、行政权的扩张以及公民权利意识的增长，许多国家对政务公开的重视程度亦不断提高，纷纷制定了本国的政府信息公开法，赋予公民对政府信息的知情权，同时规定政府公开信息的义务。据统计，自1766年瑞典制定《出版自由法》以来，迄今已有近五十个国家和地区建立了政府信息公开制度。自改革开放以来，政务公开作为中国政治体制改革的一项重要内容，逐渐由最初作为党的一项政策走向法制化建设道路。让权力在阳光下运行的理念逐步深入人心，实施政务公开制度成为我国社会的必然趋势和现实选择。在当今中国，政务公开是政府适应信息技术社会发展的客观必然，是行政管理体制改革的重要组成部分，是推进全面依法治国和依法行政的重要举措，也是实现国家治理能力现代化的必经之途。我国政务公开制度目前正处于快速发展阶段，其不断发展完善有利于更好地保障公民知情权、参与权、表达权和监督权。党的十八届四中全会提出全面推进政务公开的战略部署，开启了新时期建设具有中国特色政务公开的新格局。地方政务公开实践如火如荼进行，积极探索政务公开立法，政务公开内容不断拓展，政务公开渠道和方式日益丰富，积极探索政务公开标准化规范化建设。未来应从观念更新、法律保障和制度建设三个方面全面推进政务公开的发展。

第一节　政务公开与公民知情权

一、政务公开制度的法理基础和宪法依据

政务公开制度与公民知情权相伴而生，研究政务公开制度必然伴随着对公民知情权的探索。就二者的关系而言，公民知情权是政务公开的法理基础和宪法依据，政务公开的实施程度则决定了公民知情权的实现程度。在法治条件下，国家与公民之间的基本关系以及公共权力的运行应当由宪法提供合法的制度性框架。政务公开制度的宪法基础即为公民知情权。根据宪法的人民主权原则，人民是国家的主人和权力的实际享有者，实行政务公开不是政府机关享有的权利，而是其应该履行的责任和义务。因为政府机关掌握信息的权力最终来源于人民的授予，因而政府不得将其所掌握的信息据为己有，相反其应履行为权利者服务并接受权利者监督的义务。国家机关将其所掌握的信息以及办事依据、程序和结果等向公众公开，有利于公民及时获得所需信息，维护自身合法权利；同时，实行政务公开，使政务处理处于透明状态，有利于加强公众对公权力的有力监督。

（一）知情权的提出及内涵

"知情权"一词源于英文"the right to know"或"the right of access"，

中文通常译为"知的权利""了解权""知悉权""资讯权"等。在现代社会,公法领域中的知情权,特指公民所享有的从行使公共权力的国家机关或其他组织那里了解、获取、知悉信息的自由和权利。在公民权利发展史上,知情权概念的主要贡献在于:它以简约、明了的形式及时地表达了现代社会成员对信息资源的一种普遍的利益需求和权利意识,从而为当代国家的公民权利建设展示了一个重要的、不容回避的认识主题。①

　　知情权思想的萌芽最早出现在关于国家行为应当公开的论述中。17世纪英国的思想家洛克提出:"无论国家采取什么形式,统治者都应该以正式公布的被接受的法律,而不是临时的命令和未定的决议进行统治,因为只有这样,才能使人民知道他的责任,并在法律范围内得到安全和保障,并将统治者限制在适当的范围内。"②1789年法国《人权和公民权宣言》第十五条规定,"社会有权要求全体公务人员报告其工作"。美国的开国功臣在建国之初即对知情权作过经典阐述,如托马斯·杰弗逊曾在巴黎写给国内友人的信中强调:"政府的基础源于民意。因此,首先应该做的,就是使民意正确。为免使人民失误,有必要通过报纸,向人民提供有关政府活动的充分情报。进一步则要研究把新闻广泛地传递到全体人民中去。"美国第四任总统詹姆斯·麦迪逊也认为:"一个没有大众信息,或缺少获得信息方式的民众的政府充其量不过是滑稽喜剧或是悲剧的序幕;也许是两者兼而有之。知识将永远支配无知;一个意欲做自己的管理者的民族必须用知识给予的力量来武

---

① 参见宋小卫:《略论我国公民的知情权》,《法律科学》,1994年第5期。
② [英]洛克:《政府论》(下),商务印书馆,1982年,第85~86页。

装自己。"①正是在这些理念的支撑下,知情权始得以逐步法制化和现代化。但由于历史条件的制约,作为一个明确的知情权概念以及对其相应的制度要求在此时还没有被正式提出。②

知情权作为特指一种权利主张的法学概念,是由美国新闻记者肯特·库珀在1945年一次演讲中明确提出的。他针对当时美国联邦政府机构内部蔓延着消极对待政务信息公开化,任意扩大保密权限的官僚主义倾向,呼吁政府尊重公民的知情权,让公民知道其应该知道的信息,政府应保证公民在最大范围内享有获取信息的权利,并且建议将其推升为一种宪法权利。肯特·库珀将知情权界定为:公民知悉、获取官方和非官方信息的自由和权利,政府将负有将非法律特别限制的一切情报、信息公开的义务。③较早将知情权作为一项基本权利加以确认和保障的,是原联邦德国的《基本法》。1949年实施的原联邦德国《基本法》第5条第1款规定:人人享有以语言、文字和图画自由发表、传播其言论的权利并无阻碍地依通常途径了解信息权利。④这是世界范围内第一次在宪法中明确认可知情权。此后,北欧国家芬兰、丹麦、挪威先后通过制定单行的情报公开法确认了知情权。1966年美国率先制定了

---

① ［美］T.巴顿·卡特,朱丽叶·J.迪:《大众传播法概要》,中国社会科学出版社,1997年,第146页。

② 思想家们和政治家们虽然对政务公开、保护公民的知情权有诸多论述,但那时,各国都还处于"小政府"时代,人们接触的政府机构就如威廉·韦德所言:"除了邮局和警察以外,一名具有守法意识的英国人可以度过的一生却几乎没有意识到政府的存在。"此时的小政府对公民个人生活的干预减少,人们还不大感觉到政府权力对公民的威胁,公民对政府活动的情况也不愿主动了解,也就提不出知情权的概念和政务公开的要求。参见刘广登:《论知情权》,载杨海坤:《宪法基本权利新论》,北京大学出版社,2004年,第160页。

③ 参见徐耀魁:《西方新闻理论评析》,新华出版社,1998年,第189页。

④ 参见姜士林:《世界宪法大全》,中国广播电视出版社,1989年,第707页。

《信息自由法》，1972年制定了《联邦咨询委员会法》，1974年颁布了《个人隐私法》，1976年通过了《阳光下的政府法》，1996年发布了《电子化信息公开法》。这一系列全国性立法，使知情权在美国成为公民的一项基本权利，并在保障公民知情权方面形成了较为完备的法律体系。

（二）公民知情权的法律基础

二战以前，知情权基本上是新闻从业人员的主张和口号，真正将知情权确立为一项法律权利，并对其进行大规模的理论研究和立法尝试，则是二战之后在表达自由（freedom of expression）的框架下展开的。许多国家在人权法案、宪法层面上确认、解释知情权，并通过制定专门的政府信息公开法以落实和保障公民知情权。同时，知情权也得到国际性人权法律文件的一致确认。

1. 国际法层面

知情权是公民的基本权利已成为当今民主宪政国家的基本理念。从国际人权法的角度看，早在1946年联合国通过的第59号决议中，知情权就被宣布为基本人权之一。该决议宣称："查情报自由原为基本人权之一，且属联合国所致力维护之一切自由之关键。"1948年《世界人权宣言》第19条规定："人人有权享有主张和发表意见的自由；此项权利包括持有主张而不受干涉的自由，和通过任何媒介和不论国界，寻求、接受和传递消息和思想的自由。"1966年《公民权利和政治权利国际公约》又更为详细地确立了知情权的正当性，其第19条第2款规定："人人有自由发表意见的权利；此项权利包括寻求、接受和传递各种消息和思想的自由，而不论国界，也不论口头的、书写的、印刷的、采取艺术形式的，或通过他所选择的任何其他媒介。"在这两个联合国文件中,获得政府信息权并没有被作为独立的权利加以确认,而是作为表达自由的一部分。1968年《德黑兰宣言》标志着知情权保护的一个重要发展。该宣言第五条首次将"新闻自由"与"发表自由"相提并论,从而使知情权从"发表自由"中突显出来加以强调。1978年,联合国《关于新闻工具有助于加强和平与国际了解、促进人权、反对种族主义、种族隔离及战争煽动的基本原则宣言》是关于知情权的系统的国际人权法文件。该文件第二条重申:"享有主张、发表意见和新闻等自由的权利,被公认为人权和基本自由之不可分割部分。"该宣言广泛涉及新闻来源、新闻手段、新闻工具、报道自由、采访自由、新闻参与、新闻传播和流通等一系列问题,也是迄今为止最重要的有关知情权的专门性国际人权法文件。

2. 国内法层面

知情权的国内法依据包括宪法层面的依据和单行法层面的依据。由于知情权制度产生较晚,知情权概念也只在近五十多年才广泛流行,各国宪法一般未明确使用"知情权"名称,而是从不同角度规定知情权的内容。

目前,中国宪法没有采取集中明确地在条文中规定知情权的形式,而是以分散的形式在有关条文中规定了公民知情权的内容。宪法确立的人民主权原则、对政府的监督权和言论自由权利蕴含了公民的知情权。宪法第二条明确规定:"中华人民共和国的一切权利属于人民。人民行使国家权力的机关是全国人民代表大会和地方各级人民代表大会。人民依照法律规定,通过各种途径和形式管理国家事务,管理经济和文化事业,管理社会事务。"这既是我国宪法人民主权原则的具体体现,也成为我国公民知情权的宪法依据。宪法第二十七条第二款规定:"一切国家机关和国家工作人员必须依靠人民的支持,经常保持同人民的密切联系,倾听人民的意见和建议,接受人民的监督,努力为人民服务。"只有国家机关切实实行政务公开,使人民在充分了解政务信息的基础上提出意见和建议,人民对国家机关的监督权才能落到实处。此外,从对公民"言论、出版、集会、结社、游行、示威的自由",公民对任何国家机关和工作人员的"批评和建议的权利","申诉、控告或者检举的权利","科学研究、文学艺术创作和其他文化活动的自由"等规定中,都可推导出知情权的内容。

除了宪法的规定体现了知情权的理念外,我国现行的法律法规也确认和规定了公民知情权的相关内容。如《中华人民共和国行政诉讼法》的被告的举证责任及公开审理;《中华人民共和国行政处罚法》规定的"公开原则""告知制度""听证制度";《中华人民共和国选举法》的候选人公布等,均不同程度地反映了公民知情权的内容。在统一的政府信息公开立法颁布之前,有的法律法规对政府在相应领域的信息公开义务作了规定。如《中华人民共和国立法法》第六十一、六十二条规定:"行政法规由总理签署国务院令公布。行政法规签署公布后,及时在国务院公报和在全国范围内发行的报纸上刊登。"《中华人民共和国行政复议法》第四条规定:"行政复议机关履行行政复议职责,应当遵循合法、公正、公开、及时、便民的原则";第二十三条第二款规定:"申请人、第三人可以查阅被申请人提出的书面答复,做出具体行政行为的证据、依据和其他有关材料,除涉及国家秘密、商业秘密和个人隐私外,行政复议机关不得拒绝。"《突发公共卫生事件应急条例》第二十五条规定："国家建立突发事件的信息发布制度。国务院卫生行政主管部门负责向社会发布突发事件的信息。必要时，可以授权省、自治区、直辖市人民政府卫生行政主管部门向社会发布本行政区域内突发事件的信息。信息发布应当及时、准确、全面。"这些条款以规定政府在相关领域政务公开义务的形式确保了公民的知情权。

二、政务公开在当代中国政治发展中的实践历程

我国的政务公开建设经历了由最初作为党的一项政策逐渐走向法制化道路的历程。在民主革命时期，出于动员和团结人民群众的需要，党的领导人也曾强调过政策公开的原则。毛泽东在《对晋绥日报编辑人员的谈话》中说过，党的有关政策"都应当在报上发表，在电台广播，使广大群众都能知道"。只有这样，才能"使群众认识自己的利益，并且团结起来，为自己的利益奋斗"。周恩来也曾指出："任何政策的决定或改变，任何政策之中正确的部分或错误的部分，必须适时地不但向干部而且向群众公开指出，才能得到群众的了解和拥护而成为力量。"[①]但由于受到长期革命斗争中形成的保密传统、当时的政治体制和社会环境等诸多因素的影响，改革开放以前我国的政务公开工作并未开展起来。改革开放以来，政务公开建设作为党和国家政治改革的一项基本内容被重视起来而得以较为快速地发展，总体而言包括以下三个阶段：

（一）初步发展阶段（1987—2002年）

改革开放以来，政务公开作为我国政治体制改革的一项重要内容

---

① 《周恩来选集》（上），人民出版社，1980年，第301页。

开展起来,最初是作为党的一项基本政策被确定下来的,其形成最早可追溯到1987年的中国共产党第十三次全国代表大会。党的十三大报告中第一次明确提出:"要建立社会协商对话机制,提高领导机关活动的开放程度,重大情况让人民知道,重大问题经人民讨论。""要通过各种现代化的新闻和宣传工具,增强政务和党务活动的透明度,发挥舆论监督的作用。"在党的十三大精神的推动下,于20世纪80年代后期以促进廉政建设为目的而开展的"两公开一监督"活动,即公开办事制度、公开办事结果、接受群众监督,可视为我国推行政务公开的最初尝试。①此后,我国从地方到中央各级政府相继开始进行政务公开的实践。

村务公开的开展对政务公开问题的理论研究与实践发展起到了巨大的推动作用。1988年《中华人民共和国村民委员会组织法》在全国试行后,福建、山西等二十四个省、自治区、直辖市地方法规规定村民委员会办理本村公共事务和公益事业的经费要按时公开。1990年12月,中共中央批转《全国村级组织建设工作座谈会纪要》的通知,要求各地"增加村务公开的程序,接受村民对村民委员会工作的监督"。1994年10月,中共中央下发《关于加强农村基层组织建设的通知》,要求各地广泛开展依法建制、以制治村、民主管理活动,提出要抓好"村务公开"制度建设。村务公开中体现的村民参与管理和监督的精神以及村务公开的法制化发展趋向为我国政务公开建设的展开起到了示范效

---

① 当时,许多人民法院为了更好地发挥审判机关的职能作用,坚持"从严治院",把廉政建设作为加强自身建设的头等大事。地方法院实行的"两公开一监督"制度,把有关的法律条文归纳为立案条件、审理程序、收费标准和干警纪律四个方面的内容,用公开信的形式向社会公布,既增强了法院工作的透明度,又方便群众诉讼和监督,对法院的廉政建设和审判工作起到了促进作用,并取得了良好的社会反响。

应和推动作用。

党中央、国务院对政务公开工作的重视确保了政务公开建设的不断展开。继党的十三大报告中首次提出增强政务活动透明度以来，党的全会报告中关于政务公开的认识和阐述不断深化。1997年党的十五大报告中提出："城乡基层政权机关和基层群众性自治组织，都要健全民主选举制度，实行政务和财务公开，让群众参与讨论和决定基层公共事务和公益事业。""坚持公平、公正、公开的原则，直接涉及群众切身利益的部门要实行公开办事制度。"2002年党的十六大报告中更为明确地提出：发展电子政务，认真推行政务公开制度，加强组织监督和民主监督，发挥舆论监督的作用。中央对政务公开的认识由作为基层政权机关和群众组织的公开办事制度发展到将政务公开作为政治体制改革中的一项专门制度。对政务公开认识的深化和定位的提高对于确保政务公开建设的发展起到了导航作用。

按照中央全会的精神，继最高人民检察院于1998年率先实行了检务公开后，法院、公安、海关、监狱等重要司法和行政执法机关亦开始相继推行审判公开、警务公开、海关关务公开和狱务公开等公开措施。①1999年，以政府上网工程为标志的电子政府建设进一步推进了政务公开的进程。1999年1月22日，由中国电信和国家经贸委经济信息中心牵

---

① 如1998年，最高人民检察院公布"检务十公开"，提出用"人民拥护不拥护，赞成不赞成，满意不满意"作为检验检察工作的根本标准。又如中国国家公安部决定在全国公安机关实行警务公开制度，以进一步增强公安工作的透明度，推动公安机关廉政建设。公安部提出，警务公开的内容是：第一，公开执法依据、制度和程序；第二，公开刑事执法；第三，公开行政执法，包括公安机关行政执法的范围和职权，如办理户口、居民身份证、车辆牌证和机动车驾驶证、边境通行证和出入境证件等。参见《中国警务将公开，增强公安透明度》，《新加坡联合早报》，1999年6月19日。

头、联合四十多家部委(办、局)信息主管部门在京共同举办"政府上网工程启动大会"，倡议发起了"政府上网工程"。电子政务的开展为政府信息的发布提供了更为快捷、方便的渠道。2000年12月，中共中央办公厅、国务院办公厅发出了《关于在全国乡镇机关全面推行政务公开制度的通知》，推行"乡镇政务公开"。

(二)快速发展阶段(2003—2006年)

2003年春"非典"疫情突然来袭，以疫情信息的准确、及时发布为契机，此后我国的政务公开建设进入了快速发展阶段。该时期重点抓了政务公开的组织建设、法制建设、电子政务建设等几项工作。

在组织建设方面，2003年6月，中央成立了由中纪委、监察部、国务院办公厅、中组部、全国总工会、民政部、财政部、人事部、国务院信息化工作办公室等9个单位负责人组成的全国政务公开领导小组，加强了对全国政务公开工作的组织、协调和指导。各地区各部门按照领导小组的要求，亦相继成立了领导机构和办事机构。至此，各省(区、市)、国务院68个部门以及大部分市、县成立了专门机构。全国政务公开领导小组定期召开全国政务公开会议，对政务公开工作要点进行整体部署。

在法制建设方面，2004年3月，国务院印发了《全面推进依法行政实施纲要》，把行政决策、行政管理和政府信息公开作为推进依法行政的重要内容。2005年1月，党中央印发的《建立健全教育、制度、监督并重的惩治和预防腐败体系实施纲要》中明确提出"健全政务公开、厂务公开、村务公开制度"。2005年3月，中共中央办公厅、国务院办公厅出台了《关于进一步推行政务公开的意见》，首次明确提出将政务公开作为各级政府施政的一项基本制度，标志着这一制度创新被正式纳入制度化建设轨道。意见提出，要积极探索和推进政务公开的立法工作，抓紧制定《政府信息公开条例》。条件成熟的地区和部门要研究制定地方性法规或规章，逐步把政务公开纳入法制化轨道。按照意见要求，全国政务公开领导小组对各地区各部门政务公开制度建设作出了具体部署，研究确定主动公开和依申请公开制度、政务公开评议和责任追究制度建设的试点单位，积极开展全国政务公开制度建设试点工作。

在电子政务建设方面，2006年1月1日零时，中国政府网（www.gov.cn）正式开通，它标志着我国电子政务建设迈出了重要一步。中国政府网是国务院和国务院各部门，以及各省、自治区、直辖市人民政府在国际互联网上发布政务信息和提供在线服务的综合平台。登录此网站即能找到较大城市政府部门的政策法规、办事程序等内容。2006年3月，国家信息化领导小组印发了《国家电子政务总体框架》。5月，中共中央办公厅、国务院办公厅转发了《国家信息化领导小组关于推进国家电子政务网络建设的意见》的通知。这两个文件成为新时期我国电子政务建设的指导性文件。

（三）法制化发展阶段（2007年至今）

在第九届全国人民代表大会第二、第四、第五次会议上，先后有代表提出我国应制定专门的《中华人民共和国政府信息公开法》。2007年1月，《中华人民共和国政府信息公开条例（草案）》由国务院常务会议原则通过。会议认为，推行政府信息公开是推进社会主义民主、完善社会主义法制、建设法治国家的重要举措，为进一步推进和规范全国政府信息公开工作，更好地发挥政府信息对人民群众生产生活和经济社会活动的服务作用，有必要制订专门的法规。会议决定，草案经进一步修改后,由国务院公布施行。①2007年4月5日,温家宝总理签署第492号国务院令,国务院正式公布了《中华人民共和国政府信息公开条例》,该条例已自2008年5月1日起正式施行。条例的出台是对政务公开制度的完善,有助于推动政务公开在法制轨道上的开展,彰显了中国建立透明政府和服务型政府的决心。就法律地位而言,条例作为国务院制订的行政法规,是目前我国政务公开领域效力层级最高的法律依据。它改变了以往政务公开工作主要是由中央发布的指导性文件推动的局面,为各地区的政务公开工作提供了统一的、更高层次的法律依据。条例的实施使得各级政府的政务公开工作更加规范化。

2007年党的十七大报告中再次明确指出:要深化乡镇机构改革,加强基层政权建设,完善政务公开、村务公开等制度,实现政府行政管理与基层群众自治有效衔接和良性互动。同时,十七大报告中首次将公民知情权列入其中,提出要依法实行民主选举、民主决策、民主管理、民主监督,保障人民的知情权、参与权、表达权、监督权。这表明我国的政务公开在走上法制化轨道的同时,实行政务公开以保障公民知情权的理念也逐渐形成。

2011年中共中央办公厅、国务院办公厅联合印发了《关于深化政务公开加强政务服务的意见》。这是继2005年中共中央办公厅、国务院办公厅下发《关于进一步推行政务公开的意见》后下发的第二个政务公开的规范性文件,其目的是对地方政府政务公开实践中取得的进展和经验进行总结、规范。与此同时,随着我国政务公开的深入推进,针

---

① 参见中央政府门户网站http://www.gov.cn,2007年1月17日报道。

对政务公开实践中出现的公开程序欠规范、公开标准欠缺、公开内容不全面、监督考核机制不完善等新情况、新问题提出要求。《关于深化政务公开加强政务服务的意见》有不少创新，如针对行政权力运行过程不透明的问题，更强调和注重过程的公开，强化对权力运行的制约。2012年党的十八大报告中再次强调公民知情权，提出"坚持用制度管权管事管人，保障人民知情权、参与权、表达权、监督权，是权力正确运行的重要保证。"同时，提出"推进权力运行公开化、规范化，完善党务公开、政务公开、司法公开和各领域办事公开制度，健全质询、问责、经济责任审计、引咎辞职、罢免等制度，加强党内监督、民主监督、法律监督、舆论监督，让人民监督权力，让权力在阳光下运行。"党的十八大之后，国家相继公布了规范政务公开的文件。2013年国务院办公厅发布了《关于进一步加强政府信息公开回应社会关切提升政府公信力的意见》。意见指出要进一步加强政务公开平台建设、健全舆情收集和回应机制、加强机制建设、完善保障措施等。2014年中央办公厅发布的《关于建立健全信息发布和政策解读机制的意见》和国务院办公厅发布的《关于加强政府网站信息内容建设的意见》等文件的出台对用好政府网站促进政务公开、新闻发布、政策解读、提升政府公信力等作出重要部署。

2014年党的十八届四中全会作出了"全面推进政务公开"的战略部署，明确了政务公开的原则，即"坚持以公开为常态、不公开为例外原则"，确立了政务公开范围的整体框架，即"决策公开、执行公开、管理公开、服务公开、结果公开"，并提出了重点推进财政预算、公共资源配置、重大建设项目批准和实施、社会公益事业建设等领域的政府信息公开。党的十八届四中全会对政务公开的部署被认为是新时期具有鲜明中国特色政务公开的新格局。其在政务公开的范围和原则上相较于《政府信息公开条例》有实质性的提升。一方面，其强调全面政务公开，对政务公开的范围比对《政府信息公开条例》中关于公开范围的规定要广的多。另一方面，"强调坚持以公开为常态不公开为例外原则，弥补《条例》在基本原则上的立法缺憾。"[1]党的十八届四中全会部署的、2015年《政府工作报告》要求切实推进的新时期的"政务公开"，既不同于我国以往政务公开的制度与实践探索，也不同于国外有关知情权保障、透明度建设等的理论、制度与实践，是充满新时期特点、具有鲜明中国特色的政务公开新格局，既"新"又"特"。[2]

2016年中办、国办印发了《关于全面推进政务公开工作的意见》。该意见是对党的十八届四中全会中有关政务公开战略部署的落实，确立了新时期政务公开工作的指导思想、基本原则和工作目标。意见指出，公开透明是法治政府的基本特征，推进行政决策公开、执行公开、管理公开、服务公开和结果公开，扩大政务开放参与，稳步推进政府数据开放共享，修订政府信息公开条例，依法积极稳妥制定政务公开负面清单，到2020年政务公开工作总体迈上新台阶，公开内容覆盖权力运行全流程、政务服务全过程，公开制度化、标准化、信息化水平显著提升。由此可见，该意见的发布体现了中央全面推进政务公开的全面性和系统性。全面推进政务公开既实现了对权力运行过程的全覆盖，

---

① 周汉华：《打造升级版政务公开制度——论〈政府信息公开条例〉修改的基本定位》，《行政法学研究》，2016年第3期。

② 参见后向东：《中国特色政务公开基础性问题探讨》，《行政管理改革》，2015年第5期。

也注意到政务公开与法治政府、创新政府、廉洁政府和服务型政府之间的相互联系。既强调政府政务公开能力的提升，也重视扩大政务开放中的公民参与。更为重要的是全面推进政务公开体现了以人民为中心的治理理念，把群众"看得到、听得懂、信得过、能监督"作为评判政务公开成效的标准。

三、实施政务公开制度的意义

政务公开是指国家行政机关和法律法规授权的，具有管理公共事务职能的组织在行使国家行政管理职权的过程中，通过法定形式和程序，主动将政府事务及信息向社会公众公开或依申请向特定申请人公开的制度。实施政务公开是建设民主政府、服务政府、责任政府和法治政府的必然要求。具体而言，主要包括以下五个方面：

（一）实行政务公开是信息社会的客观要求

信息化是当今世界经济和社会发展的大趋势，信息化水平已成为衡量一个国家和地区现代化水平的重要标志。在所有的社会组织中，由于政府具有其他社会组织无法比拟的力量，因此在信息的搜集、处理和储存中拥有很多便利条件，从而使其成为社会中最为重要的信息源。据统计，政府所拥有的信息占社会信息总量的80%左右。[①]在所有国家中，由于政府是最大的信息所有者和控制者，信息社会的前提是政府信息化，而政府信息化的核心是政府信息资源的有效开发和利用。美国图书馆与信息科学全国委员会在2001年发表的一份权威性报

---

① 参见甘利人、朱宪辰主编：《电子政务信息资源开发与管理》，北京大学出版社，2003年，前言。

告中,系统地分析了信息技术发展给政府信息资源利用所带来的挑战,并将政府信息资源列为与土地、能源、劳动力、资本等资源并列的国家战略性资源。包括世界银行与国际货币基金组织等在内的各种国际组织近年来对中东欧国家经济发展与政府透明度的关系进行了全面研究,得出了两者之间的正相关关系的肯定结论。同样,我国只有实行政务公开,实现信息资源的社会共享,才能充分发挥其所蕴含的经济价值和社会价值。

(二)政务公开是深化行政管理体制改革、推进依法行政的题中应有之义

加快行政管理体制改革是消除经济社会深层矛盾和问题、全面深化改革和提高对外开放水平的关键环节。党中央、国务院历来高度重视行政管理体制改革。改革开放特别是党的十六大以来,我国不断推进行政管理体制改革,加强政府自身建设。政务公开是党和国家深化行政管理体制改革、建设法治政府的一项重要制度建设。从党的十六大报告到十九大报告,始终贯彻的重要任务之一就是行政管理体制改革,这是政府不断完善自身建设的重要途径。党的十六大报告中指出,我国要深化行政管理体制改革,进一步转变政府职能,改进管理方式,推行电子政务,提高行政效率,降低行政成本,形成行为规范、运转协调、公正透明、廉洁高效的行政管理体制。党的十七大报告中提出:"加快行政管理体制改革,建设服务型政府",同时指出:"完善各类公开办事制度,提高政府工作透明度和公信力。"党的十八大报告中提出行政管理体制改革的目标是建设人民满意的服务型政府,建立健全权力运行制约和监督体系,完善包括政务公开在内的各项制度,让权力在阳

505

光下运行。党的十九大报告中提出深化机构和行政体制改革，建设人民满意的服务型政府。从党的报告中可以看出，建立健全权力监督是行政管理体制改革的重点内容，而政务公开是强化公众对权力运行监督的重要举措。政务公开可以将政府行政管理运行过程公开化、透明化，这样便于公众加强对政府的监督。

依法治国是党治理国家的基本方略。党的十八届四中全会提出全面推进依法治国，将法治政府建设作为一项重大战略。行政机关依法行政是建设法治政府和全面推进依法治国的关键。公开透明是现代法治政府的基本特征。全面推进政务公开，让权力在阳光下运行，对于全面推进依法行政进而建设法治政府具有重要意义。政务公开在依法行政建设中具有十分重要的作用。其一方面要求行政权力的依据是公开的，另一方面它要求行政权力的行使程序也是公开的。由此可见，政务公开发挥着对政府行政权力规范的作用。按照国务院发布的《全面推进依法行政实施纲要》要求，在以转变政府职能为核心的行政管理体制改革中，要坚持改革行政管理方式，推进政府信息公开。改变政府信息分散、封闭的传统方式，加快电子政务建设，努力实现政府部门间的信息互通和资源共享。党的十八届四中全会通过的《中共中央关于全面推进依法治国若干重大问题的决定》中明确提出将全面推进政务公开作为深入推进依法行政，建设法治政府的重要举措。因此，从政务公开的发展历程、依法行政和法治政府的建设过程来看，推行政务公开和全面推进依法行政、建设法治政府的目标和进程是相一致的。

（三）政务公开是防止权力腐败的重要机制

腐败和反腐败是当今世界各国面临的共同问题。腐败的本质是以权谋私,基本形式体现为权力与利益的交易。腐败产生的原因众多,但其中一个重要的原因便是权力运行的不公开。历史和现实的经验都表明腐败行为具有较强的隐蔽性,是以权力运行的不公开为前提条件的。权力运行不公开使得无论是来自政府系统内部的或是外部的监督主体因失去知情权而无法进行有效监督。失去监督的权力自然容易导致腐败。在漫长的封建社会时期,形成了"民可使由之,不可使知之""刑不可知,则威不可测"的专制统治积习,权力的高度集中以及权力运作的隐秘状态成为导致腐败产生的关键因素。政治上的神秘性使政务处于暗箱之中而不为民所知,而黑暗的地方最易滋生腐败。"公开是限制行政的一种手段,阳光是最好的消毒剂,一切见不得人的事情都是在阴暗的角落里干出来的。"[1]政务公开所体现出来的公开透明和有序运作理念有利于打破权力运作的隐秘性,从而使得其具有反腐败的功能。当腐败被人们普遍视为破坏世界发展的癌症,成为各国政府最大的敌人之时,有识之士与各厉行法治之国,无不把提高透明度,建立开放政府,特别是将政务公开法制化作为反腐倡廉,建立公平、高效政府的灵丹妙药。[2]因此,建立政务公开制度对于预防腐败具有重要的现实意义。一方面,政务公开有助于行使公权力的人员自觉抵制腐败。政务公开要求政府机关全面推进政务公开,推进决策公开、执行公开、管理公开、服务公开、结果公开,这就使得政府机关及其工作人员行使公权处于社会监督之下,增加其腐败的成本,有助于自觉抵制腐败。另一

---

① 王名扬:《美国行政法》,中国法制出版社,1997年,第960页。
② 参见胡鞍钢:《中国:挑战腐败》,浙江人民出版社,2001年,第27页。

方面,政务公开为公众参与对权力的监督提供了制度保障,从而起到遏制腐败的作用。政务公开使公众能够及时了解政府机关的活动情况,将权力运行过程置于公众的监督之下,便于公众对公务员行使职权的行为进行监督,有助于防止腐败的滋生和蔓延。

（四）政务公开是世界贸易组织对政府透明度的基本要求

世界贸易组织的目标是建立一个完整的、更有活力的和持久的多边贸易体制,透明度是其主要目标之一。透明度原则,亦称透明原则、阳光原则,根据世界贸易组织法律体系规则的要求,世界贸易组织各成员方的法律和贸易政策应当具有透明度和可预见性,尽可能地明确和公开其贸易法规、政策、措施和程序等。世界贸易组织透明度原则要求我国:在合理的时间内以官方公报的形式公布所有与贸易有关的法律文件和行政措施;在合理的时间内向世界贸易组织成员方提供这些文件和措施信息,而且要经常将政策法规改变的情况通知世界贸易组织等。中国作为世贸组织的成员国之一,必须遵循世界贸易组织规则的限制和要求,实行政务公开,以更好地融入经济全球化的潮流。

（五）政务公开是实现治理现代化的必经之途

党的十八届三中全会通过的《中共中央关于全面深化改革若干重大问题的决定》提出:"推进国家治理体系和治理能力现代化。"国家治理体系和治理能力的现代化是对包括行政体制、经济体制、社会体制及其运行在内的规范化、制度化、法制化。政务公开是国家治理体系和治理能力现代化的题中应有之义,是治理体系和治理能力现代化的重要组成部分,更是实现治理能力现代化的重要环节。一方面,政务公开的深入发展可以提高政府透明度,提高政府执行力和公信力,从而有利于国家治理效能的提升。另一方面,政务公开的深入发展可以促进政府依法行政,有利于促进全面依法治国战略的推进,推动法治政府建设。此外,政务公开的深入发展有助于调动公众参与的积极性,促进政府决策的科学化、民主化,从而有利于国家治理能力的提升。国家治理的过程、治理的结果若不公开,则无法避免公共权力运行过程中的违法违规行为,也无法有效实施对国家治理成效的衡量。更为重要的是,伴随着我国政府职能的转变和行政事务的不断增加,政府与社会力量合作治理将成为一种趋势。国家治理体系和治理能力的现代化需要更多社会力量参与到治理中来,治理主体的多元化与参与必然需要进一步深化政务公开。换言之,深化政务公开是国家治理体系和治理能力现代化的客观要件之一。不断深化政务公开不仅为公众参与提供了基础,也为其他社会力量与政府的合作治理提供了保障。政府与其他社会力量通力合作的前提是其他社会力量对政府相关信息的知情权得到保障。政务公开不仅是国家治理体系和治理能力现代化的组成部分和重要环节,同时政务公开的建设成效也是衡量国家治理体系和治理能力现代化的一个重要标志。政务公开制度是中国透明政府建设的集中体现,是权力制约和监督基本制度的前提,是国家治理能力现代化的重要标志。①

---

① 参见鞠连和、顾怡:《论中国特色政务公开的反腐败机理》,《理论探讨》,2015年第2期。

第二节　地方和中央政务公开的实践

一、地方政府政务公开法制建设概况

　　我国的政务公开经历了一个自下而上、由点到面、由浅入深的渐进过程，即以建立试点、树立典型的方法推动政务公开工作的逐步展开。随着政务公开建设向法制化、制度化推进，各地区也结合实际，相继开展政府信息公开立法活动。自广州市政府于2002年11月6日公布了国内第一个《政府信息公开规定》以来，北京、深圳、杭州、上海、成都、武汉、重庆、河北、陕西、辽宁、海南等省市相继出台关于政府信息公开的地方性法规和规章。全国的乡镇政府和县级政府所属部门已普遍设立了政务公开栏，县级以上政府定期发布政府公报。全国80%的县级以上政府或政府部门建立了政府网站，大多数县级以上地方政府和部分中央国家机关建立了行政服务中心。国务院七十个部门、三十一个省（区、市）建立了新闻发布和新闻发言人制度。全国三十一个省（区、市）和三十六个国务院部门结合实际，制定了政务公开规定。①其中十三个省（区、市）制定了政府信息公开的地方性法规和规章（见表8-1）。

---

① 参见《中国纪检监察报》，2006年9月26日。

表8-1　中国省级政府信息公开立法概览

序号	省(市)	立法名称	通过机构	生效时间
1	上海市	上海市政府信息公开规定	市政府常务会议	2004年5月1日
2	湖北省	湖北省政府信息公开规定	省政府常务会议	2004年7月1日
3	重庆市	重庆市政务信息公开暂行办法	市政府常务会议	2004年7月1日
4	吉林省	吉林省政务信息公开管理办法	省政府常务会议	2004年9月5日
5	河北省	河北省政府信息公开规定	省政府常务会议	2005年7月1日
6	北京市	北京市政府信息公开管理办法 北京市政府信息网上公开试行办法	市政府常务会议	2004年2月 2005年10月1日
7	广东省	广东省政务公开条例	省人大常委会	2005年10月1日
8	海南省	海南省政府信息公开办法	省政府常务会议	2005年10月1日
9	陕西省	陕西省政府信息公开规定	省政府常务会议	2006年1月10日
10	辽宁省	辽宁省政府信息公开规定	省政府常务会议	2006年2月1日
11	黑龙江省	黑龙江省政府信息公开规定	省政府常务会议	2006年4月1日
12	江苏省	江苏省政府信息公开暂行办法	省政府常务会议	2006年9月1日
13	四川省	四川省政务公开规定	省政府常务会议	2006年9月1日

资料来源：主要参考各省(区、市)颁布的政府信息公开规定。

在全国政务公开领导小组的积极推动下，各地区各部门结合实际，不断推动政务公开建设向纵深方向发展。到2006年年底，北京、湖南、贵州、沈阳、南京、济南、大连等地相继建立了政务公开考核办法，广东、重庆、沈阳等地相继建立了政务公开责任追究制度。全国三十一个省(自治区、直辖市)政府已经建立政务公开管理制度，十五个副省级城市建立了政府信息公开制度。①在省级政务公开建设加紧进行的同时，我国各地市级和县级政府也积极推广。县级政务公开包括两个层面：一是县级政府权力设置和运行的公开，重点是事权、财权和人(事)权的公开；二是县级政府各个职能部门的公开，重点是办事公开。除政务公开栏外，各地还充分利用电子屏幕、电子触摸屏、互联网等现

---

① 参见新华网北京2006年12月10日电。

代化科技手段增大公开的容量和覆盖面。党的十六大以来,各地区各部门按照中央的要求和部署,有计划、有步骤地开展政务公开工作,取得了明显成效。全国乡镇和县(市)政务公开日趋规范,市(地)政务公开全面推行,省(区、市)和国务院部门政务公开正在积极推开,政务公开逐渐成为各级政府施政的一项基本制度。

二、地方政府政务公开立法文本分析

综观各省(区、市)颁布的政府信息公开规定,可以看出其基本内容和结构特点如下:

1. 总则

(1)立法宗旨。规定立法宗旨是立法的基本要求,每部法律都有其特定的立法目的和立法依据。从现行各地区政府信息公开的立法看,第一条都阐述了此项内容。保证公民知情权和建立透明政府,加强对行政权力的监督,是政府信息公开立法的应有之意。除重庆、北京外的省市,均在其规定中明示:"为保障公民、法人和其他组织的知情权……依据法律、法规的有关规定,制定本规定"。

(2)基本概念的界定。对基本概念的界定是政府信息公开的前提,只有对相关概念的含义有明确的界定,才能明确政府信息公开的范围和内容。各省市所限定的基本概念名称不一,有政府信息、政务信息、政务公开、政府信息公开等。但其概念所指内涵基本相同,大体上规定了信息公开主体、公开范围及公开内容的载体,即"政府机关掌握的与经济、社会管理和公共服务相关的,以纸质、胶卷、磁带、磁盘以及其他电子存储材料等载体反映的内容"。

(3)政府信息公开的原则。政府信息公开的原则在整个政府信息公开规定的内容中起到提纲挈领的作用。各国政府信息公开法都遵循"以公开为原则,以不公开为例外"的原则。各地区的政府信息立法在遵循此原则的基础上,也对信息公开的合法、真实、及时、便民、全面等原则作了明确规定。

2. 政府信息公开适用主体

(1)权利主体。权利主体即有权向相应政府信息公开义务主体提出信息公开请求的人。各地区政府信息公开立法都一致规定公民(自然人)、法人和其他组织是政府信息公开权利人,依法享有向政府机关提出信息公开申请、获取政务信息的权利。

(2)义务主体。各地区政府信息公开立法都规定政府机关是政府信息公开义务人,依法履行公开政府信息的义务。此外,我国除湖北、重庆、海南外的省、市、自治区,都同时规定法律法规授权的、具有管理社会公共事务职能的组织也是政府信息公开的义务主体。

3. 政府信息公开的内容和范围

政府信息公开的内容可以说是制定政府信息公开法的核心,规定什么信息可以公开,什么信息免除公开,对于确保权利主体获取信息的范围大小具有决定意义。

(1)公开内容。各地区政府信息公开立法都以肯定列举的方式明确了政府机关需主动公开的政府信息,大致包括以下五类:第一类为管理规范和发展计划方面,如政府规章、规范性文件、经济社会发展规划、城市规划等;第二类为与公众密切相关的重大事项方面,如影响公众人身和财产安全的疫情、灾情或者突发事件的预报、发生及其处理情况，行政许可相关事项等；第三类为公共资金使用和监督方面，包括政府采购项目的目录、限额标准、采购结果及监督情况，重大工程项目的招标、投标及工程进度，政府财政预算、决算和实际支出以及审计情况等；第四类为政府机构和人事方面，主要是政府机构设置及其职能，公务员招考、录用以及公开选任干部的条件、程序、结果等情况；第五类为法律、法规、规章规定应当公开的其他政府信息。

（2）免除公开的内容。各地区政府信息公开立法均一致规定涉及国家秘密、商业秘密、个人隐私及法律法规规定免予公开的其他情形的信息不予公开。此外，除重庆、北京、广东、四川外的其他省市在规定以上不公开内容的基础上同时规定："凡正在调查、讨论处理过程中的信息以及与行政执法有关，公开后可能会影响检查、调查、取证等执法活动或者会威胁个人生命安全的信息均不予公开。"在十三个省市中，只有上海、河北、海南、辽宁、江苏、黑龙江六省市对不予公开的信息作了例外规定，即涉及商业秘密或个人隐私的信息"经权利人或者相关当事人同意公开的"，"公开的公共利益超过可能造成的损害的信息"可以公开；涉及行政过程和执法的信息，"如果公开具有明显的公共利益并且公开不会造成实质性损害的，政府机关可以决定予以公开"。

4. 政府信息公开的形式和程序

政府信息公开的形式有两种，即主动公开和依申请公开。各地区政府信息公开立法都对政府主动公开信息的形式和信息公开权利主体申请获得相关信息的程序作了明确规定。对于政府机关应主动公开的信息，可采取政府公报、报纸杂志、广播电视、政府网站、新闻发布会以及其他便于公众及时准确获得信息的形式予以公开。

政府信息公开程序是作为信息公开义务主体的政府机关依法公开政府信息应当遵循的方式、步骤、时限和顺序。政府信息公开的程序为公民获取政府信息提供了程序上的保障。各地区政府信息公开立法对公民获得相关信息的程序基本规定为：①申请人向政府机关提出信息公开申请。②政府机关依据申请作出明确答复，包括信息可以公开或者不予公开、对于可以公开的信息提供获取方式和途径等，对于不予公开的信息应依规定向申请人说明理由。③各省市政府信息公开规定对政府机关作出答复的期限规定为5日、7日、10日、15日不等，对于特殊情况亦规定了确定的可延长日期。④对于信息公开的费用，"政府机关主动公开的政府信息，应当向公众免费提供"，"政府机关依申请向公民、法人和其他组织提供政府信息，可以收取实际发生的检索、复制、邮寄、递送等成本费用。收费标准由市财政和价格主管部门统一制定"；⑤关于第三方信息的处理，只有上海、海南、河北、吉林、重庆5省市的政府信息公开规章中涉及第三方信息的处理。"可能影响第三方权益的，除第三方已经书面向政府机关承诺同意公开的外，政府机关应当书面征询第三方的意见。第三方在要求的期限内未作答复的，视作不同意提供。"

5. 政府信息公开的监督和救济

监督和救济是确保公民知情权利，促使政府机关履行信息公开义务的两种机制。监督强调事前及事中的预防和监控，救济则着眼于事后的补救。各省市的政府信息公开立法对此项内容的规定不甚一致，只有上海、北京、海南、四川4省市的政府信息公开规定中同时明确了监督和救济机制，陕西、辽宁两省信息公开规定中则同时缺失了两种机制。此外，吉林、河北两省信息公开规定中没有规定监督机制，而湖北、广东、黑龙江、江苏四省的信息公开规定中则没有救济机制。

（1）监督机制。就监督机构而言，规定县级以上人民政府法制工作机构、监察部门依照各自的职责，负责对政府信息公开的实施情况进行评议和监督检查。就监督方式而言，主要包括对公开义务人的政府信息公开情况进行定期或不定期检查；在各公开义务人内部开展评议活动，听取其工作人员对政府信息公开工作的意见；通过举办民主议政日活动等渠道，广泛倾听社会各界的意见；设立政府信息公开投诉电话和信箱，及时查处违法或失当行为，并向投诉人通报处理情况。

（2）救济机制。公开权利人认为政府机关的行为侵犯其合法权益，有权依法申请行政复议或者提起行政诉讼。上海、吉林、海南三省市进一步细化了权利人获得救济的途径，即"公民、法人和其他组织认为政府机关违反本规定的具体行政行为，侵犯其合法权益的，可以依法申请行政复议，对行政复议决定不服的，可以依法提起行政诉讼；公民、法人和其他组织也可以依法直接向人民法院提起行政诉讼。"

6. 责任追究

权力意味着责任，如何促使政府机关及其工作人员履行应尽的职责和义务，政府信息公开立法应该对其不作为及不当作为所应承担的责任加以明确规定。各省市在其信息公开立法中，都对此项内容有所规定。根据规章内容，如果公开义务人实施政府信息公开，违反有关法律法规或本规定的，各级人民政府政务公开主管机构有权责令其限期改正，逾期不改的，予以通报批评，并追究其主要负责人的行政责任。此外，江苏、四川两省的信息公开规章中还规定，情节严重构成犯罪的,依法追究刑事责任。

三、地方政府政务公开存在的问题

我国地方政府在政务公开方面进行的立法活动,既在现实生活中有一定的积极意义,同时也产生了一定问题。在《政府信息公开条例》出台之前,规章制定及实施的短周期性较为迅速地在一定程度上填补了我国关于政府信息公开的立法空白,使地方政府政务公开初步做到有法可依。同时,规章的灵活性及实验性特征将可能出现的问题限制在较小的范围内,一定程度上为高层级政府信息公开立法争取了时间并积累了经验。就产生的问题而言,由于各地立法背景、立法理念和立法技术上的差异,导致地方制定的规范性文件内容中存在着相互矛盾、规定模糊、文本简单化、相互抄袭、操作性较弱的现象。在实践中,随着我国政府信息公开案件的出现,地方政府规章的效力层次低下所隐含的矛盾日益显现出来,与现行法律法规相冲突的地方也亟待协调。具体而言,包括以下六个方面:

(一)公民知情权的不确定性

从立法的角度看,作为公民基本权利意义上的知情权,无论在宪法上,还是在相关法律、行政法规中都没有明确规定。然而,除重庆、北京外的各地区政府信息公开立法,在缺乏上位法规定的情况下,便自行确认了"知情权"概念,并笼统地将"有关法律、法规规定"作为立法依据。如《上海市政府信息公开规定》第一条规定:为了建立公正透明的行政管理体制,保障公民、法人和其他组织的知情权,维护其自身合法权益,监督政府机关依法履行职责,依据法律、法规的有关规定,结合本市实际情况，制定本规定。这样的做法不利于从根本上保障公民的知情权，当知情权受到侵犯时，无法从上位法中找到必要的法律依据。

（二）对免除公开信息的规定问题

现实法律世界是一个权利相冲突的世界。就公民行使其知情权而言，其可能与国家秘密、商业秘密、个人隐私等发生冲突。在保护公民知情权的同时，也必须对这些权利加以保护。"知情权的行使虽然是政治生活中很重要的一环，但是公开原则并不是政治生活中唯一原则。在某些情况下，知情权的行使可能会和其他重要的利益相冲突。例如与国家安全、行政活动效率以及个人和商业中必不可少的秘密等发生利益冲突。在这些情况下，知情权的行使不符合公共利益。知情权的公共利益必须和不公开的公共利益相平衡。各种利益的平衡是社会生活的重要基础。"①因此，各国信息公开法一般都以否定列举的方式明确规定免除公开的信息范围。确定免除公开信息的范围对于确保公民知情权具有重要意义。一方面，它可以反向规定公开信息范围的大小；另一方面，通过立法明确规定免除公开的信息可以对信息公开主体的自由裁量权起到限制作用。对此问题的规定涉及两方面内容，一是对免除公开信息的规定，二是对免除公开信息的例外说明。

通过与其他国家的立法比较可以发现，我国地方政府信息公开立法中对此项内容的规定至少存在以下问题：

1. 规定的免除公开信息用语概念化，缺乏可操作性

我国地方立法的相关条款中均规定，涉及国家秘密、商业秘密和

---

① 周汉华主编：《外国政府信息公开制度比较》，中国法制出版社，2003年，第58~66页。

个人隐私的信息不予公开，但对国家秘密、商业秘密和个人隐私所指内容没有进行具体说明。因此，虽然此项规定在理论上涵盖了可免除公开的信息，但在实践中却缺乏可操作性。针对此，可参考其他国家相关规定的细化程度。如美国《信息自由法》中规定了九类不公开的信息：保密文件；机关内部人事规则与制度；根据其他法律作为例外的信息；商业秘密与商业、财务信息；机关之间和机关内部的备忘录或者信函；个人资料、医疗档案等个人隐私；为执法目的而编制的记录或信息；关于金融机构的信息；地质与地球物理信息、数据与钻井地图等。[①]这些条款都可被涵盖在国家秘密、商业秘密和个人隐私范畴之内，由于操作性强，在实践中政府部门易于理解并掌握执行标准。

2. 对免除信息公开的规定缺乏与相关法律法规的衔接

地方政府信息公开规定中虽然指出涉及国家秘密、商业秘密和个人隐私的信息不予公开，但对国家秘密、商业秘密和个人隐私的概念及其范围没有作出进一步的具体规定。以国家秘密而言，其基本法律依据是我国1988年通过的《中华人民共和国保守国家秘密法》（以下简称《保密法》）以及1990年国务院批准发布的《中华人民共和国保守国家秘密法实施办法》。然而十余年后，可以说我国的社会状况已发生极大变化，致使《保密法》中的规定与社会现实多有不符，亟待调整。主要体现在以下两个方面：

第一，定密活动不规范，导致定密范围偏宽，密级偏高，对国家机密的适度开放及开放程序没有明文规定，从而妨碍了信息的合理使

---

① 参见刘杰.：《知情权与信息公开法》，清华大学出版社，2005年，第117~120页。

用。如《保密法》第9条规定：国家秘密的密级分为"绝密""机密""秘密"三级。"绝密"是最重要的国家秘密，泄露会使国家的安全和利益遭受特别严重的损害；"机密"是重要的国家秘密，泄露会使国家的安全和利益遭受严重的损害；"秘密"是一般的国家秘密，泄露会使国家的安全和利益遭受损害。该条款对国家秘密的等级分类过多，同时对何为国家秘密没有确定一个明确合理的划分标准。

第二，国家秘密只定不解。《保密法》规定解密有两种情况，一是自行解密，对定密时就确定了保密期限的，在保密期限届满时，就自动解密；二是程序解密，就是通过一定的程序对某项国家秘密解密。①而在实践中，却出现了有人定密，无人解密的现象，从而造成真正的秘密未必能保住，而毫无保密价值的信息又不予以公开的现象。鉴于《保密法》存在的诸多问题尚待解决，以此作为政府信息公开的法律参考依据，在实践中必然会产生一系列问题。因此，应以信息公开为原则，对相关法律法规进行修订，使法律法规间能够进行良好的衔接和协调。

3. 缺乏对免除公开信息的例外说明

秉承"以公开为原则，以不公开为例外"的信息公开原则，各国政府信息公开法往往对免除公开的信息进行例外说明，以确保信息最大范围地公开。其一，免除公开并不是绝对不公开，而是规定某些信息在某些例外情形下也可以公开。如日本《信息公开法》在明确规定不予公开的信息基础上，又规定了部分公开信息、裁量公开信息以及关于行

---

① 《中华人民共和国保密法》第十六条规定：国家秘密事项的保密期限届满的，自行解密；保密期限需要延长的，由原确定密级和保密期限的机关、单位或者其上级机关决定。国家秘密事项在保密期限内不需要继续保密的，原确定密级和保密期限的机关、单位或者其上级机关应当及时解密。

政文件的存在与否的信息。①其二,举证责任规则,即政府机关拒绝公民的信息公开申请时,须负责证明拒绝的理由。如美国《信息自由法》规定政府若拒绝提供申请人查询的信息,必须负责说明理由,如证明该信息属于豁免公开的事项。联邦政府机构每年要向国会提供一份年度报告,汇报有关情况,包括申请提供信息而被拒绝的次数和理由,当事人就此向政府官员提出申诉的次数、结果及理由,拒绝提供信息的官员的姓名、职称、职位及参与案件的数目等。在我国十三个已进行政府信息公开立法的省市中,只有六省市对免除公开的信息作了例外规定。又由于存在相互抄袭的现象,此项条文的内容具有高度同质性。②

(三)救济手段不足

这表现在两个方面:缺乏关于第三人异议的救济制度以及对知情权权利主体救济手段的不足。

1. 缺乏关于第三人异议的救济制度

在权利主体请求公开的信息中可能记有涉及第三人有关情况的信息,此信息的公开可能损害第三人的合法权益,在这种情况下,政府部门在公开信息前应当告知第三人,给予其核实信息真假、提出意见的机会。关于这一点,世界各国的政府信息公开法中都较少规定且保

---

① 日本《信息公开法》第六条规定了部分公开的信息,即信息中有不公开的内容,将该部分除去后剩余的部分信息公开;涉及个人的信息,如将个人姓名等除去后公开该信息对个人权益不会造成损害的予以公开。该法第七条规定了裁量公开的信息,某信息虽然是不公开的信息,但行政长官认为在公益上特别重要,可以决定公开。第八条规定,对于请求人,行政机关如果表明某行政文书的有无将会泄漏该信息时,行政机关对该文书的有无不予言明,可以拒绝该项请求。

② 上海、黑龙江、辽宁、河北、海南、江苏六省市的政府信息公开立法中对免除公开信息进行了例外说明,基本包括两项内容,即权利人同意公开的信息可以公开;公开信息具有明显的公共利益且不会造成国家利益实质性损害的,政府机关可以决定予以公开。

护力度不够。如韩国《公共机关信息公开法》第九条第三款规定，如果被公开的信息的一部或全部与第三人有关系，公共机关应将信息公开申请及时通知第三人，如有必要，可听取其意见。日本《信息公开法》的相关条款虽然规定，被请求公开的行政文件中记录有第三方信息的，行政机关首长在作出公开决定时可以将请求公开的行政文件的内容通知第三人，给予其提出意见书的机会，但并没有指明第三人可以核实信息的真伪，此外还规定难以判明第三人的所在时则不在此限。从其法律条文中可以看出，申请公开信息中涉及第三人的部分，是否通知第三人以及第三人可以在多大程度上维护自己的权益，主动权掌握在政府机关手中，这样的保护显然是不彻底的。

就现有资料来看，澳大利亚在第三人权利保护方面较为重视。其1982年生效的《信息自由法》与1988年颁布的《隐私法》配合使用，都赋予个人获得本人信息的权利以及在个人信息不准确、不完全、过时或令人误解时，修改或注解个人信息的权利，同时确保第三方在披露文件过程中享有协商权。在我国对涉及第三方信息处理进行规定的5省市地方性立法中，规定表述则过于简单，同样并未赋予第三方核实信息真伪的权利，从而使对第三方的权益保护易于流于形式。

2. 对知情权权利主体救济途径的不足

如上文统计，各省市的政府信息公开立法中对知情权权利主体救济途径的规定情况不甚一致，这表明各省市法规、规章制定单位对救济的定位及作用的理解存在一定偏差。只有上海、吉林、海南3省市的规章中对此项内容作了较为明确具体的规定，赋予了公民、法人和其他组织在其合法权益受到侵犯时，申请行政复议或提起行政诉讼的权利。而司法救济是确保知情权请求权能得以实现的必要保障，赋予公民信息公开请求权的同时却没有规定其获得救济的途径，无异于将此项权利束之高阁。

对比其他国家的同类规定，日本《信息公开法》的第三章对行政复议等事项进行了专门规定，内容涉及咨询、信息公开审查会、审查会的调查审议程序、诉讼管辖的特别规定等。韩国其《公共机关信息公开法》在第四章"上诉程序"中，亦对异议申请、行政裁决、行政诉讼、第三人的异议申请等进行了专门规定。相形之下，我国地方政府信息公开立法中对救济途径的规定则显得有些简单。现行制度对于政务公开的保障措施更多的是监督制度而不是救济制度，强调的是非法制性的投诉途径、侧面的监督以及内部责任的追究，而没有针对不同的侵犯政务公开的行为规定不同的法律救济途径。

（四）责任追究制度难以落实

虽然各省市政府信息公开立法都对政府机关违反规定所应承担的责任作出规定，但仔细观之可以发现，其责任追究制度的落实效果是难以保证的。首先，立法中并未明确政务公开制度的专门负责部门，权力归属不明确，从而使责任追究难以落实到人，为可能发生的相互推诿、无人负责埋下了隐患。其次，立法中虽然规定了违反立法的若干情形，但由于规章出台后，没有相继出台配套的实施办法，没有对违反的程度规定可以量化操作的具体指标，从而导致对违反规定的行为难以判定。再次，对相关责任人违反立法的行为多是内部责任的追究，同时并未对责任追究的责任人、程序、结果等信息是否公布作出明确规定。由于责任追究制度设计中尚存在可寻隙之漏洞，从而导致其对政务公开主体自由裁量行为的制约性及威慑力难以发挥。

（五）政府部门的自由裁量权过大

这首先表现在我国政务公开制度建设在很大程度上是依靠政府部门的前瞻意识，因而其立法过程不可避免地表现出一定的政策性和随意性。一些地方和部门响应中央号召纷纷制定本地区本部门的信息公开规定，建立网站公开政务信息，但其多是将政务公开视为一项办事制度而非法律制度予以推行。在政务公开是政府部门应该履行的义务以保障公民知情权这一权利义务观念缺失的背景下，办事制度的改革只是政府机关自己的事情，推行政务公开成为政府机关一种单向的社会承诺。其单向性则使公众的参与和监督成为空话，拒绝依公民申请公开信息，更毋提给予公民申请公开信息遭拒而获得救济的权利。

其次，由于政务公开是由政府制定规章，对自身科以新的责任和义务，无疑在其推进过程中将会遭遇由传统的工作作风、方法、内部规定乃至更深层次的利益格局和特权意识等所共同形成的瓶颈。政务公开的主动权仍掌握在政府部门手中，公布信息的内容、方式、时间以及公民获得信息的途径、程序等都由政府部门自主决定，在信息的公开与获得方面，公民权利与公共权力处于一种失衡状态。

（六）与现行法律法规的衔接问题

在地方政府快速立法背后所掩盖的是在立法之初，往往更多地考虑通过规章的象征意义，而实践中却缺乏技术层面的操作衔接。最典型的一个案例是我国"信息公开第一案"。①该案是自2004年5月1日《上

---

①　2004年8月16日，上海市民董某状告上海市徐汇区房地局信息不公开一案，在徐汇区法院公开审理。参见《信息公开第一案的阳光效应》，《南方周末》，2004年9月2日。

海市政府信息公开规定》正式实施以来,第一起公民以地方政府规章为法律依据提起诉讼的案件,也是我国公民首次以公开政府信息作为诉讼请求的案件。在"信息公开第一案"的庭审中,双方辩论焦点一度集中于2004年5月开始实施的《上海市政府信息公开规定》(简称《规定》)与1998年上海市政府发布的《上海市房地产登记材料查阅暂行规定》(简称《暂行规定》)的矛盾冲突。原告指出,该规定第十条明确列举了国家秘密、商业秘密、个人隐私、行政过程以及法律、法规规定免予公开的其他情形的信息才属于免予公开的政府信息,而原告董某请求公开的房屋产权相关档案资料信息不属于上述范围,因此徐汇区房地局应依法予以公开。而被告依据《暂行规定》中"只有房屋所有权的权利人或其代理人才可查阅与房产有关的原始凭证"的规定,认为原告所查房产已由国家接管,董某不是产权人而无权获得相关信息。

因此,当"陌生的信息公开规定条文被第一个案件激活的时候,当庭旁听的公众、原被告的律师、甚至法官,似乎都有些不知所措。整个庭审中,《规定》被适用时总是遭遇旧的法律法规的'突袭',似乎还很难显示其本身独立的价值"①。根据《中华人民共和国立法法》第八十三条规定,同一机关制定的法律、行政法规、地方性法规、自治条例和单行条例、规章,特别规定与一般规定不一致的,适用特别规定;新的规定与旧的规定不一致的,适用新的规定。依据新法优于旧法的原则,本案应适用《暂行规定》;而从特别法优于普通法的原则出发,则应适用《暂行规定》。根据《中华人民共和国立法法》第八十六条规定,同一机

---

① 参见《信息公开第一案的阳光效应》,《南方周末》,2004年9月2日。

关制定的新的一般规定与旧的特别规定不一致时，由制定机关裁决。因此，上海市政府作为两个法律规范的制定者应该是本案的裁决机构。但由于《上海市政府信息公开规定》中并没有就法律适用及衔接问题作出具体规定，我国又鲜有对此类案件的处理而无判例可循，因此"信息公开第一案"最终不了了之，上海市徐汇区房地局不需公开相关信息。

此外，各省市政府信息公开立法与我国关于规范政府行为的一般法律法规亦存在相矛盾之处。根据《中华人民共和国行政诉讼法》第十一条的规定，当事人只能就侵犯其人身权和财产权的具体行政行为提出行政诉讼，并未规定当事人的知情权受到侵犯可提起诉讼。如郑州市中原区人民法院对某案作出一审判决：法院认为，提起诉讼，应当符合属于人民法院受案范围的起诉条件，虽然原告有权查阅行政机关作出的准予行政许可决定，但没有证据证明其诉讼请求涉及行政机关侵犯其人身权、财产权，因此原告请求事项不属于行政审判权限范围。《中华人民共和国行政复议法》第六条规定了行政复议的受理范围，其中虽然明确了可以对包括人身权和财产权在内的所有权利受到侵犯的具体行政行为申请行政复议，但由于我国宪法、法律及行政法规中并未明确规定公民享有知情权，因此能否依据行政复议法就知情权受到侵犯申请行政复议，在法律上是不确定的。

四、《政府信息公开条例》的出台及其政府信息公开立法的统一

（一）《政府信息公开条例》的立法背景

党和国家领导人高度重视我国的信息化建设。党的十五届五中全

会提出:"大力推进国民经济和社会信息化,是覆盖现代化建设全局的战略举措。以信息化带动工业化,发挥后发优势,实现社会生产力的跨越式发展。"将信息化工作提到了一个战略高度。2001年8月,中共中央、国务院决定重新组建国家信息化领导小组,以进一步加强对推进我国信息化建设和维护国家信息安全工作的领导。当年12月召开的国家信息化领导小组第一次会议,明确了信息化要政府先行的决策,提出"政府信息化建设要与政府职能转变相结合,提高办事效率和管理水平,促进政务公开和廉政建设,特别要针对群众最关心的问题应用信息技术,增强为民办事的透明度和公正性",并把电子政务建设置于新时期国家发展战略的核心位置。

2002年7月召开的国家信息化领导小组第二次会议不但讨论通过了《国民经济和社会信息化专项规划》和《关于我国电子政务建设的指导意见》,还将电子政务建设中的法律制度建设摆到了非常重要的地位。有关方面还明确将制定政府信息公开条例、电子签章条例、个人数据保护条例与信息安全条例等列为近期制度建设的重点。党的十六大进一步作出了以信息化带动工业化、以工业化促进信息化、走新型工业化道路的战略部署;党的十六届五中全会再一次强调,推进国民经济和社会信息化,加快转变经济增长方式。

2003年7月召开的国家信息化领导小组第三次会议中明确提出,要以政府信息资源开发利用为突破口,带动全社会信息资源的开发利用。2004年10月召开的第四次国家信息化领导小组会议论了《关于加强信息资源开发利用工作的若干意见》和《关于加快我国电子商务发展的若干意见》。国务院总理、国家信息化领导小组组长温家宝指出,把行政管理体制改革与电子政务建设结合起来，推进政府职能转变。加快统一网络平台建设，实现信息资源共享。加强电子政务规划工作，逐步建成电子政务体系的基本框架。2005年11月国家信息化领导小组第五次会议在北京召开，会议审议并原则通过《国家信息化发展战略（2006—2020年）》。

在我国政务公开建设开始起步、党和国家领导人对信息化建设高度重视的背景下，中国社会科学院法学研究所于2000年初设立"信息社会与中国政府信息公开制度研究课题组"。课题组共有三项研究目标，其中一项是提出中国政府信息公开法草案（专家建议稿）。在研究过程中，课题组受托起草了政府信息公开条例草案。2007年1月，《中华人民共和国政府信息公开条例（草案）》由国务院常务会议原则通过，并于4月24日正式公布，该条例已自2008年5月1日起正式施行。

（二）《政府信息公开条例》的主要内容

《政府信息公开条例》（以下简称《条例》）的出台和施行有利于进一步统一规范政府信息公开工作，强化行政机关公开政府信息的责任，明确政府信息的公开范围，畅通政府信息的公开渠道，完善政府信息公开工作的监督和保障机制。具体而言，《条例》主要内容包括以下四个方面：

第一，《条例》规定的政府信息公开主体包括行政机关和法律法规授权的具有管理公共事务职能的组织。它们既是政府信息的拥有者，也是政府信息公开义务的承担者。《条例》第四条规定：各级人民政府及县级以上人民政府部门应当建立健全本行政机关的政府信息公开工作制度，并指定政府信息公开工作机构负责本行政机关政府信息公开的日常工作。此外，教育、供水、供电、供气、供热、环保、医疗卫生、计划生育、公共交通等与群众利益密切相关的公共企事业单位在提供社会公共服务的过程中也制作、获取、保存了大量社会公共信息。公开这些与人民群众生产、生活密切相关的社会公共信息，有利于更好地保障广大人民群众获取信息、利用信息的合法权益。为此，《条例》也将这部分公共企事业单位纳入了调整范围。同时，考虑到这些公共企事业单位不是行政机关，《条例》第三十七条特别规定，这些单位应当参照《条例》执行，具体办法由国务院有关主管部门或者机构制定。

第二，《条例》在"以公开为原则，以不公开为例外"作为政府信息公开原则的基础上，对政府信息的公开范围进行了三方面的规定。一是明确了行政机关主动公开政府信息的范围。《条例》第九条规定：行政机关对符合下列基本要求之一的政府信息应当主动公开：①涉及公民、法人或者其他组织切身利益的，②需要社会公众广泛知晓或者参与的，③反映本行政机关机构设置、职能、办事程序等情况的，④其他依照法律、法规和国家有关规定应当主动公开的。各行政机关要按此规定，在各自职责范围内确定主动公开政府信息的具体内容。同时，《条例》还根据县级以上各级人民政府及其部门、设区的市级人民政府、县级人民政府及其部门、乡（镇）人民政府的工作职责，分别规定了其应当重点公开的政府信息。

二是确立了依申请公开政府信息的制度。政府信息量大面广，涉及社会生产生活的各个方面。政府除了主动公开涉及最大多数人利益的公共信息外，还应提供满足公民特殊需要的信息。对此，《条例》第十三条规定：除行政机关主动公开的政府信息外，公民、法人或者其他组织还可以根据自身生产、生活、科研等特殊需要，向国务院部门、地方各级政府及县级以上地方政府部门申请获取相关政府信息。

三是明确了不予公开的政府信息范围。这是国外政府信息公开立法普遍采取的做法。《条例》第十四条规定：行政机关公开政府信息，不得危及国家安全、公共安全、经济安全和社会稳定。行政机关不得公开涉及国家秘密、商业秘密、个人隐私的政府信息。但是经权利人同意公开或者行政机关认为不公开可能对公共利益造成重大影响的涉及商业秘密、个人隐私的政府信息，可以予以公开。

第三，为了保障公民、法人和其他组织及时、准确地获取政府信息，提高政府信息公开的实效性，《条例》秉承公开信息"公正、公平、便民"的原则，要求行政机关根据实际情况，采用多种方式公开政府信息。一是行政机关应当及时、准确地公开政府信息，发现影响或可能影响社会稳定、扰乱社会管理秩序的虚假或不完整信息的，应当在其职责范围内发布准确的政府信息予以澄清；二是行政机关应当建立健全政府信息发布协调机制，发布政府信息涉及其他行政机关的，应当与有关行政机关进行沟通、确认，保证行政机关发布的政府信息准确一致；三是行政机关应当通过政府公报、政府网站、新闻发布会以及报刊、广播、电视等便于公众知晓的方式公开政府信息；四是各级政府应当在国家档案馆、公共图书馆设置政府信息查阅场所，配备相应的设施、设备，为公民、法人或其他组织查阅、获取政府信息提供方便；五是行政机关可以根据需要设立公共查阅室、资料索取点、信息公告栏、电子信息屏等场所、设施，公开政府信息；六是行政机关应当编制、公布政府信息公开目录和政府信息公开指南，并及时更新。

第四,《条例》建立了政府信息公开工作的监督和保障制度。一是各级政府应当建立健全政府信息公开工作考核制度、社会评议制度和责任追究制度,定期对政府信息公开工作进行考核、评议;二是政府信息公开工作主管部门和监察机关负责对行政机关政府信息公开的实施情况进行监督检查;三是各级行政机关定期公布本行政机关政府信息公开工作年度报告;四是公民、法人或其他组织认为行政机关不依法履行政府信息公开义务的,可以向上级行政机关、监察机关或政府信息公开工作主管部门举报,收到举报的机关应予调查处理;五是公民、法人或其他组织认为行政机关在政府信息公开工作中的具体行政行为侵犯其合法权益的,可以依法申请行政复议或提起行政诉讼。此外,《条例》还对违反相关规定,未建立健全政府信息发布保密审查机制、不依法履行政府信息公开义务、违反规定收取费用等行为设置了相应的法律责任。

(三)《政府信息公开条例》对地方立法的统一

随着《政府信息公开条例》的颁布施行,全国政务公开领导小组确定的2008年政务公开工作要点之一,就是要求各地区各部门要把施行《条例》作为政务公开工作的重中之重。如何以《条例》来协调各地方政府信息公开立法,是新时期我国政务公开法制建设过程中的重要环节。对比《条例》和地方政府信息公开立法,可以发现《条例》对地方立法中存在的不当之处、差异较大的内容都进行了明确规定,突出表现在以下三个方面:

第一,《条例》中并未将公民知情权写入立法宗旨,总则第1条规定:为了保障公民、法人和其他组织依法获取政府信息,提高政府工作的透明度,促进依法行政,制定本条例。这样的规定表明立法者对知情权的权利属性及其与政务公开的关系有着清晰的界定。知情权作为政务公开的宪法基础和立法依据,是宪法上的基本权利,同时它也是参政权、表达自由、监督权及其他宪法权利的基础性权利。知情权只有在宪法中出现,才能作为其他位阶法律法规的立法依据。

第二,《条例》对救济途径进行了明确规定。一方面,《条例》对涉及第三方信息如何处理情况进行了规定。《条例》第二十三条规定,行政机关认为申请公开的政府信息涉及商业秘密、个人隐私,公开后可能损害第三方合法权益的,应当书面征求第三方的意见;第三方不同意公开的,不得公开。但是,行政机关认为不公开可能对公共利益造成重大影响的,应当予以公开,并将决定公开的政府信息内容和理由书面通知第三方。另一方面,《条例》赋予了公民、法人或其他组织申请获取政府信息的权利和获得救济的权利。《条例》第三十三条规定,公民、法人或者其他组织认为行政机关在政府信息公开工作中的具体行政行为侵犯其合法权益的,可以依法申请行政复议或者提起行政诉讼。

第三,《条例》规定了行政机关违反条例的六种情形,并根据违反条例的程度规定了相应的责任追究制度。《条例》第三十五条规定,不依法履行政府信息公开义务的;不及时更新公开的政府信息内容、政府信息公开指南和政府信息公开目录的;违反规定收取费用的;通过其他组织、个人以有偿服务方式提供政府信息的;公开不应当公开的政府信息的以及违反本条例规定的其他行为的行政机关都要依情形给予惩罚。对行政机关责任的追究,由监察机关、上一级行政机关责令改正;情节严重的,对行政机关直接负责的主管人员和其他直接责任人员依法给予处分；构成犯罪的，依法追究刑事责任。违法情形及责任追究级别的细化有利于执法人员在实际操作中掌握标准。

第三节　政府信息公开的发展和完善

一、政府信息公开的新发展

（一）政府信息公开内容不断丰富

随着党和国家对政务公开重要性认识的深化和统一部署，政务公开内容或是范围体现为一个不断充实丰富的过程。政务公开从早期的个别地区、个别领域推行的便民措施和了解政府行政权力运行的窗口，发展成为全社会的共识。政务公开在早期的探索阶段主要是在基层乡镇和县级政府与群众密切相关的各类办事事项的公开。这一时期的政务公开无论是从公开的主体还是公开的内容都是相对有限的。2005年中央办公厅、国务院办公厅印发《关于进一步推行政务公开的意见》提出政务公开主体从乡镇基层政府推广到全部县和市，并在国务院各部门和省级政府部署。2008年《政府信息公开条例》颁布后政务公开的主体覆盖了全国范围内行政机关和履行公共权力的企事业单位。伴随着政务公开主体的拓展，政务公开的内容也不断扩大。自2012年起，国务院办公厅每年都发布政务公开年度要点和重点安排。2012年国办下发《政府信息公开重点工作安排的通知》，提出推进重点领域信息公开，包括推进财政预算决算、"三公"经费和行政经费公开、推进保障性住房信息公开、推进食品安全信息公开、推进环境保护信息公开、推进招投标信息公开、推进生产安全事故信息公开、推进征地拆迁信息公开和推进价格和收费信息公开。到2014年，要求公开的内容则更加广泛，从行政审批、财政预决算等特定领域转变为全过程、全方位的全领域公开，政府信息公开工作从重点领域走向全面深化。[①]2016年中办、国办印发《关于全面推进政务公开工作的意见》明确提出"决策、执行、管理、服务和结果"全过程公开，实现了政务公开从静态的结果信息扩展到动态的过程信息。

简言之，中央政府对政务公开的高度重视和良好政务环境的形成推动政务公开实践不断发展，政务公开内容从简单的"静态政务"扩展到"动态政务"，从单纯的结果公开扩展到以"决策—执行—管理—服务—结果"为公开框架的全过程公开，从政府信息公开扩展到政府数据公开。各地方政府积极贯彻中央全面推进政务公开的意见。江苏省"在公开范围上，围绕人权、事权、财权，将涉及群众切身利益的实际问题，群众普遍关心的热点、难点问题作为政务公开的重点，并逐步从部分领域、部分环节、部分事项向全方位、全过程拓展，从办事层面向决策、监督领域延伸"[②]。以政府数据公开为例，"截至2017年10月，有39个地方政府制定五十六项针对开放数据的政策，用以对政府的数据资源建设与开放做出有效指导"[③]。各地方政府制定的政策主要围绕两个方

① 参见孟庆国、李晓方：《全面推进政务公开：内涵诠释、实践特色与发展理路》，《河南师范大学学报》（哲学社会科学版），2017年第2期。

② 林涛、周江宏：《深化政务公开推进国家治理现代化——基于江苏推行政务公开的实践与探索》，《江苏省第八届学术大会学会专场论文哲学社会类论文汇编》，2014年11月。

③ 周文泓、夏俊英、谢玉雪：《我国地方政府开放数据的进展、问题与对策》，《图书馆论坛》，2018年第7期。

面:一是政务数据资源共享管理办法。贵州、浙江、福建等省级政府都在政策中说明了数据开放的必要性、基本要求等内容。各地政府制定政策贯彻国务院发布《政务信息系统整合共享实施方案》,围绕建设"大平台"、构建"大系统"提出政务信息系统整合的工作目标、任务规划。我国目前已建立二十个左右的地方政府数据开放平台,大多数为针对数据开放专门设立的独立门户。早在2012年,上海市就在市公安局、市交通委等9家职能部门启动了政府数据向公众开放试点工作。市民可以通过上海市政府数据开放平台下载9家试点单位提供的212项数据产品、30项数据应用,数据涵盖道路交通、地理位置、公共服务、经济统计、资格资质、行政管理等6大领域。[1]截至2016年3月30日,上海市政府数据开放平台的累计访问量已达615676次,提供728个数据产品,62个应用,51个接口以及24个移动应用免费下载。[2]

(二)政务公开渠道和方式日益多样

党的十八大以来,党中央、国务院就推进信息化时代政务公开作出了重要部署。2013年10月,国务院办公厅发布的《关于进一步加强政府信息公开回应社会关切提升政府公信力的意见》中明确要求:着力建设基于新媒体的政务信息发布和与公众互动交流的新渠道,规定各地区各部门积极探索利用政务微博、政务微信等媒体。2018年4月20日,在全国网络安全和信息化工作会议上,习近平总书记强调要运用信息化手段推进政务公开、党务公开,加快推进电子政务,构建全流程一体化在线服务平台。信息技术的发展推动政务公开载体的更新,增

---

① 参见卫军朝、蔚海燕:《上海推进政府开放数据建设的路径及对策》,《科学发展》,2014第11期。

② 参见姚梦山:《上海市政府数据开放平台发展对策研究》,安徽行政学院学报,2018年第3期。

强政务公开的时效性和便捷性。在"互联网+政务"的新形势下,我国政务公开的渠道和方式突破了过去以广告栏、报纸、广播、电视等传统媒体形式,形成了以政府网站、政务微博和政务微信等为载体的多元化、全方位的立体信息公开模式。根据国务院2018年第一季度全国政府网站抽查报告显示,截至2018年3月1日,全国正在运行的政府网站有23269家。其中省级政府门户网站32家,省级政府部门网站2349家,市级政府门户网站523家,市级政府部门网站14097家,县级政府门户网站2750家,县级以下政府网站1645家。政府网站抽检总体合格率为95%,这从一个侧面说明地方政府网站建设的成效较为显著。截至2016年年底,我国已开设政务微博164522个,2016年全年政务微博共发博7469多万条,总阅读量超过2605亿次,阅读量超过100的有12000多条,政务微博的总互动量也超过51亿次。[①]2014年9月,国家网信办要求全国各地党政机关贯彻落实《即时通信工具公众信息服务发展管理暂行规定》,强调政务公众账号要不断拓展和升级服务功能,结合职能定位开办政务办理、信息查询、网上支付等综合性业务。据统计,目前政务微信公众号已突破10万。

2017年3月北京师范大学京师中国传媒智库发布《2016政务微信发展报告》,报告显示政务微信在政务公开、资讯推送和公共服务方面正逐步架构起"以部门职能为特色,以便民服务为主导"的智慧平台与"掌上政府",这已日趋成为继政府官方网站、政务微博之后,发布政府信息的新媒体、提供公共服务的新平台和实现政民互动的新渠道。报

① 参见人民日报、新浪微博:《2016政务指数微博影响力报告》,http://season3_2016.legendh5.com/h5/2016yearly.html?,2017年1月19日。

告还对2016年政务微信账号100强进行了分析。从政务微信100强账号认证主体的级别上来看,中央部委、省市县(区)、乡镇部门均有入榜账号,其中中央部委13个,省级24个,地级市47个,区县16个,地级市政务微信表现较为突出。此外,地方政府政务微信呈现区域集群化的发展趋势。"网信河北"发起成立了省新媒体联盟,成员已有288个,覆盖全省13个市各级各领域,人数达2500万。"上海发布"融合16个区、29个委办局、24个重要机构的微信,形成上海政务微信矩阵。成都市已建立了市、区县和市级部门、街道和区县部门、村(社区)的四级政务新媒体集群体系,四千余个政务微博(微信)一网覆盖、互联互通。

(三)积极开展政务公开标准化规范化探索

2008年《政府信息公开条例》的实施使得我国政务公开工作步入了制度化、法治化的阶段,政务公开取得了显著的成效。但在取得成效的同时也应注意到政务公开领域尚存的问题。《条例》原则较为笼统、操作性不强的问题日渐凸显。"有些制度规定比较原则,政府信息公开的范围不够具体,公开义务主体不够明确,对于哪些信息应当公开、如何公开,存在不同理解和认识,实践中容易引发争议。"[1]从各级政府的政务公开实践来看,无论是对政务公开的内容、形式还是相应的管理规范以及运行机制的界定都不甚明确。此外,伴随着社会公众利益诉求日益呈现多元化,对政务公开提出日趋高标准的要求,标准化规范化无疑是进一步深化政务公开改革,建立更加公正、规范高效服务的重要举措,进而更好地保障社会公众的知情权、监督权。

---

① 参见国务院法制办公室《关于〈中华人民共和国政府信息公开条例〉(修订草案征求意见稿)的说明》,中国政府法制信息网公开征求意见系统,http://zqyi.chinalaw.gov.c/draftExplain?DraftID=1869。

　　中共中央办公厅、国务院办公厅印发的《关于全面推进政务公开工作的意见》提出全面推进政务公开遵循的原则和目标中都提到政务公开的标准化。其中原则中提出"依法依规明确政务公开的主体、内容、标准、方式、程序"，工作目标中提出"到2020年政务公开工作总体迈上新台阶，政务公开制度化、标准化、信息化水平显著提升"。国务院办公厅印发的《〈关于全面推进政务公开工作的意见〉实施细则》明确要求国务院各部门"不断提升主动公开的标准化规范化水平"，并以专门板块要求"推进基层政务公开标准化规范化"，在全国选取100个县（市、区）作为试点单位，探索"五公开"标准化规范化试点工作，探索县乡政府政务公开标准规范。随后，国务院办公厅印发了《关于印发开展基层政务公开标准化规范化试点工作方案的通知》，对基层政务公开试点工作进行了部署。事实上，在中央对政务公开标准化进行顶层设计之前，一些地方政府就开展了政务公开标准化的探索。

　　2012年，江苏省宿迁市进行行政服务体制改革，建设政务服务综合性服务平台——便民方舟。自2012年年底开始，宿迁市创建国家级服务业标准化试点单位，便民方舟全面推行政务服务标准化，先后发布实施各项标准855项，到2014年政务服务标准覆盖率和实施率均达到100%、群众满意率达到99%以上。宿迁市编制了《政府信息公开标准化基础知识读本》，提升了政府机关政务公开的水平。同时在宿迁政府网站上设置"政府信息公开标准化试点建设专题"板块，汇总政务公开标准化的政策法规、制度、工作动态等内容。

　　2014年四川省南充市积极探索政务公开标准化建设，将其作为建设开放型政府的任务之一。南充市政府办和南充质监局委托省标准化研究院编制了国内首个政务公开地方标准——《南充市政务公开标准》，该标准对公开内容、方式、程序、制度、载体建设等方面进行了技术规范。政务公开系列标准中的五项区域性地方标准分别为《政务公开第一部分：术语》《政务公开第2部分：基本要求》《政务公开第3部分：运行管理要求》《政务公开第4部分：公众意见处置规范》《政务公开第5部分：考核规范》。《南充市政务公开标准》的制定和实施加强了南充市政务公开的能力建设，进一步促进了政务公开工作有章可循、有序推进。

2016年5月，上海市普陀区申报了上海市标准化试点项目，启动了政府信息主动公开领域的标准化建设。普陀区的政务公开标准化试点项目无论是从内容、目标，还是从方式等方面来看，都与国务院办公厅公布的基层政府政务公开标准化规范化试点工作具有高度的契合性。因此，普陀区在推动政务公开标准化建设的过程中将国办试点和上海市试点的情况结合起来，统筹推进。2017年7月10日普陀区印发了《普陀区深入开展基层政务公开标准化规范化试点工作实施方案》，明确将试点范围扩大至区政府各工作部门和街镇，并增加除国办七个重点领域之外的其他领域，形成"7+X"工作模式（"7"指的是就业创业、社会救助、社会保险、户籍管理、医疗卫生、城市综合执法、养老服务国办规定重点领域；"X"指的是普陀区自选重点领域）。[①]在试点过程中，普陀区对61个领域的1932项政府信息主动公开事项进行了梳理，并在2017年9月发布全国首个依据GB/T 24421《服务业组织标准化工作指南》制定的基层政府信息主动公开标准体系系列标准（共包含152项标

① 参见蒋志洲：《敢！为人先！——记上海市普陀区政务公开标准化规范化试点》，《质量与标准化》，2018年第4期。

准，其中普陀标准104项），由此建立了以精细化为基准的政务公开普陀模式。普陀区的政务公开标准化试点取得了丰硕的成果，在2018年由中国社科院发布的《法治蓝皮书：中国法治发展报告（2018）》中，普陀区在全国县级政府透明度指数排名中位列全国第一。

二、政府信息公开的进一步完善

完善政府信息公开工作，需要进一步加强公民知情权的权利文化建设，确立知情权在宪法中的基本权利地位，完善公民知情权的法律保障体系，健全政务公开相关制度；同时要根据我国经济社会的新发展和新时期行政管理体制改革新进展，着重解决以下问题。

（一）进一步完善相关法律法规

2010年全国人大通过新修订的《中华人民共和国保守国家秘密法》（以下简称《保密法》），并于同年10月1日实施。此次《保密法》的修订在健全和完善相关制度方面取得了进步，如解决了过去国家秘密只定不解的问题，打破了秘密"终身制"，引入定密责任人制度使定密工作责任更加明确等。但从政府信息公开的视角来看，《保密法》在平衡保守国家秘密和保障公民知情权方面还存在着不足。《政府信息公开条例》与《保密法》实质上是一个问题的两个方面，前者以信息公开为出发点，后者以信息安全为出发点，两者存在着此消彼长的关系，但并不是完全对立的，而是对立统一的。《保密法》确立的内容与范围为政府信息公开划定了边界，是《政府信息公开条例》所确立的"以公开为原则"实施的前提和基础，再加上从法理的角度讲《保密法》属于《政府信息公开条例》的上位法。但是修订后的《保密法》仍然存在着一些有待改进的问题。首先,其对国家秘密的界定不具体。《保密法》对国家秘密以概括和列举的方式进行了规定。其第九条列举国家秘密,包括重大决策、国防军事、外交事务、国民经济与社会发展、科学技术等国家事务中的秘密事项。但是这种概括和列举的方式使得国家秘密的范围过于宽泛且缺少明确的可操作性强的规定,因而可能成为政府机构不公开某方面信息的借口,公民知情权无法得到有效保障,也会引发政府信息公开中的诸多争议。其次,国家秘密事项设定的主体不合理。《保密法》将国家秘密事项的设定权赋予国家保密行政管理部门和包括公安、外交、国家安全等在内的中央有关机关,这违背了公民知情权作为法律保留事项的世界通例。再次,《保密法》虽然增加了定密责任制度,但缺乏严格的定密程序和内部监督机制。定密程序和内部监督机制的缺乏使得定密容易出现错误且不能及时发现。《保密法》存在的上述问题有可能影响政府信息公开的全面推进和公民知情权的保障。因此未来《保密法》的修订应明确国家秘密的内涵并适度缩小其范围,调整国家秘密的设定主体,设定严格的定密程序和监督制约机制。

(二)继续推进政务公开标准化建设

政务公开的规范运行是其发挥保障公民知情权、参与权、表达权和监督权的前提。为了规范政务公开的有序、高效运行,中央制定了系列制度来规范政务公开,包括政务公开评议制度、监督制度、政务公开责任追究制度等。但是地方政府在政务公开实践中落实各项制度的积极性和主动性显得不足,仍然沿用过去的措施和方案,致使政务公开信息的质量较差,政务公开程度较低。政务公开规范的滞后性必然会导致政务公开流于形式和表面化。同时,政务公开标准化建设的滞后性会使得地方政府在公开信息出现一定的选择性,可能会出现行政机关所公开的信息并非社会公众最迫切需要的信息。因此,政务公开标准化建设的首要任务就是对行政机关主动公开内容、形式、范围、程度等进行规范,避免出现政务公开的盲区而使得行政机关在公开上有过多的自由裁量权。政务公开标准化要发挥作用的关键是其应建立在法律法规和规范性文件的基础之上,具有强制性。只有强制地规范政务公开,其功能才能切实发挥。然而国务院各部门在探索政务公开标准化建设中出现了标准内容偏离法律规范的现象,使得政务公开标准化建设与法治化要求存在一定的偏离。"调研发现,6家国务院部门公开的主动公开目录中政府信息公开指南的内容与《政府信息公开条例》要求存在偏离。"①此外,尽管2014年党的十八届四中全会通过的《中共中央关于全面推进依法治国若干重大问题的决定》和2016年《关于全面推进政务公开工作的意见》中明确政务公开坚持"公开为常态,不公开为例外"的原则,但从现实来看,一些政府及其本部门在政务公开标准化建设中对该原则贯彻尚不到位。

第一,要充分认识政务公开标准化建设的重要意义。政务公开标准化是针对我国政务公开实践中存在的问题,避免政务公开的表面化、形式化和随意性等问题的出现,保证政务公开的秩序和效益,提高社会公众对政务公开的满意度和获得感的重要举措。首先,政务公开标准化可以更好地规范政务公开过程。长期以来,行政权力行使过程中的主观性、政务公开中制度保障的匮乏都不同程度地导致政务公开具体工作中的表面化、随意性等问题屡见不鲜,政务公开的效果受到

① 田禾、吕艳滨:《中国政府透明度——2018》,中国社会科学出版社,2018年,第112页。

很大的影响。因而,整体上我国政务公开工作尚不成熟。在这样的发展
背景之下,如何进一步提升政务公开的发展水平和质量则显得尤为重
要。将标准化原理引入政务公开工作之中来,从政务公开过程入手,对
政务公开内容、公开程度、公开形式、公开流程等内容进行科学界定并
作为办事流程固定下来,以此使得政务公开工作人员办事有了明确细
化的规范,评价考核也有了相应的依据,从而有助于政务公开质量的
提升。其次,政务公开标准化不仅可以规范政务公开的过程,还可以引
导政府治理模式转型。目前,我国政府治理模式正处于转型期,建设法
治政府和人民满意的服务型政府是政府治理模式转型的目标。党的十
八届四中全会和党的十九大报告为政府治理模式转型指明了方向。政
府治理模式转型的关键是从过去的政府取向转变为社会取向,无论是
政府职能的确立还是机构的设置及运行机制都要从社会公众的需要
出发,践行以人民为中心的理念。政务公开是实现政府治理模式转型
的关键制度建设环节,而政务公开标准化则是新时代全面提升政务公
开质量和效益的科学举措。因此,政务公开将标准化引入其中可以消
除传统工作机制带来的约束,用标准化的内容、流程等来优化政务公
开的管理,从而有助于形成便民、快捷的政府治理模式。

　　第二,强化政务公开标准化的法治性。所谓标准化就是为了在既
定范围内获得良好秩序,促进共同效益,对现实问题或潜在问题制定
共同使用和重复使用的条款以及编制、发布和应用文件的活动。政务
公开标准化的目的就是为了避免以往政务公开中出现的随意性、形式
化和表面化等问题,其核心是建立政务主动公开目录。主动公开目录
的制定应当遵循法治化的原则, 是对政务公开领域依法行政的精细

化，因此其具有基于法治的强制性，而不是脱离法治化的软性指引。主动公开目录是建立在政府机关对自身职责梳理的基础上，明确自身在各项工作中的公开职责，按照法律法规和规范性文件的要求列明政务公开的内容、形式、范围、时间等，使得每一项公开事项均做到有法可依，从而实现法律法规和规范性文件要求公开的事项全部纳入主动公开目录，而且每一项公开事项均有法可依。主动公开目录列明的事项既可以为政务公开工作人员提供明确的引导，又便于政府内部对政务公开工作的监督与考核。同时，主动公开目录的建立与实施也便于社会公众对政府机关政务公开工作的有效监督。

（三）扩大主动公开事项范围，探索负面清单

2011年中央颁布的《关于深化政务公开加强政务服务的意见》明确了"以公开为原则，不公开为例外"。全面推进政务公开必须贯彻"以公开为原则，不公开为例外"。政务公开标准化建设中主动公开目录制定的法治化只是行政机关政务公开的最低要求。在政务公开实践中，行政机关通过梳理自身职责编制主动公开目录并不能很好地实现"应公开尽公开的要求"。此外，多年来社会公众依申请公开政务数量的居高不下也说明相较于社会公众对政务信息的需求而言，政务公开的广度和深度仍然是不够的。因此，如何鼓励行政机关进一步扩大政务公开的范围就成为新时期全面深化政务公开的关键。我国政务公开实践中对公开事项采取的是正面列举的方式，这种方式尚不能实现公开范围的最大化。中外透明政府建设经验表明：采用负面列举不公开或需要保密的事项，其他全部公开，在此基础上对需要公开的事项建立健全"主动公开和依申请公开"制度，才能最大限度实现政府信息公开、

行政权力公开和单位办事公开,保障公民知情权、参与权和监督权。①
2016年,中央《关于全面推进政务公开工作的意见》提出依法积极稳妥
实行政务公开负面清单制度的工作目标。这标志着我国政务公开顶层
设计发生了变化,这种变化与"以公开为常态,不公开为例外"的原则
所内含的精神具有一致性。因此,行政机关应编制负面清单,并将其纳
入政务公开标准体系。

（四）统筹网络政务公开平台建设,实现资源共享

伴随着现代信息技术的发展,尤其是互联网的广泛应用,我国政
务公开的载体不断更新升级,逐步形成了以政府网站、政务微博、政务
微信等为代表的新形式。这些新的形式不仅提升了政府政务公开的效
率,也促进了政务公开中政府与社会公众的互动。尽管互联网技术的
发展使得政务微博、政务微信等新媒体受到各级政府的青睐,但是一
些地区还不同程度存在着政务公开平台形式大于内容、定位不准确、
内容更新不及时、网络公开平台散与乱等问题。部分地方政府开设政
务微博、政务微信并非出于主动,而是基于上级行政命令的被动开通。
由于对新媒体在政务公开中重要意义的认识不足,使得一些地方政府
建设网络公开平台的积极性不够,不求有功,但求无过的心理导致了
不少政务微博、政务微信流于形式,僵尸型、自说自话型等问题账号层
出不穷。网络公开平台之间也缺乏协同联动,表现为网络公开平台的
散与乱。"散"是指政府及其职能部门各类公开平台分别上线,缺少集
约化,平台过于分散导致各平台之间缺少协同,大多数公开平台是"单

---

① 参见鞠连和、程丽丽:《中国政务公开制度的特点和发展趋势》,《财政监督》,2016年第13期。

兵作战"，以至于用户的体验感不强。"乱"是指公开平台的规范化建设滞后，目录化管理水平较低使得海量信息发布但查询的便捷性不足。

为了解决长期以来困扰我国政务公开信息化建设中存在的"各自为政、条块分割、烟囱林立、信息孤岛"问题，推动网络政务公开平台的资源整合共享，2017年国务院办公厅印发《政务信息系统整合共享实施方案的通知》（国办发〔2017〕39号），明确了政务信息系统整合共享的指导思想、基本原则和"十件大事"。统筹网络政务公开平台建设。

首先，对使用范围小、频度低的"僵尸"型公开平台进行及时的清理。如大力精简政府网站数量，提升政府网站质量，推动网站集群建设。其次，加快部门内部政务公开平台的整合，建成部门内部互联互通、资源共享的大平台。网络政务公开平台的整合共享要通过大数据、云计算等技术手段实现平台建设的集约化。以政府门户网站为例，目前政府网站已经成为政务公开的重要平台，未来可以考虑将党务公开、司法公开、公共服务事项公开等内容整合到政府网站形成政务公开的大平台。再次，探索建立全国政务公开共享平台。可以参照一些发达国家的做法，以中央政府网站为核心，以政务公开目录体系为依托，建立全国各级政府网站入口和政务公开资源检索体系。最后，加快政府数据开放平台建设。2016年中共中央办公厅、国务院办公厅印发《关于全面推进政务公开工作的意见》提出："推进政府数据开放，加快建设国家政府数据统一开放平台。"政府数据开放是政府信息公开的全面升级。从政府信息公开到政府数据开放是政府适应互联网技术发展到宽带环境和大数据技术阶段提出的新理念、新举措。

政府数据开放平台建设要从以下三个方面着手：第一，政府数据开放建设要进行制度体系设计，对数据开放进行统筹规划与设计，解决开放数据的目标、开放什么数据、以怎样的形式开放数据等问题。第二，共建政府数据开放的协同标准体系。在国家提出建设数据开放大平台的战略下，各地政府数据开放协同是必然趋势。政府数据开放协同建设的关键是数据开放标准体系的建设，主要包括数据准备、数据发布、数据评价等。第三，提升数据开放平台的开放性。政府信息公开平台的整合共享已经纳入国家信息化发展规划之中，成为我国政府数据集成的必然趋势。在这样的背景之下，地方政府数据开放平台规划与建设不能局限于本地区，而应与其他地区在管理、技术等方面协同建设。

附录：大事记

1. 1987年，党的第十三次代表大会最早将政务公开作为党的一项基本政策确定下来。

2. 在党的十三大精神推动下，于20世纪80年代后期以促进廉政建设为目的而开展的"两公开一监督"活动，即公开办事制度、公开办事结果、接受群众监督，可视为我国推行政务公开的最初尝试。

3. 20世纪90年代初，开始全面推行村务公开，并在1998年通过的《中华人民共和国村民委员会组织法》中将其法制化。村务公开中体现的村民参与管理和监督的精神以及村务公开的法制化发展趋向为我国政务公开建设的展开起到了示范效应和推动作用。

4. 继最高人民检察院于1998年率先实行了检务公开后，法院、公安、海关、监狱等重要司法和行政执法机关亦开始相继推行审判公开、警务公开、海关关务公开和狱务公开等公开措施。

5. 1999年1月22日，由中国电信和国家经贸委经济信息中心牵头、联合四十多家部委（办、局）信息主管部门在京共同举办"政府上网工程启动大会"，倡议发起了"政府上网工程"，以政府上网工程为标志的电子政府建设进一步推进了政务公开的进程。

6. 2000年12月，中共中央办公厅、国务院办公厅发出了《关于在全国乡镇机关全面推行政务公开制度的通知》，推行"乡镇政务公开"。

7. 2003年6月，中央成立了由中纪委、监察部、国务院办公厅、中组部、全国总工会、民政部、财政部、人事部、国务院信息化工作办公室九个单位负责人组成的全国政务公开领导小组，加强了对全国政务公开工作的组织、协调和指导。

8. 2005年3月，中共中央办公厅、国务院办公厅出台了《关于进一步推行政务公开的意见》，首次明确提出将政务公开作为各级政府施政的一项基本制度，这标志着制度创新被正式纳入制度化建设轨道。按照《意见》要求，全国政务公开领导小组对各地区各部门政务公开制度建设作出了具体部署，积极开展全国政务公开制度建设试点工作。

9. 2006年1月1日零时，中国政府网（www.gov.cn）正式开通，它标志着我国电子政务建设迈出了重要一步。中国政府网是国务院和国务院各部门，以及各省、自治区、直辖市人民政府在国际互联网上发布政务信息和提供在线服务的综合平台。登录此网站即能找到较大城市政府部门的政策法规、办事程序等内容。同年3月，国家信息化领导小组印发了《国家电子政务总体框架》。5月，中共中央办公厅、国务院办公厅转发了《国家信息化领导小组关于推进国家电子政务网络建设的意见》的通知。这两个文件成为新时期我国电子政务建设的指导性文件。

10. 中国社会科学院法学研究所于2000年年初设立"信息社会与中国政府信息公开制度研究课题组"。课题组共有三项研究目标，其中一项是提出中国政府信息公开法草案（专家建议稿）。在研究过程中，课题组受托起草了政府信息公开条例草案。2007年1月，《中华人民共和国政府信息公开条例（草案）》由国务院常务会议原则通过。2007年4月5日，温家宝总理签署第492号国务院令，国务院正式公布了《中华人民共和国政府信息公开条例》，该《条例》于2008年5月1日起施行。

11. 2011年中共中央办公厅、国务院办公厅印发了《关于深化政务公开加强政务服务的意见》。该意见出台的背景是在《关于进一步推行政务公开的意见》《中华人民共和国政府信息公开条例》实施后对地方政务公开实践积累的经验进行总结，针对政务公开中面临的公开程序不够规范，标准比较欠缺，公开内容不全面，监督考核机制不完善等问题提出要求。该意见提出以改革创新精神深化政务公开、统筹推进政务服务体系建设和强化监督保障措施。

12. 2014年党的十八届四中全会通过的《中共中央关于全面推进依法治国若干重大问题的决定》中作出了"全面推进政务公开"的战略部署，明确了"坚持以公开为常态、不公开为例外"的公开原则，确立了决策公开、执行公开、管理公开、服务公开、结果公开，并提出了重点推进财政预算、公共资源配置、重大建设项目批准和实施、社会公益事业建设等领域的政府信息公开。党的十八届四中全会对政务公开的部署开启了具有鲜明中国特色政务公开的新格局。

13. 2016年中共中央办公厅、国务院办公厅印发了《关于全面推进政务公开工作的意见》。该意见是对党的十八届四中全会中有关政务公开战略部署的落实,确立了新时期政务公开工作的指导思想、基本原则和工作目标。该意见指出,到 2020 年,政务公开工作总体迈上新台阶,依法积极稳妥实行政务公开负面清单制度,公开内容覆盖权力运行全流程、政务服务全过程,公开制度化、标准化、信息化水平显著提升,公众参与度高。

参考文献

1. 保密法研究课题组:《保密法比较研究》,金城出版社,2001年。

2. 程洁:《宪政精义:法治下的开放政府》,中国政法大学出版社,2002年。

3. 褚松燕:《我国政府信息公开的现状分析与思考》,《新视野》,2003年第3期。

4. 冯国基:《面向WTO的中国行政——行政资讯公开法律制度研究》,法律出版社,2002年。

5. 后向东:《论我国政府信息公开制度变革中的若干重大关系》,《中国行政管理》,2017年第7期。

6. 后向东:《中国特色政务公开基础性问题探讨》,《行政管理改革》,2015年第5期。

7. 胡仙芝:《历史回顾与未来展望:中国政务公开与政府治理》,《政治学研究》,2008年第6期。

8. 胡小明：《从政府信息公开到政府数据开放》，《电子政务》，2015年第1期。

9. 姜士林等主编：《世界宪法全书》，青岛出版社，1997年。

10. 鞠连和、程丽丽：《中国政务公开制度的特点和发展趋势》，《财政监督》，2016年第13期。

11. 林喆：《公民基本人权法律制度研究》，北京大学出版社，2006年。

12. 刘飞宇：《转型中国的行政信息公开》，中国人民大学出版社，2006年。

13. 刘杰：《知情权与信息公开法》，清华大学出版社，2005年。

14. 孟庆国、李晓方：《全面推进政务公开：内涵诠释、实践特色与发展理路》，《河南师范大学学报》（哲学社会科学版），2017年第2期。

15. 皮纯协：《论行政公开与反腐败》，社会科学文献出版社，1998年。

16. 宋小卫：《略论我国公民的知情权》，《法律科学》，1994年第5期。

17. 王名扬：《美国行政法》，中国法制出版社，1995年。

18. 夏勇：《走向权利的时代——中国公民权利发展研究》，中国政法大学出版社，1999年。

19. 徐显明主编：《人权研究》（第二卷），山东人民出版社，2002年。

20. 杨凡、王宁、张茜：《地方政府政务公开体系建设的思考》，《陕西行政学院学报》，2018年第2期。

21. 应松年、陈天本：《政府信息公开法律制度研究》，《国家行政学院学报》，2002年第4期。

22. 张明杰：《开放的政府——政府信息公开法律制度研究》，中国政法大学出版社，2003年。

23. 周汉华：《打造升级版政务公开制度——论〈政府信息公开条例〉修改的基本定位》，《行政法学研究》，2016年第3期。

24. 周汉华：《起草〈政府信息公开条例〉（专家建议稿）的基本考虑》，《法学研究》，2002年第6期。

25. 周汉华：《外国政府信息公开制度比较》，中国法制出版社，2003年。

26. 朱芒：《开放型政府的法律理念和实践（上）——日本信息公开制度》，《环球法律评论》，2002年第4期。

第九章
办公室生产力的提高：行政方法技术更新

　　进一步转变政府职能，改进管理方式，推行电子政务，提高行政效率，降低行政成本，形成行为规范、运转协调、公正透明、廉洁高效的行政管理体制。

——江泽民（2002年）

　　健全政府职责体系，完善公共服务体系，推行电子政务，强化社会管理和公共服务。

——胡锦涛（2007年）

　　增强改革创新本领，保持锐意进取的精神风貌，善于结合实际创造性推动工作，善于运用互联网技术和信息化手段开展工作。

——习近平（2017年）

　　信息技术在政府管理中的运用是政府管理领域的一场革命。这场革命在中国最早是从20世纪80年代末的办公自动化工程开始的。随着现代信息技术的飞速发展，中国政府信息化又经历了从启动"三金"工程到开展"政府上网工程"，从全面建设电子政务到推进"互联网+政务服务"的发展历程。通过行政方法技术的更新与运用，政府信息化最终将会带来政府管理的创新、行政业务流程的重新塑造、行政组织的扁平化和虚拟化、政府职能的转变，从而全面提高办公室生产力和行政效率，加速中国行政改革的进程。

第一节　信息技术革命与政府管理

一、信息技术革命

（一）信息技术革命的兴起与发展

自19世纪中期以后，人类学会利用电和电磁波以来，信息技术的变革大大加快。电报、电话、收音机、电视机的发明使人类的信息交流与传递快速而有效。二战以后，半导体、集成电路、计算机的发明，数字通信、卫星通信的发展形成了新兴的电子信息技术，信息技术革命应运而生。

至今，信息技术革命可以分为两个阶段：第一次信息技术革命（1946年至1992年）。自1946年计算机问世以来是信息技术革命的启动阶段，相应的科学理论建立，计算机应用技术相继被发现，为信息技术革命的进一步发展打下了坚实的基础。第二次信息技术革命（1993年至今）。以美国克林顿政府宣布实施"全美信息高速公路"计划为标志，在全世界范围内兴起了第二次信息技术革命。

1993年9月15日，克林顿政府正式宣布美国将实施"美国国家信息基础结构"（National Information Infrastructure简称NII）计划，即"全美信息高速公路"（information superhighway）计划，提出要争取在2000年以前把全国的每一间教室、每一个诊疗所、每一个图书馆、每所医院都联系在一起，形成一个全国范围的信息高速公路。按照美国政府报告的定义，所谓的"信息高速公路"是指"一个能给用户大量信息的，由通信网络、计算机、数据库以及日用电子产品组成的完备网络"，"能使所有美国人享用信息，并在任何时间和地点，通过声音、数据、图像或影像相互传递信息"。也就是说，"信息高速公路"就是在现代技术条件下，以计算机为枢纽，通过光纤传输将数据等信息传送到世界每一个角落，为人们提供丰富的交互式、多媒体服务。紧接着，日本、英国、法国、新加坡等国家纷纷宣布要建立本土的"信息高速公路"。1995年2月举行的西方七国部长会议也确定了发展信息高速公路的原则，掀起了波及全球的"信息高速公路"热潮。

为适应全球建设信息高速公路的潮流，我国于1993年12月正式启动了国民经济信息化的起步工程——"三金工程"，即金桥工程、金关工程和金卡工程。经过多年的持续发展，"三金工程"逐渐发展到"十二金工程"，具体包括："金桥工程"——经济信息通信网络工程、"金关工程"——外贸海关系统的电子信息联网工程、"金卡工程"——电子货币联网工程、"金税工程"——税务管理信息网络工程、"金农工程"——农业综合管理及服务信息系统工程、"金企工程"——工业生产与流通信息系统工程、"金智工程"——教育科研计算机网络工程、"金宏工程"——国民经济宏观调控信息系统工程、"金财工程"——国家预算编制和预算执行信息系统工程、"金盾工程"——社会稳定和安全电子信息网络、"金质工程"——防伪打假电子信息系统工程、"金水工程"——检测治理水旱灾情电子信息系统。与此同时，我国还于1995年建成中国国际互联网骨干网（China net），与国际互联网络链接，接受并提供互联网服务。这些都意味着我国的国家信息网络正在逐步完善，并将受到信息技术革命更猛烈的冲击。

（二）信息技术革命的性质

马克思主义认为，生产工具的制造和利用是人类区别于其他动物的标志，也是人类社会各个发展阶段的标志。电子计算机这一新的"机器"同历史上出现过的机械有本质的不同，这表现在，过去所有的机械都是代替人类的体力劳动，而计算机则是代替人类的部分脑力劳动，其实质是人类智力的解放。因此，1946年电子计算机的发明和应用，开辟了运用机器代替人类脑力劳动的新时代，给人类生活带来了生产自动化、科学实验自动化和信息自动化。从体力解放向脑力解放这一重点的转移，是技术以至社会的一个巨大变革，[①]标志着世界近代史上第三次科技革命——信息技术革命的开始，开辟了技术–社会的新纪元。

（三）信息技术革命的影响

信息技术革命对整个社会的生产生活都产生了难以估量的影响，如何强调其重要性都不过分。综合看来，信息技术革命主要有以下影响：

1. 对经济领域的影响

信息技术革命使社会技术体系的构成发生了革命性的变化，形成了直接利用知识资源的信息产业，通过对知识进行数字化、程序化、存取化的信息化处理加工，使知识成为一种独立的、直接的生产要素，并

---

① 参见孙寿涛：《信息革命——称谓及其历史地位》，《北京邮电大学学报》（社会科学版），2007年第2期。

生产出以知识密集为特点、内在功能强大、具有高效使用价值的知识产品。在此基础上，产生了新的经济形态——知识经济。按照经济合作与发展组织（OECD）在《以知识为基础的经济》报告中对"知识经济"这一概念的内涵所作的界定，知识经济是建立在知识和信息的生产、分配和使用之上的经济。[①]

20世纪70年代以来，西方许多著名专家学者对信息技术革命将产生的巨大影响，对未来经济走势都进行了大量研究和预测。他们从不同角度思考和概括，对未来经济提出了多种说法。先后有阿尔温·托夫勒在《第三次浪潮》中提出的"后工业经济"，奈斯比特1982年在《大趋势》中提出的"信息经济"，再有英国福莱斯特1986年在《高技术社会》中提出的"高技术经济"，以及"软经济""非物质经济""智能经济""服务经济""新经济"，等等。1996年，OECD在国际组织文件中首次正式使用了"以知识为基础的经济"（Knowledge—based Economy）这个新概念。1997年美国总统克林顿在一份报告中使用了"知识经济"（Knowledge Economy），一般被认为是对OECD报告中"以知识为基础的经济"的简化和发展。[②]时任国家主席的江泽民也在1998年北京大学校庆一百周年纪念大会上指出，我国的知识经济"已经初露端倪"。因此，70年代以来关于未来社会的种种提法已渐渐被归入"知识经济"的范畴。

由于知识经济以知识和信息的生产、扩散和应用为基础，因此以信息技术为代表的高技术成为推动经济发展的根本性动力。从近几年的经济发展可以看出，经济资源知识化水平空前提高，经济信息化速

---

① 转引自OECD：The Knowledge-Based Economy，OECD/GD（96）102，Paris。

② 参见陈正：《知识经济研究概述》，《中南财经大学学报》，1999年第3期。

度加快,产业结构中信息产业所占的比重迅速加大,劳动生产率大幅提高,经济全球化进程进一步加快,知识资源成为支持经济增长的最重要力量,知识型劳动者在社会发展中发挥着越来越重要的作用。

2. 对政治领域的影响

政治民主化是人们增强民主意识的过程。政治民主的重要发展途径之一就是公民的民主政治教育。[①]从总体上说,社会经济的发展和政治生活的民主化之间具有显著的相互促进、相互制约的密切关系。[②]社会经济的发展为推动政治民主化进程提供丰富的物质基础,政治民主化的实现为社会经济的发展提供思想和政治条件。而且从历史上看,政治民主化的发展速度,也总是和科学文化事业的发展进程、速度密切相关的。民主与科学的关系是一荣俱荣、一损俱损的关系。[③]

随着现代信息技术的不断提高,互联网使人们的日常生活空间发生了巨大的变化,上网人数迅速增加。人们可以通过网络获取最新的政治信息,追踪重大政治事件的发展,并通过网络发表政治见解,进行各种政治交流,更好地参与法律和政策的过程,使处于最基层的民众也可以了解国家高层权力机构的决策并与之对话。从现在世界各国的情况来看,普通官员与民众参与决策的机会以及所作出决策的重要性比过去普遍要大很多。此外,互联网也使政府信息公开化、透明化、互动化成为可能,从而在提供公民广泛参与政治的可能性的同时,也造就了一种民众积极参政的心态,推动了民众广泛的政治参与,提高了

---

① 参见王浦劬:《政治学基础》,北京大学出版社,1995年,第431页。
② 参见朱光磊:《政治学概要》,天津人民出版社,2001年,第343页。
③ 同上,第345页。

人们的民主意识。正是基于对此问题的正确认识，2015年李克强总理首次在政府工作报告中提出"互联网+"行动计划，同年12月，《国务院关于积极推进"互联网+"行动的指导意见》将"互联网+政务服务"作为重点发展领域之一。

信息技术革命还对整个世界的政治秩序产生了深刻的影响。世界政治秩序是国家综合国力相较量的结果。早在20世纪70年代末80年代初，就有学者提出这样的观点："微电子学的发展及其在经济和其他领域内的广泛应用，在今后几十年里会构成一支主要的政治力量，影响国际劳动分工，而且会影响到一切国家。"[①]在信息社会中，信息技术和信息产业的发展是国家经济结构升级的基础，决定着国家在世界政治中的地位。在以多极化、多元化为特征的世界政治格局中，信息技术的深入发展为世界政治格局的这一总基调增加了复杂性。

3. 对社会领域的影响

信息化社会为人们提供了一种崭新的、超文本的信息传播方式。在这种方式下，谁拥有信息资源并有效地加以利用，谁就能在竞争中占有优势地位，而与其职业、种族、性别、社会地位无关。因此，信息技术革命改变了社会阶层的结构和地位，使社会阶级阶层的结构趋于多样化。而且在互联网上进行信息交流的人们，可以根据相同的爱好，或者对某些问题的兴趣，而自发形成团体或者组织，扩大了人与人之间的交往，进而产生了新的社会群体和社会关系，为网络社会的形成奠定了基础。

---

① ［德］京特·弗里德里奇、［波兰］沙夫主编：《微电子学与社会》，李宝恒、袁幼卿、吴宝坤译，生活·读书·新知三联书店，1984年，第365页。

社会阶级阶层结构的多样化、网络社会的初步形成，使不同的利益群体间的不同利益和要求得以发展，并使这些利益冲突强化和公开。这种新的社会矛盾和社会结构，将推动社会的正常分化，并向前发展。

二、政府管理

（一）政府管理的含义

按照现代学者的分析，政府有广义和狭义之分。①广义的政府是指包括立法、行政、司法在内的国家机关；狭义的政府仅指国家行政机关。在这里，政府主要指狭义的国家行政机关。在本书中的"管理"则是指政府（行政）运用依法获取的国家公共行政权力，并在法律原则规定的范围内运用行政裁量权，以行政效率和社会效益为基本考量标准，处理公共行政事务的过程和活动。②

马克思主义认为，经济基础决定上层建筑，上层建筑反作用于经济基础。作为社会的上层建筑，政府自然也不例外，具有强烈的阶级性。但政府管理除了阶级性之外，还存在着科学性，即政府的管理要符合行政管理过程的一般规律。也就是说，政府管理存在着二重性。

从历史上看，政府管理可以分为古代政府管理和现代政府管理。古代政府管理是以自然经济为基础的、以人治为特征的、与农业社会相适应的一种政府管理形式；而现代政府管理则是以市场经济为基础

---

① 参见谢庆奎：《当代中国政府与政治》，高等教育出版社，2003年；朱光磊：《当代中国政府过程》，天津人民出版社，2007年。

② 参见张国庆：《行政管理学概论》（第二版），北京大学出版社，2000年，第6页。

的、以法治为特征的、与信息社会相适应的一种政府管理形式。对于中国来说,政府的管理也要与时俱进,积极借用那些有利于提高行政效率的技术和手段,为建设中国特色的社会主义政治贡献力量。

(二)行政效率:政府管理的目的

1.行政效率的含义

政府管理的目的在于提高行政效率,这也是政府管理的出发点和归宿。所谓行政效率,是指在行政管理中投入的工作量与所获得的行政效果之间的比例,是人们在单位时间内和空间内开展行政活动,获得改造客观世界和主观世界的社会效果。[①]

无论是传统公共管理的理论基础——科学管理理论中的效率原则,还是早期公共行政学者威尔逊、怀特、古利克,无不强调效率的重要性。而20世纪70年代兴起的新公共管理运动,其中的一个追求目标即为效率(Efficiency)。虽然在不同的发展阶段对效率的解读有所不同,政府实施的管理行为也有所不同,但可以明确的是,行政效率始终是政府管理的目标所在。

2.影响行政效率的主要因素

影响行政效率的因素有很多,总的来说,主要有以下四点:

(1)行政环境。政府的同一决策,在不同的环境中就会产生不同的效率,其效果也就会南辕北辙。这一因素既包括国家的经济发展状况、政治稳定状况、公民的整体素质水平、社会风气,甚至还包括相关信息产业的发展状况等外部环境,也包括政府本身内部的环境,比如即将

---

① 参见夏书章:《行政管理学》(第三版),中山大学出版社,2003年,第342页。

提到的行政组织等。

（2）行政组织。行政组织是政府管理行为的主体，也是制约行政效率的关键。这一因素包括机构设置情况、层次分工情况，以及政府管理各个环节的衔接情况等。

（3）公务员队伍的建设。公务员是政府管理行为的实施者，对行政效率有直接的影响。这一因素包括公务员的素质状况、公务员管理制度，以及公务员的工作质量等。

（4）政府决策的质量。政府管理行为的主要表现形式就是政府决策。政府决策质量的高低决定着政府行政效率的高低。这一因素包括政府的决策体制状况、决策方法和技术是否科学等。

（三）公共政策：政府管理的内容

政府通过制定和执行公共政策来实现政府管理的目的。按照公关政策的逻辑顺序和基本步骤，围绕着这一主线，政府管理的主要内容有：

1. 公共政策的制定

公共政策是政府管理公共事务的主要工具和手段，贯穿于政府管理的全过程，直接关系着政府管理的成败。按照赫伯特·A.西蒙的观点，决策过程包括"情报活动""设计活动""抉择活动""审查活动"四个阶段，[①]并曾提出"管理就是决策"的著名论断。按照现代政府管理理论，决策的主要程序是：界定问题阶段—确定目标阶段—拟制公共政策阶段—评估公共政策阶段—政策方案选优阶段。

---

① 参见［美］赫伯特·A.西蒙：《管理决策新科学》，李柱流等译，中国社会科学出版社，1982年，第33~34页。

为了更好地制定公共政策，政府还形成了公共政策体制。这主要由决断子系统、信息子系统和咨询子系统构成。决断子系统又称为"中枢子系统"，是公共政策体制的核心部分，由拥有最高决策权的政府首脑机关及领导者构成，处于最高领导者和指挥者的地位，承担着公共政策的主要责任。在公共政策的过程中，该系统主要担负着决策目标确定和决策方案抉择的任务。咨询子系统也称为"思想库""智囊团"，是指由多学科专家学者组成的专门从事广泛开发治理，协助中枢系统进行科学决策的辅助性机构，其主要作用是在决策过程中向中枢子系统提供政策信息、科学知识与备选方案。[①]信息子系统是指在公共政策过程中对相关信息进行收集、加工、整理和利用的机构。在信息社会中，决策活动离不开信息，界定问题、确立目标和方案的拟订、评估、抉择都依赖于信息。如果说咨询子系统是向专家学者开放来体现决策的参与式的话，那么在某种程度上来说，信息子系统就是向公众开放，来体现决策的参与式。

2. 公共政策的执行

执行公共政策的过程就是将制定好的公共政策付诸实施的过程。西方有学者将这一过程定义为"为了实现先前的政策决定中所确定的目标，接受有关政策指导的公共部门或者私人部门的个人（或团体）所采取的行动"[②]。就学者们总体的研究状况而言，根据具体政策的不同情景，执行公共政策的模式主要有自上而下模式和自下而上模式。对

---

① 参见陈庆云：《公共政策分析》，北京大学出版社，2006年，第125页。

② 转引自［英］米切尔·黑尧：《现代国家的政策过程》，赵成根译，中国青年出版社，2004年，第110页。

于自上而下的执行模式来说,政策的执行要求整个社会对要实现的政策目标完全理解和认同,各执行环节之间有良好的沟通和协调,整个社会的服从性要求较高,政府对政策执行的整个控制较好;对于自下而上的执行模式来说,强调以行动为中心,认为不存在对现实完美的控制,政策执行过程中由于种种复杂的互动结构,而重构了公共政策。

就我国目前的政府管理理论而言,一般采用自上而下的模式来研究公共政策的执行。这也是由我国目前的政府管理现状所决定的。目前,我国政府执行政策的主要手段有经济手段、法律手段以及必要的行政手段等。

3. 行政监督

行政监督是指对公共政策的制定、执行过程和执行结果进行监督检查的过程。行政监督是政府管理顺利进行的保证。它可以督促政府部门及其公务员依法行政,保证公共政策的顺利实施,可以惩治腐败,保障廉政建设的顺利推行。

按照行政监督的时间阶段来划分,行政监督可以分为事前监督、事中监督和事后监督。它贯穿于政府管理的全过程。事前监督是指在制定公共政策时进行的监督,主要目的是预防不当行政行为的发生;事中监督是指在公共政策执行过程中实施的监督,主要目的是及时发现执行过程中的问题,并予以纠正;事后监督是指对公共政策执行的结果进行的监督,目的是对整个公共政策进行评估,总结经验和教训。

在进行行政监督的过程中,监督的主体既有政府部门,即政府自己对自身的监督,也有来自社会团体、个人及其媒体对政府的监督,进而形成一个立体的监督网络体系。从我国目前的情况看,近年来,来自政府外部的监督逐渐增多,对政府制定和执行公共政策产生的压力和影响也越来越大。

(四)政府管理的科学化与现代化:政府管理的趋势

政府管理的科学化与现代化是提高行政效率的手段。实现政府管理的科学化和现代化,主要途径是政府改革。政府改革是政府机关为了适应行政环境的变化,对行政管理的各方面进行的调整和变革。政府改革的内容是比较多样的,组织机构的改革、人事制度的完善、行政法律法规的健全、先进管理方式方法的应用等都属于政府改革的范围。通过政府改革,达到消除旧体制的弊端、形成新的优化的行政体制的目的。从20世纪70年代开始的西方国家政府改革浪潮,其目的也正在于此。

三、信息技术革命对于政府管理的意义

世界上国家与国家之间的竞争是综合国力的竞争。在综合国力的组成中,政府的竞争力越来越占据着重要的位置。对于现代国家的政府来说,在信息社会中,提高掌握、传播和利用信息的能力,进而提高政府工作效率和效益,成为提高政府竞争力的主要途径之一。因此,在信息技术革命的压力下,政府应当通过信息技术改进政府组织,实现办公自动化和信息化,进而实现政府管理的现代化和科学化。这为现代政府的管理体制改革提供了前所未有的机遇。就我国具体而言,主要有以下三点:

(一)有利于转变政府职能

行政环境的变化、职能重心的转移、服务职能的拓展、政务运行机

制和治理方式的变化，都迫切要求转变政府职能。正如党的十九大报告所提出的："要转变政府职能，深化简政放权，创新监管方式，增强政府公信力和执行力，建设人民满意的服务型政府。"信息技术革命为政府管理和服务提供了全新的手段和思路，从而为政府实现上述目的提供帮助。这主要体现在政府履行职能的方式、方法和手段的转变上。

我国传统行政是一种管制型行政，整个管理体系以政府为中心，主要职能方式是自上而下地进行管理，管了很多"不该管、管不了、管不好"的事务。政府职能无所不包，行政方式以强制性手段为主。如今，通过信息技术利用网络优势加速信息流通，拓展公共服务空间，为公众提供更优质快捷的政府服务，给政府的服务职能赋予了新的内容和含义，为政府职能的转变提供了技术支持。对于政府内部来说，通过技术手段对政府部门的职能进行梳理，使政府内部的各个职能部门边界清晰，互联互通，对促进政府各部门的职能分解和流程整合，对于提高整体行政效率，促进政府内部各职能部门新型关系的形成具有重大意义。

（二）有利于决策科学化和民主化

第一，信息技术革命可以创新决策方法。随着社会发展速度的加快，各种突发事件逐渐增加，促使更多的政府决策变成了非程序性决策，甚至是风险性、不确定性决策，传统的政府决策方法已无法适应时代发展的要求。在决策的不同阶段要运用不同的技术方法促进决策科学化，使政府能够更迅速、更准确地处理这些突发事件。比如，在设立决策目标阶段，收集决策信息使用调查整理和情报技术；在制定策略方案阶段，要用评价技术、预测技术和可行性分析技术；在反馈阶段使用反馈技术,同时在政府决策过程中还要加强定量化研究,要注重运用现代自然科学与统计学的方法,保证政府决策的科学性。[①]

第二,信息技术革命可以促进决策民主化。决策民主化是政府管理一直追求的目标。首先,在决策过程中,信息技术革命使政府信息公开制度的有效执行得以实现,使政府机关借助现代信息和通信技术建立政府组织间、政府与社会、政府与企业、政府与公民之间广泛的沟通网络。这种沟通网络打破了时空和行政组织部门、层级的限制,及时传达政府的方针、政策。其次,信息技术革命为公民参与决策过程提供了技术手段,扩大公众的民主参与程度的同时,增强公民对政府政策的认同感和支持度,以尽量减少政策执行的阻力。最后,信息技术革命还为公民参与贯穿于决策过程的行政监督提供了便利。这些都有助于决策民主化进程的发展。

(三)有利于提高公务员素质

信息技术革命对公务员队伍素质的提高也是显而易见的。首先,可以提高公务员的道德素质。信息公开化程度提高,黑箱化操作难度加大或难以为继,对公务人员的道德自律提出了更高的要求。其次,技术知识的提高。从一定程度上来讲,公务员的信息素质和应用能力的高低,是政府能否应对信息技术革命的关键。从整体上看,我国公务员队伍的素质较高,但是信息技术产业(IT业)飞速发展,知识爆炸时代知识更新极快,要求工作人员不断更新知识与改善自身知识结构体系,依其专业性质和业务需要,提高信息网络应用的相关能力。公务人

[①] 参见刘勇、徐晓林:《信息技术对政府决策品质的影响研究》,《湖北社会科学》,2006年第2期。

员素质的提升，可以使政府的电子工作平台平稳运行。

第二节　政府信息化的发展与成效

一、政府信息化的发展变迁

政府信息化是指利用信息技术、通信技术、网络技术、办公自动化技术，对传统政府管理和公共服务进行改革，改变政府的组织结构和再造业务流程，将管理和服务通过网络技术进行融合，本质上就是政府行政管理方式、内容和手段的电子化、现代化、数字化和网络化。综观我国政府信息化发展历程，可以分为两大阶段：

（一）政府信息化的起步阶段

政府信息化的起步阶段是从20世纪80年代末到21世纪初。这一阶段主要任务是建设"三大工程"，以提高政府办公效率。

一是办公自动化（OA）工程。20世纪80年代末，中央和地方党政机关启动办公自动化工程。OA工程是利用信息通信技术处理办公室内部业务，偏重于文件的制作、传输和贮存。OA工程的建立促使政府办公使用计算机、传真、打印、复印机等现代办公设备和计算机技术、通信技术、网络技术等协助处理信息，从而提高了办公效率和质量。

二是"三金工程"。1993年国务院信息化工作小组拟定了《国家信息化"九五"规划和2010年远景目标（纲要）》，要求当时的电子部与有关部委大力抓好信息工程。同年年底，中国启动了"三金工程"，即金桥工程、金关工程和金卡工程，其是为了适应全球建设信息高速公路的潮流，重点建设信息化的基础设施，重点行业和部门传输数据与信息。之后，"三金"工程又发展到"十二金"工程，包括金桥工程、金关工程、金卡工程、金税工程、金农工程、金企工程、金智工程、金宏工程、金财工程、金盾工程、金质工程、金水工程。该工程是中国中央政府主导的以政府信息化为特征的系统工程，促进了我国专业领域的信息化建设。

三是政府上网工程。为推动各级政府部门的社会服务信息资源汇集和应用上网，1999年1月22日，由中国电信和国家经贸委经济信息中心主办、联合四十多个部委（办、局）的信息主管部门共同倡议发起的"政府上网工程启动大会"在北京举行，标志着我国正式启动了政府上网工程。其中"中国电子口岸"（www.chinaport.gov.cn）在全国各口岸推广实施，效果较好。"政府上网工程"为我国政府信息化提供了必要条件，使得我国网络建设得到了进一步发展。

（二）政府信息化的发展阶段

2002年8月，中共中央、国务院办公厅以中办发〔2002〕17号文件转发了《国家信息化领导小组关于我国电子政务建设指导意见》，对"十五"期间我国电子政务的指导思想、建设原则、目标、任务和措施等作出具体部署。这一文件的颁布标志着我国进入全面建设电子政务时期。在这一阶段，政府部门已经将电子政务建设与政府的行政体制改革相结合，进入整体规划、网络整合、数据集中、应用层交互的时期，推动了政府从办公信息化到服务信息化的转变。政府信息化的发展阶段包含三个方面的内容：

一是网络问政的兴起。政府管理创新的发展始于2005年网络问政的兴起。网络问政起源于欧美发达国家，它是信息时代的产物，并与政府信息化同时行进。政府的改革创新离不开民众的支持和参与，而网络问政这种新型参与模式是信息化发展的必然趋势。我国公众起初主要通过"微博""天涯""猫扑"等全国和地方性网络平台进行交流，讨论话题上至国际时事、下至周边生活，传统媒体也在这些网络平台中寻找社会热点对其报道。政府在其中仅仅扮演网络监督者的角色，并没有与民互动。2006年，人民网首次尝试在地方频道设立"有话网上说"的专题栏目，为各省市领导干部设置留言区，以供公众向有关政府机构反映情况和问题。之后，新华网、新浪网、搜狐网等也开始尝试建立政务博客。这一系列举措使政府越来越重视网络平台，也开始关注网民在网络上反应的问题。2008年，广东"奥一网"让"网络问政"成为当年的热点名词之一。该网站设立"问政省、市领导""问政各个部门"等板块，公众可以在该平台与领导直接问话，并得到了相关领导的积极响应，网络问政成为当时民众表达诉求的主要方式。从2008年6月20日，胡锦涛总书记在人民网与网友在线聊天，到各省官员通过各种形式在网上与百姓沟通，中国官员越来越多地通过网络问政于民。

二是智慧城市的建设。"智慧城市"概念是由美国学者鲍里尔（Bollier）在1998年首次提出。我国政府从2005年分批确立深圳、成都、烟台等五十一个城市（区）作为数字化城市建设试点。2013年年初，住建部发布北京市东城区、河北省石家庄市、江苏省无锡市、浙江省温州市等九十个城市（区、镇）为首批国家智慧城市试点城市。2014年8月29日，经国务院同意，发改委、工信部、科技部、公安部、财政部、国土部、住建部、交通部八部委印发《关于促进智慧城市健康发展的指导意见》，要求各地区、各有关部门落实本指导意见提出的各项任务，确保智慧城市建设健康有序推进。智慧城市的建设始终把公共服务功能摆在城市功能的首位，利用现代信息技术为公众提供优质的公共服务，以满足城市居民生产生活的多样化需求。这种基于民众真正需求的服务平台，为政府管理创新提供了很好的样板，带来了政府管理思维模式由管制思维向服务思维模式的转变。智慧城市的建设发展促使了智慧政府的诞生，实现了政府服务和公众需求的良好对接，既有利于提升行政服务效率，又可以节约居民办事成本。

三是"互联网+政务服务"的实施。2013年以来，大数据、互联网、云计算、移动通信、人工智能等信息技术以及微博、微信、支付宝等社交媒体应用的快速发展进一步推动了我国政府信息化的转型。为贯彻落实党中央和国务院的"放管服"改革，推进"互联网+"行动战略，国家相继颁布了《关于加快推进"互联网+政务服务"工作的指导意见》（国发〔2016〕55号）、《关于印发"互联网+政务服务"技术体系建设指南的通知》（国办函〔2016〕108号）等多项文件，对"互联网+政务服务"的推进工作提出了具体的要求。"互联网+政务服务"包括对内政务管理和对外政务服务两个主要维度。从内部维度来看，"互联网+政务服务"是以数字化、智能化、协作化为导向，运用新一代信息技术"打破内部循环、倒逼体制改革"，重塑传统组织体制、运行机制和工作流程，构建整体型行政管理体系；从外部维度来看，"互联网+政务服务"以公共服务普惠化为主要内容，秉持"跨界融合"的思路，运用互联网技术、互联网思维与互联网精神，依托多元化的移动终端与政务服务有机且深度融合，线上服务平台与线下服务大厅的紧密结合，为办事群众和企业提供便捷、实用、有效和及时的精准服务,以"互联化"打通服务群众"最后一公里"①。"互联网+政务服务"的实施极大地提高了政务服务的质量与水平,是政府信息化发展的新阶段。

总之,近三十多年来,我国政府信息化建设的速度非常快,在经历从机关内部的"办公自动化工程"到专业领域的"金字工程"再到全行业的"政府上网工程"的起始阶段后,进入全面建设电子政务的发展阶段。在新的阶段,政府以现代信息技术为抓手,以服务社会为目的,实现了政府信息化从"办公信息化"向"服务信息化"的巨大转变。

二、政府信息化取得的成绩

从20世纪80年代末我国实行"办公自动化"工程开始到现在推进"互联网+政务服务"为止的发展历程来看,我国政府信息化取得了令人瞩目的成绩。主要包括以下五个方面:

(一)改善行政环境

1. 我国网民对互联网的应用有了很大提升

根据中国互联网络信息中心的报告,②目前中国互联网状况如下:

(1)网民规模和互联网普及率持续增长。截至2017年12月,我国网民规模达7.72亿,全年共计新增网民4073万人;互联网普及率为55.8%,较去年提升2.6个百分点(见图9–1)。

---

① 刘祺、彭恋:《"互联网+政务"的缘起、内涵及应用》,《东南学术》,2017年第5期。

② 以下数据均来自中国互联网络信息中心:《第41次中国互联网络发展状况统计报告》,http://www.cnnic.cn/hlwfzyj/hlwxzbg/hlwtjbg/201803/t20180305_70249.htm。

图9-1 网民规模和互联网普及率
资料来源:中国互联网络信息中心:第41次《中国互联网络发展状况统计报告》,http://www.cnnic.cn/hlwfzyj/hlwxzbg/hlwtjbg/201803/t20180305_70249.htm。

(2)我国手机网民规模。截至2017年12月,我国手机网民规模达7.53亿,网民中使用手机上网人群的占比由2016年的95.1%提升至97.5%,网民手机上网比例继续攀升(见图9-2)。

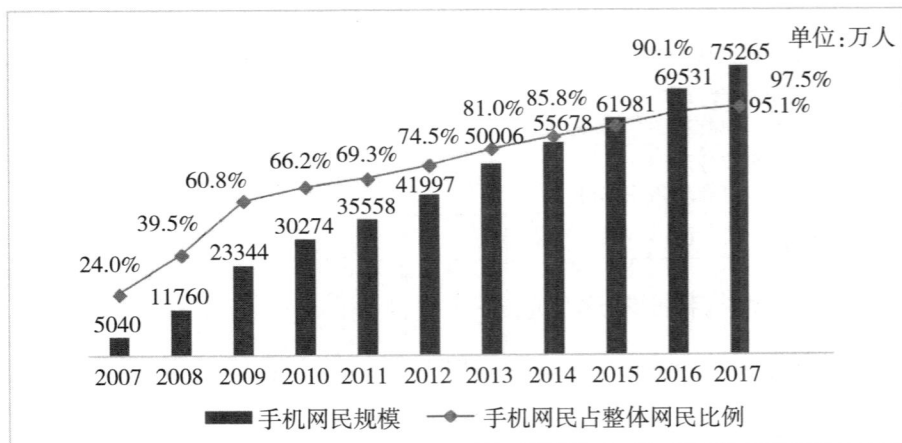

图9-2 中国手机网民规模及其占网民比例
资料来源:中国互联网络信息中心:第41次《中国互联网络发展状况统计报告》,http://www.cnnic.cn/hlwfzyj/hlwxzbg/hlwtjbg/201803/t20180305_70249.htm。

2.我国政府信息化发展和应用的覆盖率明显提升

在中央层面,各部门核心业务信息化覆盖水平稳定增长,并逐步实现全业务、全流程、全覆盖。"十二五"期间,各部门加大应用系统建设力度,在继续推进金盾、金关、金财、金税、金审、金农等重要信息系统建设的基础上,重点建设保障和改善民生、维护经济社会安全、提升治国理政能力等方面的重要信息系统。在地方层面,地方各级政府部门核心业务信息化覆盖率逐步提升,应用不断深化,有效支撑了各地政府部门履职。统计数据显示,截至2015年年底,中央部委和省级政府部门主要业务信息化覆盖率达到90.8%,地市级达到76.8%,县级达到52.5%,圆满完成了《国家电子政务"十二五"规划》提出的各项目标,并均略有超额(见表9-1)。①

表9-1 "十二五"计划末政务业务信息化覆盖率实现情况

指标	"十二五"规划目标		截至2015年年底实现情况	
	2015年	年均增长(%)	2015年	年均增长(%)
中央部委和省级政务部门 主要业务信息化覆盖率(%)	>85	(>15)	90.8	(20.8)
地市级政务部门 主要业务信息化覆盖率(%)	70	(30)	76.8	(36.8)
县级政务部门 主要业务信息化覆盖率(%)	50	(25)	52.5	(27.5)
注:( )表示五年累计数,单位为百分点。				

3. 政务新媒体矩阵逐步形成

积极运用政务网站、公众号、微博、微信等新媒体工具开展政务信息服务,是政府管理应用信息技术的重要方式之一,也是新形势下贯彻党的群众路线、密切党群关系、提升执政能力的重要手段。根据中国

---

① 参见杨道玲:《我国电子政务发展现状与"十三五"展望》,《电子政务》,2017年第3期。

互联网络信息中心的报告:①

(1)互联网政务服务用户规模及使用情况。截至2017年12月,我国在线政务用户规模达到4.85亿,占总体网民的62.9亿%。其中,通过支付宝或微信城市服务平台获得政务服务的使用率为44.0%,为网民使用最多的在线政务服务方式;其次为政府微信公众号,使用率为23.1%,政府网站、政府微博及政务手机端的使用率分别为18.6%、11.4%及9.0%(见图9-3)。

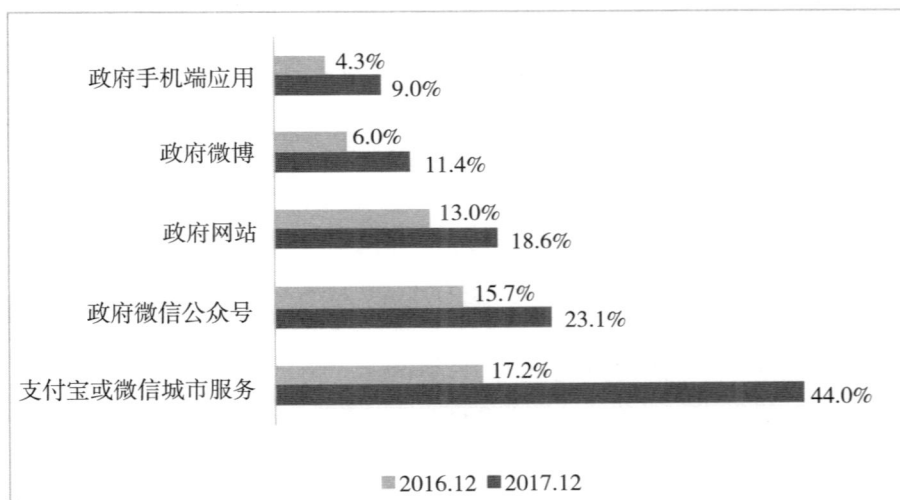

图9-3 各类政务服务用户使用率
资料来源:中国互联网络信息中心:第41次《中国互联网络发展状况统计报告》,http://www.cnnic.cn/hlwfzyj/hlwxzbg/hlwtjbg/201803/t20180305_70249.htm。

(2)微信城市服务。截至2017年年底,微信城市服务累计用户4.17亿,中国大陆有31个省、自治区、直辖市开通了微信城市服务。其中,广东省累计用户约7238万,居全国首位(见图9-4)。

---

① 以下数据均来自中国互联网络信息中心:《第41次中国互联网络发展状况统计报告》,http://www.cnnic.cn/hlwfzyj/hlwxzbg/hlwtjbg/201803/t20180305_70249.htm。

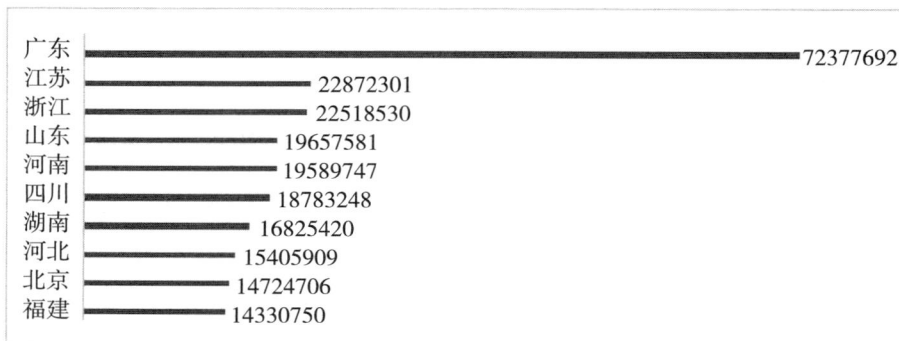

广东	72377692
江苏	22872301
浙江	22518530
山东	19657581
河南	19589747
四川	18783248
湖南	16825420
河北	15405909
北京	14724706
福建	14330750

图9-4 累计微信城市服务用户TOP10省份

资料来源:中国互联网络信息中心:第41次《中国互联网络发展状况统计报告》,http://www.cnnic.cn/hlwfzyj/hlwxzbg/hlwtjbg/201803/t20180305_70249.htm。

（3）政务微博。截至2017年年底,经过新浪平台认证的政务机构微博达到134827个。包括政府、社会团体、党委、检察院等机构开设了政务微博。其中政府开设的政务微博数量最多,共开通了88215个,其次为社会团体。政府开设的机构类微博中,包括公安、外宣、基层组织、卫计、司法行政、交通运输及旅游机构等服务类型,其中公安机关开设的政务微博最多,为20863个（见表9-2）。

表9-2 机构类政务微博领域构成

一级分类	总数	占比	二级分类	总数
政府	88215	65.4%	公安	20863
			外宣	10947
			基层组织	7871
			卫计	4941
			司法行政	3555
			交通运输	2901
			旅游机构	2868
社会团体	33792	25.06%	团委	30635
党委	4549	3.37%		
检察院	3675	2.73%		
法院	3566	2.64%		

一级分类	总数	占比	二级分类	总数
人大	316	0.23%		
政协	195	0.14%		
其他	519	0.38%		
总数	134827	100%		

资料来源：中国互联网络信息中心：第41次《中国互联网络发展状况统计报告》，http：//www.cnnic.cn/hlwfzyj/hlwxzbg/hlwtjbg/201803/t20180305_70249.htm。

4. 政府信息化发展的法律环境得到了明显改善

国家正在逐步建立健全各种政务信息化法律规章制度，以及统一的电子政务建设标准和规范。2008年5月1日正式实施《政府信息公开条例》，2015年又修正了《中华人民共和国电子签名法》。此外，各地政府根据本地区的实际情况，设立了相应的认证机构，逐步完善相关的法律，给予电子签名与手写签名、盖章相同的法律效力，制定出规范电子政务安全方面的法规、公文自动流转条例等。尤其是近年来，国家围绕大数据、信息化、"互联网+政务服务"、政务公开、政务信息资源共享等领域，相关政策文件密集出台，为政府信息化发展提供了良好的政策环境保障（表9-3）。①

表9-3　我国政府信息化相关政策文件（2015—2018年）

领域	文件名称	发布时间	发文机关	发文字号
政务公开	《2016年政务公开工作要点》	2016年4月18日	国务院办公厅	国办发〔2016〕19号
	《关于在政务公开工作中进一步做好政务舆情回应的通知》	2016年8月12日	国务院办公厅	国办发〔2016〕61号
	《关于全面推进政务公开工作的意见》实施细则的通知	2016年11月15日	国务院办公厅	国办发〔2016〕80号
	《国务院办公厅关于印发2017年政务公开工作要点的通知》	2017年3月23日	国务院办公厅	国办发〔2017〕24号
	《国务院办公厅关于印发2018年政务公开工作要点的通知》	2018年4月24日	国务院办公厅	国办发〔2018〕23号

---

①　参见杨道玲：《我国电子政务发展现状与"十三五"展望》，《电子政务》，2017年第3期。

领域	文件名称	发布时间	发文机关	发文字号
政务信息资源	《政务信息资源共享管理暂行办法》	2016年9月19日	国务院	国发〔2016〕51号
	《国务院办公厅关于印发政务信息系统整合共享实施方案的通知》	2017年5月18日	国务院办公厅	国办发〔2017〕39号
总体战略规划	《国家信息化发展战略纲要》	2016年7月27日	中共中央办公厅、国务院办公厅	—
	《"十三五"国家信息化规划》	2016年12月27日	国务院	国发〔2016〕73号
大数据	《促进大数据发展行动纲要》	2015年9月5日	国务院	国发〔2015〕50号
	《国务院办公厅关于运用大数据加强对市场主体服务和监管的若干意见》	2015年7月1日	国务院办公厅	国办发〔2015〕51号
互联网+政务服务	《国务院关于积极推进"互联网+"行动的指导意见》	2015年7月4日	国务院	国发〔2015〕40号
	《推进"互联网+政务服务"开展信息惠民试点实施方案》	2016年4月26日	国务院办公厅	国办发〔2016〕23号
	《关于加快推进"互联网+政务服务"工作的指导意见》	2016年9月29日	国务院	国发〔2016〕55号
	《"互联网+政务服务"技术体系建设指南》	2017年1月12日	国务院办公厅	国办函〔2016〕108号
	《国务院办公厅关于印发进一步深化"互联网+政务服务"推进政务服务"一网、一门、一次"改革实施方案的通知》	2018年6月22日	国务院办公厅	国办发〔2018〕45号
政务服务平台	《国务院关于加快推进全国一体化在线政务服务平台建设的指导意见》	2018年7月31日	国务院	国发〔2018〕27号
	《国务院办公厅关于全国互联网政务服务平台检查情况的通报》	2017年11月3日	国务院办公厅	国办函〔2017〕115号

5. 国家高度重视电子政务的发展

国家近几年高度重视电子政务的发展。以2016年为例,中央领导同志在多个场合、高频率地强调大力推进"互联网+政务服务"工作的重要意义。2016年4月19日,习近平总书记在网络安全和信息化工作座谈会上提出:"加快推进电子政务,鼓励各级政府部门打破信息壁垒、提升服务效率,让百姓少跑腿、信息多跑路,解决办事难、办事慢、办事繁的问题。"2016年10月9日,在中央政治局第三十六次集体学习时,习近平总书记再次提出:"要以推行电子政务、建设新型智慧城市等为抓手,以数据集中和共享为途径,建设全国一体化的国家大数据中心,推进技术融合、业务融合、数据融合,实现跨层级、跨地域、跨系统、跨部门、跨业务的协同管理和服务。"2016年5月9日,李克强总理在全国推进简政放权、放管结合、优化服务改革电视电话会议上提出:"要优化政府服务,提高政务服务效率,依托'互联网+政务服务',让企业和群众办事更方便、更快捷。"2016年11月21日,在深化简政放权、放管结合、优化服务改革座谈会上,李克强总理再次强调,"提升服务水平要在智能便捷、公平可及上下功夫。各级政府要争做服务企业和群众的'行家里手',推动'互联网+政务服务',加快建成互通共享的网上服务平台"。①从此可以看出,国家大力推动电子政务的发展,一系列的重要文件和讲话,为我国今后"互联网+政务服务"提供了明确要求和方向。

（二）重构行政组织

传统的行政组织形态是工业革命的产物,是与工业化的行政管理的需要和技术经济环境相呼应的。这一组织形态是一个层级的金字塔结构,每一层次均有其不同的职能,对信息的需求与控制也是不同的,每一层级上的工作人员均只对上一层级的上司负责。因此,在金字塔结构的行政组织中,信息是这样流动的:顶层的领导层将决策沿着纵

---

①　李季:《中国电子政务发展报告》,社会科学文献出版社,2017年,第10~11页。

向的指令系统层层转达，并由底层的工作人员予以执行实现；在金字塔底层的人员根据指令，在采集到相关信息后，沿着纵向的指令系统向上流动，继而到达金字塔的顶端。信息在金字塔形的行政组织中即是这样周而复始地流动。这种层级流动的信息传递结构相对简单、信息关系明晰，并且与我国行政组织的权威等级相一致。但是它也有不足之处，单一的信息纵向层层传递，层层过滤容易造成信息失真及损害其完整性。

与信息在金字塔形的行政组织中纵向流动不同的是，电子政务的信息流动更多的是横向流动。信息技术的应用、数据的交互性实现了将政府、企业、民间组织、个人联通在一起，摆脱了传统的金字塔式，形成了水平式、矩阵式或网络式的信息传递和交流。在网络结构形态下，各信息之间的传递既保有原本的垂直方式，也有来自上下级之间的横向联系，同层级之间的水平联系，不同层级、不同主体间的交互联系等。不同于原本信息只为行政组织服务，在这种网络结构中，行政组织与外界的信息交流是开放式的、多层次的、交互式的，便于行政组织更好地利用外部资源，提高了信息的完整性和准确性，极大地实现了信息共享，对行政组织在决策和治理过程中产生影响。

2006年，中华人民共和国中央人民政府门户网站（简称"中国政府网"）正式开通。中国政府网是国务院和国务院各部门，以及各省、自治区、直辖市人民政府在国际互联网上发布政府信息和提供在线服务的综合平台。国家通过网站相关栏目提供政务信息和与政府业务相关的服务，逐步实现政府与企业、公民的互动交流，为公民也为政府自身提供了便利与服务。

政府信息网络建设也取得了重大进展。经过多年的持续建设,上海已建成覆盖市、区县、街镇三级的政务外网物理网络,联通了八千八百多家单位,并逐步向村居委延伸,为深化网上政务服务提供了有力支撑。在政务外网上,目前已聚集法人库、人口库、空间地理信息库等基础数据库,承载了"12345"市民服务热线平台、公共信用信息服务平台、城市管理综合信息共享交换平台等七十余项市级重要业务应用,为推进跨部门、跨层级政务数据共享和业务协同提供了高效、安全的网络环境。[①]政府信息网络建设的不断完善,为电子政务的深层次发展打下了扎实的基础。

这种信息的横向流动将改变传统金字塔形的行政组织中信息的流动,进而对行政组织的形态产生深远的影响。

(三)优化行政流程

行政组织的重构带来的结果是行政流程的优化。政府组织结构的再造,打破了条块分割体制和部门界限来建立虚拟政府,实现政府部门资源共享,跨部门的网络化管理和协调办公,带来的是行政流程的优化。这使政府与公众和企业之间的交流和互动变得十分容易,提高了政府管理的回应、沟通能力,并从根本上把政府治理从封闭的行政系统中拓展出来。优化的行政流程将权限上分离的、地域上分散的组织或者服务整合起来,形成无缝隙政府。它强调的是现代网络信息技术的运用和顾客的需求。

以北京"信息资源共享交换平台"为例,该平台于2006年4月建立,

---

① 参见李季:《中国电子政务发展报告》,社会科学文献出版社,2017年,第219~220页。

共接入八十九个市级政府部门（包括十六个区县），支撑了一千余项跨部门、跨层级信息的共享交互工作，数据量累计超过八十亿条，日均交换量三百六十万条左右，为各部门一百多项业务工作提供了支持。在领导决策、应急指挥、房地产监管、小客车调控、限购房调控等几十项重大应用中发挥了重要保障作用。[1]

同时，信息技术也为我国深化"放管服"改革做出了贡献，极大地优化了行政审批流程。以天津市行政审批服务来看，为充分体现互联网简便、快捷、高效的特点，在审批制度改革的设计上，围绕整合、优化、简化办事环节和办理流程，建立"一口受理、部门协同、网上运转、一口出件"的办事机制。[2]这种方式一方面可以降低员工的劳动成本；另一方面，信息化、现代化的手段，可以减少办理的时间成本，从而极大地提高了行政审批效率，使行政流程更加顺畅、便利。

（四）转变行政职能

近年来，党中央、国务院高度重视加快推进政府职能转变。党的十八届三中全会提出，必须切实转变政府职能，深化行政体制改革，创新行政管理方式，增强政府公信力和执行力，建设法治政府和服务型政府。2016年3月，李克强总理在《政府工作报告》中提出，大力推进"互联网+政务服务"，实现部门间数据共享，让居民和企业少跑腿、好办事、不添堵。"互联网+政务服务"的大力推行，必将对我国政府职能转变和

---

① 参见阎冠和:《"互联网+政务"新常态——北京市政务信息资源共享的思路与实践》，《新理财》（政府理财），2016年第10期。

② 参见李季:《中国电子政务发展报告》，社会科学文献出版社，2017年，第199页。

经济社会发展产生深远影响,也将引领创新驱动发展的"新常态"。①

一般来说,人类的行政模式经历了统治、管制和服务三个阶段,随着社会的不断发展,政府的职能也会为适应不同时期的社会环境对政府职能的不同要求而不断变化。②"统治""管制"是建立在以官僚制为组织架构的政府模型基础上的,而"服务"才是信息社会对应的政府职能。然而当前我国仍然存在一些部门官僚制度明显,这对于我国行政职能的转变和发展影响很大。但是信息技术的发展和运用会极大程度地减少部门层级间的信息垄断。通过网络让更多的公众和社会组织参与其中,有效改善了群众诉求不畅的问题,能够让政府及时地了解到民意,更好地为民众服务,使得政府尽快从过去的"管理型"政府向"服务型"政府转变,进而促进政府职能的转变。

(五)提高行政效率

不管是行政环境的改善,还是行政组织的重构,以及政府职能的转变,最终的目的都是为了提高行政效率。

1. 行政效率提高的三个阶段

中国政府信息化促进行政效率提高经历了三个发展阶段③:

(1)提高政府办公效率阶段。这个阶段是中国提出办公自动化阶段。在此阶段,中央和部分地方党政机关开始普及和推广使用计算机,建立了内部办公自动化系统,有些还领先建立了政府机关的内部办公

---

① 参见李季:《中国电子政务发展报告:"互联网+"创新政务服务新模式》,社会科学文献出版社,2017年,第1页。

② 参见沈荣华:《论服务行政的法制构架》,《中国行政管理》,2004年第1期。

③ 这三个阶段的划分主要借鉴了王长胜:《中国电子政务发展报告No.3》,中国社会科学出版社,2006年,第32页。

信息网络。现代化的办公设备、计算机和先进的通信技术逐步取代了原来手工粗放的人工作业办公方式，避免了行政工作人员在繁琐的重复工作中消耗大量的时间，有效提高了行政工作人员的事务处理速度，提高了工作质量，减少了工作失误，节省了人力和物力，有效提高了政府的办公效率。

（2）突出提高政府市场监管效率阶段。从20世纪90年代初到20世纪末，以"三金工程"的相继启动为标志开始建设的中央政府主导的政府信息化"金"字系统工程，有效提高了政府市场监管效率。"金关""金税"工程，促进政府管理部门应用先进的信息化手段，较大幅度地提高了国家的税收征管工作水平，堵住了税收流失的漏洞，大大提高了税收征管质量和效率，保证了税收的稳定增长；促进了政府业务规范，完善了国家征管体制，降低了廉政风险，强化了国家综合治理。

（3）行政效率全面提高阶段。从1999年中国四十多个部委的信息主管部门共同倡议发起"政府上网工程"开始到21世纪初全面建设电子政务，我国政府通过政府信息化全面提升了各领域的行政效率。大部分政府职能部门如税务、工商、海关、公安等部门都已建成了覆盖全系统的专网，办公自动化、管理信息化的水平不断提高。早期启动的"金"字工程继续发挥突出作用，其他"金"字工程也陆续启动。政府各职能部门开始尝试横向数据共享，利用网络向社会各界提供政府信息和应用项目。政府网站与办公自动化系统连通，与政府各部门的职能紧密结合，使政府站点成为便民服务的窗口和沟通政府与民众的桥梁。特别是党的十八大以来，党中央和国务院以"放管服"改革为抓手，利用大数据、互联网、移动通信等现代信息技术大力推进"互联网+政务服务"，实现了政府行政效率的巨大提升。

2. 行政效率提高的具体表现

（1）提高了政府决策水平。在中国政府重点领域电子政务信息系统和跨部门业务协同建设不断深化的今天，政府获取和掌握有关国家政治、经济、社会发展各领域信息的及时性和准确性都有了明显提高。通过运用先进的信息技术，使政府在短时间内与机构内各部门、社会各类组织和单个公民进行广泛的沟通，及时搜集社会的需求和意见，以提高决策的科学性和民主性，从而提高了政府治理的反应能力和社会回应力，有力地保证了政府作出理性判断、制定正确决策和采取必要行动。信息技术对行政决策的影响主要体现在以下两方面：

一方面，信息技术已经成为行政决策的新依据。以2005年发生的"禽流感"为例，[1]农业部的重大动物疫病指挥决策系统在防控"禽流感"等重大动物疫病，提高政府对重大动物疫病的科学指挥能力，及展现疫病发生地的实际情况和疫病预警等方面发挥了巨大作用。这一系统是国家动物疫情测报中心专门用来统计汇总和传输三百个动物疫情测报站、一百四十七个边境动物疫情检测站的疫病检测数据的专业系统。通过这一网络的应用，使全国动物疫情和检测数据传报时间大大节省，数据的清晰程度、准确性和数据检索能力得到实质性提高，实现了对规模数据科学、准确、及时的分析，显示了政府处理重大突发疫情和作出果断科学决策的能力显著提高。除此之外，北京市治理交通拥堵的案例也非常典型。北京交管局曾在2016年对近三年来北京9月份的交通数据进行处理和分析，掌握了重点拥堵口，并对此作出了相

---

① 参见王长胜：《中国电子政务发展报告No.3》，中国社会科学出版社，2006年，第35页。

应的应对措施。

另一方面，信息技术支持行政决策过程。近年来，社会各界对政府部门，尤其是对政府的行政决策提出了更高的要求，不仅要求政府行政决策过程标准化、自动化，以降低决策成本，还要求政府能够提前作好决策预判和危机决策处理。信息技术的应用使得政府能够及时、动态地掌握实时信息，把握决策对象的发展方向和近况，并对未来的决策作出合理、科学的决策预判。例如指挥调度系统的应用，行政组织可以依据信息技术随时检测道路的实时路况、流量指数、拥堵情况等，并实时向民众发布，让民众合理选择出行，交警部门也可根据大数据信息进行交通研判和决策分析，提前作好警力调度安排，更好地保障城市交通运行状况稳定。

（2）政府服务水平显著提升。通过运用先进的信息化网络技术，政府与公众可以直接进行双向互动交流，促进了政府部门改善和提高服务质量，密切了政府与公众的联系，有效提高了政府的公共服务意识和服务能力，加速了政府公共服务水平的升级，政府的服务效率获得了显著提升。

传统的政府服务主要有以下三种：一是一对一的人工服务。早期受信息技术的限制，政府主要提供专门柜台或者电话服务，办理事务通常要去行政办公场地才可向相关人员询问，边咨询边了解记录。这种过程不仅占用了大量时间，也使得沟通成本过高、政府服务水平和效率低下。二是一对多政府网站服务。随着政府网站的建设起步，各地政府纷纷建立起各自的一对多服务平台，这种服务居民可以直接通过网络获取相关信息，降低公众获取政务信息的成本。但是政务网站提供的服务仍摆脱不了"官本位"模式，政府是信息的发布方，有权力进行选择性的政务公开，民众只能被动地接收信息，同时面对海量的、庞杂的、无规律的信息，民众会产生"信息迷航"，往往找不到有效信息，严重影响政府服务满意度。三是一站式服务。近年来，各地都纷纷建立一站式服务大厅及开通网上大厅、政府服务热线，这种方式确实给公众办事提供了便利，公众往往可以一次性解决问题，还能得到政府工作人员的耐心服务。但是这种方式仍然没有摆脱纸质的信息处理，信息服务的重心依然是政府。

随着新媒体的普及和信息技术的广泛应用，逐渐形成"互联网+政务服务"的服务模式，"互联网+政务服务"要求政府利用互联网思维、技术和资源实现融合创新，除了通过"连接"提升运作效率和服务能力，更重要的是通过"化学反应"和"基因再造"重构流程，重塑公共产品和行政服务，实现政府服务体系的"升级和重塑"。①该模式以公众需求为导向，更加灵活、直接，公众的参与性强，与传统模式相比优势明显（如表9—4），极大地提高了公众对于政府服务水平的满意度。

表9—4　不同政府信息服务比较

	一对一人工服务	一对多政府网站信息服务	一站式信息服务	"互联网+"政务信息服务
提供方式	一对一	一对多	一对一	一对多
互动方式	人工即时双向	单向	人工即时双向	即时双向
媒体方式	声音	文本/图片	声音	全媒体
获取方式	固定位置/随时随地	随时随地	固定位置/随时随地	随时随地
提供出发点	政府本位	政府本位	政府本位	公众为中心
提供时间	工作日	全时	工作日	全时
信息形式	个性化	共性化	个性化	个性化
考核管理	开环	开环	闭环	闭环

---

① 参见李勇：《"互联网+政务服务"：政府自我革新的中国路径》，《光明日报》，2016年4月4日。

（3）政府市场监管效率进一步提高

政府通过信息化应用系统,在健全市场监管机制,打击商业欺诈等违法行为,保护交易者的合法权益,维护市场秩序,完善预算、金融等领域的监管效率进一步得到了提高。以"金税"工程为例,这一系统通过利用市以上各级税务机关建立的综合数据库,在防伪税控开票、认证、增值税专用发票稽核和发票协查四个系统实现了不同环节在信息共享基础上的相互监督和制约,杜绝了增值税专用发票管理中存在的漏洞。通过"一窗式"管理、"四小票"管理等项目的实施,进一步完善了增值税管理过程中环节的衔接,拓展了抵扣凭证认证的覆盖范围,进一步拓展、完善和深化了信息技术在税收管理各领域的应用,实现了提高税收征收率和税收执法效率的目标。①

在国家反腐方面,自2004年起,我国利用信息技术陆续开发了一批IT应用项目,主要建设了"电子检查系统""网络举报平台"以及纪检监察网站、自媒体等监督体系类基础设施。首先,电子监察系统以政府内部监控为主,依托电子政务系统建设,主要用于实时监督权力运行情况。其次, 网络举报平台包括官方建设的举报网站（如以12309、12388、12380三大域名为首的我国各部委、各省市建设的举报网站）,各新闻网络媒体的举报监督专区(如2013年4月人民网、新华网、光明网等中央重点新闻网站和新浪、搜狐、腾讯等主流商业网站相继推出网络举报监督专区,并直接链接到中央部委举报网站,鼓励广大网民依法如实举报违纪违法行为)和移动举报平台(如2011年开始的手机

---

① 参见王长胜:《中国电子政务发展报告No.4》,中国社会科学出版社,2007年,第241页。

短信举报），为公众监督提供了便捷渠道，提高了公众对行政机关及其工作人员的行政行为和权力运行情况的关注度以及参与监督的主动性和积极性，实际成效明显。再次，纪检监察网站设置了法规及文献发布、腐败曝光、案例警示、中外古今反腐经验等功能板块，成为党风廉政建设的信息发布和教育宣传的主要窗口，是公众实时了解反腐倡廉工作进展和斗争情势的重要途径。至今，我国各部委、三十二个省（自治区、直辖市）、十五个副省级城市、十五个中纪委派驻机构及其下属的政府部门，还有企事业单位，均已设立了纪检监察网站。最后，微博、微信等自媒体因其覆盖面广、信息及时、反应迅速等特点，也已成为反腐败的"移动"利器。[1]

（4）政府社会管理效率稳步提高

社会管理信息系统的建设继续深入发展，在整合社会管理资源、完善社会管理体系等方面继续发挥作用。社区城市管理、生产生活安全、社会保障等方面的社会管理能力得到提升，管理效率不断提高。以天津市和平区文化村社区为例，近年来，该区依托天津广播电视网络和"雪亮工程"进行智慧社区建设。该社区先后安装了四十二个高清摄像头及人脸识别系统，工作人员或居民可在家通过电视观看主要干道的实时景象，发现问题通过遥控器一键即可反映到网络管理中心，网络管理中心接警后采取相应措施。同时由于该平台的建立，居民还可以通过平台参加党员培训、观看社区活动、预约社区服务等，极大地为居民生活带来便利，也进一步提高了社区工作的管理效率。

---

[1] 参见陆涛、董艳哲、马亮等：《推进"互联网+政务服务"提升政府服务与社会治理能力》，《电子政务》，2016年第8期。

第三节　政府信息化建设的问题与展望

一、政府信息化建设存在的问题

联合国经济和社会事务部与国家行政学院联合发布的《2016年联合国电子政务调查报告（中文版）》显示，2016年，我国电子政务排名第63位，较2014年上升7位，特别是在线服务指数上升到第29位。从排名看，我国在线政务水平已处于全球中等偏上水平。[1]但是从电子政务的建设和应用来看，我国政府信息化建设仍然存在一些问题，主要有以下七个方面。

（一）政府信息化立法滞后

任何一项改革的进行，都要有法律的保障才能保护已有的改革成果，并顺利发展下去，电子政务也不应该例外。综观国外发达国家，其电子政务之所以发展迅速，其中一个很重要的原因就在于有相关法律的保障。如英国政府于2000年5月通过的《电子通讯法案》，确定电子签名和其他电子证书在法院审判中可以作为证据使用，并授权政府部门修改有关法令为电子政务和电子商务的实施扫除障碍；[2]美国有《政府信息公开法》《个人隐私权保护法》《美国联邦信息资源管理法》等一系列法律、法规为电子政务的发展保驾护航。其他国家也都制定或修改

---

[1]　参见李季：《中国电子政务发展报告》，社会科学文献出版社，2017年，第1~2页。

[2]　参见徐晓林、杨兰蓉：《电子政务导论》，武汉出版社、科学出版社，2002年，第191~192页。

了相关法律，允许电子签名的使用，承认电子支付的合法性。他们的这些措施都有力地促进了本国电子政务的发展。而我国在这方面却不尽如人意，许多方面的界定还不够清晰。

目前我国国家层面的专门性政府信息化法律只有《全国人民代表大会常务委员会关于维护互联网安全的决定》和《中华人民共和国电子签名法》两部，缺乏一部统一的政府信息化法或电子政务法。这就导致了电子文件、电子档案、电子印章身份认证、数据交换、统一支付等缺乏应有的法律地位，没有详细的、可操作的法律和法规可循，使得政府的管理缺乏依据，处于被动局面。因此，出现了在实践中除了要将资料上传，还要拿着资料的原件到有关部门核对的现象，不仅影响了人们对政府信息化的心理认同，也在很大程度上阻碍了政府信息化的发展。另外，中央和地方的信息共享由于缺乏相应的法律、制度保障，造成重复采集、重复提交、重复审查、重复证明等问题普遍存在，严重制约着政府服务水平和效率的提升。同时，伴随着互联网的普及和网民数量的大幅度增多，网民的个人隐私、网络不良信息甚至是负面信息等问题逐渐显现出来。而从我国法律制定来看，现有的一些立法属于被动立法，即事实发生后的惩处措施。现阶段，国家虽然很重视网络管理，却没有根除以上问题，政策缺乏连续性。

(二)政府信息化标准不一

政府信息化的发展缺乏整体性规划和统一性标准，导致了各地政府在不同时期、不同条件下采取了来自不同厂商的硬件与软件，技术标准规范差异较大。各种数据、报表格式互不兼容，用户界面各式各样。这使得用户在使用过程中，从一个系统切换到另一个系统，进行多次点击,或者多次重复输入相同信息,造成了效率低下、数据准确性差等问题。政府信息化的发展规律虽然要分步实施、循序渐进地发展,但这并不意味着在政府信息化过程中,不需要统一的规划和标准。如果没有一个全国性统一的标准,就必然会产生系统不支持、不兼容等问题,造成"诸侯割据"的局面。当前在推进"互联网+政务服务"的过程中,国家已经认识到了这一问题,国务院办公厅印发了《"互联网+政务服务"技术体系建设指南》,推动了各级政府信息化标准的统一。但是确实受到各地区起步时间、发展水平、基础设施建设等不一致的影响,造成数据的联通和对接障碍,实现全国统一的标准化还需要一段很长的路要走。导致政府信息化标准不统一的重要原因在于,各政府部门只是从解决本部门内部的业务需求出发来运用网络信息技术,忽视了与其他部门之间的协作;各部门在设计业务流程过程中,只是注重本部门的工作业务,而忽视了与此相关的其他部门业务之间的联系,人为造成业务分割与协调不足的问题。

(三)信息孤岛问题突出

信息孤岛是一个对电子政务中各行政机关封闭各自所有信息的形象描述。在电子政务的发展过程中,各个政府部门之间对各自所有的信息不交换不共享从而形成一个个信息海洋中的孤岛,这就是信息孤岛。当前在政府信息化建设的过程中,特别是以"放管服"改革为抓手推进"互联网+政务服务"以来,政府部门间的信息孤岛问题越来越突出。大数据、互联网、移动通信等现代信息技术在一定程度上促进了政府相关部门信息联通和信息共享,但是资源垄断、信息难以共享等信息孤岛现象依然程度不同地存在。部门之间的政务信息共享程度低，政府部门间还未完全实现数据信息互联互通、公开共享。不少政府部门没有能够按照"互联网+政务服务"系统的要求，进入统一的信息库，而是每个部门都有自己的独立系统；有些业务系统对接不全，导致数据重复提交、多次办理情况时有发生。或是基于部门利益考虑，牢牢抱住部门数据，设置层层壁垒；或者是由于各部门信息数据库的管理和运行标准不统一，使得共享数据难以调处。[①]总之，当前不同部门、不同业务条线上的数据壁垒和数据孤岛问题没有完全消除，数据跑不起来的问题仍旧突出。不少部门的核心业务系统都是在纵向专网上运行，无法实现横向互联互通，条块分割严重。导致信息孤岛的原因有以下三点：

1.从行政管理学的角度来看信息孤岛现象

一是传统行政组织中的条块矛盾。目前我国实行的是条块分割的政府管理体制。政府组织结构是纵向层级制和横向职能制的矩阵式结构形式。纵向层级制的行政组织系统是由若干层次构成，实行下级对上级负责的原则。除中央政府以外，每一个层次又划分为若干地方行政区域板块。层次越低其所辖的地方行政区域的数目就越多，层次越高其所辖的地方行政区域的数目就越少。这就是所谓的"块块"。横向职能制的组织结构是由平行的若干部门构成，每一部门均直接对管理对象实施管理，每一部门行使不同的职能，但大多数部门行使单一和专门的管理职能，每一部门在全国范围内均成为一个相对独立的系

---

① 参见高学栋、李坤轩：《推进"互联网+政务服务"对策研究——基于山东省部分政府部门"放管服"改革第三方评估》，《华东经济管理》，2016年第12期。

统,在系统内部实行垂直领导。①这就是所谓的"条条"。条块矛盾历来是我国政府管理过程中的顽疾,一直被人们所诟病。政府信息化的实施,虽然在一定程度上能够使这种形式的行政组织发生变化,但由于中国体制的改革不是一朝一夕的问题,行政组织的条块矛盾依然是政府信息化的主要障碍之一。

二是政府官员的晋升锦标赛体制。晋升锦标赛是一种重要的激励机制,指在一些候选人中通过竞争选拔优胜者,相对次序决定胜负。从官场的博弈来看,一个官员的升迁意味着其他同级官员升迁机会的减少,因为上级官员的数目是一定的,不可能无限供给的。在官场竞争中,一个行政部门开放了本单位的信息资源给外单位使用,无形中促进了其他单位的工作业绩。变相地帮助其他同级单位的行政人员获得荣誉的结果,是提升了其他同级单位行政人员晋升的概率,最终变相地降低了本单位行政人员晋升的概率。所以基于官场竞争的需要,在同级行政单位之间也没有开放信息资源的动机。

2.从经济学的静态角度来看信息孤岛现象

首先,部门利益。权威或者影响是一个行政部门在社会上立足的基础。如果一个行政部门没有了权威,那么这个行政部门就会被社会公众看不起,被同级行政部门歧视,也不能够引起上级领导的重视。在现代信息社会,信息意味着权威甚至意味着权力:一个行政部门拥有的独占信息量的大小往往决定了该行政部门在社会上的影响力甚至该行政部门的权力。基于经济学上"理性人"的角度分析,每个行政部

①　参见蔡立辉:《电子政务:信息时代的政府再造》,中国社会科学出版社,2006年,第205页。

门都希望扩大自己的行政权力和自己在社会上的影响力,从而维护或者加强本单位的经济利益。如果本单位把自己辛辛苦苦收集整理起来的信息交由其他单位免费使用,就会降低本行政部门的威权,没有人会再小心翼翼地来本单位办事,本单位也没有机会进行权力寻租。开放信息就意味着放弃自己本部门的经济利益,所以能不开放信息就不开放信息,不仅对社会公众是这样,就是对其他行政部门也是这样。维护了自己对信息的垄断权就是维护了自己本部门的利益,所以有些行政部门在电子政务的发展中能不联通信息就不联通信息。

其次,信息成本。信息的收集和制作都是要花费成本,需要人力资源的付出和财力资源的付出。但是在行政部门之间的信息共享中,很显然其他部门使用本单位制作的信息是免费的。从这个角度来看,制作信息的单位没有动机和利益驱动来开放本单位的信息资源给别的单位使用,这也是形成信息孤岛现象的一个重要原因。

3.从交易成本的经济学理论来看信息孤岛现象

首先,参与信息交换的行政部门数量的多少决定了行政部门之间信息交换的协议能否达成。在对电子政务中的信息交流和互换的远景达成一致意见之后,剩下的问题就是在所有参与行政信息交流的行政单位达成行政信息交流的协议。新制度经济学的理论告诉我们:一项协议谈判中的参与主体越多, 则谈判过程中所需要协调的意见就多,从而导致该项协议达成一致时所耗费掉的谈判交易成本就多,甚至有可能因为谈判成本的巨大而导致协议的未能达成一致。一般而言,在一项协议的谈判过程中, 参与的主体越多则各自的细节性诉求就越多。为了能够达成协议的一致,此时就有各种利益团体的利益衡平。其中最有实力的谈判者往往会主导谈判的进程和方向，此时就存在最有实力的谈判者联合其他谈判者来进行交易条件的互换。具体到行政部门，在建立业务联系最多的行政部门之间日益建立起行政信息的互联互通，但是在很少有业务联系的行政部门之间则很难建立起行政信息的互联互通。谈判者越多，达成一致性的谈判协议所耗费的交易成本就越高。

其次，行政信息价值的非评估性和不透明性也会左右行政部门达成行政信息协议的成功性。在现实生活中，寻找信息不是凭空来的，而是需要花费资源去收集、整理、归类和分析的。在行政体制下，这些事情及这些成本都是由具体的行政部门来担负的。行政信息的互联互通只是丰富了行政信息库的内容，而不是免除了行政单位制作行政信息的义务。在行政信息互联互通之后，同样会存在行政信息的收集、整理、归类和分析等事项；此时反而基于行政信息的共享，财政部门会减少行政财政的拨款，因为没有必要制作重复的信息，重复制作行政信息肯定会带来浪费。而在效率行政的今天，行政浪费是不被允许的，节约行政费用也是电子政务带来的好处。所以在各个行政部门进行谈判的时候，肯定会界定自己本单位在以后采纳行政信息共享之后的行政信息制作责任和由此带来的行政费用的变化。为此，在对行政信息制作责任进行界定的时候，就会出现和存在一些单位的投机行为，故意把自己本单位的行政信息的制作成本描述得很高，或者夸大本单位行政信息的价值，希望在以后的"财政蛋糕"的切块中获得一个比较大的份额。所以基于这样的投机行为肯定会导致其他行政单位的抗议，由此可能引发在各个行政部门之间达不成一致协议及引发各个行政部门之间的不合作。

最后，事后对行政信息互联互通协议的执行过程中出现和存在的投机行为，可能会导致行政信息交流和互换的失败。在行政单位之间达成行政信息交流互换协议之后，就存在一个该协议的履行问题。与市场私人之间的履行合同不同，行政单位之间达成的行政信息互通互联协议没有过硬的监督机制。当市场上的私人合同没有得到正当履行的时候，那么一方当事人就可以选择仲裁或者诉讼来解决他们之间的私法争议。但是如果行政单位没有履行他们之间达成的行政信息互通互联协议，那么对于一方参与者的行政单位而言没有提起司法诉讼或者进行仲裁争议可能。因为行政单位基于面子、权力等原因肯定不会选择诉讼等可能引起交恶的渠道解决冲突。所以最好的自我保护方式就是自己也不遵守该协议，从而形成对行政信息互联互通协议的违反，最终该协议被瓦解，没有任何实施行为。

（四）信息寻租时有发生

所谓信息寻租，就是政府部门利用行政管制和立法等手段来人为限制信息自由流动以获得和维护其既得利益。在现代信息社会，信息就是金钱。政府由于其本身的特殊性，占有着大量的信息。这其中有些信息出于国家安全等保密因素的需要不能对外公开，但有些信息却是部门出于自身利益的需要而不对外公开的。而对于部分部门和公务员来说，政府信息化是对其自身利益的威胁。导致信息寻租的主要原因是传统政府体制里的弊端，即政府权力部门化、部门权利利益化、获利途径审批化。在我国传统政府体制下，政府根据职能和权力，划分成条块分割的部门结构，在各自的"条条"或者"块块"里依据占有的大量信息行使行政权力。他们独占的这部分信息往往就会成为政府部门寻租的基本资源与来源。而信息的共享和公开则会导致租金的流失或减少，从而减少原来部门的经济利益。因为信息的共享和公开将导致交易成本的降低，为用户和公众带来便利的同时也意味着部门原有的寻租机会的降低；与此同时，信息从一个部门流到其他部门，权力也随之从一个部门转移到其他部门，这就意味着租金可能也由该部门转移到别的部门，这就势必导致本部门租金的弱化甚至瓦解。

即便信息共享和公开会带来总体利益最大化，但共享部门之间要么没有激励进行利益补偿，要么利益补偿的成本机制太高（因为信息资源往往比实物资源更难以估价），从而使信息共享和公开难以实现。因此，权力的部门分割和部门的寻租利益，必然阻碍信息共享和公开。政府的行政审批制度是在计划经济向市场经济转轨中，政府对市场主体进入市场获取资格的审查和核准，是经济和体制转轨中所必需的。但是在这个过程中，行政审批中的不透明性和复杂性使得这种行政行为成为一种有利可图的寻租机会，并出现了过多、过滥的现象，甚至进而形成一种独特的审批经济。在这种情况下，审批权就成为各个政府部门寻求自身利益的途径，部门不会轻易放弃这种寻租进而获益的机会。因此，政府的工作流程也就无法真正优化，更别提借助互联网达成资源共享，进而真正实现电子政务了。除了来自行政部门的信息寻租之外，政府官员也有为一己私利而信息寻租的倾向。但不管是来自行政部门还是来自政府官员的信息寻租，都会对政府信息化建设产生威胁。

（五）网络安全问题严峻

作为互联网条件下政府管理所面临一个重要课题，就是信息安全与保密问题，这也是我国政府信息化建设必须有效解决的一个难题。互联网时代政府管理目前主要有三大安全问题：如何实现验证公民数字签证、如何有效保护公民的个人隐私和如何通过技术的改进确保政府网站不受相关"黑客"攻击。现代信息技术的迅速敏捷发展，使利用信息网络的安全漏洞或后门窃取、倒卖涉密信息获取利益，或在互联网上恶意公开个人信息的泄密事件频繁发生。随着政府信息公开共享的类型和内容不断增多，移动政务信息系统的安全与公民个人隐私保护问题逐渐凸显出来。由于各种利益的诱导，网络上出现了较多的"黑客"，他们通过各种病毒或先进技术对政府网络进行攻击，更加严重的是导致政府网站瘫痪，从而削弱政府的形象。近年来，我国政府网站成为易受攻击的网站之一，不仅引发泄密风险，也影响政府部门的形象。互联网安全机构瑞星公司发布《2011年度企业安全报告》显示，2011年接近20万个网站中有近15%的政府门户网站遭遇恶意攻击。由此推算，全年约3万个政府网站页面遭到"黑客"不同程度地破坏和修改。政府网站安全性不高不仅影响了政府形象和电子政务工作的开展，还给不法分子发布虚假信息或植入网页木马以可乘之机，造成更大的危害。2014年10月，国家互联网信息办公室主任鲁炜指出，我国80%的政府网站都曾受到过攻击，每个月有1万多个网站被篡改，地方政府网站成为"黑客"篡改的"重灾区"。2016年11月，中国电信北京研究院发布的《2016年上半年中国网站安全报告》指出，政府存在较多网络安全问题，漏洞的行政属性较为明显，区县及以下单位问题最多，合计有25万个高危漏洞。①网络安全问题日益严峻，成为我国政府信息化建设的重要障碍之一。

（六）重技术轻服务现象凸显

随着电子政务的发展，电子政务不再仅仅局限于政府部门内部的电子化和网络办公了，而是伴随着国家行政改革步伐的加快，逐步成为政府治理变革的一个利器。在进行政府信息化建设的过程中，各地出现了重视技术忽视服务的倾向。这与一些政府部门对政府信息化建设的理解还没有跳出办公自动化的框框有关。这种倾向认为，政府信息化就是办公室自动化或者政府上网，只要把政府网站以及相关的软硬件建设好了，政府信息化就建成了。这种认识产生的后果就是，在政府信息化建设过程中，只重视硬件的基础设施建设，然后将管理事务原封不动地搬到网络上，只关心内部公文流转、自动化设备的升级，使政府部门以传统的管理方式和服务方式利用新技术，让政府信息化去适应传统的政府管理系统和模式，导致政府信息化对传统政府管理的影响和改造很少，效益不能得到明显的体现。

当前在推进"放管服"改革，加快"互联网+政务服务"建设过程中，各级政府部门不断加强政府服务与现代信息技术的结合，如监管电子化、标准化审批、公共资源交易平台等。以天津市滨海新区审批局为例，该审批局依托滨海新区政府门户网站，启动了全区一体化政务服务平台建设工作，将各功能区、各部门、各街镇政务服务平台在前端整合，推动实现企业和群众上一张网，了解各项政务服务事项，能在网上

---

① 参见王会金、刘国城：《大数据时代政务云安全风险估计及其审计运行研究》，《审计与经济研究》，2018年第33期。

办理的事情尽量实现网上办理。但是在推进"互联网+政务服务"过程中，还一定程度上存在着为了互联网而互联网的倾向，"重电子，轻政务""重技术，轻服务"，盲目追求网站和客户端建设，在形式上花大力气，在内容上却不怎么下功夫，忽视对业务人员的网络技术培训和能力培养，忽视利用"互联网+"提升服务水平意识等问题。

（七）政府信息化与行政改革有机结合度不足

长期以来，中国政府信息化只是政府采用的一种外延式的技术性手段，这使得政府信息化与现在进行的行政改革缺乏有机的结合。由于我国的行政体制是在计划经济体制上建设起来的，存在着机构设置不合理、职能交叉重叠、行政流程不合理、行政决策缺乏科学性和民主性、政府行为缺乏监督等问题，行政改革就成为解决燃眉之急的利器。2013年，新一届中央政府提出"简政放权、放管结合、优化服务"是推进行政体制改革、转变政府职能的总要求。在推进"放管服"改革过程中，各级政府利用现代信息技术大力发展"互联网+政务服务"，一定程度上实现了政府信息化与行政改革的结合。但是人们对政府信息化与行政改革的关系还没有完全认识清楚。政府信息化与政府改革二者关系应该是互相促进的关系：行政改革的推进是政府信息化的前提和基础，新技术的运用是进行行政改革的重要手段。当前在推进"放管服"改革、转变政府职能过程中，政府信息化与行政改革有机结合度仍然不足。

二、政府信息化建设的未来展望

随着现代信息技术和通信技术的飞速发展，我国政府信息化建设也实现了新的突破。展望未来，中国政府信息化发展包括以下七个方面：

（一）健全政府信息化法律法规

法律法规是中国政府信息化发展的重要保障。目前中国的政府信息化相关规定分布于《中华人民共和国计算机法》《中华人民共和国互联网法》《中华人民共和国电子签名法》《中华人民共和国计算机软件保护法》等法律规范之中。2017年6月1日，《中华人民共和国网络安全法》正式实施。2018年8月31日，第十三届全国人民代表大会常务委员会第五次会议表决通过《中华人民共和国电子商务法》，自2019年1月1日起施行。未来，在法律体系建设方面应进行统一立法，制定一部统一的《政府信息化法》或《电子政务法》，明确电子文件、电子档案、电子印章身份认证、数据交换、统一支付等的法律地位。同时，加快制定相关配套法律法规，逐步形成一个独立、完善的电子政务法律体系。

除了加紧进行立法工作以外，原有法律法规的清理整理工作也要进一步加强。这包括审查过去发布的行政规章，确定哪些规章已全部或者部分失去效力，应予全部或者部分废止；修订规章同上位法律规范相抵触的地方；清除规章之间的不和谐或者相互矛盾之处；发现规章与国际惯例的脱节之处等。此外，由于电子政务建设具有阶段性特点，在进行相关立法的时候，立法的阶段性与电子政务建设阶段性不一致的问题将有望解决。

（二）统一政府信息化标准

规范统一的技术标准是各政府之间、各业务部门、各应用系统之间实现对接、联动以及资源共享的支撑体系和保障体系。这一技术标准包括总体标准、应用业务标准、应用支撑标准、数据标准、信息安全标准以及管理标准等。所有的技术、标准、协议以及接口都将在统一规划指导下进行，以保证标准性、安全性以及实用性。在未来政府信息化建设过程中，国家应在总结中央和地方各级地方政府的典型经验基础上，提炼归纳有关的标准，从顶层设计上对政府信息化的标准进行统一和规范。正确处理各级政府之间、部门与部门之间、各个业务应用系统之间在数据共享、业务协调等方面的关系，消除造成数据联通和对接的障碍，构建全国统一规范的政务信息化平台。

（三）加强政府部门网上协同

信息时代新技术的运用，可以成为跨部门整合、业务流程再造的技术支撑和实现手段，进而为打破"条块分割"的管理体制创造条件。加强现代信息技术运用，完善协同配合体制机制，推动政府部门网上协同是未来工作的重点。一方面，应将一些受众面广的服务或者管理项目作为网上跨部门的抓手，通过构建业务模型、抽象业务逻辑、梳理业务流程，实现顶层的互联互通、底层的业务流程优化，为大规模推广应用积累经验；另一方面，以现有政务信息平台为基础构建政务信息共享机制，推进网上政府服务一体化建设，把各个政府网站串联起来，打破一个个互不相连的"信息孤岛"和"数据烟囱"。

政府信息化系统可以通过共享数据库向公众提供信息与服务，在政府与公众的互动上提供更大范围的整合。通过向公众获取政府信息和服务的单一切入点，实现"一站式"服务。如此，可以将那些没有关联的、权限分离的、地理上分散的各种政府部门和各种政府服务整合起来，使整个政府成为没有部门边界的无缝式政府。无缝式政府将会形成以流程为中心的政府运作方式。除了能够降低交易成本外，官僚制的组织结构形态也将发展成为扁平化、网络化的组织机构形态。与传统的组织结构形式相比，这一组织形态能够提供更畅通的信息流动渠道，使政府从信息管理和信息技术投资中获取更大的回报率；通过信息更充分的交流，公众可以获得更满足需要的服务，对政府的信任度也会有大幅度的提升。

（四）加快"互联网+政务服务"建设

"互联网+"行动计划在2015年李克强总理作的政府报告中被首次提出，同年12月，《国务院关于积极推进"互联网+"行动的指导意见》将"互联网+政务服务"作为重点发展领域之一，电子政务在"互联网+"的大背景下迎来了更多的机遇和挑战。同时，随着云计算、移动互联网、大数据和智慧城市等的兴起，电子政务正逐步向着智慧政务转变。美国、德国、韩国等国家纷纷开始探索大数据与云计算环境下的政务服务新模式，我国北京、上海、深圳等城市也开展"互联网+政务服务"探索与尝试。然而由于起步较晚且缺乏大数据服务与知识服务的支撑，我国的电子政务仍然存在建设与运维成本偏高、信息孤岛、业务孤岛以及难以满足用户个性化需求等问题，难以实现政务服务的"智慧化"，制约了我国政务服务水平，影响了公众满意度。

要建立真正覆盖全面、履职完全的电子政务，离不开政府各部门与各级政府之间的信息共通与信息共享。在以往的电子政务服务模式中，由于主要通过人力进行服务，在处理庞杂的数据以及用户的有关需求时往往会出现效率低、履职慢的现象。如今，伴随着电子政务服务在全球与全国的普遍开展，行政服务的效率与方式呈现出质的变化。

尤其是随着近几年大数据技术的产生与发展，更是为电子政务的运行模式带来了新鲜的血液。要想进一步提高电子政务的服务效率，离不开不断挖掘政府部门的大数据潜能。尊重数据、公开数据、应用数据是现代信息技术背景下政府管理应用大数据管理创新的主要方式。大数据在电子政务中的应用，可以为我国打破"信息孤岛"的状况，减少不必要的部门交叉和办事环节，加强有关大数据标准体系的建立，设立涵盖各个领域、不同类型，还能实现不断动态更新的数据库，从而有利于各级信息系统的信息互联、网络互通与资源共享，也为我国建设社会信用体系提供了必要的发展条件。

实现智慧电子政务是建立智慧政府的重要前提。我国互联网的发展实践证明，以物联网、云计算、智慧城市、社交网络以及移动互联网为代表的新技术新思想的出现和普及，对于经济社会的发展有着巨大的推动作用。而将这些新技术新思想应用到政府管理创新领域中，将对提高政府决策水平、提高政府运行效率、增强政府过程透明度、加强政民互动、提升国家治理水平和治理能力有着重要的促进作用。因此，技术创新与政府管理创新的结合将成为下一步政府管理创新和电子政务发展的主要趋势。要建立智慧政府，必须以发展信息经济和智慧经济为突破口，大力推进智慧应用，提高科学决策、民主决策、依法决策的能力和水平，建成智能化、信息化、网络化的智慧城市。在智慧电子政务建设方面，积极推进政务云建设，建立综合数据库，构建政务大数据云平台，彻底打破条块分割，加快实现跨层级、跨部门的信息共享和业务协同。

（五）加强网络信息安全保护

在"互联网+"环境下，信息安全面临着新的挑战，网络安全事关国家安全、事关经济社会发展、事关社会稳定、事关亿万网民的切身利益。[1]2017年6月1日，《中华人民共和国网络安全法》正式实施，标志着网络空间治理、网络信息传播秩序规范、网络犯罪惩治等方面翻开了崭新的一页。2017年12月24日，全国人大常委会审议关于检查网络安全法、加快网络信息保护的决定实施情况报告，建议加快个人信息保护、关键信息基础设施保护、网络安全等级保护、数据跨境评估等网络安全法配套法规的立法进程。这标志着信息安全将由合规性驱动过渡到合规性和强制性驱动并重，将为此后开展的网络安全工作提供切实的法律保障。未来在推进政府信息化建设中，应从以下三方面加强网络信息安全保护：一是把网络信息安全摆在国家安全的角度，制定相应保护机制，协同各方配合，对信息发布、信息处理、信息审查、信息保密等方面进行严格把控，以确保网络信息的安全性和有效性；二是加强重要政务信息、商业秘密和个人信息的保护，确保信息内容不涉及国家秘密和内部敏感信息；三是加强对数据的安全管理，提高技术水平，增加对防火墙的设置和管理，避免数据泄露，有效保护数据信息安全。

（六）推进社会信用体系建设

社会信用体系在政府信息化发展特别是当前推进"互联网+政务服务"的过程中扮演着越来越重要的角色。实现社会信用体系建设和政府信息化建设的统一是未来推进政府信息化发展的重要方面。党的

---

[1] 参见李季：《中国电子政务发展报告》，社会科学文献出版社，2017年，第25页。

十八届三中全会提出"建立健全社会的征信体系，褒扬诚信，惩戒失信"；国民经济"十二五"规划进一步提出要求"加快社会信用体系建设"。2014年年初，我国政府出台了《社会信用体系建设规划纲要（2014—2020年）》，这是我国第一部国家级社会信用体系建设专项规划，它的发布是我国社会信用体系建设的一个重要里程碑，是我国社会信用体系建设的行动指南。未来应加快推进全国统一的信用信息共享交换平台和信用信息公示系统建设，推进政府部门、行业协会、社会组织信用信息共享共用，构建以信息归集共享为基础，以信息公示为手段，以信用监管为核心的信用信息共享公开共用平台。

第一，整合政府、市场和社会等各主体的信用信息。政府牵头对信用信息进行整合，政府部门要打通同其他利益相关者如银行、企业、老百姓之间的数据互联互通，便于及时掌握信用方面的最新动态。[1]充分运用大数据资源实现行政相对人违法行为、不良记录的数据整理更新，真正做到实时公开行政处罚信息、经营异常名录、严重违法企业名单等信息数据。最终通过整合联通司法部门、市场监管部门、企业等各主体的信用信息，形成全市统一的信用信息综合平台。第二，建立健全联合激励与惩戒机制，强化企业和个人信用信息的应用。政府部门依托公共信用信息系统，对行政相对人进行信用审查，并不断扩大信用审查的使用范围。对守信单位和个人要建立政务服务快速通道，形成守信激励机制；对失信单位和个人要采取联合惩戒措施，形成"一处失信，处处受制"的失信惩戒长效机制。

---

① 参见胡厚翠：《深化行政审批"放管服"改革：合肥的实践与思考》，《哈尔滨市委党校学报》，2017年第1期。

(七)加速行政改革进程

根据发达国家的经验,政府信息化的应用将经历从各部门、各行业根据不同需求的、各自为政的分散式运用,发展到跨部门、跨业务、跨应用系统的集成整合,再发展到以数据中心形式实现的数据共享,从而实现政府部门从分散的、各自为政的方式进行公共事务管理和提供公共服务向集中的、整体和无缝的方式进行公共事务管理和提供公共服务的方向转变,实现政府部门信息资源共享。这是政府信息化建设和应用的发展规律。伴随这一规律的是行政改革的加速进行。

随着我国经济体制由计划经济体制向社会主义市场经济体制的转变,作为上层建筑的政府管理体制也面临着转型的问题,需要将最先进的生产力手段运用到政府管理中来,以适应经济发展的需要。政府信息化的提出和建设就是适应这一需要应运而生的。通过数据和资源的共享,整合跨部门的行政业务和服务,提高政府的行政效率。通过信息技术的应用,它又促进了政府机构的改革、业务流程的优化,以及政府职能的转变,从而加速我国行政改革的进程。

附录:大事记

1. 20世纪80年代末期至1992年前,中央和地方党政机关实施了办公自动化(OA)工程,利用信息通信技术处理办公室内部业务,偏重于文件的制作、传输和贮存。该工程的结果是建立了各种纵向和横向内部信息办公网络,为利用计算机和通信网络技术奠定了基础。

2. 1988—1992年,国家经济委员会、机电部、国家科委和电子信息技术推广应用办公室，推动传统产业技术改造、电子数据交换（EDI）技术、计算机辅助设计（CAD/CAM）以及管理信息系统（MIS）等项目的开展。

3. 1993年，国家经济信息化联席会议，"三金工程"启动，确立了"推进信息化工程实施、以信息化带动产业发展"的指导思想。

4. 1994年5月，国家信息化专家组成立。作为国家信息化建设的决策参谋机构，为建设国家信息化体系，推动国家信息化进程提出了许多重要建议。

5. 1996年1月，成立了由二十多个部委领导组成的国务院信息化工作领导小组，统一领导和组织协调全国的信息化工作。

6. "政府上网工程"启动，旨在推动各级政府部门为社会服务的公众信息资源汇集和应用上网。国务院信息化领导小组成立。

7. 2000年10月，国家"十五"计划明确"以信息化带动工业化"的战略方针。

8. 2001年12月27日，国家信息化领导小组召开国家信息化领导小组第一次会议。

9. 2002年，颁布了《国民经济和社会发展第十个五年计划信息化发展重点专项规划》。同年7月，出台了《中共中央办公厅国务院办公厅关于转发国家信息化领导小组关于我国电子政务建设指导意见的通知》(中办发〔2002〕17号文件)，从总体上指明了中国电子政务的发展方向。

10. 2003年，国务院信息化办公室布置落实《关于我国电子政务建设的指导意见》，制定《电子政务工程技术指南》。

11. 2004年,国家信息化领导小组通过《关于加强信息资源开发利用工作的若干意见》。同年,《中华人民共和国行政许可法》颁布实施。

12. 2005年11月3日,国家信息化领导小组第五次会议审议并原则通过《国家信息化发展战略(2006—2020)》。

13. 2006年1月1日,中国中央政府网站正式开通,标志着我国政府信息化迈入新阶段。

14. 2006年3月19日,中共中央办公厅、国务院办公厅印发了《2006—2020国家信息化发展战略》。同年,国家信息化领导小组颁布了《国家电子政务总体框架》,提出了"十一五"期间电子政务的发展目标。

15. 2007年1月17日,《中华人民共和国政府信息公开条例》颁布。

16. 2008年5月1日,《政府信息公开条例》正式实施。

17. 2008年7月17日,《国务院办公厅主要职责内设机构和人员编制规定》发布。根据规定,国务院办公厅新增应急管理办公室、电子政务办公室等内设机构。

18. 2009年,国家发展改革委、财政部《关于加快推进国家电子政务外网建设工作的通知》,提出要建成从中央到地方的国家政务外网,横向要连接各级党委、人大、政府、政协、法院、检察院等各级政务部门,纵向要覆盖中央、省、地(市)、县,满足各级政务部门社会管理和公共服务的需求。

19. 2011年是电子政务规划年。2011年3月发布的《国民经济和社会发展第十二个五年规划纲要》提出大力推进国家电子政务建设,推动重要政务信息系统互联互通、信息共享和业务协同,建设和完善网络行政审批、信息公开、网上信访、电子监察和审计体系。加强市场监管、社会保障、医疗卫生等重要信息系统建设,完善地理、人口、法人、金融、税收、统计等基础信息资源体系,强化信息资源的整合,规范采集和发布,加强社会化综合开发利用。

20. 2013年5月15日,《2012国家电子政务发展报告》正式发布。报告指出,2012年电子政务应用发展成效日趋显现,政府网站服务能力和水平逐步提高。各地区、各部门进一步加强建设保障和改善民生应用、创新社会管理应用,取得显著成效。同时,也存在一些部门和地方对发展电子政务作用的认识不高,符合电子政务科学发展的机制不健全,一些领域还存在分散建设、低水平重复、投资浪费现象等问题。

21. 2014年2月27日, 中央网络安全和信息化领导小组宣告成立。其主要职责是:着眼国家安全和长远发展,统筹协调涉及经济、政治、文化、社会及军事等各个领域的网络安全和信息化重大问题,研究制定网络安全和信息化发展战略、宏观规划和重大政策,推动国家网络安全和信息化法治建设,不断增强安全保障能力。成立中央网络安全和信息化领导小组办公室,由国家互联网信息办公室承担具体职责。

22. 2015年1月,国务院发布《关于促进云计算创新发展培育信息产业新业态的意见》(国发〔2015〕5号),提出"电子政务云计算发展新模式",推动政务信息资源共享和业务协同;同月,发布《关于规范国务院部门行政审批行为改进行政审批有关工作的通知》(国发〔2015〕6号),要求积极推行网上集中预受理和预审查,创造条件推进网上审批,加快实现网上受理、审批、公示、查询、投诉等,为进一步发挥电子政务优势提供良好契机。此外,在工程项目领域,国家发改委发布了《关于开展国家电子政务工程项目绩效评价工作的意见》(发改高技〔2015〕

200号），重点针对国家电子政务项目建成后所达到的建设目标和应用效果评价提出了明确要求；在政府网站建设方面，中央网信办发布了《关于加强党政机关网站安全管理的通知》（中网办发文〔2014〕1号），国务院办公厅还出台了《关于加强政府网站信息内容建设的意见》（国办发〔2014〕57号），以及《国务院办公厅关于开展第一次全国政府网站普查的通知》（国办发〔2015〕15号）等文件，为政府网站建设和管理提供政策指导。

23. 2016年是"十三五"的开局之年。中共中央办公厅、国务院办公厅颁布了《关于全面推进政务公开工作的意见》。要求全面落实党中央、国务院有关决策部署和政府信息公开条例，坚持以公开为常态、不公开为例外，推进行政决策公开、执行公开、管理公开、服务公开和结果公开，推动简政放权、放管结合、优化服务改革，激发市场活力和社会创造力，打造法治政府、创新政府、廉洁政府和服务型政府。

24. 2017年是《"十三五"国家信息化规划》推进的第二个年头，信息化建设除了继续保持高速的发展态势，在技术、商业、政策等多重因素的推动下，也开始涌现出一些新的特点，尤其是在作为国家信息化重要组成部分的政务信息化领域表现最为突出。4月，国务院办公厅关于转发国家发展改革委等部门推进"互联网+政务服务"开展信息惠民试点实施方案的通知，正式拉开了"互联网+政务服务"在全国试点工作的序幕。同时，也意味着国内政务信息化建设进入了一个新的阶段。

25. 2018年3月，根据中共中央印发的《深化党和国家机构改革方案》，将中央网络安全和信息化领导小组改为中国共产党中央网络安全和信息化委员会。

参考文献

1. 蔡立辉:《电子政务:信息时代的政府再造》,中国社会科学出版社,2006年。

2. 陈波、王浣尘:《电子政务建设与政府治理变革》,《国家行政学院学报》,2002年第4期。

3. 陈庆云:《公共政策分析》,北京大学出版社,2006年。

4. 陈正:《知识经济研究概述》,《中南财经大学学报》,1999年第3期。

5. [德]道格拉斯·霍姆斯:《电子政务》,詹俊峰等译,机械工业出版社,2003年。

6. [德]京特·弗里德里奇等:《微电子学与社会》,李宝恒译,生活·读书·新知三联书店,1984年。

7. [德]马克斯·韦伯等:《经济与社会》(上卷),林荣远译,商务印书馆,1997年。

8. 胡厚翠:《深化行政审批"放管服"改革:合肥的实践与思考》,《哈尔滨市委党校学报》,2017年第1期。

9. 胡小明:《信息资源观念的变迁》,《电子政务》,2012年第1期。

10. 黄铧焕、薛丽芳:《大数据、大政务、新网络:大数据时代电子政务网络的发展方向》,《电子政务》,2013年第5期。

11. 金璐、庄士兴、谭伟清、康宇、倪建平:《政府信息共享到底难在哪?——浦东新区政府信息共享和应用的调研报告》,《浦东开发》,2016年第3期。

12. 李和中、陈芳:《基于云计算信息架构的云政府服务》,《中国行政管理》,2013年第3期。

13. 李季:《中国电子政务发展报告》,社会科学文献出版社,2017年。

14. 刘祺、彭恋:《"互联网+政务"的缘起、内涵及应用》,《东南学术》,2017年第5期。

15. 刘怡昌、许文惠、徐理明:《行政科学发展》,中国人事出版社,1996年。

16. 刘勇、徐晓林:《信息技术对政府决策品质的影响研究》,湖北社会科学,2006年第4期。

17. 陆俊、黄薇:《当前电子政务伦理建设实践思考及启示》,《人民论坛》,2016年第2期。

18. [美]赫伯特·A.西蒙:《管理决策新科学》,李柱流等译,中国社会科学出版社,1982年。

19. [日]白井均等:《电子政府》,陈云、蒋昌建译,上海人民出版社,2004年。

20. 孙寿涛:《信息革命——称谓及其历史地位》,《北京邮电大学学报》(社会科学版),2007年第2期。

21. 王长胜:《中国电子政务发展报告No.1》,中国社会科学出版社,2004年。

22. 王长胜:《中国电子政务发展报告No.4》,中国社会科学出版社,2007年。

23. 王长胜:《中国电子政务发展报告No.3》,中国社会科学出版社,2006年。

24. 王长胜:《中国电子政务发展报告No.2》,中国社会科学出版社,2005年。

25. 王可:《信息技术革命回顾与展望——个人的见证与预期》,《电子展望与决策》,2000年第5期。

26. 王浦劬:《政治学基础》,北京大学出版社,1995年。

27. 夏书章:《行政管理学》(第三版),中山大学出版社,2003年。

28. 谢庆奎:《当代中国政府与政治》,高等教育出版社,2003年。

29. 徐晓林、杨兰蓉:《电子政务导论》,武汉出版社、科学出版社,2002年。

30. 阎冠和:《"互联网+政务"新常态——北京市政务信息资源共享的思路与实践》,《新理财》(政府理财),2016年第10期。

31. 杨道玲:《我国电子政务发展现状与"十三五"展望》,《电子政务》,2017年第3期。

32. 易永胜:《波及全球的大潮——"信息高速公路"纵横谈》,《国外社会科学》,1995年第3期。

33. [英]米切尔·黑尧:《现代国家的政策过程》,赵成根译,中国青年出版社,2004年。

34. 张成福:《电子化政府:发展及其前景》,《中国人民大学学报》,2000年第3期。

35. 张国庆:《行政管理学概论》(第二版),北京大学出版社,2000年。

36. 张康之:《寻找公共行政的伦理视角》,中国人民大学出版社,2003年。

37. 朱光磊:《政治学概要》,天津人民出版社,2001年。

第十章
打造新时期政府合法性基础:反腐倡廉实践

我们自实行对外开放和对内搞活经济两个方面的政策以来,不过一两年时间,就有相当多的干部被腐蚀了……这股风来得很猛。如果我们党不严重注意,不坚决刹住这股风,那么,我们的党和国家确实要发生会不会'改变面貌'的问题。这不是危言耸听。

——邓小平(1982年)

一手抓改革开放,一手抓打击严重犯罪,是我们党坚定不移的方针。在改革开放过程中坚持反腐败斗争,是实行'两手抓'的题中应有之义。那种把改革开放、发展经济同反对腐败对立起来,认为反对腐败会影响改革开放和经济建设,抓改革开放和经济建设就不能反对腐败的观点,是完全错误和极其有害的。解决这方面问题,要靠教育,更要靠法制。不管难度多大,只要坚决持久地抓,同时注意改进方法,是可以收到实效的。总之,一定要把反腐败斗争当作党的建设和政权建设的一件大事,抓出成效,取信于民。

——江泽民(1993)

以完善惩治和预防腐败体系为重点加强反腐倡廉建设。

——胡锦涛（2007年）

反腐倡廉必须常抓不懈，拒腐防变必须警钟长鸣。要牢记"蠹众而木折，隙大而墙坏"的道理，保持惩治腐败的高压态势，做到有案必查、有腐必惩，坚持"老虎""苍蝇"一起打，切实维护人民合法权益，努力做到干部清正、政府清廉、政治清明。

——习近平（2013年）

改革开放以后，随着中国新旧体制的转轨，腐败现象开始滋生、蔓延。腐败问题成为阻碍经济发展、威胁社会稳定、瓦解执政党和政府合法性的一大危害。早在改革开放之初，邓小平就曾强调，一手就是坚持对外开放和对内搞活经济的政策，一手就是坚决打击经济犯罪活动。由于党风政风被视为关系执政党和国家政权生死存亡的重大问题，因此改革开放后党和国家一直在致力于反腐倡廉建设，着力打造新时期政府合法性的根基。党和国家根据经济社会发展新时期的特点和反腐败的需要，制定了一系列的相关规定，对遏制公共部门中工作人员的腐败行为起到了重要作用。特别是党的十八大以来，以习近平同志为核心的党中央继续强调反腐工作的重要性，以极大的政治智慧和勇气、强烈的责任担当意识，紧紧扭住反腐倡廉这个"牛鼻子"，率领全党"打虎拍蝇"，取得了突出成效，进一步巩固了党的执政基础和政府合法性根基。

第一节　社会转型期腐败现象分析

一、转型期腐败产生的社会背景

当代中国的改革开放启动了经济体制的改革，而经济体制的改革推动着整个社会结构的变迁。这种变迁在中国学术界被称为"社会转型"。在转型社会，经济运行与发展模式发生了重大调整。生产力类型从农业主导型向工业主导型转变；经济交往形式从传统的"人的依赖关系"类型向"物的依赖关系"类型转变；在资源配置方式上，由单一的政府计划配置向以市场经济为基础的资源配置方式转变；在管理手段上，从单一的行政手段向以经济的、法律的和必要的行政手段相结合的混合方式转变。

关于社会转型，国内学者们从不同学科角度进行了分析，揭示了社会转型的定义、动因、内容和特点。而学者们无论怎样阐述社会转型，都基本认可社会转型表现为由于经济体制的变革推动着当代中国社会的变迁。转型社会是一个特殊的社会发展时期，有其自身与非变迁社会不同的特点。美国学者里格斯认为，由农业社会到工业社会的过渡社会的特点是异质化、形式主义、组织的重叠、多元社团化和多元社会规范。社会转型引发了文化的变迁和价值观念的转变，以及社会规范和制度体系的改变。在这一社会过程中，由于文化和价值体系从传统向现代过渡，原有同质化的观念体系向异质化转变，制度的变迁使得旧有的规则体系尚未完全失去功效，而新的规则体系未能系统构建，因此有可能引发社会成员大量的"失范"行为。在公共管理领域，文化和价值观念的异质化、规则体系的多元化也同样影响着从业人员。他们拥有着分配社会资源的权力，在体制转换中由于缺乏新的制度体系的制约和监督，于是以权谋私、权钱交易等腐败行为开始萌发开来，腐败行为就是在这一特定的背景下产生的。例如，"这种腐败始于20世纪70年代末商品流通领域里的'不正之风'，因为当时商品短缺，消费品不足，有时为了一张票证需要'走后门'。到了80年代，在走向市场之初，一度实行价格的"双轨制"，'官倒'大量出现"①。尽管腐败现象与改革开放带来的体制转轨没有必然联系，但是随着体制转轨引起的制度转换，进而造成的制度缺失，以及人们思想观念上的多元化所带来的价值认同的错乱等因素，致使腐败现象开始蔓延开来。

对于腐败与社会转型的关系，一些人认为，腐败是经济改革的代价之一。据美国麻省恩迪科特学院（Endicott College）博士陆嘉符研究，几乎每一项改革政策的出台，都成为新一轮腐败滋生的契机。陆嘉符举例，1984年中国开始逐步开放生产资料市场，价格双轨制导致寻租范围的泛滥。经济特区的发展在使用国有资源方面成为另一个腐败的重要源泉。另外，金融市场的开放过程中也出现了大量腐败行为，包括国外资本对官僚行贿的增加。过勇通过对其整理的"高官腐败案例库"的研究，得出的结论是"腐败机会源于经济转轨和与之相伴的制度变革不同步造成的制度漏洞。大量案例表明，腐败行为产生的直接动因是经济转轨"②。北京大学政府管理学院教授李景鹏认为："把今天腐败

---

①　国家教育行政学院编著：《建设中国特色公共服务型政府》，中央文献出版社，2005年，第227页。

②　过勇：《经济转轨、制度与腐败》，社会科学文献出版社，2007年，第250~251页。

的根源归结于改革开放和市场经济，这种看法不但不正确，而且很肤浅。中国三十年前实行的全能主义政治和计划经济，为今天的腐败埋下根源。政府和各级官员手中掌握了对各种社会资源支配的巨大权力，而这些权力又缺乏监督，这为改革开放和市场经济条件下的权钱交易提供了条件。"①

社会转型和腐败有没有必然的联系？客观地说，就腐败本身来说，其与社会转型之间有一定的联系。但是不能将腐败现象归源于改革开放和建立市场经济。从我们国家的历史来看，在漫长的超乎稳定的封建社会历程中，腐败也是屡见不鲜。而且在我国社会转型之前，也曾出现过震惊全国的腐败案件。再从国际上看，在工业化已经完成的资本主义社会中，也时常出现腐败现象。因此，我们只能承认在社会转型时期，由于体制调整使得腐败具有更多的实施和实现的机会，因而腐败现象也更为触目惊心。

二、腐败的含义、分类及其成因分析

国外学者和研究机构从经济学、政治学等多种角度对"腐败"概念进行了研究和界定。英国经济学家F.A.哈耶克给"腐败"下的定义是："腐败乃是那种强迫我们的意志服从于其他人的意志的权力，亦即利用我们对抗我们自己的意志以实现其他人的目的的权力。"美国政治学家塞缪尔·亨廷顿认为，腐败是指国家官员为了谋取个人私利而违反公认准则的行为。美国耶鲁大学政治学和法学教授苏珊·罗斯·艾克

---

① 赵蕾：《激辩反腐30年》，《南方周末》，2008年1月16日。

曼认为："腐败是国家管理出现问题的一种症状。这种症状表现为那些原本用来管理公民与国家之间的关系的机制，却被官员用来达到个人发财致富的目的。"国际货币基金组织将"腐败"定义为："滥用公共权力以谋取私人的利益。"①美国政治学家海登海默对关于腐败的多种西方观点进行了整合，目前，西方社会比较普遍认同他关于腐败的定义。海登海默指出，腐败就是运用公共权力来谋取私人利益的行为。腐败是个人或集团来影响部门活动的超越法律的行为，因此腐败的存在不仅仅表明这些团体比其他人更多地参与了决策过程，而且也表明他们的行为本身也超越了合法性的权力。②国内有学者从广义和狭义来解释腐败，即广义的腐败是公共权力行使者利用公共权力谋取私利并严重损害公共利益的行为，狭义的腐败是国家权力行使者利用国家权力谋取私利并严重损害国家和人民利益的行为。

综合国内外学者的观点，关于"腐败"的定义有以下共识：第一，腐败是违反公认准则的行为；第二，腐败是利用公共权力谋取个人、亲属或者小团体的不当好处的行为；第三，腐败是侵犯公共利益的行为。

关于腐败的类型，各国学者根据不同标准进行了分类。国外有的学者根据腐败的危害性将其分为个人的腐败、制度的腐败和整体的腐败。个人的腐败被视为隐藏的、零星的和投机取巧的犯罪活动，这种活动偶然发生在一个政治或行政环境中。制度的或者机构的腐败表明腐败是一种经常性或标准性的活动。在这种活动中正式程序和责任受到忽视，活动者即使不参与贿赂，也肯定同他们的同僚在行为上相互勾

---

① 楚文凯：《腐败概念的泛化和界定》，《中国监察》，2005年第16期。

② 参见宇杰、李涛：《西方学者论腐败》，《学习时报》，2003年2月16日。

结。如果这种腐败或勾结发生在各个等级,结果活动者故意组织和用
其公职的权力和职能来行贿受贿,那么腐败便可能变成制度化的。整
体腐败表明在整个政治制度中,公职和官方权威被公开用来为个人谋
取私利服务,它是无所不在的,而且高级官员也参与其中。①

还有一些外国学者按照人们对腐败的容忍程度,将腐败分为黑色
腐败、灰色腐败和白色腐败。所谓黑色腐败是公众和公共官员都认为
应该加以谴责,并且主张对那些有罪的官员进行惩罚的腐败;白色腐
败是指某一类政治行为有可能在公共官员和公众看来都是腐败的,但
双方都觉得它没有严重到得对他采取惩罚措施的腐败;介于二者之间
则是灰色腐败,对于灰色腐败,要么公共官员和公众希望这种行为受
到惩罚,而另一方则不希望如此,或者是其中的一方对这种行为寻根
问底,而另一方则对此不闻不问,模棱两可。②

国内有学者针对中国发生的腐败现象,将其进行如下分类(见表
10-1):

表10-1　中国转型期政治腐败的类型划分③

划分依据	具体分类
腐败行为主体的性质和数量	个体腐败　群体腐败
腐败行为主体的层级分布	基层腐败　中层腐败　高层腐败
腐败行为的多发领域或部门	经济领域　政治和行政领域　社会领域
腐败行为的动机	因公型腐败　徇私型腐败　逐利型腐败
腐败行为的制度化成因	传统型腐败　过渡型腐败　现代型腐败
腐败交易双方得利情况	互惠型腐败　勒索型腐败
腐败行为的后果	轻微型腐败　一般腐败　腐败犯罪
人们对腐败的宽容程度	白色腐败　灰色腐败　黑色腐败

① 参见刘峰岩等主编:《古今中外反腐倡廉要览》,天津人民出版社,1994年,第865页。
② 同上,第865~866页。
③ 参见何增科:《中国转型期政治腐败的类型、程度和发展演变趋势》,思想网,2000年6月22日。

还有学者将转型期中国的腐败现象分为以下类型：①从腐败行为的发生过程来看，分为双向型腐败和徇私型腐败；②从腐败行为主体来看，分为个人型腐败和集团型腐败；③从腐败发生的部位来看，分为政治输入型腐败和政治输出型腐败，而中国的腐败多为政治输出型腐败；④从腐败行为与法律规范的关系来看，分为黑色腐败和灰色腐败；⑤从腐败产生的原因来看，分为因制度不完善造成的制度型腐败和因反腐败力度不够造成的投机型腐败。①

关于腐败原因，已经有大量的论著。具有代表性的观点有："人性理论""公共权力派生理论""经济寻租理论""经济理性与预期效应理论""社会心理因素论""社会转型理论"及"思想文化因素论"②等。我们并不否认从不同的角度来看待和研究腐败成因问题所得出的各种结论的正确性，这些深入的分析，也显示出来腐败的原因具有多方面的性质。下面仅从思想、制度和人的角度来分析腐败产生的原因。

1.思想因素

之所以分析思想方面的因素，是因为人的行为是受其思维支配的，不论从个人还是从组织来讲都是同样道理。老一辈革命家刘少奇在《论共产党员的修养》一文中，表达了这样的观点："共产党所代表的是被剥削而不剥削别人的无产阶级，它能够使革命进行到底，从人类社会中最后消灭一切剥削，清除一切腐化、堕落的现象。它能够建立有

---

① 参见沈亚平：《公共行政研究》，天津人民出版社，1999年，第219~220页。

② 马文保、雷玉翠：《关于腐败成因的哲学反思》，《西安交通大学学报》（社会科学版），2003年第4期。

严格组织纪律的党,建立又有集中又有民主的国家机关,经过这样的党和国家机关,领导广大人民群众,来和一切腐化、堕落的现象进行不调和的斗争,不断地从党内和国家机关中清洗那些已经腐化、堕落的分子(不管这种分子是做了多大的'官'),而保持党和国家机关的纯洁。无产阶级革命的这一特点,无产阶级革命党的这一特点,是历代革命和历代革命党所没有的,而且也不能有的。我们的党员必须清楚了解这一特点,特别注意在革命胜利和成功的时候,在群众对自己的信仰和拥护不断提高的时候,更要提高警惕,更要加紧自己的无产阶级意识的修养,始终保持自己纯洁的无产阶级的革命品质,而不蹈历代革命者在成功时的覆辙。"

刘少奇所讲的意识修养非常有必要,它在抵御任何腐败的侵蚀方面具有重要的意义。对于公职人员,尤其是党员领导干部,应当从自我否定中实现改造社会和党的组织发展以及个人成长的目标,并在这一过程中努力加强为社会公众服务的价值取向。然而包括党员领导干部在内的一些公职人员,在入党和担任公职之后,放松了党性锻炼,淡化了公仆意识,失却了正确的世界观、价值观和人生观,在物质利益的诱惑面前滑向腐败的深渊。早在新中国成立前夕,毛泽东就曾警示:"可能有这样一些共产党人,他们是不曾被拿枪的敌人征服过的,他们在这些敌人面前不愧英雄的称号;但是经不起人们用糖衣裹着炮弹的攻击,他们在糖弹面前要打败仗。我们必须预防这种情况。"在中国社会转型启动之后,一些公职人员在商品经济大潮中经受不起物质诱惑和考验,放松了党性修养和自律意识,拜金主义猖獗,虽然可以在公开场合大讲特讲如何廉洁奉公,实际上却"腐迹斑斑"。客观地说,一些腐败案件实例中的官员，并不是从一开始就腐败的，而是后来在特定情况下，背离了自己的信念，而正是由于思想信念发生偏差，才导致行为上的腐化。

2.制度因素

剑桥大学教授阿克顿勋爵的名言"权力导致腐败，绝对的权力绝对导致腐败"振聋发聩。而制约绝对权力，关键在于制度建设。腐败在制度方面的原因，不外乎是对权力监督和制约失去了实际效力。制度的软弱无力，或者留有缝隙，或者执行不力导致失效，都会为腐败行为的滋生和蔓延打开方便之门。

对于权力监督的不力，最明显也最严重的体现在对行政一把手的权力监督上。在领导干部违法犯罪的案件中，党政一把手的案件约占总数的1/3甚至更高。根据中国人民大学国家发展与战略研究院的统计数据，自2000年到2014年公布的367个厅局级官员腐败的案件中，其中担任"一把手"职务的有219人，占腐败官员总数的60%左右。山东省泰安市原市委书记胡建学曾经私下说过："做到我这一级，就没有人能够管得着了。"可见我们的制度设计上还是存在一定的漏洞的，对一把手的监督尤其如此。长期致力于制度反腐研究的学者李永忠认为："从目前很多涉及领导干部的大案要案来看，许多一把手的严重腐败案件，几乎没有一件是同级党委成员主动检举的，几乎没有一件是同级纪委主动举报的，'事前基本没有监督，事中基本难以监督，事后基本不是监督'，这一严峻现实，不仅暴露出我们干部选拔任用制度中的缺陷,也反映出我们监督体制存在的问题。"①

事实上,廉政机构缺乏相对独立性带来的监督不力也被其他研究者所诟病。2004年胡鞍钢提到,司法腐败是中国最重要的腐败现象之一,这源于中国司法机构的脆弱性。而中国司法机构之所以如此脆弱的根源就在于司法机构缺乏独立性,依附于行政机构,更像是一个官僚机构。②对一把手的监督只是权力监督的一个例子,也是腐败成因分析的一个方面。对于预防和惩治腐败来讲,凡是权力必须受到监督是一条基本的原则。

3.人的因素

公务人员要面对现实存在的各种各样的社会关系：政治上的、经济上的、文化上的。公务人员的优势地位在于政治性社会关系的富足,与此相对的,是经济上社会关系(所谓经济地位,比如对比于从商人士来讲)和文化上社会关系(所谓文化地位,比如对比于学者来讲)相对贫弱。这些关系是相互影响的,比如如果从公务职务回报获得的经济基础不能支撑公务人员本人的生活消费和家庭维系及延续,此时的公务人员就会有很大的腐败倾向。又如,如果公务员的任职资格或者职位晋升和文凭有直接联系,难免又造成大批文凭造假现象。这种倾向已经形成"国际潮流"。③乔恩·奎赫在《反腐败：新加坡的经验》中,从腐败行为的动机和机会两个方面分析了产生腐败的原因。他认为,"腐败行为"的动机取决于下列因素：个人的品德、周围同事特别是他的上级

① 薛凯：《权威学者谈十六大以来中国反腐思路三大变化》,《半月谈》,转引自http://www.cas.cn/html/Dir/2003/09/10/0839.htm.

② 参见胡鞍钢：《树立新的廉政观,建立国家廉政体系》,《国情报告》,2004年2月2日。

③ 参见《葡萄牙总理苏格拉底陷入学历造假丑闻》,《北京晨报》,2007年7月24日。

的品行、他的月薪、他对家庭的忠诚和重视对其公务决策的影响程度、社会对待腐败的一般态度。如果此人品德低下，上司与同事是腐败的，如果他的月薪甚低，或不足以应付日常之需，如果个人对家庭的忠诚超过了对组织和国家的忠诚，如果他所处的社会对腐败行为持宽容的态度，那么此人腐败的动机将非常强烈。主观客观同时起作用，主观原因毕竟是首要的。就个体行为而言，腐败者是道德出了问题。①

从人的方面来看待腐败的成因，说明反腐败要综合考虑作为一个人生存环境的社会关系整体，这样才能找到并制定出合理有效的反腐败方法。

三、中央领导反腐败的论述

(一)邓小平论反腐败

1.廉政建设关系党和国家会不会改变面貌的问题

邓小平作为第二代中央领导集体的核心，历来重视反腐败问题，并把廉政建设上升到防止党和国家"改变面貌"的高度来认识。邓小平在1982年4月10日《坚决打击经济犯罪活动》一文中指出："我们自实行对外开放和对内搞活经济两个方面的政策以来，不过一两年时间，就有相当多的干部被腐蚀了……这股风来得很猛。如果我们党不严重注意，不坚决刹住这股风，那么，我们的党和国家确实要发生会不会'改变面貌'的问题。这不是危言耸听。"

改革开放是党和国家选择的社会主义现代化建设的发展之路，在

---

① 参见［新加坡］乔恩·奎赫、何增科：《反腐败：新加坡的经验》，《经济社会体制比较》，1993年第5期。

坚持改革开放的同时，应当抓好廉政建设。邓小平在1989年6月16日《第三代领导集体的当务之急》的谈话中指出："我们一手抓改革开放，一手抓惩治腐败，这两件事结合起来，对照起来，就可以使我们的政策更加明朗，更能获得人心。"不抓改革开放，就不能走上经济繁荣和社会进步之路；而不抓惩治腐败，腐败就会吞噬改革开放的成果，并威胁党和国家的执政地位，瓦解合法性基础。因此，在改革开放大背景下，要坚定不移地抓廉政建设。对此，邓小平于1986年1月17日《在中央政治局常委会上的讲话》中强调指出："经济建设这一手我们搞得相当有成绩，形势喜人，这是我们国家的成功。但风气如果坏下去，经济搞成功又有什么意义？会在另一方面变质，反过来影响整个经济变质，发展下去会形成贪污、盗窃、贿赂横行的世界。"

2. 领导干部要以身作则

在中国，共产党是执政党，党员领导干部掌握着重要权力，这种权力一旦被不当使用，就会带来严重问题。早在1978年6月2日《在全军政治工作会议上的讲话》中，针对当时的不正之风，邓小平就提出"高级领导干部能不能以身作则，影响是很大的。现在，不正之风很突出，要先从领导干部纠正起"。在1980年8月18日《党和国家领导制度的改革》的讲话中，邓小平提出"对各级干部的职权范围和政治、生活待遇，要制定各种条例，最重要的是要有专门的机构进行铁面无私的监督检查"。1992年年初，邓小平在南方讲话中警示："中国要出问题，还是出在共产党内部。"[1]

---

[1] 《邓小平文选》(第三卷)，人民出版社，1993年，第380页。

3. 主要通过教育和法律来解决腐败问题

1985年10月23日,邓小平在回答美国时代公司总编辑格隆瓦尔德关于如何解决少数贪污腐化和滥用权力现象的问题时,提出"我们主要通过两个手段来解决,一个是教育,一个是法律"。

关于教育,邓小平在1989年3月23日会见乌干达总统穆塞韦尼时的谈话《保持艰苦奋斗的传统》中指出:"我们最大的失误是在教育方面,思想政治工作薄弱了,教育发展不够。我们经过冷静考虑,认为这方面的失误比通货膨胀等问题更大。最重要的一条是,在经济得到可喜发展、人民生活水平得到改善的情况下,没有告诉人民,包括共产党员在内,应该保持艰苦奋斗的传统。坚持这个传统,才能抗住腐败现象。所以要加强对人民进行思想政治工作,提倡艰苦奋斗。"

关于法律,邓小平在 1980 年 12 月 25 日《贯彻调整方针,保证安定团结》的讲话中,针对包括走私漏税、投机倒把、行贿受贿、贪赃枉法等犯罪活动滋长泛滥的情况,提出要同各种破坏安定团结的势力进行有效的斗争。"进行这种斗争,不能采取过去搞政治运动的办法,而要遵循社会主义法制的原则。"在此,邓小平主张要放弃以往政治运动的做法,而是主要靠法制建设、制度建设。"制度问题不解决,思想作风问题也解决不了。"①在1980年8月18日《党和国家领导制度的改革》的讲话中,邓小平指出:"我们过去发生的各种错误,固然与某些领导人的思想、作风有关,但是组织制度、工作制度方面的问题更重要。这些方面的制度好可以使坏人无法任意横行,制度不好可以使好人无法充分

---

① 《邓小平文选》(第二卷),人民出版社,1994年,第328页。

做好事，甚至会走向反面。""这种制度问题，关系到党和国家是否改变颜色，必须引起全党的高度重视。"

（二）江泽民论反腐败

1. 深刻认识反腐败的重要性

在庆祝中国共产党建党八十周年的讲话中，江泽民指出，要深刻认识和吸取世界上一些长期执政的共产党丧失政权的教训。党执政的时间越长，越要抓紧自身建设，越要从严要求党员和干部。"全党同志一定要从党和国家生死存亡的高度，充分认识反腐倡廉工作的重大意义，把党风廉政建设和反腐败斗争进行到底。要深刻认识反腐败工作的长期性、艰巨性和复杂性，既要树立持久作战的思想，又要抓紧当前的工作。坚持标本兼治、综合治理的方针，从思想上筑牢拒腐防变的堤防，同时通过体制创新努力铲除腐败现象滋生的土壤和条件，加大从源头上预防和解决腐败问题的力度。我们手中的权力都是人民赋予的，各级干部都是人民的公仆，必须受到人民和法律的监督。要通过加强党内监督、法律监督、群众监督，建立健全依法行使权力的制约机制和监督机制。关键要加强对领导干部的监督，保证他们正确运用手中的权力。全体党员特别是领导干部，都必须始终坚持清正廉洁，一身正气，经得起改革开放和执政的考验，经得起权力、金钱、美色的考验，绝不允许以权谋私、贪赃枉法。各级党组织和领导干部都要旗帜鲜明地反对腐败。对任何腐败行为和腐败分子，都必须一查到底，决不姑息，决不手软。党内不允许有腐败分子的藏身之地。我们一定要以党风廉政建设的实际成果取信于人民。"①

2. 领导干部要以身作则，要加强作风建设，从严治党

在1995年6月30日《领导干部必须带头身体力行党的全心全意为人民服务的宗旨》一文中，江泽民指出："越是改革开放，越要加强党风和廉政建设，深入开展反腐败斗争，各级领导干部越要在这方面以身作则，廉洁自律，模范遵守和维护党纪国法。""要全面加强党的思想作风、学风、工作作风、领导作风和干部生活作风建设。"②要"从严治党，必须全面贯彻于党的思想、政治、组织、作风建设，切实体现到对各级党组织、广大党员和干部进行教育、管理、监督的各个环节中去"③。

3. 一手抓改革开放，一手抓打击严重犯罪

1993年6月25日，江泽民《在纪念中国共产党成立七十二周年座谈会上的讲话》中指出："一手抓改革开放，一手抓打击严重犯罪，是我们党坚定不移的方针。在改革开放过程中坚持反腐败斗争，是实行'两手抓'的题中应有之义。那种把改革开放、发展经济同反对腐败对立起来，认为反对腐败会影响改革开放和经济建设，抓改革开放和经济建设就不能反对腐败的观点，是完全错误和极其有害的。解决这方面问题，要靠教育，更要靠法制。不管难度多大，只要坚决持久地抓，同时注意改进方法，是可以收到实效的。总之，一定要把反腐败斗争当作党的建设和政权建设的一件大事，抓出成效，取信于民。"

---

① ② 《江泽民文选》（第三卷），人民出版社，2006年，第291页。

③ 同上，第290页。

4.反腐败要标本兼治

关于反腐败方略，江泽民提出："反腐倡廉，既要治标，更要治本。标本兼治，教育是基础，法制是保证，监督是关键，通过深化改革，不断铲除腐败现象滋生蔓延的土壤。坚持教育、法制、监督相结合，坚持预防与惩治相结合。对绝大多数党员和干部主要立足于教育，着眼于防范，对极少数腐败分子必须严厉惩处。坚持把思想政治建设摆在党的建设首位，牢固构筑拒腐防变的思想长城。"①

"治标和治本，是反腐败斗争相辅相成、互相促进的两个方面。治标，严惩各种腐败行为，把腐败分子的猖獗活动抑制下去，才能为反腐败治本创造前提条件。治本，从源头上预防和治理腐败现象，才能巩固和发展反腐败已经取得的成果，从根本上解决腐败问题。前些年，由于腐败现象呈现发展蔓延的趋势，我们在抓治本的同时，采取治标方面的措施更多一些。这是完全必要的。当前，反腐败斗争应该逐步加大治本的工作力度，努力从源头上预防和治理腐败现象。"②

5.深刻认识反腐败的长期性、艰巨性和紧迫性

江泽民在《推动党风廉政建设和反腐败斗争的深入开展》中，分析了现阶段腐败产生和存在的原因及反腐败的长期性，并指出："腐败作为一种社会历史现象，古今中外许多社会都有。从本质上讲，腐败现象是剥削阶级和剥削制度的产物。社会主义制度作为区别于历史上任何剥削制度的崭新的社会制度，为从根本上消除腐败创造了条件。由于

---

① 中共中央纪律检查委员会编：《江泽民论党风廉政建设和反腐败斗争》，中国方正出版社，2003年，第53页。

② 同上，第54页。

我国还处在社会主义初级阶段,又处于由计划经济体制向市场经济体制转变的时期,生产力发展水平、科技文化水平还不高,法制等各方面的制度还不完善,再加上我国历史上几千年封建社会的残余思想仍然存在,对外开放也容易使国外资本主义的腐朽思想和生活方式乘隙而入,而西方敌对势力又一直在加紧对我国实施西化、分化的政治战略,千方百计拉拢腐蚀我们内部一些意志薄弱的干部。这些因素的存在,使腐败现象还有滋生蔓延的土壤和条件,而且加大了我们反腐败斗争的难度。这些土壤和条件不是短时期就可铲除的,消除腐败现象必然要经历一个很长的历史过程。"①

在《加强反腐败斗争,推进党风建设和廉政建设》中,江泽民指出:"我国在社会主义条件下,仍然存在腐败现象,有种种复杂的原因。我国是一个封建社会历史很长的国家,封建主义和其他剥削阶级影响将长期存在,总要通过各种形式表现出来。我们实行对外开放,借鉴和利用世界各国包括发达资本主义国家的一切现代文明成果,资本主义腐朽的东西也会趁机钻进来。我们建立社会主义市场经济体制,要经历一个艰难的新旧体制转换过程。在这个过程中,由于制度和机制的不健全、不完善,工作中存在一些漏洞和薄弱环节,也会给腐败现象滋生以可乘之机。这些年来,我们有些地方、有些单位对党员和干部的思想政治教育抓得不紧,拜金主义、享乐主义和极端个人主义在一部分党员和干部中滋长,也是腐败现象得以蔓延的一个重要原因。"②

---

① 中共中央纪律检查委员会编:《江泽民论党风廉政建设和反腐败斗争》,中国方正出版社,2003年,第36页。

② 同上,第32页。

"我们既要看到反腐败斗争是一项长期的艰巨任务，又要有现实的紧迫感,采取有力措施,坚决制止腐败现象蔓延的势头,把突出的问题解决好。"①

（三）胡锦涛论反腐败

1. 充分认识反腐败斗争的长期性、艰巨性、复杂性

2007年6月25日,胡锦涛在中央党校发表的讲话中指出,"各级党委要充分认识反腐败斗争的长期性、艰巨性、复杂性,把反腐倡廉建设放在更加突出的位置,坚持标本兼治、综合治理、惩防并举、注重预防的方针,建立健全教育、制度、监督并重的惩治和预防腐败体系,在坚决惩治腐败的同时,更加注重治本,更加注重预防,更加注重制度建设,加强领导干部廉洁自律工作,坚决查办违纪违法案件"。②

2. 反腐败要标本兼治、惩防并举

2004年1月11日—13日,胡锦涛在中央纪律检查委员会第三次全体会议上的讲话中指出,对反腐倡廉工作,要继续坚持标本兼治,惩防并举,加大从源头上防治腐败的根本措施。

坚决惩治和积极预防腐败,是中国政府的一贯立场。我们认为,反对腐败是关系国家发展全局、关系最广大人民根本利益、关系社会公平正义和社会和谐稳定的重大问题和紧迫任务。我们反腐倡廉的战略方针是标本兼治、综合治理、惩防并举、注重预防。我们在开展反腐败斗争中,既坚定不移地查办腐败犯罪,依法对腐败犯罪案件进行侦查、

---

① 中共中央纪律检查委员会编:《江泽民论党风廉政建设和反腐败斗争》,中国方正出版社,2003年,第32页。

② 转引自北京共青团网,http://www.bjyouth.gov.cn/llwx/hu/150567.shtml。

起诉、审判，严惩各类腐败犯罪人员，同时又坚持不懈地健全教育、制度、监督并重的惩治和预防腐败体系，加强廉政法治建设，推进廉政文化建设，强化对权力运行的制约和监督，通过深化改革从源头上防治腐败，不断铲除腐败现象滋生蔓延的土壤。我们注重建立健全民众支持和参与反腐倡廉的有效机制，建立公众举报制度，保障公民对国家机关和国家工作人员违法失职行为的检举权、控告权、申诉权，不断深化反腐败斗争。经过不懈努力，中国的反腐败斗争取得了明显成效。①

3. 党风廉政建设和反腐败工作是党的建设新的伟大工程的重要组成部分

2003年2月19日，胡锦涛在中央纪律检查委员会第二次全体会议上发表的讲话中指出，党风廉政建设和反腐败工作，是党和国家的重要工作，也是党的建设新的伟大工程的重要组成部分。继续坚定不移地做好党风廉政建设和反腐败工作，是全面贯彻"三个代表"重要思想、实现全面建设小康社会宏伟目标的重要保证，是建设社会主义政治文明的重要任务，是加强党的执政能力建设的重要内容。各级党委和政府要紧紧围绕新世纪新阶段党和国家工作的大局，围绕提高党的领导水平和执政水平、提高拒腐防变和抵御风险能力这两大历史性课题，以坚定不移的态度、坚强有力的工作和坚持不懈的努力，进一步推进党风廉政建设和反腐败工作，不断以新的工作成效取信于民，保证全面建设小康社会宏伟目标的顺利实现。

党的十三届四中全会以来，以江泽民同志为核心的第三代中央领

---

① 转引自北京共青团网，http://www.bjyouth.gov.cn/llwx/hu/118226.shtml。

导集体始终把党风廉政建设和反腐败工作作为全党的一件大事来抓，态度坚决，旗帜鲜明，作出了一系列重大决策和部署，推动反腐倡廉取得重大成效，有力地维护和促进了改革发展稳定的大局。同时，我们也必须看到，现在一些腐败现象仍然比较突出，导致腐败现象易发多发的土壤和条件还存在。反腐败斗争的形势仍然是严峻的，反腐败斗争的任务仍然是繁重的，我们必须继续进行不懈的努力。

深入开展党风廉政建设和反腐败工作要重点做好以下几个方面的工作。第一，进一步加大惩处力度，依纪依法严厉打击腐败分子。在领导干部尤其是高中级干部中发生的腐败案件，严重损害党和国家的形象，危害极大，必须继续作为查办案件工作的重点。第二，进一步加强和改进党的作风建设，以党风建设带动政风和社会风气的好转。对关系群众切身利益、群众反映强烈的一些不正之风问题，要重点加以解决。要严肃党的纪律特别是政治纪律。第三，进一步加强思想政治建设，构筑牢固的思想道德防线。要引导广大党员特别是领导干部增强党的意识，提高党性修养，不断加强主观世界的改造，自觉做实践"三个代表"重要思想的模范。尤其要注重教育和引导领导干部正确认识和处理奉献精神和利益原则、党的事业和个人价值、全局利益和局部利益的关系。第四，进一步深化体制改革，建立健全防范腐败的体制机制。要把反腐倡廉同改革开放和经济建设的重大措施结合起来，使党风廉政建设和反腐败工作同改革开放和经济建设相互促进、协调发展。第五，要进一步发展党内民主，加强对领导干部行使权力的制约和监督。要按照十六大提出的建立结构合理、配置科学、程序严密、制约有效的权力运行机制的要求，大力加强权力监督制度和机制建设。①

4. 加强反腐败的国际合作

2006年10月22日，胡锦涛在国际反贪局联合会第一次年会暨会员代表大会上的讲话中指出，腐败现象是人类社会一个危害严重的痼疾，其存在有着深刻的历史和现实原因。当今世界，随着经济全球化深入发展，一些腐败犯罪呈现出有组织、跨国化的特点，这不仅影响有关国家政治、经济、文化、社会的健康发展，也损害各国人民的切身利益。反对腐败，是各国面临的一项重大任务，也是国际社会面临的共同课题。加强反腐败国际合作，有利于各国更加有效地惩治和预防腐败，也有利于实现各国人民要求政治廉洁的共同期盼。

（四）习近平论反腐败

党的十八大以来，以习近平同志为核心的党中央坚定不移地推进党风廉政建设和反腐败斗争，以壮士断腕、刮骨疗毒的决心强力反腐。从"反腐败斗争形势依然严峻复杂"到"反腐败斗争压倒性态势正在形成"，再到"反腐败斗争压倒性态势已经形成"，反腐败工作取得了丰硕成果，不仅得到了全国人民的高度肯定，也受到了国际社会的普遍好评。

思想是行动的先导。党的十八大以来，面对严峻复杂的反腐败斗争形势，以习近平同志为核心的党中央对反腐败思想和理念进行了一系列重大创新。

---

① 转引自北京共青团网，http://www.bjyouth.gov.cn/llwx/hu/22914.shtml。

1. 强化监督的"无禁区、全覆盖、零容忍"思想和理念

党的十八大后，以习近平同志为核心的党中央审时度势，对反腐败斗争形势作出了"依然严峻复杂"的新判断，并提出了"信任不能代替监督"的重要论断，以及反腐败"无禁区、全覆盖、零容忍"的思想和理念。"无禁区"是指党纪国法面前人人平等，党内监督没有禁区，没有例外，党内不允许有不受制约的权力，也不允许有不受监督的特殊党员。原中共中央政治局常委周永康因腐败被查办就是反腐"无禁区"的具体体现。"全覆盖"是指坚持"老虎""苍蝇"一起打，既坚决查处领导干部违纪违法案件，又切实解决发生在群众身边的不正之风和腐败问题。巡视全覆盖就是监督全覆盖的具体表现。"零容忍"是指坚持有腐必反、有贪必肃，"凡是损害党的先进性和纯洁性的病症都要彻底医治，凡是滋生在党的肌体上的毒瘤都要坚决祛除"，"党内决不允许有腐败分子藏身之地"，"不管腐败分子跑到天涯海角，也要把他们绳之以法"。

"无禁区、全覆盖、零容忍"的思想和理念最早是在党的十八届四中全会第二次会议上由习近平总书记提出的。2016年10月召开的党的十八届六中全会通过的《中国共产党党内监督条例》将该思想和理念制度化。党的十八届六中全会首次提出"建立党内监督体系"，指出要建立健全党中央统一领导，党委（党组）全面监督，纪律检查机关专责监督，党的工作部门职能监督，党的基层组织日常监督，党员民主监督的党内监督体系；提出党内监督的重点对象是党的领导机关和领导干部，特别是主要领导干部；强调要落实党委主体责任和纪委监督责任，强化责任追求，以强有力的问责督促各级党组织履行全面从严治党政

治责任。党内监督从此走上了制度化、规范化轨道。

反腐败"无禁区、全覆盖、零容忍"思想和理念，不仅突出强化了监督，而且旗帜更鲜明、态度更坚决，为党的十八大以来的反腐败斗争指明了方向。

2. 以标促本的"标本兼治"思想和理念

党的十八大召开后不久，为应对当时"依然严峻复杂"的反腐败斗争形势，党中央提出了"坚持标本兼治，当前要以治标为主，为治本赢得时间"的反腐败思想和理念。这与党的十八大之前的"坚持标本兼治、综合治理、惩防并举、注重预防"的反腐败思想和理念有着明显不同，因为前者的重点在于惩治（治标），后者的重点在于预防（治本）。治标，主要是强化惩治，"老虎""苍蝇"一起打，目的是"治已病"、减少腐败存量。治本，主要包括制度建设、纪律建设、道德建设、党性修养，目的是"治未病"、遏制腐败存量。

为将强化惩治、以标促本的"标本兼治"思想和理念具体化，党中央提出了反腐"三阶段论"，对反腐败战略路径进行了理论上的阐释。反腐"三阶段论"的主要内容是：坚持党要管党、从严治党，正风肃纪、反腐肃贪，坚决遏制腐败蔓延势头，形成"不敢腐"的有力震慑；把严肃纪律作为治本之策，守住纪律底线，穿越底线动辄得咎，强化"不能腐"，坚持理想信念宗旨这条高线不动摇，最终解决"不想腐"。

在以标促本的"标本兼治"思想和理念指导下，反腐败斗争取得了阶段性胜利，"不敢腐的目标初步实现，不能腐的制度日益完善，不想腐的堤坝正在构筑，党内政治生活呈现新的气象"。

3. 纪法分开的"把纪律挺在前面"思想和理念

随着反腐斗争的持续深入，以习近平同志为核心的党中央不断强调纪律建设的重要性，并明确提出"把纪律挺在前面"的反腐败思想和理念。习近平总书记多次指出，"打铁还需自身硬"，必须严明党的纪律。他反复强调加强纪律建设是全面从严治党的治本之策，要"把纪律和规矩挺在前面"。

"把纪律挺在前面"的实质，就是要求把纪律挺在法律的前面。如何做到这一点？以习近平同志为核心的党中央提出了"纪法分开、纪严于法"的新思想理念。"纪法分开"就是纪律的归纪律，法律的归法律；"纪严于法"就是党的纪律比国家法律规定得要严格，党员违纪未必违法，但党员违法必然违纪。

为将"把纪律挺在前面"具体化，党中央提出了监督执纪的"四种形态"，强调抓早抓小、用纪律管住大多数，以达到惩前毖后、治病救人的目的。监督执纪"四种形态"的主要内容是：经常开展批评和自我批评、约谈函询，让"红红脸、出出汗"成为常态；党纪轻处分、组织调整成为违纪处理的大多数；党纪重处分、重大职务调整的成为少数；严重违纪涉嫌违法立案审查的成为极少数。

纪法分开的"把纪律挺在前面"思想和理念，体现了坚持依规治党和依法治国的有机统一。作为"把纪律挺在前面"的具体实践，党的十八大之后查办党员领导干部腐败案件由此前的"办案"一律改称"纪律审查"，违纪违法者先由纪委作出纪律处分，涉嫌犯罪的移交司法机关处理。这改变了党的十八大之前对涉腐党员领导干部的惩处由纪检机关全程包办的做法。对于一些严重违纪但尚未触犯刑律的党员领导干部,则只按党纪给予处理。

4.内外兼修的"德法相依"思想和理念

以习近平同志为核心的党中央善于从中国优秀传统文化中汲取管党治党的营养,其中,内外兼修的"德法相依"思想和理念就被运用到反腐败斗争之中。在强调依规治党的同时,高度重视以德治党,强调"修身立德是为政之基"。

所谓以德治党就是要"讲德行、讲党性",用德行和党性强化"自律"。党中央要求全党要继承和弘扬优秀传统文化,汲取德治礼序、崇德重礼的文化精华。传统文化中的"德",核心是"孝悌忠信,礼义廉耻"。"礼"则是有礼节、有礼貌、讲规矩、守秩序之义,主要指个人的内在修养和素质。崇德重礼实质上就是要求领导干部强化人格修养、提升道德品质。2015年10月颁布了新修订的《中国共产党廉洁自律准则》,在适用对象上由党员领导干部扩大到全体党员,在要求范围上由"廉洁从政"扩展为"廉洁自律",在条款内容上由负面清单转变为正面倡导。《中国共产党廉洁自律准则》重在立德,为党员特别是领导干部提供了看得见、够得着的道德标准和目标。

5.协同推进的"净化政治生态"思想和理念

在反腐败斗争中,以习近平同志为核心的党中央善于运用联系的观点,高度重视与腐败相关的从政环境,明确提出深入推进反腐败斗争必须营造良好的政治生态。

"政治生态"是一个政治学术语。在我国,它通常指各类政治主体生存发展的环境和状态,是政治制度、政治文化、政治生活等要素相互作用的结果,是党风、政风、社会风气的综合反映,影响着党员干部的价值取向和从政行为。政治生态既包括党内政治生态，也包括社会政治生态。

正是认识到良好政治生态对于反腐败的正面作用，党的十八大以来，党在净化党内政治生态的同时，注重净化社会政治生态。具体表现有：通过加强党的作风建设，严肃党内政治生活，净化党内政治生态。党中央认为，党的作风关系党的形象，关系人心向背，关系党的生死存亡。改进工作作风，就是要净化政治生态，营造廉洁从政的良好环境。为此，党的十八大以来，党咬住八项规定不放，持之以恒纠正"四风"。群众路线教育实践活动、"三严三实"专题教育、"两学一做"学习教育，也都突出强调了加强党的作风建设。严肃党内政治生活，是净化党内政治生态的重要保证。为此，党中央制定了《关于新形势下党内政治生活的若干准则》，提出必须把加强思想政治建设摆在首位，坚持不懈强化理论武装，打牢理念信念根基；必须把纪律和规矩挺在前面，推动全党尊崇维护党章、学习贯彻党章，严明政治纪律和政治规矩；必须端正用人导向，根治用人上的不正之风和腐败现象；必须从党的各级领导干部和领导机关做起，践行社会主义核心价值观，以上率下。

6. 久久为功的"永远在路上"思想和理念

以习近平同志为核心的党中央善于把握古今中外的历史规律，对腐败的特质和反腐败斗争的长期性、复杂性、艰巨性有着深刻的认识。在十八届中央纪委二次全会上，习近平总书记深刻指出："腐败是社会毒瘤。如果任凭腐败问题愈演愈烈，最终必然亡党亡国。我们党把党风廉政建设和反腐败斗争提到关系党和国家生死存亡的高度来认识，是深刻总结了古今中外的历史教训的"，并明确提出"党风廉政建设和反腐败斗争是一项长期的、复杂的、艰巨的任务"。

明确提出反腐败斗争要保持政治定力和战略定力，重在"抓常""抓长"，必须经常抓、长期抓。如何做到"抓常""抓长"？党中央提出，必须做到惩治腐败力度决不减弱、零容忍态度决不改变，踩着不变的步伐，保持力度不减、节奏不变，在坚持中深化、在深化中坚持，坚决打赢反腐败这场正义之战。

提出了全面从严治党"仍然任重道远""反腐败斗争永远在路上"的重要论断。尽管反腐败斗争压倒性态势已经形成，但党中央仍然要求全党保持清醒头脑，既要看到已取得的阶段性成果，又要看到形势依然严峻复杂。

第二节　社会转型期腐败的特征及其治理的制度建设

一、社会转型期腐败的特征

任何腐败现象的发生都与特定的政治、经济和文化条件相关。改革开放四十年来，我国的经济、政治、文化等都处于深刻的转型之中。转型期特定的社会发展阶段决定了我国的腐败现象与其他发展中国家和发达国家不同，有其自身的特征。

（一）制度转型是腐败发生的主要诱因

毫无疑问，腐败是多种因素综合作用的结果，但制度转型是其发生的主要诱因。改革开放以来，我国的政治制度、经济制度和文化制度发生了相应的转型。在政治领域,一方面,一定时期中央政府对地方政府的宏观调控能力和协调能力弱化;另一方面,缺乏对地方政府约束的规范化手段,加之各种监督和制约机制不健全,民主和法制建设相对落后,所有这些政治制度转型过程中的漏洞为腐败现象的发生提供了条件。

在经济领域,虽然改革开放将市场机制作为调节经济运行和资源配置的主要手段,但政府仍然有广泛干预经济活动的权力,而且这种干预缺乏相应的法律规范,使得政府管理经济的行为存在很大的随意性。此外,经济制度的转型使得人们的自我意识开始觉醒,个人对利益的追求逐渐得到认可和提倡,长期以来被压抑的物欲冲动得以释放,从而产生不择手段追求物质利益的倾向。因此,经济制度的转型使得腐败的空间不断扩大。

在文化领域,改革开放使得人们在计划经济时期所形成的价值观受到严重的冲击,但与市场经济体制相适应的价值观还未完善,从而使得腐败行为的道德约束被大大弱化。总之,正是在经济、政治、文化制度转型过程中出现的各种"灰色地带"构成了权力腐败迅速滋生的主要温床。①

(二)腐败的类型与规模多样化和扩大化

过去早期的腐败主要集中在党政机关的权力部门,腐败的类型主要是滥用公共权力。随着社会转型的推进,公共事业单位开始掌握大量的公共资源,但是对这些"非公共权力"部门的公共事业单位,存在

---

① 参见靳凤林:《我国社会转型期权力腐败六大特征》,《人民论坛》,2011年第20期。

着法律监督、公民监督和行政监督方面的不足，使得腐败逐渐开始向获得较多公共资源的公共事业单位蔓延，比如高校、医院等。以高校为例，近几年高校查处的腐败案件不胜枚举，主要涉及经济问题、招生腐败、基建问题及科研经费问题等。

除了涉案的领域和腐败类型的变化外，腐败的规模也在不断扩大。主要表现在以下三个方面：一是腐败官员的级别越来越高。1978年到党的十八大之前，落马的国家级官员仅4人：陈希同、陈良宇、成克杰、薄熙来。而党的十八大之后就有2名国家级副职官员落马，1名国家级正职官员落马，其人数已接近过去35年的总和。二是腐败的金额越来越大。20世纪80年代腐败的金额一般在几万元左右，90年代上升到百万元；自90年代末至今，腐败金额通常达至几千万元乃至上亿元。在被判刑的31名党的十八大后落马高官中有25人能够确定其涉案金额。经统计，这25人受贿金额平均每人2605余万元。其中受贿千万元以下的只有3人，占12%，大多数官员的受贿金额在1000万元到5000万元之间。三是群体化腐败越来越多，包括地区性群体腐败、单位性群体腐败和家族性群体腐败。如厦门"远华走私案"、东北的"慕马案"和"周永康案"等。

（三）腐败的手段复杂化和隐蔽化

随着我国社会转型速度的加快，反腐倡廉工作的方式和方法也在不断完善，与此同时，各种腐败分子反调查的意识和能力也在逐步增强，其作案的目标、手段和形式也更加复杂和隐蔽。① 从近几年查处的

---

① 参见靳凤林：《我国社会转型期权力腐败六大特征》，《人民论坛》，2011年第20期。

腐败案件来看，官员不再追求当下的回报，而是更多采取期权的腐败手段。期权的腐败手段相比传统的腐败手段更加复杂和隐蔽。比如官员可以在位时通过手中权力为企业牟利，待退休或辞职后到企业高薪打工这种方式进行权钱交易。因为当事人双方交易的不是现金，交易手段是间接性的而不是直接性的，这种手段的隐蔽性使得腐败现象难以被发现，即使能够发现也难以对其进行定性处理。

二、改革开放后反腐败制度的发展

从以上分析中可以看到，随着改革开放的启动，腐败现象开始萌发，其后在不同的发展时期，腐败呈现不同的特点。腐败是附着在社会肌体上的毒瘤，改革开放四十年来，党和国家以及人民群众从未间断过反腐斗争。在这个意义上可以说，一部改革开放史，就是一部反腐倡廉史。在这场斗争中，党和国家加强了制度建设，制度反腐在预防和惩治腐败中发挥了重要作用。下面从几个方面来回顾一下改革开放之后的反腐制度建设发展历程。

（一）机构设置的发展

机构的设置是界分权力、行使权力和履行职能的需要。任何特定权力的行使和职能的履行都有设置机构的必要。作为公共部门权力制约的主体，也要在相关法律的基础上设置执行法律和纪律的专门机构，从而通过专门机构的执行活动将国家的法律、执政党和政府的党纪和政纪落到实处。改革开放后我国反腐败机构的发展历程可以概括为以下三个方面：

1. 党的反腐败机构的发展

1978年12月召开的党的十一届三中全会,恢复成立了中央纪律检查委员会,党内的反腐败机构运作重新走上正轨。中央纪律检查委员会的成立是应对党内腐败的一个有效的举措,其主要职责是维护党的规章纪律,保护党员权利,积极发扬中共党员的革命热情和工作积极性,同所有违反党的纪律和国家纪律、损坏党的优良传统的不良倾向展开斗争,努力切实搞好党风。从1980年起,党的各级地方纪律检查委员会的组织领导关系逐渐转变为受同级党委和上级纪委的双重领导。党的十二大通过的党章具体规定了中央纪律检查委员会的设置及职权、任务,推动了党的反腐组织机构建设。1993年至2017年,中央纪律检查委员会和监察部合署办公,促进了反腐工作的协调和统筹,提高了反腐工作的效率,形成了党政监督的整体合力。2003年,为了加强对省部级领导班子和领导干部的监督,根据中央要求,中央纪委、中央组织部组建了中央纪委、中央组织部巡视组。为全面开展巡视监督工作,设置了5个巡视组,巡视机构步入正式运转时期,并于2009年将机构名称更改为"中央巡视组",任命了45名巡视员,陆续对31个省区市进行巡视,重点是对省级干部的巡视。

2016年年底,中共中央决定在北京、山西、浙江三地开展监察体制改革试点,部署在三省设立各级监察委员会,从体制机制、制度建设上先行先试、探索实践,为在全国推开积累经验。2017年中共中央办公厅印发《关于在全国各地推开国家监察体制改革试点方案》,部署在全国范围内深化国家监察体制改革的探索实践,完成省、市、县三级监察委员会组建工作,实现对所有行使公权力的公职人员监察全覆盖。王岐山在十八届中央纪委七次全会上提出，将在第十三届全国人民代表大会第一次会议审议通过国家监察法，设立国家监察委员会，产生国家监察委员会组成人员。2018年3月20日，第十三届全国人民代表大会第一次会议表决通过了《中华人民共和国监察法》，23日，中华人民共和国监察委员会在北京揭牌。监察委员会不是行政机关、司法机关，而是专门的反腐败工作机关，是政治机关。监察委与纪委合署办公，与纪委实行一套工作机制、两个机关名称，履行纪检、监察两项职能，对党中央或地方党委全面负责。

2. 政府的反腐败机构的发展

改革开放后我国政府的反腐败组织机构发展的最关键的一步就是，1986年召开的第六届全国人民代表大会第十八次常委会恢复并确立国家行政监察体制，在政府内部设立监察部。监察部是行使行政监察权力的国务院监察机关，是国务院组成部门之一。1987年7月1日，监察部正式对外办公。1993年2月，根据中共中央、国务院的决定，监察部与中国共产党中央纪律检查委员会合署办公，机构列入国务院序列，编制列入中共中央直属机构。2005年10月27日，第十届全国人民代表大会第十八次会议提出了"预防腐败政策"。为了配合这一政策的提出，2007年5月31日，中共中央、国务院决定成立国家预防腐败局；同年9月6日，正式宣布成立国家预防腐败局，并于13日正式揭牌成立。国家预防腐败局是我国第一个国家层面预防腐败的专门机构，正式将治理和预防纳入反腐工作日程。随后各地也开始设立了对应的地方级别的预防腐败局。2018年，第十三届全国人民代表大会第一次会议通过了《国务院机构改革方案》，将监察部和预防腐败局并入新组建的国家监察委员会，不再保留监察部、国家预防腐败局。

3. 司法部门的反腐败机构的发展

司法部门的反腐败机构是由检察机关内设的经济检察厅转变而来的。1978年，我国检察机关恢复重建，最高人民检察院设立了经济检察厅，地方检察院陆续设置经济检察处或经济检察科，这个机构就是反贪局的前身。当时，它的主要任务是打击经济犯罪，其中涉及贪污贿赂、投机倒把、偷税漏税、假冒伪劣等。1988年全国人大常委会通过了《关于惩治贪污罪贿赂罪的补充规定》，首次在单行刑法中将贪污贿赂犯罪规定为一类犯罪。最高人民检察院根据中央关于反腐败的精神，把打击贪污贿赂罪列为工作重点，经济检察厅也因此更名为"贪污贿赂检察厅"。改革开放后，广东处于经济高速发展的地区，腐败行为高发，腐败之风盛行。为全面有效遏制快速蔓延的贪污腐败犯罪，建立专门的反贪污腐败机构。借鉴新加坡与中国香港的经验，广东省检察院首次提出设立反贪局，取消了当时的人民检察院经济检察处，并作为试点进行改革。1989年8月18日，广东省人民检察院反贪局正式挂牌。随后，全国各级检察院相继推进了地方各级的反腐专门机构的建设。1995年11月10日，经中共中央批准，最高人民检察院将贪污贿赂检察厅改名为"反贪贿赂总局"。作为国家最高检察机关内设的惩治贪污贿赂等经济犯罪的职能机构，反贪污贿赂总局承担对依法应由检察机关管辖的贪污贿赂等经济犯罪案件的初查和侦察，以及搜集信息和预防犯罪等工作。2000年8月，最高人民检察院又在此基础上，加设了专门的职务犯罪预防厅，专职负责对贪污贿赂、渎职侵权等各类职务犯罪的预防工作。2000年最高检法纪检察厅更名为"渎职侵权检察厅"，并将查处县处级以上领导干部消极腐败、滥用职权等犯罪案件,司法人员徇私枉法、刑讯逼供、非法拘禁等司法腐败案件,行政执法人员的经济腐败案件,国家机关工作人员利用职权侵犯民主权利的犯罪案件四类案件作为主要任务,强调要注重查处新领域新类型的渎职犯罪。2005年6月最高检发出通知,要求地方各级检察院渎职侵权机构更名为"反渎职侵权局",机构和人员配备比照反贪局。此后,渎职侵权检察机构在最高人民检察院仍是渎职侵权检察厅,在地方各级人民检察院则是反渎职侵权局,负责渎职侵权犯罪案件的侦察工作。2016年随着国家监察体制改革的推行,人民检察院查处贪污贿赂、失职渎职以及预防职务犯罪等部门的相关职能都整合到新成立的国家监察委员会。

总之,反腐败的机构设置历程,首先从执政党的内部开始,逐步到政府部门和司法部门相关机构确立。反腐败的思路也是沿着从党内到党外,从中央到地方来展开。直到20世纪80年代末期,由于政治体制的改革还要等待经济体制改革的逐步推进成果的积累,才形成了地方试验先行,中央机构总结推广的发展路径。反腐败的组织机构主要由党内纪检、行政监察、检察机关三套系统组成。当然不得不提到的是,2018年新成立的监察委员会。各级监察委员会是国家的监察机关。国家行政机关、监察机关、审判机关、检察机关都由人民代表大会产生,对它负责,受它监督。其主要职责是监督、调查和处置。一是对公职人员开展廉政教育,对其依法履职、秉公用权、廉洁从政从业以及道德操守情况进行监督检查;二是对涉嫌贪污贿赂、滥用职权、玩忽职守、权力寻租、利益输送、徇私舞弊以及浪费国家资财等职务违法和职务犯罪进行调查;三是对违法的公职人员依法作出政务处分决定,对履行职责不力、失职失责的领导人员进行问责，对涉嫌职务犯罪的，将调查结果移送人民检察院依法审查、提起公诉，向监察对象所在单位提出监察建议。监察委员会坚持了党对党风廉政建设和反腐败工作的统一领导，扩大了监察范围，整合了监察力量，健全了国家监察组织架构，形成全面覆盖国家机关及其公务员的国家监察体系。

（二）反腐败制度体系的发展

1. 党的十一届三中全会至党的十四大

党的十一届三中全会以来，我国进入了改革开放和社会主义现代化建设的新时期，同时，反腐败斗争也进入重视法制与民主建设的新时期。在党的十一届三中全会至党的十四大期间，反腐倡廉建设以经济建设为中心，力促制度反腐。党中央、全国人大及其常委会、国务院及其相关部委陆续制定和颁布了三百余个规范性文件，主要涉及完善国家廉政立法、党规党纪和监督制约方面。

（1）国家廉政立法方面

1979年《中华人民共和国刑法》通过，自1980年1月1日起实施。

1979年新的《中华人民共和国人民检察院组织法》颁布实施，明确了检察院对国家机关和工作人员的监督，只限于违反刑法需要追究刑事责任的案件，一般违反党纪、政纪并不触犯刑法的，分别由党的纪律检察机关和政府机关处理。

1982年3月全国人大常委会作出了《关于严惩严重破坏经济的罪犯的决定》，对经济罪犯量刑从重，对国家工作人员从严，情节特别严重的可以判处无期徒刑或者死刑。

1982年12月《中华人民共和国宪法》通过，为反腐败的制度设计提供了最高法律依据。

1988年1月第六届全国人民代表大会常务委员会第24次会议通过了《关于惩治贪污罪贿赂罪的补充规定》。

1988年9月国务院第二十一次常务会议通过并予发布实施的《国家行政机关工作人员贪污贿赂行政处分暂行规定》，对国家行政机关工作人员利用职务上的便利，贪污公共财物、挪用公款、收受贿赂，以及行贿、介绍贿赂的行为及其量纪标准作了具体规定，同时规定了监察机关查处以上违纪行为的措施、程序等。

1989年4月《中华人民共和国行政诉讼法》通过，自1990年10月1日起实施。

1990年12月《行政监察条例》公布实施。

（2）党规党纪方面

为了搞好党风廉政建设，以邓小平同志为核心的中央领导集体制定了一系列规定。

1980年2月党的十一届五中全会通过的《关于党内政治生活的若干准则》，是一部比较全面系统的党规党纪。

1984年12月中央纪检委发布《关于坚决纠正新形势下出现的不正之风的通知》。

1984年12月中共中央、国务院发布《关于严禁党政机关和党员干部经商、办企业的决定》。

1985年5月中共中央、国务院发布《关于禁止领导干部子女、配偶经商的决定》。

1985年11月中央纪检委发布《关于严禁对领导干部请客送礼的

通知》。

1987年3月中央纪律检查委员会发布《关于共产党员要模范地遵守职业道德的通知》。

1987年6月中央纪检委《关于坚决查处共产党员索贿问题的决定》规定:共产党员今后再有索贿行为的,不论情节轻重,一律清除出党。

1987年7月中央纪检委印发了《中共中央纪律检查委员会关于处理检举、控告和申诉的若干规定》,还制定了《关于对党内干部加强党内纪律监督的若干规定(试行)》。

1987年7月中共中央、国务院制定了《关于严格控制党政机关干部出国问题的若干规定》。

1988年5月中共中央纪律检查委员会印发了《共产党员在涉外活动中违犯纪律党纪处分的暂行规定》。

1988年5月中央纪律检查委员会印发了《党员领导干部犯严重官僚主义失职错误党纪处分的暂行规定》。

1989年9月中共中央办公厅、国务院办公厅作出了《关于在国内公务活动中严禁用公款宴请和有关工作餐的规定》。

1989年11月中央纪检委发布《关于加强党风和廉政建设的意见》。

1989年12月中共中央纪律检查委员会制定了《关于共产党员违反社会主义道德党纪处分的若干规定(试行)》。

1990年7月中央纪检委颁布了《关于共产党员在经济方面违法违纪党纪处分的若干规定(试行)》。

（3）监督制约方面

腐败行为的基本特征在于利用公共权力来获得不正当的利益。因此,反腐败制度建设的最重要的一点就是对公共权力的运作进行监督制约。①尤其是随着改革开放的不断推进,社会主义市场经济体制的建立, 有效规范公共权力与市场运行之间的关系成为反腐的重要途径。为此,国家在这一方面制定了一些基本的制度规定:

1979年的《关于在外事、外贸活动中随便接受和私自处理礼品的通报》《关于严防侵占农村社会劳动所得用来大吃大喝和请客送礼》《关于在受理华侨捐献中严禁违反政策和营私舞弊的若干规定》《关于不准干扰大学生毕业分配工作的通报》等。

1980年的《关于禁止对外活动中送礼、受礼的通报》《关于杜绝接待工作中不正之风的通知》。

1981年的《关于加强市场管理打击投机倒把和走私活动的指示》《关于禁止"走洋后门"问题的通知》《关于严肃党纪杜绝"关系户"不正之风的通知》《关于必须坚决制止高校招生中不正之风的通知》《关于坚决纠正干部队伍中行贿受贿徇私舞弊的歪风的通报》《关于大力刹住挥霍公款请客送礼搞"关系户"的歪风的通报》。

1991年的《关于处理党和国家正副省(部)级干部用公款公务超标准装修住房问题的通知》。

反腐败制度体系的构建还要使权力主体与超额利惠脱离,这个问题对中国来说更为重要。因此,有必要针对每一种可能产生的不正当利惠确定制度,针对其不断产生的新特点、新形式确定制约机制。②

1979年比较突出的问题表现在官员的个人生活待遇方面。因此,

①②　参见王沪宁:《中国抑制腐败的体制选择》,《政治学研究》,1995年第1期。

中共中央、国务院颁布了《关于高级干部生活待遇的若干规定》,对高级干部的宿舍、房租、水电费、家具、生活用具、服务人员、出差、出国和外出休养、文化娱乐等十个方面的问题作出了具体的规定。

1984年7月中共中央办公厅、国务院办公厅发出《关于党政机关在职干部不要与群众合办企业的通知》,指出经济体制改革必须坚持政企分开、官商、官工分开的原则。

1984年12月中共中央、国务院发出《关于严禁党政机关和党政干部经商、办企业的决定》,明确提出乡(含乡)以上党政机关在职干部(包括退居二线的干部),一律不得以独资或合股、兼职取酬,搭干股分红等方式经商、办企业;也不允许利用职权为其家属、亲友所办的企业谋取利益。

1986年2月中共中央、国务院发布《关于进一步制止党政机关和党政干部经商、办企业的规定》。

1988年中共中央、国务院发布《中共中央、国务院关于清理整顿公司的决定》,提出进一步清理整顿公司。

1989年7月中共中央政治局举行全体会议,通过《中共中央、国务院关于近期做几件群众关心的事的决定》,规定坚决制止高干子女经商。

总的来说,这一阶段,我国在社会生活的各个领域都建立了反腐败的法规制度,走出了不靠政治运动而是依靠制度实现反腐的新路子。但是该阶段的反腐制度建设仍处于起步阶段,许多的制度通常以通知、暂行办法、规定或试行的方式出台,而且许多深层次的问题没有解决,导致许多制度不健全、不完善,没有形成严密的制度体系,从而不能有效遏制腐败的发生和蔓延。

2. 党的十四大至党的十六大

党的十四大以来，以江泽民同志为核心的中央领导集体重视反腐倡廉制度建设，反腐败斗争进入治标阶段。

（1）国家廉政立法方面

1993年4月国务院第二次常务会议通过了《国家公务员暂行条例》，自1993年10月1日起施行。

1994年3月《中华人民共和国预算法》通过，自1995年1月1日起实施。

1994年8月《中华人民共和国审计法》正式颁布，自1995年1月1日起施行。

1996年1月国务院《信访条例》开始施行。

1996年3月《中华人民共和国行政处罚法》颁布，自1996年10月1日起实施。

1997年3月《中华人民共和国刑法》修订并公布，自1997年10月1日起实施。

1997年5月《中华人民共和国行政监察法》通过并实施。

1997年10月国务院发布了《中华人民共和国审计法实施条例》。

1999年1月最高人民检察院发布《关于加强预防职务犯罪工作的意见》。

1999年10月《中华人民共和国行政复议法》实施。

1999年8月《中华人民共和国招标投标法》通过，自2000年1月1日起实施。

2000年12月最高人民检察院发布《关于进一步加强预防职务犯罪工作的决定》。

2002年2月人事部印发《国家公务员行为规范》。

2002年6月《中华人民共和国政府采购法》通过,自2003年1月1日起开始实施。

（2）党规党纪方面

1993年8月中央纪律检查委员会印发了《中国共产党纪律检查机关控告申诉工作条例》。

1994年3月中共中央纪律检查委员会印发了《中国共产党纪律检查机关案件检查的工作条例》。

1994年4月中纪委制定了《关于中央纪委三次全会重申和提出的党政机关县（处）级以上领导干部廉洁自律"五条规定"的实施意见》,为领导干部廉洁自律提供了更加明确的制度保障。

1995年4月中共中央办公厅、国务院办公厅印发《关于党政机关县（处）级以上领导干部收入申报的规定》的通知。

1994年9月党的十四届四中全会通过《中共中央关于加强党的建设几个重大问题的决定》,提出了进一步贯彻执行民主集中制这一党的根本组织制度和领导制度。

1994年10月中央纪委常委第六十五次会议通过了《中国共产党纪律检查机关工作条例》,保障了纪检工作有章可循、有法可依。

1997年2月《中国共产党纪律处分条例（试行）》颁布,确立了处分违纪党员的统一标准。

1997年2月经中共中央批准,中共中央办公厅转发了《中共中央纪律检查委员会关于重申和建立党内监督五项制度的实施办法》。

1997年3月《关于领导干部报告个人重大事项的规定》开始实施。

1997年3月《中国共产党党员领导干部廉洁从政若干准则（试行）》发布。

1998年12月中共中央、国务院发出通知要求认真执行《关于实行党风廉政建设责任制的规定》。

2002年7月，中共中央颁布《党政领导干部选拔任用工作条例》，进一步深化干部人事制度改革，规范干部选拔任用工作，从制度上防范用人腐败。

（3）监督制约方面

1993年4月中共中央办公厅、国务院办公厅发布《关于严禁党政机关及其工作人员在公务活动中接受和赠送礼金、有价证券的通知》。

1993年10月中共中央、国务院发布《关于开展反腐败斗争近期抓好几项工作的决定》。

1998年5月中央纪委、中央政法委决定对公安、检察、法院和工商行政管理四部门的行政性收费和罚没收入实行"收支两条线"管理。

1998年7月中央纪委、中央政法委要求在1998年年底以前，军队、武警部队和政法机关一律不再从事经商活动，所办的经营性企业一律脱钩。

这一阶段，党中央把党风建设和反腐败斗争作为重要议程，不断深入推进，初步实现了反腐倡廉建设由突击性、运动式向经常化、法制化的转变，探索出一条适合我国现阶段基本国情的反腐倡廉新路子，即依靠制度建设解决腐败问题。但是这一阶段所制定的许多制度还不完善和健全，因此还没有形成一个有效的反腐败制度体系。

3. 党的十六大到党的十八大

党的十六大以来，以胡锦涛同志为总书记的中央领导集体提出了"标本兼治、综合治理、惩防并举、注重预防"的方针，扎实推进惩治和预防腐败体系建设。这一阶段，我国的反腐倡廉制度建设取得了新的发展。

（1）国家廉政立法方面

2003年8月《中华人民共和行政许可法》颁布，自2004年7月1日起实施。

2005年4月《中华人民共和国公务员法》通过，自2006年1月1日起实施。

2005年5月新的《信访条例》开始施行。

2005年10月《中华人民共和国反洗钱法》通过，自2007年1月1日起实施。

2006年2月修订后的《中华人民共和国审计法》正式颁布，自2006年6月1日起实施。

2006年8月《中华人民共和国各级人民代表大会常务委员会监督法》颁布，自2007年1月1日起实施。

2007年4月《中华人民共和国政府信息公开条例》公布，自2008年5月1日起实施。

2007年6月1日《行政机关公务员处分条例》施行。

2010年1月国务院办公厅印发了《关于加强和规范各地政府驻北京办事机构管理的意见》。

（2）党规党纪方面

2002年11月党的十六大通过了修改后的《中国共产党章程》。

2003年12月中共中央印发了《中国共产党党内监督条例（试行）》。

2003年12月中共中央印发了《中国共产党纪律处分条例》。

2004年4月中央办公厅印发了《党政领导干部辞职暂行规定》。

2004年4月中央办公厅印发了《关于党政领导干部辞职从事经营活动有关问题的意见》，强调"切实从源头上防范领导干部辞职'下海'诱发新的腐败行为"。

2004年9月中国共产党十六届四中全会作出《中共中央关于加强党的执政能力建设的决定》。

2004年9月中纪委同中组部制定了《关于中共中央纪委、中共中央组织部巡视工作的暂行规定》。

2004年12月中央纪委印发《国有企业领导人员廉洁从业若干规定（试行）》。

2005年6月中央出台《关于进一步加强和改进舆论监督工作的意见》。

2005年12月中央有关部门制定发布了《关于对党员领导干部进行诫勉谈话和函询的暂行办法》《关于党员领导干部述职述廉的暂行规定》和《加强和改进舆论监督工作的实施办法》等一系列的配套规定。

2006年2月中共中央办公厅、国务院办公厅印发了《关于开展治理商业贿赂专项工作的意见》。

2006年4月中纪委制定了《关于中共中央纪委派驻纪检组履行监督职责的意见》。

2006年5月中央治理商业贿赂领导小组发布了《关于组织开展不正当交易行为自查自纠的实施意见》和《关于依法查处商业贿赂案件的实施意见》。

2006年7月中央纪委制定出台了《关于纪委协助党委组织协调反腐败工作的规定（试行）》。

2006年9月经中共中央政治局常委会审议通过的《关于党员领导干部报告个人有关事项的决定》印发实施。

2007年4月中央办公厅印发了《地方党委委员、纪委委员开展党内询问和质询办法（试行）》。

2007年6月中共中央纪律检查委员会印发了《中共中央纪委关于严格禁止利用职务上的便利谋取不正当利益的若干规定》。

2008年中央纪委、中央组织部联合印发了《关于深入整治用人上不正之风 进一步提高选人用人公信度的意见》。

2009年6月中共中央办公厅、国务院办公厅印发了《关于实行党政领导干部问责的暂行规定》

2009年7月中共中央印发了《中国共产党巡视工作条例（试行）》。

2009年8月中共中央办公厅、国务院办公厅印发了《关于开展工程建设领域突出问题专项治理工作的意见》。

2010年1月中共中央印发了《中国共产党党员领导干部廉洁从政若干准则》。这是对1997年3月颁布的《中国共产党党员领导干部廉洁从政若干准则（试行）》在总结实践经验基础上修订的。

2010年4月中共中央办公厅印发了《党政领导干部选拔任用工作责任追究办法（试行）》。与此同时，中央组织部制定了《党政领导干部选拔任用工作有关事项报告办法（试行）》《地方党委常委向全委会报告干部选拔任用工作并接受民主评议办法(试行)》《市县党委书记履行干部选拔任用工作职责离任检查办法(试行)》,与《责任追究办法》配套衔接。

2010年5月中共中央办公厅、国务院办公厅印发了《关于对配偶子女均已移居国(境)外的国家工作人员加强管理的暂行规定》。

2010年11月中共中央、国务院印发了新修订的《关于实行党风廉政建设责任制的规定》,对1998年11月颁布的《关于实行党风廉政建设责任制的规定》作了重新修订。

2011年3月中央纪委印发了《〈中国共产党党员领导干部廉洁从政若干准则〉实施办法》,增强了《廉政准则》的可操作性。

2011年4月中共中央办公厅、国务院办公厅印发了《关于开展党政机关公务用车问题专项治理工作的实施意见》。

2011年中央公务用车问题专项治理工作领导小组印发了《党政机关违规公务用车处理办法》。

2011年中纪委、监察部印发了《关于加强廉政风险防控的指导意见》。

2011年11月中央组织部印发了《关于加强对干部德的考核意见》,突出"德"在干部标准中的优先地位和主导作用。

（3）监督制约方面

2004年1月中央纪委、中央组织部下发了《关于对党政领导干部在企业兼职进行清理的通知》,重申党政领导干部不得在各类经营实体中兼职。

2004年2月中央纪委、监察部颁布《关于领导干部利用职权违反规定干预和插手建设工程招投标、经营性土地使用权出让、房地产开发与经营等市场经济活动,为个人和亲友谋取私利的处理规定》。

2004年7月最高人民检察院修订并实施《关于实行人民监督员制度的规定(试行)》。

2005年1月中央正式颁布《建立健全教育、制度、监督并重的惩治和预防腐败体系实施纲要》。

2005年7月中国人民银行首次发布《反洗钱报告》。

2005年10月全国人大表决通过批准《联合国反腐败公约》,中国正式成为该公约缔约国。加入该公约,将对我国查办涉外案件、降低金融风险,推进财税、金融和司法体制改革,特别是对建立健全惩治和预防腐败体系,起到重要促进作用,也是对国际反腐败事业的有力支持。

2007年7月最高人民法院、最高人民检察院发布《关于办理受贿刑事案件适用法律若干问题的意见》,对受贿行为作出了全新界定。

2008年8月财政部、外交部、监察部、审计署和国家预防腐败局联合印发了《加强党政干部因公出国(境)经费管理暂行办法》。

2009年上半年,中共中央办公厅、国务院办公厅印发了《关于深入开展"小金库"治理工作的意见》,决定在全国范围内深入开展"小金库"治理工作。2009年4月,中央纪委、监察部、财政部、审计署印发《关于在党政机关和事业单位开展"小金库"专项治理工作的实施办法》。同年8月,中央纪委印发了《设立"小金库"和使用"小金库"款项违纪行为适用〈中国共产党纪律处分条例〉若干问题的解释》,对设立"小金库"和使用"小金库"款项违纪行为的处理依据作了明确规定。

2009年2月中共中央办公厅、国务院办公厅印发了《关于坚决制止公款出国（境）旅游的通知》。

2010年12月中央纪委、中央组织部联合印发了《关于严肃换届纪律保证换届风清气正的通知》。

4. 党的十八大以来

党的十八大以来，以习近平同志为核心的党中央进一步加大反腐力度，大力推进了反腐倡廉制度建设。

（1）国家廉政立法方面

2013年3月国务院第一次会议通过了《国务院工作规则》，要求国务院及各部门要严格执行改进工作作风、密切联系群众和廉洁从政的各项规定，切实加强廉政建设和作风建设。

2013年11月中共中央、国务院印发了《党政机关厉行节约反对浪费条例》。

2013年12月中共中央办公厅、国务院办公厅印发了《党政机关国内公务接待管理规定》。

2016年4月《中央和国家机关工作人员赴地方差旅住宿费标准明细》发布。

2016年4月最高人民法院、最高人民检察院联合发布了《最高人民法院、最高人民检察院关于办理贪污贿赂刑事案件适用法律若干问题的解释》，明确了贪污罪、受贿罪的定罪量刑标准，以及贪污罪、受贿罪死刑、死缓及终身监禁的适用原则等。

2016年7月为进一步加强会议费管理和相关开支标准之间的衔接，建立开支标准调整机制，重新修订并出台了《中央和国家机关会议管理办法》。

2017年12月公布了《国务院扶贫开发领导小组开展扶贫领域作风问题专项治理的通知》。

2017年12月中共中央办公厅、国务院办公厅印发了《党政机关办公用房管理办法》和《党政机关公务用车管理办法》,并发出通知,要求各地区各部门认真遵照执行。

2018年3月第十三届全国人民代表大会第一次会议通过了《中华人民共和国宪法修正案》,根据宪法修正案成立国家监察委员会,体现了国家监察委的独特地位和作用。

2018年3月第十三届全国人民代表大会第一次会议通过了《中华人民共和国监察法》,加强对所有行使公权力的公职人员的监督,实现国家监察全面覆盖。

(2)党规党纪方面

2013年5月经中央批准,《中国共产党党内法规制定条例》《中国共产党党内法规和规范性文件备案规定》公开发布。

2013年8月中央政治局会议审议通过了《建立健全惩治和预防腐败体系2013—2017年工作规划》,提出在坚决惩治腐败的同时更加科学有效地防治腐败。

2013年10月经中共中央批准,中央组织部发出通知,印发了《关于进一步规范党政领导干部在企业兼职(任职)问题的意见》,对党政领导干部在企业兼职(任职),进一步规范完善管理制度。

2014年1月中央组织部印发了《关于加强干部选拔任用工作监督的意见》。

2014年3月中共中央办公厅、国务院办公厅印发了《关于厉行节约反对食品浪费的意见》。

2014年6月中央政治局召开会议审议通过了《党的纪律检查体制改革实施方案》。

2015年3月中共中央办公厅印发了《省（自治区、直辖市）纪委书记、副书记提名考察办法（试行）》《中央纪委派驻纪检组组长、副组长提名考察办法（试行）》和《中管企业纪委书记、副书记提名考察办法（试行）》，为推进党风廉政建设和反腐败斗争提供了组织和制度保障。

2015年8月新修订的《中国共产党巡视工作条例》正式颁布实施，这是自党的十八大后修订的第一部关于党内监督的重要法规。

2015年10月新修订的《中国共产党廉洁自律准则》和《中国共产党纪律处分条例》出台。

2016年1月，中共中央印发了《中国共产党地方委员会工作条例》，突出地方党委全面从严治党政治责任。

2016年7月《中国共产党问责条例》正式出台，标志着问责工作迈出制度化、规范化、常态化的关键一步。

2016年10月党的十八届六中全会制定新形势下党内政治生活若干准则，修订了《中国共产党党内监督条例（试行）》。

2017年1月中国共产党第十八届中央纪律检查委员会第七次全体会议审议通过了《中国共产党纪律检查机关监督执纪工作规则（试行）》。

2017年4月中共中央办公厅、国务院办公厅印发了《领导干部报告个人有关事项规定》和《领导干部个人有关事项报告查核结果处理办法》。

2017年10月中共中央办公厅印发了《关于在全国各地推开国家监察体制改革试点方案》，部署在全国范围内深化国家监察体制改革的实践。

2017年10月党的十九大通过了《中国共产党章程(修正案)》。

(3)监督制约方面

2012年12月中央政治局召开会议审议了《中央政治局关于改进工作作风、密切联系群众的八项规定》。

2013年3月中共中央组织部印发了《关于在干部教育培训中进一步加强学员管理的规定》。

2013年5月中央纪委发布了《关于在全国纪检监察系统开展会员卡专项清退活动的通知》。

2013年7月中共中央办公厅、国务院办公厅印发了《关于党政机关停止新建楼堂馆所和清理办公用房的通知》。

2013年9月中共中央纪委和中央党的群众路线教育实践活动领导小组发出了《关于落实中央八项规定精神　坚决刹住中秋国庆期间公款送礼等不正之风的通知》。

2013年10月中共中央纪委发出了《关于严禁公款购买印制寄送贺年卡等物品的通知》。

2013年11月中共中央纪委下发了《关于严禁元旦春节期间公款购买赠送烟花爆竹等年货节礼的通知》。

2013年12月中央纪委、中央教育实践活动领导小组发出《关于在党的群众路线教育实践活动中严肃整治"会所中的歪风"的通知》。

2014年1月中央组织部印发了《关于加强干部选拔任用工作监督

的意见》。

2016年1月中共中央纪律检查委员会和中共中央文献研究室编辑出版了《习近平关于严明党的纪律和规矩论述摘编》。

总的来说，中国的反腐败工作经历了一个从惩治到惩防结合，从思想教育到思想教育和法律规制相结合，从单一治理到整体防范，从党内参与为主到社会参与并进的转换过程，取得了很大的成绩。但是仍然存在着需要解决的问题。

第三节　廉政建设中的问题与展望

一、廉政建设中的问题

党的十八大以来，以习近平同志为核心的党中央大力推进党风廉政建设和反腐败斗争，对党员干部形成强大的威慑效应。截至2017年6月底，共立案审查省部级干部280多人，厅局级干部8600多人、县处级干部6.6万人。国家统计局问卷调查结果显示，人民群众对反腐败工作成效表示很满意或比较满意的比例由2012年的75%增长至2016年的92.9%。人民群众在期待中央能够从根本上遏制腐败现象高发势头的同时，也在疑惑腐败现象缘何依然高发。党的十八届中央纪委三次会议明确回答了这个问题，认为体制障碍和机制缺陷是长期以来腐败现象没有得到有效遏制的根本原因。具体表现为：

（一）制度建设有效性不足

据不完全统计，改革开放以来，党和政府发布的各类、各行业有关反腐法规、条例四百多项。既然制定了如此多的廉政建设的制度，为什么腐败现象还会层出不穷呢？这种困局的主要原因在于反腐倡廉的制度建设缺乏有效性。首先，我国现行的一些反腐制度缺乏科学性和具体性，内容和要求失之笼统，这大大降低了制度执行的效果。比如有些制度只是规定了哪些行为是"严禁""不准""不许"等，而对违反这些禁止性规定的后果及定性和量刑的标准则缺乏明确的规定，导致执法执纪部门在实践中难以操作。其次，我国反腐制度建设缺乏系统性。习近平总书记在主持十八届中共中央政治局第二十四次集体学习时指出，铲除不良作风和腐败现象滋生蔓延的土壤，根本上要靠法规制度。这个制度包括国家法律法规和党内法规制度。但是如何使国家法律和党内法规更好地相互协调和配合尚缺乏相关机制。"多年来的反腐实践证明，制度反腐是从源头上遏制腐败发生的有效手段，是超越运动反腐和权力反腐的新模式。但是反腐制度在不断完善，腐败却未得到有效和根本性控制。这既有制度本身的问题，更有制度内外平衡失控的问题。"①制度内外的不协调、不配合使得制度难以充分发挥其有效性。

（二）民主监督的参与度低

民主的推进涉及党和政府内部民主推进和社会民主推进。民主分散了权力，也发挥着对权力的制约和监督作用。有研究者认为，制度反腐要加强民主制度建设，积极发展党内民主，加强党内监督。党的十六大报告提出："党内民主是党的生命。"党的十八大报告重申了"党内民主是党的生命线"这一论断。党的十八大报告强调，要强化全委会的决

---

① 李晓明：《法治反腐：反腐败机构的整合与重构》，《法治研究》，2017年第1期。

策和监督作用,完善地方党委讨论决定重大问题和任用重要干部的票决制。这就要求科学合理地界定全委会和常委会的职责权限,既防止把本应由全委会集体讨论决定的问题交由常委会或其他形式来决定,又防止把所有工作不加选择地拿到全委会上来讨论。这是制度反腐的重要举措之一。

社会民主的推进也同等重要。我们的干部是人民的公仆,其是否代表了人民的利益,人民群众是最权威的裁判。依靠人民群众,是同一切腐败现象作斗争的胜利之源,因而我们党在反腐倡廉建设中越来越重视民主监督。但是在一些地区、部门和单位,仍然存在着领导不愿群众监督的问题;而公众参与反腐的积极性不高,存在不愿监督和不敢监督的问题,认为反腐是党和政府的事,对自己参与效果的心理预估低。因此,较少有公众出于公平正义来揭发腐败现象,只有当腐败侵害了自己的权益时,才会去揭发腐败现象。

(三)媒体监督的可靠性低

新闻媒体具有覆盖面广、传播速度快等特点,在廉政建设中发挥着重要作用。近几届党的代表大会报告都强调"发挥舆论监督的作用"。2005年6月中央出台《关于进一步加强和改进舆论监督工作的意见》,严禁基层政府、组织封锁消息,隐瞒事实,干涉和抵制舆论监督,并要求对舆论监督作出积极反应,对揭露的问题及时调查处理,并通过媒体公开处理结果。这是我国首次出台专门的舆论监督工作意见,为舆论监督提供了制度保障,表明了党和政府推动舆论监督的决心。2012年党的十八大报告再次重申了舆论监督的重要性,指出党内监督、民主监督、法律监督和舆论监督是预防腐败的重要手段。

网络监督是媒体监督的重要形式。随着网络技术的不断发展和完善，网络监督逐步展示出其强大的价值所在。但目前在实施网络监督的过程中还存在各种问题。首先，网络信息的准确性难以辨别。互联网时代是信息爆炸时代，网络中充斥着各种各样的信息，甚至还隐藏着很多未经证实的网络传言。例如在2012年，"中国反腐败网""全国网络反腐中心""中国反腐败调查中心""中国预防腐败网""预防腐败通讯网""维权防骗网""中国网民网""中华新闻监督网"等47家网站假冒国家机关或公益组织名义，以"反腐""维权""监督"为名招摇撞骗、敲诈勒索，或以刊载负面新闻要挟，向有关单位索取所谓"赞助费""广告费""会员费"。这必然会影响人们对网络监督的信任度，从而影响网络监督的有效性。其次，网络监督缺乏相关的法律保障。我国现有的关于网络方面的法律法规数量很少，网络监督缺乏法律法规的保障，从而使网络监督方面存在着很大的法律漏洞，因而不能保障网络监督的有序运行。最后，网络监督可能侵犯他人的合法权益。网络监督一般采用匿名的方式进行，这虽然能够保护举报者，但也可能会成为一些别有用心的人利用的工具。他们通过网络捏造虚假信息，对他人进行诽谤，使其承受巨大的舆论压力，从而侵犯了他人的合法权益和隐私。

（四）党委主体责任落实不力

党的十八届三中全会提出"落实党风廉政建设责任制，党委负主体责任"。经过近几年的探索，我们在落实党风廉政建设中的党委主体责任方面取得了很大的成就，但我们也不能忽视其存在的一些问题。首先，党委主体责任担当不力，主要表现为缺乏担当精神、担当能力和积极担当的行动。一方面，一些党委主要干部缺乏履行党风廉政建设责任的主动性和自觉性，不能站在关系党的生死存亡的战略高度去主动发现问题和解决问题。即使有些干部具有党风廉政建设的主动性，但却不能很好地发挥总揽全局、协调各方的作用，缺乏对权力予以监督和制约的能力。另一方面，一些党委领导干部由于"老好人"思想作祟，积极担当意识缺失，对于本部门存在的一些不正之风和腐败现象未能予以及时处理和纠正。其次，党委主体责任清单模糊。党风廉政建设中党委主体责任是一个完整的责任体系，党委及其主要负责人和其他成员分别承担着不同的责任。落实党风廉政建设需要对这些责任进行科学的划分。但在实践中，有些党委在分解责任、落实责任主体时没有考虑本部门的实际情况而只是照搬上级的文件，使得党委的责任、党委主要负责人和其他领导干部的责任分解不清。由于责任的分解缺乏针对性和明晰性，难以进行准确的责任追究。再次，党委主体责任考评机制不健全，主要表现为考核主体的单一、考核内容缺乏针对性、考核方式不合理和考核结果与干部任用脱钩。党委主体责任的考核更多的是以上级党委为考核主体，而忽视了党员和群众对其的考核，因此难以形成对党委履行主体责任的有效的压力。在考核内容上，没有形成与本部门、本系统的实际情况相一致的考核指标。不同部门的考核指标大同小异、重点不突出、缺少针对性。在考核方式上，对地方党委的考核更多的是采取听汇报、看材料的方式，缺乏对考核对象进行细致深入的分析评判，对常用的民主测评、个别谈话、述职述廉存在走过场的现象。这样的考核方式难以确保考核结果的客观性和有效性。在考核结果的运用上，没有将考核的结果与干部的任用挂钩。在现实中，一些部门虽然出现了干部腐败、损害群众利益等问题，但这并没有影响这些部门的党委主要领导干部的职务。最后，对党委主体责任履行中的问题追究不力，难以对党委领导干部起到警示作用。

二、廉政建设的未来展望

（一）关于未来廉政建设的理论

关于"反腐败到底能不能找到策略？能不能找到根本出路？"等问题，中山大学行政管理系教授倪星分析认为，从各国的实践，包括中国的实践来看，比较常用的策略有三种：第一种是思想教育，第二种是社会运动，第三种就是制度建设。从成本收益的分析角度，最佳的反腐败战略当然是制度建设。

北京大学教授姜明安主张通过正当法律程序遏制腐败。他认为，正当法律程序主要有两个基本功能，一个是防止滥用权力，遏制腐败；另一个就是保护人权，保护公民、法人和其他组织的合法权益。近年来几起社会影响较大的腐败案都与正当程序缺失有关，如郑筱萸案是正当法律程序缺位导致行政审批、许可中的腐败；徐国健案是正当法律程序缺位导致官员选拔、任用中的腐败；李大伦案是正当法律程序缺位导致"一把手"的行使公权力的腐败；冯刘成案则是正当法律程序缺位导致行政决策中的腐败。

除此之外，中国存在的两套反腐系统也为学者所关注。目前处理腐败个案，还是以党的组织系统为主。朱维究认为，未来还是应把这两块制度整合好，注重法律程序和政治程序的衔接，以更符合法治的要求。郭松江则认为，两个系统共存并不矛盾，而且不可小视党内的反腐系统。共产党的惩治腐败体系和法律惩治腐败体系是统一的。他认为，实际上党的反腐败规则或者纪律，比普通法律要严格得多。因为正常法律规则是一个比较一般的规则，也就是说对普通老百姓的约束。但是党员的规则是非常高的，就是更加严格的。"如果没有党的纪律检查和惩治腐败这个系统的话，情况会更糟糕。"在如何加强监督的力度方面，更多的学者将反腐寄望于公民社会的力量：舆论监督和非政府组织的监督，这些被看作反腐中应当承担重责的力量。

关于反腐策略，倪星表示，腐败和反腐败是一个博弈，永远没有最好的反腐败策略，只有是不是针对具体的腐败状况，对症下药的反腐败策略。李景鹏则指出，要想彻底地遏制腐败，最根本的就是要把我们的希望寄托在政治体制改革上。只有通过深入的政治体制改革，才能够真正地消除导致腐败的那些基因。[①]

总的来说，改革开放四十年来，我国的反腐败工作取得了很好成绩。随着反腐败的深入，腐败对反腐败措施的规避也逐渐加强。这要求我们清晰地认识未来反腐败的困难所在，早作准备，细致谋划。从长远来看，随着社会的整体进步，腐败最终只会在最狭窄的范围内零星存在，我国廉洁程度的国际评价必将大大提升。

（二）关于未来廉政建设的规划与实践

1. 增强反腐倡廉制度的约束力

"制度好可以使坏人无法任意横行，制度不好可以使好人无法充分做好事，甚至会走向反面。"[②]因此，反腐倡廉应把提高制度设计的质

---

① 转引自赵蕾：《激辩反腐30年》，《南方周末》，2008年1月16日。

② 《邓小平文选》（第二卷），人民出版社，1994年，第333页。

量作为首要课题，努力建设内容科学、程序严密、配套完备、有效管用的反腐倡廉制度体系。一方面，要进一步消除制度内外的矛盾和冲突，使各项法规之间统筹协调、彼此衔接，发挥制度的整体合力。为此，要加强党内立法和国家立法的沟通和协作，成立和组织专门的机构来加强反腐倡廉制度的审查备案，及时发现各个法规制度在规范内容、制度设计和制定技术上存在的问题，尤其要审查党内制度与国家制度之间的衔接协调问题。另一方面，要统筹好各个层次、各个部门反腐倡廉法规制度建设的关系，既要重视反腐倡廉根本法的建设，又要重视反腐倡廉基本法规和具体规章制度的建设；既要重视实体法规的建立和完善，又要重视程序法规的建立和完善；既要重视工作层面的法规制度的建立和完善，又要重视生活层面上的法规制度的建立和完善。①

2. 注重发挥民主监督的作用

党的十八大报告强调，要"加强党内监督、民主监督、法律监督、舆论监督，让人民监督权力，让权力在阳光下运行"；党的十八届三中全会通过的《关于全面深化改革若干重大问题的决定》指出："让人民监督权力，让权力在阳光下运行"，"从各层次各领域扩大公民有序政治参与"，"扩大公民有序参与立法途径"；十八届中央纪委第三次会议全会工作报告提到："进一步发挥法律监督、民主监督、舆论监督和群众监督的作用"；《建立健全惩治和预防腐败体系2013—2017年工作规划》也提出，要"发挥工会、共青团、妇联等人民团体的监督作用，支持和保证群众监督"等。因此，反腐倡廉建设应创新民主监督机制，着力

---

① 参见潘泽林：《反腐倡廉法规制度体系建设问题研究——兼论我国反腐倡廉制度建设60年》，《南昌大学学报》（人文社会科学版），2009年第5期。

解决信息不对称的问题。要围绕落实党员群众的知情权、参与权、选举权和监督权，深化党务政务公开工作，完善党内情况通报，党内事务听证咨询、询问质询、罢免或撤换以及党员定期评议领导班子成员等监督措施，健全重大事项社会公示听证程序。加大对证人、举报人的保护力度，畅通信访举报渠道，更好地形成民主监督合力。

3. 完善网络反腐的作用

目前网络反腐还处于初级阶段，还需要从各方面不断地加强完善以保证其发挥更重要的作用。完善网络反腐首先应加强网络反腐的法律制度建设。网络反腐作为一种新兴的反腐倡廉手段，必须在法律制度层面上对其进行完善，立法机关应及时制定和完善关于网络监督、网络举报人安全和网络管理等方面的法律法规，使网络反腐做到有法可依。随着互联网的日益发达，我国网民群体也越发壮大，但由于受教育程度不同，知识水平、认知程度都参差不齐，为进一步加强网络反腐作用，减少诽谤、污蔑、盲目跟风等现象的发生，还要加强广大网民的道德和法律意识教育，引导广大网民理性地反腐。

4. 加强落实党委主体责任

推动党风廉政建设党委主体责任落到实处，应从四个方面着手：一是强化各级党委的责任担当意识。党委主要领导干部在党风廉政建设方面应该敢于担当，对于错误的思想和行为敢于批评和斗争。各级党委主要领导干部还要善于担当，能够从讲政治的高度，充分认识到党内职务的政治责任，积极主动地承担党风廉政建设的主体责任。各级党委主要领导干部还要精于担当，不仅要有"想抓"的意识，更要有"善抓"的本领。

二是建立党委主体责任清单制度。党风廉政建设不仅仅是党委"一把手"的事情，党委领导班子的其他成员也都是反腐倡廉工作的"主角"。因此，落实党委主体责任应进一步细化主体责任内容，明确哪些责任属于党委集体责任，哪些责任是党委书记要负的责任，哪些是分管领导要承担的责任。

三是建立科学的党委主体责任考评制度。科学的党委主体责任考评制度是党风廉政建设的指挥棒和风向标。党风廉政建设必须建立科学的党风廉政建设党委主体责任考评制度。各级党委要结合本部门的实际工作情况，科学地确定绩效考评的内容，使考核内容更加具有针对性。科学的考评制度还应创新考评方式，改变过去由上级领导听汇报的工作方式。除了上级党委考评外，还应引入社会评价机制，把群众作为考评的重要主体。江西省、四川省从2014年起都引入了社会评价机制，他们聘请第三方机构开展民意调查，通过网络平台收集群众的评价和建议，最后由纪委对年度群众评价结果进行通报，并对年度群众评价总分排名靠后的单位领导进行诫勉谈话。这种方法有力地推动了党风廉政建设责任压力的层层传导，倒逼各地党委切实担负起党风廉政建设主体责任。[1]

四是建立和完善党委主体责任追究制度。要激发党委履行主体责任的内在动力，必须加大责任追究的力度。党风廉政建设要严格执行问责机制，对发生重大腐败案件和严重违纪行为的地方或部门，既要追究当事人的责任，也要追究相关党委领导的责任；既要追查党委的

---

[1] 参见杨群红:《落实党风廉政建设党委主体责任中的问题、原因及对策探析》,《中共郑州市委党校学报》,2015年第5期。

主体责任,又要追查纪委的监督责任。约谈制度也是责任追究的一种方式。约谈制度包括一般性约谈、警示性约谈、诫勉性约谈。约谈制度可以对履行主体责任不力的党委或主要领导干部进行适时的责任追究,而不是非要等到事情发展到比较严重的程度时才去追究相关责任人。因此,只有立足于抓早抓小,才有可能有效地防患于未然。

附录:大事记

1. 1978年12月,中央纪律检查委员会恢复成立,党内的反腐败机构运作重新走上正轨。

2. 1979年,《中华人民共和国刑法》《中华人民共和国刑事诉讼法》通过,自1980年1月1日起实施。

3. 1980年2月23日,党的十一届五中全会通过并实施《关于党内政治生活的若干准则》。

4. 1982年1月,中共中央针对广东等省的一些干部甚至担任一定领导职务的干部出现极端严重的走私贩私犯罪行为,发出了关于打击严重经济犯罪活动的紧急通知,反腐在经济领域迅猛展开。

5. 1982年9月1日至11日,党的十二大修改通过的党章将各级纪委由同级党委选举产生改为由同级党的代表大会选举产生,反腐中党内民主得到推进。

6. 1982年12月,《中华人民共和国宪法》通过,为反腐败的制度设计提供了最高法律依据。

7. 1983年9月,中华人民共和国审计署成立,是国务院的组成部门。

县级以上地方各级人民政府也相继设立审计机关，审计工作在全国范围内逐步展开。

8. 1986年12月，全国人大常委会决定恢复并确立国家行政监察体制，设立监察部。

9. 1988年6月1日，党中央发出《党和国家机关必须保持廉洁的通知》，要求"党和国家的各级领导机关，必须把廉政工作作为一件大事摆到重要议事日程上，严肃认真、扎扎实实地抓"。

10. 1989年4月，《中华人民共和国行政诉讼法》通过，自1990年10月1日起实施。

11. 1989年8月，最高人民法院和最高人民检察院发布《关于贪污、受贿、投机倒把等犯罪分子必须在限期内自首坦白的通告》。

12. 1993年2月，中央纪委、监察部机关合署办公，反腐也要减员增效。

13. 1996年，《中华人民共和国刑事诉讼法》修订，自1997年1月1日起实施。

14. 1997年9月，党的十五大报告强调，反对腐败要坚持标本兼治，教育是基础，法制是保证，监督是关键。

15. 1997年3月，《中华人民共和国刑法》修订并公布，自10月1日起实施，新刑法将贪污贿赂罪独立规定为分则的一章，加大对腐败行为的打击力度。

16. 从1998年李金华担任国家审计署审计长开始，每年都查处多起违纪违法大案要案，而且审计报告的重点放在中央、国家机关某些实权部门。特别是2004年6月李金华向全国人大常委会提交的审计报告引起社会和媒体震撼，人们用"审计风暴"形容报告所带来的冲击波。仅2007年，审计署向公安部、监察部移送涉嫌违法犯罪案件线索二十八件。2006年，国家审计署开始将所有离任的省部级官员都纳入监督范围。

17. 2001年10月，"慕马案"共有122名涉案人员被"两规"，62人移送司法机关。根据最高法院指定，江苏和辽宁等7个市的中级人民法院同时进行了审理。自此，90%以上的高官腐败案开始实行异地审判。惩处省部级高官腐败案件开始形成一个相对固定的模式：中央纪委依纪依法直接查办，构成犯罪的，先给予党纪政纪处分后移交最高人民检察院；不构成犯罪的，给予党纪政纪处分或组织处理。最高人民检察院和最高人民法院为了防止关系网和地方保护主义等干扰，实施了异地侦查和异地审判制度。这既是反腐斗争形势发展的需要，也是反腐败领导体制在查办案件中的具体化。

18. 自1989年到2003年公务员先后六次加薪。

19. 2005年《建立健全教育、制度、监督并重的惩治和预防腐败体系实施纲要》颁布，提出了拓展从源头上预防和治理腐败工作领域的要求，标志着我国反腐倡廉工作进入了新的发展阶段。《中国共产党党内监督条例（试行)》《中国共产党纪律处分条例》《中国共产党党员权利保障条例》等一系列党内法规相继出台。

20. 2005年10月，全国人大常委会表决通过批准《联合国反腐败公约》，中国正式成为该公约缔约国，反腐的国际合作开启。

21. 2005年年底之前全国检察机关建成涉及建设、金融、教育、医药卫生系统和政府采购部门的行贿犯罪档案查询系统，并从2006年1

月1日正式对外受理查询。

22. 党的十六大提出"建立和完善巡视制度"。2004年，中央纪委会同中央组织部制定了《巡视工作暂行规定》，正式组建了专门的巡视机构，派出巡视组，2007年上半年已完成对三十一个省区市和新疆建设兵团的第一轮巡视。

23. 2006年反腐败的重点从政府扩大到商业领域，从侧重打击受贿到打击受贿行贿并举。

24. 2007年9月13日，国家预防腐败局揭牌。中央纪委副书记、监察部部长马馼担任首任国家预防腐败局局长。

25. 2008年5月13日，中共中央印发了《建立健全惩治和预防腐败体系2008—2012年工作规划》，进一步明确了惩治和预防腐败体系建设的指导思想、基本要求和工作目标，重点对教育、制度、监督、改革、纠风、惩处六项工作整体推进作出部署，要求经过五年的扎实工作，建成惩治和预防腐败体系基本框架。《工作规划》是今后五年推进惩治和预防腐败体系建设的指导性文件，也是反腐倡廉建设的重点任务。

26. 2009年2月28日，为适应反腐败斗争的需要，进一步加大反腐败力度，第十一届全国人民代表大会常务委员会第七次会议审议通过了《刑法修正案（七）》，将巨额财产来源不明罪的最高刑由五年有期徒刑提高至十年有期徒刑。《刑法修正案（七）》还对国家工作人员的近亲属或者其他与该国家工作人员关系密切的人，以及离职的国家工作人员或者其近亲属以及其他与其关系密切的人的受贿问题作出明确规定。

27. 2010年1月19日，国务院办公厅印发了《关于加强和规范各地政府驻北京办事机构管理的意见》。同年4月1日，国务院召开电视电话会议,对清理和规范各地政府驻北京办事机构管理工作进行部署。

28. 2011年5月4日,国务院常务会议要求九十八个中央部门要公开2010年度"三公"经费决算数和2011年"三公"经费预算情况,地方政府及其有关部门要比照中央财政做法,并做好部门预算、"三公"经费等公开工作。

29. 2012年12月4日,中共中央政治局召开会议,审议中央政治局关于改进工作作风、密切联系群众的八项规定。会议强调,抓作风建设,首先要从中央政治局做起。

30. 2013年11月15日,新华社授权发布《中共中央关于全面深化改革若干重大问题的决定》全文。该决定提出,加强反腐败体制机制创新和制度保障。

31. 2014年7月16日,中共中央办公厅、国务院办公厅印发了《关于全面推进公务用车制度改革的指导意见》和《中央和国家机关公务用车制度改革方案》,标志着备受全民关注的公车改革酝酿二十年后在全国范围内正式启动。

32. 2015年4月1日,中央反腐败协调小组国际追逃追赃工作办公室召开会议,研究部署2015年反腐败国际追逃追赃工作,决定从4月开始,启动"天网"行动。中组部、最高检、公安部、央行等单位将从清查官员违规护照、打击地下钱庄、追逃追赃等方面牵头开展行动。

33. 2016年6月28日,习近平主持召开中共中央政治局会议,审议通过了《中国共产党问责条例》。

34. 2017年1月24日,北京市、山西省、浙江省分别成立监察委员会。三省市监察委员会的正式成立,标志着国家监察体制改革试点工作取得阶段性成果。

35. 2018年3月17日，第十三届全国人民代表大会第一次会议审议通过了国务院机构改革方案，将中华人民共和国监察部并入新组建的国家监察委员会。中华人民共和国国家预防腐败局并入国家监察委员会。不再保留监察部、国家预防腐败局。

参考文献

1. 本书编写组：《〈建立健全教育、制度、监督并重的惩治和预防腐败体系实施纲要〉学习问答》，人民出版社，2005年。

2. 郭大方：《挑战腐败——兼论治腐机制的构建》，军事科学出版社，2001年。

3. 过勇：《经济转轨、制度与腐败》，社会科学文献出版社，2007年。

4. 过勇：《中国国家廉政体系研究》，中国方正出版社，2007年。

5. 江春生：《中国特色社会主义廉政文化论》，广东人民出版社，2006年。

6. 雷龙乾：《中国社会转型的哲学阐释》，人民出版社，2004年。

7. 冷葆青：《战后日本的腐败与治理：以震撼政坛的四大腐败案为例》，中国方正出版社，2013年。

8. 李文生：《腐败防治论》，中国检察出版社，2004年。

9. 李晓明：《控制腐败法律机制研究》，法律出版社，2010年。

10. 李雪勤：《新世纪反腐败思路：民主与改革》，中国方正出版社，2001年。

11. 罗忠敏主编：《腐败成因与防治对策——北京市典型案例分析》，北京大学出版社，2008年。

12. ［美］吉拉尔德·E.凯登等：《腐败：权力与制约》，王云燕译，人民日报出版社，2017年。

13. 沈亚平：《公共行政研究》，天津人民出版社，1999年。

14. 杨宇冠主编：《我国反腐败机制完善与联合国反腐败措施》，中国人民公安大学出版社，2007年。

15. 张联瑜：《腐败思想文化探源及治理对策研究》，中国社会科学出版社，2003年。

第十一章
规范制约权力:行政监督系统建设

要有群众监督制度,让群众和党员监督干部,特别是领导干部。凡是搞特权、特殊化,经过批评教育而又不改的,人民就有权依法进行检举、控告、弹劾、撤换、罢免,要求他们在经济上退赔,并使他们受到法律、纪律处分。对各级干部的职权范围和政治、生活待遇,要制定各种条例,最重要的是要有专门的机构进行铁面无私的监督检查。

——邓小平(1980年)

建立结构合理、配置科学、程序严密、制约有效的权力运行机制,从决策和执行等环节加强对权力的监督,保证把人民赋予的权力真正用来为人民谋利益。

——江泽民(2002年)

重点加强对领导干部特别是主要领导干部、人财物管理使用、关键岗位的监督,健全质询、问责、经济责任审计、引咎辞职、罢免等制度。落实党内监督条例,加强民主监督,发挥好舆论监督作用,增强监督合力和实效。

——胡锦涛(2007年)

我们要认真总结经验教训,完善监督制度,做好监督体系顶层设计；强化巡视监督，发挥从严治党利器作用；用好批评和自我批评这个武器；抓住"关键少数"，破解一把手监督难题等，突出重点、精准发力，推动党内监督落到实处、见到实效。

——习近平（2016年）

"行政权本身并不代表一种绝对的价值，它本身是一个中性的，或潜藏着若干可能性的影响力和支配力。"①既然行政权如其他公共权力一样，其影响力和支配力具有多种潜在的可能，就有必要对这种权力予以约束和制约，以发挥行政权力从善的功能，抑制其从恶的倾向。在政治实践中，行政权力需要制约，已经成为各国关于政治运行和行政发展的共识。对行政权力制约机制的政治学分析，涉及各种国家权力之间的关系。就对行政权力的制约而言，中国目前最需要、最可行的是基于法律的相关权力对行政权力的制约。

第一节　关于权力制衡观念的反思

一、权力与行政权力

权力是人类社会中的一种普遍现象。从最一般的意义来说，权力是一定的权力主体对一定的权力对象进行制约的能力和力量。"权力

---

① 江必新：《行政诉讼问题研究》，中国人民公安大学出版社，1989年，第2页。

在本质上意味着'能够'或'具备做某种事的能力,或产生某种结果的能力'。自人类有了政治生活以后,权力一词就被广泛应用。在当代社会科学的各领域中,权力一般被认为是人际关系中的特定的影响力,是根据自己的目的去影响他人行为的能力。在社会生活中,凡是依靠一定的力量使他人的行为符合自己的目的的现象,都是权力现象。"①

首先,权力是一个关系范畴,权力的存在体现了权力拥有者与权力指向对象的关系。其次,权力是一个目的性范畴,权力拥有者行使权力的目的在于实现自己的意志。再次,权力是一个强制性范畴,即权力的拥有者强制性地影响权力对象以实现自己的目的。对此,韦伯曾认为一个领导人由于其职位而握有权力,而权力就是发表必须被遵守的命令的能力;法约尔也认为,权力是下达命令和强迫别人服从的力量。

行政权是权力的一种。与一般的权力不同,行政权作为一种公共行政的能力或者力量,与实现公共行政目的密切相关。具体来说,行政权是指政府执行法律、制定和发布行政法规和规章、采取行政措施、完成行政管理任务、处理和解决行政问题的影响力或支配力。

行政权作为国家权力的重要组成部分,随着阶级的出现和国家的形成而产生,在与其他国家权力的关系方面和在整个国家权力格局中的地位上,在社会发展的不同阶段具有不同的特点。在西方早期自由资本主义时期,政府被定位在"守夜人"的位置,那么国家行政原则除外交、国防等以外,被认为是为维护国民生活最低安全与秩序的秩序行政和以此为目的的财务行政,而且也被限定在必要的最小限度内。

---

① 《中国大百科全书》(政治学卷),中国大百科全书出版社,1992年,第498页。

到了19世纪末20世纪初，行政权在整个国家权力中的比重逐渐加强，涉及领域扩张。尤其是20世纪30年代的大萧条使人们认识到"有形的手"的强大力量，政府要积极参与公共事务以解决危机。行政权在这个时期急速膨胀，开始渗透到经济、社会和人民生活的各个方面。人们认识到，对于现代社会中存在的日益复杂的经济、社会事务而言，行政权的扩张是不可避免的。随着行政权的扩张和行政职能范围的扩大，西方国家也从原来的议会国家向行政国家转化，表明西方国家行政权开始成为整个社会和政治领域的主导力量。

在当代中国，行政权的发展与西方有着迥然相异的路径。在原来的计划经济体制下，政府属于全能政府类型，实行高度集中统一的行政集权体制。政府对国家的政治事务、经济事务和社会事务实行全面管理，行政权无处不在、无所不管，很少受到立法的规范、司法的控制和人民的监督。以市场经济为取向的改革目标要求调整政府权力，建立有限政府和法治政府，且政府权力要来源于法律，其运行要受人大的监督、司法的审查。

虽然从国家权力格局来看，中国和其他国家在行政权与其他国家权力关系方面存在差别，但就行政权本身来看也带有现代世界各国行政权发展的共同特点。

（1）行政权涉及范围广泛。现代行政权涉及立法、司法等领域。为了适应市场经济多渠道、多层次的事务处理机制的需求，也为了适应国家宏观调控加强的趋势，行政立法、行政执法、行政司法行为已经成为现代市场经济国家加强宏观调控和政府间接干预经济的重要手段。

（2）行政权行使主体多样化。传统的行政权行使主体是政府，行政机关无所不包、无所不管。但现代社会管理职能分散，社会自治趋势加强，政府不再是行使行政权力的唯一机关，其他公共组织同样在发挥着管理与服务社会的职能。此种形势下的行政机关首先要明确权能，将该由社会管理的权力放开，对其职权范围内的权力要有效行使。现代行政权不仅要从不该涉足的领域中退出，而且更要进行行政权自身再分割，确立现代行政权的良性运行机制。①

（3）行政权职能偏向于管理与服务。传统行政的职能体系已经无法适应市场经济条件下行政权运行的需求。市场经济条件下的行政最本质的特征是公共性，行政权也相应地具有公共性特征，而且公共性与民主性紧密相连。伴随福利国家理念的盛行，现代行政权自身所萌发的积极能动性、服务性愈发浓厚，这些特征势必代表和引导行政权的走向。②

另外，各国行政权的特点不仅表现在权力范围、行使主体和职能取向上，还表现在其共同遵守的原则方面。这些原则包括合法原则、合理原则和程序原则等。关于这些原则之前已有论述，在此不赘述。

二、行政权力与行政监督

行政权与人们的生活息息相关。在当代社会，由于行政机关执掌着广泛的权力，履行着复杂的职能，因此一个人从出生到死亡都要与政府打交道。但在19世纪以前，西方国家对行政权严格控制，国家行政

---

① 参见王名扬：《法国行政法》，中国政法大学出版社，1989年，第137页。

② 参见罗豪才：《行政法论丛》（第三卷），法律出版社，2000年，第197页。

职能通常限于国防、社会治安、税收和外交等领域。19世纪末,欧美国家由自由竞争向垄断过渡。在这一时期随着社会关系的复杂化,带来了一系列社会问题,社会矛盾和冲突日益明显。为了缓解矛盾,政府开始积极干预社会生活,由此造成行政职能增加,涉及的领域扩大,行政权扩张,行政机构和行政人员大量增加,行政自由裁量权大为增长。在权力行使方式方面,除传统的强制方式外,非强制方式,如行政指导、行政合同也大量出现;行政裁决、行政立法成为新的行政权行使方式。行政权主体既有传统意义上的国家行政机关,又有像美国那样的独立行政机构,还有行政机关以外的其他组织,如一些行业协会、公有企业。行政权成为传统意义上的立法权、司法权和行政权的混合物,"行政国家"①开始出现。

行政国家确实给人们的生产和生活提供了各种各样的"公共产品",但是其在生产和提供"公共产品"的同时,也带来相关的副作用:对民主、自由和人权的威胁,腐败和滥用权力,官僚主义和效率低下,人、财、物资源的大量浪费,人的生存能力和创造能力的退化。②由于行政权具有管理领域广、自由裁量度大、以国家强制力保证行使等特点,决定了它既与公民、法人切身利益关联最密切,又最具动态性,运行最容易违法或被滥用。权力的破坏性使人深感恐惧,对权力的控制是多

---

① 所谓"行政国家",姜明安给出的定义是:"人类社会发展到这么一个阶段:国家行政权渗透到人们社会生活的各个领域(从社会生产、交换到个人的衣、食、住、行),人们在其生命的整个过程中(从摇篮到坟墓),都离不开行政机关,行政机关的行政行为成为影响人们生命、自由、财产和国家安全、稳定、发展的一种几乎无所不能之物。"参见姜明安:《行政国家与行政权的控制、转化》,《法制日报》,2000年2月13日。

② 参见姜明安:《行政国家与行政权的控制、转化》,《法制日报》,2000年2月13日。

年来人们探讨的话题。目前虽然行政权有了很大的变化,但是它的法律性,即它为宪法和法律所设定,且不得违反宪法和法律设定目的和精神;它的执行性,即从根本上来说,行政权是执行法律和权力机关意志的权力,其运行必须对权力机关(或立法机关)负责,并没有改变,甚至被更多地强调。

行政权作为国家权力的重要组成部分,犹如一把双刃剑,一方面,行政权的运行对于维护社会秩序,保障公民、法人和其他组织的合法权益起着重要的作用;另一方面,如果行政权行使不当或者被滥用,则有可能给社会公共利益,以及公民、法人和其他组织的合法权益带来侵害。

第一,这是由行政权的基本特性决定的。从性质上讲,行政权是国家权力,但它与立法、司法等其他国家权力相比具有广泛性、主动性和自由裁量性的特性。从对相对人影响的角度来说,行政权又具有单方性、优益性和强制性,即行政机关运用行政权做出一个具体行政行为时,无须事先征得相对人的同意,该行政行为一经做出就被先行推定有效,并且可以优先获得国家和社会在物质等各个方面的协助。如果相对人不履行行政机关作出的决定,行政机关就可以动用国家强制力强制执行。行政权的这些特性,一方面方便了行政权的行使,有利于公共职能的实现;另一方面也使行政机关极易侵犯相对人的合法权益,并且这种侵害往往是事后难以补救或不能补救的。为此,为了切实保障公民的合法权益,必须加强对行政权运行的监督和制约。

第二,这是由行政权运行中可能出现的失衡、变异和低效决定的。由于行政权的单方性、优益性和强制性,使得行政权在运行过程中可能出现失衡、变异和低效。首先,行政权存在失衡的可能性。国家权力分为国家权力的确立和国家权力的行使两部分,只有先表达和确立了共同的意志,才能对这种共同意志加以执行。但是被执行的共同意志有时并不一定就是被表达的共同意志。如果权力的表达与权力的执行不各司其职并相互制约,就可能导致权力结构的失衡,造成行政执行权力独大而被滥用。其次,行政权存在变异的可能性。这种变异有两种表现:一是"人民的权力"变成人民权利的侵害者,二是国家行政机关工作人员从"人民的公仆"变成"人民的主人"。无论是哪种变异,都是从根本上违背了作为国家权力基础的人民的意志。最后,行政权存在低效的可能性。由于行政权力的垄断性,极易造成行政机构臃肿,人浮于事,效率低下。因此,要克服行政权运行的失衡、变异和低效,就必须加强对行政权运行的监督和制约。

由于行政权存在上述问题,使得行政监督具有了现实的必然性。行政监督对行政权的运行起到了牵制和制约的作用,它是随着国家行政权的产生而产生,随着国家行政权的发展而发展。西方早在古罗马时期,就设有非现代意义的监督制度。在我国,行政监督的历史在尧舜时期已有雏形,周朝开始具体化,最后完成于秦,大行于汉,[1]形成了富有中国特色的监督制度,即御史制度和谏官制度等。而在当代社会,对行政权的监督已经成为一种普遍的政治现实。

行政监督的作用如下:①预防,即采取相应措施事先防止行政权运行失范和失效现象的发生。②纠错,即针对行政权运行过程中已经

---

① 参见陶百川:《比较监察制度》,三民书局,1978年,第12页。

出现的各种失范和失效现象,采取有效措施加以纠正。行政监督的主体必须建立信息反馈机制,使有价值的行政管理信息传输到监督控制机构,以便及时查清问题,采取措施,争取将失误解决于萌芽阶段,以免造成更大的损失。③补救,即对行政权运行失误造成的损失依法予以补救。④促进,即促使行政权的有效运行。①

行政监督要保障行政权的良好运作,首先就是要保障行政机关依法行政。近年来,各法治国家无不将依法行政作为政府活动的基本原则,并通过强有力的监督机制保证该原则的实现。因此,保障依法行政已经成为行政监督主体监督行政权力所要达成的一个重要目标。

在保障行政机关依法行政之外,还需要保障其有效行政。所谓有效行政是指行政权运行良好而使其产生应有的作用。巨大而复杂的行政权力在运行中出现的失效,将对社会的生存和发展带来不利影响。行政监督在防止和克服这种现象发生上发挥着积极作用。

三、社会转型期关于行政监督的顶层设计

新中国成立以来,随着新的政治体制的建立,具有中国特色的行政监督制度开始发展起来。但是行政监督制度的完善和发展,却是在改革开放以后的社会发展新时期。

早在改革开放之初,邓小平就指出:"要有群众监督制度,让群众和党员监督干部,特别是领导干部。凡是搞特权、特殊化,经过批评教育而又不改的,人民就有权依法进行检举、控告、弹劾、撤换、罢免,要

---

① 参见沈亚平:《公共行政研究》,天津人民出版社,1999年,第261页。

求他们在经济上退赔，并使他们受到法律、纪律处分。对各级干部的职权范围和政治、生活待遇，要制定各种条例，最重要的是要有专门的机构进行铁面无私的监督检查。"①

为加强新时期的行政监督，历次全国党代会的报告中，都对这一问题进行了阐述和强调。

党的十三大报告指出："新旧体制正在交替，许多制度尚不健全，各方面的管理和监督还跟不上形势的发展。""抓紧建立完备的经济法规体系，并加强司法、严肃执法。对企业、市场和各经济部门，都要实行必要的监督、管理，整顿和加强财经纪律。"

党的十四大报告指出："政府的职能，主要是统筹规划，掌握政策，信息引导，组织协调，提供服务和检查监督。进一步改革计划、投资、财政、金融和一些专业部门的管理体制，同时强化审计和经济监督，健全科学的宏观管理体制与方法。合理划分中央与省、自治区、直辖市的经济管理权限，充分发挥中央和地方两个积极性。""进一步完善人民代表大会制度，加强人民代表大会及其常委会的立法和监督等职能，更好地发挥人民代表的作用。完善共产党领导的多党合作与政治协商制度，巩固和发展新时期的爱国统一战线，充分发挥人民政协在政治协商和民主监督中的作用。""强化法律监督机关和行政监察机关的职能，重视传播媒介的舆论监督，逐步完善监督机制，使各级国家机关及其工作人员置于有效的监督之下。高度重视法制建设。""要切实加强各级党组织和纪律检查机关对党员干部的监督，加强人民群众、各民

---

① 《邓小平文选》（第二卷），人民出版社，1994年，第332页。

主党派和无党派人士对我们党的监督，建立健全党内和党外、自上而下和自下而上相结合的监督制度。"

党的十五大报告指出："当前和今后一段时间，政治体制改革的主要任务是：发展民主，加强法制，实行政企分开、精简机构，完善民主监督制度，维护安定团结。""健全民主制度。共产党执政就是领导和支持人民掌握管理国家的权力，实行民主选举、民主决策、民主管理和民主监督，保证人民依法享有广泛的权利和自由，尊重和保障人权。发展社会主义民主，制度更带有根本性、全局性、稳定性和长期性。坚持和完善人民代表大会制度，保证人民代表大会及其常委会依法履行国家权力机关的职能，加强立法和监督工作，密切人民代表同人民的联系。""继续推进人民政协政治协商、民主监督、参政议政的规范化、制度化，使之成为党团结各界的重要渠道。""工会、共青团、妇联等群众团体要在管理国家和社会事务中发挥民主参与和民主监督作用。"

党的十六大报告强调："健全民主制度，丰富民主形式，扩大公民有序的政治参与，保证人民依法实行民主选举、民主决策、民主管理和民主监督，享有广泛的权利和自由，尊重和保障人权。坚持和完善人民代表大会制度，保证人民代表大会及其常委会依法履行职能，保证立法和决策更好地体现人民的意志。优化人大常委会组成人员的结构。坚持和完善共产党领导的多党合作和政治协商制度。坚持'长期共存、互相监督、肝胆相照、荣辱与共'的方针，加强同民主党派合作共事，更好地发挥我国社会主义政党制度的特点和优势。保证人民政协发挥政治协商、民主监督和参政议政的作用。""坚持法律面前人人平等。加强对执法活动的监督，推进依法行政，维护司法公正，提高执法水平，确保法律的严格实施。""按照党总揽全局、协调各方的原则,规范党委与人大、政府、政协以及人民团体的关系,支持人大依法履行国家权力机关的职能,经过法定程序,使党的主张成为国家意志,使党组织推荐的人选成为国家政权机关的领导人员,并对他们进行监督。""建立结构合理、配置科学、程序严密、制约有效的权力运行机制,从决策和执行等环节加强对权力的监督,保证把人民赋予的权力真正用来为人民谋利益。重点加强对领导干部特别是主要领导干部的监督,加强对人财物管理和使用的监督。强化领导班子内部监督,完善重大事项和重要干部任免的决定程序。改革和完善党的纪律检查体制,建立和完善巡视制度。发挥司法机关和行政监察、审计等职能部门的作用。实行多种形式的领导干部述职述廉制度,健全重大事项报告制度、质询制度和民主评议制度。认真推行政务公开制度。加强组织监督和民主监督,发挥舆论监督的作用。"

党的十七大报告强调:"人民当家做主是社会主义民主政治的本质和核心。要健全民主制度,丰富民主形式,拓宽民主渠道,依法实行民主选举、民主决策、民主管理、民主监督,保障人民的知情权、参与权、表达权、监督权。""支持人民政协围绕团结和民主两大主题履行职能,推进政治协商、民主监督、参政议政制度建设;把政治协商纳入决策程序,完善民主监督机制,提高参政议政实效;加强政协自身建设,发挥协调关系、汇聚力量、建言献策、服务大局的重要作用。""加强同民主党派合作共事,支持民主党派和无党派人士更好履行参政议政、民主监督职能,选拔和推荐更多优秀党外干部担任领导职务。""要抓紧制定行政管理体制改革总体方案,着力转变职能、理顺关系、优化结构、提高效能，形成权责一致、分工合理、决策科学、执行顺畅、监督有力的行政管理体制。""确保权力正确行使，必须让权力在阳光下运行。要坚持用制度管权、管事、管人，建立健全决策权、执行权、监督权既相互制约又相互协调的权力结构和运行机制。健全组织法制和程序规则，保证国家机关按照法定权限和程序行使权力、履行职责。完善各类公开办事制度，提高政府工作透明度和公信力。重点加强对领导干部特别是主要领导干部、人财物管理使用、关键岗位的监督，健全质询、问责、经济责任审计、引咎辞职、罢免等制度。落实党内监督条例，加强民主监督，发挥好舆论监督作用，增强监督合力和实效。""建立健全中央政治局向中央委员会全体会议、地方各级党委常委会向委员会全体会议定期报告工作并接受监督的制度。"

党的十八大报告提出，"建立健全权力运行制约和监督体系"，"要确保决策权、执行权、监督权既相互制约又相互协调，确保国家机关按照法定权限和程序行使权力"，"加强党内监督、民主监督、法律监督、舆论监督，让人民监督权力，让权力在阳光下运行"。这对我国建立更为完备的权力监督体系提出了新的要求。①加强党内监督，落实党内监督条例，重点加强对领导干部特别是主要领导干部、人财物管理使用、关键岗位的监督，健全质询、问责、经济责任审计、引咎辞职、罢免等制度，有效防止权力失控、决策失误、行为失范。以党内监督促进各方面的监督，以优良党风凝聚党心民心、带动政风民风。②加强民主监督，健全和完善民主党派监督机制，拓宽民主监督渠道，充分发挥各党派、各团体、各阶层、各界人士的民主监督作用。③加强法律监督，支持人民代表大会及其常委会通过询问、质询、执法检查、听取和审议有关部门工作报告以及预算审查等监督职权,加强对"一府两院"的监督,加强对政府全口径预算决算的审查和监督。完善监督的法律制度,确保人大监督有法可依。完善宪法和法律监督制度,确保国家宪法和法律的贯彻实施。④加强和改进舆论监督,加快舆论监督的法治建设,建立健全舆论监督引导机制、纠错机制、反馈机制,提高舆论监督的针对性和实效性。这是我们党首次把"四个监督"作为一套完整的监督体系明确提了出来,是对改革开放以来党在探索权力制约和监督机制方面重要经验和实践成果的总结,是立足新时期我国权力运行现状、从权力的结构和运行机制上作出的创新性探索。

党的十八届三中全会通过的《中共中央关于全面深化改革若干重大问题的决定》在强化权力运行制约和监督体系方面提出了三个要点:一是权力监督,即"坚持用制度管权管事管人,让人民监督权力,让权力在阳光下运行,是把权力关进制度笼子的根本之策。必须构建决策科学、执行坚决、监督有力的权力运行体系,健全惩治和预防腐败体系,建设廉洁政治,努力实现干部清正、政府清廉、政治清明"。"加强和改进对主要领导干部行使权力的制约和监督,加强行政监察和审计监督","推行地方各级政府及其工作部门权力清单制度,依法公开权力运行流程。完善党务、政务和各领域办事公开制度,推进决策公开、管理公开、服务公开、结果公开"。二是反腐倡廉,即"加强反腐败体制机制创新和制度保障。加强党对党风廉政建设和反腐败工作统一领导。改革党的纪律检查体制,健全反腐败领导体制和工作机制,改革和完善各级反腐败协调小组职能"。"落实党风廉政建设责任制,党委负主体责任,纪委负监督责任,制定实施切实可行的责任追究制度。各级纪委要履行协助党委加强党风建设和组织协调反腐败工作的职责,加强对同级党委特别是常委会成员的监督,更好发挥党内监督专门机关作用","健全反腐倡廉法规制度体系,完善惩治和预防腐败、防控廉政风险、防止利益冲突、领导干部报告个人有关事项、任职回避等方面法律法规,推行新提任领导干部有关事项公开制度试点。健全民主监督、法律监督、舆论监督机制,运用和规范互联网监督"。三是健全改进作风常态化制度,即"围绕反对形式主义、官僚主义、享乐主义和奢靡之风,加快体制机制改革和建设。健全领导干部带头改进作风、深入基层调查研究机制,完善直接联系和服务群众制度。改革会议公文制度,从中央做起带头减少会议、文件,着力改进会风文风。健全严格的财务预算、核准和审计制度,着力控制'三公'经费支出和楼堂馆所建设。完善选人用人专项检查和责任追究制度, 着力纠正跑官要官等不正之风。改革政绩考核机制,着力解决'形象工程'、'政绩工程'以及不作为、乱作为等问题"。

党的十八届四中全会通过的《中共中央关于全面推进依法治国若干重大问题的决定》全面部署依法治国,提出强化对行政权力的制约和监督,保障其依法正确行使,是治国理政必须解决好的大问题。全面推进依法治国,必须强化对行政权力的制约和监督。"法令行则国治,法令弛则国乱。"依法治国,建设社会主义法治国家,是中国特色社会主义理论和实践的重要组成部分,也是我们党和政府管理国家事务和社会事务的基本方略。推进依法治国,必然要求依法行政,加强监督制度建设,强化对行政权力的制约和监督。这既是有效保障公民基本权利的客观需要,更是全面推进依法治国的重点环节。该决定指出,加强党内监督、人大监督、民主监督、行政监督、司法监督、审计监督、社会监督、舆论监督制度建设。这既是强化行政权力制约和监督的部署和要求，也是对我国加强行政权力制约和监督实践的总结和概括。全面推进依法治国、依法行政，需要全面制约和监督行政权力。

党的十八届四中全会作出的《中共中央关于全面推进依法治国若干重大问题的决定》提出：加强对政府内部权力的制约，是强化对行政权力制约的重点。对财政资金分配使用、国有资产监管、政府投资、政府采购、公共资源转让、公共工程建设等权力集中的部门和岗位实行分事行权、分岗设权、分级授权，定期轮岗，强化内部流程控制，防止权力滥用。完善政府内部层级监督和专门监督，改进上级机关对下级机关的监督，建立常态化监督制度。完善纠错问责机制，健全责令公开道歉、停职检查、引咎辞职、责令辞职、罢免等问责方式和程序。完善审计制度，保障依法独立行使审计监督权。对公共资金、国有资产、国有资源和领导干部履行经济责任情况实行审计全覆盖。强化上级审计机关对下级审计机关的领导。探索省以下地方审计机关人财物统一管理。推进审计职业化建设。"

党的十九大确立习近平新时代中国特色社会主义思想为全党的行动指南，从坚持和加强党的全面领导这个根本出发，对全面从严治党作出战略部署。习近平在党的十九大报告中提出，健全党和国家监督体系。增强党自我净化的能力，根本靠强化党的自我监督和群众监督。要加强对权力运行的制约和监督，让人民监督权力，让权力在阳光下运行，把权力关进制度的笼子。强化自上而下的组织监督，改进自下而上的民主监督，发挥同级相互监督作用，加强对党员领导干部的日常管理监督。深化政治巡视,坚持发现问题、形成震慑不动摇,建立巡视巡察上下联动的监督网。深化国家监察体制改革,将试点工作在全国推开,组建国家、省、市、县监察委员会,同党的纪律检察机关合署办公,实现对所有行使公权力的公职人员监察全覆盖。制定国家监察法,依法赋予监察委员会职责权限和调查手段,用留置取代"两规"措施。改革审计管理体制,完善统计体制。构建党统一指挥、全面覆盖、权威高效的监督体系,把党内监督同国家机关监督、民主监督、司法监督、群众监督、舆论监督贯通起来,增强监督合力。以上观点,是对完善党和国家监督体系所进行的新的历史性探索,是对健全党和国家监督体系的战略部署,为新时代完善党和国家监督体系指明了方向。

通过对历次全国党代会报告及其监督实践的回顾,可以看出:

第一,历次全国党代会都对行政监督重视非常,其阐述观点一脉相承,强调了监督在新时期的重要意义和作用。在社会转型期,随着行政系统环境的复杂化,行政管理的难度和风险性也不断增大。因此,完善行政监督体制和机制,加强对行政行为和行政权力运作过程的监督,是当代行政管理体制改革的重要问题。此外,转型期是腐败行为的多发期,加强行政监督,可以有效地防止和遏制腐败行为的产生和蔓延。特别是自党的十八大报告强调"坚决惩治与预防腐败,关系党的生死存亡,是党必须始终抓的重大政治任务"以来,我国加大了廉政建设的力度,并取得了明显的成效。

第二,明确了实施行政监督的各类主体及其基本职能,即强调加强党内监督、人大监督、民主监督、行政监督、司法监督、审计监督、社会监督、舆论监督制度建设,涵盖了监督的各个领域,从而加强了行政监督制度设计的系统性、完整性。同时，把健全党和国家监督体系的工作目标定位在构建执政党统一指挥、全面覆盖、权威高效的监督体系，把党内监督同人大监督、民主监督、行政监督、司法监督等贯通起来，增强监督合力。在增强各监督主体监督合力方面，首先需要明确监督主体的职责权限，完善各项监督制度，避免在监督过程中出现各自为战、相互推诿扯皮的现象；其次整合各类监督资源，把各种监督有机协调整合在一起，建立"优势互补、监督有力、富有实效"的监督体系，形成整体监督合力。同时，加强监督主体之间的协调配合，定期总结交流监督工作，研究新情况、解决新问题，采取相应措施，堵塞漏洞，充分发挥整体监督效能。

第三，根据社会发展变化和不同时期监督工作的需要，提出相应的工作重点，从而使监督工作方向明确，重点突出，易于取得实效。与以前相比，党的十八大以后更加强调行政监督的整体性和系统性；强调把权力装进制度的笼子，突出制度反腐的重要性；进一步强调行政监察和审计监督等专项监督；进一步推行权力清单制度，完善政府信息公开，为行政监督的持续深入进行创造条件；进一步落实党风廉政建设责任制，制定实施切实可行的责任追究制度。此外，与行政监督相关的工作报告制度、引咎辞职制度、干部述职述廉制度、民主评议制度、约谈制度和巡视制度等也得到了相应的发展。党的十八大以来在行政监督方面的改革创新为新时期行政监督获得新的实际成效奠定了坚实的基础。

第四，党的十五大首次提出依法治国的治国方略，党的十八届四中全会提出全面推进依法治国。伴随着我国治国方略的转变，我国监督领域的法制建设也得到了长足的进展,我国制定和完善了行政诉讼法、审计法、国家赔偿法、行政监察法、行政复议法、监督法、政府信息公开条例、监察法等。上述法律规范的制定和实施,对于完善行政监督法制,进一步推进行政监督的规范化、制度化具有重要意义。

第二节　行政监督立法发展

行政监督作为权力间的监控与制约关系,以不同形式体现在各国政治体制之中。随着民主政治的不断完善,行政监督作为实现民主政治的基本机制与民主政体结合在一起,在各种民主政治制度中得到表现。

改革开放以来,随着市场经济的逐步建立、政府职能的转变,客观上要求政府的活动必须规范在法律的框架之中。我国市场经济的建立经过了不同的发展阶段,因此建立与市场经济相适应的行政法律体系,也经历了一个发展的过程。其中,行政监督法律的发展同样经历了一个过程。

我国行政监督体系是一个相对完整的、全面的监督系统,它具体包括了政党监督、权力机关监督、司法机关监督、社会和舆论监督和行政机关监督等。前四种监督可以称为"行政系统外部监督"或"监督行政";后一种监督称为"行政系统内部监督"或"狭义的行政监督"。只有行政监督内外结合,才能更好地发挥监督的成效。在此分析我国改革开放以来的行政监督发展,将分为内部与外部两条制约机制进行梳理。内部制约机制是指政府内部各个主体或要素之间组成的权力制约机制,可以将其称为"自律机制";外部制约机制则是指政府外部的主体对行政权力进行制约的机制,可以将其称为"他律机制"。

一、自律机制

(一)一般监督

政府的内部监督包括层级监督、职能监督和专门监督等形式。其中,层级监督和职能监督可以归入一般监督。所谓"一般监督",是指按照行政隶属关系和机关协作关系而产生的监督。一般监督主要包括两种情况,即行政机关上下级之间的监督和不同行政机关之间的监督。包括国务院对全国一切行政机关的监督,各级地方人民政府对自己工作部门及下级政府的监督,以及对设在本辖区内不属于自己管理的国家机关的监督,也包括政府职能部门之间的监督等。一般监督的特点在于不另设行政监督的机构和人员,而是依靠行政管理机构本身的层级约束关系和日常工作的指令关系进行,以遵守纪律、执行政令为主,主要通过工作分派、工作报告、工作指导、工作管制、工作检评及专案调查等方式进行。

我国按照行政管理机构的直接上下级关系,实行自上而下和自下而上的双向监督。因为上级通常对下级以检查、指示等方式督导工作,而下级通常以请示、汇报、总结等形式向上级沟通,因此这是一种最基本的行政监督模式。

此外,一般监督还包括职能监督。政府有关职能部门或直属机构依据法定权力,就其主管业务在自己的职能范围内对其他部门进行监督,而不论有无领导关系。职能监督通常围绕着业务职能进行,如财政部门对其他职能部门的财政收支和财务活动进行的监督；又如《国务院行政机构设置和编制管理条例》第二十二条规定，国务院机构编制管理机关应当对国务院行政机构的机构设置和编制执行情况进行监督检查。国务院行政机构应当每年向国务院机构编制管理机关提供其机构设置和编制管理情况的报告。

（二）专门监督

在专门监督中，包括行政监察、审计以及行政复议等专门监督机构的监督，这些监督机构的独立性成为依法履行监督职责的前提和关键所在。

1. 行政监察

"行政监察"是指由特定的国家机关（代议机关直接设立或政府所属）按照法定程序对国家行政机关及其工作人员，以及直接实施公务的其他组织和国家机关任命的其他人员是否遵守法律和行政纪律情况所进行的综合性的监督检查活动。行政监察是政府监督机制的重要支柱，在促进依法行政和廉政建设，强化行政监督方面的作用十分重要。

现在各国的监察制度主要类型有：监察机关设在议会之下的议会监察制度、监察机关设在行政机关内部的行政监察制度、监察机关独立于议会和政府而直属于国家元首的监察制度以及复合监察制度等。

在中国，根据1949年9月27日中国人民政治协商会议第一届全体会议通过的《中华人民共和国中央人民政府组织法》的规定，开始设立中央、大行政区、省、专署和县五级人民监察委员会，组成了人民监察组织体系。但是1959年，在"左倾"思想和法律虚无主义的影响下，监察部门被撤销，直至1986年才恢复。1990年12月，国务院颁布《行政监察条例》，1997年5月，八届人大常委会第二十五次会议通过《中华人民共和国行政监察法》，在此基础上形成了具有中国特色的行政监察制度。随着改革开放的不断深入，社会主义市场经济体制建立和逐步完善，行政管理体制改革的不断深化，反腐倡廉工作深入开展，监察机关面临着许多新情况、新问题。同时，依法治国、依法行政的不断推进和我国社会主义法制水平的不断提高，对监察机关依法监察也提出了更高的要求。为适应形势发展和行政监察工作实践的客观需要，2004年9月6日国务院第63次常务会议通过了《行政监察法实施条例》，对《中华人民共和国行政监察法》的某些条款进行必要的细化。根据2010年6月25日第十一届全国人民代表大会常务委员会第十五次会议《关于修改〈中华人民共和国行政监察法〉的决定》对该法进行了修正。

　　1993年中共中央与国务院根据党的十四大会议精神，将党的纪律检察机关和行政监察机关合署办公，并一直延续到2018年。我国中央监察机关为中华人民共和国监察部，并在国务院各部门设立派出机构。各级地方人民政府也都设立相应的监察机关，与各所在地党的纪律检查部门合署办公，并在地方政府的各个部门中设有派出机构。地方各级监察机构的职责与监察部相同。①

　　根据《中华人民共和国行政监察法》的规定，监察机关实行双重领导体制，监察部为国务院组成部门，主管全国的监察工作，县级以上地方各级人民政府监察机关负责本行政区域内的监察工作，对本级人民

---

① 参见《中华人民共和国行政监察法》第三章。

政府和上一级监察机关负责并报告工作，监察业务以上级监察机关领导为主。

《中华人民共和国行政监察法》第十五条规定，国务院监察机关对下列机关和人员实施监察：①国务院各部门及其公务员；②国务院及国务院各部门任命的其他人员；③省、自治区、直辖市人民政府及其领导人员。第十六条规定，县级以上地方各级人民政府监察机关对下列机关和人员实施监察：①本级人民政府各部门及其公务员；②本级人民政府及本级人民政府各部门任命的其他人员；③下一级人民政府及其领导人员。县、自治县、不设区的市、市辖区人民政府监察机关还对本辖区所属的乡、民族乡、镇人民政府的公务员以及乡、民族乡、镇人民政府任命的其他人员实施监察。第十七条规定，上级监察机关可以办理下一级监察机关管辖范围内的监察事项，必要时也可以办理所辖各级监察机关管辖范围内的监察事项。监察机关之间对管辖范围有争议的，由其共同的上级监察机关确定。第十八条规定，监察机关对监察对象执法、廉政、效能情况进行监察，履行下列职责：①检查国家行政机关在遵守和执行法律、法规和人民政府的决定、命令中的问题；②受理对国家行政机关及其公务员和国家行政机关任命的其他人员违反行政纪律行为的控告、检举；③调查处理国家行政机关及其公务员和国家行政机关任命的其他人员违反行政纪律的行为；④受理国家行政机关公务员和国家行政机关任命的其他人员不服主管行政机关给予处分决定的申诉，以及法律、行政法规规定的其他由监察机关受理的申诉；⑤法律、行政法规规定由监察机关履行的其他职责。监察机关按照国务院的规定，组织协调、检查指导政务公开工作和纠正损害群众利益的不正之风工作。

2018年3月20日，第十三届全国人民代表大会第一次会议表决通过了《中华人民共和国监察法》，国家主席习近平签署第3号主席令予以公布，监察法自公布之日起施行。《中华人民共和国行政监察法》同时废止。

2. 审计监督

审计是由专职机构和人员，依法独立对被审计单位的财政收支、财务收支的真实、合法、效益进行审核、评价的监督活动。[①]审计监督以其特殊性区别于其他监督。审计的主体是专职机构和专业人员，其中专职机构包括国家审计机关、部门或者单位的内部审计机构和社会审计组织。审计的对象包括被审计单位的财政收支、财务收支的真实、合法、效益问题。

审计机关的审计体制一般是适应本国政治体制和经济基础的需要而建立的。世界各国的审计体制主要类型有：立法模式，即审计机关隶属于立法机关；司法模式，审计机关属于司法体系，拥有司法权；行政模式，审计机关隶属于政府；独立模式，审计机关独立于立法、司法和行政体系之外，独立开展审计工作。

新中国成立后直至1983年，我国一直未设立独立的审计机关，对国家财政收支的监督工作主要由财政部门内部的监察机构完成。1982年颁布实施的《中华人民共和国宪法》规定了我国实行审计监督制度；1983年9月，中华人民共和国审计署成立，是国务院的组成部门。县级

---

① 参见沈荣华：《行政权力制约机制》，国家行政学院出版社，2007年，第115页。

以上地方各级人民政府也相继设立审计机关，审计工作在全国范围内逐步展开。我国国家审计机关包括国务院设置的审计署及其派出机构和地方各级人民政府设置的审计厅（局）。国家审计机关依法独立行使审计监督权，对国务院各部门和地方人民政府、国家财政金融机构、国有企事业单位以及其他有国有资产的单位的财政、财务收支及其经济效益进行审计监督。审计具有法律所赋予的履行审计监督职责的强制性。在审计监督过程中，审计机关可以依据法律法规对法定审计范围之内的行政机关、企事业单位和社会团体的财政、财务收支、经济效益、财经法纪等情况进行专门的稽查和审核。

《中华人民共和国宪法》第九十一条规定："国务院设立审计机关，对国务院各个部门和地方各级政府的财政收支，对国家的财政金融机构和企业事业组织的财政收支，进行审计监督。审计机关在国务院总理领导下，依照法律规定独立行使审计监督权，不受其他行政机关、社会团体和个人的干涉。"

为规范审计工作，我国加强了审计立法。1988年10月21日，国务院第二十二次常务会议通过了《中华人民共和国审计条例》。1994年8月31日，《中华人民共和国审计法》正式颁布，自1995年1月1日起施行。1997年10月21日，国务院颁布了《中华人民共和国审计法实施条例》。2006年2月28日，修订后的《中华人民共和国审计法》正式颁布，自2006年6月1日起施行。2010年5月实施《中华人民共和国审计法实施条例》。

《中华人民共和国审计法》共分七章，即总则、审计机关和审计人员、审计机关职责、审计机关权限、审计程序、法律责任和附则，共五十一条。其主要内容有：

（1）审计监督的基本原则和制度。①依法审计原则。审计机关对国家财政收支、财务收支的真实、合法和效益，依法进行审计监督；审计机关进行审计时，应当依照法律规定的职权和程序；对违反国家规定的财政收支、财务收支行为，在法定职权范围内，依照法律、行政法规的规定处理、处罚。②独立审计原则。审计机关依照法律规定独立行使审计监督权，不受其他行政机关、社会团体和个人的干涉。审计法从审计机关组织、职能独立，审计机关经费独立，审计人员独立方面，保障审计监督权的独立行使。③地方审计机关实行双重领导体制原则。地方各级审计机关对本级人民政府和上一级审计机关负责并报告工作，审计业务以上级审计机关领导为主，为地方审计机关依法审计和独立审计提供组织保障。④政府向人大作预算执行和其他财政收支的审计工作报告制度。国务院和县级以上的地方人民政府应当每年向本级人民代表大会常务委员会提出审计机关对预算执行和其他财政收支的审计工作报告。

（2）审计机关的职责。主要包括：①对国家财政收支进行审计监督。审计机关对本级各部门（含直属单位）和下级政府预算的执行情况和决算，以及预算外资金的管理和使用进行审计监督。审计署在国务院总理领导下，对中央预算执行情况进行审计监督，向国务院总理提出审计结果报告；地方各级审计机关分别在省长、自治区主席、市长、州长、县长、区长和上一级审计机关的领导下，对本级预算执行情况进行审计监督，向本级人民政府和上一级审计机关提出审计结果报告。②对中央银行的财务收支和国有金融机构的资产、负债、损益进行审计监督。③对国家事业组织的财务收支进行审计监督。④对国有企业的资产、负债、损益进行审计监督;对国家资产占控股地位或者主导地位的企业进行审计监督。⑤对国家建设项目的预算执行情况和决算,进行审计监督。⑥对政府部门管理的和社会团体受政府委托管理的社会保障基金、社会捐赠资金及以其他有关基金、资金的财务收支,进行审计监督。⑦对国际组织和外国政府援助、贷款项目的财务收支,进行审计监督。⑧对其他法律、行政法规规定应当由审计机关进行审计的事项,依照本法和有关法律、行政法规的规定,进行审计监督。⑨对与国家财政收支有关的特定事项进行专项审计调查。⑩对各部门、国有的金融机构和企业事业组织的内部审计,进行业务指导和监督。对依法独立进行社会审计的机构,依照有关法律和国务院的规定,进行指导、监督和管理。

（3）审计机关的权限。主要有:①审计机关有权要求被审计单位按照规定报送与财政、财务收支有关的资料。②审计机关有权检查与财政、财务收支有关的资料和资产。③审计机关有权就审计事项的有关问题向有关单位和个人进行调查,并取得有关证明材料。④审计机关有权制止被审计单位正在进行的违反国家规定的财政收支、财务收支行为;制止无效的,经县级以上审计机关负责人批准,有权通知财政部门和有关主管部门暂停拨付与违反国家规定的财政、财务收支行为直接有关的款项;已经拨付的暂停使用。⑤审计机关认为被审计单位所执行的上级主管部门的规定与法律、行政法规相抵触的,有权建议主管部门纠正;主管部门不予纠正的,有权提请有处理权的机关依法处理。⑥审计机关在保守国家秘密和被审计单位的商业秘密,遵守国务院有关规定的情况下,有权向政府有关部门通报或向社会公布审计结果。⑦审计机关对被审计单位拒绝或拖延提供与审计事项有关的资料的,或者拒绝、阻碍检查的,有权责令改正,可以通报批评,给予警告;拒不改正的,依法追究责任。⑧审计机关发现被审计单位转移、隐匿、篡改、毁弃与财政、财务收支有关的资料的,有权予以制止。⑨审计机关发现被审计单位转移、隐匿违法取得的资产的,有权予以制止,或者申请人民法院采取保全措施。⑩审计机关对本级各部门(含直属单位)和下级政府违反预算的行为或者其他违反国家规定的财政收支行为,有权在法定职权范围内,依照法律、行政法规的规定作出处理。⑪审计机关对违反国家规定的财务收支行为,有权在法定职权范围内,依照法律、行政法规的规定,责令限期缴纳应当上缴的收入,限期退还违法所得,限期退还被侵占的国有资产,以及采取其他纠正措施,并可给予处罚。⑫审计机关对违反审计法的有关规定或违反国家其他有关规定,负有直接责任的主管人员和其他直接责任人员,依法应当给予行政处分的,有权提出给予行政处分的建议。

(4)审计程序。其主要环节有:①审计机关根据审计项目计划确定的审计事项组成审计组,在实施审计三日前,向被审计单位送达审计通知书。②审计人员通过审查会计凭证、会计账簿、会计报表,查阅有关文件、资料,检查现金、实物、有价证券,向有关单位和个人调查等进行审计,并取得证明材料。③审计组对审计事项实施审计后,应当向审计机关提出审计报告,审计报告报送审计机关前,应当征求被审计单位意见。被审计单位应当自接到审计报告之日起十日内,将书面意见送交审计组或者审计机关。④审计机关审定审计报告,对审计事项作出评价,出具审计意见书;对违反国家规定的财政、财务收支行为,需要依法给予处理、处罚的,在法定职权范围内作出审计决定或者向有关主管机关提出处理、处罚意见。审计机关自收到审计报告之日起三十日内将审计意见书和审计决定送达被审计单位和有关单位。

(5)法律责任。主要包括:①违反审计法的法律责任。承担法律责任的主体有被审计单位及其有关责任人员、审计人员。这种法律责任的内容有:对被审计单位主要由审计机关给予警告、通报批评或追究其他责任;对被审计单位违反审计法规定的行为负有直接责任的有关责任人员,审计机关提出给予行政处分建议,由有关单位、部门给予行政处分,构成犯罪的,依法追究刑事责任。对审计人员的行为构成犯罪的,依法追究刑事责任,不构成犯罪的给予行政处分。②违反国家规定的财政收支、财务收支行为的责任。承担这种法律责任的主体有被审计单位及其有关责任人员。这种法律责任的内容主要是由审计机关责令退还违法所得,收缴应当上缴的收入,限期退还被侵占的国有资产以及采取其他纠正措施进行处理,并可依法给予处罚。对负有直接责任的主管人员和其他直接责任人员,由审计机关建议有关单位、部门给予行政处分,构成犯罪的,依法追究刑事责任。

除以上法律法规之外,我国有关审计的法律规范还包括1988年2月22日颁布的《关于违反财政法规处罚的暂行规定》。该项规定是审计工作的基本行政法规之一,为做好审计工作提供了重要的法规依据。在审计法正式实施后,该规定依然是审计机关行使审计职权的重要法规依据。另外,在国务院颁布的其他行政法规中,有关审计方面的规定也很多,如《全民所有制工业企业转换经营机制条例》《禁止向企业摊派暂行条例》等。这些行政法规是审计法的重要渊源。

党的十六大报告中就加强对权力的制约和监督的有关论述指出:"建立结构合理、配置科学、程序严密、制约有效的权力运行机制,从决策和执行等环节加强对权力的监督……发挥司法机关和行政监察、审计等职能部门的作用。"党的十七大、十八报告也都提出健全经济责任审计的任务。这不仅反映了党中央加强对权力的监督和制约的决心和信心,也给审计机关加强对权力的监督和制约提出了更高的要求。审计机关作为经济监督部门,加强对权力的监督和制约,维护国家财政经济秩序,促进廉政建设,是法律赋予的神圣职责。

3. 行政复议

行政复议,是指当事人对行政机关的行政处理决定不服,依法向行政复议机关提出要求重新处理的一种制度。它是公民、法人或其他组织通过行政救济途径解决行政争议的一种方法。

行政复议有以下四个特点:①提出行政复议的人,必须是认为行政机关行使职权的行为侵犯其合法权益的公民、法人和其他组织。②当事人提出行政复议,必须是在行政机关已经作出行政决定之后。③行政复议的任务是解决行政争议,而不是解决民事或其他争议。④当事人对行政机关的行政决定不服,只能按法律规定,向有行政复议权的行政机关申请复议。⑤行政复议以书面审查为主,以不调解为原则。行政复议的结论作出后,即具有法律效力。只要法律未规定复议决定为终局裁决的,当事人对复议决定不服的,仍可以按行政诉讼法的规定,向人民法院提请诉讼。

行政复议制度无论在大陆法系国家或者英美法系国家均得到广泛发展。英美法系国家中的英国,行政复议制度实行较晚,但相当发达。其行政复议方法有两个，即部长救济和行政裁判所救济。所谓的部长救济是指当事人对地方政府的具体行政行为不服，可以向有关部长申诉，由部长对该具体行政行为认定事实，并作出维持、撤销或者变更的裁决。而行政裁判所救济指的是当事人向行政裁判所申诉。英国的行政裁判所制度是英美法系特有的制度，是指设立在普通法院之外的、由议会立法设立的用以解决行政争议及其他争议的准司法机构，即行政裁判所裁决行政争议的制度。英国行政裁判所有如下特点：①行政裁判所是直接根据议会通过的法律而设立的；②行政裁判所独立于行政机关，只根据事实和法律裁决案件，不受行政机关的任意干预，而且干预的可能性也较小；③行政裁判所审理案件不适用行政程序；④当事人不服行政裁判所的裁决，通常可就法律问题向高等法院上诉，部长或者上级行政裁判所也受理个别上诉案件；⑤行政裁判所不但受理行政争议，也受理民事争议。

而大陆法系国家中的典型代表法国，其行政复议被称为"行政救济"，是当事人对违法或不当的行政行为提请行政机关制裁的一种手段。按照受理机关的不同，行政救济分为善意救济和层级救济两种类型。善意救济是指行政行为的受侵害人向作出原行政行为的行政机关申请救济。善意救济的申请人不仅可以请求矫正违法或不当的行政行为，甚至还可以请示得到某种宽容或恩惠；而层级救济是指当事人向作出行政决定的行政机关的上级机关申请救济。善意救济和层级救济都是行政相对人的当然权利，只在法律、法规有明示或者暗示规定的情况下才能排除。同时，法国行政法规定，当事人在寻求行政救济后，如果认为并未得到应当得到的救济，对行政救济决定不服，可以向行政法院提起行政诉讼。

在中国，从新中国成立至20世纪70年代后期，虽然少数法规曾设有对部分行政决定的复查（复核）条款，但是由于特殊的政治背景和历史条件，很难说真正建立了行政审查制度。新中国行政复议制度初创于20世纪50年代。1950年政务院批准、财政部公布的《财政部设置财政检查机构办法》第六条规定："被检查的部门，对检查机构之措施，认为不当时，得具备理由，向其上级检查机构，申请复核处理。"这里的"申请复核处理"，实际上就是行政复议。这是我国行政复议制度最早的雏形。1950年政务院颁布的《税务复议委员会组织通则》和《印花税暂行条例》，首次使用"复议"一词。50年代中后期，行政复议制度得到初步发展，规定行政复议制度的法律、法规越来越多。这一时期行政复议制度的突出特点是行政复议决定为终局决定，当事人对复议决定不服，不能提起诉讼。20世纪60年代至70年代，我国行政复议制度处于停滞状态，仅有个别规章对行政复议制度加以规定，如交通部1971年发布的《海损事故和处理规则（试行）》第十四条。

改革开放以来，为适应民主法治建设的新形势，国务院在全面总结行政机关内部监督管理经验的基础上，于1990年12月24日颁布了《行政复议条例》，为我国行政复议工作提供了最直接的行政法规依据，促进了我国行政复议制度的发展和完善，标志着我国行政复议制度进入了一个全新的发展时期。随着行政复议制度的不断完善和依法治国方略的实施，原有的行政复议制度已经不能满足形势和任务的需要，亟须以法的形式规定下来。因此，1999年4月29日第九届全国人民代表大会常务委员会第九次会议通过了《中华人民共和国行政复议法》,2007年5月23日国务院第177次常务会议通过了《中华人民共和国行政复议法实施条例》。2009年8月根据第十一届全国人民代表大会常务委员会第十次会议《关于修改部分法律的决定》第一次修正《中华人民共和国复议法》,2017年9月1日第十二届全国人民代表大会常务委员会第二十九次会议《关于修改〈中华人民共和国法官法〉等八部法律的决定》第二次对该法律进行修正。行政复议法的颁布,在发挥行政复议、解决行政争议、建设法治政府、构建社会主义和谐社会中具有重要作用,对我国社会主义民主政治建设也具有十分重要的意义。

行政复议法贯彻党的十五大关于加强社会主义民主法制建设的基本要求,把行政复议制度作为行政机关内部自我纠正错误的一种监督制度,加以法律化和规范化。行政复议法强调防止和纠正违法或者不当的行政行为,保护公民、法人和其他组织的合法权益,保障和监督行政机关依法行使职权。行政复议制度由于对行政相对人权利的保护来得更直接、更有效,对纠正行政机关的错误行为更有力、更快捷,因而对促进行政机关依法行政,树立良好的政府形象具有重要的意义。完善行政复议制度,对于推动社会主义民主政治建设,加强行政机关内部监督,维护社会经济秩序和社会稳定,从制度上遏制和清除腐败,发挥着重要的作用。

(三)其他相关法律规范

其他的单行法律法规中,也有相关的行政监督的规定,它们也是我国行政监督法律体系的组成部分。以下仅列举《中华人民共和国行政许可法》《中华人民共和国行政处罚法》《中华人民共和国治安管理处罚法》的相关规定。

1.《中华人民共和国行政许可法》

我国从1996年开始着手研究起草《中华人民共和国行政许可法》,并于2003年8月27日由第十届全国人大常委会第四次会议通过,2004年4月1日起施行。《中华人民共和国行政许可法》对有关违法行为的法律责任区分为三类:一类主要针对有关行政机关,如对非法设定行政许可事项的、违反法定程序实施行政许可的、工作中收受他人财物谋取利益的、在实施行政许可中违法收费的、行政机关违法实施行政许可应当承担赔偿责任的、不依法履行监督职责的等都有相关的规定。另一类主要针对行政许可相对人,如行政许可申请人隐瞒情况或者提供虚假材料申请许可的,被许可人取得行政许可后从事与行政许可相关的违法活动的,未取得行政许可擅自从事应当取得行政许可活动的等。在《中华人民共和国行政许可法》施行后,发生上述各种违法行为均应承担相应的法律责任,各有关国家机关应当依法予以追究。对拥有重要行政许可权力的行政机关,《中华人民共和国行政许可法》构建了内部制约机制。行政机关及其工作人员发生违法行为,承担行政法律责任的,可由两个行政机关处理:一是上级行政机关,二是监察机关。《中华人民共和国行政许可法》第七十二条规定,对符合法定条件的行政许可申请不予受理,不在办公场所公示依法应当公示的材料等情形的,由其上级行政机关或者监察机关责令改正;情节严重的,对直接负责的主管人员和其他直接责任人员依法给予行政处分。

《中华人民共和国行政许可法》体现了有限政府的观念,蕴含着政府管理理念的一次深刻革命。以规范政府行为为主旨,要求政府从根本上改变传统行为方式,彻底摒弃许可事项过多过滥、许可程序繁琐复杂、许可过程暗箱操作、滋生腐败等种种弊端，从而打造出一个全新的法治政府形象。之前的《中华人民共和国立法法》基本停留在传统的形式法治思考，只是规定了立法权限的划分、立法程序、法律解释和法律监督等方面。而《中华人民共和国行政许可法》开始涉及政府与市场的关系以及有限政府的目标。其对有限政府观念的体现集中反映在第十三条：本法第十二条所列事项，通过下列方式能够予以规范的，可以不设行政许可：①公民、法人或者其他组织能够自主决定的；②市场竞争机制能够有效调节的；③行业组织或者中介机构能够自律管理的；④行政机关采用事后监督等其他行政管理方式能够解决的。①

以上这种有限政府的观念在《全面推进依法行政实施纲要》中得到更加明确的表述："凡是公民、法人和其他组织能够自主解决的，市场竞争机制能够调节的，行业组织或者中介机构能够解决的事项，除非法律另有规定的以外，行政机关不要通过行政管理去解决。"

2.《中华人民共和国行政处罚法》

1996年3月17日第八届全国人民代表大会第四次会议通过了《中华人民共和国行政处罚法》，并于1996年10月1日起施行。

---

① 《中华人民共和国行政许可法》第十二条规定，下列事项可以设定行政许可：①直接涉及国家安全、公共安全、经济宏观调控、生态环境保护以及直接关系人身健康、生命财产安全等特定活动，需要按照法定条件予以批准的事项；②有限自然资源开发利用、公共资源配置以及直接关系公共利益的特定行业的市场准入等，需要赋予特定权利的事项；③提供公众服务并且直接关系公共利益的职业、行业，需要确定具备特殊信誉、特殊条件或者特殊技能等资格、资质的事项；④直接关系公共安全、人身健康、生命财产安全的重要设备、设施、产品、物品，需要按照技术标准、技术规范，通过检验、检测、检疫等方式进行审定的事项；⑤企业或者其他组织的设立等，需要确定主体资格的事项；⑥法律、行政法规规定可以设定行政许可的其他事项。

行政处罚法的制定和实施，对于促进行政机关依法行政，加强廉政建设，密切政府与人民群众的关系，保护公民、法人或者其他组织的合法权益，具有重要的现实意义和深远的历史意义。

第一，《中华人民共和国行政处罚法》建立了我国行政处罚设定的法律制度。我国的法律、法规和规章大部分是属于行政管理性质的，要由国家行政机关来贯彻实施。许多法律法规规章后面都有法律责任一章，其内容一般是规定对违法者给予哪些行政处罚。这是行政机关贯彻法律法规规章，维护公共利益和社会秩序的重要手段。但是从另一方面讲，行政处罚的非法行使，将损害公民、组织的合法权益。现代法制社会的一项基本准则就是，凡是对公民、组织的权利作出限制性规定，或者要求公民、组织履行一定的义务，都必须有法律明文规定。法律没有明文规定公民、组织必须履行的，公民、组织就没有必要履行，同时也不得因此受到任何处罚。《中华人民共和国行政处罚法》明确规定了何种国家机关、哪一级国家机关可以设定何种行政处罚。只有行政处罚法规定的国家机关才能够设定行政处罚。这对于改变以往行政处罚设定比较混乱的状况，无疑是行之有效的。

第二，《中华人民共和国行政处罚法》健全了法律责任制度。对违法行为必须依法追究法律责任，这是法制的基本原则。我国的法律责任制度，由民事责任、刑事责任和行政责任三部分组成。刑法和刑事诉讼法、民法通则和民事诉讼法等，分别确立了刑事和民事法律责任制度。行政处罚法的制定，使我国的刑事责任、民事责任和行政责任三大法律责任制度框架基本建立起来，对于完善我国法律责任制度，保障法律贯彻执行，具有重要意义。

第三，《中华人民共和国行政处罚法》规范了行政处罚的实施，从程序上保证行政管理的公正，对于行政机关正确实施行政处罚，密切政府与人民群众的关系，改善行政管理工作，提高执法水平，保护公民和组织的合法权益起到了积极作用。

3.《中华人民共和国治安管理处罚法》

1957年，国务院制定了《治安管理处罚条例》。第六届全国人民代表大会常务委员会于1986年9月5日通过了同名的《治安管理处罚条例》。2005年8月28日第十届全国人民代表大会常务委员会第十七次会议通过了《中华人民共和国治安管理处罚法》，2006年3月1日开始实施。

在《中华人民共和国治安管理处罚法》中，为规范执法人员的执法行为，规定了严密的处罚程序。其中规定公安机关及其人民警察：①对治安案件的调查，应当依法进行，严禁刑讯逼供或者采用威胁、引诱、欺骗等非法手段收集证据；②在办理治安案件时，对涉及的国家秘密、商业秘密或者个人隐私，应当予以保密；③在办理治安案件过程中，应当依法回避；④对与案件有关的需要作为证据的物品按规定予以扣押和处理。

在执法监督部分，该法要求公安机关及其人民警察应当依法、公正、严格、高效办理治安案件，文明执法，不得徇私舞弊；公安机关及其人民警察办理治安案件，禁止对违反治安管理行为人打骂、虐待或者侮辱；公安机关及其人民警察办理治安案件，应当自觉接受社会和公民的监督，并规定公安机关及其人民警察办理治安案件，不严格执法或者有违法违纪行为的，任何单位和个人都有权向公安机关或者人民检察院、行政监察机关检举、控告；收到检举、控告的机关，应当依据职责及时处理；公安机关依法实施罚款处罚，应当依照有关法律、行政法规的规定，实行罚款决定与罚款收缴分离；收缴的罚款应当全部上缴国库；人民警察办理治安案件，对违法违纪者，依法给予行政处分；构成犯罪的，依法追究刑事责任，并对直接负责的主管人员和其他直接责任人员给予相应的行政处分；公安机关及其人民警察违法行使职权，侵犯公民、法人和其他组织合法权益的，应当赔礼道歉；造成损害的，应当依法承担赔偿责任。

由于公安机关和人民警察负责维护社会治安秩序，保障公共安全，与公民、法人和其他组织的关系非常直接和密切，因此在《中华人民共和国治安管理处罚法》中对其明确规范，对于约束监督执法行为，保障公共安全和相对人合法权利具有重要意义。

二、他律机制

他律机制即政府组织的外部监督体系。外部监督是指政府外部监督主体对政府权力行使的监督。按照监督是否具有法律约束力，外部监督分为国家监督和非国家监督。其中，法律所规定的国家监督实质上是以权力制约权力，具有法律约束力。而政党监督、社会监督和公民个人监督等不具有法律效力，但可以通过其他国家机关来预防或制止政府违法行为，从而产生制约作用。在西方国家，这种外部制约机制体现了宪法所确立的分权制衡原则，如立法权、行政权和司法权之间的分立和制衡，中央权力与地方权力之间的划分和制衡。我国采取的是依照宪法实行民主集中制原则，在国家权力不可分割的前提下，将国家权力划分为立法权、行政权、审判权和检察权等，分别由各个国家机关行使。其中，全国人大是最高国家权力机关，其他国家机关都由它产生，对它负责，接受其监督。作为国家权力机关的执行机关，政府要接受国家权力机关的制约和监督，并接受审判和检察机关的法律监督。

（一）权力机关监督

权力机关的监督，是指国家立法机关对行政机关实施的监督。不论是在实行总统制还是实行内阁制的西方国家，立法机关作为国家意志的代表和表达机构，对行政机关都有权实施监督。这种监督体现为立法机关通过立法权、财政权、人事权以及其他监督性的权力，对行政权发挥制约作用。

我国实行人民代表大会制度，全国和地方各级人民代表大会是国家权力机关，国家行政机关是权力机关的执行机关，由其产生，对其负责，并受其监督。权力机关对行政的监督主要是法律监督和工作监督。

法律监督是指权力机关对国家行政机关所制定的行政法规和规章等文件的合法性进行监督。行政机关拥有一定的行政立法权，但是不能与宪法和法律发生抵触。权力机关的法律监督就是有权撤销行政机关制定的与宪法、法律相抵触的行政法律文件。因此，法律监督就是监督宪法的实施，任何机关、任何地方如果作出同宪法相抵触的决议、决定，全国人大及其常委会有权予以撤销。

我国各级人大的工作监督主要是对"一府两院"和监察机关①工作

---

①　根据2018年3月20日第十三届全国人民代表大会第一次会议通过的《中华人民共和国监察法》，各级监察委员会应当接受本级人民代表大会及其常务委员会的监督。各级人民代表大会常务委员会听取和审议本级监察委员会的专项工作报告，组织执法检查。县级以上各级人民代表大会及其常务委员会举行会议时，人民代表大会代表或者常务委员会组成人员可以依照法律规定的程序，就监察工作中的有关问题提出询问或者质询。

情况的检查与督促。就政府工作而言，人大监督主要内容包括对政府工作的监督、对计划和预算执行情况的监督，以及对法律法规实施情况的监督。其监督形式有：一是听取和审议政府工作报告。这是人大行使监督权基本的、主要的形式。人民代表大会负责听取和审议政府工作报告，作出决议，对政府全面工作实施监督，具有宏观性、整体性。在人民代表大会闭会期间，人大常委会每年选择关系改革发展稳定大局和群众切身利益、社会普遍关注的重大问题，组织常委会组成人员和人大代表开展视察和专题调研，有计划地安排听取和审议人民政府的专项工作报告，对本级政府及其组成部门、政府直属机构和在本行政区域内的上级垂直领导机构开展工作评议，实施经常性监督，具有很强的针对性、及时性和实效性。二是实施计划和预算监督。对政府制定的国民经济发展计划和财政预算进行监督，是人大常委会的一项法定职责，是监督工作的重要组成部分。人大常委会监督本级总预算的执行，审查和批准本级预算的调整方案，审查和批准本级决算，撤销本级政府和下一级人大及其常委会关于预算、决算的不适当的决定、命令和决议。各级地方人民政府要每年向本级人大常委会提出审计机关对预算执行和其他财政收支的审计工作报告，包括听取和审议半年度计划执行情况报告，审查和批准计划调整方案，听取和审议中长期规划的中期评估报告，听取国民经济运行情况季度汇报，对重大项目的监督；审查预算收支平衡情况，审查重点支出的安排和资金到位情况，监督预算超收收入的安排和使用情况、部门预算制度建立和执行情况、向下一级财政转移支付情况、预算执行情况等。

此外，人大及其代表还可以对行政机关提出质询案；接待信访群众,受理公民对行政机关及其人员的申诉、控告和检举,并进行处理,等等。

为加强和规范人大对政府的监督,我国在20世纪80年代就开始关注监督立法工作。1988年3月,第七届全国人民代表大会第一次会议召开。陈丕显副委员长在全国人大常委会工作报告中指出,要从政治体制改革和建设社会主义民主政治的高度,进一步提高对人大监督工作的认识。从人大来讲,需要认真总结这几年来开展监督工作的经验,建立监督工作的专门机构,制定监督工作条例,对监督的内容和范围、监督的程序和方式作出更加明确的规定,使监督工作逐步制度化、规范化。同月,时任中共中央总书记的江泽民在全国人大、政协会议期间的重要讲话中指出,在我们国家生活的各种监督中,人大作为国家权力机关的监督是最高层次的监督。同年7月,第七届全国人民代表大会常务委员会工作要点规定,要制定有关监督方面的法律。

1990年3月,中共中央关于加强党同人民群众联系的决定中指出,要建立和完善党内监督与党外监督,自上而下的监督与自下而上的监督的制度,建议全国人大常委会拟定实行工作监督和法律监督的监督法。这是党中央以正式决定的形式对全国人大常委会立法工作提出的一项明确要求。

1991年年底,万里委员长在一次谈话中提出,要把对法律执行情况的监督检查同制定法律放在同等重要的地位。1992年,全国人大常委会开始进行执法检查工作。为了适应人大监督工作需要,积累实践经验,第八届全国人民代表大会常务委员会在乔石委员长的主持下,于1993年9月通过了《关于加强法律实施情况检查监督的若干规定》。

这些工作都为新一轮监督法的起草工作提供了经验。

1998年3月换届不久，在4月初听取全国人大法律委员会工作汇报时，时任全国人大常委会委员长的李鹏提出要制定监督法。当年年底制定的《九届全国人大常委会立法规划》继续列入了监督法立法项目。

在1999年3月第九届全国人民代表大会第二次会议上，许多代表再次对全国人大常委会的监督工作提出意见并提出抓紧制定监督法的多件议案。

2002年8月，第九届全国人民代表大会常务委员会对监督法草案进行了初次审议。2004年8月，第十届全国人民代表大会常务委员会第十一次会议对监督法草案二审后，法律委员会、法制工作委员会对常委会组成人员的审议意见和各方面的意见进行了认真研究，并到各地召开了多场座谈会，听取各方面的意见。2006年8月27日，第十届全国人民代表大会常务委员会第二十三次会议通过了《中华人民共和国各级人民代表大会常务委员会监督法》。同日，时任国家主席的胡锦涛签署主席令予以颁布，自2007年1月1日起施行。

根据该监督法，人民代表大会对行政权力的监督和制约体现在如下方面：

第一，人大依法对各级政府人事进行监督。在监督法的第二章第八至十四条中，以常务委员会听取和审议专项工作报告的形式体现了对"一府两院"工作的监督。人大常委会采用听取和审议专项工作报告这种主要监督形式，把对人的监督与对事的监督有机结合起来。该监督法第八条规定：各级人民代表大会常务委员会每年选择若干关系改革发展稳定大局和群众切身利益、社会普遍关注的重大问题，有计划地安排听取和审议本级人民政府、人民法院和人民检察院的专项工作报告。常务委员会听取和审议专项工作报告的年度计划,经委员长会议或者主任会议通过,印发常务委员会组成人员并向社会公布。

第九条规定,常务委员会听取和审议本级人民政府、人民法院和人民检察院的专项工作报告的议题, 根据下列途径反映的问题确定:①本级人民代表大会常务委员会在执法检查中发现的突出问题;②本级人民代表大会代表对人民政府、人民法院和人民检察院工作提出的建议、批评和意见集中反映的问题;③本级人民代表大会常务委员会组成人员提出的比较集中的问题; ④本级人民代表大会专门委员会、常务委员会工作机构在调查研究中发现的突出问题;⑤人民来信来访集中反映的问题;⑥社会普遍关注的其他问题。人民政府、人民法院和人民检察院可以向本级人民代表大会常务委员会要求报告专项工作。

此外,该监督法第十条至十四条对常务委员会听取和审议专项工作报告的程序进行了规定。

第二,人大对计划和预算行使审查和批准权,并对计划预算执行实行监督。听取和审议国民经济和社会发展计划、预算的执行情况报告,听取和审议审计工作报告。人大常委会对决算草案和预算执行情况报告要重点审查七项内容:预算收支平衡情况;重点支出的安排和资金到位情况;预算超收收入的安排和使用情况;部门预算制度建立和执行情况;向下级财政转移支付情况;本级人民代表大会关于批准预算的决议的执行情况;国债余额情况;县级以上地方各级人民代表大会常务委员会还应当重点审查上级财政补助资金的安排和使用情况。

关于对法律法规实施情况进行检查，即执法检查的内容集中在第四章的第二十二至二十七条，主要作出了检查的规范化、程序化规定。该监督法第二十二条规定，各级人民代表大会常务委员会参照本法第九条规定的途径，每年选择若干关系改革发展稳定大局和群众切身利益、社会普遍关注的重大问题，有计划地对有关法律、法规实施情况组织执法检查。第二十三条规定，常务委员会年度执法检查计划，经委员长会议或者主任会议通过，印发常务委员会组成人员并向社会公布。常务委员会执法检查工作由本级人民代表大会有关专门委员会或者常务委员会有关工作机构具体组织实施。第二十四条规定，常务委员会根据年度执法检查计划，按照精干、效能的原则，组织执法检查组。执法检查组的组成人员，从本级人民代表大会常务委员会组成人员以及本级人民代表大会有关专门委员会组成人员中确定，并可以邀请本级人民代表大会代表参加。第二十五条规定，全国人民代表大会常务委员会和省、自治区、直辖市的人民代表大会常务委员会根据需要，可以委托下一级人民代表大会常务委员会对有关法律、法规在本行政区域内的实施情况进行检查。受委托的人民代表大会常务委员会应当将检查情况书面报送上一级人民代表大会常务委员会。第二十六条规定，执法检查结束后，执法检查组应当及时提出执法检查报告，由委员长会议或者主任会议决定提请常务委员会审议。执法检查报告包括下列内容：①对所检查的法律、法规实施情况进行评价，提出执法中存在的问题和改进执法工作的建议；②对有关法律、法规提出修改完善的建议。第二十七条规定，常务委员会组成人员对执法检查报告的审议意见连同执法检查报告，一并交由本级人民政府、人民法院或者人民检察院研究处理。人民政府、人民法院或者人民检察院应当将研究处理情况由其办事机构送交本级人民代表大会有关专门委员会或者常务委员会有关工作机构征求意见后,向常务委员会提出报告。必要时,由委员长会议或者主任会议决定提请常务委员会审议,或者由常务委员会组织跟踪检查;常务委员会也可以委托本级人民代表大会有关专门委员会或者常务委员会有关工作机构组织跟踪检查。常务委员会的执法检查报告及审议意见,人民政府、人民法院或者人民检察院对其研究处理情况的报告,向本级人民代表大会代表通报并向社会公布。

第三,对规范性文件的备案审查,这部分内容体现在监督法的第五章第二十八至三十三条中,包括主动审查与被动审查、自行纠正与依法撤销两组相互关联的内容。备案审查是一种自上而下的审查,监督法在这部分的着力点,体现在主动审查与依法撤销上。相关要求条款中有明确表述。

该监督法规定,行政法规、地方性法规、自治条例和单行条例、规章的备案、审查和撤销,依照《中华人民共和国立法法》的有关规定办理。县级以上地方各级人民代表大会常务委员会审查、撤销下一级人民代表大会及其常务委员会作出的不适当的决议、决定和本级人民政府发布的不适当的决定、命令的程序,由省、自治区、直辖市的人民代表大会常务委员会参照立法法的有关规定,作出具体规定。县级以上地方各级人民代表大会常务委员会对下一级人民代表大会及其常务委员会作出的决议、决定和本级人民政府发布的决定、命令,经审查,认为有下列不适当的情形之一的,有权予以撤销:①超越法定权限,限制或者剥夺公民、法人和其他组织的合法权利,或者增加公民、法人和其他组织的义务的；②同法律、法规规定相抵触的；③有其他不适当的情形，应当予以撤销的。

第四，人大和人大常委会代表人民的意志和利益，对政府的重大方针政策措施实施监督，监督政府是否维护人民的利益、履行宪法和法律的职责。人大和人大常委会的询问和质询权在该监督法的第六章中作出相应规定：各级人民代表大会常务委员会会议审议议案和有关报告时，本级人民政府或者有关部门、人民法院或者人民检察院应当派有关负责人员到会，听取意见，回答询问。全国人民代表大会常务委员会组成人员十人以上联名，省、自治区、直辖市、自治州、设区的市人民代表大会常务委员会组成人员五人以上联名，县级人民代表大会常务委员会组成人员三人以上联名，可以向常务委员会书面提出对本级人民政府及其部门和人民法院、人民检察院的质询案。质询案应当写明质询对象、质询的问题和内容。质询案由委员长会议或者主任会议决定交由受质询的机关答复。委员长会议或者主任会议可以决定由受质询机关在常务委员会会议上或者有关专门委员会会议上口头答复，或者由受质询机关书面答复。在专门委员会会议上答复的，提质询案的常务委员会组成人员有权列席会议，发表意见。委员长会议或者主任会议认为必要时，可以将答复质询案的情况报告印发常务委员会会议。提质询案的常务委员会组成人员过半数对受质询机关的答复不满意的，可以提出要求，经委员长会议或者主任会议决定，由受质询机关再作答复。第三十八条规定，质询案以口头答复的，由受质询机关的负责人到会答复。质询案以书面答复的，由受质询机关的负责人签署。

（二）司法机关监督

司法权对行政权的监督是通过诉讼,以司法裁判的形式对行政权力予以约束的。西方国家司法权对行政权监督是通过行使司法审查权来实现的,包括违宪审查和行政合法性的审查。比如,法国的特别高等法院和行政法院,通过行使司法权力,对政府和总统行使司法审判权,对总统和政府成员执行职务的活动,形成监督制约。我国的司法权通过行政诉讼、司法建议等手段对行政权进行监督。

新中国成立后,第一届中国人民政治协商会议通过的《共同纲领》提出"人民和人民团体有权向人民监察机关或人民司法机关控告任何国家机关和任何公务人员的违法失职行为",同年中央人民政府委员会颁布的最高人民法院组织法和1954年宪法也有类似规定。实施行政诉讼制度在我国真正开始是在1982年。1982年颁布的《中华人民共和国民事诉讼法(试行)》第三条第二款规定:"法律规定由人民法院审理的行政案件,适用本法。"这一规定为行政案件的审理提供了程序方面的准用性规范。1989年4月4日,第七届全国人民代表大会第二次会议通过《中华人民共和国行政诉讼法》;1991年6月,最高人民法院通过《关于贯彻执行〈中华人民共和国行政诉讼法〉若干问题的意见(试行)》;1999年11月24日,最高人民法院审判委员会第1088次会议通过《最高人民法院关于执行〈中华人民共和国行政诉讼法〉若干问题的解释》。人民法院于1996年开始陆续建立了行政审判庭,专门审理行政案件。行政审判庭的建立,标志着我国对解决行政争议的行政诉讼制度由一般认识发展为可操作性的体制。其中1989年通过的《中华人民共和国行政诉讼法》的颁布与实施,标志着行政诉讼制度在我国已建立。行政诉讼法共十一章七十五条,对我国行政诉讼的基本原则、受案范围、管辖、诉讼参与人、证据、起诉和受理、审理和判决、执行、侵权赔偿责任、涉外行政诉讼等各方面事项作出了较系统的规定。之后,根据2014年11月1日第十二届全国人民代表大会常务委员会第十一次会议《关于修改〈中华人民共和国行政诉讼法〉的决定》对行政诉讼法进行第一次修正;根据2017年6月27日第十二届全国人民代表大会常务委员会第二十八次会议《关于修改〈中华人民共和国民事诉讼法〉和〈中华人民共和国行政诉讼法〉的决定》对行政诉讼法进行第二次修正。修正的内容主要包括立法目的、当事人诉讼权利、被告及审查对象、受案范围、法院管辖、诉讼参加人、证据制度、调解制度、民事争议和行政争议交叉处理机制等方面。经过修订,进一步完善了我国的行政诉讼制度,在保障公民、法人和其他组织合法权利,监督行政机关依法行使职权上发挥更加积极的作用。

1978年至1982年,中国的法治开始走上建设之路。1982年宪法以基本法的形式确认了公民权利,公民个体的重要性得到最高法的承认。此后,我国行政法治逐步发展,行政机关与公民的关系也逐步发生改变,即由高度集中的行政体制造成的行政权凌驾于一般公民权利之上,转变为肯定公民的独立地位和公民所具有的自主发展的权利。正是由于行政机关与公民关系的改变,才有了一系列行政法律制度,才有了行政诉讼制度的出台。另一方面,党的十一届三中全会后,实行党政分开、政企分开、权力下放,各种企业、组织之间的经济利益逐渐独立。①农村人民公社瓦解，实行家庭联产承包责任制，家庭成为独立的经济实体。也可以说，从计划经济到有计划的商品经济，再到市场经济，私领域的活跃促进了人们权利意识的逐渐萌醒，同时寻求制度支持来抵制行政机关的不正当干预。在市场经济发展的过程中，社会主体之间的矛盾越来越突出，企业需要排除行政机关和主管部门的不当干涉，农民对于基层政府在农民负担、计划生育和在宅基地等方面存在的违法行为也非常不满，其他社会成员因现实的需要也强烈要求落实宪法赋予的权利。这样就有了行政诉讼产生的经济基础和社会推动力，行政诉讼理论才勃然兴起，行政诉讼才在多年的期盼中走向实践。而反过来，行政诉讼的建立，对于国家政治、经济、社会生活产生了重要影响。具体表现在，有效地协调了政府与人民群众之间的关系，维护了社会的稳定，促进了社会的安定团结，有力地监督了行政机关依法行政，规范了行政行为。

在我国，行政诉讼立法的目的是为保证人民法院公正、及时审理行政案件，解决行政争议，保护公民、法人和其他组织的合法权益，监督行政机关依法行使职权。当公民、法人或者其他组织认为行政机关和行政机关工作人员的行政行为侵犯其合法权益时，有权依照本法向人民法院提起诉讼。在行政诉讼中，法院以司法裁判的形式对行政机关的行政行为作出司法评价，对其发生效力，从而起到对行政权力的监督制约作用。

---

① 参见梁慧星主编：《从近代民法到现代民法法学思潮——20世纪民法回顾》，中国法制出版社，2000年，第159页。

此外,我国的司法监督还包括人民检察院的监督。《中华人民共和国宪法》第一百二十九条规定:"中华人民共和国人民检察院是国家的法律监督机关。"人民检察院依法对政府工作人员遵纪守法情况进行监督。

人民法院和人民检察院在履行其司法职能的过程中,可以就所发现的行政机关在内部管理、执行法律法规等方面存在的问题提出建议,促进改进,对行政机关实现依法行政和高效服务起到督促作用。

(三)国家监察

第十三届全国人民代表大会第一次会议上通过了《中华人民共和国宪法修正案》。宪法修正案在国家机构一章中,专门增加监察委员会一节,确立了监察委员会作为国家机构的法律地位。中华人民共和国监察委员会是国家的监察机关,根据宪法和相关法律在我国设立国家监察委员会和地方各级监察委员会。中华人民共和国监察委员会是最高监察机关,监察委员会由下列人员组成:主任、副主任若干人、委员若干人。监察委员会主任每届任期同本级人民代表大会每届任期相同。国家监察委员会主任连续任职不得超过两届。监察委员会的组织和职权由法律规定。国家监察委员会领导地方各级监察委员会的工作,上级监察委员会领导下级监察委员会的工作。国家监察委员会对全国人民代表大会和全国人民代表大会常务委员会负责。地方各级监察委员会对产生它的国家权力机关和上一级监察委员会负责。监察委员会依照法律规定独立行使监察权,不受行政机关、社会团体和个人的干涉。

宪法第一百二十三条规定,中华人民共和国各级监察委员会是国家的监察机关,明确了监察委员会的性质和地位。在国家权力结构中设置监察机关,是从我国历史传统和现实国情出发加强对公权力监督的重大改革创新，体现了中国特色社会主义道路自信、理论自信、制度自信、文化自信。监察委员会作为行使国家监察职能的专责机关，与党的纪律检查委员会合署办公，实现党性和人民性的高度统一。监察委员会是实现党和国家自我监督的政治机关，不是行政机关、司法机关。其依法行使的监察权，不是行政监察、反贪反渎、预防腐败职能的简单叠加，而是在党直接领导下，代表党和国家对所有行使公权力的公职人员进行监督，既调查职务违法行为，又调查职务犯罪行为，其职能权限与司法机关、执法部门明显不同。

2018年3月20日，第十三届全国人民代表大会第一次会议表决通过了《中华人民共和国监察法》。其中规定，监察委员会依照本法和有关法律规定履行监督、调查、处置职责。对公职人员开展廉政教育，对其依法履职、秉公用权、廉洁从政从业以及道德操守情况进行监督检查；对涉嫌贪污贿赂、滥用职权、玩忽职守、权力寻租、利益输送、徇私舞弊以及浪费国家资财等职务违法和职务犯罪进行调查；对违法的公职人员依法作出政务处分决定；对履行职责不力、失职失责的领导人员进行问责；对涉嫌职务犯罪的，将调查结果移送人民检察院依法审查、提起公诉；向监察对象所在单位提出监察建议。

各级监察委员会可以向本级中国共产党机关、国家机关、法律法规授权或者委托管理公共事务的组织和单位以及所管辖的行政区域、国有企业等派驻或者派出监察机构、监察专员。监察机构、监察专员对派驻或者派出它的监察委员会负责。派驻或者派出的监察机构、监察专员根据授权，按照管理权限依法对公职人员进行监督，提出监察建议，依法对公职人员进行调查、处置。

（四）政党监督

政党监督是指政党组织对国家行政机关及其工作人员的监督。在当代各个国家,政党组织对行政机关和行政人员都发挥着重要的监督作用。在英、美、法等实行两党制和多党制的国家,在野党或反对党虽是不执掌政权的政党,但对行政管理的监督同样发挥着重要作用。西方国家,政党对于政府的监督主要源于党派竞争制度。围绕争夺执政的地位,各个主要政党之间展开激烈的竞争,力图使自己在政府权力机构中居于优势地位。西方国家的政党制度是一种竞争制度,这种竞争对于平民来说并不意味着充分的公平,但对政党本身来说是一种有力的外在制约。要执政,必须要比其他政党取得更多的选票,要更取信于民。尽管目前西方国家各政党在公民中的信誉度普遍不高,但各党派都希望自己比其他政党获取更多选票的内在要求,促使他们努力防范错误,争取民众的支持。因此,两党或多党的并存,政党之间的竞争,客观上起到监督制约作用。由于当代政治在一定意义上都是政党政治,执政党主导着国家机器的运作,政党之间的行政监督,对于避免执政党对国家政策的误导具有重要意义。

在我国,政党对行政的监督首先是执政党即中国共产党对国家行政机关及其工作人员的监督。中国共产党领导人民制定法律,将人民的意志和愿望转变为国家意志,其制定的路线、方针和政策要通过各级行政管理机关加以实施。党组织通过经常性的检查,确保所制定的路线、方针和政策得以顺利地贯彻实施。这一点主要是通过各级党组织经常性地了解和研究国家大政方针政策,研究行政机关中存在的问题,及时提出正确的主张和建议,帮助行政机关改进来实现的。同时,中国共产党通过对在行政管理机构中担任职务的共产党员进行监督，促使这些公务人员履行工作职责，全心全意为人民服务，示范性地带动其他工作人员更好地完成任务。这一点主要是通过党的各级纪律检查委员会，对从政党员主要是领导干部所实施的监督来实现的。党的各级纪律检查委员会对违反党纪国法的党组织和个人给予纪律处理和纪律处分，接受公民对党员行政工作人员违法乱纪行为提出的控告和申诉，并作出处理决定。除此以外，我国的民主党派在对国家行政管理的监督过程中也发挥着重要的作用，其对国家行政管理的监督主要是通过参政、议政等途径来实现的。

与西方国家通过执政党竞争对政府监督的机制不同，我国政党对政府的监督主要体现于执政党对政府的领导过程之中。

1987年7月29日，中央纪委下发了《关于对党员干部加强党内纪律监督的若干规定（试行）》。这是"文革"后最早的关于监督的专门文件。但文件在法规层面及约束力方面略显不足。直到1990年3月12日，党的十三届六中全会通过了《中共中央关于加强党同人民群众联系的决定》，正式提出要制定党内监督条例，作为在特定背景下中央反腐倡廉、为群众办实事的重大举措之一。文件指出，对各级领导机关和领导干部必须加强监督，"中央纪律检查委员会要会同中央组织部拟定党内监督条例"，这是执政党首次明确提出要制定《党内监督条例》。1990年以后，党的十四大、十五大都一再重申拟定《党内监督条例》，还曾提出过制定草案或试行法规的设想，并从党的十四大之后着手起草工作。2002年11月，党的十六大报告为加强对权力的制约和监督进一步指明了方向，提出建立结构合理、配置科学、程序严密、制约有效的运行机制，从决策和执行等环节加强对权力的监督,保证把人民赋予的权力真正用来为人民谋利益。重点加强对领导干部特别是主要领导干部的监督,加强对人财物管理和使用的监督。强化领导班子内部监督,完善重大事项和重要干部任免的决定程序。

2003年春,全党兴起学习"三个代表"重要思想的新高潮,这为《党内监督条例》的诞生增添了强大动力,同时又为贯彻执行《党内监督条例》作好了必要的思想教育准备。

党的十六大明确指出,按照党总揽全局、协调各方的原则,改革和完善党的领导方式。发挥党委对同级人大、政府、政协等各种组织的领导核心作用,发挥这些组织中党组的领导核心作用。党委既要支持人大、政府、政协和审判机关、检察机关,依照法律和章程独立负责、协调一致地开展工作,及时研究并统筹解决它们工作中的问题,又要通过这些组织中的党组织和党员干部贯彻党的路线方针政策,贯彻党委的重大决策和工作部署。党的十六大报告指出:"党内民主是党的生命","要以保障党员民主权利为基础……建立健全充分反映党员和党组织意愿的党内民主制度"。党员民主权利的实现程度是党内民主发展程度的标志。离开了党员民主权利的切实保障与充分实现,党员的主动性、积极性、创造性就无法发挥,党自身的活力与动力也就失去了深厚的源泉。

2004年2月17日生效的《中国共产党党内监督条例(试行)》专门设立"监督职责"一章,规定了党的委员会、党的委员会委员、党的纪律检查委员会、党的纪律检查委员会委员、党员、党的代表大会代表在党内监督方面的职责或责任、权利,第一次把这六种主体的监督职责或责任、权利以党内法规的形式固定了下来。这样，一是明确了各主体在党内监督中应当履行的职责或责任、权利，有利于各主体提高责任意识，积极主动开展监督。二是为各主体行使监督权提供了明确依据，有利于依法排除干扰和阻力。三是明确了各主体的地位、作用和关系，有利于党内监督工作在党委统一领导下，各负其责，依纪依法按照组织原则和严格程序有序开展。四是在强化监督制约的同时，有利于保护被监督者的合法权益，保护领导干部敢抓敢管、改革创新的积极性。

条例规定了上述六种主体的监督职责或责任、权利，是根据党章关于党委、纪委职责、任务和党员权利、义务等规定，根据党内监督工作的实践经验和发展规律而提出的，这六种主体在党内监督工作中处于关键和基础的地位。它们的监督作用能否真正发挥，监督工作是否实现规范化、制度化，对整个党内监督工作起着决定性作用。

2016年10月27日，中国共产党第十八届中央委员会第六次全体会议通过《中国共产党党内监督条例》，明确了我国党内监督的主要内容：遵守党章党规，坚定理想信念，践行党的宗旨，模范遵守宪法法律情况；维护党中央集中统一领导，牢固树立政治意识、大局意识、核心意识、看齐意识，贯彻落实党的理论和路线方针政策，确保全党令行禁止情况；坚持民主集中制，严肃党内政治生活，贯彻党员个人服从党的组织，少数服从多数，下级组织服从上级组织，全党各个组织和全体党员服从党的全国代表大会和中央委员会原则情况；落实全面从严治党责任，严明党的纪律特别是政治纪律和政治规矩，推进党风廉政建设和反腐败工作情况；落实中央八项规定精神，加强作风建设，密切联系群众，巩固党的执政基础情况；坚持党的干部标准，树立正确选人用人导向，执行干部选拔任用工作规定情况；廉洁自律、秉公用权情况；完成党中央和上级党组织部署的任务情况。

关于进一步完善政党监督，首先，要认真贯彻党的民主集中制，切实保障普通党员的民主权利和监督权利。党的各级组织及其领导干部在制定政策、形成重大决策的过程中，除了一些确需保密的重大事项外，均应在党内公开，让广大党员行使知情权、监督权。其次，要加强党委领导班子内部的相互监督。邓小平曾指出，领导干部的真实情况，"上级不是能天天看到的，下级也不是能天天看到的，同级的领导成员之间彼此是最熟的"。因此，他强调，"对领导人最重要的监督是来自党委会本身"。只有不断坚持和完善民主生活会等正常的组织生活，充分开展批评与自我批评，切实实行相互监督并监督到位，才能有效防止干部腐败，特别是集体腐败案件的发生。最后，要改革和完善党内选举制度。健全一套完备具体的党内选举条例，健全和完善候选人提名方式，拓宽选举人了解候选人的渠道，适当扩大差额选举的比例，逐步扩大党内直接选举的范围，等等。

另外，需要进一步加强上级组织对下级组织的监督，强化各级党委、政府的监督责任和意识，把上级组织检查下级组织的工作制度化、程序化，将监督寓于日常的领导、管理活动之中。建立健全责任追究机制，对因主要领导管理不严、监督不力而导致班子成员出现违纪违法行为的，根据党风廉政建设责任制及相关规定，严肃追究主要领导的责任。坚持把监督贯穿于干部管理全过程，完善党的各项组织制度，抓好领导干部任前廉政谈话、诫勉谈话、述廉述职、重要情况通报和报告等制度，健全和完善纪委负责人同下级党政主要负责人的谈话制度，进一步完善巡视制度。

(五)人民政协监督

我国实行的是中国共产党领导的多党合作与政治协商制度。其中,政治协商是对国家和地方的大政方针以及政治、经济、文化和社会生活中的重要问题,在决策之前进行协商或就决策执行过程中的重要问题进行协商。

政治协商、民主监督、参政议政是政协的三大功能。其中,民主监督是我国多党合作、政治协商制度的重要功能。主要内容包括:国家宪法与法律、法规的实施情况,国民经济和社会发展计划以及财政预算执行情况,政府机关及其工作人员履行职责、遵纪守法、为政清廉等方面的情况。

改革开放是当代中国的一次伟大觉醒,在中国共产党和各民主党派的共同努力下,民主党派组织和工作陆续得以恢复。多党合作关系逐步得以恢复和发展。党的十二大报告在总结多党合作历史经验的基础上,明确提出了"长期共存、互相监督、肝胆相照、荣辱与共"的多党合作基本方针,为民主党派民主监督提供了政治指导。1995年1月14日,中国人民政治协商会议第八届全国委员会常务委员会第九次会议通过了《政协全国委员会关于政治协商、民主监督、参政议政的规定》。其中第四条规定:"民主监督是对国家宪法、法律和法规的实施,重大方针政策的贯彻执行,国家机关及其工作人员的工作,通过建议和批评进行监督。民主监督的主要内容包括:国家宪法与法律、法规的实施情况, 中共中央与国家领导机关制定的重要方针政策的贯彻执行情况,国民经济和社会发展计划及财政预算执行情况,国家机关及其工作人员履行职责、遵守法纪、为政清廉等方面情况，参加政协的各单位和个人遵守政协章程和执行政协决议的情况。民主监督的主要形式有：政协全国委员会的全体会议、常务委员会议或主席会议向中共中央、国务院提出建议案，各专门委员会提出建议或有关报告；委员视察，委员提案，委员举报或以其他形式提出批评和建议；参加中共中央、国务院有关部门组织的调查和检查活动。"

2005年中共中央颁布的《关于进一步加强中国共产党领导的多党合作和政治协商制度建设的意见》（以下简称《意见》）中明确指出，中国共产党与民主党派实行互相监督。这种监督是在坚持四项基本原则的基础上通过提出意见、批评、建议的方式进行的政治监督，是我国社会主义监督体系的重要组成部分。党的十八大报告指出："人民民主是社会主义的生命"，"加快推进社会主义民主政治制度化、规范化、程序化，从各层次各领域扩大公民有序政治参与，实现国家各项工作法治化"。民主党派的民主监督是我国人民民主的重要组成部分，也是全面从严治党的重要外部力量。深化全面从严治党，包含着使政党监督制度化、规范化和程序化的要求。这是发展中国特色社会主义民主政治的重要内容和内在要求。2013年年初，习近平总书记在同党外人士共迎新春时强调，要继续加强民主监督。对中国共产党而言，要容得下尖锐批评，做到有则改之、无则加勉；对党外人士而言，要敢于讲真话，敢于讲逆耳之言，真实反映群众心声，做到知无不言、言无不尽。要求中共各级党委主动接受、真心欢迎民主党派和无党派人士监督，切实改进工作作风，不断提高工作水平。在庆祝中国人民政治协商会议成立六十五周年大会上习近平再次强调，要加强人民政协民主监督，完善民主监督的组织领导、权益保障、知情反馈、沟通协调机制。近年来,在中共中央的领导下,各民主党派纷纷组织相关人员奔赴全国各个地区进行"扶贫攻坚民主监督"大调研,有效协助地方党委和政府出谋划策,精准扶贫,取得了丰硕的成果,切实发挥了民主党派在国家政治生活中的监督作用。

（六）社会舆论监督

舆论监督的广泛性决定了舆论监督覆盖了社会管理的各个方面。社会公众可以通过社会舆论对行政机关制定和执行政策的行为实施监督。西方国家新闻舆论对政府权力的监督是其反腐败体系的重要组成部分。

改革开放以后,社会舆论监督成为社会主义民主政治和政治文明建设的重要内容。由监督主体利用各种传播工具把倾向性意见汇集成公共舆论力量,对政府机关及其工作人员形成制约和监督。

关于社会舆论监督,我国历届全国的党代会报告都给予强调和重视。党的十三大报告强调,重视传播媒介的舆论监督,逐步完善监督机制,使各级国家机关及其工作人员置于有效的监督之下。党的十四大报告中提出,强化法律监督机关和行政监察机关的职能,重视传播媒介的舆论监督,逐步完善监督机制,使各级国家机关及其工作人员置于有效的监督之下。党的十五大报告中提出要完善民主监督制度。坚持公平、公正、公开的原则,直接涉及群众切身利益的部门要实行公开办事制度。把党内监督、法律监督、群众监督结合起来,发挥舆论监督的作用。党的十六大报告中明确要加强对权力的制约和监督,建立结构合理、配置科学、程序严密、制约有效的权力运行机制。这其中就包括了加强民主监督,发挥舆论监督的作用。党的十七大报告强调完善制约和监督机制,落实党内监督条例,加强民主监督,发挥好舆论监督作用,增强监督合力和实效。党的十八大报告中提出构建完善的监督体系,充分发挥各方面监督的作用,使监督覆盖到权力行使的各个环节和各个方面。党的十九大报告强调要加强对权力运行的制约和监督,构建党统一指挥、全面覆盖、权威高效的监督体系,把党内监督同国家机关监督、民主监督、司法监督、群众监督、舆论监督贯通起来,增强监督合力。

(七)公民监督

公民虽然在行政关系中处于被管理地位,但是各国的宪法和法律都有保护公民及社会团体的条款,赋予他们权利,通过一定程序,在一定范围和一定程度上对国家行政机关及其工作人员的行为进行监督。例如,公民以及社会团体可以直接就行政机关的行政行为提出申诉,提请行政复议,控诉和检举国家行政机关及其工作人员的违法、渎职、侵权等行为。

我国宪法规定公民享有监督权和取得赔偿权。宪法第四十五条规定:"公民对于任何国家机关和国家工作人员享有提出批评建议的权利。"原《中华人民共和国行政监察法》中规定监察部门的职责之一就是"受理对国家行政机关、国家公务员和国家行政机关任命的其他人员违反行政纪律行为的控告、检举"。新《中华人民共和国监察法》第三十五条规定:"监察机关对于报案或者举报,应当接受并按照有关规定处理。"《信访条例》第八条规定:"信访人对下列信访事项,可以向有关行政机关提出:(1)对行政机关及其工作人员的批评、建议和要求;(2)

检举、揭发行政机关工作人员的违法失职行为；（3）控告侵害自己合法权益的行为。"这些法律文件都保证了公民依法对行政机关及其工作人员的监督。

当国家行政机关和行政工作人员违法行使行政职权侵害公民、法人或其他组织的合法权益造成损害时，受害人有依法取得赔偿的权利，由国家负责向受害人赔偿，这为我国公民监督制度提供了法律保障。1994年5月12日，第八届全国人民代表大会常务委员会第七次会议通过《中华人民共和国国家赔偿法》；之后，我国分别于2010年4月、2012年10月修订国家赔偿法，对国家赔偿制度予以进一步完善。

第三节　政府自律机制和他律机制的完善

一、我国行政监督机制存在的主要问题

改革开放以来，我国行政管理体制经过了若干次调整和改革，同时形成一套具有中国特色的行政监督体系。党的十五大报告提出了依法治国的战略构想，党的十六大报告进一步提出，要"建立结构合理、配置科学、程序严密、制约有效的权力运行机制，从决策和执行等环节加强对权力的监督，保证把人民赋予的权力真正用来为人民谋利益"。之后历次党代会也都强调行政监督在完善行政管理体制及其运行机制方面的重要作用。行政监督机制的发展和完善，在我国行政管理的规范化、高效化以及反腐倡廉方面发挥着重要作用，但是我国的行政监督仍然存在一些问题。

（一）监督主体方面的问题

（1）主观上监督力度不够。从行政系统内部来看，上级机关和行政领导对下级机关和部属的监督是经常的、大量的，监督是上级机关和行政领导的重要职责之一。由于上下级之间沟通广泛、彼此业务熟悉，这种监督理应发挥更大的作用。然而从行政管理的现实来看，主管监督的力度仍然不够，一方面表现为对下级的违法和不当行为未能及时加以纠正，另一方面，较少改变或者撤销下级的不适当的决定、命令。针对这一问题，要按照中央的要求，完善政府内部层级监督和专门监督，改进上级机关对下级机关的监督，建立常态化监督制度。从行政系统的外部监督关系看，权力机关的监督权威尚未到位，对政府的行为，特别是抽象行政行为的监督尤为偏弱，较少见到人大撤销政府不适当的抽象行政行为。

（2）客观上独立性不够。我国行政机关内部监督部门多实行的是双重领导体制，既受同级政府领导，又受上级业务部门领导，但实际上更多的是受到同级政府领导。在这样的体制下，监督机构的人事任免、办公经费、人员福利都受制于监督客体，导致了监督主体的独立性受到限制，使监督人员在心理上产生顾虑，难以毫无畏惧地展开工作，难以独立行使监督权。同样，司法机关的人财物也受制于地方行政机关，对地方行政命令不得不考虑，因而对行政机关的监督受到牵制。在改革司法管理体制方面，党的十八届三中全会提出要推动省以下地方人民法院、人民检察院人财物统一管理，党的十八届四中全会提出要进一步改革司法机关人财物管理体制。中央全面深化改革领导小组第三次会议审议通过的《司法体制改革试点意见》中提出推动省以下地方人民法院、人民检察院人财物统一管理。上述改革措施将改变我国以往地方司法机关经费按行政区域实行分级管理、分级负担的体制现状,有利于排除地方不当干预,保证司法机关依法独立公正行使司法权。

（3）我国目前的行政监督体系具有多元化的特点。对于多元化的行政监督体系,如何理顺各监督主体之间的关系,使之形成监督合力,这是能否使行政监督取得实效的关键。改革开放以来,我国建立和健全了诸多行政监督形式, 然而政府的行政管理实践屡屡出现问题,原因之一便是各监督主体的作用没有得到有效整合,因而行政监督的优势体现得不够明显。因此,应当按照中央的"增强监督合力和实效"的指示精神,在明确各监督主体监督权力、监督事项和范围、监督原则、监督程序和法律责任等的基础上, 建立各监督主体间的沟通协调机制,以防止监督主体相互推诿、重复监督和监督不到位的情况发生。

（二）依法监督方面的问题

行政监督主体监督职能的行使,必须有法定的方式和程序。依法监督,必须以客观事实为依据,以有关法律为准绳。如果缺乏行政监督立法,就会造成行政监督主体无法可依,行政监督缺乏标准和依据,易导致监督的盲目性和随意性,甚至产生负向功能。改革开放以来,我国在行政监督立法方面取得了很大的成绩,在行政监察、审计、行政复议、司法审查、人大监督等方面都做到了有法可依。但是在社会监督立法方面还显得不够,致使社会公众和舆论监督的作用还不明显。社会公众和舆论媒体由于本身知情权受到局限,参与监督的方式和作用存在明显不足。有的行政机关对舆论监督的作用认识不到位,有的为掩盖责任,采取消息封锁的方法,有的打击报复,有的对公众舆论漠然处之,使舆论监督的作用大打折扣。

(三)行政程序方面的问题

我国以往行政程序建设的一大特征"就是制度化与法治化特色不明朗,随意行政和恣意行政现象严重"①。所谓行政程序,指的是行政机关行使行政权力,开展行政活动过程中必须遵循的法定方式、步骤、顺序以及时限的规则。行政机关和行政相对人双方对行政程序的认同和遵守是衡量一个国家行政法治水平的基本尺度。严格按照程序办事是依法行政的起码要求。违反法定行政程序用权,本身就是一种违法行为,其行为给权力滥用留下空间。我国目前还没有一部统一的行政程序法典,办事程序五花八门。《中华人民共和国行政诉讼法》第七十条规定,行政行为违反法定程序的,人民法院判决撤销或者部分撤销,并可以判决被告重新做出行政行为。这是以立法形式明确地将违反法定程序作为认定行政程序违法的依据。但是由于缺乏统一的程序法典,现有的程序立法既分散,又不系统,这样将为司法机关审查行政机关的程序违法造成困难。因此,为约束、规范行政行为,监督和控制行政机关及其工作人员的程序违法,有必要加快行政程序立法建设,以为司法机关对程序违法的司法审查提供实质性的认定标准。

(四)监督对象和内容方面的问题

如前所述,行政监督的功能在于预防、纠错、补救和促进。在我国现行的行政监督中,纠错型监督功能较为突出,而预防型监督功能力

---

① 张正钊、韩大元:《比较行政法》,中国人民大学出版社,1998年,第599~600页。

度不够。预防型监督是成本低、效果好的监督形式，因此应当进一步发挥这一监督机制的功能。中共中央曾于2005年印发《建立健全教育、制度、监督并重的惩治和预防腐败体系实施纲要》，对于惩治和预防腐败发挥了重要作用。着眼于完善我国的行政监督机制，应当将该纲要所内含的精神推广于整个行政监督体系，以使预防型监督和纠错型监督趋于平衡。

二、创新行政监督机制，完善我国行政监督

（一）完善行政监督立法，推进行政监督法制化

重视和加强行政监督立法，推进行政监督的法制化，是贯彻依法治国方略和行政法制原则的要求。行政监督立法是依法实行行政监督的前提和基础，只有尽快健全各种行政监督法律法规，才能为行政监督提供基本的规范。1992年邓小平就曾提出，在整个改革开放过程中都要反对腐败。对于共产党来说廉政建设要作为大事来抓。还是要靠法制，搞法制靠得住些。改革开放以来，我国行政监督立法取得了长足的发展，目前，应当根据新时期完善国家行政的要求进一步健全行政监督的立法建设，积极推进行政监督的法制化。对此，党的十八届三中全会提出："健全反腐倡廉法规制度体系，完善惩治和预防腐败、防控廉政风险、防止利益冲突、领导干部报告个人有关事项、任职回避等方面法律法规。"党的十八届四中全会要求："完善全国人大及其常委会宪法监督制度，健全宪法解释程序机制。加强备案审查制度和能力建设，把所有规范性文件纳入备案审查范围，依法撤销和纠正违宪违法的规范性文件，禁止地方制发带有立法性质的文件。""加快推进反腐

败国家立法，完善惩治和预防腐败体系，形成不敢腐、不能腐、不想腐的有效机制，坚决遏制和预防腐败现象。完善惩治贪污贿赂犯罪法律制度，把贿赂犯罪对象由财物扩大为财物和其他财产性利益。"行政监督立法应当追求精细化，完善各类行政监督主体，明确监督的权限、法律依据、程序和手段，从而使得相关工作的开展有法可依。

（二）完善行政监督体制

如前所述，整个行政监督体系分为内部监督体系（自律系统）和外部监督体系（他律系统）。内部监督作为政府自我预防和纠错机制，在维系政府组织合法、正当运行方面发挥着重要作用。但是作为自我监督机制，其在监督行政方面有着先天性不足，如果缺乏强有力的外部监督机制，内部监督的成效有可能难以充分体现。因此，在未来行政监督体系的完善中，应当同时重视两大监督体系的进一步建设，在此基础上，使二者既相互独立地运作，又相互沟通与合作，使之成为既有分工又有合作的关系协调、工作有效的监督体系。

（三）增加政府行政行为透明度

政务公开或者政府信息公开，从经济学的角度来看，可以降低社会成员的交易成本；从法学角度来看，可以保障公民的知情权；从政治学的角度来看，可以促进公民政治参与和监督。自2006年《中共中央关于构建社会主义和谐社会若干重大问题的决定》提出依法保障公民的知情权、参与权、表达权、监督权以来，公民的这四项权利在后续的多个中央文件中得到进一步强调。应当指出，知情权是参与权、表达权和监督权的基础，就行政监督而言，只有保障公民的知情权，切实做到政府行为的透明公开，才能使公民了解政府机关及其工作人员的所作所为,消除一切幕后交易和暗箱操作,从而使公民的监督落到实处。党的十七大以来,政府信息公开成为我国政治与行政体制改革的主题词之一。中央要求:①全面推进政务公开,坚持以公开为常态,以不公开为例外原则,确保权力正确行使,必须让权力在阳光下运行;②实行抽象行政行为公开,即增强决策透明度和公众参与度,制定与群众利益密切相关的法律法规和公共政策原则上要公开听取意见,涉及公民、法人或其他组织权利和义务的规范性文件,按照政府信息公开要求和程序予以公布;③信息公开的重点领域包括决策公开、执行公开、管理公开、服务公开、结果公开;④各级政府及其工作部门依据权力清单,向社会全面公开政府职能、法律依据、实施主体、职责权限、管理流程、监督方式等事项,重点推进财政预算、公共资源配置、重大建设项目批准和实施、社会公益事业建设等领域的政府信息公开;⑤推行行政执法公示制度,推进政务公开信息化,加强互联网政务信息数据服务平台和便民服务平台建设。

（四）发挥新闻舆论的监督作用

有人把舆论监督看作除立法、行政、司法三大权力之外的"第四种权力",它在行政监督中起着独特的作用。新闻媒体以其信息传递上的公开、迅速、广泛,对监督客体产生巨大的压力和效应。我国的新闻舆论在监督实践中发挥了积极作用。由于舆论监督自身的特点,它可弥补其他法定监督对有关官员违法犯罪信息掌握不够的不足,揭露政府机构或政府官员的犯罪线索。因此,新闻舆论监督对政府机关及其工作人员自律规范可以发挥积极推动作用。在现代信息技术快速发展的今天,应当进一步加强网络监督的作用,公民通过互联网,了解国家的行政事务，发表意见建议，行使民主监督权利，使虚拟的网络变成现实监督的平台。对此，应当完善网络监督的立法建设，发挥其在监督方面的积极效应。网络监督的完善，可以健全当代社会的监督体系，以适应现代社会行政监督的现实需求。

（五）加强公职人员的职业道德教育

有研究表明，在市场经济条件下，控制政府官员勤政廉政的最有效手段，并非制定越来越多的规则和加强对违反规则的越轨行为的惩处，而在于提高政府公职人员的思想道德素质，使其将忠于职守和国家利益至上的观念置于首位。许多国家在廉政建设方面都特别注意公职人员的职业道德教育。除此之外，还必须把行政道德建设与公职人员的考核、录用、培养、晋升、奖惩等环节有机地结合起来，这样才有利于培养行政工作人员勤政廉政的行政习惯。许多国家都是把道德力量作为维护民主政府和依法治国的主要基础，我们也必须把提高公职人员的职业道德素质当作廉政建设的题中应有之义。①

三、加强行政监督，推行行政问责制

现代意义上的行政问责制源于西方民主政治和民主行政的思想，具体来说来源于契约论、人民主权论和有限政府论。从最一般的意义上说，行政问责制是指行政问责主体针对法定事项对问责对象的行为进行责任追究的制度安排。行政问责制实施的前提是，政府的行为，无论是抽象行为还是具体行为，必须以人民的意志为依归，对人民负

---

① 参见徐毅：《现行行政监督体系中存在的问题及对策》，《学习论坛》，2003年第10期。

责。"只有当受治者同治者的关系遵循国家服务于公民而不是公民服务于国家，政府为人民存在而不是相反这样的原则时，才有民主制度存在。"①

　　行政问责制以权责一致作为前提条件。权责一致是行政管理学的原则之一，其基本含义在于有权必有责，有责必有权。有责无权，责任落空；而有权无责，则必然滥用其权。因此，权责一致原则是问责制的基础，也是构建责任政府和法治政府的前提条件。世界发达国家如英国、美国、法国、澳大利亚及日本的行政问责，均重视法律与制度建设，重视专门机构监督，重视行政问责的实施与监督机制，重视行政问责体系建设，重视行政公开、公众参与和媒体监督等相结合。我国香港特别行政区推行的主要官员问责制也取得良好效果。

　　我国的行政问责始于2003年"非典"期间。之后中央开始追究和查处在重大安全事故、环境污染等方面失职、渎职或负有重要责任的行政官员。地方也逐步开展了行政问责。2004年，时任国务院总理的温家宝在第十届全国人民代表大会第四次会议的《政府工作报告》中指出："要建立健全行政问责制，提高政府执行力和公信力。"2006年9月，温家宝再次强调："按照权责一致、依法有序、民主公开、客观公正的原则，加快建立以行政首长为重点的行政问责制度。"2006年生效的《中华人民共和国公务员法》规定了行政人员的"惩戒"和"辞职辞退"制度，对责任制的推行予以了法定化。2008年党的第十七届中央委员会第二次全体会议通过的《关于深化行政管理体制改革的意见》提出，遵

---

　　① 〔美〕乔·萨托利：《民主新论》，冯克利、阎克文译，东方出版社，1993年，第38页。

守宪法和法律是政府工作的根本原则。必须严格依法行政，坚持用制度管权、管事、管人，健全监督机制，强化责任追究，切实做到有权必有责、用权受监督、违法要追究。2008年3月，在第十一届全国人民代表大会第一次会议上，时任国务院总理的温家宝作政府工作报告时提到：完善行政监督制度；坚持用制度管权、管事、管人；加强行政权力监督，规范行政许可行为；强化政府层级监督，充分发挥监察、审计等专门监督的作用；自觉接受社会各个方面的监督。

2009年6月，中共中央办公厅和国务院办公厅印发《关于实行党政领导干部问责的暂行规定》。该规定的制定目的是为了加强对党政领导干部的管理和监督，增强党政领导干部的责任意识和大局意识，促进深入贯彻落实科学发展观，提高党的执政能力和执政水平。从其内容来看，包括问责的情形、方式及适用，实行问责的程序等。党的十七大报告提出，重点加强对领导干部特别是主要领导干部、人财物管理使用、关键岗位的监督，健全质询、问责、经济责任审计、引咎辞职、罢免等制度。落实党内监督条例，加强民主监督，发挥好舆论监督作用，增强监督合力和实效。2010年的政府工作报告再次强调：强化行政问责，对失职渎职、不作为和乱作为的，要严肃追究责任。党的十八届四中全会提出，完善纠错问责机制，健全责令公开道歉、停职检查、引咎辞职、责令辞职、罢免等问责方式和程序。近年来，党中央抓住落实主体责任，把问责作为从严治党利器，强化问责成为管党治党、治国理政的鲜明特色。2016年7月，中共中央印发了《中国共产党问责条例》。该条例规定的问责对象是各级党委（党组）、党的工作部门及其领导成员，各级纪委（纪检组）及其领导成员，重点是主要负责人。此外，该条例规定实行终身问责，对失职失责性质恶劣、后果严重的，不论其责任人是否调离转岗、提拔或者退休，都应当严肃问责。尽管问责条例所规定的问责对象是党的领导干部，但是由于我国特定的党政关系，对党员领导干部的问责起到了行政问责意义上的作用。

应当指出，行政问责制的理论研究和实践在我国起步较晚，由于各领域的制度体系还有待完善，以及问责制本身对问责主体、对象、内容、方式、程序等一系列问题缺乏细致具体的规范，在政府体制改革的进程中，如何运用问责制规范行政权力的行使，如何维护公民的合法权利，如何提高政府的执行力和公信力，就成为今后一个时期面临的重大任务，也是转变政府职能、深化行政体制改革的重要内容。①

附录：大事记

1. 1979年7月1日，第五届全国人民代表大会第二次会议通过《中华人民共和国地方各级人民代表大会和地方各级人民政府组织法》。

2. 1982年12月4日，第五届全国人民代表大会第五次会议通过《中华人民共和国宪法》。

3. 1982年12月10日，第五届全国人民代表大会第五次会议通过，1982年12月10日全国人民代表大会常务委员会委员长令第十四号公布施行《中华人民共和国国务院组织法》。

4. 1983年9月，中华人民共和国审计署成立，是国务院的组成部门，

---

① 参见董向芸、沈亚平：《问责制的理论基础和现实功能》，《河北大学学报》，2011年第4期。

县级以上地方各级人民政府也相继设立审计机关,审计工作在全国范围内逐步展开。

5. 1986年11月,国务院向全国人大常委提交《关于提请设立中华人民共和国监察部的议案》,得到批准。

6. 1986年9月5日,第六届全国人民代表大会常务委员会通过《治安管理处罚条例》。

7. 1987年7月29日,中央纪委下发了《关于对党员干部加强党内纪律监督的若干规定(试行)》,这是"文革"后最早的关于监督的专门文件。

8. 1988年10月21日,国务院第二十二次常务会议通过了《中华人民共和国审计条例》。

9. 1989年4月4日,第七届全国人民代表大会第二次会议通过《中华人民共和国行政诉讼法》,并于1990年10月1日施行。

10. 改革开放以来,为适应民主法治建设的新形势,国务院在全面总结行政机关内部监督管理经验的基础上,于1990年12月24日颁布了《行政复议条例》,为我国行政复议工作提供了最直接的行政法规依据,促进了我国行政复议制度的发展和完善,标志着我国行政复议制度进入了一个全新的发展时期。

11. 1990年3月,《中共中央关于加强党同人民群众联系的决定》中指出,要建立和完善党内监督与党外监督,自上而下的监督与自下而上的监督的制度,建议全国人大常委会拟定实行工作监督和法律监督的监督法。

12. 1991年6月,最高人民法院通过《关于贯彻执行〈中华人民共和国行政诉讼法〉若干问题的意见(试行)》。

13. 1993年9月,第八届全国人民代表大会常务委员会通过《关于加强法律实施情况检查监督的若干规定》。

14. 1994年5月12日,第八届全国人民代表大会常务委员会第七次会议通过《中华人民共和国国家赔偿法》;1994年10月9日,国务院修订发布《行政复议条例》。

15. 1994年8月31日,《中华人民共和国审计法》正式颁布,自1995年1月1日起施行。

16. 1995年1月14日,中国人民政治协商会议第八届全国委员会常务委员会第九次会议通过了《政协全国委员会关于政治协商、民主监督、参政议政的规定》。

17. 1996年3月17日,第八届全国人民代表大会第四次会议通过,1996年3月17日中华人民共和国主席令第六十三号公布《中华人民共和国行政处罚法》。

18. 1997年10月21日,国务院发布《中华人民共和国审计法实施条例》。

19. 1999年4月29日,第九届全国人民代表大会常务委员会第九次会议通过了《中华人民共和国行政复议法》。

20. 1999年11月24日,最高人民法院审判委员会第1088次会议通过《最高人民法院关于执行〈中华人民共和国行政诉讼法〉若干问题的解释》。

21. 2000年3月15日,第九届全国人民代表大会第三次会议通过《中华人民共和国立法法》。

22. 2003年8月27日,全国人大常委会通过《中华人民共和国行政许可法》。

23. 2006年2月28日,修订后的《中华人民共和国审计法》正式颁布,自2006年6月1日起施行。

24. 2006年3月1日,《中华人民共和国治安管理处罚法》正式实施。

25. 2006年8月27日,第十届全国人民代表大会常务委员会第二十三次会议通过了《中华人民共和国各级人民代表大会常务委员会监督法》。同日,时任国家主席的胡锦涛签署主席令予以颁布,自2007年1月1日起施行。

26. 2007年5月23日,国务院第177次常务会议通过了《中华人民共和国行政复议法实施条例》,条例的颁布实施将充分发挥行政复议在解决行政争议、建设法治政府、构建社会主义和谐社会中的重要作用,对我国社会主义民主政治建设具有重要的意义。

27. 2009年8月,根据第十一届全国人民代表大会常务委员会第十次会议《关于修改部分法律的决定》第一次修正《中华人民共和国复议法》,2017年9月1日第十二届全国人民代表大会常务委员会第二十九次会议《关于修改〈中华人民共和国法官法〉等八部法律的决定》第二次对该法律进行修正。

28. 2010年至2012年,我国两次修订《中华人民共和国国家赔偿法》,分别是2010年4月29日,第十一届全国人民代表大会常务委员会第十四次会议通过的《全国人民代表大会常务委员会关于修改〈中华人民共和国国家赔偿法〉的决定》第一次修正;2012年10月26日第十一届全国人民代表大会常务委员会第二十九次会议通过的《全国人民代表大会常务委员会关于修改〈中华人民共和国国家赔偿法〉的决定》第二次修正。

29. 2017年10月24日,中国共产党第十九次全国代表大会通过了

《中国共产党章程(修正案)》。

30. 2018年3月11日,第十三届全国人民代表大会第一次会议第三次全体会议投票表决,通过了《中华人民共和国宪法修正案》。

31. 2018年3月20日,第十三届全国人民代表大会第一次会议表决通过了《中华人民共和国监察法》。

参考文献

1.《列宁选集》(第四卷),人民出版社,1972年。

2.《邓小平文选》(第二卷),人民出版社,1994年。

3. 陈奇星:《行政监督新论》,国家行政学院出版社,2008年。

4. 陈潭:《大数据时代的国家治理》,中国社会科学出版社,2015年。

5. [法]孟德斯鸠:《论法的精神》(上册),张雁深译,商务印书馆,1961年。

6. 樊崇义:《检察机关深化法律监督发展的四个面向》,《中国法律评论》,2017年第5期。

7. 黄晓辉、陈诚:《国家权力监控机制比较研究》,人民出版社,2009年。

8. 江必新:《行政程序正当性的司法审查》,《中国社会科学》,2012年第7期。

9. 姜明安:《行政执法研究》,北京大学出版社,2004年。

10. 李林、翟国强:《健全宪法实施监督机制研究报告》,中国社会科学出版社,2015年。

11. 梁慧星主编:《从近代民法到现代民法法学思潮——20世纪民

法回顾》,中国法制出版社,2000年。

12. 罗豪才:《行政法论丛》,法律出版社,2000年。

13. 马怀德:《〈国家监察法〉的立法思路与立法重点》,《环球法律评论》,2017年第2期。

14.《毛泽东选集》(第二卷),人民出版社,1991年。

15. [美]汉密尔顿、杰伊、麦迪逊:《联邦党人文集》,程逢如等译,商务印书馆,1980年。

16. [美]乔·萨托利:《民主新论》,东方出版社,冯克利等译,1993年。

17. 沈荣华:《行政权力制约机制》,国家行政学院出版社,2006年。

18. 石书伟:《行政监督原论》,社会科学文献出版社,2011年。

19. 史献芝:《形式法治化与实质法治化:行政问责法治化的二维分析框架》,《中国行政管理》,2016年第3期。

20. 王芳:《论依法行政视野下的行政问责制》,《行政与法》,2015年第5期。

21. 王凯伟:《政府效能与行政监督》,湖南人民出版社,2012年。

22. 王名扬:《法国行政法》,中国政法大学出版社,1989年。

23. 王占魁:《行政监督面临的难题及对策》,《新视野》,2004年第2期。

24. 杨绪盟:《民主党派与依法治国》,人民出版社,2015年。

25. [英]罗德里克·马丁:《权力社会学》,牛子义等译,生活·读书·新知三联书店,1992年。

26. [英]威廉·韦德:《行政法》,徐炳译,中国大百科全书出版社,1997年。

27. [英]维尔:《美国政治》,王合译,商务印书馆,1981年。

28. 张惠康：《参政党民主监督功能研究》，中共中央党校出版社，2011年。

29. 张钟兮：《行政问责制度的"中国意义"：问责制、行政管理体制与中国政治体制研究述评》，《理论与改革》，2010年第3期。

30.《中国审计体系研究》课题组：《中国审计体系研究》，中国审计出版社，1998年。

31. 周汉华：《政府监管与行政法》，北京大学出版社，2007年。

第十二章
奠定规范高效的庶政之基：公共财政制度改革

推进财政管理体制改革。健全公共财政体制，明确各级政府的财政支出责任。进一步完善转移支付制度，加大对中西部地区和民族地区的财政支持。深化部门预算、国库集中收付、政府采购和收支两条线管理改革。清理和规范行政事业性收费，凡能纳入预算的都要纳入预算管理。改革预算编制制度，完善预算编制、执行的制衡机制，加强审计监督。建立预算绩效评价体系。实行全口径预算管理和对或有负债的有效监控。加强各级人民代表大会对本级政府预算的审查和监督。

——《中共中央关于完善社会主义市场

经济体制若干问题的决定》（2003年）

深化财税、金融等体制改革，完善宏观调控体系。围绕推进基本公共服务均等化和主体功能区建设，完善公共财政体系。深化预算制度改革，强化预算管理和监督，健全中央和地方财力与事权相匹配的体制，加快形成统一规范透明的财政转移支付制度，提高一般性转移支付规模和比例，加大公共服务领域投入。完善省以下财政体制，增强基层政府提供公共服务能力。

——胡锦涛（2007年）

加快建立现代财政制度，建立权责清晰、财力协调、区域均衡的中央和地方财政关系。建立全面规范透明、标准科学、约束有力的预算制度，全面实施绩效管理。

——习近平（2017年）

以党的十一届三中全会为开端，中国社会开启了改革开放的新纪元。其中，经济体制改革无疑是我国改革开放的领跑者。而作为整个经济体制改革重要组成部分的公共财政制度改革，在四十年经济体制改革中取得了较为显著的成效。如今，站在新的起点，梳理公共财政制度改革的发展脉络，总结经验教训，探寻发展规律，将公共财政改革事业继续向前推进，无疑具有重要的理论价值和实践意义。

第一节　从"大锅饭"到"分灶吃饭"再到"分税制"

新中国成立以来，随着社会政治环境和经济条件的变化，我国财政管理体制历经数次重大改革。从计划经济时代政府统收统支的"大锅饭"，到20世纪80年代的财政包干"分灶吃饭"，再到1994年的"分税制"改革，我国的财政管理体制发生的变化是革命性的。其历程如表12-1所示。

表12-1　财政管理体制改革一览表

实施时间		内容简述
统收统支阶段	①1950年	高度集中、统收统支
	②1951—1957年	划分收支、分级管理
	③1958年	以收定支、五年不变
	④1959—1970年	收支下放、计划包干、地区调剂,总额分成、一年一变
	⑤1971—1973年	定支定收、收支包干、保证上缴,结余留用、一年一定
	⑥1974—1975年	收入按固定比例留成、超收另定分成比例、支出按指标包干
	⑦1976—1977年	收支挂钩、总额分成
	⑧1978—1979年	收支挂钩、总额分成+增收分成、收支挂钩
包干阶段	⑨1980—1984年	划分收支、分级包干
	⑩1985—1988年	划分税种、核定收支、分级包干
	⑪1988—1993年	多种包干办法(收入递增包干、上解定额递增包干、定额补助包干等)
分税制阶段	⑫1994—2002年	财政收入集权(统一税法、公平税负、简化税制、合理分权)
所得税分享改革阶段	⑬2003—2006年	将地方财政收入重要来源企业所得税和个人所得税变为共享税种
	⑭2007—2018年	相关农业税费取消后,地方政府财政重心转移到营业税和土地出让金
国地税合并阶段	⑮2018年至今	将省级和省级以下国地税机构合并,具体承担所辖地区内各项税收、非税收入征管等职责

一、统收统支的"大锅饭"阶段

从1949年新中国成立到1978年改革开放前夕,我国一直实行的是高度集中的计划经济体制。计划经济是根据政府计划调节经济活动的经济运行体制,其一般是政府按事先制定的计划,提出国民经济和社会发展的总目标,制定相关的政策和措施,有计划地安排重大经济活动,引导和调节经济运行方向。与此相适应,在财政体制上实行的也是高度集中的计划财政体制,其实现形式主要有:

（一）1950年高度集中的"统收统支、统负盈亏"的财政管理体制

新中国成立初期,百废待兴。为了尽快医治战争创伤,恢复生产,发展经济,稳定社会,国家首先采取了统一财政经济管理的重大决策。1950年3月政务院先后发布了《关于统一国家财政经济工作的决定》和《关于统一管理1950年度财政收支的决定》等有关文件,该决定中明确要求实行统收统支和高度集中的管理体制。该决定将一切财政收入及财政管理的权限集中于中央,由中央统一规定一切财政收支科目、收支程序、开支标准及行政人员编制等。地方支出由中央统一审核、逐级拨付,地方财政收入和支出之间基本不发生关系。

1950年的财政体制,基本上是高度集中的中央财政统收统支的体制,又称为收支两条线的管理体制。该体制的实施,适应了当时政治经济形势的要求,从而迅速实现了平抑物价、平衡财政收支、控制通货膨胀、恢复经济和稳定政局的目标。

（二）1951—1957年"划分收支、分级管理"的财政管理体制

在全国财政经济情况逐渐好转的形势下,1951年3月政务院颁布《关于1951年度财政收支系统划分的决定》,将国家财政分为中央、大行政区和省（市）三级,专署及县市财政列入省财政,中央级财政称"中央财政",大行政区以下财政均为地方财政。国家财政支出,按企事业机关单位的隶属关系和业务范围分为中央支出和地方支出。地方财政收支每年由中央核定一次,地方财政支出首先用地方财政收入抵补,不足部分由比例留解收入抵补。国家财政收入划分为中央收入、地方收入及中央与地方比例留解收入（即按规定比例上解中央或留归地方的收入）。

1951年的财政管理体制由1950年的收支两条线改为收支挂钩，地方政府有了自身的收支范围，有利于调动地方的积极性。但是在1951—1952年实行的财政经济管理体制下，财权和财力仍然集中在中央，地方机动财力有限。尽管这期间的财政体制基本上还是采用统收统支的办法，但已经开始向分级管理的体制过渡。

1953年，我国开始进行大规模的经济建设，当时高度集中的财政管理体制已不再适应客观形势的要求。同年8月，在大区一级财政的撤销和县（市）一级财政建立的背景下，周恩来在全国财经会议上明确提出了改进财政管理体制的方针和指导思想。他指出："财政体制在中央统一领导和计划下，确定财政制度，划定职权范围，分级管理，层层负责。""国家预算在国家的统一预算内实行三级（中央、省、市和县）预算制度。"1954年邓小平针对前一年财政工作中的问题，作出了六条指示。

1954年，根据周恩来、邓小平的指示精神，国家开始正式实行划分收支、分级管理的财政管理体制，将财政收入划分为固定收入、固定比例分成收入、中央调剂收入三大类。地方预算每年由中央核定，地方的预算支出首先用地方固定收入和固定比例分成抵补，不足部分由中央调剂收入弥补。分成比例一年一定。地方财政的年终结余，由各地在下年度安排使用，不再上缴。地方财政支出基本上按照隶属关系划分。该财政管理体制一直沿用到1957年，年度间虽有一些调整，但大体相同。

（三）1958年"以收定支、五年不变"的财政管理体制

1958年，我国进入第二个五年计划时期。在此之前的第一个五年计划期间建设的各项骨干工程已陆续建成投产。中央各部门所属的企、事业单位数量剧增，单靠中央一级难以做到有效监管，必须同时发

挥地方组织收入、节约支出的积极性。在这样的背景下,1958年11月,国务院颁发了《关于改进财政管理体制的规定》,决定从1958年起,实行"以收定支、三年不变"(后又改为五年不变)的财政管理体制,并规定地方收入和地方支出,统以1957年度预算所列的地方收入和地方支出数字为根据。在收入方面,实行分类分成的办法。将地方的财政收入分为地方固定收入、企业分成收入和调剂分成收入三类,并规定分成的计算方法和分成比例三年不变,即省、市的地方固定收入,企业分成收入,低于省、市正常年度支出的部分,是以调剂收入来补足的。分给省、市的调剂收入的部分,占该省、市当年全部调剂收入的百分比,就是该省、市应得的调剂收入的分成比例。这种比例,三年不变。如果省、市的地方固定收入,已经超过省、市正常的年度支出,那么超过的部分应该上缴,上缴部分占地方固定收入的百分比,就是上缴的比例,这种上缴比例也是三年不变。在支出方面,将地方的经济建设、社会文教事业等列为地方的正常支出,同时地方的基本建设支出和重大灾荒救济由中央专案拨款。

1958年的财政体制改革,是新中国成立以来传统体制下的第一次财政分权。"以收定支、五年不变"的财政体制将地方的财政收入同财政支出紧密结合在一起,使地方有一定数量的机动财力来安排自己特殊的支出,进一步发挥了地方在组织收入、节约支出上的积极性。但这也一定程度上带来了地方在经济工作和财政收入上的高指标、瞎指挥和浮夸风,同时由于财力下放过度,中央财政收支所占比重锐减,相对地缩小了中央的机动空间,不利于国家对整体经济建设的统一布局。因此,1958年的体制改革只执行了一年就宣布告终。

（四）1959—1970年"总额分成、一年一变"的财政管理体制

1958年9月，针对当年财政管理体制中存在的问题，国务院通过了《关于进一步改进财政管理体制和改进银行信贷管理体制的几项规定》，决定从1959年起实行"收支下放、计划包干、地区调剂、总额分成、一年一变"的财政管理体制。也就是说，各地的财政收支相抵后，收不抵支的部分由中央财政给予补助，收大于支的部分按一定比例上缴中央财政。在收入方面，不再按照不同的类别，划分地方固定收入、企业分成收入和调剂分成收入。在支出方面，不再区分地方正常支出和中央专案拨款支出。地方当年的财政收支指标、分成比例和补助数额，由中央每年核定一次。该体制的目的是通过一年一变的做法，在继续下放收支项目的同时，适当收缩一部分地方的机动财力。该办法一直延续到1960年。

1961年1月15日，中央批转了财政部党组《关于改进财政体制、加强财政管理的报告》。该报告指出："在财政管理和财政体制方面，相当突出地存在着财政纪律松弛、财政管理偏松、资金使用分散和财权分散等现象。"针对存在的问题，报告中也提出了改进措施：如国家预算从中央到地方实行"上下一本账"，坚持各级预算的收支平衡；采取"纳、减、管"的办法对各级预算外资金进行整顿；缩小专区、县、公社的财权，将国家财政权限基本上集中在中央、大区和省（直辖市、自治区）三级；加强财政监管、严格财政纪律等。

1962—1964年，基本上执行1961年的体制。1965年，作了一些微调，恢复了收入"总额分成"加"小固定"的办法。1966—1970年，除1966年因上年出现财政赤字，暂时实行收支两条线的办法外，其他年份都

是继续实行"总额分成、一年一变"的财政管理体制。从1959年到1970年,"总额分成"的财政管理体制共存续了十二年。

(五)1971—1973年"收支包干、一年一定"的财政管理体制

1971年3月1日,财政部颁发了《关于实行财政收支包干的通知》,决定自1971年起,实行"定支定收、收支包干、保证上缴、结余留用、一年一定"的财政管理体制。规定要相应扩大地方财政的收支范围,同时按绝对数包干,超收部分全部留归地方。这在调动了地方增收节支的积极性的同时,也造成了地区间机动财力的苦乐不均。为了解决这个问题,实现全国财政的收支平衡。1971年年底,财政部颁发了《关于改进财政收支包干办法的通知》,以一亿元为基准,重新划定了地方财政收入的留存、上缴办法。截至1973年,大部分地区仍采用这一体制。

(六)1974—1975年"收入按固定比例留成、超收另定分成比例、支出按指标包干"的财政管理体制

1973年,"收入按固定比例留成、超收另定分成比例、支出按指标包干"的财政管理体制率先在华北、东北地区和江苏省试行。1974年、1975年推行到全国。主要精神是地方的财政收入按固定比例给地方留成,财政收入超收的部分,另定分成比例,但一般不超过30%;地方的财政支出按中央核定的指标进行包干。由于该办法收支不挂钩,不能体现地方财政的权责关系,因此只实行了两年就紧急叫停。

(七)1976—1977年"收支挂钩、总额分成"的财政管理体制

为了解决收支不挂钩的问题,1976年重新实行"收支挂钩、总额分成"的财政管理体制。该体制改变了过去超收部分也按总额分成比例分成的办法,扩大了地方的财政收支范围,保留了地方的既得利益。但

同时，也存在总额分成一年一变的问题，容易产生年初争指标的现象，影响国家预算的稳定性。

（八）1978—1979年"收支挂钩、总额分成"+"增收分成、收支挂钩"的财政管理体制

1978年，为了解决体制不完善所带来的各种问题，国家决定在部分省（市）试行"增收分成、收支挂钩"的财政管理体制（其他地区仍实行"收支挂钩、总额分成"的体制）。增收分成是指地方财政收入本年比上年实际增长的部分，按照核定比例，在中央和地方之间分配。这种办法在一定程度上缓和了年初争指标的矛盾。

在1979年的全国财政会议上，经过商定决定，除江苏省仍实行"固定比例包干"的办法和民族自治地方仍实行自治地方的财政体制以外，其他地区改行"收支挂钩、超收分成"的办法。总的办法不变。主要是把地方机动财力的提取，由按增收分成改为按超收分成。至此，加上1976—1979这四年的时间，"总额分成"的办法在我国财政管理体制演进的路途中共存续了十六年。

（九）"大锅饭"体制的简要评价

可以说，高度集中的计划财政管理体制，是在计划经济条件下对财政制度作出的一种现实选择，具有深刻的历史和经济根源。统收统支、高度集中的财政制度，使国家在财力有限的情况下，集中力量办大事。在较短的时间内，迅速稳定了金融物价，将分散的农业性资源转变为工业性资本，初步形成了完整的工业体系，使国家经济形势有所好转，为社会主义政权的巩固和新中国的经济社会发展做出了不可磨灭的贡献。尽管如此，受固有的僵化体制的约束，其缺陷也十分明显。在

统收统支体制下，由于财权、财力高度集中于中央，导致了地方自主权的缺失，抑制了地方的积极性和创造性。同时，由于社会资源的配置完全服从于中央计划，而难以实现其配置效率的帕累托最优。

表12-2　1950—1979年财政收支一览表　　单位：亿(元)

时间(年)	1950	1951	1952	1953	1954	1955	1956	1957	1958	1959
财政收入	65.2	133	184	223	262	272	287	310	388	487
财政支出	68.1	122	176	220	246	269	306	304	409	553
	①				②				③	④

时间(年)	1960	1961	1962	1963	1964	1965	1966	1967	1968	1969
财政收入	572	356	314	342	400	473.3	558.7	419.4	361.3	526.8
财政支出	654	367	305	340	399	466.3	541.6	441.9	359.8	525.9
	④									

时间(年)	1970	1971	1972	1973	1974	1975	1976	1977	1978	1979
财政收入	662.9	744.7	766.6	809.7	783.1	815.6	776.6	874.5	1132	1146
财政支出	649.4	732.2	766.4	809.3	790.8	820.9	806.2	843.5	1122	1282
	④	⑤		⑥		⑦		⑧		

注：表12-2中的序号与表12-1中的序号相对应，表示不同的财政管理体制阶段。数据来源：中华人民共和国统计局官方网站，http://www.stats.gov.cn/tjsj/ndsj/2007/indexch.htm。

二、财政包干的"分灶吃饭"阶段

为进一步调动地方的积极性，解决"管得过多，统得过死"的问题，我国从20世纪80年代初开始，对财政管理体制进行了一系列的改革，开始了财政大包干的过渡体制。这一阶段的财政管理体制改革可以细分为从1980—1984年的"划分收支、分级包干"体制；1985—1988年的"划分税种、核定收支，分级包干"体制和1988—1993年的"收入递增包干"体制。

（一）1980—1984年"划分收支、分级包干"的财政管理体制

随着我国经济体制改革的全面展开，1980年2月1日，国务院发布

《关于实行"划分收支、分级包干"财政管理体制的暂行规定》，正式全面推行包干式财政管理体制，也称为"分灶吃饭"体制，这是市场经济转型后的第一次财政分权改革。改革的目的在于调整中央与地方分配格局，重构财政收支机制，放权让利、扩大地方和企业财权。其主要内容是，按照经济体制与企业隶属关系，划分中央和地方财政的收支范围，收入方面实行收入分类分成；地方财政收支的包干基数，以1979年财政收支预计执行数为基础，经过适当调整后计算确定；中央核定下达的调剂收入分成比例、地方上缴比例、中央定额补助等收支指标，原则上五年不变；地方财政在划定的收支范围内多收可多支，少收则少支，自求平衡。可以说，这次财政管理体制改革，是调整中央和地方财政关系的一次新的尝试，其扩大了地方的财权，有利于地方统筹安排本地区的经济发展规划。但是也使中央财政负担沉重，收支难以平衡。1984年，我国全面实行"利改税"，财政收入来源发生重大变化，财政管理体制也相应进行了调整。

（二）1985—1988年"划分税种、核定收支、分级包干"的财政管理体制

1984年10月20日，党的十二届三中全会召开，通过了《中共中央关于经济体制改革的决定》。该决定阐明了以城市为重点的整个经济体制改革的必要性、紧迫性，规定了改革的任务、性质和各项基本方针政策。在这样的背景下，1985年3月21日，国务院发布《关于实行"划分税种、核定收支、分级包干"的财政管理体制的规定》，对包干式财政管理体制进行了进一步改革。其要旨是：按照"利改税"后的税种重新划分中央与地方收入，财政收入分为中央财政固定收入、地方财政固定收

入、中央和地方共享收入三类。但此次改革并未改变财政支出方面的划分关系，中央与地方的支出范围仍按行政隶属关系划分，部分无法实行包干的专项支出则归由中央专款支付。这次改革引起了财政上的"垂直失衡"——中央财政收入减少，地方财政收入增加，也因此促成了1988年开始施行的另一波财政改革。

（三）1988—1993年全方位、大包干的财政管理体制

1988年7月28日，国务院出台了《关于地方实行财政包干办法的决定》。其主要内容是：全国三十九个省、自治区、直辖市和计划单列市，除广州、西安的财政关系仍分别与广东、陕西两省联系外，对其余三十七个地方分别实行不同形式的包干办法，包括收入递增包干、总额分成、总额分成加增长分成、上解定额递增包干、定额上解、定额补助等。自此，在坚持包干式财政管理体制基本原则不变的基础上，中央、地方开展了一场全方位、多类型的财政大包干。财政包干体制使地方政府成为相对独立的利益主体，但它并没有从根本上解决中央与地方之间财力分配的约束激励问题，不过它与当时经济体制改革的方向是吻合的，为后来分税制财政体制的改革奠定了基础。

（四）"分灶吃饭"体制的绩效评价

"分灶吃饭"的财政体制是党的十一届三中全会后，我国在财政分配领域进行的一项改革探索，实际上是一种过渡时期的财政制度安排。一方面，它打破了长期以来财政统收统支的局面，体现了地方政府的财政主体地位；将地方的财政支出安排由以"条条"为主改为以"块块"为主，从而较好地处理了中央与地方的财政关系；将分成比例和补助额由一年一变，改为五年不变，使中央与地方的财政分配关系趋于

稳定。另一方面，包干体制始终未能消除传统体制的弊病，缺陷明显，主要表现在：分级包干还存在"分而不清、包而不干"的问题；同时，收支指标的核定缺乏客观性，中央、地方"讨价还价"的现象时有发生；按企业隶属关系划分各级政府的收入，客观上助长了盲目建设和对价高利大项目的投资膨胀；在平衡地区间财政收入差距上存在着失灵的状况，造成地区之间苦乐不均、鞭打快牛的结局。

表12-3　1980—1993年中央、地方财政收入一览表　　单位：亿(元)

时间(年)	1980	1981	1982	1983	1984	1985	1986
地方财政收入	875.5	864.7	865.5	876.9	977.4	1235	1344
中央财政收入	284.5	311.1	346.8	490	665.5	769.6	778.4
全国财政收入	1160	1175.8	1212.3	1366.9	1642.9	2004.6	2122.4
时间(年)	1987	1988	1989	1990	1991	1992	1993
地方财政收入	1463	1582	1842	1945	2211	2504	3391
中央财政收入	736.3	774.8	822.5	992.4	938.3	979.5	957.5
全国财政收入	2199.3	2356.8	2664.5	2937.4	3149.3	3483.5	4348.5

数据来源：中华人民共和国统计局官方网站，http://www.stats.gov.cn/yearbook/indexc.htm。

三、"分税制"阶段

不可否认，包干制的财政体制在特定的历史时期发挥了积极作用，但随着经济建设规模不断扩大，经济关系日趋复杂，其弊端逐渐显露。"包干制财政体制虽然调动了地方政府增加财政收入的积极性，却导致了地方政府重复建设和投资，肢解中央政府财政收入，为收支包干基数进而'讨价还价'，强化了地区封锁、地方保护主义等弊端。"[1]财政包干体制"制度变化频繁，交易费用太高"[2]。同时，财政包干制的"包

---

[1]　张金艳、蔡丽娟：《分税制财政体制：实践、问题与对策》，《广东外语外贸大学学报》，2007年第5期。

[2]　项怀诚：《"分税制"改革的回顾与展望》，《武汉大学学报》（哲学社会科学版），2004年第1期。

死基数,超收多留"导致了"两个比重"的同时下降,即财政收入占国内生产总值的比重和中央财政收入在财政总收入中的比重都出现了下降的状况。1980年第一个比重为25.3%,到1993年已经下降为12.2%;①第二个比重也由1984年的40.5%下降为1993年的22%(见表12-4)。从绝对数量来看,中央财政收入的增长幅度较小,与地方财政收入的差距越来越大,如图12-1所示。"中央财政不但要靠地方财政的收入上解才能维持平衡,而且还在1980年两次通过设立'基金',分别是'能源交通基金'和'预算调节基金'向地方政府'借钱'。"②无疑这已经超过了"分权的底线"。

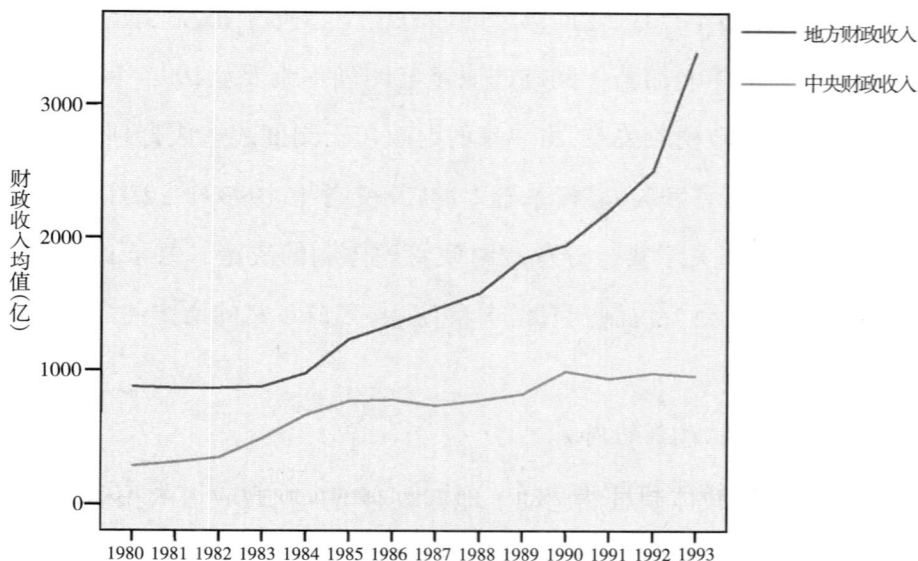

图12-1　1980—1993年中央与地方财政收入变化趋势
数据来源:中华人民共和国统计局官方网站,http://www.stats.gov.cn/tjsj/ndsj/。

① 根据国家统计局网站的数据计算而来。

② 周飞舟:《分税制十年:制度及其影响》,《中国社会科学》,2006年第6期。

表12-4　1980—1993年中央、地方财政收入所占比例一览表

时间(年)	1980	1981	1982	1983	1984	1985	1986
地方所占比例	75.5%	73.5%	71.4%	64.1%	59.5%	61.6%	63.3%
中央所占比例	24.5%	26.5%	28.6%	35.8%	40.5%	38.4%	36.7%

时间(年)	1987	1988	1989	1990	1991	1992	1993
地方所占比例	66.5%	67.1%	69.1%	66.2%	70.2%	71.9%	78%
中央所占比例	33.5%	32.9%	30.9%	33.8%	29.8%	28.1%	22%

数据来源：中华人民共和国统计局官方网站，http://www.stats.gov.cn/tjsj/ndsj/。

　　为了解决财政包干体制存在的问题，正确处理中央与地方的分配关系，合理调节地区间财力分配，从1992年开始，辽宁、浙江、沈阳、大连、天津、青岛、武汉、重庆、新疆九个省、市、自治区正式进行了分税制改革试点。1993年11月，党的第十四届三中全会通过了《关于建立社会主义市场经济体制的若干问题的决定》，明确提出要从1994年起建立新的政府间财政税收关系，将原来的财政包干制度改造成合理划分中央与地方（包括省和县）职权基础上的"分税制"。1993年12月15日，国务院颁布了《关于实行分税制财政管理体制的决定》，并于1994年1月1日起正式实行分税制。自此"分灶吃饭"完成了它的历史使命，退出了历史舞台。

　　（一）分税制改革的内容

　　分税制的核心框架有两个："分税、分征、分管"和"转移支付制度"。其中，分税就是按税种划分各级财政收入。分征、分管就是中央、地方分设两套税务机构，进行相应的税种征收和管理。一般而言，分税制财政体制的基本内容有：①按照中央与地方政府之间的事权划分，合理确定各级财政的支出范围。中央财政主要承担国防、外交和中央国家机关运转所需经费，调整国民经济结构、协调地区发展、实施宏观

调控所需支出，以及中央直接管理的事业发展支出；地方财政主要承担地区政权机构运行所需的经费支出以及本地区经济、社会事业发展所需支出。②按照税种划分各级财政收入，根据事权与财权相结合原则，将税种统一划分为中央税、中央与地方共享税和地方税，税目从原来的三十七种减至二十三种。建立中央税收和地方税收体系，分设中央与地方两套税务机构分别征管。③实行中央对地方的税收返还。以1993年为基期，按分税后地方净上划中央的收入数额，作为中央对地方的税收返还基数。为确保地方利益，国务院又决定从1994年开始实行"增量返还"的办法。④科学核定地方收支数额，实行中央政府对地方政府的财政转移支付制度。具体内容参见表12-5。

表12-5　中央与地方财政支出、收入范围表

财政支出	中央	国防费、武警经费、外交和援外支出、中央行政管理费、中央统管的基本建设投资，中央直属企业的技术改造和新产品试制费，地质勘探费、由中央财政安排的支农支出、由中央负担的国内外债务的还本付息支出，中央本级负担的公检法支出和文化、教育、卫生、科学等各项事业费支出。
	地方	地方行政管理费、公检法经费、民兵事业费、地方统筹安排的基本建设投资、地方企业的改造和新产品试制经费、支农支出、城市维护和建设经费、地方文化、教育、卫生等各项事业费、价格补贴以及其他支出。
财政收入	中央	关税、海关代征消费税和增值税、消费税，中央企业所得税、地方银行和外资银行及非银行金融企业所得税、铁道部门、各银行总行、各保险总公司等集中交纳的收入（包括营业税、所得税、利润和城市维护建设税），中央企业上交的利润等。
	地方	营业税（不含铁道部门、各银行总行、各保险总公司集中交纳的营业税），地方企业所得税，地方企业上缴利润，个人所得税，城镇土地使用税，固定资产投资方向调节税，城市维护建设税，房产税，车船使用税，印花税，屠宰税，农牧业税，对农业特产收入征收的农业税，耕地占用税，契税，遗产和赠予税，土地增值税，国有土地有偿使用收入等。
	中央与地方共享收入	增值税、资源税、证券交易税。

由于1994年的分税制存在许多不足，1995年以来，中央又采取了一系列调整措施。将证券交易印花税收入分享比例由各占50%，调整为1997年的中央80%、地方20%；2000年开始又逐步将比例调整为中央97%、地方3%；将金融保险营业税税率由5%提高到8%；2001年，为支持金融保险行业的改革，又决定将该比例分三年调回至5%；2002年，将所得税收入分享比例改为中央、地方按统一比例分享，各占50%（以前是按企业隶属关系等划分）；2003年以后又调整为中央60%、地方40%，另外，将中国石油天然气股份有限公司、中国石油化工股份有限公司缴纳的企业所得税继续作为中央收入；2004年，开始实施出口退税机制改革，决定以2003年出口退税实退指标为基数，对超基数部分的应退税额，由中央、地方按75：25的比例共同负担，累计陈欠退税由中央财政负担。2005年开始，又将这一比例调整为92.5：7.5。

从2012年1月1日起，铁道部门集中缴纳的铁路运输企业营业税（不含铁路建设基金营业税）由中央收入调整为地方收入，铁道部门集中缴纳的铁路建设基金营业税仍作为中央收入；从2001年起开征车辆购置税，这部分收入全部归中央政府所有；船舶吨位税自2001年重新纳入预算管理，收入全部归中央政府。自2002年1月1日开始，在所得税分享改革的同时，为了照顾地方政府的既得利益，实施所得税基数返还；2009年实施成品油价格和税费改革后，为了确保此项改革的平稳实施，保障交通基础设施养护和建设等需要，中央财政对各地因取消公路养路费等六项收费而减少的收入实施成品油税费改革税收返还；2009年，简化中央与地方财政结算关系，将出口退税超基数地方负担部分专项上解等地方上解收入也纳入税收返还，将地方上解与中央对地方税收返还进行对冲处理,相应取消地方上解中央收入科目。

（二）"分税制"体制的绩效评价

"我国于1994年实行的由财政包干体制向分级分税的财政体制转变的改革,是一次以市场经济为目标模式的财政和税收体制的改革。"[1]"是建国以来财税体制改革力度最大的一次, 也是财税体制改革进程中的重要转折点。"[2]"是我国财政制度变迁史中具有里程碑意义的重大变革,它对于明确中央与地方之间的财政分配关系,振兴中央财政,遏制地方'诸侯经济',以及对于建立与社会主义市场经济体制相适应的新型财税体制,都具有重大意义。"[3]

分税制建立伊始,改革是遵循"事权与财权相结合原则"。"财权通常可以理解成获取政府收入的立法权,如果再延伸一下,可以加上获取政府收入的收益权。"[4]到了党的十八届三中全会,对于事权的理解又进了一步。党的十八届三中全会通过的《中共中央关于全面深化改革若干重大问题的决定》指出要明确事权,建立事权和支出责任相适应的制度。该决定还对中央和地方的事权划分作出原则性的规定,即"适度加强中央事权和支出责任,国防、外交、国家安全、关系全国统一市场规则和管理等作为中央事权;部分社会保障、跨区域重大项目建设维护等作为中央和地方共同事权,逐步理顺事权关系;区域性公共服务作为地方事权"。该决定和以往的制度规定及中央文件不同的是,将事权和支出责任联系起来。按照该决定的阐述:"中央和地方按照事

---

① 项怀诚:《"分税制"改革的回顾与展望》,《武汉大学学报》(哲学社会科学版),2004年第1期。

② 范大建:《浅析分税制财税改革出现的几点问题及政策建议》,《经济理论研究》,2006年第5期。

③ 郭家虎:《我国分税制财政体制进一步改革的基本思路》,《经济师》,2008年第1期。

④ 邹燕临、任强:《从分税制20年基本回顾看中国税制特殊性》,《宏观经济研究》,2015年第7期。

权划分相应承担和分担支出责任。中央可通过安排转移支付将部分事权支出责任委托地方承担。对于跨区域且对其他地区影响较大的公共服务,中央通过转移支付承担一部分地方事权支出责任。"由此,各级政府支出责任与事权划分有着密切关系,有事权才有支出责任。这样,事权的划分,就不能不考虑各级政府的支付能力。没有支付能力的支出责任,是无法落实的。[①]

具体来说,1994年的分税制改革的积极作用表现在以下三个方面:一是规范了税收的分配关系,增强了税收的财政功能,主要表现在"两个比重"明显提高。其中,财政收入占国内生产总值的比重从1994年的10.73%上升到2017年的20.86%(见图12-2);中央财政收入占全部财政收入的比重1993年为22%,之后不断增加,从2012年开始逐年下降,2017年仍为47%,改善了财力过于分散的局面,中央的宏观调控能力大为增强(见图12-3)。二是调动了地方增收节支的积极性,与财政收入的高速增长相对应,地方财力也保持了较高的增长态势。地方财政收入总量从1994年的2311.6亿元增加到2017年的91447.54亿元,翻了近40倍(见图12-4)。三是建立了转移支付制度,初步解决了纵向平衡和横向平衡的问题,遏制了地区间财力差异继续扩大的趋势,有利于中央进一步加大对贫困地区和少数民族地区的补助。分税制财政体制改革以来,中央不断增强转移支付力度,中央对地方的转移支付从1994年的2386亿元上升到2016年的59486.35亿元,翻了近25倍。

---

① 杨志勇:《分税制改革中的中央和地方事权划分研究》,《经济社会体制比较》,2015年第2期。

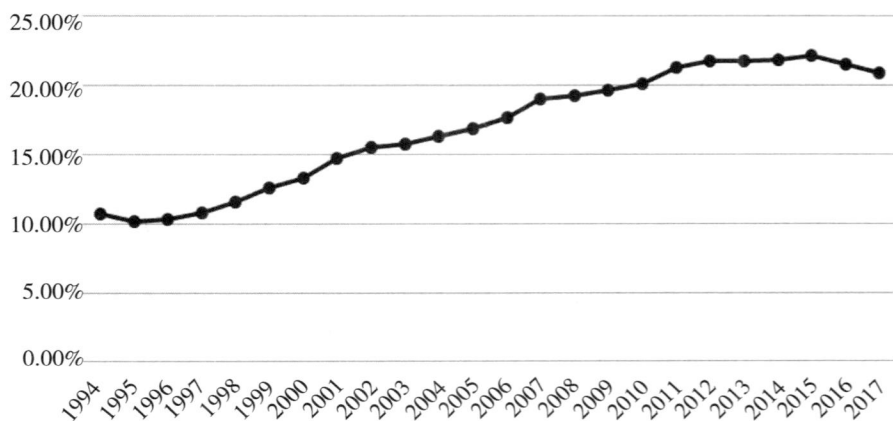

图12-2　1994—2017年财政收入占国内生产总值的比重

注:数据来源自中华人民共和国统计局官方网站,http://www.stats.gov.cn/yearbook/indexc.htm。

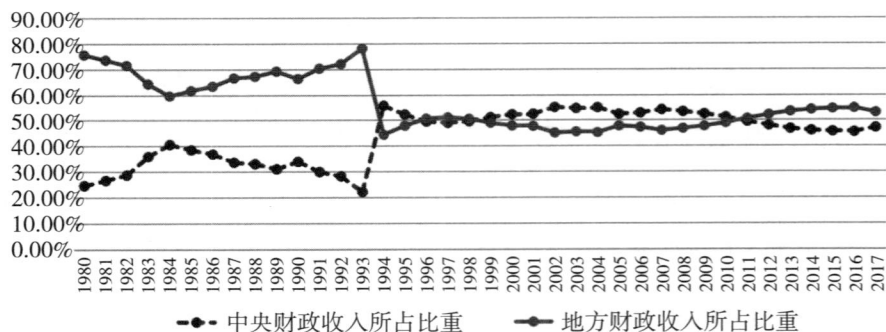

-●-中央财政收入所占比重　-●-地方财政收入所占比重

图12-3　1980—2017年中央和地方财政收入占国家财政收入的比重

注:数据来源自中华人民共和国统计局官方网站,http://www.stats.gov.cn/tjsj/ndsj/。

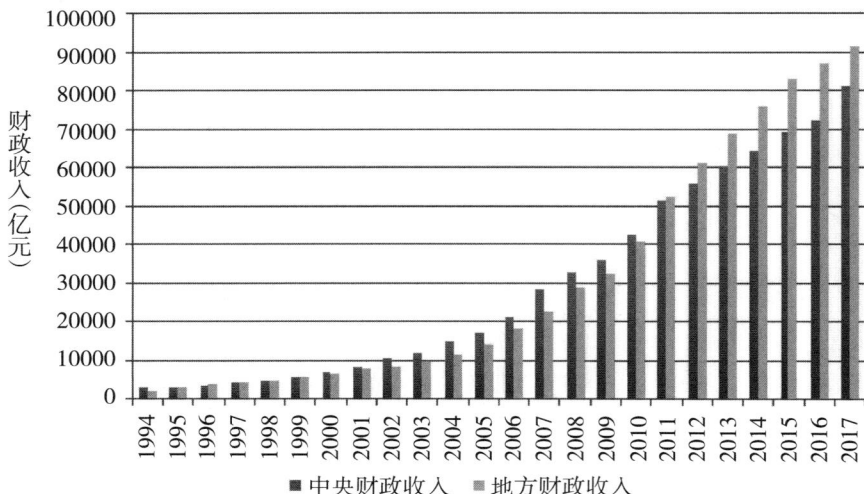

图12-4　1994—2017年中央、地方财政收入趋势
数据来源：中华人民共和国统计局官方网站，http://www.stats.gov.cn/tjsj/ndsj/。

　　当然，我国的分税制改革还不完善，积累下一定的体制缺陷。例如，以往"国、地税机构分设，存在税收征管'空白地带'，造成税收流失"；"客观上形成了地方政府发展经济与税源管理关系上的'两张皮'。具体说来，就是地方政府在发展经济的同时，却不能直接参与税源管理，客观上要受国、地税行政管理体制的影响和制约"[①]；税收竞争的异化，税源大战，"税源经济""引税现象"频发；政府间事权划分不清晰，强调集中财权，忽略了事权的对应调整；税种划分不科学，共享税种过多，削弱了分税体系的建设；转移支付项目多，支付方法不科学，弱化了缩小地区差距的财政功能等。结果，政府事权不断下移，财权则逐渐上收，形成了"中央财政蒸蒸日上，省级财政稳稳当当，市级财政

---

　　①　蒋大鸣：《关于我国"分税制"财政体制相关问题的探讨》，《江海学刊》，2006年第6期。

摇摇晃晃,县级财政喊爹叫娘,乡级财政集体逃荒"的局面。①

"随着2016年5月1日起营改增试点在全国范围推开,作为地方财政最大收入来源的营业税退出历史舞台,地税机构也因此失去了可以发挥作用的重要抓手,而国税地税机构分设所产生的诸如整体税收征管效率不高、纳税人遵从成本较高等弊端突显出来。"②所以分税制改革又被提上了日程。2018年第十三届全国人民代表大会第一次会议表决通过了国务院机构改革方案。该方案将改革国地税征管体制,将省级和省级以下国税地税机构进行合并,国地税合并后具体承担所辖区域内各项税收和非税收入征管职责。国地税机构合并,有可能解决长期以来国地税职责定位划分不清和重复收税的问题,有利于提高税收征管效率,降低纳税人的成本,改善营商环境。

(三)"分税制"改革的未来方向

(1)减少政府层级,奠定税权划分基础。我国宪法规定我国设立中央、省、县、乡四级政府。但在实践中,不少地区取消专员公署,建立地级市带县或县级市的体制,因此实际上我国实行的是五级政府层级。这不利于政令畅通和提高政府效率,因此未来可以考虑撤销乡、镇政府,改市带县为省管县,建立中央、省和县三级政府架构,以规范财政分配关系,为税权划分奠定基础。

(2)调整各级政府的事权范围,使事权、财权相对应。政府财政支出要从一般性竞争领域退出,集中力量更好地为公民提供适当的公共产品和服务。在既定的事权划分原则下,兼顾集权与分权关系,使事

---

① 参见杨卫华:《分税制改革的改革》,《决策》,2005年第3期。

② 张德勇:《国地税合并开启深化财税体制改革新棋局》,《经济参考报》,2018年5月2日。

权、财权相对应。就中央和地方的事权划分而言，属于全国性、全局性的事权应划归中央，包括外交、国防、对外援助、海关、中央政府的行政管理以及社会保障、交通运输干线和通信事业等；地方政府的事权范围主要以提供地方性公共产品和服务为主，包括基础教育、医疗卫生、气象预报和消防服务等。对此，2014年6月中央政治局审议通过的《深化财税体制改革总体方案》提出，调整中央和地方政府间财政关系，在保持中央和地方收入格局大体稳定的前提下，进一步理顺中央和地方收入划分，合理划分政府间事权和支出责任，促进权力和责任、办事和花钱相统一，建立事权和支出责任相适应的制度。

（3）进一步完善政府间转移支付制度。政府间转移支付制度的基本目标是弥补地方财政经常性收支缺口，缓解各地区之间的横向非均衡。我国的转移支付存在问题：一是纵向转移支付中的问题，主要表现在转移支付的过程和比例方面。对此，党的十七大报告强调，要加快形成统一、规范、透明的财政转移支付制度，提高一般性转移支付规模和比例；党的十八届三中全会也提出，完善一般性转移支付增长机制，重点增加对革命老区、民族地区、边疆地区、贫困地区的转移支付。中央出台增支政策形成的地方财力缺口，原则上通过一般性转移支付调节。二是横向转移支付中的问题。我国的转移支付主要是单一纵向转移支付，缺乏地区间的横向转移支付，难以实现各地区公共产品和服务水平的均衡。因此，建立地区间的横向转移支付是未来分税制改革的一个可选择的路径。

（4）进一步改革税收制度。一般而言，税收制度包括有关税收法律法规、税收管理体制、税收征收管理制度以及税收机关内部管理制度等。关于税收制度改革,《深化财税体制改革总体方案》提出,优化税制结构、完善税收功能、稳定宏观税负、推进依法治税,建立有利于科学发展、社会公平、市场统一的税收制度体系,充分发挥税收筹集财政收入、调节分配、促进结构优化的职能作用。这对于解决我国税制结构存在的税种交叉、重复、相近和过时等问题,进一步推进税收体制和管理制度的法治化,完善我国税收制度体系,合理并充分地发挥税收制度的功能具有重要意义。

第二节 预算体制的改革与 《中华人民共和国预算法》

党的十八届三中全会提出了"深化财税体制改革,改进预算管理制度"的要求,将建立"全面规范,预算公开"的预算管理制度作为我国预算公开的未来发展方向。2013年,新《中华人民共和国预算法》修订完成,以支出为核心的预算审核转向、挂钩事项的清理、转移支付结构的优化以及地方债务风险的控制等重要改革工作有序推进,预算体制不断健全。未来我国预算体制的发展将进一步加强预算管理绩效,从编制、审批、执行和监督等各环节入手。预算体制关系着公共财政收支的安排,是"规划与控制"政府财政的有力工具。目前,世界上大多数国家都采用预算体制来约束本国的政策选择和公共支出,可以说预算是"做正确的事"的前提和基础。因此,在公共财政体制的整体框架中,预算体制的构建无疑是不可或缺的。新中国自建立预算体制开始,至今已经取得了不小的成绩:改革了传统的单式预算制度,实现了复式预算;建立了中央预算稳定调节基金;颁布并修订了《中华人民共和国预算法》等。但同时,中国的预算体制与一些经济合作与发展组织(OECD)成员国比,尚存在一定的不足。因此,对改革开放四十年来的预算体制进行梳理和总结,为未来的改革探索方向,是十分重要的。

一、我国预算体制改革的历史发展

新中国成立以来,预算体制经历了一个逐步完善、发展的过程。以时间为线索, 这一过程大致可以被概括为四个阶段:1949—1955年的创建阶段;1956—1991年的长期稳定阶段;1992—1998年的渐进改革阶段;1999年至今的改革深化阶段。

(一)1949—1955年的创建阶段

新中国的国家预算是随着中华人民共和国的诞生而建立的。1949年10月1日中华人民共和国主席毛泽东发布政府公告。该公告指出,中央人民政府一致决议接受《中国人民政治协商会议共同纲领》为本政府的施政方针。《共同纲领》第四十条规定:"建立国家预算、决算制度,划分中央和地方的财政范围,厉行精简节约,逐步平衡财政收支,积累国家生产资金。"同年12月2日,在中央人民政府第四次会议上,财政部部长薄一波作了《关于1950年财政收支概算编制的报告》,毛泽东也进行了讲话,指出国家预算是一个重大问题,里面反映着整个国家的政策,因为它规定了政府的活动范围和方向。自此,新中国国家预算制度诞生。

从1950年开始,新中国预算、决算的发展转向了制度上的安排。1950年10月27日,财政部召开"全国预算、会计、金库制度会议"。会议讨论通过了九个文件，其中包括《预算决算暂行条例草案》和《预算科目草案》。会议认为，划分中央和地方财政范围以后，将预、决算审批权限统归中央是非常必要的，并决定预算本位以人民币为本位。1950年12月1日，政务院第六十一次政务会议通过了《关于决算制度、预算审核、投资的施工计划和货币管理的决定》，指出实行预算审核，并规定各部队、机关、学校、团体在中央人民政府批准的总预算范围内，向财政部门提出经费预算或国有企业的投资预算时，必须先经本单位主要负责人亲自审核。财政部门有对此预算再加审查和核算的责任。

1951年7月20日，政务院第九十四次政务会议通过并公布了《预算决算暂行条例》。该条例对概算、预算、决算的定义，预算、决算的分类（总预算、总决算、单位预算、单位决算、附属单位预算、附属单位决算）、组成体系、预算的编制、核定、执行等，都作了明确的规定。以《预算决算暂行条例》的颁布为标志，我国的国家预算管理制度初步建立起来。《人民日报》为该条例的公布施行发表社论，指出"这个《条例》不仅在加强财政统一管理和分级负责方面有重大作用，而且在促进国家经济文化建设上，也将产生积极的效果，这是我们国家财政管理制度进一步的发展，也是一项重大行政措施"[①]。

1955年7月5日，第一届全国人民代表大会第二次会议听取了时任国务院副总理、财政部部长李先念《关于1954年国家决算和1955年国家预算的报告》，这是我国国家预、决算在全国人民代表大会上进行的首次报告，它标志着我国预算体制的正式建立。在此之前，财政预算只

---

① 《(1949—2004)中国财政大事记》，中国财经报网站，2005年11月9日，http://www.cfen.com.cn/。

是向中央政府报告，并且没有决算制度。

(二)1956—1991年的长期稳定阶段

这是一个跨度相当长的历史时期。在这一时期，财政管理体制经历了统收统支和财政包干的多次变革，但国家预算却基本上沿用了新中国成立初期确立的体制。这一阶段，我国的预算、决算均按照1951年《预算决算暂行条例》的规定进行。这一条例一直沿用了四十年。在此期间，也制定了一些补充性的规定和改进，如1982年《中华人民共和国宪法》对预算的审查监督制度进行了完善，规定"全国人民代表大会有权审查、批准国家预算和预算执行情况的报告"，并规定了预算收支的审计制度；为加强预算外资金管理，保证财政信贷资金综合平衡，1983年2月28日，财政部发布《预算外资金管理试行办法》；1986年4月13日，国务院又发布了《关于加强预算外资金管理的通知》，对这一问题进行了明确的规定。

总的来说，这一时期，我国的预算改革整体上的修整不大。"政府预算仍然按照传统计划时期的模式进行编制：将预算收入按照性质、预算支出功能分类，分别测算，最后汇总成为政府的总预算。"①这种分类线条较粗，许多预算外收入和支出都无法在其中反映出来。预算在编制形式上，采用单一预算；在编制程序上，采用上下结合，逐级汇总的方法；在编制原则上，贯彻国民经济综合平衡原则，长期沿用"基数法"编制预算。预算管理总体上比较粗放，预算编制透明度不高。"可见，过渡时期中国政府的预算体制在很大程度上具有凯顿所说的'前

① 马骏：《中国预算改革的现状介绍》，http://finance.qq.com/a/20060512/000682.htm，2006年5月12日。

预算时代'的一些特征；具体地说，这一时期的预算过程既在政府内部缺乏行政控制，又缺乏落实公共责任的外部政治控制。"①

（三）1992—1998年的渐进改革阶段

1991年10月21日，为了解决预算权责不明、审核不严、执行不好、监督不力等问题，国务院发布了《国家预算管理条例》，并于1992年1月1日起施行。该条例对预算的基本原则、预算管理职权、预算收支范围、预算编制、预算执行和监督、预算调整、决算及法律责任作了明确的规定。同时，我国的国家预算由单一预算改为复式预算（包括经常性预算和建设性预算两类）。此次预算制度的变迁标志着我国政府预算工作又向前迈进了一步。但由于其属于国务院行政法规，因而在一定程度上弱化了预算审查约束力，没有从根本上解决预算管理软化的问题。

1994年3月22日，第八届全国人民代表大会第二次会议通过了《中华人民共和国预算法》，于1995年1月1日起施行，1991年《国家预算管理条例》同时废止。该预算法明确规定了全国人大及其常委会的预算审查监督职权，并专门用了一章的篇幅来规定预算监督问题。这是新中国成立以来颁布的第一部预算单行法，标志着我国预算制度进入了一个全新的法治阶段。但是该法没有涉及预算体制改革方面的问题，而且一些规定过于笼统，加上各种障碍性因素的制约，使得该预算法的贯彻困难重重。

为了解决这个问题，根据该预算法的精神和规定，1995年11月22日，李鹏签署中华人民共和国国务院第186号令，发布《中华人民共和

---

① 马骏：《中国预算改革的政治学：成就与困惑》，《中山大学学报》，2007年第3期。

国预算法实施条例》，并规定自发布之日起实施。该条例对《中华人民共和国预算法》的具体内容进行了阐释和细化，使之更富执行性。同时，该条例第二十条规定："各级政府预算按照复式预算编制，分为政府公共预算、国有资产经营预算、社会保障预算和其他预算。"自此，我国地方政府也开始采用复式预算的编制办法。

20世纪90年代中期以后，由于预算外资金的非法转移、乱支滥用、擅设基金或收费项目等问题越发严重，国务院于1996年7月6日颁布了《国务院关于加强预算外资金管理的规定》，对预算外资金的管理问题作出了明确的规定。该规定指出："各级政府必须重视和加强预算外资金的管理；将部分预算外资金纳入财政预算管理；加强收费、基金管理，严格控制预算外资金规模；预算外资金要上缴财政专户，实现收支两条线管理；加强预算外资金收支计划管理；严格预算外资金支出管理；严禁违反规定乱支挪用；建立健全监督检查与处罚制度；禁止将预算资金转移到预算外。"

另外，值得一提的是，在1993至1995年间，湖北、安徽、河南、云南、深圳等省、市结合自身的财政预算现状，借鉴国外先进经验，突破了传统采用"基数法"编制预算的框架，实行了零基预算改革，打响了地方政府进行预算体制改革的第一炮。

（四）1999年之后的改革深化阶段

时间推进到20世纪90年代末期，我国传统的预算体制与市场经济体制已经严重不相适应，为了适应新形势的变化，规范各级政府的部门行为，强化财政支出管理，推进依法理财，必须对当时的预算管理体制进行深入改革。1998年8月，河北省制定了《改革预算管理，推进依法理财的实施意见》,并于1999年3月按新模式编制了2000年省级预算,在全国范围内率先进行了部门预算的尝试。此后,河北省改革经验被中央认可,部门预算管理改革在全国逐步推开。1999年9月,财政部决定试行部门预算。以这两个事件为标志,我国的预算体制改革进入了深化阶段。此后,部门预算改革又引发了国库集中收付改革、政府采购改革、预算审查监督改革、政府收支分类改革等各项改革的不断深化。与此同时,在这一阶段,许多省市也相继进行了预算管理制度改革的创新。如1999年,天津市实行了标准周期预算管理制度;同年,陕西省实行了国库集中支付制度,安徽省实施了综合财政预算。由此,一场轰轰烈烈的、全国范围的预算体制改革拉开了序幕。

概括说来,1999年之后的预算体制改革主要包括以下三个方面的内容:

1. 新增项目

(1)实施部门预算。1999年9月,财政部颁布了《关于改进2000年中央预算编制的意见》,并指出:从2000年开始,选择中央政府的六个直属部委进行部门预算改革试点,此后逐步推广到包括地方政府在内的所有政府部门。部门预算要求必须以部门为基础进行编制,其中必须包括该部门的所有收支项目。部门预算的实施有助于提高政府预算的透明度。

(2)对绩效预算的初步探索。2003年10月,党的十六届三中全会通过了《中共中央关于完善社会主义市场经济体制若干问题的决定》。该决定指出,财政要"改革预算编制制度,完善执行和预算编制的制衡机制,加强审计方面的监督,建立预算绩效评价体系"。2004年12月23日,为加强中央政府投资项目预算管理和提高投资效益，强化监管投资项目资金全过程，财政部印发了《财政部关于开展中央政府投资项目预算绩效评价工作的指导意见》，规定了预算绩效评价工作的主体、原则、内容、指标体系、实现方式等问题，从而开始了中央政府对绩效预算的初步探索。2005年河北省省级预算正式引入了绩效评价概念，并对教育、科技、环保等专项资金进行了广泛的绩效评价试点，开辟了地方政府绩效预算的先河。河北省通过十年的努力，已初步建立起"预算编制有目标、预算执行有监控、预算完成有评价、评价结果有应用"的全过程绩效预算管理新机制。省市县三级绩效预算管理结构基本形成，实现了与其他预算管理业务的全面融合。"2016年，河北省通过专题攻关，研究制定了省市县三级通用，涵盖工作活动、部门职责、预算项目三个层级的《部门职责—工作活动绩效目标指标体系》和《项目支出绩效指标框架体系》，共包括4644个绩效指标、12660个评价标准。两个指标体系兼顾完整性、系统性、科学性、规范性和实用性，实现了资金使用绩效的横向纵向可比，为绩效预算编制、监控、评价提供了标准。"[①]

（3）建立中央预算稳定调节基金。2007年3月5日，温家宝在政府工作报告中提出，中央财政拟从2006年超收的2573亿元中，安排500亿元设立中央预算稳定调节基金，专门用于弥补短收年份预算执行收支缺口。这是一种基于超收而形成的预算调节基金制度，目的是平衡预算，减少赤字。

（4）预算制度公开透明。2013年11月，党的十八届三中全会通过的

---

① 《预算绩效管理驶入快车道》，中国财经报网，2017年4月28日，www.cfen.com.cn/。

《中共中央关于全面深化改革若干重大问题的决定》指出，全面深化改革的重点是经济体制改革，经济体制改革的核心是处理好政府与市场的关系；要改革预算管理制度，实施公开透明和全面规范的预算制度。

（5）建立国有资本经营预算。早在1993年党的十四届三中全会中就已经提出，"改进和规范复式预算制度，建立政府公共预算和国有资产经营预算"。1998年国务院印发的财政部新"三定"方案中再次提出"逐步建立起政府公共预算、国有资本金预算和社会保障预算制度"。2003年10月，党的十六届三中全会作出的《中共中央关于完善社会主义市场经济体制若干问题的决定》提出"建立国有资本经营预算制度"。虽然千呼万唤，但是国有资本经营预算始终没有被建立起来。经过十四年的准备，2007年9月13日，国务院发布了《国务院关于试行国有资本经营预算的意见》，同年12月，财政部发布了《中央国有资本经营预算编报试行办法》，决定从2008年起开始收取国资委监管的中央企业和效益较好的中国烟草总公司上一年度实现的国有资本收益。2017年3月13日，财政部发布了《中央国有资本经营预算支出管理暂行办法》。建立国有资本经营预算有利于深化中国财政体制改革，对进一步转变和拓宽国家财政职能，增强财政宏观调控能力有着积极的促进作用。

2. 改革项目

（1）财政国库管理制度改革。2001年3月，财政部和中国人民银行共同颁布了《财政国库管理制度改革试点方案》，明确提出现行的国库体制应转向"以国库单一账户为基础、资金缴拨以国库集中支付为主要形式的集中收付制度"。2002年4月27日，时任财政部副部长的肖捷在全国财政国库工作会议上表示，2002年财政部将进一步深化和完善财政国库管理制度改革，增加新的国库支付管理制度改革试点部门，并结合"收支两条线"管理改革,选择部分中央单位进行预算外资金收入收缴管理改革试点。

（2）修订《中华人民共和国预算法》。为解决预算领域出现的新情况,纳入新制度。根据健全公共财政体制的要求,2004年3月22日,《中华人民共和国预算法》的修订工作正式启动,并被纳入了第十届全国人民代表大会常务委员会五年立法规划。主要的修订内容涉及预算级次、未获批准的政府预决算、部门预算的法律地位、地方政府举债权等问题。修订的预算法于2014年8月31日,在第十二届全国人民代表大会常务委员会第十次会议上得到审议通过，并于2015年1月1日正式实施。"从《中华人民共和国预算法》修订的实际情况来看,我国依法治国理念逐渐深入人心,并且民众的参与意识逐渐提升,对于未来依法推进治国实践都具有重要意义。"①

（3）政府预算收支分类改革。改革之前的预算科目体系,是新中国成立初期参照原苏联体系建立的。随着时代背景的转换,该科目体系的弊端也越发明显。为了完整、准确地反映政府收支活动,2005年2月25日,财政部、中国人民银行和国家税务总局联合发布《关于进行政府收支分类改革模拟试点的通知》,选定天津、河北等五个地区和中纪委、科技部等六个中央部门作为模拟试点。2006年2月,财政部颁布《政府收支分类改革方案》,并于2007年1月1日起全面施行。此后十年间现行支出经济分类科目的局限性也逐渐显现出来,主要是政府预算和部门

---

① 张蜀馨:《从财政超收审视我国预算体制改革》,《现代商业》,2016年第14期。

预算共用一套支出经济分类科目,没有完整体现政府预算管理特点和核算要求。2016年10月,财政部在《支出经济分类科目改革试行方案》的基础上,经修改完善,制定了《支出经济分类科目改革方案》,自2018年1月1日起全面施行。改革后的支出经济分类科目,与当前预算管理改革与发展的实际紧密结合,坚持问题导向,力求做到政府管到哪里,科目的设置就延伸到哪里,初步建立起政府预算经济分类和部门预算经济分类相互独立、各有侧重、统分结合的经济分类体系。

3. 健全财力与事权相匹配的财政体制

关于中央和地方事权与财权相对应,党的十七大报告提出,深化预算制度改革,强化预算管理和监督,健全中央和地方财力和事权相匹配的体制。党的十八届三中全会提出建立事权和支出责任相适应的制度。适度加强中央事权和支出责任,国防、外交、国家安全、关系全国统一市场规则和管理等作为中央事权;部分社会保障、跨区域重大项目建设维护等作为中央和地方共同事权,逐步理顺事权关系;区域性公共服务作为地方事权。中央和地方按照事权划分相应承担和分担支出责任。中央可通过安排转移支付将部分事权支出责任委托地方承担。对于跨区域且对其他地区影响较大的公共服务,中央通过转移支付承担一部分地方事权支出责任。党的十九大报告则提出,加快建立现代财政制度,建立权责清晰、财力协调、区域均衡的中央和地方财政关系。中央关于央地事权和财权关系的要求,为新时期我国财政体制的改革明确了方向。

二、我国预算体制改革的简要评价

（一）取得的成就

我国预算体制的深入改革始于1999年，至今仍在进行之中。经过多年的改革探索，我国的预算体制改革取得了明显成效：预算编制时间较以前大为提前，从编制预算的下达到批准，均提前了1~5个月；覆盖范围更广泛，逐步实现了预算内外收支统管；编制方式更为科学，采用了从基层单位逐级编制和逐级汇总的办法，克服了代编预算的弊端；预算的完整性增强，只开财政部一个口子，一个部门一套预算，提高了工作效率，简化了办事程序；预算规模逐步扩大。"在过去十余年中……预算规模从大约3000多亿元（1993年）扩展到30000余亿元人民币（2005年）……这样的速度在世界上是绝无仅有的……在预算总体规模急剧扩展的同时，地方预算的规模以更快的速度扩展。在"十五"期间，全国平均的预算（收入）增长速度为16.7%，其中，中央预算为9.3%，地方预算的增长率则高达20%，远高于中央和全国平均的增长速度。到2007年，中国的预算总规模突破5万亿元人民币几成定局（上半年全国财政收入达2.6万亿元人民币），支出规模比收入规模还要大……根据财政部于2005年制定的《全国财政发展第十一个五年（2006—2010）规划》，预算（收入）的年均增长速度仍然高达12%（这是相当保守的数据），显示预算规模高速崛起的势头仍将持续下去。"[1]

这些年来，我国预算规模呈逐年增长态势。2016年，全国一般公共

---

[1] 王雍君：《中国的预算改革：评述与展望》，《经济社会体制比较》，2008年第1期。

预算收入达到了159604.97亿元,其中,中央一般公共预算收入72365.62亿元,地方一般公共预算本级收入87239.35亿元。2017年,全国一般公共预算收入达到了172592.77亿元,其中,中央一般公共预算收入81123.36亿元,地方一般公共预算本级收入91469.41亿元。[①]

经过多年的改革,我国业已建立起与社会主义市场经济体制相适应的预算管理制度基本框架,包括部门预算基本模式、国库集中收付基本模式、政府采购制度等。为了适应预算改革的需要,财政部门调整了内设机构,把原来按照支出功能设置的机构,调整为按部门预算管理要求设置,通过内设机构调整,充实预算编制力量,强化预算部门职责。迄今为止,我国预算已初步涵盖一般公共预算、国有资本经营预算、政府性基金预算、社保基金预算等方面。

(二)存在的不足

许多专家学者从不同的角度对我国目前的预算改革进行了界定。从改革的程度上看,"虽然零打碎敲的改革一直没有间断过,但当前的改革仍处在初级阶段。这一阶段的最大挑战莫过于在预算与政策之间建立直接联结机制"[②]。从改革的取向上看,"目前的预算改革是一种'行政控制'取向的改革,即把各个预算部门的收入权力和支出权力向核心预算机构——财政部门——集中。在财政收入有限的情况下,财政部门必然要削减支出部门的预算,这就会引起支出部门和财政部门之间的矛盾"[③]。从改革的内容上看,尚未建立科学的预算定额和支出标

---

①　数据来源于中华人民共和国统计局官方网站,http://www.stats.gov.cn/tjsj/ndsj/。

②　王雍君:《中国的预算改革:评述与展望》,《经济社会体制比较》,2008年第1期。

③　陈国文:《预算改革、社会分配及政治合法性》,《兰州大学学报》,2008年第3期。

准;尚未建立完整的专项项目资金预算编制评审机制,绩效预算尚不完善;从预算改革的监督上看,预算公开的规划性不强。"预算公开是政务公开的重要组成部分,也是市场经济条件下纳税人对政府的一项基本要求。但是,我国现行政府预算是长期历史形成的,有些部门预算对外公开还有一定的敏感性。此外,少数部门带有涉密性质的业务经费还存在如何严控范围和逐步公开的问题。"①可见,中国的预算体制改革仍需前行。2014年9月国务院印发的《关于深化预算管理制度改革的决定》提出,深化预算管理制度改革的主要内容是:完善政府预算体系,积极推进预算公开;改进预算管理和控制,建立跨年度预算平衡机制;加强财政收入管理,清理规范税收优惠政策;优化财政支出结构,加强结转结余资金管理;加强预算执行管理,提高财政支出绩效;规范地方政府债务管理,防范化解财政风险;规范理财行为,严肃财经纪律。

三、《中华人民共和国预算法》

任何公共事务的开展都需要制度的支持。但如前所述,长期以来我国并没有预算方面的法律法规,这导致了政府财政预算工作在实践中的种种困难。为了解决预算在审批、编制、调整、执行以及监督等方面的问题,1991年国务院发布了《国家预算管理条例》,从而结束了实行四十年之久的1951年《预算决算暂行条例》。尽管1991年《国家预算管理条例》代表了当时我国预算体制的进步,但是由于其仅属行政法

---

① 殷路长:《对深化中央级部门预算改革的思考》,《中国财政》,2017年第1期。

规的范畴,权威性和约束力并不强。为了解决这个问题,强化预算的分配和监督职能,健全国家对预算的管理,1994年3月22日,第八届全国人民代表大会第二次会议通过了《中华人民共和国预算法》,并于1995年1月1日起施行,1991年的《国家预算管理条例》同时废止。这是我国预算管理的第一部单行法,它标志着我国预算法制建设取得实质性进展。从此,我国政府预算工作的开展有了法律的支持和保障。为使《中华人民共和国预算法》更富执行性,1995年11月22日,国务院发布了《中华人民共和国预算法实施条例》,对《中华人民共和国预算法》的具体内容进行了阐释和细化。

(一)我国预算法的基本内容

《中华人民共和国预算法》分为总则、预算管理职权、预算收支范围、预算编制、预算审查和批准、预算执行、预算调整、决算、监督、法律责任和附则,主要内容包括以下六个方面:

1. 关于预算级次和组成

《中华人民共和国预算法》规定国家实行一级政府一级预算,设立中央,省、自治区、直辖市,设区的市、自治州,县、自治县、不设区的市、市辖区,乡、民族乡、镇五级预算。国家预算管理实行中央和地方分税制,这样做的目的有利于稳定中央与地方各级预算收入来源,明确各级政府预算管理的职责和权限,做到权责结合,充分调动各级政府预算管理的积极性,促进社会主义统一市场的形成。

2. 关于预算管理职权的划分

预算管理职权的划分是《中华人民共和国预算法》的一项核心内容。《中华人民共和国预算法》明确规定了各级人大及其常委会、政府机关、各级财政部门以及各级预算具体执行部门在预算管理中的职权。其中，规定了各级人大对预、决算有审批、监督权以及不适当的决定的变更权和撤销权；各级人大常委会有预算执行的监督权、预算调整方案的审批权，决算的审批权，对预算、决算方面不适当的决定的撤销权；各级政府有预算管理体制具体办法的确定权，预、决算草案的编制权，预备费动用的决定权，预算执行的组织和监督权以及对预算、决算方面不适当的决定的变更权和撤销权；规定各级财政部门的职责主要是具体编制本级预算、决算草案，具体组织本级预算或总预算的执行，提出本级预备费动用方案和预算调整方案，定期按预算法规定的程序报告预算执行情况。

3. 关于预算收支范围

《中华人民共和国预算法》把预算收入划分为中央预算收入、地方预算收入，以及中央和地方预算共享收入三类。把预算支出划分为中央预算支出和地方预算支出两类，并规定了各级预算收支的范围。其中，预算收入包括：税收收入、依照规定应当上缴的国有资产收益、专项收入和其他收入；预算支出包括：经济建设支出，教育、科学、文化、卫生、体育等事业发展支出，国防支出、各项补贴支出和其他支出等。

4. 关于预算编制、审批和执行

关于预算编制，《中华人民共和国预算法》中的三个亮点在于：①规定中央政府公共预算和地方预算都不列赤字，但是"中央预算中必需的建设投资的部分资金，可以通过举借国内和国外债务等方式筹措"，不过同时也规定"借债应当有合理的规模和结构"。②第二十六条明确规定"中央预算和地方各级政府预算按照复式预算编制"。实行复式预算,是我国预算管理制度的一项重要改革。复式预算按收入、支出项目的性质划分,便于考察各项资金的来源和使用效益,有利于加强对预算的监管,增加透明度。③设置预备费,是为了应对预算执行中发生特大自然灾害及其他预料不到的一些开支,预算法第三十二条规定:"各级政府预算应当按照本级政府预算支出额的百分之一至百分之三设置预备费,用于当年预算执行中的自然灾害救灾开支及其他难以预见的特殊开支。"

关于预算审批,预算法规定预算草案经人代会审查和批准,方能成立。"中央预算由全国人民代表大会审查和批准。地方各级政府预算由本级人民代表大会审查和批准。"从而解决了此前同一级预算要由上下两级人民代表大会重复审批造成的预算审批法律关系不清和资源浪费等问题。

关于预算执行,预算法规定各级预算由本级政府执行,由本级政府财政部门负责具体工作;预算收入征收部门、有预算收入上缴任务的部门和单位及各级政府财政部门必须依法、及时、足额征收、上缴或拨付预算收入或预算支出;县级以上各级预算必须设立国库,本级政府财政部门享有各级国库库款的支配权;由本级政府财政部门提出各级政府预算预备费的动用方案,报本级政府决定。

5.关于预算调整和决算

关于预算调整,预算法规定预算调整必须经各级人大常委会审查批准,未经批准不得调整预算。地方各级政府预算调整方案经批准后,报上一级政府备案。但是在预算执行中,因上级政府返还或者给予补助而引起的预算收支变化,不属于预算调整。

关于决算，预算法规定决算草案由各级政府、各部门、各单位，在每一预算年度终了后按照国务院规定的时间编制。编制决算草案的具体事项，由国务院财政部门部署。

6.关于监督与法律责任

预算法明确规定全国人民代表大会及其常务委员会对中央和地方预算、决算进行监督。县级以上地方各级人民代表大会及其常务委员会对本级和下级政府预算、决算进行监督。乡、民族乡、镇人民代表大会对本级预算、决算进行监督。同时，预算法对擅自变更、动用、隐瞒预算收入等违法行为的法律责任进行了规定。

(二)预算法的修订

财政的核心是预算，预算管理的基本手段是立法，因而完善预算立法是政府依法理财、强化预算约束、提高国家财政治理能力的根本保障。预算法的颁布实施，对于强化预算约束、健全预算管理、严格预算监督等都发挥了重要的作用。但是随着财政体制改革的不断发展，财政预算领域出现了许多新情况和新问题，如转移支付制度、部门预算制度和国库集中收付制度等。同时，现行《中华人民共和国预算法》存在着地方各级管理权限划分不清、人大审批流于形式、收入预算两张皮等执行缺陷。因此，需要及时修订《中华人民共和国预算法》以适应新形势的变化。

2004年3月，预算法修订领导小组和起草小组成立。由全国人大预算工委作为起草小组组织单位，起草小组成员包括财政部、发改委、审计署、国家税务总局、海关总署等单位。根据完善社会主义市场经济体制和健全公共财政体制的要求，《中华人民共和国预算法》的修订已经被纳入十届人大任内"审议且必须完成"的五十九件法律案件之一，也是财政部2006年的重点工作之一。计划于2006年10月提交人大常委会审议。但是由于争议较大，在十届人大常委会第二十四次会议开始前公布的议程上，《中华人民共和国预算法》未能列入其中。此后，历经四次审议，第十二届全国人民代表大会常务委员会第十次会议在2014年8月31日表决通过了《全国人大常委会关于修改〈预算法〉的决定》，并于2015年1月1日起施行。

新《中华人民共和国预算法》的修订内容主要包括以下五个方面：

1. 健全透明预算制度

新《中华人民共和国预算法》第十四条规定，经本级人民代表大会或者本级人民代表大会常务委员会批准的预算、预算调整、决算、预算执行情况的报告及报表，应当在批准后二十日内由本级政府财政部门向社会公开，并对本级政府财政转移支付安排、执行的情况以及举借债务的情况等重要事项作出说明。经本级政府财政部门批复的部门预算、决算及报表，应当在批复后二十日内由各部门向社会公开，并对部门预算、决算中机关运行经费的安排、使用情况等重要事项作出说明。各级政府、各部门、各单位应当将政府采购的情况及时向社会公开。

"这些规定使得预算公开是全方位、全过程的公开，是具有可执行性、可操作性的公开，更能落到实处。有利于保障人民群众的知情权、参与权和监督权，推进社会主义民主政治建设；有利于从源头上预防和治理腐败，有效避免暗箱操作；有利于提升预算管理水平，倒逼政府各部门依法理财、科学决策、勤俭节约。"①

2. 首次规定财政转移支付制度，推进基本公共服务均等化

在实际执行过程中，财政转移支付存在资金规模偏大、配套资金压力过大、专项设置过多、下达不及时等问题。新《中华人民共和国预算法》对财政转移支付制度进行了比较系统全面的规范（第十六、三十八条），有利于优化转移支付结构，减少"跑部钱进"现象，推进基本公共服务均等化。

3. 规范地方政府债务管理

为了进一步规范地方政府债务管理，采取疏堵结合、"开前门、堵后门、筑围墙"的改革思路，新《中华人民共和国预算法》增加了允许地方政府举借债务的规定，同时从以下五个方面作出限制性规定：一是限制举借债务主体，经国务院批准的省级政府可以举借债务；二是限制举借债务用途，只能用于公益性资本支出，不得用于经常性支出；三是限制举借债务方式，不得采取其他方式筹措，只能采取发行债券的方式，除法律另有规定外，不得为任何单位和个人的债务以任何方式提供担保；四是限制举借债务规模，由国务院报全国人大或者全国人大常委会批准，省级政府在国务院下达的限额内举借的债务，列入本级预算调整方案，报本级人大或者人大常委会批准；五是控制举借债务风险，必须有偿还计划和稳定的偿还资金来源，国务院建立地方政府债务风险评估和预警机制、应急处置机制以及责任追究制度。这样既坚持了从严控制地方政府债务的原则，又适应了地方经济社会发展

---

① 许大华：《预算法修改的原则》，《中国财政》，2015年第1期。

的需要，从法律上解决了地方政府债务怎么借、怎么管、怎么还的问题，有利于地方政府融资阳光透明；有利于建立规范合理的地方政府举债融资机制；有利于人大和社会监督，有效防范和化解债务风险。

4. 预算绩效首次入法，强化预算绩效管理

新《中华人民共和国预算法》首次以法律形式明确了我国公共财政预算收支中的绩效管理要求，并将绩效的思维贯穿于预算编制、预算执行、决算以及预算审查的各个环节之中。

5. 严肃财经纪律

针对原《中华人民共和国预算法》仅就擅自变更预算、擅自支配库款、隐瞒预算收入等三种情形设置了法律责任，且规定比较模糊的问题，新《中华人民共和国预算法》重新梳理了违法违纪情形，将法律责任增加了五条二十五款（第九十二、九十三、九十四、九十五、九十六条），加大了责任追究力度。

可以说，预算法的出台及完善给我国政府预算工作提供了良好的制度环境，推动了预算的法制化进程。但是应该看到，经过实践的检验，许多问题还需要进一步探讨和规范，中国政府预算改革还有很长一段路需要走。

第三节　政府采购制度

政府采购是市场经济国家为加强财政支出管理所普遍采用的一种有效方式。早在18世纪末，政府采购就已出现。1782年，英国政府首先设立文具公用局，作为负责政府部门所需办公用品的特别采购机

构。1792年,美国政府也开始了政府采购的尝试。20世纪中期以后,世界各国相继建立了符合自己本国国情的政府采购制度。但同期,中国在这方面的制度安排尚属空白。进入20世纪90年代以后,伴随着我国市场经济的快速发展,分散采购的弊端日益明显,政府采购活动急需制度上的规范。在这样的背景下,中国政府采购制度应运而生。

一、政府采购与政府采购制度

在进入正题之前需要先对"政府采购"和"政府采购制度"的概念进行区分。根据《中华人民共和国政府采购法》第二条所下定义,"政府采购"是指各级国家机关、事业单位和团体组织,使用财政性资金采购依法制定的集中采购目录以内的或者采购限额标准以上的货物、工程和服务的行为。而"政府采购制度"是指有关政府采购的一系列法规、政策和制度的总称。它不仅规范简单的买卖过程,还要规范有关政府采购的行政程序和管理运作方式。按照国际惯例,规范的政府采购制度应当包括采购计划、审批、信息公开、招投标、合同管理、审计监察六个部分。

在我国,政府采购行为历来就有。在计划经济条件下,政府采购行为是完全通过计划予以安排和规范的。在市场经济前期,采购实体拥有采购决策的自主权,也正因为如此"盲目采购、重复采购、随意采购、采购进口产品的现象非常普遍,截留、挪用资金的现象时有发生,采购活动中发生的腐败现象也不断增加"[①]。总之,20世纪90年代之前,虽然

---

① 韩常青:《我国政府采购制度安排及其完善的主要途径》,《湖北社会科学》,2005年第5期。

政府采购行为一直存在，但缺乏一套完整的采购制度。因此，这一时期的采购行为多是分散采购，采购活动处于一种无序状态。

二、政府采购制度的历史发展

为了解决以上所提到的问题，从1995年起，我国开始对政府采购制度进行探索。经过局部试点和以往积累的经验，我国的政府采购制度从无到有，逐步建立起来。这一过程可以被分为以下三个阶段。

（一）1995—1998年的制度探索阶段

1995年，上海市财政局和卫生局联合下发了《关于市级卫生医疗单位加强财政专项修购经费管理的若干规定》，要求对预算价格在500万元以上的采购项目，实行公开招标采购。此举拉开了我国政府采购的序幕。1996年，上海又将试点扩大到教育、科研等系统和区、县一级政府行政事业单位，取得良好效果。随后，河北、湖南、安徽、重庆、辽宁、深圳等省、市也相继进行了政府采购工作的尝试。

河北省从1996年年初开始首先在行政和政法系统内进行政府采购制度的试点工作，随后逐步扩大到省直所有机关事业单位。"湖南省财政厅从1997年开始在省直有关部门试行'政府采购制度'，并于1998年9月成功举办了首次政府采购国际国内招标开标会。中标总额1623万元，比原来预算支出减少498万，节汇率、节资率分别达到24.1%和31.2%。安徽省政府采购中心成功采购了省直机关微机、省外办同声传译系统等5个项目，资金节约率为15.6%。"①深圳市于1997年11月首次

---

① 乔小娜：《建立政府采购制度，完善市场经济体系》，《徐州师范大学学报》，2000年第9期。

对政府公用车进行公开采购，资金节省率为12%，并于1998年10月发布了《深圳经济特区政府采购条例》。这是中国第一个关于政府采购的地方性法规。短暂的实践证明了政府采购的良好的经济效益。"以1998年为例，全国有29个省、自治区、直辖市和计划单列市共签订采购合同近2000份，采购规模约31.6亿元，共节约资金4.16亿元，平均资金节约率为13.38%。"①同年，国务院明确财政部为政府采购的主管部门，其职能是拟订和执行政府采购政策。从而在我国初步建立起了政府采购管理机构及执行机构。随后，各地方政府也相继在财政部门设立了政府采购机构，负责制订采购政策，监管采购活动。

这一阶段的主要特点是借鉴了西方发达国家政府采购的经验，开展小范围的局部试点。虽然还谈不上制度化，但局部试点的成功为政府采购在全国范围的推行奠定了基础。

（二）1999—2003年的制度初创阶段

1999年年初，中央国家机关采用公开招标的方式采购计算机及其辅助设备。同年5月11日，国务院办公厅批转了国务院机关事务管理局《关于在国务院各部门机关试行政府采购的意见》。自此，中央国家机关政府采购的试点工作正式开始。1999年4月17日，财政部发布了《政府采购管理暂行办法》，这是中央政府制定的第一部关于政府采购方面的行政规章，标志着我国政府采购制度的初步建立。之后，财政部又陆续颁布了一系列规章制度，如1999年6月24日的《政府采购招标投标管理暂行办法》及《政府采购合同监督暂行办法》、2000年9月11日的

---

① 章辉：《我国政府采购制度建设述评》，《北京市财贸管理干部学院学报》，2006年第12期。

《政府采购信息公告管理办法》、2000年10月8日的《关于进一步加强地方政府采购管理工作的通知》及《政府采购运行规程暂行规定》、2001年2月28日的《政府采购资金财政直接拨付管理暂行办法》及同年4月9日的《中央单位政府采购管理实施办法》等。这些规章制度对政府采购的范围、管理机构、采购模式、采购合同签订、招投标程序、采购资金拨付等问题作出了明确的规定。这些制度的出台,标志着我国政府采购试点工作的原则框架已经逐步形成。

与此同时,在财政部作为政府采购主管部门的地位被明确以后,各地方政府采购的机构建设也已陆续进行并基本完成。到2000年,绝大多数地方政府设立了政府采购管理和执行机构。2001年,地市一级设立了统一的政府采购管理机构,并建立了"政府采购工作协管员"制度。这为我国政府采购制度的建立提供了组织保证。各项规章制度的制定及采购机构的建立,刺激了政府采购规模的迅速增长。"据不完全统计,截至1999年年底,各地区共签订采购合同13000多份(1998年为2000份),采购规模约为131亿元(1998年为31亿),共节约资金14.37亿元,平均资金节约率为13.12%。"[①]

这一时期的主要特点是各地采购机构基本设立,政府采购工作由地方到中央,开始在全国范围内实施,采购制度的原则框架初步创立。

(三)2003年至今的制度全面展开阶段

这一阶段以《中华人民共和国政府采购法》的颁布为标志。2002年6月29日,第九届全国人民代表大会常务委员会第二十八次会议通过了

---

① 张通:《提高认识,加快我国政府采购制度建设步伐》,中国政府采购网,http://www.ccgp.gov.cn/tjzl/index.htm。

《中华人民共和国政府采购法》，并于2003年1月1日起正式实施。政府采购法对政府采购的方式、采购程序、监督检查及法律责任都作了具体的规定。政府采购法是继《中华人民共和国预算法》《中华人民共和国会计法》之后我国财政法制建设领域的又一重要成果。它的颁布对规范财政支出，促进党风廉政建设都有积极意义，同时也标志着我国政府采购步入依法运行、快速发展的新阶段。以政府采购规模的增长为例，在政府采购法颁布实施的第一年，"全国政府采购规模达到1659.4亿元，比2002年增加了650亿元，节约预算资金196.6亿元，资金节约率为10.6%，采购规模比上年同期增长64.4%，分别占当年财政支出和国内生产总值的6.7%和1.4%，比上年同期分别增长两个百分点和0.4个百分点"[①]。

此后，为了进一步规范政府采购工作，财政部又先后出台了一系列行政规章。如2003年11月17日的《集中采购机构监督考核管理办法》、同年12月25日的《政府采购评审专家管理办法》、2004年8月11日的《政府采购货物和服务招标投标管理办法》及《政府采购供应商投诉处理办法》和同年12月17日的《节能产品政府采购实施意见》、2005年12月28日的《政府采购代理机构资格认定办法》、2006年6月13日的《财政部关于实施促进自主创新政府采购政策的若干意见》和同年10月24日的《关于环境标志产品政府采购实施的意见》及《环境标志产品政府采购清单》等。

近十年来，我国关于政府采购的规章制度进一步完善。2009年9月

---

① 章辉：《我国政府采购制度建设述评》，《北京市财贸管理干部学院学报》，2006年第12期。

19日，国务院《关于进一步促进中小企业发展的若干意见》出台，明确提出完善政府采购，支持中小企业的有关制度，2010年财政部国库司正式加挂政府采购管理办公室牌子，2011年6月3日，财政部发布《关于进一步推进中央单位批量集中采购试点工作的通知》，2012年5月财政部发布《关于加强中央预算单位政府采购管理有关事项的通知》，2014年重新修订《中华人民共和国政府采购法》，2015年1月30日国务院发布《政府采购法实施条例》，2016年7月4日财政部发布《关于加强政府采购活动内部控制管理的指导意见》，2018年1月4日财政部印发《政府采购代理机构管理暂行办法》等。

总之，自《中华人民共和国政府采购法》颁布实施至今的十五年来，我国政府采购制度由初创转入全面发展，依法管理、依法采购水平迅速提高，政府采购制度稳步推进，政府采购工作成效显著，政府采购规模大幅度增长。党的十九大报告中提出要加快建立现代财政制度，政府采购改革和发展也步入了新时代。

三、政府采购制度的绩效评价

政府采购制度是健全和完善我国财政政策的重要途径，有利于提高财政资金的使用效益，加强国有资产管理。同时，也是整顿财经秩序的重要配套措施，有利于建立一种反腐倡廉机制，使政府采购行为置身于财政审计、供应商和社会公众等全方位监督的机制当中。可以说，我国政府采购制度自建立以来，在许多方面都卓有成效，但是也存在着一些不足之处。

（一）我国政府采购制度的成效

1. 政府采购制度建设取得新进展，法律制度框架业已形成

1999年4月17日，财政部发布了《政府采购管理暂行办法》，这是国家层面上制定的第一部关于政府采购方面的行政规章。随后，财政部又陆续颁布了一系列规章制度，如《政府采购招标投标管理暂行办法》《政府采购合同监督暂行办法》《政府采购运行规程暂行规定》及《政府采购信息公告管理办法》等。这标志着我国政府采购活动开始有了比较全面的制度保障。2003年1月1日，《中华人民共和国政府采购法》正式实施。这标志着我国政府采购制度建设由试点阶段进入了规范与发展阶段，政府采购活动从此有了法律依据。此后，2014年又修订了《中华人民共和国政府采购法》，2015年颁布实施《政府采购法实施条例》。这些法律法规作为政府采购活动的制度基础，对规范政府采购行为、促进政府采购改革与发展具有重要意义。

2. 采购规模稳步增长，采购结构日益多元化

20世纪末以来，我国的政府采购规模保持了快速增长。从1998年的35.16亿元到2016年的25731.4亿元，呈现逐年增长的态势（见表12-6、表12-7和图12-5）。"从1998—2006年，全国政府采购规模年平均增长68.1%，2006年，全国政府采购规模3681.6亿元，占当年财政支出的14.9%，占全国国内生产总值的比重为1.8%。2006年全国工程类采购1763.9亿元，占政府采购总规模的47.9%。"[①] 2007年，政府采购规模为4660.87亿元。2002年到2007年政府采购资金年节约率达到11%，累计节约财政

---

① 殷亚红：《王绍光：政府采购制度改革是一个渐进过程》，《中国政府采购》，2008年第1期。

资金1900多亿元。[①]2015年全国政府采购规模为21070.5亿元，首次突破2万亿元，2016年达到了25731.4亿元，节约了大量的财政资金。

表12-6　1998—2006年全国政府采购规模总体情况表　　单位：亿（元）

时间（年）	采购规模预算	实际采购规模	节约量	节约率	增长量	增长率
1998	35.16	31.00	4.16	11.83%	—	—
1999	145.37	131.00	14.37	9.89%	100.00	322.6%
2000	370.40	327.90	42.50	11.47%	196.90	150.3%
2001	731.60	653.20	78.50	10.72%	325.30	99.2%
2002	1135.40	1009.60	125.80	11.08%	356.40	54.56%
2003	1856.00	1659.40	196.60	10.59%	649.80	64.38%
2004	2406.86	2135.70	271.16	11.27%	476.30	28.70%
2005	3307.80	2927.60	380.20	11.49%	791.90	37.08%
2006	4122.20	3681.60	440.60	10.69%	754.00	25.75%

数据来源：中国政府采购网相应年份统计分析资料，http://www.ccgp.gov.cn/tjzl/index.htm。

表12-7　2008—2016年全国政府采购规模总体情况表　　单位：亿（元）

时间（年）	采购规模	增长量	增长率
2008	5990.9	1330	28.5%
2009	7413.2	1422.3	23.7%
2010	8422	1008.8	13.6%
2011	11300	2878	34.1%
2012	13977.7	2645.2	23.3%
2013	16381.1	2403.4	17.2%
2014	17305.3	924.24	5.6%
2015	21070.5	3765.2	21.8%
2016	25731.4	4660.9	22.1%

数据来源：中国政府采购网相应年份统计分析资料，http://www.ccgp.gov.cn/tjzl/index.htm；《中国统计年鉴》，中华人民共和国统计局官方网站，http://www.stats.gov.cn/tjsj/ndsj/。

---

① 参见《2002—2007年我国政府采购累计节约财政资金1900多亿元》，中央政府门户网站，2009年4月9日。

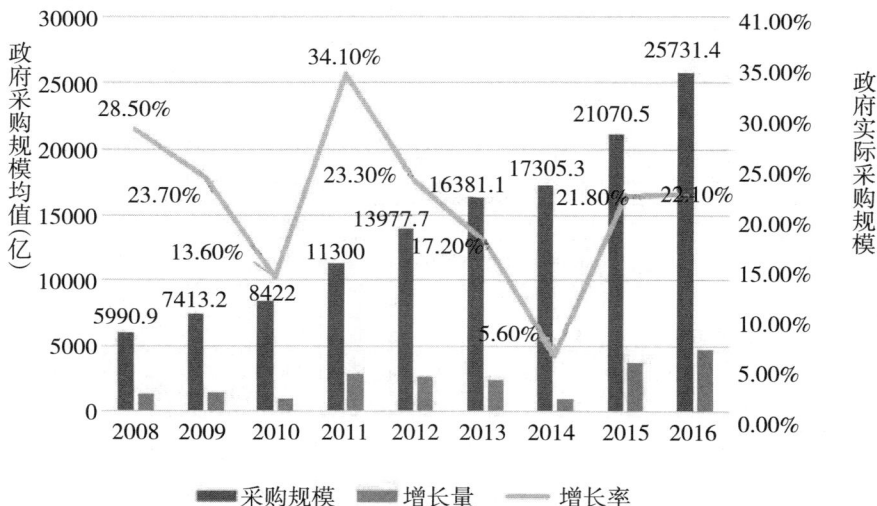

图12-5　2008—2016年政府实际采购规模

据不完全统计,政府采购"占国内生产总值的比重由1998年的0.04%,上升到2016年的3.46%;占财政支出的比重从1998年的0.29%,提高到2016年的13.7%。尤其是,随着政府购买服务改革的不断推进,服务类采购成为新的增长点,2003年服务采购仅103.8亿元,2016年同口径增长到4860.8亿元,2015年、2016年增长速度分别为72.9%和45.4%"[1]。

从政府采购结构上看,政府采购的范围日益扩大,结构日趋合理。采购范围已由单纯的货物类采购扩大到工程类和服务类采购,而且工程类和服务类采购在整体政府采购规模中所占比例逐渐增大(见表12-8)。以2016年为例,全国工程类项目采购规模为13630.4亿元,占全国政府采购总额的53.0%,比上年同期增长22.2%;服务类项目采购规模为4860.8亿元,占全国政府采购总额的18.9%,比上年同期增长41.4%。

---

[1]　姜爱华:《中国政府采购制度改革:成就、挑战与对策》,《地方财政研究》,2018年第4期。

图12-6直观地呈现出了三大类采购项目所占的比重。同时,"我国先后发布了《节能产品政府采购实施意见》(财库〔2004〕185号)、《环境标志产品政府采购实施意见》(财库〔2006〕90号)、《政府采购促进中小企业发展暂行办法》(财库〔2011〕181号)、《关于促进残疾人就业政府采购政策的通知》(财库〔2017〕141号)等,逐步建立起涵盖支持绿色产业、中小企业、残疾人就业等的政府采购政策支持体系。政策效果逐渐显现,根据财政部各年公开数据,2008—2016年节能产品占同类产品采购额度均占64%以上,环保产品也基本都在60%以上"[①]。

表12-8　2012—2016年全国政府采购项目构成一览表　单位:亿(元)

时间	货物类	比例%	趋势%	工程类	比例%	趋势%	服务类	比例%	趋势%
2012	4390	31.0	↑14.6	8373.5	60.0	↑26.6	1214	8.7	↑36.6
2013	4921.1	30.0	↑12.1	9925.6	60.6	↑18.5	1534.4	9.4	↑26.4
2014	5230.0	30.2	↑6.3	10141.11	58.6	↑2.2	1934.3	11.2	↑26.1
2015	6571.4	31.2	↑25.6	11155.2	52.9	↑10.0	3343.9	15.9	↑72.9
2016	7240	28.1	↑10.2	13630.4	53.0	↑22.2	4860.8	18.9	↑41.4

数据来源:中国政府采购网相应年份统计分析资料,http://www.ccgp.gov.cn/tjzl/index.htm。

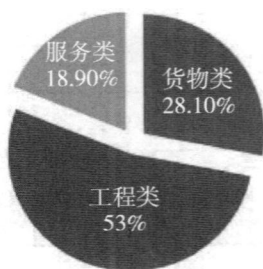

■货物类 ■工程类 ■服务类

图12-6　2016年全国政府采购项目构成

---

①　姜爱华:《中国政府采购制度改革:成就、挑战与对策》,《地方财政研究》,2018年第4期。

3. 政府采购的政策功能日益健全

建设之初,我国政府采购的功能仅仅定位于规范采购行为、提高政府采购资金使用效益和促进廉政建设。实施政府采购之后这一目标实现良好。同时,随着政府采购制度改革的逐步深化,政府采购功能也日益发展为一个具有多重目标的综合功能体系(如图12-7所示)。作为一个有效的宏观调控经济杠杆,政府采购的政策功能作用发挥明显,极大地支持了国内相关产业的发展。

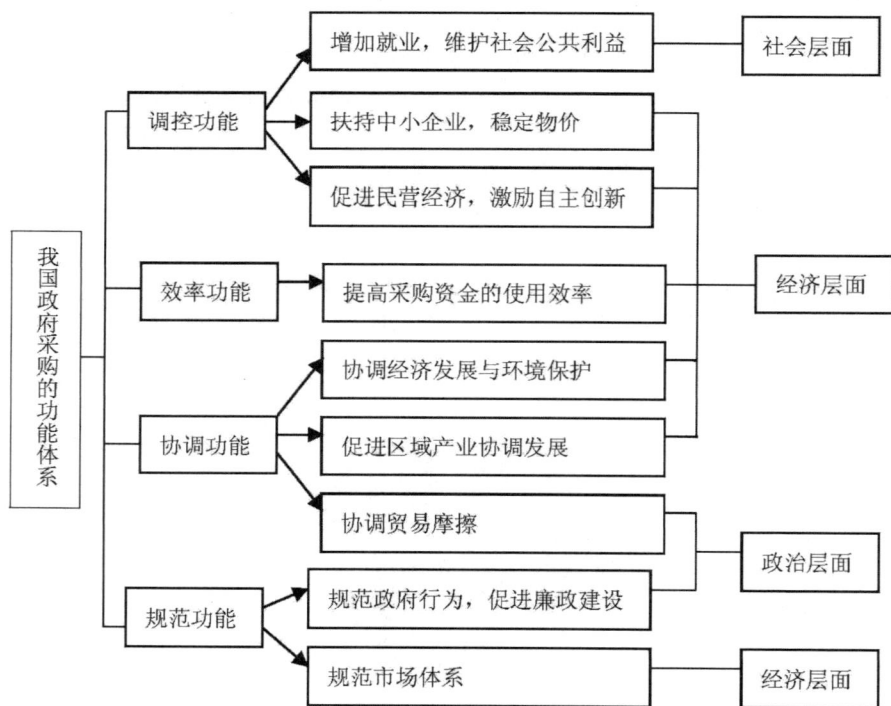

图12-7　我国政府采购功能体系的构成图①

---

① 章辉:《我国政府采购制度建设述评》,《北京市财贸管理干部学院学报》,2006年第12期。

　　从2004年开始，财政部与有关部门密切配合，在节能环保、自主创新、进口产品采购和维护国家信息安全等方面制定了一系列制度办法，促进了政府采购政策目标的逐步实现。例如，"在促进节能环保方面：从2004年开始，先后制定了节能产品和环境标志产品政府采购实施意见，2007年建立了政府强制采购节能产品制度。据不完全统计，2006年节能产品政府采购金额占同类产品政府采购总额的比重达到60%左右，对节能减排工作发挥了重要作用。在促进自主创新方面：根据国家中长期科技发展规划纲要要求，先后制定了《财政部关于实施促进自主创新政府采购政策的若干意见》以及《自主创新产品预算管理办法》等五个配套制度办法"[①]。党的十八大后，在绿色发展理念的引导下，政府采购工作实现了进一步发展。一是扩大绿色采购范围，提高绿色采购规模，完善清单管理和发布机制（见表12-9），2016年节能产品政府采购规模为1344亿元，占同类产品比例为76.2%；环保产品政府采购规模为1360亿元，占同类产品比例为81.5%，二者合计达到了2704亿元。二是在扩大就业、扶持少数民族等民生领域政府采购政策措施不断完善。三是落实促进中小企业发展的政府采购政策，优化中小企业参与采购活动的公平竞争环境。据统计，2016年"政府采购合同授予中小微企业的总采购额为24036.2亿元，占全国政府采购规模的77.3%。其中，授予小微企业的采购额为10193.9亿元，占授予中小微企业总采购额的42.4%"[②]。四是积极贯彻和落实创新发展理念。总之，政府采购

<hr/>

① 张通：《认真贯彻落实科学发展观，推动政府采购制度改革发展》，《中国政府采购》，2008年第3期。

② 《2016年全国政府采购简要情况》，中国政府采购网，http://www.ccgp.gov.cn/tjzl/index.htm。

功能初步实现了由单一管理目标向政策目标的转变。

表12-9　2012—2016年政府采购方式构成一览表　　单位:亿(元)

时间	政府集中采购	比例%	增长率	强制和优先采购节能产品	占同类产品比例%	优先采购环保产品	占同类产品比例%
2012	9113.1	65.2	—	1280.7	—	939.6	—
2013	10750.2	65.6	↑18.0	1839.1	86	1434.9	82
2014	11734.5	67.8	↑9.1	2100.0	81.7	1762.4	75.3
2015	—	—	—	1346.3	71.5	1360	81.5
2016	16446	52.9	—	1344	76.2	1360	81.5

数据来源:中国政府采购网相应年份统计分析资料,http://www.ccgp.gov.cn/tjzl/index.htm。

4. 管采分离成效显著,三种采购形式并存的采购格局形成

《中华人民共和国政府采购法》第六十条规定:"政府采购监督管理部门不得设置集中采购机构,不得参与政府采购项目的采购活动。采购代理机构与行政机关不得存在隶属关系或者其他利益关系。"按照这一要求,各级政府进行了政府采购管理与操作职能的分离,并取得了阶段性进展。与此同时,政府采购形式也取得了进展。从最初单一的政府集中采购发展到"以政府集中采购、部门集中采购和单位分散采购"并存的多元采购格局。2006年,政府集中采购规模为2187.5亿元,占全国采购总规模的59.4%,部门集中采购规模占全国采购总规模的21.7%,分散采购规模占全国采购总规模的18.9%,已经形成以政府集中采购为主、部门集中采购和分散采购为辅,三种采购实施形式并行、相互补充的采购格局(见表12-10)。2016年,政府集中采购规模为16446亿元,占全国政府采购规模的比重为52.9%。部门集中采购规模为6132.9亿元,占全国政府采购规模的19.7%,分散采购规模为8510.8亿元,占全国政府采购规模的27.4%。其中,分散采购所占比重比上年增加了6.7个百分点,主要是一些地方落实简政放权要求,调整政府

集中采购目录,集中采购项目相应减少。①总体看来,"管采分离"的政府采购管理体制运行良好,形成了以集中采购为主要实施形式的采购格局,为政府采购规范和快速发展提供了重要的组织保障。

表12-10　2001—2006年政府采购格局一览表　　　　单位:亿(元)

时间	政府集中采购	比例%	增长率	单位分散采购	比例%	部门集中采购	比例%
2001	430.6	66	—	—	—	—	—
2002	735.3	72.8	↑7.0	274.3	27.2	—	—
2003	1024.9	61.8	↓11.0	351.2	21.2	283.2	17.1
2004	1270.3	59.5	↓2.3	408.2	19	457.2	21.4
2005	—	—	—	—	—	—	—
2006	2187.5	59.4	—	695.9	18.9	798.2	21.7

数据来源:中国政府采购网相应年份统计分析资料,http://www.ccgp.gov.cn/tjzl/index.htm。

5. 依法采购水平全面提升,公开透明的采购运行机制取得成效

从政府采购的公平性看,各级政府全力开展以公开招标为主要方式的采购活动,公开招标项目数量逐年增加,保证了从采购方式上实现采购的公开、公正和公平。从表12-11来看,2002年,我国政府采购中采用公开招标方式的采购规模为484.98亿元, 占全国采购总额的48.04%;2006年,相应的数据增加到了2489亿元,占全国采购总规模的67.6%,比2002年增长了19个百分点。同时,其他采购方式如邀请招标、竞争性谈判、单一来源采购和询价采购等也被广泛使用。2016年我国政府采购中采用公开招标方式的采购规模为19935.3亿元, 占全国采购总额的64.1%(见表12-12)。

---

① 参见《2016年全国政府采购简要情况》,中国政府采购网,http://www.ccgp.gov.cn/tjzl/index.htm。

表12-11　2001—2006年政府采购公开招标情况一览表

时间（年）	2001	2002	2003	2004	2005	2006
公开招标规模（亿）	—	484.98	949.7	1271.8	—	2489
占总采购规模的比例%	53.0	48.04	57.2	59.55	—	67.6
趋势%	—	↓5.0	↑9.0	↑2.3	—	—

数据来源：中国政府采购网相应年份统计分析资料，http://www.ccgp.gov.cn/tjzl/index.htm。

表12-12　2012—2016年政府采购公开招标情况一览表

时间（年）	2012	2013	2014	2015	2016
公开招标规模（亿）	11706.4	13645.8	—	16413.5	19935.3
占总采购规模的比例（%）	83.8	83.3	—	77.9	64.1
趋势（%）	—	—	—	↓6.6	↓13.6

数据来源：中国政府采购网相应年份统计分析资料，http://www.ccgp.gov.cn/tjzl/index.htm。

从政府采购的透明性看，政府采购信息公开化和电子化程度不断提高，形成了诸如"中国政府采购网、《中国财经报》"之类的比较权威的信息公开平台。据统计，"到2007年底，仅在财政部指定媒体上公告的信息就达到了20多万条，比2002年的5000多条增加了几十倍"[1]。"2014年年底，国务院第75次常务会议通过了政府采购法实施条例。自2015年3月1日起施行，该条例对政府采购的适用范围、信息公开、政策功能、源头和结果管理作了进一步的细化规定，逐步构建起规范透明、公平竞争、监督到位、严格问责的政府采购工作机制。"[2]

（二）我国政府采购制度的不足

1. 采购规模效益尚待进一步提高

采购范围应涵盖政府所有购买性支出预算项目。但从以往各省市的采购情况看，采购范围狭窄、品种较为单一的问题依然存在。政府采

---

① 张通：《认真贯彻落实科学发展观，推动政府采购制度改革深入发展》，《中国政府采购》，2008年第3期。

② 张敏：《政府采购：十五载砥砺前行》，《中国财政》，2018年第5期。

购主要局限于一些财政专项拨款的、限额以上的、较为标准化的产品。2015年，政府采购中货物类占31.2%，工程类占52.9%，服务类占15.9%；2016年所占比例分别为28.1%、53.0%和18.9%（见表12−8）。可见，服务类采购比例偏小，采购项目结构不合理。从采购规模上看，尽管总的来说我国政府采购规模呈递增趋势（见表12−13和图12−8），但是如果按照采购规模占国内生产总值的10%或财政支出的30%的国际标准来衡量的话，仍然较小。以2016年为例，我国政府采购规模占国内生产总值的比重为3.46%，占财政支出的比重为13.70%，与国际标准相比还有一定差距。可见，我国政府采购规模尚未实现规模效益。

表12−13　1998—2016年政府采购占财政支出与国内生产总值比重情况一览表

单位：亿（元）

时间（年）	实际采购规模	国内生产总值总量	财政支出	占国内生产总值比重（%）	占财政支出比重（%）
1998	31.0	85195.5	10798.18	0.04	0.29
1999	131.0	90564.4	13187.67	0.14	0.99
2000	327.9	100280.1	15886.50	0.33	2.06
2001	653.2	110863.1	18902.58	0.59	3.46
2002	1009.6	121717.4	22053.15	0.83	4.58
2003	1659.4	137422.0	24649.95	1.21	6.73
2004	2135.7	161840.2	28486.89	1.32	7.50
2005	2927.6	187318.9	33930.28	1.56	8.63
2006	3681.6	219438.5	40422.73	1.68	9.11
2007	4660.87	270232.3	49781.35	1.72	9.36
2008	5990.9	319515.5	62592.66	1.87	9.57
2009	7413.2	349081.4	76299.93	2.12	9.72
2010	8422	413030.3	89874.16	2.04	9.37
2011	11300	489300.6	109247.79	2.31	10.34
2012	13977.7	540367.4	125952.97	2.59	11.10

时间(年)	实际采购规模	国内生产总值总量	财政支出	占国内生产总值比重(%)	占财政支出比重(%)
2013	16381.1	595244.4	140212.10	2.75	11.68
2014	17305.3	643974..0	151785.56	2.69	11.40
2015	21070.5	689052.1	175877.77	3.06	11.98
2016	25731.4	743585.5	187755.21	3.46	13.70

数据来源:中国政府采购网相应年份统计分析资料,http://www.ccgp.gov.cn/tjzl/index.htm;《中国统计年鉴》,中华人民共和国统计局官方网站,http://www.stats.gov.cn/tjsj/ndsj/。

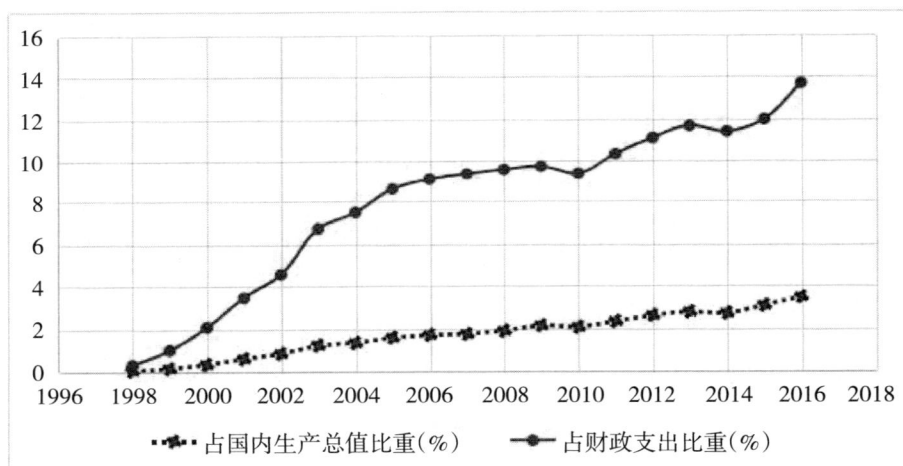

图12-8　1998—2016年政府采购占国内生产总值及财政支出比重趋势图

2.采购程序和方式需进一步规范和合理

我国政府采购在实践中存在着采购程序不规范的现象。表现在:①招投标机制不健全。统一的招投标管理模式不够健全,恶意竞标、串标,合谋价格欺诈时有发生,招投标主体缺乏自我约束机制,标书制作不规范,专家评委库人员空缺等。②统计评价标准不统一,评价结果经常千差万别。③信息发布透明度不高,信息渠道不通畅,采购信息发布手段单一。④采购周期过长,审批部门过多,增加了规避政府采购的风险。⑤供应商进入政府采购市场的准入条件不明，供应商资质审核存在明显的地方歧视。⑥监督机制不健全，偶有将投标书的审查、澄清、评审或比较标书的详情透露给供应商或承包商的违纪现象。采购程序的不规范限制了政府采购制度的深入发展，破坏了公平竞争的环境。

政府采购方式指政府为实现采购目标而采用的方法和手段。由《中华人民共和国政府采购法》《政府采购法实施条例》以及相关规定提出的采购方式有：询价、竞争性谈判、竞争性磋商、公开招标、邀请招标、单来源采购、定点采购、协议供货、批量集中采购、网上竞价等。"其中，公开招标被明确要求应为政府采购的主要方式，并且对于超过规定额度的政府采购要求必须采取公开招标的方式。中央政府采购目前一般规定200万以上的单项采购采用公开招标。但因此有的部门为单纯追求公开招标的采购比例，将公开招标过于广泛的应用，片面追求公开招标作为主要采购方式；一些项目金额偏低也采取公开招标，供应商参与积极性不高，导致采购失败率较高，采购效率低。而且对于小额采购，公开招标较高的评标费，也造成了财政资金的浪费。"①

3. 法律、法规应进一步完善

自从政府采购活动进入制度规范以来，我国政府采购制度仍处于发展完善阶段。根据采购实践中出现的问题，2015年出台了《政府采购法实施条例》，对《中华人民共和国政府采购法》作了进一步的明确和充实。但想要从根源上抑制各种问题的发生，还需要进一步修订、细化和健全与政府采购直接相关的法律法规。比如，政府采购信息认证、公

---

① 中国政府网：《财政部刘昆副部长解读〈政府采购法实施条例〉》，《中国政府采购》，2015年第5期。

共知情权等网络信息方面的政府采购规范应予完善。另外,除《中华人民共和国政府采购法》《政府采购法实施条例》和《中华人民共和国招标投标法》之外,其他规范大都是规章,约束力不强。而且中央和地方政府主管部门制定的办法和规定,在实施的范围、内容和方法上存在着较大差异。最重要的问题是,一些法律、法规之间的协调不够,造成了执行上的困难。如《中华人民共和国政府采购法》和《中华人民共和国招标投标法》同时将工程类政府采购纳入自己的调整范围,并且对工程类政府采购有着不同的标准和规定,从而造成了在适用法律方面的冲突。

4. 高素质采购专门人才缺欠,采购能力建设不足

政府采购人员不仅要了解采购的市场及商品、工程和服务的情况,精通合同管理业务、招投标等采购流程、谈判技巧、财经等各种知识,还需要熟悉采购相关法律法规。政府采购涉及的采购品目非常广泛,不仅涵盖行政办公通用的电子电气设备、工程、家具、物业等,还囊括了各部门的专业采购品目,如电信、科教文卫、气象、体育、农业、金融等众多领域,没有对行业的充分了解就无法制定符合行业特点的科学采购方式。为此,政府采购的各部委,如外交部、交通部、文化部等各部门都针对行业特殊的需求采取了由部门集中采购的方式,由相对专业的人员组织特殊行业的采购活动。但目前,仍有一些特殊设备,如西方乐器等,没有纳入部门集中采购,仍由各单位分散采购。其中,专业设备的采购能力建设不足,也是一些部门集中采购无法将其纳入的原因之一。同时,部分政府采购人员预算意识不够,计划编报能力有限,在预算编制中多报、少报、漏报等现象时有发生。缺乏事前对项目科学

论证的能力，就容易导致预算不精确，从而随用随采，影响政府采购合理性的问题发生。

政府采购的职称评审制度和职业准入制度还有待建立和完善。目前，政府采购人员往往工作几年之后，为获得晋升或者待遇提高，只能调动岗位，调整工作。政府采购队伍的不稳定，导致对相关采购工作人员需要不断组织培训，但采购整体能力却得不到质的提升。

5. 政府采购监督机制不到位

随着我国政府采购规模不断扩大，需要对政府采购进行细致的监管。纳税人的税款是采购资金的主要来源，"政府通过自身的行政权力，使用公共资金，实现公共目的，必须有严格的监督管理机制，防止权力寻租等腐败现象滋生蔓延。政府采购的监督部门是财政部，由于中央政府采购规模庞大，仅国家机关政府采购中心一年的采购总量就达200亿左右，要求财政部对所有采购项目都进行细致监管难度很大"[1]。而缺乏有效的监督机制，就容易导致采购不规范，政府采购预算与执行"两张皮"等问题的发生。2016年年底财政部发布了《关于对中央预算单位政府采购执行情况实行动态监管的通知》，通知对预算和计划编报、变更采购方式审核、采购各环节的监管进行了规定和要求，并指出由财政部国库司进行政府采购的动态监管，并及时反馈主管预算单位对疑点问题核实，依法处理出现的违法违规问题。从制定该通知可以看出，采购的监管仍需继续加强，并需完善对政府采购事前、事中、事后全过程的监管。政府采购监督机制不到位，也是造成政府采购各

---

[1]　宋善女：《浅论我国政府采购制度的现状与改进措施》，《中国商论》，2016年第7期。

种问题发生的症结所在。

6. 政府电子化建设不够

电子通信和网络技术的迅猛发展为政府采购提供了信息化建设的条件。电子化政府采购是一种全新的政府采购交易模式。利用网络技术和信息化平台进行政府采购申报审批、招投标等采购的全流程管理，可以在提高采购效率、降低成本的同时，还能增加采购透明度，保证政府采购的信息通畅和公平竞争。"因此，不少国家积极实施电子化政府采购，西方发达国家已经建立了政府采购电子商务平台，世界贸易组织《政府采购协定》也支持使用电子方式进行政府采购。"①但目前，中央政府采购电子化建设仍有待提高，比如中央政府采购网的网站存在不易访问，报错无法登录等问题。中央政府采购网于2015年接入了阿里云，访问效率有了大幅提高，但仍需在信息保护、数据加密等方面增加安全投入，以避免云空间造成的泄密给政府工作带来损失。

目前，中央预算单位政府采购的信息分布在不同的采购平台，如中共中央直属机关的政采信息发布在中国政府采购网，中国人民银行集中采购中心的采购信息发布在中国金融集中采购网，中央国家机关政府采购的信息平台为中央政府采购网，海关总署物资装备采购中心的信息平台是中国海关政府采购网，等等。中央政府采购信息发布不集中，加大了监管难度，影响政府采购信息的透明度，也可能导致有关部门各种采购问题的出现。

通过以上分析可见，我国政府采购从起步至今虽然取得了长足进

---

① 梁方云：《浅议WTO框架下我国政府采购领域的开放》，《理论月刊》，2007年第11期。

步,但仍存在一些问题。未来还需不断对其进行改革。例如,要进一步深入落实"放管服"改革要求,做好有关重点工作;继续推进监管方式创新,建立监督有力的动态监控体系;进一步扩大采购规模、健全采购方式;进一步完善政府采购的法律法规体系;进一步增强政府采购的透明度;推进信息化建设加快实施"互联网+政府采购";努力培养高水平的政府采购队伍,逐步建立政府采购执业资格制度等都是可选择的改革方向。

附录:大事记

1. 1978年2月17日,财政部发出《关于试行"增收节支、收支挂钩"财政体制的通知》,决定试行"增收分成、收支挂钩"的财政体制。

2. 1979年3月14日,中共中央决定成立国务院财政经济委员会,作为研究制定财经工作的方针政策和决定财经工作中大事的决策机关。

3. 1979年7月13日,国务院公布《关于试行"收支挂钩、全额分成、比例包干、三年不变"财政管理办法的若干规定》。

4. 1979年7月15日,经国务院批准,财政部决定对广东、福建两省实行"划分收支、定额上交(或补助)、五年不变"的财政包干体制。

5. 1979年11月23日,财政部决定从1980年起对文教科学卫生事业单位、行政机关试行"预算包干"办法。

6. 1980年2月1日,国务院发出《关于实行"划分收支、分级包干"财政管理体制的通知》,决定实行"划分收支、分级包干"的财政体制。

7. 1981年9月5日,国务院批转财政部《关于改革工商税制的设想》。

8. 1982年12月4日，国务院发出《关于改进"划分收支、分级包干"财政管理体制的通知》。

9. 1983年4月24日，经国务院批准，财政部决定对国有企业试行利改税改革。

10. 1984年9月18日，经国务院批准，财政部决定从10月1日起对国有企业试行第二步利改税改革。

11. 1985年3月21日，经国务院批准，财政部决定从1985年起实行"划分税种、核定收支、分级包干"的财政体制。

12. 1985年3月28日，国务院决定从1985年至1989年，对广东、福建两省继续实行财政大包干体制。

13. 1986年4月13日，国务院发出《关于加强预算外资金管理的通知》。

14. 1988年7月12日，经国务院批准，财政部决定从1988年起对部分地区实行财政包干办法。

15. 1989年2月17日，国务院决定从本年度起开征国家预算调节基金。

16. 1990年9月11日，财政部就上海浦东新区鼓励外商投资减征、免征企业所得税和工商统一税作出具体规定。

17. 1991年8月14日，财政部、国家体改委发出通知，决定对国有企业实行"利税分流、税后还贷、税后承包"的试点办法。

18. 1991年10月21日，国务院发布《国家预算管理条例》。

19. 1992年6月9日，经国务院批准，财政部决定从1992年起，在浙江等九个省市率先实行分税制的财政体制。

20. 1993年12月15日，国务院发布《关于实行分税制财政管理体制的决定》。

21. 1994年1月1日，分税制财政体制和新税制开始实施。

22. 1994年3月22日，第八届全国人民代表大会第二次会议通过《中华人民共和国预算法》，决定从1995年1月1日起施行。

23. 1994年8月31日，《中华人民共和国审计法》正式颁布。

24. 1995年11月22日，《中华人民共和国预算法实施条例》实施。

25. 1996年7月6日，国务院对加强预算外资金管理作出九条规定。

26. 1996年10月22日，财政部发布《事业单位财务规则》，规则于1997年1月1日起施行。

27. 1997年6月25日，财政部发布《财政总预算会计制度》《事业单位会计准则（试行）》和《事业单位会计制度》。

28. 1998年7月4日，国务院批准财政部机构改革"三定"方案。将亚洲开发银行、日本输出入银行及外国政府贷款对外谈判与磋商职能划入财政部，政府外债实现统一管理；将国务院关税税则委员会的具体工作划入财政部，税政工作实现统一管理。

29. 1999年8月30日，第九届全国人民代表大会常务委员会第十一次会议审议通过《中华人民共和国个人所得税法修正案（草案）》和《中华人民共和国会计法（修订草案）》，并通过增发国债用于增加固定资产投入和中央财政预算调整方案的议案。

30. 2000年4月23日，国务院同意安徽省农村税费改革试点方案。

31. 2000年4月27日，财政部、国家税务总局发布《农村税费改革试点地区农业特产税政策》。

32. 2000年9月11日，财政部发出《政府采购信息公告管理办法》。

33. 2000年10月8日，财政部发出《关于进一步加强地方政府采购管理工作的通知》及《政府采购运行规程暂行规定》。

34. 2001年2月28日，财政部发布《政府采购资金财政直接拨付管理暂行办法》。

35. 2002年1月17日，财政部、中国人民银行联合发出通知，决定自2002年1月1日起，将公安等部门的各项收费（不含所属高校、中专的院校收费）收入全部纳入预算管理，上缴国库。

36. 2002年6月29日，《中华人民共和国政府采购法》颁布，自2003年1月1日起施行。

37. 2002年12月26日，国务院发出《批准财政部〈关于完善省以下财政管理体制有关问题意见〉的通知》。

38. 2003年6月11日，财政部、国家税务总局发出通知，要求实施农村税费改革试点的地区按照国务院统一部署，逐步取消农业特产税。

39. 2004年7月23日，财政部发出《关于加强政府非税收入管理的通知》，明确了政府非税收入管理的具体范围。

40. 2004年8月11日，财政部发布《政府采购货物和服务招标投标管理办法》及《政府采购供应商投诉处理办法》。

41. 2006年2月28日，第十届全国人民代表大会常务委员会第二十次会议通过《关于修改〈中华人民共和国审计法〉的决定》。

42. 2006年3月1日，《政府采购代理机构资格认定办法》正式实施，政府采购代理机构资格认定工作全面展开。

43. 2007年9月13日，国务院发布了《国务院关于试行国有资本经营预算的意见》。

44. 2009年9月19日，国务院《关于进一步促进中小企业发展的若干意见》出台，明确提出完善政府采购。

45. 2010年2月2日，经国务院第100次常务会议修订通过《中华人民共和国审计法实施条例》。

46. 2011年6月3日，财政部发布《关于进一步推进中央单位批量集中采购试点工作的通知》。

47. 2012年5月，财政部发布《关于加强中央预算单位政府采购管理有关事项的通知》。

48. 2014年8月31日，第十二届全国人民代表大会常务委员会第十次会议表决通过了《全国人大常委会关于修改〈预算法〉的决定》，并于2015年1月1日起施行。

49. 2014年10月9日，国务院通过了《国务院关于加强审计工作的意见》。

50. 2015年1月30日，国务院发布《政府采购法实施条例》。

51. 2015年12月8日，中共中央办公厅、国务院办公厅联合印发的《关于完善审计制度若干重大问题的框架意见》。

52. 2016年7月4日，财政部发布《关于加强政府采购活动内部控制管理的指导意见》。

53. 2018年1月4日，财政部印发《政府采购代理机构管理暂行办法》。

54. 2018年3月5日，第十三届全国人民代表大会第一次会议表决通过了国务院机构改革方案，该方案改革国地税征管体制，将省级和省级以下国税地税机构进行合并。

参考文献

1. 白重恩、毛捷：《公共财政视角下的税式支出管理与预算体制改革》，《中国财政》，2011年第2期。

2. 蔡定剑：《公共预算改革的路径和技术》，《中国改革》，2007年第6期。

3. 陈国文：《预算改革、社会分配及政治合法性》，《兰州大学学报》，2008年第3期。

4. 付敏杰：《分税制二十年：演进脉络与改革方向》，《社会学研究》，2016年第5期。

5. 高培勇：《建构于分税制基础上的税收征管体制改革》，《税务研究》，2016年第2期。

6. 郭庆旺、吕冰洋：《分税制改革与税收快速增长：基于分权契约框架的分析》，《税务研究》，2006年第8期。

7. 韩常青：《我国政府采购制度安排及其完善的主要途径》，《湖北社会科学》，2005年第5期。

8. 韩洁：《部门预算改革稳步推进，我国公共预算改革路线图日趋清晰》，《经济参考报》，2007年2月12日。

9. 黄准：《基于财政税收管理体制创新的探讨》，《财经界》（学术版），2016年第9期。

10. 蒋大鸣：《关于我国"分税制"财政体制相关问题的探讨》，《江海学刊》，2006年第6期。

11. 李军鹏:《积极推进公共预算改革,加快建设节约型政府》,《国家行政学院学报》,2007年第4期。

12. 李萍:《中国政府间财政关系图解》,中国财政经济出版社,2006年。

13. 李园园:《浅谈政府采购执行中的问题及建议》,《纳税》,2018年第18期。

14. 梁玉萍、宇宪法、张爱权:《在借鉴国际经验中完善政府采购制度》,《理论探索》,2006年第2期。

15. 廖永辉:《正确规避政府采购存在的缺点和弊端》,《时代金融》,2018年第18期。

16. 刘芳:《我国财政税收体制改革与创新》,《中国集体经济》,2016年第30期。

17. 刘家义:《国家治理现代化进程中的国家审计:制度保障与实践逻辑》,《中国社会科学》,2015年第9期。

18. 刘尚希:《分税制的是与非》,《经济研究参考》,2012年第7期。

19. 刘晓凤、莫连光:《我国政府采购制度研究》,《中央财经大学学报》,2006年第10期。

20. 马海涛、李升:《对分税制改革的再认识》,《税务研究》,2014年第1期。

21. 马骏:《中国预算改革的政治学:成就与困惑》,《中山大学学报》,2007年第3期。

22. 彭健:《分税制财政体制改革20年:回顾与思考》,《财经问题研究》,2014年第5期。

23. 乔小娜:《建立政府采购制度,完善市场经济体系》,《徐州师范大学学报》,2000年第9期。

24. 唐培:《强化中国政府采购经济调节职能的研究》,《科技经济市场》,2018年第6期。

25. 王东京、张宝江、朱汉清:《从"分灶吃饭"到分税制》,《中国经济时报》,2000年8月17日。

26. 王雍君:《中国的预算改革:评述与展望》,《经济社会体制比较》(双月刊),2008年第1期。

27. 王元慎、侯纯辉:《当前我国推行政府采购制度存在的主要问题及其对策》,《中国行政管理》,2000年第11期。

28. 吴总建、张小南:《我国政府采购制度中的缺陷及对策探讨》,《四川大学学报》,2006年第5期。

29. 项怀诚:《"分税制"改革的回顾与展望》,《武汉大学学报》,2004年第1期。

30. 谢旭人:《以科学发展观为统领,进一步深化政府采购制度改革》,《中国政府采购》,2008年第5期。

31. 徐焕东、罗兰:《我国政府采购制度完善中的重点问题研究》,《中国政府采购》,2007年第9期。

32. 徐江琴:《1980年:"分灶吃饭"拉开财政体制改革序幕》,《财政监督》,2008年第1期。

33. 许安拓:《和谐社会框架下我国预算体制改革的路径选择》,《中央财经大学学报》,2007年第4期。

34. 殷亚红:《王绍光:政府采购制度改革是一个渐进过程》,《中国政府采购》,2008年第1期。

35. 于秀锦：《对深化财政税收体制改革的思考》，《中国商论》，2016年第16期。

36. 张军：《1994 年的分税制》，《经济观察报》，2008年3 月10 日。

37. 张通：《认真贯彻落实科学发展观，推动政府采购制度改革深入发展》，《中国政府采购》，2008年第3期。

38. 张通：《学习和实践科学发展观，推动中央单位政府采购制度改革向纵深发展》，《中国政府采购》，2008年第5期。

39. 张永亮：《对深化财政税收体制改革的思考》，《现代经济信息》，2018年第8期。

40. 周飞舟：《分税制十年：制度及其影响》，《中国社会科学》，2006年第6期。

41. 邹继础：《中国财政制度改革之探索》，社会科学文献出版社，2003年。

42. 左少君：《完善我国政府采购制度的理论思考》，《求索》，2005年第5期。

后　记

　　1976 年 10 月，"文化大革命"结束，当代中国社会实现了历史性转变。1978 年 12 月 18 日至 22 日，中国共产党在北京举行了党的十一届三中全会。全会决定停止使用"以阶级斗争为纲"这个不适用于社会主义社会的口号，作出了把工作重点转移到社会主义现代化建设上来的战略决策。2007 年 10 月，党的十七大报告对近三十年前发生的历史性转变进行了如下评价："改革开放伟大事业，是以邓小平同志为核心的党的第二代中央领导集体带领全党全国各族人民开创的。面对'文化大革命'造成的危难局面，党的第二代中央领导集体坚持解放思想、实事求是，以巨大的政治勇气和理论勇气，科学评价毛泽东同志和毛泽东思想，彻底否定'以阶级斗争为纲'的错误理论与实践，作出把党和国家工作中心转移到经济建设上来、实行改革开放的历史性决策，确立社会主义初级阶段基本路线，吹响走自己的路、建设中国特色社会主义的时代号角，创立邓小平理论，指引全党和全国各族人民在改革开放的伟大征程上阔步前进。"

　　2012 年 11 月，党的十八大报告提出，在改革开放三十多年一以贯之的接力探索中，我们坚定不移高举中国特色社会主义伟大旗帜，既不走封闭僵化的老路，也不走改旗易帜的邪路。中国特色社会主义道路、中国特色社会主义理论体系、中国特色社会主义制度、是党和人民九十多年奋斗、创造、积累的根本成就,必须倍加珍惜、始终坚持、不断发展。

2017年10月,党的十九大报告指出,为贯彻党的十八大精神,党中央召开七次全会,分别就政府机构改革和职能转变、全面深化改革、全面推进依法治国、制定"十三五"规划、全面从严治党等重大问题作出决定和部署。五年来,我们统筹推进"五位一体"总体布局、协调推进"四个全面"战略布局,"十二五"规划胜利完成,"十三五"规划顺利实施,党和国家事业全面开创新局面。

至2018年,改革开放业已经历了四十年。当代中国社会在改革开放的进程中发生了巨变,经济社会发展驶进快速发展轨道,物质文明、精神文明、政治文明和生态文明在人民的社会实践中得到不断发展。如今回溯走过的历史,深感党的十一届三中全会作出的具有里程碑意义的战略决策为中国的经济繁荣和社会进步奠定了坚实的政治与思想文化基础,并深远地引领着社会主义现代化建设事业的发展征程。

改革开放以来,是经济社会快速发展的四十年,也是政府不断调整自己的角色,变革管理体制、管理方法和管理手段,以与变革社会谋求适应的四十年。在这期间,适应经济体制的转轨,重塑政府,积极服务于社会主义现代化建设,是行政发展的主旋律。随着社会主义市场经济的发展,政府的行政管理也在不断完善。在新的世纪,恐怕世界范围内没有哪个国家能够像中国这样在政府管理领域经历了如此深刻而广泛的变迁。尽管四十年的岁月如白驹过隙,中国的行政发展实践也尚待完善,但是中国政府所经历的改革实践毕竟留下了丰富的经验。在改革开放四十年之际,深入而系统地总结、整理这些经验,梳理和研究中国行政发展的线索与规律，对于更好地引导新时期行政改革，并推动中国行政学的深入研究，具有十分重要的意义。

正是出自以上考虑，我们于 2018 年组织南开大学公共管理相关专业的教师和博士研究生以及其他学校教师，编写了《转型社会中的系统变革：中国行政发展四十年》。该书的撰写基本以十年前出版的《转型社会中的系统变革：行政发展三十年》为基础，增添了近十年行政改革和行政发展的新内容。希望本书的出版，为人们系统了解当代中国政府行政及其改革有所裨益。

本书具体写作分工如下：

导　论：沈亚平

第一章：付爱兰、任维德、王永明

第二章：阎章荟

第三章：田秀娟、舒　博

第四章：范文宇、关婷婷

第五章：张　宇

第六章：丁海玲、王锦燕

第七章：宋心然

第八章：刘志辉、徐　悦

第九章：冯小凡、符晓薇

第十章：李洪佳、张宏伟

第十一章：蒋润婷

第十二章：杨慧兰、郭　薇

初稿完成后，由我修改并定稿。本书不当和疏漏之处，敬请学界和读者批评指正。

在成书过程中,范文宇、田秀娟就组织沟通及部分内容的修改做了许多工作,书中也引用了大量相关作者的文献,在此一并感谢。本书的出版得到了天津人民出版社的支持,在此向该社领导和编辑致以深深的谢意。

沈亚平

2018 年 10 月于南开园